20

Coleção
LEIS ESPECIAIS *para* concursos

Dicas para realização de provas com questões de concursos e jurisprudência do STF e STJ inseridas artigo por artigo

Coordenação:
LEONARDO GARCIA

DIREITO À SAÚDE

Leis 8.080/1990 e 8.142/1990, arts. 6° e 196 a 200 da Constituição Federal

Coleção
LEIS ESPECIAIS
para ***concursos***

20

Dicas para realização de provas com questões de concursos
e jurisprudência do STF e STJ inseridas artigo por artigo

Coordenação:
LEONARDO GARCIA

MARIANA FILCHTINER FIGUEIREDO

DIREITO À SAÚDE

Leis 8.080/1990 e 8.142/1990,
arts. 6° e 196 a 200 da Constituição Federal

6ª
edição
revista, atualizada
e ampliada

2019

EDITORA
*Jus*PODIVM
www.editorajuspodivm.com.br

EDITORA *Jus*PODIVM
www.editorajuspodivm.com.br

Rua Território Rio Branco, 87 – Pituba – CEP: 41830-530 – Salvador – Bahia
Tel: (71) 3045.9051
• Contato: https://www.editorajuspodivm.com.br/sac

Diagramação: Lupe Comunicação e Design (*lupecomunicacao@gmail.com*)

Capa: Ana Caquetti

ISBN: 978-85-442-2813-5

Aos meus pais,
Jairo e Rosa Helena,
com carinho e admiração

Proposta da Coleção
Leis Especiais para Concursos

A coleção *Leis Especiais para Concursos* tem como objetivo preparar os candidatos para os principais certames do país.

Pela experiência adquirida ao longo dos anos, dando aulas nos principais cursos preparatórios do país, percebi que a grande maioria dos candidatos apenas lêem as leis especiais, deixando os manuais para as matérias mais cobradas, como constitucional, administrativo, processo civil, civil, etc... Isso ocorre pela falta de tempo do candidato ou porque faltam no mercado livros específicos (para concursos) em relação a tais leis.

Nesse sentido, a Coleção *Leis Especiais para Concursos* tem a intenção de suprir uma lacuna no mercado, preparando os candidatos para questões relacionadas às leis específicas, que vêm sendo cada vez mais contempladas nos editais.

Em vez de somente ler a lei seca, o candidato terá dicas específicas de concursos em cada artigo (ou capítulo ou título da lei), questões de concursos mostrando o que os examinadores estão exigindo sobre cada tema e, sobretudo, os posicionamentos do STF, STJ e TST (principalmente aqueles publicados nos informativos de jurisprudência). As instituições que organizam os principais concursos, como o CESPE, utilizam os informativos e notícias (publicados na página virtual de cada tribunal) para elaborar as questões de concursos. Por isso, a necessidade de se conhecer (e bem!) a jurisprudência dos tribunais superiores.

Assim, o que se pretende com a presente coleção é preparar o leitor, de modo rápido, prático e objetivo, para enfrentar as questões de prova envolvendo as leis específicas.

Boa sorte!

Leonardo Garcia

Coordenador da coleção

leonardo@leonardogarcia.com.br
leomgarcia@yahoo.com.br
Instagram: @professorleonardogarcia
www.leonardogarcia.com.br

Como o Direito à Saúde é cobrado nos concursos?

Quando se pensa em "direito à saúde" e "concursos públicos", é preciso dar atenção a uma **peculiaridade**, cujos reflexos aparecerão na forma de estudos e nas questões mais frequentemente cobradas pelas bancas. Trata-se da área ou cargo público para os quais o concurso está sendo prestado, pois o direito à saúde e o Sistema Único de Saúde (SUS) são conteúdos tanto dos concursos públicos para as **carreiras jurídicas** quanto dos **concursos públicos para as diversas profissões da área da saúde**.

Dito isso, o que normalmente se vê é que os concursos públicos para as carreiras jurídicas dão mais atenção às **normas constitucionais** sobre o direito à saúde e SUS, enquanto nas provas da área da saúde é mais comum que seja cobrado o conhecimento sobre a legislação específica, sobretudo as **Leis nº 8.080/1990 e nº 8.142/1990**. Além disso, é possível identificar uma presença crescente de questões que demandam o conhecimento da **jurisprudência do STF e do STJ** nos concursos da área do Direito; ao passo que, nas carreiras da área da saúde, é importante dominar os principais conceitos de algumas **políticas públicas e atores do setor** – saúde indígena, assistência terapêutica, Comissões Intergestores, Conselhos e Conferências de Saúde.

Nos concursos jurídicos, os artigos cobrados são o **art. 6º e os arts. 196 a 200** da Constituição Federal. Além deles, vale estar atendo para os *leading cases* do Supremo Tribunal Federal, os precedentes firmados nos casos de repercussão geral (STF) e recursos especiais repetitivos (STJ), bem como a temática da aplicação dos recursos mínimos em ações e serviços de saúde. Na área da saúde, o conteúdo mais comum nas questões envolve os seguintes dispositivos da Lei nº 8.080/1990: **art. 2º** (saúde como direito fundamental e como dever); **art. 3º** (fatores determinantes e condicionantes da saúde); **art. 4º** (conceito de SUS); **art. 6º** (campo de atuação do SUS); **art. 7º** (princípios e diretrizes do SUS); **art. 8º** (organização do SUS); **art. 9º** (direção única); **art. 14-A** (Comissões Intergestores); **arts. 15 a 18** (competências comuns e específicas de cada ente); **arts. 19-A a 19-H** (Subsistema de Atenção à Saúde Indígena); **arts. 19-M a 19-U** (assistência terapêutica e incorporação de tecnologias ao SUS); **arts. 20 a 26** (assistência à saúde prestada pela iniciativa privada).

Quanto à **Lei nº 8.142/1990**, o conteúdo mais cobrado é o **art. 1º**, sobretudo quanto às características e distinções entre as Conferências de Saúde e os Conselhos de Saúde. Outrossim, vale conferir as definições trazidas pelo **art. 2º** do **Decreto nº 7.508/2011**, que frequentemente são cobradas nas provas; também são comuns questões sobre os **arts. 8º e 9º** (hierarquização), **arts. 15 a 17** (planejamento em saúde), **art. 20** (integralidade), **arts. 21 e 22** (RENASES), **arts. 25 e 26** (RENAME), **art. 32** (objeto de pactuação pelas Comissões Intergestores), e **arts. 33 a 36** (COAPS).

Importa dizer, por fim, que embora seja importante lembrar o texto normativo, especialmente dos artigos da Constituição e da Lei nº 8.080/1990 indicados anteriormente, as questões mais recentes dos concursos públicos não têm exigido essa "memorização", exigindo um conhecimento mais amplo das normas como um todo.

Esperamos que essas "dicas" possam auxiliar nos estudos e na preparação para as provas. Boa sorte a todos e muito sucesso pela frente!!

Porto Alegre, abril de 2019.

Mariana Filchtiner Figueiredo

Sumário

O Direito à Saúde na Constituição Federal de 1988

> **CAPÍTULO II**
> **DOS DIREITOS SOCIAIS**
>
> **Art. 6º.** São **direitos sociais** a educação, a **saúde**, a alimentação, o trabalho, a moradia, o transporte, o lazer, a segurança, a previdência social, a proteção à maternidade e à infância, a assistência aos desamparados, na forma desta Constituição.

1. **A constitucionalização do direito à saúde:** A explicitação constitucional de uma série de direitos fundamentais, entre os quais se destacam os direitos sociais e, dentre estes, o direito à saúde, é certamente uma das características marcantes da Constituição Federal de 1988 (doravante designada CF/88). Pode-se notar a opção expressa do constituinte por uma certa e determinada ordem de valores, centrada no protagonismo do ser humano como fundamento e fim último do Estado Democrático de Direito assim instituído. A dignidade da pessoa humana é reconhecida como fundamento do Estado brasileiro (CF, art. 1º, III), e se estabelecem, como objetivos fundamentais da República, a construção de uma sociedade livre, justa e solidária; a garantia do desenvolvimento nacional; a erradicação da pobreza, com a redução das desigualdades sociais e regionais; bem como a promoção do bem de todos, sem discriminações (CF, art. 3º, I a IV).

   A mudança de paradigma fica mais evidente quando se compara a CF/88 aos textos constitucionais anteriores, em que a saúde era objeto apenas de normas esparsas, mais comumente voltadas, ou à distribuição de competências legislativas e executivas entre União, Estados e Municípios; ou à proteção da saúde do trabalhador, não havendo falar, nessa época, no acesso universal e igualitário hoje assegurado. Com a CF/88, o direito à saúde passou a ser consagrado entre os direitos sociais fundamentais (CF, art. 6º), contando ainda com uma normatização específica nos arts. 196 a 200 do texto constitucional. Além disso, o estabelecimento, já em nível constitucional, dos princípios e diretrizes pelos quais deve ser concretizada a estrutura institucional de implementação do direito à saúde, notadamente pela amplitude e, ao mesmo tempo, pelo detalhamento levado a efeito já em nível constitucional, permite sustentar que o próprio Sistema Único de Saúde (SUS) apresenta os contornos de verdadeira garantia institucional fundamental[1].

2. **A Reforma Sanitária:** O **Movimento da Reforma Sanitária** teve papel decisivo, tanto para que a saúde se tornasse um direito fundamental explícito no texto constitucional, quanto para a criação do Sistema Único de Saúde (SUS) como forma institucional de concretização desse direito, mediante acesso universal e em igualdade de condições (direito *de* e *para* todos) a ações e serviços de caráter integral, voltados à prevenção, promoção e cura. Como lembra Fleury, a respeito do conceito de **reforma sanitária**:

> *"Reforma sanitária refere-se ao processo de transformação das leis e dos arranjos institucionais responsáveis por proteger a saúde dos cidadãos, e corresponde a um efetivo deslocamento do poder político em direção aos grupos menos avantajados. A expressão concreta dessa mudança se reflete no estabelecimento de um direito universal aos cuidados de saúde e na criação de um sistema nacional de saúde comandado pelo Estado."*[2]

Surgido dentro da academia e junto aos movimentos sociais, o Movimento da Reforma Sanitária alinhou as reivindicações de mudanças no setor da saúde à pauta mais ampla da luta pela redemocratização do país, tomando a **saúde como um direito de cidadania**, em sentindo emancipatório. Buscava-se a superação de modelos anteriores, em que o atendimento à saúde era reservado aos segurados da Previdência Social e respectivos dependentes; ou obtido mediante contrato de plano privado de saúde, normalmente como parcela dos benefícios oferecidos a categorias

---

1. Sobre as garantias institucionais, consultar SARLET, Ingo Wolfgang. *A Eficácia dos Direitos Fundamentais. Uma teoria geral dos direitos fundamentais na perspectiva constitucional*. 10 ed., rev., atual. e ampl. Porto Alegre: Livraria do Advogado, 2009, p. 148 e p. 178 et seq. Sobre o SUS, como garantia institucional, cf. FIGUEIREDO, Mariana Filchtiner. *Direito Fundamental à Saúde: parâmetros para sua eficácia e efetividade*. Porto Alegre: Livraria do Advogado Editora, 2007, p. 45-46.
2. FLEURY, Sonia. Reforming health care in Latin America: challenges and options. In: FLEURY, Sonia; BELMARTINO, Susana; BARIS, Enis. *Reshaping health care in Latin America. A comparative analysis of health care reform in Argentina, Brazil, and Mexico.* Ottawa: International Development Research Centre, 2000. Disponível em: <http://web.idcr.ca/openebooks/311-9/>. Acesso em: 04 out. 2011 (tradução livre do original).

profissionais específicas, vinculadas a grandes empresas. O quadro adiante procura esquematizar aspectos relevantes dos modelos que antecederam ao SUS e da legislação então vigente:

LEGISLAÇÃO	ASPECTOS RELEVANTES
Constituição de 1824, art. 179, XXXI.	Previsão da garantia de "socorros públicos" – que pode ser considerada a primeira referência à proteção da saúde em norma constitucional no país.
Decreto nº 4.682/1923, conhecido como "Lei Eloy Chaves".	É tido como o marco legal da Previdência Social no Brasil, ao criar as Caixas de Aposentadorias e Pensões para as empresas ferroviárias então existentes no país. Previa o direito a "socorros médicos" e a "medicamentos obtidos por preço especial" (art. 9º, I e II), para os ferroviários e seus dependentes. As Caixas seriam posteriormente convertidas nos Institutos de Aposentadorias e Pensões (IAPs), ligados a diferentes categorias profissionais.
Decreto-lei nº 72/1966.	Cria o Instituto Nacional da Previdência Social (INPS), a partir da reunião dos antigos IAPs. O INPS consegue uniformizar o regime de aposentadorias e pensões, mas não a assistência à saúde, pois vários Ministérios atuavam no setor (*v.g.*: Min. Saúde, Min. Previdência e Assistência Social, Min. Educação e Cultura, Min. Interior e Trabalho).
Lei nº 6.229/1975.	Estabelece o Sistema Nacional de Saúde, incumbindo ao Ministério da Saúde executar "as medidas e os atendimentos de interesse coletivo" (art. 1º, I), ou seja, moldadas pela ideia de saúde pública ou coletiva, no âmbito da política nacional de saúde. Já o "atendimento médico-assistencial individualizado" restou como tarefa do Ministério da Previdência e Assistência Social (art. 1º, II), que para isso constituiria o INAMPS.
Lei nº 6.439/1977.	Cria o Instituto Nacional de Assistência Médica da Previdência Social (INAMPS) para prestar a assistência médica de que tratava o art. 1º, II, da Lei nº 6.229/1975. A assistência à saúde, aqui, adquiriu contornos curativos e individualizados, muitas vezes em prejuízo de um planejamento conjunto das políticas de saúde e com problemas de continuidade do atendimento prestado.

LEGISLAÇÃO	ASPECTOS RELEVANTES
Decreto nº 86.329/1981.	Institui o Conselho Consultivo da Administração de Saúde Previdenciária (CONASP), composto por representantes da Administração Pública Federal, do Conselho Federal de Medicina e de representantes de entidades de classe. O "controle social participativo", segundo "o princípio de participação da comunidade na deliberação, gestão e fiscalização" do setor da saúde é assim institucionalizado[3]. Além disso, o CONASP volta-se para o atendimento básico, a integração entre a recuperação com a promoção e a proteção da saúde, a descentralização e a busca de equilíbrio entre os setores público e privado. Ele introduz o pagamento dos serviços de saúde por meio de Autorizações de Internação Hospitalar (AIHs)[4]; estabelece as Ações Integradas de Saúde (AIS), descentralizando a execução dos serviços de saúde aos entes locais, pela contratação via INAMPS e mediante pagamento por transferências de recursos federais; e institui as primeiras Comissões Interinstitucionais de Saúde, com a participação de gestores, representantes de prestadores públicos e privados, profissionais e usuários[5].
Decreto nº 94.657/1987.	Estabelece o Programa de Desenvolvimento dos Sistemas Unificados e Descentralizados de Saúde (SUDS), atribuindo a Estados e Municípios responsabilidades sobre a prestação de assistência à saúde, já com foco na atenção básica e nos cuidados primários de saúde.

3. **A 8ª Conferência Nacional de Saúde:** A evolução legislativa demonstra a crescente inserção do Movimento de Reforma Sanitária no desenho e na

3. Nesse sentido, conferir FALEIROS, Vicente de Paula et al. *A Construção do SUS. Histórias da Reforma Sanitária e do Processo Participativo*. Brasília: Ministério da Saúde, 2006, p. 35 e 42-43.
4. A doutrina denomina de *fee-for-service* à forma de pagamento da assistência à saúde de acordo com os serviços prestados. Nesse sentido, e a título exemplificativo, cf. LOBATO, Lenaura; BURLANDY, Luciene. The context and process of health care reform in Brazil. In: FLEURY, Sonia; BELMARTINO, Susana; BARIS, Enis. *Reshaping health care in Latin America. A comparative analysis of health care reform in Argentina, Brazil, and Mexico.* Ottawa: International Development Research Centre, 2000. Disponível em: <http://web.idcr.ca/openebooks/311-9/>. Acesso em: 04 out. 2011.
5. FALEIROS et al., p. 43.

implementação das políticas de saúde, antecipando características que demarcariam a estrutura do Sistema Único de Saúde (SUS) tempos depois. O momento culminante desse processo aconteceu com a realização da **8ª Conferência Nacional de Saúde** em março de 1986, em Brasília, quando se reuniram mais de 1.000 delegados, num total de mais de 5.000 pessoas – motivo para que seja considerada como a "Constituinte da Saúde"[6]. Entre os aspectos mais importantes das conclusões da 8ª CNS, destacam-se os seguintes:

- garantia da saúde como direito social e direito da cidadania – ou seja, direito ligado à emancipação do ser humano enquanto sujeito de direitos, à garantia de condições para seu próprio desenvolvimento, como pessoa que atua e participa da vida em comunidade (sentido que extrapola, portanto, à noção clássica de cidadania como exercício dos direitos políticos);
- igualdade de acesso aos serviços de saúde;
- inclusão da saúde no conjunto de competências e ações da seguridade social, com múltiplas fontes de custeio – não mais restrita, portanto, às contribuições de trabalhadores e empregadores;
- direção única do sistema, a cargo do Ministério da Saúde;
- consenso de que a assistência à saúde deveria englobar ações de prevenção, promoção e cura, com prioridade para os cuidados preventivos, num modelo integrado e organizado de forma hierarquizada, em níveis crescentes de complexidade e de acordo com o perfil epidemiológico da população;
- descentralização, regionalização e municipalização da assistência à saúde;
- participação popular e controle social sobre as políticas de saúde, a ser exercido pelas Conferências de Saúde e por Conselhos de Saúde, a serem criados em cada um dos níveis federativos e mediante composição de representantes do Estado, dos profissionais de saúde e dos usuários[7].

---

6. A expressão é de FALEIROS et al., p. 82.
7. Cf. LOBATO, Lenaura; BURLANDY, Luciene. The context and process of health care reform in Brazil. In: FLEURY, Sonia; BELMARTINO, Susana; BARIS, Enis. *Reshaping health care in Latin America. A comparative analysis of health care reform in Argentina, Brazil, and Mexico.*

É evidente, dessarte, a relevância dos debates e proposições tirados da 8ª Conferência Nacional de Saúde para a constitucionalização do direito à saúde como direito fundamental e a institucionalização do Sistema Único de Saúde (SUS), com observância de princípios como a universalidade e a igualdade de acesso, a integralidade da cobertura, a descentralização e a hierarquização dos serviços, a participação da comunidade no planejamento e no controle das políticas públicas do setor – o que seria ainda objeto de complementação e detalhamento pela legislação superveniente[8].

Aplicação em concurso:

▶ Histórico da assistência à saúde:

- *UnB/CESPE/2008 – Defensor Público Substituto do Estado do Ceará:*

  Julgue os itens a seguir, relacionados à seguridade social.

  No ordenamento jurídico brasileiro, a primeira referência a instituições que promovessem ações relacionadas ao que hoje se denomina seguridade social foi feita pela Constituição de 1824, que criou as casas de socorros, consideradas embriões das santas casas de misericórdia.

  Resposta: Correto.

- *VUNESP/2014 – Pref. São Paulo, SMS – Especialista em Saúde, Enfermeiro:*

  Assinale a alternativa que faz a correta correspondência entre o período histórico brasileiro e as características dos respectivos sistemas de saúde existentes.

c) Império (1822-1889), período no qual as estruturas de saúde enfatizavam a polícia sanitária, a administração era centrada nos municípios e foram criadas as primeiras instituições de controle sanitário dos portos e de epidemias.

  Resposta: alternativa "c".

- *FUNCAB/2014 – SESACRE – Biomédico:*

  O movimento comandado por Oswaldo Cruz que tinha como objetivo erradicar a epidemia de febre amarela ficou conhecido como:

a) modelo de intervenção campanhista.

  Resposta: alternativa "a".

Ottawa: International Development Research Centre, 2000. Disponível em: <http://web.idcr.ca/openebooks/311-9/>. Acesso em: 04 out. 2011.

8. Nesse sentido, cf. RAEFFRAY, Ana Paula Oriola de. *Direito da Saúde de acordo com a Constituição Federal*. São Paulo: Quartier Latin, 2005, p. 260 et seq.

- *AOCP/2018 – Prefeitura de Juiz de Fora, MG – Enfermeiro:*

  No início do século XX, o sanitarismo campanhista visava, principalmente,

a) sanear os espaços de circulação das mercadorias exportáveis.
b) organizar os serviços públicos e descentralizar as ações de saúde coletiva.
c) implantar redes temáticas de atenção em saúde.
d) intensificar ações voltadas para a saúde do trabalhador.
e) monitorar a qualidade de bens de consumo de interesse à saúde.

Resposta: alternativa "a".

- *FUNCAB/2014 – SESACRE – Biomédico:*

  A Lei Eloy Chaves foi o marco inicial da previdência social no Brasil. Através dessa lei foram instituídas as(os):

e) Caixas de Aposentadoria e Pensões.

Resposta: alternativa "e".

- *CEC/2014 – Pref. Ponta Grossa, PR – Médico Cardiologista:*

  Assinale a alternativa que complementa corretamente o texto a seguir: "A saúde no Brasil esteve fortemente ligada à Previdência Social. Pode-se considerar a criação das Caixas de Aposentadoria e Pensões pela Lei Eloy Chaves como o marco inicial da medicina previdenciária brasileira. Essa conquista dos trabalhadores está associada à ________."

c) Greve Geral de 1917.

Resposta: alternativa "c".

- *CEC/2014 – Pref. Ponta Grossa, PR – Médico Cardiologista:*

  Assinale a alternativa que complementa corretamente o texto a seguir: "Em 1963 aconteceu no Brasil a III Conferência Nacional de Saúde. As suas proposições não puderam se transformar em ações em função do Golpe de 1964. Entre as suas propostas destaca-se ____________________."

c) descentralização dos serviços de saúde.

Resposta: alternativa "c".

- *ESPE/2018 – EBSERH – Nível Superior (Área Médica):*

  Em relação à evolução histórica da saúde no Brasil, julgue o item a seguir.

  O plano de interiorização das ações de saúde e saneamento foi implantado exclusivamente com vistas à resolução do déficit em saúde da população rural.

  Resposta: Errado.

▶ O Plano de Interiorização das Ações de Saúde e Saneamento (PIASS) decorreu de proposta da 6ª Conferência Nacional de Saúde, já na linha das discussões travadas desde a 3ª Conferência Nacional de Saúde. O PIASS não tinha por foco as populações rurais, mas a interiorização mesma da saúde no Brasil[9].

- *Prefeitura do Rio de Janeiro/2008 – Especialização em Enfermagem Clínica e Cirurgia Geral:*

  O Sistema Nacional de Saúde do período militar brasileiro caracterizou-se pelo predomínio financeiro das instituições previdenciárias e pela hegemonia de uma burocracia técnica que atuava no sentido da mercantilização crescente da saúde. Nesse sentido, é correto afirmar que:

  d) na década de 1970, a assistência médica financiada pela Previdência Social conheceu seu momento de maior expansão em número de leitos disponíveis, em cobertura e em volume de recursos disponibilizados.

  Resposta: alternativa "d".

- *FUNCAB/2014 – Pref. Vassouras, RJ – Médico Cardiologista:*

  A Conferência Internacional sobre a Atenção Primária à Saúde, realizada em Alma-Ata em 1978, foi o ponto culminante na discussão:

  a) contra a elitização da prática médica, bem como contra a inacessibilidade dos serviços médicos às grandes massas populacionais.

  Resposta: alternativa "a".

- *PERSONA/2011 – Prefeitura de Cajamar/SP – Agente Comunitário de Saúde:*

  Alma-Ata passou a ser uma referência mundial para as pessoas que se preocupam com a saúde e, quando alguém se refere a Alma-Ata, está se referindo ao compromisso de ______________ – uma meta a ser alcançada por meio da atenção primária à saúde e da participação comunitária.

  Está correta:

  b) Saúde para todos

  Resposta: alternativa "b".

---

9. Conforme documento do Ministério da Saúde, *"O PIASS não se propõe disseminar agências de saúde simplificadas junto a agrupamentos de áreas rurais. O PIASS objetiva promover, no mais breve intervalo de tempo, a implantação* [...] *de uma ampla rede de unidades de saúde pública, estruturada dentro de um complexo: Postos de Saúde – Centro de Saúde (ou Unidades Mistas), um módulo básico do Sistema Nacional de Saúde". Porém, não só: simultaneamente, há que se instalar e manter, junto aos agrupamentos humanos atendidos pela rede sanitária, equipamentos de saneamento básico"* (MINISTÉRIO DA SAÚDE. *VI Conferência Nacional de Saúde. Tema III: Interiorização dos Serviços de Saúde.* José Carlos Seixas (apresentador), p. 23. Disponível em: <http://bvsms.saude.gov.br/bvs/publicacoes/0216cns_tema3.pdf>. Acesso em: 8 mar. 2019. Ver ainda: ESCOREL, Sarah. O programa de interiorização de ações de saúde e saneamento (Piass). In: Reviravolta na saúde: origem e articulação do movimento sanitário [online]. Rio de Janeiro: Editora FIOCRUZ, 1999, p. 161-178. Disponível em: <http://books.scielo.org/id/qxhc3/pdf/escorel-9788575413616-11.pdf>. Acesso em: 8 mar. 2019.

- *CETRO/2013 – Prefeitura Municipal de Campinas/SP – Enfermeiro:*

  A Declaração de Alma Ata, firmada em 1978, define:

  "Os cuidados primários de saúde são cuidados essenciais de saúde baseados em métodos e tecnologias práticas, cientificamente bem fundamentadas e socialmente aceitáveis, colocadas ao alcance universal de indivíduos e famílias da comunidade, mediante sua plena participação e a um custo que a comunidade e o país possam manter em cada fase de seu desenvolvimento, no espírito de autoconfiança e autodeterminação. Fazem parte integrante tanto do sistema de saúde do país, do qual constituem a função central e o foco principal, quanto do desenvolvimento social e econômico global da comunidade. Representam o primeiro nível de contato dos indivíduos, da família e da comunidade com o sistema nacional de saúde, pelo qual os cuidados de saúde são levados o mais proximamente possível aos lugares onde pessoas vivem e trabalham, e constituem o primeiro elemento de um continuado processo de assistência à saúde."

  Opas/OMS, 1978:

  De acordo com a declaração acima, assinale a alternativa referente à organização proposta.

b) Propõe a instituição de serviços locais de saúde centrados nas necessidades de saúde da população e fundados numa perspectiva interdisciplinar.

   Resposta: alternativa "b".

- *PERSONA/2011 – Prefeitura de Cajamar/SP – Agente Comunitário de Saúde:*

  Principais pontos de compromisso da Conferência de Alma-Ata:

I. A saúde é um direito fundamental do homem, e a meta de todos os povos deve ser atingir um alto nível de saúde.

II. A desigualdade no estado de saúde dos povos é inaceitável e é motivo de preocupação para todos os países.

III. A promoção da saúde dos povos é essencial para o desenvolvimento econômico e social e contribui para melhorar a qualidade de vida e para alcançar a paz mundial.

IV. A população tem o direito e o dever de participar como indivíduo e como grupo no planejamento e na execução dos cuidados de saúde.

   Estão corretas:

d) Todas as alternativas estão corretas

   Resposta: alternativa "d".

- *Prefeitura do Rio de Janeiro/2008 – Especialização em Enfermagem Clínica e Cirurgia Geral:*

  As Ações Integradas de Saúde (AIS) surgiram no início da década de 1980 como política pública sob a forma de programa e se concretizaram por meio de convênios entre o Ministério da Previdência e Assistência Social, Ministério da Saúde, Ministério da Educação e as secretarias estaduais de saúde, com a incorporação progressiva dos municípios. Podemos inferir que um avanço marcante dessa política esteve relacionado:

a) ao consistente fortalecimento da rede básica ambulatorial.

Resposta: alternativa "a".

- *CESPE/2018 – EBSERH – Nível Superior (Área Médica):*

  Em relação à evolução histórica da saúde no Brasil, julgue o item a seguir.

  O plano de descentralização da saúde do Conselho Nacional de Administração da Saúde Previdenciária, de 1982, resultou da adoção das ações integradas de saúde (AIS) para fortalecer o atendimento previdenciário da época.

  Resposta: Errado.

- *CESPE/2018 – EBSERH – Nível Superior (Área Médica):*

  Em relação à evolução histórica da saúde no Brasil, julgue o item a seguir.

  Com as ações integradas de saúde, instituídas em meados da década de 80 do século passado, tornou-se ainda mais marcante o assistencialismo exclusivista e hegemônico da época, o que impulsionou o descontentamento da classe médica.

  Resposta: Errado.

► As Ações Integradas de Saúde (AIS) foram introduzidas pelo Conselho Consultivo da Administração de Saúde Previdenciária (CONASP), para descentralizar a prestação de assistência à saúde aos entes locais, por intermédio de contratações via INAMPS.

- *CESPE/2018 – EBSERH – Nível Superior:*

  A respeito do Sistema Único de Saúde (SUS), julgue o próximo item.

  Historicamente, o Programa Nacional de Serviços Básicos de Saúde, que programou as ações multidisciplinares do Plano do Conselho Nacional de Administração da Saúde Previdenciária, voltado para atender à população rural, foi um marco no processo de descentralização da saúde.

  Resposta: Errado.

► O Programa Nacional de Serviços Básicos de Saúde (Prev-Saúde) foi uma proposta surgida na 7ª Conferência Nacional de Saúde, realizada em 1980, mas que acabou não sendo realmente implantado. Apesar disso, noções importantes então lançadas, como as "especialidades estratégicas" e a "atenção básica em saúde", permanecem válidas até hoje[10].

---

10. Para maiores informações, consultar, exemplificativamente: NARVAI, Paulo Capel. Prevsaúde: tragédia e farsa. Disponível em: <http://cebes.org.br/2013/12/prevsaude-tragedia-e-farsa/>.

- *CESPE/2018 – EBSERH – Nível Superior (Área Médica):*

  Em relação à evolução histórica da saúde no Brasil, julgue o item a seguir.

  Antes da implantação do SUS, as ações predominantes do Ministério da Saúde eram de promoção da saúde e prevenção de doenças, voltadas para campanhas de vacinação e controle de endemias.

  Resposta: Correto.

- *Fundação José Arthur Boiteux, UFSC/2010: Prefeitura de Florianópolis, Biólogo:*

  O processo histórico de construção do Sistema Único de Saúde culminou com sua regulamentação em 1990, através da Lei Orgânica da Saúde. Considerando os fatos da trajetória de construção do SUS, e o ano do acontecimento deles, numere a coluna da direita, que trata dos fatos históricos, segundo a coluna da esquerda, que identifica os anos correspondentes a esses fatos.

		Ano	Fato Histórico
I.	( )	1941	VIII Conferência Nacional da Saúde
II.	( )	1953	Criação do Ministério da Saúde
III.	( )	1984	Sistema Unificado e Descentralizado de Saúde
IV.	( )	1986	I Conferência Nacional de Saúde
V.	( )	1987	Ações Integradas de Saúde

  Assinale a alternativa que apresenta a seqüência CORRETA, de cima para baixo.

b) IV, II, V, I, III.

  Resposta: alternativa "b".

- *COMPROV/UFCG/2014 – Pref. Baraúna, PB – Médico Clínico Geral:*

  Sobre o histórico da assistência à saúde no Brasil, analise as proposições abaixo, marque V (verdadeiro) ou F (falso) e responda:

I. Antes da criação do SUS quem administrava a saúde no Brasil era o governo federal.

II. Com a criação do SUS, a saúde no Brasil passou a ser controlada pelo setor público e pelo controle social.

III. Antes da criação do SUS a assistência à saúde era prestada pelo Instituto Nacional de Assistência Médica da Previdência Social – INAMPS e era restrita aos empregados que contribuíssem com a previdência.

Acesso em: 8 mar. 2019; e: MINISTÉRIO DA SAÚDE. *Anais da 7ª Conferência Nacional de Saúde.* Brasília: Centro de Documentação do Ministério da Saúde, 1980. Disponível em: <http://bvsms.saude.gov.br/bvs/publicacoes/0218VIIcns_anais.pdf>. Acesso em: 8 mar. 2019.

A alternativa correta é:

a) V V V.

Resposta: alternativa "a".

- *CESPE/2018 – EBSERH – Nível Superior (Área Médica)::*

Em relação à evolução histórica da saúde no Brasil, julgue o item a seguir.

O Sistema Unificado e Descentralizado de Saúde implementou no Brasil a concepção de instituições colegiadas gestoras e o desenvolvimento de uma política de recursos humanos.

Resposta: Correto.

- *UNIMONTES/2010 – Prefeitura de Montes Claros/MG, Biólogo:*

No processo de constituição do Sistema Único de Saúde:

I. um decreto Presidencial antecedeu o mesmo e instituiu o Sistema Único e Descentralizado de Saúde que desconcentrou recursos e descentralizou parte do processo decisório para o âmbito dos estados.

II. desempenhou papel importante na 8ª Conferência Nacional de Saúde, realizada em Brasília, em 1986.

III. houve predominância da participação dos movimentos sociais estimulados pela Lei 8.142 que defendia a democratização da saúde.

Está(ão) CORRETA(S) a(s) afirmativa(s)

b) I e II, apenas.

Resposta: alternativa "b".

► A alternativa III está errada porque a Lei nº 8.142/90 foi editada depois da instituição do SUS pela Constituição Federal de 1988.

- *EDUCA/2009 – Prefeitura de Santa Inês/PB, Médico:*

Sobre o surgimento do Movimento Sanitário Brasileiro, analise as afirmativas abaixo e marque V para as verdadeiras e F para as falsas.

( ) O regime autoritário, instaurado após o golpe militar de 1964, trouxe, como conseqüência imediata para as políticas de saúde no Brasil, um total esvaziamento da participação da sociedade nos rumos da previdência.

( ) De outro lado, também provocou uma centralização crescente da autoridade decisória, marcada pela criação do Instituto Nacional de Previdência Social (INPS), resultado da fusão dos vários IAPs em 1936.

( ) As políticas de saúde do primeiro período da ditadura, entre 1968 e 1970, fase do "milagre brasileiro", foram caracterizadas por uma síntese, produto de reorganizações setoriais do sanitarismo campanhista do início do século e do modelo de atenção médica previdenciária do período populista.

( ) Um dos marcos do movimento de reforma sanitária ocorreu em 1979, durante o I Simpósio Nacional de Política de Saúde, conduzido pela Comissão de Saúde da Câmara dos Deputados. Já nesse momento, foi discutida uma proposta de reorganização do sistema de saúde colocada pelo Centro Brasileiro de Estudos de Saúde (CEBES), representante legítimo do movimento sanitário.

Marque a alternativa que contém a seqüência CORRETA.

e) V – F – F – V.

Resposta: alternativa "e".

- *AOCP/2015 – EBSERH/CHC-UFPR – Advogado:*

Assinale a alternativa correta sobre a evolução histórica da organização do sistema de saúde no Brasil e a construção do Sistema Único de Saúde (SUS) quando à implantação da Reforma Administrativa Federal, quando ficou estabelecido que o Ministério da Saúde seria o responsável pela formulação e coordenação da Política Nacional de Saúde e ficaram as seguintes áreas de competência: política nacional de saúde; atividades médicas e paramédicas; ação preventiva em geral, vigilância sanitária de fronteiras e de portos marítimos, fluviais e aéreos; controle de dorgas, medicamentos e alimentos e pesquisa médico-sanitária.

e) 1987.

Resposta: alternativa "e".

- *IBDF/2015 – SSA/HMDCC – Advogado:*

A 8ª Conferência Nacional de Saúde (CNS), em 1986, foi um marco da Reforma Sanitária Brasileira, na construção do Sistema Único de Saúde. As propostas da 8ª CNS não foram realizadas imediatamente, pois, ainda havia a discussão acerca do financiamento e sobre a operacionalização do novo sistema de saúde. Dessa forma, em 1987, criou-se, através de uma proposta do INAMPS/MPAS (Ministério da Previdência e Assistência Social), um sistema que se apresentou como base na construção do SUS. Trata-se:

a) Das AIS (Ações Integradas de Saúde).
b) Programa de Interiorização das Ações de Saúde e Saneamento (Piass).
c) SUDS (Sistema Único e Descentralizado de Saúde).
d) Programa Nacional de Serviços Básicos de Saúde (Prev-Saúde).

Resposta: alternativa "c".

- *MSCONCURSOS/2010 – Prefeitura de Conselheiro Pena/MG, Fisioterapeuta:*

O Sistema Único de Saúde (SUS) foi criado pela Constituição Federal de 1988 para que toda a população brasileira tenha acesso ao atendimento público de saúde. Anteriormente, a assistência médica estava a cargo do Instituto Nacional de Assistência Médica da Previdência Social (INAMPS), ficando restrita aos empregados que contribuíssem com a previdência social; os demais eram atendidos apenas em serviços filantrópicos. Marque a opção CORRETA:

c) O SUS tem por objetivo assistência às pessoas por intermédio de ações de promoção, proteção e recuperação da saúde, com a efetivação integrada das ações assistenciais e das atividades preventivas.

Resposta: alternativa "c".

- *AOCP/2015 – EBSERH/HU-UFJF – Advogado:*

  Até a criação do Sistema Único de Saúde (SUS), o Ministério da Saúde, desenvolveu apenas ações de promoção da saúde e de prevenção de doenças, com destaque às campanhas de vacinação e controle de endemias. Foi um período marcado pela rearticulação das forças políticas nacionais e de discussão e mobilização popular pela democratização da saúde e do próprio regime político do país. Acerca da evolução histórica da organização do Sistema Único de Saúde, assinale a alternativa INCORRETA.

a) Em meados de 1980, o INAMPS adota uma série de medidas que o aproximam ainda mais de uma cobertura universal de clientela, dentre as quais se destaca o fim da exigência da Carteira de Segurado do INAMPS para o atendimento nos hospitais próprios e conveniados da rede pública.

b) A VIII Conferência Nacional de Saúde, realizada em 1986, foi um marco do processo de formulação de um novo modelo de saúde pública universal, visando romper com a cisão estrutural entre saúde pública e medicina curativa individual, e com a intensa privatização que então caracterizava o sistema de saúde brasileiro.

c) Desde a Constituição Federal de 1988, foi imposta a centralização da prestação dos serviços de saúde, ou seja, a União passou a ser a única responsável, tornando as esferas de Estado e Municípios diretamente subordinadas a ela. A União é a única legitimada a condições gerenciais, técnicas, administrativas e financeiras.

d) A Constituição Federal de 1988 trouxe mudanças no papel do Estado e alterou profundamente o sistema público de saúde, criando novas relações entre as diferentes esferas de governo, novos papéis entre os atores do setor, dando origem, enfim, ao Sistema Único de Saúde.

e) Pela Constituição Federal de 1988, compete ao SUS prestar assistência às pessoas por intermédio de ações de promoção, proteção e recuperação da saúde, com a realização integrada das ações assistenciais e das atividades preventivas, aí incluídas as ações de vigilância sanitária, vigilância epidemiológica, saúde do trabalhador e assistência terapêutica integral, inclusive farmacêutica, sendo tais competências fixadas também em norma constitucional.

   Resposta: alternativa "c".

- *IDECAN/2017 – INCA – Gestão de Projetos:*

  O SUS foi criado pela Constituição Federal de 1988 e regulamentado pelas Leis nº 8.080/90 e nº 8.142/90 (Leis Orgânicas da Saúde), com a finalidade de:

I. Alterar a situação de desigualdade na assistência à saúde da população.

II. Tornar obrigatório o atendimento público a qualquer cidadão.

III. Ampliar a atenção à rede privada de saúde no Brasil.

   Está(ão) correta(s) a(s) afirmativa(s)

a) I, II e III.

b) II, apenas.

c) I e II, apenas.
d) II e III, apenas.
Resposta: alternativa "c".

▶ A alternativa "c" está errada, porque o SUS se caracteriza por ser um sistema público e universal, não tendo por finalidade a ampliação da rede privada de saúde.

- *INTEGRI/2010 – Prefeitura de Votorantim/SP, Enfermeiro:*

  O Sistema Único de Saúde (SUS) é um dos maiores sistemas públicos de saúde do mundo. Em 2008 o SUS completou 20 anos, antes de sua criação, a saúde não era considerada um direito social sendo adotado um modelo de saúde que até então dividia os brasileiros em três categorias: os que podiam pagar por serviços de saúde privados; os que tinham direito à saúde pública por serem segurados pela previdência social (trabalhadores com carteira assinada); e os que não possuíam direito algum. O Sistema constitui um projeto social único que se materializa por meio de ações de promoção, prevenção e assistência à saúde dos brasileiros. Ele abrange desde o simples atendimento ambulatorial até o transplante de órgãos, garantindo acesso integral, universal e gratuito para toda a população do país. Amparado por um conceito ampliado de saúde, o SUS foi criado, em 1988 pela Constituição Federal Brasileira, para ser o sistema de saúde dos mais de 180 milhões de brasileiros. Sobre o SUS é correto afirmar que:

a) Todos os cidadãos têm direito ao acesso às ações e aos serviços de promoção, proteção e recuperação da saúde promovida pelo Sistema Único de Saúde;
Resposta: alternativa "a".

- *DOM CINTRA/2014 – FIOCRUZ – Tecnologista, Psicologia:*

  Um desafio que se impõe para todos os trabalhadores de saúde e a sociedade brasileira é a consolidação do Sistema Único de Saúde (SUS). Após mais de vinte anos de sua implantação, o sistema ainda sofre com problemas como:

I. acesso, financiamento e oferta de serviços e insumos.
II. descentralização, participação popular e iniquidade do sistema em relação às demandas regionais.
III. formação para o trabalho em saúde.

Das afirmativas acima:

e) todas estão corretas.
Resposta: alternativa "e".

▶ Modelos de assistência à saúde:

- *CEC/2014 – Pref. Ponta Grossa, PR – Médico Cardiologista:*

  Em relação aos modelos assistenciais, correlacione as colunas:

1. residual	a) Sistema Único de Saúde
2. beveridgiano	b) Assistência Social
3. bismarckiano	c) Instituto Nacional de Assistência Médica da Previdência Social.

Assinale a alternativa em que está correta a associação entre as colunas:

d) 1-b / 2-a / 3-c

Resposta: alternativa "d".

- *GESTÃO DE CONCURSOS/2014 – HRTN – Médico Plantonista Clínico:*

Em relação ao processo histórico de construção do modelo assistencial à saúde brasileira, assinale a alternativa INCORRETA.

a) que no início do século XX, foi criado um modelo sanitário para o país centrado na promoção e proteção da saúde, para resolver os problemas de maior prevalência, como a varíola, a malária, a febre amarela e, posteriormente, a peste.

b) que um ativo movimento de reforma sanitária emergiu no Brasil durante a primeira república, sob a liderança da nova geração de médicos higienistas, em 1920. Durante a primeira república, foram estabelecidas as bases para a criação de um Sistema Nacional de Saúde, caracterizado pela concentração e pela verticalização das ações no governo central.

c) que na década de 1930, foram criados os Institutos de Aposentadoria e Pensões (IAPs), que pretendiam estender a todas as categorias do operariado urbano organizado os benefícios da previdência.

d) que em 1975, o modelo de saúde previdenciário implantado pela ditadura militar entra em crise. Por ter priorizado a medicina curativa, o modelo proposto foi incapaz de solucionar os principais problemas de saúde coletiva como as endemias, as epidemias e os indicadores de saúde (mortalidade infantil, por exemplo).

Resposta: alternativa "a".

► A alternativa "a" descreve típicas formas de ação curativa e campanhista, vinculadas à atuação da polícia sanitária, e que não correspondem às ações de promoção e proteção da saúde, só enfatizadas em período mais recente da história da assistência à saúde no país.

- *COMPROV/UFCG/2014 – Pref. Baraúna, PB – Médico Clínico Geral:*

O processo histórico da assistência à saúde no Brasil é marcado por avanços significativos que culminou com a criação do Sistema Único de Saúde – SUS. Em relação a esse processo, analise as proposições abaixo e responda:

I. Antes da criação do SUS, não existia um sistema de saúde público estabelecido no Brasil.

II. A Conferência Nacional de Saúde, realizada em 1986, é considerada um grande marco da chamada Reforma Sanitária Brasileira.

III. Antes da criação do SUS o modelo de assistência à saúde era preventivo e curativo.

A sequência correta é:

b) I e II estão corretas.

Resposta: alternativa "b".

► A prevenção e a promoção da saúde são características do modelo de assistência adotado a partir da criação do SUS.

- *VUNESP/2014 – Pref. São Paulo, SMS – Especialista em Saúde, Enfermeiro:*

Leia o texto a seguir. "De acordo com Teixeira, Paim e Vilasboas (1998), o sistema de saúde brasileiro após a Constituição de 1988 vem buscando construir modelos de atenção que respondam de forma eficaz e efetiva às reais necessidades da população brasileira, seja em sua totalidade, seja em suas especificidades locais. Os modelos hegemônicos atuais – o médico-assistencial, pautado na assistência médica e no hospital, e o modelo sanitarista, baseado em campanhas, programas e em ações de 'vigilância epidemiológica' e 'sanitária' – não conseguem mais responder à complexidade e diversidade dos problemas de saúde que circunscrevem o cidadão comum nesse início de século." (MONKEN, M; BATISTELLA C. Vigilância em Saúde. Disponível em http://www.epsjv.fiocruz.br/dicionario/verbetes/vigsau.html)

Diante do diagnóstico feito pelos autores, assinale a alternativa correta.

d) A busca por modelos alternativos que articulem ações de promoção, proteção e recuperação da saúde voltadas para a qualidade de vida é estratégia para superar o ciclo biologicista, antropocêntrico, medicalizante e iatrogênico.

Resposta: alternativa "d".

- *EDUCA/2009 – Prefeitura de Juarez Távora/PB, Enfermeiro:*

Os anos finais da década de 1970 foram palco de um grande movimento envolvendo diferentes grupos da sociedade civil, como intelectuais, movimentos sociais, estudantes e profissionais da área da saúde, cujos debates contribuíram para a construção do projeto que se denominou de Reforma Sanitária. Na década de 1990, a introdução das medidas neoliberais no Brasil, como estratégia para o enfrentamento da crise brasileira, culmina com o fortalecimento de um projeto privatista para o campo das políticas sociais e, em especial, para a saúde. Atualmente, ambos os projetos encontram-se em disputa.

Com relação a esses dois projetos, numere os parênteses de acordo com os itens seguintes:

1. Projeto Reforma Sanitária.
2. Projeto Privatista de Saúde.

( ) Fundamento na determinação social da doença para pensar o processo de trabalho em saúde.

( ) Estímulo aos serviços na perspectiva mercantil.

( ) Foco na saúde enquanto um direito de cidadania.

( ) Focalização dos serviços públicos nas camadas vulneráveis da população que mais necessitam.

( ) Descentralização com isenção de responsabilidade do poder central.

Assinale a alternativa que apresenta a numeração CORRETA.

b) 1 – 2 – 2 – 2 – 1.

Resposta: alternativa "b".

► O Movimento da Reforma Sanitária:

- *COMPERVE/2018 – Prefeitura de Natal – Enfermeiro:*

Em meio a uma profunda crise econômica e política do Estado brasileiro surge, no final da década de 1970 e início dos anos 1980, o Movimento pela Reforma Sanitária Brasileira, que defendia um sistema de saúde universal, em contraposição ao modelo médico assistencial privatista, então vigente, que se apresentava cada vez mais ineficiente, caro e excludente. O Movimento pela Reforma Sanitária Brasileira

a) propôs estratégias como as Ações Integradas em Saúde para o alcance de um sistema de saúde mais integrado que foram implantadas após a Constituição de 1988.

b) teve a participação de profissionais de saúde, de intelectuais da saúde coletiva e de lideranças políticas, mas sem a colaboração de parlamentares.

c) teve seu ponto alto na VIII Conferência Nacional de Saúde, realizada em 1986, a qual produziu um relatório que pouco influenciou no Sistema Único de Saúde.

d) gerou mudanças no sistema de saúde, alcançando mudanças institucionais importantes e apontando alternativas centradas na Atenção Primária em Saúde.

Resposta: alternativa "d".

- *CESPE/2018 – EBSERH – Nível Superior (Área Médica):*

Em relação à evolução histórica da saúde no Brasil, julgue o item a seguir.

O Movimento da Reforma Sanitária Brasileira foi, inicialmente, um movimento da intelectualidade universitária e dos profissionais de saúde; os setores sindicais e os movimentos populares se incorporaram ao movimento posteriormente.

Resposta: Correto.

- *FCC/2018 – Câmara Legislativa do Distrito Federal – Consultor Legislativo (Saúde):*

O artigo 196 da Constituição Federal de 1988 reflete uma síntese de todos os referenciais nacionais e internacionais que embasam o conceito ampliado de saúde. A interpretação adequada desse artigo se articula com reelaboração realizada pelo movimento da Reforma Sanitária Brasileira (RSB) sobre a edificação de um Sistema Único de Saúde (SUS) erigido sobre bases democráticas que consideram a saúde como um direito social do cidadão. Nesse sentido, há uma relação interpretativa direta entre

c) a afirmação da saúde como *"direito de todos e dever do Estado..."* e a aposta teórico-política da RSB, de origem socialdemocrata, em depositar no Estado a capacidade de reorganizar a produção e a reprodução social do setor saúde.

d) o princípio do *"acesso universal e igualitário às ações e serviços"* e a focalização das ações nas camadas sociais pobres e médias com a finalidade de dirimir as desigualdades proporcionadas pelo capitalismo.

e) as funções de *"promoção, proteção e recuperação"* e o marco teórico, de base epidemiológica, da "história natural das doenças" segundo o qual deve-se atribuir prioridade à assistência direta à saúde em detrimento das vigilâncias e da prevenção primária.

Resposta: alternativa "c".

- *ASPERHS/2010 – Prefeitura de Afrânio/PE, Farmacêutico/2010:*

Sobre SUS [...]:

d) A Reforma Sanitária se caracteriza como um movimento que começou durante a ditadura militar, sendo liderado por vários segmentos da sociedade, como universitários, profissionais da saúde, centrais sindicais, movimentos populares e, alguns parlamentares. A Reforma Sanitária Brasileira ocorre no mesmo período em que o país encaminha o processo de democratização política e social.

Resposta: Verdadeiro.

e) O movimento se concentrava na busca pela democratização das políticas de saúde, com ênfase na descentralização, universalização e unificação da assistência à saúde. Os esforços que mobilizaram segmentos da sociedade no sentido de democratizar o acesso aos serviços de saúde começam a ganhar corpo em março de 1986, com a realização da 8ª Conferência Nacional da Saúde. Os princípios defendidos pelo Movimento da Reforma Sanitária começam, de fato, a serem implementados.

Resposta: Verdadeiro.

- *ADVISE/2010 – Prefeitura de Piracicaba/SP, Médico Otorrinolaringologista:*

Sobre a Reforma Sanitária no país, assinale a alternativa correta:

c) privilegia um sistema assistencial sanitarista, baseado essencialmente nas estratégias de campanhas e programas especiais, atualmente considerados bastante efetivos.

Resposta: alternativa "c".

- *UnB/CESPE/2008 – Prefeitura Municipal de Vitória/ES, Médico:*

Acerca da reforma sanitária e dos modelos de assistência à saúde, julgue os itens que se seguem.

– A reforma sanitária brasileira deve ser entendida como um movimento de reforma setorial que, promovido pelo segmento ligado à saúde, engloba as ações dessa natureza.
Resposta: Errado.

▶ O Movimento de Reforma Sanitária englobou diferentes setores da sociedade civis, assim como teve por bandeira uma concepção abrangente de saúde, que levasse em consideração os condicionantes que não se restringiam ao âmbito sanitário.

– Entre as intervenções propostas pela reforma sanitária para a reorientação do sistema de serviços de saúde no Brasil, consta o desenvolvimento de recursos de saúde, incluídos os recursos materiais e humanos, além da gestão do sistema.
Resposta: Correto.

– Em face da desestruturação do sistema de saúde pública, propõe-se, na reforma sanitária, o financiamento misto para os hospitais públicos, com verbas governamentais e receitas decorrentes do atendimento a pacientes particulares e convênios.
Resposta: Errado.

▶ O SUS não deve ser financiado com recursos provenientes do atendimento a pacientes particulares.

- *CONESUL/2008 – Prefeitura de Vitória, Agente Comunitário de Saúde:*
O Movimento de Reforma Sanitária no Brasil tinha como objetivo que
c) todas as pessoas independente da classe social, deveriam receber assistência médica sempre que necessitassem e que o governo precisava garantir ações para prevenção de doenças assim como proporcionar a melhoria das condições de saúde da população.
Resposta: alternativa "c".

- *VUNESP/2010 – CEETEPS/SP, Analista Técnico de Saúde (Enfermeiro):*
Fazem parte da Reforma Sanitária:
a) priorizar a atenção primária e retirar do centro do modelo de atenção à saúde o papel do hospital e das especialidades, bem como concentrar-se no usuário-cidadão como um ser humano integral.
Resposta: alternativa "a".

- *COMPERVE/2010 – UFRN, Psicólogo:*
O Movimento Sanitário Brasileiro foi uma das principais articulações entre a sociedade, os profissionais da saúde e a universidade, no sentido de propor uma reforma no setor de saúde. O ponto alto desse movimento foi a 8ª

Conferência Nacional de Saúde, em 1986, a qual contribuiu para a estruturação do SUS, contemplado mais tarde na Constituição de 1988. As principais contribuições da 8ª Conferência Nacional de Saúde estão contidas nas opções abaixo, exceto

a) possibilidade do exercício do controle social por meio dos conselhos de saúde.
b) a saúde como direito de todos e dever do Estado.
c) o conceito ampliado de saúde.
d) o estímulo à estruturação de uma rede privada de serviços.

Resposta: alternativa "d".

▶ A 8ª Conferência Nacional de Saúde:

- *COMPERVE/2018 – SESAP/RN – Administrador:*

A 8ª Conferência Nacional de Saúde (CNS), realizada em março de 1986, foi um marco para as mudanças na área da saúde que se seguiram ao fim do Regime Militar no Brasil. Essa conferência contou com a participação de mais de 4.000 pessoas, reunindo instituições de saúde, representantes da sociedade civil, dos grupos profissionais e dos partidos políticos. Dentre as principais resoluções da 8ª Conferência Nacional de Saúde, encontram -se:

a) adoção de um conceito amplo de saúde, segundo o qual saúde é o resultado das condições de alimentação, habitação, educação, entre outros, e da organização social da produção; criação de um Sistema Único de Saúde, separando gradualmente saúde de previdência, por meio de ampla Reforma Sanitária; constituição de um orçamento social, cabendo à saúde, inicialmente, maior parcela de recursos, de modo a suprir a ausência dos recursos previdenciários.
b) adoção de um conceito amplo de saúde segundo o qual saúde é o resultado de condições dignas de vida e acesso universal e igualitário a ações e serviços de saúde; criação de um Sistema Único de Saúde, separando totalmente saúde de previdência, por meio de ampla Reforma Sanitária; constituição de um orçamento social que englobe os recursos destinados às políticas sociais.
c) adoção de um conceito amplo de saúde segundo o qual saúde é o resultado de condições dignas de vida e acesso universal e igualitário a ações e serviços de saúde; criação de um Sistema Único de Saúde, separando totalmente saúde de previdência, por meio de ampla Reforma Sanitária; constituição de um orçamento social, cabendo à saúde, inicialmente, maior parcela de recursos, de modo a suprir a ausência dos recursos previdenciários.
d) adoção de um conceito amplo de saúde segundo o qual saúde é o resultado das condições de alimentação, habitação, educação, entre outros, e da organização social da produção; criação de um Sistema Único de Saúde, separando gradualmente saúde de previdência, por meio de ampla Reforma Sanitária; constituição de um orçamento social que englobe os recursos destinados às políticas sociais.

Resposta: alternativa "b".

- *AOCP/2018 – Prefeitura de Juiz de Fora, MG – Enfermeiro:*

  Preencha a lacuna e assinale a alternativa correta.

  "A ________________________ ocorrida em março de 1986, contou com a participação de diversos setores organizados da sociedade e, nela, houve um consenso de que, para o setor da saúde no Brasil, não era suficiente uma mera reforma administrativa e financeira, mas sim uma mudança em todo o arcabouço jurídico-institucional vigente, que contemplasse a ampliação do conceito de saúde segundo os preceitos da reforma sanitária."

a) Quarta Conferência Nacional de Cuidados em Saúde Pública
b) Oitava Conferência Nacional de Saúde
c) Conferência de Alma Ata
d) Primeira Conferência Internacional sobre Cuidados Primários de Saúde
e) Terceira Conferência Internacional sobre Promoção da Saúde

Resposta: alternativa "b".

- *IADES/2018 – SES/DF – Enfermeiro Obstetra:*

  Com o advento da Nova República, o movimento político propício em virtude da eleição indireta de um presidente não militar desde 1964, além da perspectiva de uma nova Constituição, contribuíram para que a VIII Conferência Nacional de Saúde, em 1986, em Brasília, fosse um marco e, certamente, um divisor de águas dentro do movimento pela reforma sanitária brasileira. Acerca desse tema, quanto ao princípio ou à diretriz do Sistema Único de Saúde que corresponde a essa conferência, assinale a alternativa correta.

a) Participação da comunidade.
b) Descentralização, com direção única em cada esfera de governo.
c) Equidade da atenção.
d) Rede regionalizada e hierarquizada.
e) Acesso universal e igualitário.

Resposta: alternativa "a".

- *IADES/2014 – EBSERH/HUPES-UFBA – Advogado:*

  A 8ª Conferência Nacional de Saúde (1986) foi um marco do processo de formulação de um novo modelo de saúde pública universal. Acerca do tema, assinale a alternativa que indica um dos principais encaminhamentos dessa conferência.

a) A ruptura com a cisão estrutural entre saúde pública e medicina curativa individual e com a intensa privatização que, então, caracterizava o sistema de saúde brasileiro.

Resposta: alternativa "a".

- *IDECAN/2014 – EBSERH, HUPAA-UFAL – Técnico em Enfermagem, Saúde do Trabalhador:*

  O que foi a 8ª Conferência Nacional de Saúde?

e) Um marco na formulação das propostas de mudanças no setor Saúde do Brasil, ocorrido em 1986.
Resposta: alternativa "e".

- *CONPASS/2013 – Prefeitura Municipal de Extremoz, RN – Auditor Fiscal de Vigilância Sanitária:*
Qual Conferência Nacional de Saúde representou o marco da Reforma Sanitária Brasileira?
c) 8ª Conferência Nacional de Saúde.
Resposta: alternativa "c".

- *FUNADEPI/2010 – Secretaria Estadual de Educação e Cultura do Estado do Piauí, Professor Substituto (Professor Classe SL – Agente Comunitário de Saúde):*
Foi considerado um marco histórico para a criação do Sistema Único de Saúde:
c) A 8ª Conferência Nacional de Saúde;
Resposta: alternativa "c".

- *FEPESE/2012 – Prefeitura de Florianópolis – Médico:*
O evento fundamental que permitiu a aproximação do governo, movimento sanitário e movimentos sociais populares que marcaram uma nova fase na participação social nas políticas públicas de saúde, na década de 80, foi:
c) A 8ª Conferência Nacional de Saúde.
Resposta: alternativa "c".

- *Gestão de Concursos/2013 – Médico (CIAS/SAMU/MG):*
A 8ª Conferência Nacional de Saúde, ocorrida entre 17 e 21 de março de 1986, em Brasília, foi um marco da Reforma Sanitária Brasileira. Nessa Conferência, detectou-se a necessidade de uma reformulação mais profunda, com a ampliação do conceito de saúde e sua correspondente ação institucional. Sobre essa reforma sanitária, é CORRETO afirmar que
b) a Assembleia Nacional Constituinte aprovou as propostas da Reforma Sanitária, que incluíam a criação do Sistema Único de Saúde, reconhecendo a saúde como um direito a ser assegurado pelo Estado e pautado pelos princípios de universalidade, equidade, integralidade e organizado de maneira descentralizada, hierarquizada e com participação da população.
Resposta: alternativa "b".

- *CONSULPLAN/2008 – Secretaria de Estado da Administração e dos Recursos Humanos do Estado do Rio Grande do Norte, Auditor Hospitalar:*
A Reforma Sanitária Brasileira tem como marco de debate a 8ª Conferência Nacional de Saúde realizada em março de 1986 e teve como objetivo a reestruturação financeira organizacional e institucional do setor público de saúde. Pode-se citar como objetivo desta Conferência:

I. Transferir a responsabilidade da prestação da assistência à saúde do governo da União para os governos locais.
II. Consolidar o financiamento e a previsão dos serviços públicos de saúde, orientando-se para a eqüidade, a universalidade e a integralidade da atenção.
III. Facilitar a participação efetiva da comunidade no planejamento e controle do sistema de saúde.
IV. Recuperar física e tecnologicamente a rede de serviços e sua gestão.

Estão corretas apenas as afirmativas:

e) I, II e III.

Resposta: alternativa "e".

- *CAJUÍNA/2010 – Prefeitura de Colônia do Piauí/PI, Médico:*

Em relação ao Sistema Único de Saúde (SUS), considere as seguintes afirmações.

I. As bases para o Sistema Único de Saúde brasileiro têm sua origem nas conclusões da 8ª Conferência Nacional de Saúde, realizada em 1986.
II. De acordo com a Constituição Federal de 1988, o SUS é o sucessor legal do INAMPS.
III. Eqüidade em saúde pública significa que todos os indivíduos devem ter suas necessidades de saúde igualmente atendidas.

Está(ao) CORRETA(S):

a) Apenas I.

Resposta: alternativa "a".

► A afirmativa II está errada porque se trata de instituições completamente diferentes: enquanto o SUS é um sistema de saúde, único e universal, o INAMPS era uma autarquia federal, bem mais restrita. Já a alternativa III está errada porque o princípio da equidade, como será visto mais adiante, traz a ideia de que as pessoas não devem ser atendidas de modo idêntico, mas sim na medida das suas desigualdades, aproximando-se ao conceito jurídico de igualdade em sentido substancial.

- *Prefeitura do Rio de Janeiro/2008 – Especialização em Enfermagem Clínica e Cirurgia Geral:*

Com o advento da Nova República, destaca-se no setor saúde a convocação, em 1986, da 8ª Conferência Nacional de Saúde. Este evento foi considerado o momento mais significativo do processo de construção de uma plataforma e de estratégias do movimento pela democratização da saúde em toda a sua história e as discussões desencadeadas nesse processo refletiram:

d) na recusa da idéia de estatização do Sistema de Saúde, mantendo-se a proposta de fortalecimento e expansão do setor público.

Resposta: alternativa "d".

- *VUNESP/2009 – Prefeitura de Guarulhos, Médico (Alergista):*

  "Em seu sentido mais abrangente, a saúde é a resultante das condições de alimentação, habitação, educação, renda, meio ambiente, trabalho, transporte, emprego, lazer, liberdade, acesso e posse da terra e acesso a serviços de saúde." Considerando o fragmento do texto, da 8ª CNS, é possível afirmar que:

c) a saúde resulta de determinantes políticos, sociais, econômicos e da oferta de serviços de saúde.

Resposta: alternativa "c".

- *INTEGRI/2010 – Prefeitura de Votorantim/SP, Fonoaudiólogo:*

  A VIII Conferência Nacional de Saúde (17 a 21 de março de 1986), grande marco para o SUS, passa a definir Saúde como:

d) A resultante das condições de alimentação, habitação, educação, renda, meio-ambiente, trabalho, transporte, emprego, lazer, liberdade, acesso e posse de terra e acesso a serviços de saúde.

Resposta: alternativa "d".

- *IBFC/2016 – EBSERH/HU-FURG – Advogado:*

  Considerando o histórico da construção do Sistema Único de Saúde – SUS, assim como o papel das Conferências Nacionais de Saúde, analise as sentenças abaixo, classificando-as como V (verdadeira) ou F (falsa). A seguir, assinale a alternativa que contém a sequência correta, de cima para baixo.

( ) A 8ª Conferência Nacional de Saúde aprovou as diretrizes para a criação do Sistema Único de Saúde (SUS).

( ) A 9ª Conferência Nacional de Saúde teve como principal demanda a descentralização da saúde, que seria obtida com a municipalização dos serviços.

( ) A 8ª Conferência Nacional de Saúde resultou, quase que de imediato, na implantação do Sistema Unificado e Descentralização de Saúde (SUDS) e na incorporação do INAMPS ao Ministério da Saúde, ambos no período que antecedeu à Constituição da República Federativa de 1988.

e) V, V, F.

Resposta: alternativa "e".

► A última afirmativa está errada, pois a incorporação do INAMPS ao Ministério da Saúde só ocorreu em 1990, com a publicação do Decreto nº 99.060, de 7 de março de 1990.

---

4. O direito à saúde como direito fundamental social: O sistema constitucional brasileiro, diferentemente do que acontece em outros países, consagrou a saúde como direito fundamental social. O que isso significa?

4.1. Direitos fundamentais sociais: Diferentemente do que se verifica em outros sistemas constitucionais, a CF/88 revestiu os direitos sociais da mesma **fundamentalidade** atribuída aos direitos e garantias individuais, ainda que se possam admitir certas peculiaridades, a depender do direito em causa.

Em termos **formais**, a leitura do texto constitucional desde logo indica que ambas as espécies de direitos foram igualmente positivadas sob o mesmo Título II, "Dos Direitos e Garantias Fundamentais", o que já seria um argumento bastante forte no sentido da outorga de fundamentalidade aos direitos sociais; o argumento topológico não é tudo, porém. Por meio da cláusula de abertura inserida no § 2º do art. 5º da CF/88, é possível a extensão do regime de proteção constitucional reforçada para outros direitos além daqueles arrolados pelo próprio art. 5º, mesmo se não previstos de maneira expressa pelo texto constitucional, desde que "decorrentes do regime e dos princípios" adotados pela Constituição, bem como dos "tratados internacionais em que a República Federativa do Brasil seja parte" – argumento que, com o devido respeito a posições diversas, parece colocar termo à discussão. Na condição de direitos fundamentais, os direitos sociais, ou, mais propriamente, as normas de direitos sociais são dotadas de aplicabilidade imediata, como assegura o § 1º do art. 5º da CF/88 – considerado como uma espécie de "mandado de otimização"[11] para o intérprete-aplicador, a indicar que deva privilegiar a interpretação que maior eficácia confira ao direito fundamental em causa. Como direitos fundamentais, os direitos sociais também se encontram protegidos pelos limites materiais ao poder de reforma constitucional (CF, art. 60, § 4º)[12].

De modo semelhante, os direitos sociais são direitos fundamentais em sentido **material**. A fundamentalidade material diz respeito à averiguação da importância do bem constitucionalmente protegido para a comunidade na qual se insere a Constituição. No caso brasileiro, o mencionado protagonismo da pessoa humana, assim como a vinculação constitucional da República à construção de uma sociedade justa e solidária, voltada à redução das desigualdades sociais e regionais e, em última análise, à promoção do bem de todos, sem discriminações, endossa o argumento de que os

---

11. A expressão é de Ingo Sarlet, que desde a primeira edição de *A Eficácia dos Direitos Fundamentais* já defendia essa interpretação, depois reiterada nas reedições da obra e nos demais textos que se sucederam. Atualmente: SARLET, 2009, p. 194 et seq.
12. Cabe lembrar que o Supremo Tribunal Federal, em paradigmática decisão na ADI nº 939/DF, a respeito da constitucionalidade do então chamado "Imposto Provisório sobre Movimentações Financeiras" (IPMF), manifestou-se pelo caráter aberto e, portanto, não exaustivo, da norma inscrita no art. 60, § 4º, inciso IV, do texto constitucional, afirmando que a proteção das cláusulas pétreas alcança outros direitos para além daqueles expressamente ali mencionados.

diversos direitos sociais, explicitados ou não pelo art. 6º da CF/88, são dotados de fundamentalidade em sentido material. Sem dúvida alguma, a concretização de tais direitos destina-se à proteção das mais diversas esferas pelas quais se manifesta e se desenvolve o ser humano, não havendo dúvida da relevância de bens jurídicos como saúde, segurança, educação, trabalho, moradia, lazer, previdência e assistência social para a sociedade, mais ainda para uma sociedade marcada por tantas desigualdades como é o caso brasileiro. Conquanto não se efetivem da mesma forma, nem com idêntica densidade normativa, não há dúvida de que os direitos sociais são dotados de fundamentalidade material.

4.2. Direitos fundamentais sociais: Muito embora seja difícil imaginar algum direito despido de caráter social, já que as normas jurídicas são próprias de um homem que existe e vive em sociedade, é importante compreender que a caracterização de alguns direitos como "sociais" em nada se relaciona com os possíveis titulares desse direito, menos ainda no sentido de que somente seriam passíveis de reclamação judicial por meio de ações coletivas – o que, com o respeito a opiniões divergentes, não parece ser a interpretação mais consentânea com o texto constitucional. Os direitos fundamentais sociais são tradicionalmente assim designados por se caracterizarem como pretensões que buscam o **reequilíbrio** entre as distintas **condições materiais** de vida das pessoas, quer sejam consideradas individualmente, quer o sejam como grupo. A ligação com o **princípio da igualdade**, sobretudo a igualdade em sentido material (ou substancial), é mais evidente nesses direitos, que, por seu **caráter inclusivo**[13], visam à realização da **justiça social**[14]. Direitos sociais são direitos cuja origem se vincula aos movimentos de emancipação individual e coletiva, que, num primeiro momento, reivindicaram a ampliação da titularidade dos direitos políticos[15], a fim de que fossem superadas as restrições de cunho patrimonial e, mais tarde, de gênero (lembre-se que o voto já foi censitário, além de exclusivamente masculino); e, num segundo momento, levaram adiante pretensões mais abrangentes, que demandavam a intervenção direta do Estado para a garantia e provisão de adequadas condições para uma vida digna.

---

13. LINS, Liana Cirne. "A Tutela Inibitória Coletiva das Omissões Administrativas: um enfoque processual sobre a justiciabilidade dos direitos fundamentais sociais". In: *Direito do Estado*. Rio de Janeiro: Renovar/Instituto Idéias, n. 12, out-dez 2008, p. 223-261.
14. Em sentido semelhante, cf. SARLET, 2009, p. 217.
15. Nesse sentido, cf. PECES-BARBA, Gregorio. "Diritti sociali: origini e concetto". In: *Sociologia del Diritto*, ano XXVII, v. 1, 2000, p. 41-42.

Em decorrência disso, pode-se compreender que falar de direitos fundamentais sociais não é o mesmo que falar de direitos coletivos ou difusos, muito embora possa acontecer de os direitos sociais respaldarem pretensões de caráter coletivo ou difuso. A distinção, porém, é relevante, sobretudo para evitar o discurso em favor da restrição da justiciabilidade individual dos direitos sociais. A caracterização de um direito como coletivo ou difuso relaciona-se ao problema de sua **titularidade**, ou seja, da definição de quem é o titular do direito (dimensão subjetiva): se a pessoa individualmente considerada, e então se terá um direito individual, ou o grupo ou coletividade indefinida de pessoas, hipótese dos chamados direitos transindividuais. Já o atributo "social", que caracteriza certos direitos fundamentais, reporta-se, como visto, à origem e ao escopo desses direitos, não guardando relação com a titularidade individual e/ou transindividual de que se possam revestir. Como lembra Ingo Sarlet, "nem a distinção entre direitos individuais e sociais, nem mesmo a inserção de ambos os grupos de direitos em duas distintas (embora complementares e conexas) dimensões ou gerações [...] foi em si pautada pelo critério da titularidade individual ou coletiva dos direitos civis e políticos em relação aos direitos sociais"[16]. Por tais razões, deve ser rejeitado o argumento no sentido de que as ações coletivas seriam a única forma de acesso ao Judiciário para a defesa dos direitos fundamentais sociais, o que inviabilizaria o acesso individual, por meio de ação própria, da pessoa cujo direito, individualmente considerado, encontre-se sob ameaça ou lesão. O que parece necessário ter presente, enfim, é que os direitos fundamentais sociais são dotados de dupla titularidade, isto é, podem dar origem a pretensões de natureza tipicamente individual e a pretensões de índole coletiva ou difusa, não havendo relação abstrata de precedência nem hierarquia de uma sobre a outra, menos ainda de tipo excludente[17] – e o exemplo do direito à

---

16. Op. cit., 2009, p. 215.
17. A respeito de uma possível prevalência da tutela coletiva sobre a tutela individual, com enfoque no direito à saúde, conferir BARROSO, Luís Roberto. "Da falta de efetividade à judicialização excessiva: direito à saúde, fornecimento gratuito de medicamentos e parâmetros para a atuação judicial". In: *Interesse Público*, n. 46, nov.-dez./2007, p. 31-61. Também: SOUZA NETO, Cláudio Pereira de. "A Justiciabilidade dos Direitos Sociais: Críticas e Parâmetros", *in* SOUZA NETO, Cláudio Pereira; SARMENTO, Daniel. (coord.) *Direitos Sociais: Fundamentos, Judicialização e Direitos Sociais em Espécie*. Rio de Janeiro: Lumen Juris, 2008, p. 515-551; nessa mesma obra coletiva, ainda: SARMENTO, Daniel. "A Proteção Judicial dos Direitos Sociais: Alguns Parâmetros Ético-Jurídicos", p. 553-586; BARCELLOS, Ana Paula de. "O Direito a Prestações em Saúde: Complexidades, Mínimo Existencial e o Valor das Abordagens Coletiva

saúde, como se verá ao longo do texto, bem demonstra a impossibilidade de se desconsiderar o aspecto individual desse direito, ainda que a saúde pública, e mesmo o interesse público, possam jogar um papel igualmente importante em muitas hipóteses.

4.3. Fundamentalidade formal e material do direito à saúde: O direito à saúde, explicitamente previsto entre os direitos sociais do art. 6º da CF, é direito fundamental em sentido material e formal.

A **fundamentalidade material do direito à saúde** está calcada na relevância da saúde como condição essencial para a manutenção da vida humana, bem como para a fruição de todos os demais direitos pelo indivíduo, fundamentais ou não. Como lembra Ariza, "as condições materiais de existência condicionam em grande medida o uso e fruição dos direitos"[18], e a saúde, notadamente quando assimilada à ideia de qualidade de vida (digna), certamente não foge a essa constatação. Se a fundamentalidade material denota a legitimação extranormativa dos direitos fundamentais, decorrente de uma espécie de acordo social sobre a importância em se protegerem determinados bens e valores, e mesmo o reconhecimento de uma certa concepção de justiça[19], não resta dúvida, no caso do texto

---

e Abstrata", p. 803-826; e HENRIQUES, Fátima Vieira. "Direito Prestacional à Saúde e Atuação Jurisdicional", p. 827-858. Em sentido diverso, sustentando a importância de um equilíbrio entre a tutela individual e a tutela coletiva da saúde, desde que resguardada a possibilidade de exercício individual desses direitos, cf. SARLET, Ingo Wolfgang; FIGUEIREDO, Mariana Filchtiner. "Algumas Considerações sobre o Direito Fundamental à Proteção e Promoção da Saúde aos 20 anos da Constituição Federal de 1988". In: *Revista de Direito do Consumidor*, n. 67, jul.-set. 2008a, p. 125-172. Mais recentemente: SARLET, Ingo Wolfgang. "A titularidade simultaneamente individual e transindividual dos direitos sociais analisada à luz do exemplo do direito à proteção e promoção da saúde". In: *Direitos Fundamentais & Justiça*. Ano 4, nº 10, jan./mar. 2010, p. 205-229; e FIGUEIREDO, Mariana Filchtiner. "Apontamentos acerca do Projeto de Lei nº 5.139/2009: preocupações a partir da perspectiva do direito fundamental à saúde". Palestra proferida no III Seminário de Direito à Saúde, promovido pela Escola da Magistratura do Tribunal Regional Federal da 4ª Região (EMAGIS). In: http://www.trf4.jus.br/trf4/upload/editor/rlp_Mariana_Figueiredo.pdf, acesso em 12-09-2010.

18. Tradução livre do original espanhol: "Lo que se quiere resaltar es que no es suficiente el reconocimiento jurídico formal de los derechos individuales, pues las condiciones materiales de existencia condicionan en gran medida el uso y disfrute de los derechos". In: ARIZA, Santiago Sastre. Hacia una teoría exigente de los derechos sociales. In: *Revista de Estudios Políticos*, Madrid, n. 112, p. 253-270, abr./jun. 2001.
19. Nesse sentido, cf. SARLET, Ingo Wolfgang; FIGUEIREDO, Mariana Filchtiner. Reserva do Possível, Mínimo Existencial e Direito à Saúde: algumas aproximações. In: SARLET, Ingo Wolfgang; TIMM, Luciano Benetti (orgs.) *Direitos Fundamentais: orçamento e "reserva do possível"*. Porto Alegre: Livraria do Advogado, 2008b, p. 13-14.

constitucional brasileiro, sobre a existência de um consenso a respeito da necessidade de que a saúde (individual e pública) seja protegida e promovida – mesmo que pendam uma série de discussões quanto aos limites e à forma pelos quais isso deve ser realizado.

De sua vez, a **fundamentalidade formal do direito à saúde** decorre do regime jurídico de proteção reforçada que lhe foi outorgado pelo texto constitucional, abrangendo: (a) a superior hierarquia axiológica de que gozam os direitos fundamentais, entre os quais está a saúde, uma vez que refletem a opção constitucional por uma determinada ordem de valores, imantando todo o ordenamento jurídico; (b) a especial proteção do direito à saúde na hipótese de reforma constitucional, que se dá pela exigência de um procedimento legislativo agravado e complexo para a modificação dos dispositivos constitucionais que o consagram (limites formais), assim como pela salvaguarda do conteúdo dessas normas (limites materiais); (c) a aplicabilidade direta e imediata das normas constitucionais que consagram e densificam o direito à saúde, numa interpretação conjugada das cláusulas insertas nos §§ 1º e 2º do art. 5º da Constituição Federal[20].

Cabe advertir, por fim, que a ordem constitucional brasileira detém uma posição de vanguarda no que diz com a afirmação do direito à saúde como direito fundamental, pois esta não é uma regra geral comum a outros sistemas constitucionais – como, por exemplo, Portugal, Espanha, Itália, França, Alemanha ou Estados Unidos. Isso não significa que estas ordens jurídicas não protejam o direito à saúde, ou não o contemplem em seus respectivos textos constitucionais, o que não é verdade; significa, antes, que se deve atentar para a "importação" e aplicação irrestritas da doutrina e da jurisprudência estrangeiras sobre o tema, que devem ser sempre acompanhadas das ressalvas necessárias à adequada compreensão do regime jurídico a que se submete o direito à saúde em cada ordenamento constitucional, sendo necessárias as devidas ressalvas às peculiaridades da ordem constitucional brasileira vigente.

20. Ingo Sarlet sustenta que o art. 5º, § 1º, deva ser interpretado como um mandado de otimização da eficácia das normas de direitos fundamentais, enquanto Juarez Freitas sustenta que o § 2º do mesmo art. 5º alberga uma "norma geral inclusiva", por meio da qual o regime jurídico de proteção reforçada pode ser estendido a direitos fundamentais não explicitados no catálogo do art. 5º da Constituição. Cf., respectivamente: SARLET, 2009, p. 270; FREITAS, Juarez. *A interpretação sistemática do direito*. 3 ed. rev. e ampl. São Paulo: Malheiros, 2002, p. 206.

► Jurisprudência do STF:

- A **interconexão entre a proteção do direito fundamental à saúde e outros bens constitucionais** aparece constantemente em julgados do Supremo Tribunal Federal. Em importante decisão, a Min. Cármen Lúcia Antunes Rocha votou pela vedação à importação de pneus usados, dando prevalência à proteção constitucional dos direitos fundamentais ao ambiente e à saúde, em detrimento de o alegado valor ao desenvolvimento econômico sustentável. Vale conferir o excerto central da ementa do acórdão proferido no julgamento da ADPF nº 101/DF:

> *"ARGÜIÇÃO DE DESCUMPRIMENTO DE PRECEITO FUNDAMENTAL: ADEQUAÇÃO. OBSERVÂNCIA DO PRINCÍPIO DA SUBSIDIARIEDADE. ARTS. 170, 196 E 225 DA CONSTITUIÇÃO DA REPÚBLICA. CONSTITUCIONALIDADE DE ATOS NORMATIVOS PROIBITIVOS DA IMPORTAÇÃO DE PNEUS USADOS. RECICLAGEM DE PNEUS USADOS: AUSÊNCIA DE ELIMINAÇÃO TOTAL DE SEUS EFEITOS NOCIVOS À SAÚDE E AO MEIO AMBIENTE EQUILIBRADO. AFRONTA AOS PRINCÍPIOS CONSTITUCIONAIS DA SAÚDE E DO MEIO AMBIENTE ECOLOGICAMENTE EQUILIBRADO. COISA JULGADA COM CONTEÚDO EXECUTADO OU EXAURIDO: IMPOSSIBILIDADE DE ALTERAÇÃO. DECISÕES JUDICIAIS COM CONTEÚDO INDETERMINADO NO TEMPO: PROIBIÇÃO DE NOVOS EFEITOS A PARTIR DO JULGAMENTO. ARGUIÇÃO JULGADA PARCIALMENTE PROCEDENTE.*
>
> *[...]*
>
> *4. Princípios constitucionais (art. 225) a) do desenvolvimento sustentável e b) da equidade e responsabilidade intergeracional.*
>
> *Meio ambiente ecologicamente equilibrado: preservação para a geração atual e para as gerações futuras. Desenvolvimento sustentável: crescimento econômico com garantia paralela e superiormente respeitada da saúde da população, cujos direitos devem ser observados em face das necessidades atuais e daquelas previsíveis e a serem prevenidas para garantia e respeito às gerações futuras.*
>
> *Atendimento ao princípio da precaução, acolhido constitucionalmente, harmonizado com os demais princípios da ordem social e econômica.*
>
> *5. Direito à saúde: o depósito de pneus ao ar livre, inexorável com a falta de utilização dos pneus inservíveis, fomentado pela importação é fator de disseminação de doenças tropicais.*
>
> *Legitimidade e razoabilidade da atuação estatal preventiva, prudente e precavida, na adoção de políticas públicas que evitem causas do aumento de doenças graves ou contagiosas.*

Direito à saúde: bem não patrimonial, cuja tutela se impõe de forma inibitória, preventiva, impedindo-se atos de importação de pneus usados, idêntico procedimento adotado pelos Estados desenvolvidos, que deles se livram.

[...]

Ponderação dos princípios constitucionais: demonstração de que a importação de pneus usados ou remoldados afronta os preceitos constitucionais de saúde e do meio ambiente ecologicamente equilibrado (arts. 170, inc. I e VI e seu parágrafo único, 196 e 225 da Constituição do Brasil).

[...]

(STF, ADPF nº 101/DF, Rel. Min. Cármen Lúcia Antunes Rocha, Pleno, DJe 04-06-2012).

- Em sentido semelhante, conferir o julgamento da ADI-MC nº 3.937, em que negado referendo à liminar inicialmente concedida pelo Relator. Abrindo a divergência, o Min. Joaquim Barbosa salientou "os graves danos à saúde provocados pelo amianto, citando doenças relacionadas ao seu uso, e o que disposto na Resolução CONAMA 348/2004, no sentido de reconhecer, de acordo com critérios adotados pela Organização Mundial da Saúde, a inexistência de limites seguros para a exposição humana ao referido mineral", considerando que o país, ao internalizar a Convenção nº 162 da Organização Internacional do Trabalho (OIT), teria assumido o compromisso de "de desenvolver e implementar medidas para proteger o trabalhador exposto ao amianto, uma norma protetiva de direitos fundamentais, em especial o direito à saúde e o direito ao meio-ambiente equilibrado" (STF, ADI nº 3.937 QO-MC/SP, Rel. Min. Marco Aurélio, DJe 09-10-2008 – Informativo STF nº 509). Em julgamento definitivo do tema, decidiu o STF pela improcedência da ADI, com a declaração incidental de inconstitucionalidade do art. 2º da Lei nº 9.055/1995, com efeito *erga omnes* e vinculante. Vale destacar o seguinte trecho da ementa:

"7. (i) O consenso dos órgãos oficiais de saúde geral e de saúde do trabalhador em torno da natureza altamente cancerígena do amianto crisotila, (ii) a existência de materiais alternativos à fibra de amianto e (iii) a ausência de revisão da legislação federal revelam a inconstitucionalidade superveniente (sob a óptica material) da Lei Federal nº 9.055/1995, por ofensa ao direito à saúde (art. 6º e 196, CF/88), ao dever estatal de redução dos riscos inerentes ao trabalho por meio de normas de saúde, higiene e segurança (art. 7º, inciso XXII, CF/88), e à proteção do

meio ambiente (art. 225, CF/88)." (STF, ADI nº 3.937/SP, Rel. Min. Marco Aurélio, Rel. p/ Acórdão Min. Dias Toffoli, Pleno, DJe 1º-02-2019)

- Em acórdão proferido ainda em 1999, o então Relator, Min. Ilmar Galvão, salientou a necessidade de que **a efetivação do direito à saúde não sofra embaraços por parte do Estado**:

> *"O art. 196 da Constituição Federal estabelece como dever do Estado a prestação de assistência à saúde e garante o acesso universal e igualitário do cidadão aos serviços e ações para sua promoção, proteção e recuperação. O direito à saúde, como está assegurado na Carta, não deve sofrer embaraços impostos por autoridades administrativas, no sentido de reduzi-lo ou de dificultar o acesso a ele." (STF, RE nº 226.835, Rel. Min. Ilmar Galvão, 1ª Turma, unânime, DJ 10-03-2000).*

▶ **Atenção!** Não obstante haja numerosas decisões do STF envolvendo o direito à saúde, é importante atentar para os dois precedentes que vêm balizando os demais julgados sobre a matéria e, nesse sentido, podem ser considerados os *leading cases* a respeito.

- O primeiro deles é o acórdão firmado no julgamento do **Agravo Regimental no Recurso Extraordinário (AgRg-RE) nº 271.286/RS,** Relator Min. Celso de Mello, e que tem reiteradamente servido de fundamento a outras decisões judiciais, especialmente em se tratando de ações sobre fornecimento de medicamentos. Já na ementa fica consignado que o direito fundamental à saúde é direito público subjetivo, representando "conseqüência indissociável do direito à vida", e que o caráter programático da norma constitucional (art. 196) não pode transformá-la em "promessa constitucional inconseqüente" – expressões seguidamente repetidas, inclusive em questões de concursos públicos. Confira-se:

> *"PACIENTE COM HIV/AIDS – PESSOA DESTITUÍDA DE RECURSOS FINANCEIROS – DIREITO À VIDA E À SAÚDE – FORNECIMENTO GRATUITO DE MEDICAMENTOS – DEVER CONSTITUCIONAL DO PODER PÚBLICO (CF, ARTS. 5º, CAPUT, E 196) – PRECEDENTES (STF) – RECURSO DE AGRAVO IMPROVIDO. O DIREITO À SAÚDE REPRESENTA CONSEQÜÊNCIA CONSTITUCIONAL INDISSOCIÁVEL DO DIREITO À VIDA.*
>
> *– O* **direito público subjetivo à saúde** *representa prerrogativa jurídica indisponível assegurada à generalidade das pessoas pela própria Constituição da República (art. 196). Traduz bem jurídico constitucionalmente tutelado, por cuja integridade deve velar, de maneira responsável, o Poder Público, a quem incumbe formular – e implementar – políticas*

sociais e econômicas idôneas que visem a garantir, aos cidadãos, inclusive àqueles portadores do vírus HIV, o acesso universal e igualitário à assistência farmacêutica e médico-hospitalar.

– O direito à saúde – além de qualificar-se como direito fundamental que assiste a todas as pessoas – representa **conseqüência constitucional indissociável do direito à vida**. *O Poder Público, qualquer que seja a esfera institucional de sua atuação no plano da organização federativa brasileira, não pode mostrar-se indiferente ao problema da saúde da população, sob pena de incidir, ainda que por censurável omissão, em grave comportamento inconstitucional.*

A INTERPRETAÇÃO DA NORMA PROGRAMÁTICA NÃO PODE TRANSFORMÁ-LA EM PROMESSA CONSTITUCIONAL INCONSEQÜENTE.

– O caráter programático da regra inscrita no art. 196 da Carta Política – que tem por destinatários todos os entes políticos que compõem, no plano institucional, a organização federativa do Estado brasileiro – **não pode converter-se em promessa constitucional inconseqüente**, *sob pena de o Poder Público, fraudando justas expectativas nele depositadas pela coletividade, substituir, de maneira ilegítima, o cumprimento de seu impostergável dever, por um gesto irresponsável de infidelidade governamental ao que determina a própria Lei Fundamental do Estado" (STF, AgRg-RE nº 271.286/RS, Rel. Min. Celso de Mello, 2ª Turma, unânime, DJ 24-11-2000).*

- O segundo *leading case* foi estabelecido após a realização da Audiência Pública sobre o direito à saúde, por intermédio da qual o STF recolheu manifestações de diferentes setores da sociedade civil, da Administração Pública e do meio acadêmico, numa prática antes adstrita às ações de controle concentrado de constitucionalidade e, ainda assim, limitada à intervenção do *amicus curiae*. Debatida largamente a temática a respeito da efetivação do direito à saúde e passados alguns meses para a necessária reflexão sobre os temas abordados, sobreveio o julgamento dos agravos regimentais interpostos na **Suspensão de Tutela Antecipada (STA) nº 175,** relatada pelo Min. Gilmar Mendes, quando se afirmou a necessidade de "redimensionar a questão da judicialização do direito à saúde no Brasil". O acórdão procurou traçar alguns critérios que pudessem pautar as demais decisões judiciais envolvendo o direito à saúde, entre os quais merecem destaque os seguintes:
  - o reconhecimento de que o indivíduo possui direito subjetivo à prestação material prevista em política pública de saúde e não fornecida pelo Estado, hipótese em que se estaria frente a uma omissão estatal, não havendo falar, portanto, em criação de direitos pelo Poder Judiciário;

- a existência de uma presunção em favor do registro de medicamentos efetuado junto à Agência Nacional de Vigilância Sanitária (ANVISA), uma vez que se trata de mecanismo voltado à garantia da segurança e eficácia ("benefício") do produto. Tal presunção pode eventualmente ser excepcionada pelo Poder Judiciário, como na hipótese de importação de medicamentos por organismos multilaterais internacionais, prevista pela Lei nº 9.782/99 (art. 8º, § 5º);
- a admissão de uma presunção em favor dos medicamentos e tratamentos regularmente oferecidos pelo SUS, considerando que foram definidos segundo os critérios da Medicina Baseada em Evidências (Evidence Based Medicine). Tal presunção não é absoluta, porém, e deve ceder "sempre que não for comprovada a ineficácia ou a impropriedade da política de saúde existente", para o caso concreto que esteja sob a análise judicial;
- o reconhecimento da pessoalidade das prestações materiais em saúde, ou seja, que devem ser levadas em consideração as circunstâncias e condições pessoais do paciente que procura o SUS, motivo pelo qual podem o Judiciário e a Administração "decidir que medida diferente da custeada pelo SUS deve ser fornecida a determinada pessoa, que por razões específicas do seu organismo, comprove que o tratamento fornecido não é eficaz no seu caso";
- a vedação à condenação do Estado ao fornecimento de medicamentos e tratamentos experimentais, assim entendidos aqueles ainda submetidos à pesquisa científica e cuja eficácia não foi comprovada. A definição adotada pela decisão judicial, portanto, parece não ter abarcado o uso off label, ou seja, o uso de medicamentos já existentes no mercado, mas para finalidade diversa daquela para a qual o registro da ANVISA foi concedido;
- a viabilidade do controle judicial sobre eventual omissão da Administração a respeito da atualização das listas e protocolos de medicamentos oferecidos pelo SUS, no sentido de assegurar ao paciente do SUS os novos tratamentos já oferecidos pela rede privada, sob pena de violação ao princípio da igualdade. Neste caso, contudo, advertiu o STF que é imprescindível a "instrução processual, com ampla produção de provas".

(STF, AgR-STA nº 175/CE, Rel. Min. Gilmar Mendes, Pleno, unânime, DJe 29-04-2010).

► **Jurisprudência do STJ:**

O Superior Tribunal de Justiça explicitamente corrobora o entendimento de que a saúde é um direito humano fundamental: "A Lei 8.080/90, com fundamento na Constituição da República, classifica a saúde como um direito de todos e dever do Estado" (STJ, REsp nº 719.716/SC, Rel. Min. Castro Meira, 2ª Turma, unânime, DJ 05-09-2005). Com essa premissa, o tribunal vem reconhecendo o direito às mais variadas prestações materiais no âmbito do SUS, especialmente quando o requerente é pessoa desprovida de recursos financeiros.

Aplicação em concurso:

► **Saúde como direito social:**

- *AOCP/2014 – EBSERH/HC-UFPE – Advogado:*

  Antes da criação do Sistema Único de Saúde (SUS), a saúde não era considerada um direito social. O SUS foi institucionalizado no Brasil com a

e) Constituição Federal de 88.

- *FUNCAB/2014 – SESACRE – Biomédico:*

  A institucionalização do direito à saúde a todos os cidadãos brasileiros se deu a partir da:

b) Promulgação da Constituição Federal de 1988.

- *GESTÃO CONCURSO/2018 – EMATER/MG – Assessor Jurídico:*

  No que tange aos direitos sociais, previstos na Constituição Federal de 1988, informe se é verdadeiro (V) ou falso (F) o que se afirma a seguir.

( ) São direitos sociais a educação, a saúde, a alimentação, o trabalho, a moradia, o transporte, o lazer, a segurança, a previdência social, a proteção à maternidade e à infância, a assistência aos desamparados, na forma da Constituição.

Resposta: Verdadeiro.

- *FEPESE/2018 – Prefeitura de Rio das Antas, SC – Advogado:*

  São direitos sociais expressamente previstos na Constituição Federal de 1988:

a) o trabalho, a assistência social e a proteção ao idoso.
b) o transporte, o lazer e a ressocialização do apenado.
c) a educação, a saúde e a previdência social.
d) a segurança, a assistência aos desamparados e o direito de petição.
e) a proteção à maternidade e à infância, a moradia e a presunção de inocência.

Resposta: alternativa "c".

- *PROMUN/2018 – FUNCABES – Escriturário:*

  São direitos sociais, assegurados pelo artigo 6º da Constituição Federal:

a) Educação, saúde, alimentação, trabalho, moradia, transporte, crédito bancário.
b) Educação, saúde, alimentação, trabalho, moradia, transporte, lazer.
c) Educação, saúde, alimentação, trabalho, moradia, transporte, previdência privada.
d) Educação, saúde, alimentação, trabalho, moradia, transporte, aposentadoria especial.

Resposta: alternativa "b".

- *INAZ do Pará – CRF/PE – Advogado:*

A saúde é direito de todos e dever do Estado, garantido mediante políticas sociais e econômicas que visem à redução do risco de doença e de outros agravos e ao acesso universal e igualitário às ações e serviços para sua promoção, proteção e recuperação. Nesta esteira, o acesso à medicamentos é essencial para garantir, em boa parte das vezes, o pleno exercício desse direito fundamental. À luz dos direitos e garantias individuais, coletivos e sociais fundamentais...

– Além de outros, são direitos sociais a educação, a saúde, a liberdade, o trabalho, a moradia, o transporte, o lazer, a segurança, a previdência social, a proteção à maternidade e à infância, a assistência aos desamparados, na forma desta Constituição.

Resposta: Errado.

▶ A chave para a resposta está no texto do art. 6º da Constituição Federal, que não prevê a liberdade como objeto dos direitos sociais. A liberdade é um direito fundamental individual (CF, art. 5º, *caput*).

- *IADES/2019 – Assembleia Legislativa/GO – Procurador:*

Segundo o *caput* do art. 194 da Constituição Federal, "a seguridade social compreende um conjunto integrado de ações de iniciativa dos poderes públicos e da sociedade, destinadas a assegurar os direitos relativos à saúde, à previdência e à assistência social". No que concerne aos atributos das três grandes funções de governo que compõem a seguridade social, assinale a alternativa correta.

a) As ações do poder público, no âmbito da saúde, são fundamentalmente destinadas à prestação de serviços, enquanto as do campo da previdência social referem-se à prestação de benefícios previdenciários.

Resposta: alternativa "a".

- *CS-UFG/2018 – CS-UFG – Pedagogo Hospitalar:*

De acordo com os preceitos constitucionais, cuidar da saúde e assistência pública, da proteção e garantia das pessoas com deficiência é de competência

a) do Ministério da Saúde, bem como dos estados e municípios.
b) do Sistema Único de Saúde (SUS) em todo o território nacional.
c) dos serviços públicos disponíveis em toda a rede de saúde.

d) da União, dos estados, do Distrito Federal e dos municípios.

Resposta: alternativa "d".

▶ O art. 194 da CF é preciso em definir que a seguridade social se destina a *"assegurar os direitos relativos à saúde, à previdência e à assistência social"*.

- *FUNDATEC/2014 – Fundação Hospitalar Getúlio Vargas – Procurador:*

A tutela dos direitos sociais apresenta-se como uma das características mais marcante do modelo de Estado Social de Direito. Em relação a estes é INCORRETO afirmar que:

a) A proteção à maternidade e à infância são direitos sociais protegidos pela Constituição Federal.

b) O direito social de moradia previsto na Constituição Federal fundamenta a impenhorabilidade do bem de família, prevista expressamente na Lei n. 8.009/90.

c) A saúde não pode ser considerada como uma espécie de direito social, pois nem sempre será prestada diretamente pelo Estado.

d) Tendem a concretizar a perspectiva de uma isonomia substancial e social na busca de melhores e adequadas condições de vida, estando, ainda, consagrados como fundamentos da República Federativa do Brasil.

e) A doutrina aponta dupla vertente dos direitos sociais: natureza negativa, no sentido de que o Estado ou terceiros devem abster-se de praticar atos que prejudiquem terceiros; natureza positiva, estimulando o Estado prestacionista para implementação dos direitos sociais.

Resposta: alternativa "c".

▶ A afirmativa "c" está errada, pois a saúde é considerada um direito social e, nessa condição, encontra-se positivada pelo artigo 6º da CF/88.

- *IESES/2015 – CRM/SC – Advogado:*

– O direito à saúde figura como direito individual e indisponível na Constituição Federal.

Resposta: Errado.

▶ A afirmativa está errada, uma vez que o direito à saúde integra o rol dos direitos sociais na Constituição Federal (art. 6º).

- *MP-SC/2013 – Promotor de Justiça – XXXVIII Concurso:*

O "direito à saúde", consagrado na Constituição da República, enquanto "direito fundamental do ser humano" (Lei n. 8.080/90, art. 2º), pode incorporar tanto a forma de um direito fundamental de liberdade (v.g. direito à integridade física), como a de um direito fundamental social (v.g. direito a determinado tratamento medicamentoso).

Resposta: Verdadeiro.

- *FGV/2018 – Câmara de Salvador, BA – Analista Legislativo Municipal (Analista de Tramitação):*

  Pedro formulou requerimento administrativo ao Município Beta solicitando a fruição de diversos direitos sociais contemplados na Constituição da República de 1988, o que foi negado sob o argumento de que esses direitos pertencem à coletividade, impedindo, assim, que a sua fruição seja requerida por apenas uma pessoa. O Município ainda acresceu que muitos direitos sociais estão previstos em normas constitucionais que não possuem eficácia plena, dependendo de integração pela legislação infraconstitucional. À luz da sistemática constitucional, a decisão do Município Beta está:

a) totalmente certa, pois os direitos sociais não podem ser fruídos individualmente e dependem, em muitos casos, de integração do seu conteúdo pela lei;
b) parcialmente certa, pois os direitos sociais não podem ser fruídos individualmente, mas jamais dependem de integração do seu conteúdo pela lei;
c) parcialmente certa, pois os direitos sociais podem ser fruídos individualmente, mas dependem, em muitos casos, de integração do seu conteúdo pela lei;
d) parcialmente certa, pois os direitos sociais devem ser postulados pela sociedade, mas serão fruídos individualmente, e não dependem de lei;
e) totalmente errada, pois os direitos sociais podem ser fruídos individualmente e jamais dependem de integração do seu conteúdo pela lei.

Resposta: alternativa "c".

- *FCC/2018 – TRT 15ª Região – Técnico Judiciário (Área Administrativa):*

  Os Direitos Sociais, tais como tratados na Constituição Federal e na doutrina constitucional,

a) são considerados direitos fundamentais do homem e correspondem a um não fazer do Estado para com o indivíduo.
b) compreendem os direitos de nacionalidade, dentre os quais o direito à filiação partidária.
c) compreendem, dentre outros, o direito à propriedade material e imaterial.
d) caracterizam-se como liberdades positivas e têm como finalidade a melhoria das condições de vida dos hipossuficientes, visando à concretização da igualdade social.
e) consagram o princípio da solidariedade e caracterizam-se por terem titularidade coletiva, atribuída a todas as formações sociais.

Resposta: alternativa "d".

- *VUNESP/2015 – TJ/SP – Juiz de Direito Substituto:*

  Reconhecida a força normativa do texto constitucional e aceita a sistematização proposta por Robert Alexy, é correto afirmar que os direitos fundamentais previstos

a) têm todos natureza prestacional, em suas diferentes "dimensões".
b) têm natureza prestacional, desde que vinculados à proteção da liberdade e da saúde.
c) têm natureza prestacional quando correspondem aos denominados direitos positivos.
d) têm natureza prestacional, desde que correspondentes aos denominados direitos fundamentais da segunda "dimensão".

Resposta: alternativa "c".

- *FAFIPA/2015 – IPSP/Prefeitura de Tijucas/PR – Advogado:*

Em se tratando dos direitos e garantias fundamentais previstos na Constituição Federal, bem como da sua evolução histórico-normativa [...]

a) Podem ser considerados direitos fundamentais de primeira geração ou dimensão aqueles que se referem às chamadas liberdades negativas, que asseguram direitos civis e políticos, tais quais o direito à vida, à liberdade, à igualdade, dentre outros.
b) Podem ser considerados direitos fundamentais de segunda geração ou dimensão aqueles que se referem às questões sociais e de igualdade, tais quais o direito ao trabalho, à habitação, à saúde, à educação, dentre outros.
c) Podem ser considerados direitos fundamentais de terceira geração ou dimensão aqueles que se referem à solidariedade e fraternidade, tais quais o direito à paz, à autodeterminação dos povos, ao meio ambiente, dentre outros.

Resposta: todas as afirmativas estão corretas.

- *CESPE-CEBRASPE/2016 – TJ/AM – Juiz Substituto:*

Tendo em vista que o direito à vida — valor central do ordenamento jurídico — desdobra-se em direito à existência física e direito a uma vida digna [...]

a) O direito à saúde efetiva-se mediante ações distributivas e alocativas relacionadas à promoção, proteção e recuperação da saúde.

Resposta: Correto.

- *TRF 3ª Região/2018 – TRF 3ª Região – Juiz Federal Substituto:*

Um novo paradigma para o constitucionalismo surgiu entre o final do século XX e o início do século XXI. Procura ser uma resposta teórico-prática para a necessidade de se obterem eficácia e efetividade para as normas constitucionais, sobretudo as portadoras de direitos sociais. Implanta, no Brasil, modelo normativo-axiológico, com adoção expressa de valores e opções pela efetivação de políticas públicas com sede constitucional. Muitas destas bastante específicas, como os serviços de saúde, educação e assistência social a hipossuficientes. Esse paradigma constitucional possui algumas notas típicas, dentre as quais NÃO se encontram:

a) Separação conceitual entre o direito constitucional e a moralidade política.
b) Tendência a integração das diversas esferas da razão prática para solução dos casos constitucionais: o direito, a moral e a política.

c) Compreensão da constitucionalidade enquanto critério último de validade das normas, em termos substantivos e não apenas formais.

d) Os direitos constitucionais incorporam uma ordem objetiva de valores. Esses direitos e valores tornam-se onipresentes com "efeito irradiante" sobre os demais ramos do direito.

Resposta: alternativa "a".

► Saúde como direito exigível: aspectos jurisprudenciais

- *CEFET-BA/2015 – MPE/BA – Promotor de Justiça Substituto:*

No que diz respeito aos direitos sociais, é EQUIVOCADO afirmar que:

a) Os direitos sociais podem ser considerados direitos fundamentais de segunda geração, realizáveis por meio de políticas públicas estatais, e normalmente descritos em normas programáticas.

b) Os direitos a prestações possuem um caráter essencialmente positivo, impondo ao Estado o dever de agir. Objetivam a realização de condutas ativas por parte dos poderes públicos, seja para a proteção de certos bens jurídicos contra terceiros, seja para a promoção ou garantia das condições de fruição desses bens.

c) A implementação das prestações materiais e jurídicas exigíveis para a redução das desigualdades no plano fático, por dependerem em grande medida da disponibilidade orçamentária do Estado, faz com que estes direitos tenham o seu campo de efetividade mais dificultado que os direitos de primeira geração.

d) O clássico Princípio da Separação dos Poderes e a carência de legitimidade democrática dos juízes faz com que o Supremo Tribunal Federal – STF não admita a judicialização de políticas públicas.

e) O Ministério Público tem legitimidade para propor Ação Civil Pública em favor de uma única pessoa, a fim de garantir-lhe o fornecimento de medicamento de alto custo.

Resposta: alternativa "d".

► A alternativa "d" está errada, porquanto é ampla e farta a jurisprudência do Supremo Tribunal Federal em matéria de direitos sociais, razão para que comumente se refira ao fenômeno da "judicialização das políticas públicas".

- *TRT 21ª REGIÃO/2015 – Juiz do Trabalho Substituto:*

Sobre a Ordem Social, é correto dizer, à luz da jurisprudência majoritária do Supremo Tribunal Federal e da Constituição Federal:

a) É possível ao Judiciário determinar medidas assecuratórias de direitos constitucionalmente reconhecidos como essenciais, como é o caso da saúde, embora o art. 196 da Constituição Federal, que consubstancia a garantia do direito à saúde, contenha norma que admite classificação como preceito programático.

Resposta: alternativa "a".

- *UnB/CESPE/2008 – Técnico de Nível Superior do Ministério da Saúde (Especialidade em Economia da Saúde):*

  Acerca do direito constitucional, julgue os seguintes itens.

  O direito à saúde, além de qualificar-se como direito fundamental que assiste a todas as pessoas, representa conseqüência constitucional indissociável do direito à vida. O poder público, qualquer que seja a esfera institucional de sua atuação no plano da organização federativa brasileira, não pode mostrar-se indiferente ao problema da saúde da população, sob pena de incidir, ainda que por censurável omissão, em grave comportamento inconstitucional.

  Resposta: Correto.

▶ **Atenção!** A afirmativa acima repete trecho da ementa da decisão do Supremo Tribunal Federal no julgamento do AgRg-RE nº 271.286-8/RS, já referido como um dos precedentes mais importantes da jurisprudência a respeito do direito à saúde, sobretudo como direito individual.

- *MPDFT/2013 – Promotor de Justiça Adjunto – 30º Concurso:*

– Há um direito público subjetivo a políticas públicas que promovam, protejam e recuperem a saúde.

  Resposta: Correto.

- *MPE/PR/2011 – Promotor Substituto:*

I. A norma constitucional do art. 196: "A saúde é direito de todos e dever do Estado, garantido mediante políticas sociais e econômicas que visem à redução do risco de doença e de outros agravos e ao acesso universal e igualitário às ações e serviços para sua promoção, proteção e recuperação", é hoje reconhecida como direito público subjetivo e não como direito subjetivo individual.

  Resposta: Correto.

▶ **Atenção!** A assertiva também se reporta à jurisprudência estabelecida pelo STF no julgamento do AgRg-RE nº 271.286/RS.

- *Fundação Carlos Chagas/2012 – Defensor Público do Estado de São Paulo:*

  Já há algum tempo, pelo menos desde o julgamento da Ação de Descumprimento de Preceito Fundamental (ADPF) nº 45, de relatoria do Min. Celso de Mello, no ano de 2004, no âmbito do Supremo Tribunal Federal, a questão da "judicialização" dos direitos fundamentais sociais tem sido pautada na atuação do Poder Judiciário brasileiro, tendo o STF, inclusive, realizado audiência pública para tratar das ações judiciais na área da saúde. A audiência pública, convocada pelo Presidente do STF à época, Ministro Gilmar Mendes, "ouviu 50 especialistas, entre advogados, defensores públicos, promotores e procuradores de justiça, magistrados, professores, médicos, técnicos de saúde, gestores e usuários do sistema único de saúde, nos dias 27, 28 e

29 de abril, e 4, 6 e 7 de maio de 2009". A partir de tais considerações, com base na jurisprudência constitucional brasileira e na doutrina especializada sobre o tema, é correto afirmar:

a) A intervenção do Poder Judiciário em políticas públicas, por exemplo, nas áreas da saúde e da educação, deve se dar de forma subsidiária, ou seja, quando verificada situação concreta de omissão ou atuação insuficiente dos Poderes Legislativo e Executivo, em respeito ao princípio da separação dos poderes.

Resposta: alternativa "a".

- *Fundação Carlos Chagas (FCC)/2013 – Defensor Público do Estado do Amazonas:*

Em relação à tutela coletiva do direito à saúde e do direito à saúde de grupos sociais vulneráveis, é correto afirmar:

a) As normas constitucionais relacionadas à saúde são de conteúdo programático e, por isso, apenas estabelecem diretrizes genéricas que servem de norte ao administrador, sem a imposição de obrigação de prestação específica em favor dos cidadãos.

b) Em face da existência de divisão administrativa de tarefas entre as esferas de governo para a implantação de programas e ações de saúde, não existe solidariedade entre a União, os Estados e os Municípios em relação à responsabilidade para a prestação da assistência integral à saúde dos cidadãos.

c) Todos os indivíduos possuem direito público subjetivo em face do Estado de ter acesso integral e igualitário a todos os serviços e ações que tragam benefícios a sua saúde, incluindo-se aí a assistência farmacêutica integral, independentemente da existência de registro do medicamento na ANVISA e de não constar a medicação prescrita de listas oficiais e protocolos clínicos do SUS.

d) Assim como boa parte dos direitos sociais, o direito à saúde demanda a alocação de recursos públicos para a sua implementação. Em razão disso, e do que estabelece a teoria da reserva do possível, o Estado somente pode ser obrigado a implementar tais direitos se existirem recursos suficientes e houver previsão orçamentária específica.

e) As demandas relacionadas a questões de saúde devem ser devidamente instruídas com provas da necessidade efetiva da prestação positiva reclamada do Estado. Nesse contexto, é imprescindível que os relatórios ou o receituário médico prescrevendo a medicação seja firmado por médico credenciado pelo SUS.

Resposta: alternativa "c".

▶ **Atenção!** A questão se embasa na **jurisprudência do STF** sobre o direito à saúde, afirmando que se trata de "direito público subjetivo", como afirma o acórdão do AgRg - RE nº 271.286/RS; e que pode envolver o fornecimento de medicamentos sem registro na ANVISA, o que, apesar do caráter excepcional, é afirmado pelo acórdão da STA nº 175. Vale conferir o que está incorreto nas demais assertivas:

Alternativa	Jurisprudência do STF sobre o tema:
a)	– o caráter programático das normas sobre o direito à saúde não podem convertê-lo "em promessa constitucional inconseqüente" (AgRg-RE nº 271.286/RS), o que permite que daí se identifiquem deveres concretos para o Estado;
b)	– afirma-se a solidariedade entre União, Estados e Municípios no que respeita à garantia de assistência integral à saúde;
d)	– há tendência em fazer prevalecer a tutela dos direitos à vida e à saúde em detrimento de argumentos meramente financeiros suscitados pelo Estado, sobretudo a chamada "reserva do possível" e especialmente quando se trate de ações individuais, como forma de concretizar a proteção ao mínimo existencial;
e)	– é exigível a prova da necessidade do medicamento postulado em juízo, não se impondo, porém, que a prescrição tenha sido firmada por médico do SUS.

- *VUNESP/2012 – Juiz de Direito Substituto – TJ/MG:*

  Recentemente, o Supremo Tribunal Federal estabeleceu uma série de parâmetros para solução judicial dos casos concretos que envolvem o direito à saúde. Assinale a alternativa que apresenta corretamente um desses parâmetros.

a) O Poder Judiciário pode determinar o fornecimento de medicamento sem registro na ANVISA, desde que ordene o custeio pela União Federal, responsável pelo fornecimento de medicamentos estratégicos de alto custo.

b) A Constituição Federal consagra o direito público subjetivo a políticas públicas que promovam, protejam e recuperem o direito à saúde, de modo que os pacientes têm o direito a todo e qualquer medicamento ou procedimento.

c) A descentralização dos serviços da saúde no âmbito do SUS, com competências específicas para cada ente da Federação, afasta a possibilidade de responsabilidade solidária entre eles nas demandas judiciais com pedido de fornecimento de medicamentos.

d) Os Protocolos Clínicos e Diretrizes Terapêuticas do SUS podem ser questionados judicialmente, mas compete à parte autora comprovar a ineficácia ou impropriedade da política de saúde existente.

Resposta: alternativa "d".

► **Atenção:** a questão se fundamenta no acórdão da **STA nº 175**, em que o STF admite a presunção em favor dos Protocolos Clínicos e Diretrizes Terapêuticas do SUS, mas ressalva a possibilidade de fornecimento de outras prestações materiais se "comprovada a ineficácia ou impropriedade da política de saúde existente" no caso concreto. Observem-se os erros nas demais alternativas:

Alternativa	Jurisprudência do STF sobre o tema:
a)	- o Poder Judiciário pode determinar o fornecimento de medicamento sem registro na ANVISA, mas em caráter excepcional, como na hipótese de importação de medicamentos por organismos multilaterais internacionais;
b)	- assim como outros princípios, a integralidade não é absoluta; por exemplo, não há direito subjetivo ao fornecimento de medicamentos e tratamentos experimentais ou cuja eficácia não tenha sido comprovada.
c)	- a descentralização não tem sido reconhecida como forma de afastar a solidariedade entre União, Estados e Municípios na efetivação do direito à saúde.

- *IBFC/2018 – TRF 2ª Região – Juiz Federal Substituto:*

– Como a Constituição Federal afirma que a saúde é direito de todos e dever do Estado, cabe ao Poder Judiciário determinar que o Estado forneça medicamentos, ainda não registrados na ANVISA ou de eficácia não demonstrada, desde que demonstradas a urgência e a gravidade do estado de saúde do paciente.

Resposta: Errado.

– Devido ao princípio da separação dos poderes, não é lícito ao Poder Judiciário determinar a implementação de políticas públicas nas questões relativas ao direito constitucional à saúde.

Resposta: Errado.

► **Atenção!** Ambas afirmativas se embasam nos dois *leading cases* do STF. No acórdão da STA nº 175, afirma-se que apenas excepcionalmente pode o Estado ser condenado ao fornecimento de medicamentos sem registro na ANVISA, e em momento algum se autoriza o fornecimento de medicamentos *"de eficácia não demonstrada"*. De sua vez, o acórdão do AgRg-RE nº 271.286/RS confirma a viabilidade da imposição, pelo Judiciário, de medidas voltadas à implementação de políticas públicas relativas ao direito à saúde, a fim de que não se torne "promessa constitucional inconsequente".

- *FUNDATEC/2018 – DPE/SC – Analista Técnico:*

Analise as assertivas abaixo sobre a responsabilidade solidária entre os entes da federação em matéria de saúde pública e assinale V, se verdadeiras, ou F, se falsas.

( ) A falta de regulamentação para o custeio e/ou distribuição em qualquer das esferas da federação impede que se determine judicialmente sua responsabilidade pelo fornecimento de medicamentos ou tratamentos excepcionais.

( ) As meras diretrizes traçadas pelas políticas públicas não são ainda direitos, constituem promessas situadas na esfera insindicável pelo Poder Judiciário.
Resposta: Falso.

► Novamente a jurisprudência do STF fornece a chave para a resposta, pois, ao reconhecer o direito à saúde como "direito público subjetivo", que não se pode tornar "promessa constitucional inconsequente", o acórdão do AgRg-RE nº 271.286/RS assinala que a falta de legislação regulamentadora não é empecilho à efetivação do direito à saúde, cuja sindicabilidade pode, sim, ser pleiteada na esfera judicial.

- *MPE-BA/2018 – MPE-BA – Promotor de Justiça Substituto:*
  Com relação ao Direito à Saúde, prevalece o entendimento de que:

– De acordo com o STF, o Estado pode ser obrigado a fornecer e/ou custear tanto tratamentos experimentais, quanto aqueles ainda não testados pelo SUS, uma vez que a meta do poder público deve ser sempre resguardar a saúde da pessoa necessitada.
Resposta: Errado.

► De acordo com a jurisprudência firmada no julgamento da STA nº 175, o Estado não deve ser condenado à prestação de tratamentos experimentais, cuja eficácia não tenha sido comprovada, inclusive como forma de proteger o próprio paciente em sua integridade e dignidade.

- *FGV/2018 – MPE/AL – Analista do Ministério Público (Administrador de Rede):*
  Manuel de Souza, idoso e pobre, necessita de medicamento de uso continuado e controlado para se tratar de doença diagnostica por médico do SUS. A medicação não faz parte das Relações Nacional e Municipal de Medicamentos Essenciais, mas Manuel precisa ter o remédio para recuperar sua saúde. Desta forma recorreu ao Poder Judiciário, acionando o Município de Maceió. Sobre o caso narrado, conforme os princípios inseridos na Carta Magna Estadual, assinale a afirmativa correta.

a) O Município está obrigado a fornecer a medicação, conforme orientação do médico, em virtude de seu dever de proteger a vida e a saúde dos munícipes.

b) O Município, ao favorecer Manuel, irá contra o princípio da igualdade, já que não somente ele necessita de remédios fora da lista.

c) O Município só está obrigado a entregar os remédios se houvesse disponibilidade orçamentária, ante o princípio da preservação da ordem econômica.

d) O Município não está obrigado a atender aos interesses locais porque a entrega de medicação a carentes é um programa de abrangência nacional.

e) O Município, pelo princípio do controle da Administração Pública, não está obrigado a fornecer a medicação fora da relação municipal de medicamentos essenciais.

Resposta: alternativa "a".

Seção II -
DA SAÚDE

Art. 196. A **saúde** é **direito de todos** e **dever do Estado**, garantido mediante políticas sociais e econômicas que visem à redução do risco de doença e de outros agravos e ao **acesso universal e igualitário** às ações e serviços para sua promoção, proteção e recuperação.

1. A saúde como direito e como dever: compreendendo as dimensões subjetiva e objetiva do direito à saúde.

1.1. A dimensão subjetiva do direito à saúde:

A noção de dimensão subjetiva dos direitos fundamentais – e aqui o direito à saúde não contém nenhuma especificidade – reconduz-se à concepção clássica de **direito subjetivo**, tal como desenvolvida no âmbito do Direito Privado e, já no final do século XVIII, "importada" para o Direito Público[21]. De lá para cá, a noção de direito subjetivo não deixou de apresentar atualidade e ainda hoje constitui um tema relevante no estudo da eficácia dos direitos fundamentais. Nesse sentido, a discussão a respeito da dimensão subjetiva direito fundamental à saúde vai ganhar importância quando se perquirir acerca dos limites e das possibilidades dentro dos quais se dá sua exigibilidade, sobretudo judicial. Em outras palavras: a dimensão subjetiva do direito à saúde diz respeito às pretensões que pode ensejar, ou às **posições jurídico-subjetivas**[22] que se pode reconhecer ao titular desse direito.

---

21. Quanto ao desenvolvimento da teoria dos direitos fundamentais a partir do paradigma do direito subjetivo, consultar CANOTILHO, José Joaquim Gomes. "Tomemos a sério dos direitos económicos, sociais e culturais". In: *Boletim da Faculdade de Direito da Universidade de Coimbra*, Coimbra, 1991, número especial, 1991, p. 474-478.
22. "[...] o direito subjetivo não 'é' conceitualmente nem um poder da vontade nem um interesse protegido, senão uma posição jurídica. Ser um poder da vontade e ser um interesse digno de proteção, são razões que devem ter-se em conta para que existam direitos subjetivos no sentido de posições jurídicas." Cf. BOROWSKI, Martin. *La estructura de los derechos fundamentales*. Trad.: Carlos Bernal Pulido. Bogotá: Universidad Externado de Colombia, 2003, p. 43-44 (tradução livre).

A investigação acerca das posições jurídico-subjetivas decorrentes do direito à saúde pressupõe, de seu turno, admitir que os direitos fundamentais podem dar origem, por assim dizer, a diferentes "direitos subjetivos". A ideia de que um mesmo direito fundamental pode respaldar o reconhecimento de diferentes posições jurídico-subjetivas está no centro das chamadas **classificações multifuncionais** dos direitos fundamentais – que encontram entre seus precursores Robert Alexy[23] e Gomes Canotilho[24], e, no Brasil, Gilmar Mendes[25] e Ingo Sarlet[26]. Muito embora possa haver especificidades, as teses convergem para classificar os direitos fundamentais de acordo com as funções que podem exercer, demonstrando que um mesmo direito fundamental pode gerar diferentes posições jurídico-subjetivas, decorrentes das funções que se lhe identifiquem. Com essa concepção, supera-se a teoria das gerações de direitos fundamentais, principalmente num sentido "evolucionista", como se os novos direitos reconhecidos superassem os anteriores, já consagrados. De modo semelhante, esvaziam-se os dualismos "direitos de liberdade *versus* direitos sociais", ou "direitos negativos *versus* direitos positivos", típicos do período da Guerra Fria e que realçavam apenas uma determinada parcela de eficácia dos direitos fundamentais, como se outras possíveis perspectivas não lhes pudessem ser reconhecidas – e como se os custos econômico-financeiros de efetivação dos direitos fundamentais fossem problema atinente tão só aos direitos sociais[27]. Em apertadíssima síntese, os direitos funda-

---

23. ALEXY, Robert. *Teoria de los derechos fundamentales*. Trad.: Ernesto Garzón Valdés. Madrid: Centro de Estúdios Constitucionales, 1997.
24. CANOTILHO, José Joaquim Gomes. *Direito constitucional e teoria da constituição.* 7. ed. Coimbra: Almedina, 2003, p. 407 et seq., e p. 1.402-1.403.
25. MENDES, Gilmar Ferreira. Os Direitos Individuais e suas limitações: Breves reflexões. In: MENDES, Gilmar Ferreira et al. *Hermenêutica Constitucional e Direitos Fundamentais*. Brasília: Brasília Jurídica, 2000, p. 197 et seq.
26. SARLET, 2009, op. cit., p. 155 et seq.
27. Durante o período da Guerra Fria, essa dicotomia estendeu-se para o campo das relações internacionais, contrapondo-se liberdade e igualdade, numa lógica que, a depender do polo capitalista ou socialista para a qual pendia, procurava dar prevalência a uns direitos sobre os outros e chegou a justificar a formalização de documentos distintos de proteção desses direitos: o Pacto Internacional de Direitos Civis e Políticos (PIDCP) e o Pacto Internacional de Direitos Econômicos, Sociais e Culturais (PIDESC), ambos de 1966. A superação desse dualismo deu-se no plano teórico e prático, notadamente depois da queda do muro de Berlim, em 1989, e das políticas de abertura da antiga União Soviética (URSS), conhecidas como *Perestroika* e *Glasnost*. Com diferentes aportes, cf. ABRAMOVICH, Víctor; COURTIS, Christian. *Los derechos sociales como derechos exigibles*. Madrid: Editorial Trotta, 2002; e HOLMES, Stephen; SUNSTEIN, Cass R. *The Cost of Rights: Why Liberty Depends on Taxes*. New York: W.

mentais podem originar funções de direito de defesa (direitos negativos) e de direito a prestações (direitos positivos), neste último caso alcançando tanto uma eficácia prestacional em sentido amplo (direito à proteção e direito à organização e ao procedimento), quanto vigendo como direitos a prestações *stricto sensu* (direitos a prestações materiais)[28].

Para o que aqui importa, isso significa que o direito à saúde gera um complexo de posições jurídico-subjetivas diversas, passíveis de recondução às funções de direito de defesa e de direito a prestações, neste último caso alcançando tanto uma eficácia prestacional em sentido amplo (direito à proteção e direito à organização e ao procedimento), quanto o reconhecimento como direito a prestações materiais (direito a prestações *stricto sensu*). Observe-se:

a) na condição de **direito de defesa**, o direito à saúde resguarda a saúde individual (de cada pessoa) e pública (aspecto coletivo), vedando ingerências indevidas sobre a esfera jurídica do titular do direito, quer provenham do Estado, quer resultem da ação de outros particulares (pessoas físicas e jurídicas); somente nesse sentido é que se poderia falar em "direito negativo";

b) como **direito a prestações**, o direito à saúde se desdobra em direito a prestações em sentido lato e direito a prestações em sentido estrito (ou direito a prestações materiais):

b.1) enquanto **direito a prestações em sentido lato**, o direito à saúde pode ser classificado como:

b.1.1) **direito a organização e procedimento**, ou seja, um direito à organização e implementação de instituições e serviços, procedimentos de acesso, regulamentação da participação e do controle social[29], distribuição de recursos financeiros e sanitários, entre tantos outros. Trata-se do direito à organização e implementação dos serviços e ações de saúde, tal como previstos pelo texto constitucional (arts. 196 a 200) e explicitados por toda uma série de atos

---

W. Norton & Company, 1999, com especial ênfase sobre os custos que demanda a efetivação de todos os direitos, não somente os *welfare rights*, mas os clássicos direitos de liberdade.

28. Nesse sentido e com maior detalhamento, ver, por todos, SARLET, 2009, p. 167.
29. Sobre os direitos de participação na organização e procedimento, v. SARLET, 2009, p. 194 et seq.

legislativos e normativos, dos quais se destacam as Leis nºs 8.080 e 8.142, ambas de 1990;

b.1.2) **direito de proteção** ou, segundo a expressão mais utilizada no direito estrangeiro[30], direito à proteção da saúde, para indicar toda uma gama de deveres relacionados à proteção da saúde individual e pública, seja por meio da legislação (normas penais, administrativas, ambientais, urbanísticas), seja por meio da execução de ações diretamente pelo Estado (polícia sanitária, intervenção sobre o mercado de medicamentos e insumos, proteção do consumidor, política de patentes), seja ainda pelo reconhecimento, a cada pessoa, de um dever de respeito e proteção de sua própria saúde, da saúde dos demais indivíduos e da saúde pública[31];

b.2) na condição de **direito a prestações em sentido estrito**, ou **direito a prestações materiais**, o direito à saúde fundamenta posições jurídico-subjetivas concernentes à exigibilidade das mais variadas prestações, inclusive pela via judicial. Os exemplos são diversos e podem ser extraídos da jurisprudência, que determina o fornecimento, pelo Estado e pelas seguradoras de planos de saúde, como decorrência do direito à saúde, de leitos hospitalares, medicamentos, exames, cirurgias, tratamentos, etc.

Importante destacar, ainda no que se refere à dimensão subjetiva do direito fundamental à saúde, que a doutrina muitas vezes distingue entre "direito originário" e "direito derivado" a prestações. De modo bastante simplificado, fala-se em **direitos originários** para designar os direitos fundamentais cujas prestações são passíveis de exigibilidade judicial com base somente na norma constitucional que os consagra. Já os **direitos derivados**

---

30. CASAUX-LABRUNÉE chega a referir que, sendo a saúde um bem indisponível, que não pode ser conferido, mas somente resguardado e promovido, não faria sentido falar em "direito à saúde", sendo preferível a expressão "direito à proteção da saúde" (CASAUX-LABRUNÉE, Lise. Le "droit à la santé". In: CABRILLAC, Rémy et al.. *Libertés et droits fondamentaux*. 6 ed., rev. e aum. Paris: Dalloz, 2000, p. 617-619).

31. Para maior aprofundamento acerca dos deveres fundamentais, cf. SARLET, 2009, p. 226 et seq; e NABAIS, José Casalta. A face oculta dos direitos fundamentais: os deveres e os custos dos direitos. Disponível em: <https://www.agu.gov.br/Publicacoes/Artigos/05042002JoseCasaltaAfaceocultadireitos_01.pdf>. Acesso em: 05 abr. 2002. Acerca da concepção de dever fundamental, decorrente do direito à saúde, cf. FIGUEIREDO, 2007, p. 86 et seq.

corresponderiam àqueles direitos ou posições subjetivas cujas prestações, para serem obtidas, necessariamente demandam a intervenção conformadora do legislador, que em geral regula o modo de acesso e os tipos de prestações – comumente se efetivam, por isso, como direitos de igual acesso a prestações já previamente definidas, em lei ou políticas públicas[32].

1.2. A dimensão objetiva do direito à saúde:

Em termos gerais, a doutrina designa como **dimensão objetiva** as normas e os efeitos jurídicos que, para além das posições jurídico-subjetivas (dimensão subjetiva), podem ser assinalados às normas de direitos fundamentais, configurando em muitos casos, embora não exclusivamente, deveres fundamentais[33]. Por se tratar de efeitos que transcendem à dimensão subjetiva dos direitos fundamentais, fala-se que a dimensão objetiva corresponde a uma *mais-valia* jurídica, segundo a conhecida expressão de Vieira de Andrade[34]. Trata-se, portanto, de **efeitos jurídicos diversos**, que não se confundem nem se reduzem aos direitos subjetivos decorrentes dos direitos fundamentais – ainda que tenham estes certa primazia, pelo menos em linha de princípio[35].

O desenvolvimento teórico que embasa o reconhecimento da dimensão objetiva dos direitos fundamentais reporta-se ao direito constitucional alemão. Na doutrina, Carl Schmitt demonstrou que as normas de direitos fundamentais também se voltavam à proteção do conteúdo essencial de certos institutos (de direito privado) e instituições (de direito público), principalmente em face do legislador. Por intermédio de tais "**garantias institucionais**" permite-se a proteção de bens jurídicos coletivos relevantes para o ordenamento constitucional[36], no sentido de "um *conjunto jurídico-normativo* [que] regula um determinado sector da realidade económica, social ou administrativa em torno de um 'direito fundamental' e em vista da sua realização"[37] – ideia que extrapola, como se vê, a dimensão

---

32. Para maior aprofundamento, cf. FIGUEIREDO, 2007, p. 41; SARLET, 2009, p. 187 et seq.
33. Sobre a dimensão objetiva dos direitos fundamentais, confiram-se, *v.g.*: ANDRADE, José Carlos Vieira de. *Os direitos fundamentais na Constituição Portuguesa de 1976*. 2. ed. Coimbra: Almedina, 2001, p. 138 et seq.; SARMENTO, Daniel. *Direitos Fundamentais e Relações Privadas*. Rio de Janeiro: Lumen Juris, 2004, p. 133 et seq.; SARLET, 2009, p. 142 et seq.
34. ANDRADE, p. 138.
35. Nesse sentido, ANDRADE, p. 111-113; SARLET, 2009, p. 144.
36. Cf. SARMENTO, 2004, p. 139-140.
37. ANDRADE, p. 139.

puramente subjetiva e individual das normas de direitos fundamentais. A proteção constitucional da família e a garantia da autonomia universitária são exemplos comuns no direito brasileiro, podendo-se sustentar, no âmbito do direito à saúde, que o Sistema Único de Saúde (SUS) constitui também uma garantia institucional[38].

Já Rudolf Smend chamou a atenção para a **dimensão axiológica** da Constituição, cujo escopo mais importante estaria em promover a integração da comunidade, o que seria possível somente pela proteção dos valores socialmente compartilhados. "Para ele, o mais essencial numa Constituição são os valores fundamentais em que esta se apoia, e a principal fonte desses valores encontra-se nos direitos fundamentais"[39]. A teoria da Constituição como integração reforçou o argumento em favor da dimensão axiológica dos direitos fundamentais, ligada à legitimação do Estado, à hermenêutica em geral e ao que hoje se compreende como a fundamentalidade material desses direitos, ou seja, a ideia de que resguardam valores considerados essenciais pela ordem jurídica e social[40]. Apesar das críticas a uma concepção puramente valorativa da Constituição, a admissão do seu caráter axiologicamente relevante pauta, entre outras consequências, o reconhecimento de efeitos jurídicos que não se reduzem a posições jurídico-subjetivas, embora igualmente decorrentes das normas de direitos fundamentais.

O Tribunal Federal Constitucional alemão também não se apartou dessas concepções e, em 1958, na decisão do **caso** *Lüth*, afirmou que os direitos fundamentais "constituem decisões valorativas de natureza jurídico-objetiva da Constituição, com eficácia em todo o ordenamento jurídico e que fornecem diretrizes para os órgãos legislativos, judiciários e executivos", na precisa referência de Ingo Sarlet[41]. A partir de então, doutrina e jurisprudência, não mais restritas somente à Alemanha, passaram a afirmar a

38. Sobre o SUS, como garantia institucional, cf. FIGUEIREDO, 2007, p. 45-46. Ver também: SARLET; FIGUEIREDO, 2008a, p. 140. Caracterizando o SUS apenas como "garantia fundamental do direito à saúde" e como "instituição jurídica estratégica do direito sanitário brasileiro", conferir: AITH, Fernando. Perspectivas do Direito Sanitário no Brasil: as garantias jurídicas do direito à saúde e os desafios para sua efetivação. In: In: SANTOS, Lenir (org.). *Direito da Saúde no Brasil*. Campinas: Saberes Ed., 2010, p. 201-205.
39. SARMENTO, 2004, p. 140.
40. "A ideia de *fundamentalidade material* insinua que o conteúdo dos direitos fundamentais é decisivamente constitutivo das estruturas básicas do Estado e da sociedade". CANOTILHO, 2003, p. 379.
41. SARLET, 2009, p. 143.

"existência de uma 'dupla dimensão', de uma 'dupla natureza', de um 'duplo carácter' ou de uma 'dupla função' (em qualquer dos casos, subjectiva e objectiva, individual e comunitária) dos direitos fundamentais"[42].

A dimensão objetiva dos direitos fundamentais – entre os quais o direito à saúde – dá origem a diversos efeitos, dos quais se destacam os seguintes:

a) A **"eficácia irradiante"** dos direitos fundamentais, no sentido de que os valores e bens jurídicos consagrados pelas normas de direitos fundamentais, cujo fio condutor se encontraria na proteção da dignidade humana, perpassam e imantam o ordenamento jurídico em sua integralidade, que ganha, assim, novo fundamento de validade e passa a ser conformado, na interpretação e aplicação de suas normas, aos direitos fundamentais[43]. Com o direito fundamental à saúde não é diferente, observando-se uma eficácia irradiante direta, por exemplo, sobre os contratos de planos de saúde, cuja interpretação deve considerar, além das normas próprias do direito privado, a proteção constitucional assegurada ao titular do direito à saúde, muitas vezes somada à tutela, também constitucional, do consumidor, do idoso, da criança e do adolescente[44].

b) A **eficácia dos direitos fundamentais entre particulares**, por vezes denominada de eficácia horizontal (para distingui-la da eficácia "vertical" dos direitos fundamentais, estabelecida entre os particulares e o Estado) ou *Drittwirkung* (terminologia alemã), que concerne à vinculação das pessoas privadas, físicas e jurídicas, às normas de direitos fundamentais. Conquanto a doutrina ainda discuta se essa vinculação se dá exclusivamente com base no texto constitucional (eficácia direta), ou se depende da superveniência da legislação ordinária conformadora (eficácia indireta)[45], parece difícil não aceitar a existência de um dever geral de respeito aos direitos fundamentais pelas próprias pessoas entre si, que vedaria condutas excessivamente restritivas à fruição dos direitos por outros indivíduos[46]. Além disso, os princípios da solidariedade e

---

42. ANDRADE, p. 110
43. Nesse sentido, exemplificativamente, consultar: SARMENTO, 2004, p. 154-160.
44. Nesse sentido, SARLET; FIGUEIREDO, 2008a.
45. Sobre o tema, entre outros: CANARIS, Claus-Wilhelm. *Direitos Fundamentais e Direito Privado*. Trad. Ingo Wolfgang Sarlet e Paulo da Mota Pinto. Coimbra: Almedina, 2003; SARLET, 2009, p. 374 et seq.; SARMENTO, 2004, p. 223 et seq.
46. Ingo Sarlet aponta certo consenso na doutrina, "no âmbito da perspectiva jurídico-objetiva dos direitos fundamentais, que todos, Estado e particulares, se encontram a estes vinculados

da subsidiariedade respaldam o reconhecimento de um dever geral de proteção, igualmente imposto aos particulares entre si, pelo menos no sentido de que privilegiem condutas voltadas à realização dos direitos fundamentais. Trata-se da *shared responsibility* de que fala Canotilho[47], no sentido de responsabilidade de todas as forças sociais pela efetivação dos direitos fundamentais. No direito brasileiro, esta ideia guardaria relação com a construção de uma "sociedade livre, justa e solidária", voltada a "promover o bem de todos", a "erradicar a pobreza e a marginalização e a reduzir as desigualdades sociais e regionais (CF, art. 3º, I, III e IV), que passa, necessariamente, pela definição de um papel ativo e de uma responsabilidade compartilhada entre as pessoas[48] – ainda que se possam discutir a forma e os limites como isso deve ocorrer.

c) O reconhecimento de um **dever geral de proteção** (*Schutzpflichten*), atribuído ao Estado, "no sentido de que a este incumbe zelar, inclusive preventivamente, pela proteção dos direitos fundamentais dos indivíduos, não somente contra os poderes públicos, mas também contra agressões provindas de particulares e até mesmo de outros Estados"[49]. Trata-se de um dever imposto precipuamente ao legislador, mas do qual não se exime a Administração Pública e mesmo o Judiciário, pois cumpre conformar a ordem jurídica, criar instituições e assegurar

---

por um dever geral de respeito", que corresponderia a "uma eficácia externa dos direitos fundamentais" (SARLET, 2009, p. 381).

47. A referência é feita em relação ao direito ao ambiente e ao estabelecimento de um "dever fundamental ecológico". CANOTILHO, José Joaquim Gomes. O direito ao ambiente como direito subjectivo. In: ______. *Estudos sobre direitos fundamentais*. Coimbra: Coimbra, 2004, p. 178. Em sentido semelhante, José Casalta Nabais afirma que se deve ter presente "a concepção de homem que subjaz às actuais constituições, segundo a qual ele não é um mero indivíduo isolado ou solitário, mas sim uma pessoa solidária em termos sociais, constituindo precisamente esta referência e vinculação sociais do indivíduo – que faz deste um ser ao mesmo tempo livre e responsável – a base do entendimento da ordem constitucional assente no princípio da repartição ou da liberdade como uma ordem simultânea e necessariamente de liberdade e de responsabilidade, ou seja, uma ordem de liberdade limitada pela responsabilidade. Enfim, um sistema que confere primazia, mas não exclusividade, aos direitos face aos deveres fundamentais [...]" (NABAIS, José Casalta. *Por uma Liberdade com Responsabilidade. Estudos sobre direitos e deveres fundamentais*. Coimbra: Coimbra Editora, 2007, p. 215).

48. Em direção semelhante, lembra Daniel Sarmento que "ao lado do dever primário do Estado de garantir os direitos sociais, é possível também visualizar um dever secundário da sociedade de assegurá-los", fundado, entre outros, no princípio da solidariedade. Ver: SARMENTO, 2004, p. 337 et seq.

49. Cf. SARLET, 2009, p. 148-149. Em sentido semelhante: BOROWSKI, p. 144.

procedimentos (de acesso e controle) que permitam a efetiva fruição dos direitos fundamentais[50]. No campo do direito à saúde, esse dever geral de proteção permeia toda uma série de normas penais e administrativas a respeito da saúde pública, dentre as quais se destacam as normas sobre vigilância sanitária.

d) A proteção constitucional das **garantias institucionais**, pela salvaguarda do núcleo essencial desses complexos jurídico-normativos em face da supressão ou da excessiva restrição por parte do legislador ordinário. As garantias institucionais se traduzem, para Canotilho, "numa imposição dirigida ao legislador, obrigando-o, por um lado, a respeitar a essência da instituição e, por outro lado, a protegê-la tendo em atenção os dados sociais, económicos e políticos", sem que se trate, adverte, do reconhecimento de direitos subjetivos[51]. Conforme já referido, pode-se sustentar que o Sistema Único de Saúde (SUS) constitui uma garantia institucional fundamental[52], tendo sido criado e estruturado diretamente pela CF, que estabeleceu os princípios e diretrizes pelos quais se deve estruturar, a saber: um sistema público, embora admitida a participação da iniciativa privada e desde que assegurados o controle e a participação da comunidade na tomada de decisões (o que acontece na forma da Lei nº 8.142/90); único, conquanto descentralizado e regionalizado na execução dos serviços e ações de saúde; hierarquizado e organizado em diferentes graus de complexidade, de acordo com critérios de eficiência e adequação dos próprios serviços de saúde; e que, mediante universalidade e igualdade de acesso, ofereça cobertura integral, ainda que observados os limites de eficácia e segurança, de acordo com o estado da arte e a Medicina Baseada em Evidências (*Evidence Based Medicine*).

1.3. A saúde como dever fundamental:

O texto do art. 196 da CF expressamente consigna que a saúde é um direito, mas também um **dever fundamental**, dando forte indício de que,

---

50. Nesse sentido, cf. SARMENTO, 2004, p. 161-162.
51. CANOTILHO, 2003, p. 475. A impossibilidade de reconhecimento de direitos subjetivos, decorrentes de garantias constitucionais, não é uníssona, conforme menciona Ingo Sarlet (SARLET, 2009, p. 148).
52. À semelhança do SUS, o sistema nacional de saúde português também é considerado uma garantia institucional. Nesse sentido, consultar: ANDRADE, p. 140.

para além dos deveres eventualmente correlatos[53] às normas fundamentais sobre o direito à saúde, é possível identificar a existência de **deveres autônomos**. Fala-se em deveres fundamentais para designar **posições jurídico-subjetivas passivas**, no sentido de "posições subjectivamente imputadas ao indivíduo pela própria constituição"[54], muito embora possam determinar condutas ativas por parte das pessoas (físicas e jurídicas, públicas e privadas[55]) a quem cabe cumpri-los[56]. São caracterizados pela universalidade, sendo imputados a todas as pessoas indistintamente, pelo menos em linha de princípio; permanência, não se sujeitando à renúncia por parte do legislador[57]; e tipicidade (ou princípio do *numerus clausus*), restringindo-se àqueles deveres previstos, expressa ou implicitamente, pela Constituição[58]. Por fim, refere Casalta Nabais que se trata de posições jurídicas essenciais, por traduzirem "a quota parte constitucionalmente exigida a cada um e, consequentemente, ao conjunto dos cidadãos para o bem comum"[59].

De modo geral, os deveres fundamentais observam o mesmo regime jurídico dos direitos fundamentais, inclusive quanto à aplicação imediata (CF, art. 5º,§ 1º), como defende Ingo Sarlet[60], ressalvando o jurista gaúcho, contudo, a necessidade de máxima cautela, sobremodo pela concomitante incidência do princípio da legalidade. Pondera ainda que este fato não deve impedir a admissão de alguns efeitos comuns às demais normas constitucionais (tais como a revogação da legislação anterior incompatível e a aplicação como parâmetro de aferição da constitucionalidade dos atos normativos posteriores)[61], passíveis de recondução à dimensão objetiva. No caso do direito à saúde, parece ser possível cogitar de um dever de proteção e promoção da saúde da pessoa para consigo mesma, impedindo

53. NABAIS, 2007, p. 268-271. Conclui o jurista: "Qualquer destes deveres não goza de qualquer autonomia face aos respectivos direitos, autonomia que é característica dos deveres fundamentais em sentido próprio" (p. 270-271).
54. NABAIS, 2007, p. 255. Não obstante, os deveres fundamentais apresentam também uma dimensão objetiva, como abordado, na mesma obra, a partir da p. 288.
55. Ibidem, p. 258-259.
56. Ibidem, p. 253.
57. Ibidem, p. 260-261.
58. Ibidem, p. 278.
59. Ibidem, p. 262.
60. Cf. SARLET, 2009, p. 229-230, que aqui se distancia de José Casalta Nabais (NABAIS, 2007, p. 307-308).
61. SARLET, 2009, idem.

que o indivíduo atente contra si próprio[62], numa clara interconexão com o direito à vida e o princípio da dignidade humana; assim como um dever geral de proteção da saúde pública, no sentido de vedar condutas que possam causar dano à saúde da coletividade em geral, hipótese em que também pode ocorrer uma incidência conjunta com outros direitos fundamentais, como é o caso da proteção ao ambiente.

► **Jurisprudência do STF:**

- No julgamento do AgRg-RE nº 393.175-0/RN, o Supremo Tribunal Federal acentuou o **dever de efetivação do direito à saúde por parte do Estado**, que se sobrepõe a eventuais questões financeiras. Vale conferir o seguinte excerto da ementa:

> *"Na realidade, o cumprimento do dever político-constitucional consagrado no art. 196 da Lei Fundamental do Estado, consistente na obrigação de assegurar, a todos, a proteção à saúde, representa fator, que, associado a um imperativo de solidariedade social, impõe-se ao Poder Público, qualquer que seja a dimensão institucional em que atue no plano de nossa organização federativa. A impostergabilidade da efetivação desse dever constitucional autoriza o acolhimento do pleito recursal ora deduzido na presente causa. [...] entre proteger a inviolabilidade do direito à vida e à saúde, que se qualifica como direito subjetivo inalienável assegurado a todos pela própria Constituição da República (art. 5º, "caput" e art. 196), ou fazer prevalecer, contra essa prerrogativa fundamental, um interesse financeiro e secundário do Estado, entendo – uma vez configurado esse dilema – que razões de ordem ético-jurídica impõem ao julgador uma só e possível opção: aquela que privilegia o respeito indeclinável à vida e à saúde humanas." (STF, AgRg-RE nº 393.175-0/RN, Rel. Min. Celso de Mello, 2ª Turma, unânime, DJ 02-02-2007).*

O STF tem entendido que a omissão do Estado na execução das políticas públicas decorrentes do dever de proteção e promoção da saúde justifica **a intervenção do Judiciário**, não havendo falar, neste caso, em

62. Embora não se restrinja à função defensiva, José Casalta Nabais trata desse "auto-dever" de proteção da saúde, como exemplo de "deveres para com o próprio destinatário. É o caso do dever de defender e promover a saúde enquanto dirigido à defesa e promoção da saúde própria, a qual, como componente da saúde pública, é assumida como valor jurídico-constitucional e suporte de imposição de comportamentos aos indivíduos", salientando a identidade entre titular e destinatário do dever. Cf. NABAIS, 2007, p. 298.

violação ao princípio da separação dos Poderes. Vale conferir os seguintes precedentes:

> **RE RG nº 684.612/RJ**: repercussão geral reconhecida, quanto aos limites da intervenção judicial nas políticas públicas:
>
> *"ADMINISTRATIVO E CONSTITUCIONAL. IMPLEMENTAÇÃO DE POLÍTICAS PÚBLICAS ESPEFICIAMENTE QUANTO À SUFICIÊNCIA DE PROFISSIONAIS NA ÁREA DE SAÚDE. ALEGADA CONTRARIEDADE AOS ARTS. 2º E 196 DA CONSTITUIÇÃO DA REPÚBLICA. Repercussão geral reconhecida do tema relativo aos limites da competência do Poder Judiciário para determinar obrigações de fazer ao Estado, consistentes em concursos públicos, contratação de servidores e execução de obras que atendam o direito social da saúde, ao qual a Constituição da República garante especial proteção." (STF, RE RG 684.612/RJ, Rel. Min. Cármen Lúcia, por maioria, DJe nº 109 de 05-06-2014)*

Ver ainda:

> *"AGRAVO REGIMENTAL NO RECURSO EXTRAORDINÁRIO. CONSTITUCIONAL. DIREITO À SAÚDE. Aumento de leitos em unidade de terapia intensiva – UTI. Intervenção judicial que não se configura substitutiva de prerrogativa do poder executivo. Determinação de implementação de política pública existente. Agravo regimental ao qual se nega provimento." (STF, AgR-ARE nº 740.800/RS, Rel. Min. Cármen Lúcia, 2ª Turma, unânime, DJe nº 244 11-12-2013)*
>
> *"AGRAVO REGIMENTAL NO RECURSO EXTRAORDINÁRIO. ADMINISTRATIVO. DIREITO À SAÚDE. DEVER DO ESTADO. VIOLAÇÃO DO PRINCÍPIO DA SEPARAÇÃO DOS PODERES. NÃO OCORRÊNCIA. PRECEDENTES. 1. O Poder Judiciário, em situações excepcionais, pode determinar que a Administração Pública adote medidas concretas, assecuratórias de direitos constitucionalmente reconhecidos como essenciais, como é o caso da saúde, dever do Estado, sem que isso configure violação do princípio da separação dos poderes. 2. Agravo regimental não provido." (STF, AgR-RE nº 762.242/RJ, Rel. Min. Dias Toffoli, 1ª Turma, unânime, DJe nº 248 de 13-12-2013)*
>
> *"DIREITO CONSTITUCIONAL. DIREITO A SAÚDE. AGRAVO REGIMENTAL EM AGRAVO DE INSTRUMENTO. IMPLEMENTAÇÃO DE POLÍTICAS PÚBLICAS. AÇÃO CIVIL PÚBLICA. PROSSEGUIMENTO DE JULGAMENTO. AUSÊNCIA DE INGERÊNCIA NO PODER DISCRICIONÁRIO DO PODER EXECUTIVO. ARTIGOS 2º, 6º E 196 DA CONSTITUIÇÃO FEDERAL. 1. O direito a saúde é prerrogativa constitucional indisponível, garantido mediante a implementação de políticas públicas, impondo ao Estado a obrigação de criar condições objetivas que possibilitem o efetivo acesso a tal serviço. 2. É*

> *possível ao Poder Judiciário determinar a implementação pelo Estado, quando inadimplente, de políticas públicas constitucionalmente previstas, sem que haja ingerência em questão que envolve o poder discricionário do Poder Executivo. Precedentes. 3. Agravo regimental improvido." (STF, AgR-AI nº 734.487/PR, Rel. Min. Ellen Gracie, 2ª Turma, unânime, DJe nº 154 de 19-08-2010)*

- Ao apreciar a constitucionalidade da Lei nº 13.269/2016, que liberava a produção, comercialização e uso da substância fosfoetanolamina sintética por pacientes acometidos de neoplasia maligna, apesar da ausência de provas da segurança e eficácia desse tratamento e da inexistência de registro na ANVISA, o STF deferiu a liminar. Em seu voto, destacou o Relator, Min. Marco Aurélio, que *"o ato atacado discrepa das balizas constitucionais concernentes ao dever estatal de reduzir o risco de doença e outros agravos à saúde dos cidadãos"* e, portanto, da *"responsabilidade constitucional de zelar pela qualidade e segurança dos produtos em circulação no território nacional"* que cabe ao Poder Público. Ponderou que *"a lei suprime, casuisticamente, a exigência do registro da fosfoetalonamina sintética como requisito para comercialização, evidenciando que o legislador deixou em segundo plano o dever constitucional de implementar políticas públicas voltadas à garantia da saúde da população"*.

> *"SAÚDE – MEDICAMENTO – AUSÊNCIA DE REGISTRO. Surge relevante pedido no sentido de suspender a eficácia de lei que autoriza o fornecimento de certa substância sem o registro no órgão competente, correndo o risco, ante a preservação da saúde, os cidadãos em geral."*
>
> *(STF, ADI-MC nº 5.501/DF, Rel. Min. Marco Aurélio, Pleno, por maioria, DJe nº 168, de 31-07-2017).*

- O STF reconheceu a existência de repercussão geral da questão constitucional e reiterou a jurisprudência da Casa no sentido de afirmar a **responsabilidade solidária dos entes da Federação** no que respeita ao fornecimento de medicamentos, especialmente em casos envolvendo pessoas carentes. Trata-se do precedente firmado no julgamento do **Recurso Extraordinário nº 855.178/SE**, cuja repercussão geral foi reconhecida por unanimidade e, desde logo julgado no mérito, foi provido por maioria.

  Inicialmente, advertiu o Relator, Min. Luiz Fux, que a matéria não se confundiria com aquela debatida no RE nº 566.471/RN, com repercussão geral reconhecida pelo STF e que discute a possibilidade de condenação do Estado a "fornecer medicamento de alto custo a portador de doença grave que não possui condições financeiras para comprá-lo". Para o Relator, a questão constitucional em causa no **RE-RG nº 855.178/SE** refere-se "à responsabilidade solidária dos entes federados em matéria de saúde e à alegação de ilegitimidade passiva da União". A ementa do acórdão ficou assentada nos seguintes termos:

> *"RECURSO EXTRAORDINÁRIO. CONSTITUCIONAL E ADMINISTRATIVO. DIREITO À SAÚDE. TRATAMENTO MÉDICO. RESPONSABILIDADE SOLIDÁRIA DOS ENTES FEDERADOS. REPERCUSSÃO GERAL RECONHECIDA. REAFIRMAÇÃO DE JURISPRUDÊNCIA.*
>
> *O tratamento médico adequado aos necessitados se insere no rol dos deveres do Estado, porquanto responsabilidade solidária dos entes federados. O polo passivo pode ser composto por qualquer um deles, isoladamente, ou conjuntamente."*
>
> *(STF, Re-RG 855.178/SE, Rel. Min. Luiz Fux, Pleno, unânime, DJe nº 050 de 13-03-2015)*

Depois de cotejar numerosa jurisprudência do próprio Tribunal, o Min. Luiz Fux corroborou a tese da solidariedade, tendo sido acompanhado pela maioria dos demais Ministros. O excerto final do voto-condutor esclarece, *in verbis:*

> *"Bem delimitado o tema, verifica-se que o Tribunal de origem, ao assentar a responsabilidade solidária da União, não destoou da jurisprudência firmada pelo Plenário desta Corte, no julgamento da Suspensão de Segurança 3.355, Rel. Min. Gilmar Mendes, no sentido de que o tratamento médico adequado aos necessitados se insere no rol dos deveres do Estado, sendo responsabilidade solidária dos entes federados, podendo figurar no polo passivo qualquer um deles em conjunto ou isoladamente.*
>
> *[...]*
>
> *Esse entendimento vem sendo aplicado pelo Supremo Tribunal Federal, cujas decisões, proferidas em sucessivos julgamentos sobre a matéria ora em exame, têm acentuado que constitui obrigação solidária dos entes da Federação o dever de tornar efetivo o direito à saúde em favor de qualquer pessoa, notadamente de pessoas carentes." (RE RG nº 855.178/SE, Rel. Min. Luiz Fux, Pleno; por unamidade, reconheceu a repercussão geral; por maioria, reafirmou a jurisprudência do Tribunal; DJe nº 50, de 13-03-2015).*

- Essa orientação reflete a jurisprudência prevalecente junto ao STF, que reiteradamente vinha afirmando a existência de **solidariedade entre os**

entes das três esferas da Federação na efetivação dos deveres de proteção e promoção da saúde, em especial quando se tratar de prestações materiais – aí abrangidas desde a construção de hospitais e disponibilização de leitos, até a oferta de tratamentos e medicamentos. Esse entendimento passa pela interpretação conjunta do art. 196 com as normas sobre competências legislativas e executivas (CF, art. 23, II; art. 30, I, II e VII; e art. 24, XII e §§ 1º a 4º)[63]. Confiram-se os seguintes precedentes recentes:

> *"ADMINISTRATIVO E PROCESSUAL CIVIL. AGRAVO REGIMENTAL NO RECURSO EXTRAORDINÁRIO COM AGRAVO. DIREITO À SAÚDE. RESPONSABILIDADE SOLIDÁRIA DOS ENTES DA FEDERAÇÃO. OFENSA AO PRINCÍPIO DA SEPARAÇÃO DE PODERES. Inocorrência. Precedentes. Atribuição de fornecimento de fármaco para tratamento oncológico. Matéria infraconstitucional. Agravo regimental a que se nega provimento. (STF, AgR-ARE nº 803.281, Rel. Min. Teori Zavascki, 2ª Turma, unânime, DJe nº 194 de 03-10-2014)*

> *"AGRAVOS REGIMENTAIS NO RECURSO EXTRAORDINÁRIO. JULGAMENTO CONJUNTO. ADMINISTRATIVO. DIREITO À SAÚDE. DEVER DO ESTADO. SOLIDARIEDADE ENTRE OS ENTES FEDERATIVOS. EXISTÊNCIA. FORNECIMENTO DE MEDICAMENTOS DE ALTO CUSTO. REPERCUSSÃO GERAL RECONHECIDA. DEVOLUÇÃO DOS AUTOS À ORIGEM. ARTIGO 543-B DO CPC E ART. 328 DO RISTF. 1. Incumbe ao Estado, em todas as suas esferas, prestar assistência à saúde da população, nos termos do art. 196 da Constituição Federal, configurando essa obrigação, consoante entendimento pacificado na Corte, responsabilidade solidária entre os entes da Federação. 2. O Supremo Tribunal Federal reconheceu a existência da repercussão geral da questão relativa ao fornecimento de medicamentos*

---

63. Eis o texto dos dispositivos constitucionais em comento:
"Art. 23. É competência comum da União, dos Estados, do Distrito Federal e dos Municípios: [...] II – cuidar da saúde e assistência pública, da proteção e garantia das pessoas portadoras de deficiência;"
"Art. 24. Compete à União, aos Estados e ao Distrito Federal legislar concorrentemente sobre: [...] XII – previdência social, proteção e defesa da saúde; [...] § 1º. No âmbito da legislação concorrente, a competência da União limitar-se-á a estabelecer normas gerais. § 2º. A competência da União para legislar sobre normas gerais não exclui a competência suplementar dos Estados. § 3º. Inexistindo lei federal sobre normas gerais, os Estados exercerão a competência legislativa plena, para atender a suas peculiaridades. § 4º. A superveniência de lei federal sobre normas gerais suspende a eficácia da lei estadual, no que lhe for contrário."
"Art. 30. Compete aos Municípios: I – legislar sobre assuntos de interesse local; II – suplementar a legislação federal e a estadual no que couber; [...] VII – prestar, com a cooperação técnica e financeira da União e do Estado, serviços de atendimento à saúde da população;"

> *de alto custo. Aplicação do art. 543-B do CPC. 3. Agravo regimental do Estado do Ceará não provido e agravo regimental interposto pela União prejudicado." (STF, AgR-RE 818.572/CE, Rel. Min. Dias Toffoli, 1ª Turma, unânime, DJe nº 217 de 04-11-2014)*

- Como consequência da solidariedade, o STF tem afirmado que **a pessoa interessada pode escolher** contra qual ou quais dos entes (União, Estado, Distrito Federal e/ou Município) ajuizará a ação. Há vários precedentes nessa direção, como ilustra o seguinte:

> *"DIREITO CONSTITUCIONAL. SAÚDE. FORNECIMENTO DE MEDICAMENTO. SOLIDARIEDADE DOS ENTES FEDERATIVOS. PRECEDENTES. ACÓRDÃO RECORRIDO PUBLICADO EM 13.8.2008. A jurisprudência desta Corte firmou-se no sentido da responsabilidade solidária dos entes federativos quanto ao fornecimento de medicamentos pelo Estado, podendo o requerente pleiteá-los de qualquer um deles – União, Estados, Distrito Federal ou Municípios. Agravo regimental conhecido e não provido." (STF, AgR-ARE nº 738.729/RS, Rel. Min. Rosa Weber, 1ª Turma, unânime, DJe nº 159 de 14-08-2013)*

- Também como corolário da solidariedade, o STF **afastou a possibilidade de chamamento ao processo** de ente federativo que não tivesse sido inicialmente incluído pela parte interessada. A hipótese mais comum era o pedido de chamamento ao processo da União, formulado pelas Procuradorias de Estado, com o deslocamento da competência para a Justiça Federal. Estabeleceu-se a orientação pela impossibilidade de chamamento, privilegiando indiretamente, além da tutela da saúde, as garantias de acesso à Justiça (CF, art. 5º, XXXV), pois a pessoa interessada deve poder escolher onde deseja propor sua demanda; e de razoável duração do processo, com meios que assegurem celeridade, impedindo a protelação indevida do feito por uma discussão alheia à esfera do titular do direito à saúde. Confira-se:

> *"AGRAVO REGIMENTAL NO RECURSO EXTRAORDINÁRIO. CONSTITUCIONAL E PROCESSUAL CIVIL. DIREITO À SAÚDE (ART. 196, CF). FORNECIMENTO DE MEDICAMENTOS. SOLIDARIEDADE PASSIVA ENTRE OS ENTES FEDERATIVOS. CHAMAMENTO AO PROCESSO. DESLOCAMENTO DO FEITO PARA JUSTIÇA FEDERAL. MEDIDA PROTELATÓRIA. IMPOSSIBILIDADE. [...] 3. O recebimento de medicamentos pelo Estado é direito fundamental, podendo o requerente pleiteá-los de qualquer um dos entes federativos, desde que demonstrada sua necessidade e a impossibilidade de custeá-los com recursos próprios. Isto por que, uma vez satisfeitos tais*

requisitos, o ente federativo deve se pautar no espírito de solidariedade para conferir efetividade ao direito garantido pela Constituição, e não criar entraves jurídicos para postergar a devida prestação jurisdicional. 4. In casu, o chamamento ao processo da União pelo Estado de Santa Catarina revela-se medida meramente protelatória que não traz nenhuma utilidade ao processo, além de atrasar a resolução do feito, revelando-se meio inconstitucional para evitar o acesso aos remédios necessários para o restabelecimento da saúde da recorrida. 5. Agravo regimental no recurso extraordinário desprovido." (STF, AgR-RE nº 607.381/SC, Rel. Min. Luiz Fux, 1ª Turma, unânime, DJe nº 116 de 16-06-2011)

- É jurisprudência consolidada junto ao STF a **possibilidade de imposição ao Estado de meios coercitivos** típicos da tutela executiva, a fim de obrigá-lo ao fornecimento das prestações materiais necessárias à efetivação do direito à saúde, não havendo aí violação ao regime de precatórios, nem tampouco ao princípio constitucional da necessidade de prévia dotação orçamentária para as despesas públicas:

RE RG nº 607.582/RS: há repercussão geral na discussão sobre a possibilidade de bloqueio de verbas públicas para a garantia de fornecimento de medicamentos.

"FORNECIMENTO DE MEDICAMENTOS. POSSIBILIDADE DE BLOQUEIO DE VERBAS PÚBLICAS PARA GARANTIA. Ratificação da jurisprudência firmada por esta Suprema Corte. Existência de repercussão geral." (STF, RE-RG nº 607.582/RS, Rel. Min. Ellen Gracie, DJe nº 159 de 26-08-2010).

▶ Jurisprudência do STJ:

- Com fundamento na concepção de que a saúde é dever do Estado, o STJ reconhece a **solidariedade** entre os entes das três esferas da Federação para responderem pelo fornecimento de medicamentos:

"PROCESSUAL CIVIL E ADMINISTRATIVO. AGRAVO REGIMENTAL NO AGRAVO EM RECURSO ESPECIAL. DIREITO À SAÚDE. FORNECIMENTO DE REMÉDIO. SOLIDARIEDADE ENTRE UNIÃO, ESTADOS, MUNICÍPIOS E DISTRITO FEDERAL. CERCEAMENTO DE DEFESA. SÚMULA 7/STJ. 1. A jurisprudência do Superior Tribunal de Justiça firmou-se no sentido de que a responsabilidade solidária é da competência comum dos entes federados, de forma que qualquer um deles pode responder por demanda cujo objeto seja a tutela à saúde. 2. Não há como se analisar a tese de ocorrência de cerceamento de defesa ante o óbice da Súmula 7/STJ. 3. Agravo regimental a que se nega provimento." (STJ, AgRg no

> *AREsp nº 588.585/CE, 2ª Turma, Rel. Min. Og Fernandes, unânime, DJe 19-12-2014).*
>
> *"PROCESSUAL CIVIL E ADMINISTRATIVO. AGRAVO REGIMENTAL NO AGRAVO DE INSTRUMENTO. DIREITO À SAÚDE. FORNECIMENTO DE MEDICAMENTOS. RESPONSABILIDADE SOLIDÁRIA DOS ENTES FEDERATIVOS. É assente a jurisprudência do Superior Tribunal de Justiça no sentido de que o funcionamento do Sistema Único de Saúde – SUS é de responsabilidade solidária da União, dos Estados e dos Municípios, de forma que qualquer deles ostenta legitimidade para figurar no polo passivo de demanda que objetive o acesso a medicamentos. Agravo regimental improvido." (STJ, AgRg no AREsp nº 526.775/SC, Rel. Min. Humberto Martins, 2ª Turma, unânime, DJe 29-10-2014)*
>
> *"O Superior Tribunal de Justiça, em reiterados precedentes, tem decidido que o funcionamento do Sistema Único de Saúde – SUS é de responsabilidade solidária dos entes federados, de forma que qualquer deles tem legitimidade para figurar no polo passivo de demanda que objetive o acesso a medicamentos." (AgRg no AREsp nº 351.683/CE, Rel. Min. Sérgio Kukina, 1ª Turma, unânime, DJe 10-09-2013)*

- Com base nestes mesmos fundamentos, o Min. Ari Pargendler, em decisão monocrática, desafetou e negou seguimento ao REsp nº 1.144.382/AL, inicialmente submetido ao rito dos recursos especiais repetitivos:

> *"As Turmas que compõem a Primeira Seção do Superior Tribunal de Justiça firmaram o entendimento de que a União, os Estados e os Municípios têm responsabilidade solidária quanto ao funcionamento do Sistema Único de Saúde, podendo qualquer deles figurar no pólo passivo das demandas que tratam do fornecimento de medicamentos.*
>
> *Nesse sentido, o AgRg no REsp nº 1.102.254, RS, Relator o Ministro Napoleão Nunes Maia Filho, DJe de 30.08.2013 e o AgRg no REsp nº 1.306.865, PI, Relator o Ministro Castro Meira, DJe de 02.08.2013.*
>
> *Ante o exposto, nego seguimento ao recurso especial."*
>
> *(STJ, REsp nº 1.144.382/AL, Rel. Min. Ari Pargendler, 1ª Turma, DJe 04-08-2014)*

- Como consequência da solidariedade, o STJ sedimentou sua jurisprudência confirmando a **possibilidade de ajuizamento de ação judicial contra qualquer dos entes da Federação**:

> *"Ambas as Turmas que compõem a Primeira Seção firmaram o entendimento de que o funcionamento do Sistema Único de Saúde é de*

responsabilidade solidária da União, do Estados e dos Municípios. Dessa forma, qualquer um destes Entes tem legitimidade ad causam para figurar no polo passivo da demanda." (AgRg no REsp n 1.102.254/RS, Rel. Min. Napoleão Nunes Maia Filho, 1ª Turma, unânime, DJe 30-08-2013).

"É obrigação do Estado (União, Estados-membros, Distrito Federal e Municípios) assegurar às pessoas desprovidas de recursos financeiros o acesso à medicação ou congênere necessário à cura, controle ou abrandamento de suas enfermidades, sobretudo, as mais graves. 6. Sendo o SUS composto pela União, Estados-membros e Municípios, é de reconhecer-se, em função da solidariedade, a legitimidade passiva de quaisquer deles no pólo passivo da demanda." (AgRg no REsp nº 1.016.847/SC, Rel. Min. Castro Meira, 2ª Turma, DJe 07-10-2013)

- À semelhança do STF, o STJ acentuou que **a existência de solidariedade não autoriza o chamamento ao processo** de outro(s) ente(s) responsável(is) pela efetivação do direito à saúde:

REsp nº 1.203.244/SC: recurso especial representativo da controvérsia acerca da *"questão atinente à obrigatoriedade de chamamento ao processo (art. 77, III, do CPC) da União nas demandas que envolvem a pretensão de fornecimento de medicamentos"*. Decidiu a 1ª Seção do Superior Tribunal de Justiça por reiterar a jurisprudência por si firmada, em sentido idêntico, também, àquele adotado pelo Supremo Tribunal Federal. Firmou posição pela desnecessidade de chamamento ao processo de todos os litisconsortes passivos, acentuando que tal providência constituiria um "obstáculo à garantia do direito fundamental à saúde" (REsp nº 1.203.244/SC, Rel. Min. Herman Benjamin, 1ª Seção, unânime, DJe 17-06-2014).

"O chamamento ao processo, previsto no art. 77, III, do CPC, é típico de obrigações solidárias de pagar quantia. Trata-se de excepcional formação de litisconsórcio passivo facultativo promovida pelo demandado, que não comporta interpretação extensiva para alcançar prestação de entrega de coisa certa, cuja satisfação efetiva inadmite divisão. Precedentes: (AgRg no REsp 1.009.622/SC, Rel. Min. Herman Benjamin, Segunda Turma, julgado em 3.8.2010, DJe 14.9.2010), (REsp 1.125.537/SC, Rel. Min. Teori Albino Zavascki, Primeira Turma, julgado em 16.3.2010, DJe 24.3.2010). 5. Portanto, qualquer que seja o resultado que o Supremo Tribunal Federal ou o Superior Tribunal de Justiça venham concluir a respeito da solidariedade passiva, ou não, dos Entes Federados na obrigação de fornecer medicamentos, desde já, é possível definir que não caberá o chamamento ao processo, pois este instituto só é possível nas obrigações solidárias de pagar quantia certa, e não nas obrigações de fazer." (AgRg no REsp nº 1.249-125/SC, Rel. Min. Humberto Martins, 2ª Turma, unânime, DJe 21-06-2011)

- Da mesma forma que no STF, a jurisprudência do STJ também se firmou no sentido de admitir a imposição de meios coercitivos, como o **bloqueio de verbas públicas** e a **imposição de multa** (*astreintes*), com escopo de pressionar o Estado ao fornecimento de prestações materiais decorrentes do direito à saúde:

> **REsp nº 1.069.810/RS**: adotando o procedimento dos recursos repetitivos, o STJ reconheceu a faculdade conferida ao julgador para que, *ex officio* ou a requerimento da parte interessada, determine o bloqueio de verbas públicas como forma de assegurar eficácia à decisão judicial que imponha ao Estado o dever de fornecer medicamentos:
>
> *"RECURSO ESPECIAL. ADOÇÃO DE MEDIDA NECESSÁRIA À EFETIVAÇÃO DA TUTELA ESPECÍFICA OU À OBTENÇÃO DO RESULTADO PRÁTICO EQUIVALENTE. ART. 461, § 5º. DO CPC. BLOQUEIO DE VERBAS PÚBLICAS. POSSIBILIDADE CONFERIDA AO JULGADOR, DE OFÍCIO OU A REQUERIMENTO DA PARTE. RECURSO ESPECIAL PROVIDO. ACÓRDÃO SUBMETIDO AO RITO DO ART. 543-C DO CPC E DA RESOLUÇÃO 08/2008 DO STJ.*
>
> *1. Tratando-se de fornecimento de medicamentos, cabe ao Juiz adotar medidas eficazes à efetivação de suas decisões, podendo, se necessário, determinar até mesmo, o sequestro de valores do devedor (bloqueio), segundo o seu prudente arbítrio, e sempre com adequada fundamentação.*
>
> *2. Recurso Especial provido. Acórdão submetido ao regime do art. 543-C do CPC e da Resolução 08/2008 do STJ.*
>
> *(STJ, REsp nº 1.069.810/RS, Rel. Min. Napoleão Nunes Maia Filho, 1ª Seção, unânime, DJe 06-11-2013)*

Do voto-condutor destaca-se o seguinte trecho:

> *"É possível ao julgador determinar o bloqueio de verba pública para garantir o cumprimento da obrigação do Poder Público de fornecer medicamentos para portadores de doença grave, havendo nos autos comprovação de que o Estado não esteja cumprindo essa obrigação, sobretudo quando a desídia do ente estatal implicar grave lesão à saúde ou mesmo risco à vida do paciente. Isso porque, diante das circunstâncias do caso concreto, cabe ao magistrado aferir o modo mais adequado para tornar efetiva a tutela, tendo em vista o fim da norma. Não se deve olvidar, também, a prevalência da tutela ao direito subjetivo à saúde sobre o interesse público, que, no caso, consubstancia-se na preservação da saúde em detrimento dos princípios do Direito Financeiro ou Administrativo. Deve-se concluir que, em situações de inconciliável conflito entre o direito fundamental à saúde e o da impenhorabilidade dos recursos da Fazenda Pública, prevalece o primeiro sobre o segundo."*

REsp nº 1.474.665/RS: em julgamento segundo o rito dos recursos repetitivos, o STJ confirmou sua jurisprudência no sentido da possibilidade de imposição de multa (*astreintes*) como forma de compelir o Estado a efetivar a obrigação de fornecer medicamentos. O acórdão afirma a natureza intimidatória da multa, embora também reconheça a possibilidade de revisão das *astreintes*, para aumentar ou diminuir o valor, e até para suprimi-la – não havendo falar em coisa julgada material a esse respeito.

"PROCESSUAL CIVIL. RECURSO ESPECIAL REPRESENTATIVO DE CONTROVÉRSIA. ART. 543-C DO CPC/1973. AÇÃO ORDINÁRIA DE OBRIGAÇÃO DE FAZER. FORNECIMENTO DE MEDICAMENTO PARA O TRATAMENTO DE MOLÉSTIA. IMPOSIÇÃO DE MULTA DIÁRIA (ASTREINTES) COMO MEIO DE COMPELIR O DEVEDOR A ADIMPLIR A OBRIGAÇÃO. FAZENDA PÚBLICA. POSSIBILIDADE. INTERPRETAÇÃO DO CONTEÚDO NORMATIVO INSERTO NO § 5º DO ART. 461 DO CPC/1973. DIREITO À SAÚDE E À VIDA.

1. Para os fins de aplicação do art. 543-C do CPC/1973, é mister delimitar o âmbito da tese a ser sufragada neste recurso especial representativo de controvérsia: possibilidade de imposição de multa diária (astreintes) a ente público, para compeli-lo a fornecer medicamento à pessoa desprovida de recursos financeiros.

2. A função das astreintes é justamente no sentido de superar a recalcitrância do devedor em cumprir a obrigação de fazer ou de não fazer que lhe foi imposta, incidindo esse ônus a partir da ciência do obrigado e da sua negativa de adimplir a obrigação voluntariamente.

3. A particularidade de impor obrigação de fazer ou de não fazer à Fazenda Pública não ostenta a propriedade de mitigar, em caso de descumprimento, a sanção de pagar multa diária, conforme prescreve o § 5º do art. 461 do CPC/1973. E, em se tratando do direito à saúde, com maior razão deve ser aplicado, em desfavor do ente público devedor, o preceito cominatório, sob pena de ser subvertida garantia fundamental. Em outras palavras, é o direito-meio que assegura o bem maior: a vida. Precedentes: AgRg no AREsp 283.130/MS, Relator Ministro Napoleão Nunes Maia Filho, Primeira Turma, DJe 8/4/2014; REsp 1.062.564/RS, Relator Ministro Castro Meira, Segunda Turma, DJ de 23/10/2008; REsp 1.062.564/RS, Relator Ministro Castro Meira, Segunda Turma, DJ de 23/10/2008; REsp 1.063.902/SC, Relator Ministro Francisco Falcão, Primeira Turma, DJ de 1/9/2008; e AgRg no REsp 963.416/RS, Relatora Ministra Denise Arruda, Primeira Turma, DJ de 11/6/2008.

4. À luz do § 5º do art. 461 do CPC/1973, a recalcitrância do devedor permite ao juiz que, diante do caso concreto, adote qualquer medida que se revele necessária à satisfação do bem da vida almejado pelo jurisdicionado. Trata-se do "poder geral de efetivação", concedido ao juiz para dotar de efetividade as suas decisões.

5. A eventual exorbitância na fixação do valor das astreintes aciona mecanismo de proteção ao devedor: como a cominação de multa para o cumprimento de obrigação de fazer ou de não fazer tão somente constitui método de coerção, obviamente não faz coisa julgada material, e pode, a requerimento da parte ou ex officio pelo magistrado, ser reduzida ou até mesmo suprimida, nesta última hipótese, caso a sua imposição não se mostrar mais necessária. Precedentes: AgRg no AgRg no AREsp 596.562/RJ, Relator Ministro Moura Ribeiro, Terceira Turma, DJe 24/8/2015; e AgRg no REsp 1.491.088/SP, Relator Ministro Ricardo Villas Bôas Cueva, Terceira Turma, DJe 12/5/2015.

[...]

7. Recurso especial conhecido e provido, para declarar a possibilidade de imposição de multa diária à Fazenda Pública. Acórdão submetido à sistemática do § 7º do artigo 543-C do Código de Processo Civil de 1973 e dos arts. 5º, II, e 6º, da Resolução STJ n. 08/2008.

(STJ, REsp nº 1.474.665/RS, Rel. Min. Benedito Gonçalves, 1ª Seção, unânime, DJe 22-06-2017)

Aplicação em concurso:

► Saúde como direito e dever:

- *UFRR/2018 – UFRR – Técnico em Contabilidade:*

– A saúde é direito de todos e dever do Estado, garantido mediante políticas sociais e econômicas que visem à redução do risco de doença e de outros agravos e ao acesso universal e igualitário às ações e serviços para sua promoção, proteção e recuperação.
Resposta: Correto.

- *INSTITUTO EXCELÊNCIA/2017 – Prefeitura de Cerro Largo, RS – Procurador:*

Conforme a Lei Orgânica do Município do município de Cerro largo- RS: Art. 121. A Saúde é direito de todos os munícipes e dever do Poder Público, assegurado mediante:

a) apoio técnico e financeiro a todas as entidades voltadas para o atendimento.
b) condições dignas de trabalho, saneamento, moradia, alimentação, educação, transporte e lazer.
c) políticas sociais e econômicas que visem à eliminação de risco de doenças e de outros agravos, e ao acesso universal e igualitário às ações e aos serviços para sua promoção, proteção e recuperação.

d) Nenhuma das alternativas.
Resposta: alternativa "c".

- *FUNDATEC/2018 – Prefeitura de Estância Velha, RS – Advogado:*
A saúde é direito de todos e dever do Município, concorrentemente ou supletivamente, à União ou Estado, garantido conforme políticas sociais e econômicas, que resultem na redução do risco da doença e de outros agravos à saúde, bem como realizar a sua:

I. Promoção.
II. Proteção.
III. Recuperação.
IV. Publicação.

Quais estão INCORRETAS?

d) Apenas IV.
Resposta: alternativa "d".

► Nas duas questões anteriores, o texto do art. 196 da CF indica a resposta correta, ao tratar das ações e serviços para a *"promoção, proteção e recuperação"* da saúde.

- *FCC/2015 – TRT 1ª Região – Juiz do Trabalho Substituto:*
Sobre a seguridade social prevista no capítulo II do Título VIII da Constituição Federal de 1988...

– A saúde é direito de todos e dever do Estado, garantido mediante políticas sociais e econômicas que visem à redução do risco de doença e de outros agravos e ao acesso universal e igualitário às ações e serviços para sua promoção, proteção e recuperação.
Resposta: Correto.

- *AOCP/2017 – EBSERH – Assistente Administrativo:*
Considerando os temas Saúde e Seguridade social, de acordo com a Constituição Federal...

– A saúde é direito de todos e dever do Estado, garantido mediante políticas sociais e econômicas que visem à redução do risco de doença e de outros agravos.
Resposta: Correto.

- *AOCP/2016 – EBSERH – Enfermeiro:*
De acordo com o que dispõe a Constituição Federal...

– A saúde é direito de todos e dever do Estado, garantidos mediante políticas sociais e econômicas que visem à redução do risco de doença e de outros agravos e ao acesso universal e igualitário às ações e serviços para sua promoção, proteção e recuperação.
Resposta: Correto.

- *DOM CINTRA/2014 – FIOCRUZ – Tecnologista, Neonatologia:*

  A Constituição Federal Brasileira, de 1988, em seu artigo 196, apresenta um conceito de saúde, em consonância com as proposta do Movimento de Reforma Sanitária. A seguinte afirmativa corresponda a esse conceito:

a) a saúde "é direito de todos e dever do Estado, garantido mediante políticas sociais e econômicas que visem à redução do risco de doença e de outros agravos e ao acesso universal e igualitário às ações e serviços para sua promoção, proteção e recuperação".

  Resposta: alternativa "a".

- *IDECAN/2014 – Pref. Apiacá, ES – Médico Cardiologista:*

  "A ______________________ estabelece que a saúde é direito de todos e dever do Estado, garantido mediante políticas sociais e econômicas que visem à redução do risco de doença e de outros agravos e ao acesso universal e igualitário às ações e aos serviços para sua promoção, proteção e recuperação."

c) Constituição Federal de 1988.

  Resposta: alternativa "c".

- *AOCP/2014 – EBSERH/HU-UFGD – Advogado:*

  De acordo com a Constituição Federal Brasileira, a saúde é

c) direito de todos e dever do Estado, garantido mediante políticas sociais e econômicas que visem à redução do risco de doença e de outros agravos e ao acesso universal e igualitário às ações e serviços para sua promoção, proteção e recuperação.

  Resposta: alternativa "c".

- *CONPASS/2013 – Prefeitura Municipal de Extremoz, RN – Auditor Fiscal de Vigilância Sanitária:*

  "A saúde é direito de todos e dever do Estado, garantido mediante políticas sociais e econômicas que visem à redução do risco de doença e de outros agravos e ao acesso universal e igualitário às ações e serviços para sua promoção, proteção e recuperação". Este texto se refere ao:

e) artigo 196 da Constituição Federal de 1988.

  Resposta: alternativa "e".

- *MSCONCURSOS/FSPSCE/2011 – Prefeitura de Esteio/RS – Administrador:*

  Consoante estabelece a Constituição Federal, a saúde é direito de todos e dever do Estado, garantido mediante políticas sociais e econômicas que visem:

I. À redução do risco de doença e de outros agravos.

II. Ao acesso universal e igualitário às ações e serviços para sua promoção, proteção e recuperação.

III. À descentralização, com direção única em cada esfera de governo.

IV. À participação da comunidade.

Assinale a alternativa CORRETA:

a) Somente as proposições I e II estão corretas.

Resposta: alternativa "a".

► **Atenção!** A resposta se vincula ao texto do art. 196 da CF, e por esta razão as afirmativas *III* e *IV*, que dizem respeito aos princípios do SUS previstos pelo art. 198 da CF, são consideradas incorretas.

- *TJRS/2012 – Juiz de Direito Substituto:*

  Acerca da saúde, direito de todos e dever do Estado, segundo a Constituição Federal (art. 196), assinale a assertiva correta.

a) O direito à saúde representa prerrogativa jurídica indisponível, assegurada à generalidade das pessoas, encerrando um dever de todos os entes políticos que compõem, no plano institucional, a organização federativa do Estado brasileiro.

Resposta: alternativa "a".

- *TRT 14ª Região/2013 – Juiz do Trabalho Substituto:*

  Analise as assertivas abaixo e após marque a única alternativa correta.

I. É programática, com eficácia integrativa, a norma constitucional que a todos assegura o direito à saúde mediante políticas sociais e econômicas, visando à redução do risco de doença e de outros agravos e ao acesso universal e igualitário às ações e serviços para sua promoção, proteção e recuperação.

Resposta: Errado.

► A jurisprudência do STF (AgRg-RE nº 271.286/RS) acentua que o caráter programático do art. 196 da CF não pode transformá-lo em "promessa constitucional inconseqüente"; em outras palavras, a eventual integração desse dispositivo, por legislação conformadora, não impede que seja aplicado diretamente, notadamente para justificar o reconhecimento de direito à saúde em sua dimensão individual, como vem reconhecendo o STF.

- *MERITUM/2010 – Prefeitura de Ferraz de Vasconcelos/SP, Médico Dermatologista:*

  Dada a afirmação contida no artigo 196 da Constituição Federal: *"A saúde é um direito de todos e um dever do Estado, garantido mediante políticas sociais e econômicas que visem à redução do risco de doença e de outros agravos e ao acesso universal e igualitário às ações e serviços para sua promoção, proteção e recuperação"*. Assinale a alternativa que indica o significado dessa afirmação:

b) a saúde é um direito de cidadania e deve ser entendida como um objetivo do Estado, a ser alcançado através de iniciativas que vão além das ações desenvolvidas pelo setor de saúde.

Resposta: alternativa "b".

- *MPT/2012 – Procurador do Trabalho:*

  A respeito do direito à saúde [...]

  O Supremo Tribunal Federal decidiu que é dever constitucional do Poder Público o fornecimento gratuito de medicamentos a pessoas necessitadas.

  Resposta: afirmativa correta.

- *CESPE/2008 – Ministério da Saúde, Técnico de Nível Superior (níveis III e IV):*

  O direito à saúde, além de qualificar-se como direito fundamental que assiste a todas as pessoas, representa conseqüência constitucional indissociável do direito à vida. O poder público, qualquer que seja a esfera institucional de sua atuação no plano da organização federativa brasileira, não pode mostrar-se indiferente ao problema da saúde da população, sob pena de incidir, ainda que por censurável omissão, em grave comportamento inconstitucional.

  Resposta: Correto.

▶ **Atenção!** A questão do concurso repete trecho da ementa do acórdão proferido pelo STF no julgamento do **AgRg-RE nº 271.286/RS**, Rel. Min. Celso de Mello: "O direito à saúde – além de qualificar-se como direito fundamental que assiste a todas as pessoas – representa conseqüência constitucional indissociável do direito à vida. O Poder Público, qualquer que seja a esfera institucional de sua atuação no plano da organização federativa brasileira, não pode mostrar-se indiferente ao problema da saúde da população, sob pena de incidir, ainda que por censurável omissão, em grave comportamento inconstitucional."

▶ Solidariedade entre União, Estados, Distrito Federal e Municípios:

- *IBFC/2018 – TRF 2ª Região – Juiz Federal Substituto:*

  No que se refere ao direito à saúde na ordem constitucional brasileira, assinale a alternativa correta:

a) A existência de atribuição própria para cada ente federativo em normas infraconstitucionais não elide a responsabilidade solidária imposta constitucionalmente a todos eles.

b) O Sistema Único de Saúde é gerido pelo princípio da descentralização e a obrigação de fornecer e custear medicamentos ordinários é de incumbência exclusiva dos Estados e Municípios.

c) As ações e serviços de saúde são integrantes de uma rede regionalizada e descentralizada que compõe o Sistema Único de Saúde. Nesse sistema cada ente público assume sua responsabilidade constitucional de forma autônoma e exclusiva.

d) O art. 200, da Constituição Federal, estabeleceu as competências do Sistema Único de Saúde e é regulamentado nas Leis ns. 8.080/90 e 8.142/90 que descentralizam o sistema e a prestação dos serviços de saúde. Assim, compete à União apenas a formulação de diretrizes políticas e planejamento do setor de saúde.

e) Não é cabível a judicialização de demandas envolvendo internações e tratamentos médicos no âmbito do SUS, por se tratarem de questões no âmbito de discricionariedade técnica do gestor público, não passível de controle judicial.

Resposta: alternativa "a".

- *IBFC/2018 – TRF 2ª Região – Juiz Federal Substituto:*

III. No que tange à legitimidade passiva dos entes políticos envolvidos, referente às ações cuja pretensão é o fornecimento de medicamentos, tratamentos e congêneres imprescindíveis à saúde de pessoa carente, há solidariedade entre a União Federal, Estados e Municípios, considerando a unicidade do Sistema Único de Saúde.

Resposta: Correto.

- *VUNESP/2018 – UNICAMP – Procurador de Universidade Assistente:*

Nicolau Tibúrcio é pedreiro e sofreu um acidente quando uma laje caiu sobre sua cabeça, causando traumatismo craniano. Precisava de tratamento de emergência e internação imediata em UTI. Foi socorrido em um hospital público municipal, que não possuía vaga na UTI. De acordo com a jurisprudência a respeito da Lei no 8.080/90, é certo afirmar que

c) deverá ser transferido para outro hospital público que tenha vaga disponível, sendo que, se ainda assim não for possível o atendimento adequado, deve seguir para rede privada, sendo custeado o tratamento de forma solidária pela União, Estados e Municípios.

Resposta: alternativa "c".

- *CESPE/2018 – TJ/CE – Juiz Substituto:*

Acerca do direito constitucional à saúde e à seguridade social, assinale a opção correta, segundo entendimento doutrinário e jurisprudencial.

a) A seguridade social compreende saúde, previdência e assistência social, todas prestadas independentemente de contribuição dos usuários.

b) De acordo com o STF, desde que seguidos os padrões regulamentados pela ANVISA, não é proibido o uso industrial e comercial do amianto.

c) Os objetivos da seguridade social não incluem equidade dos benefícios entre as populações urbana e rural.

d) De acordo com o STF, não ofende a CF a internação hospitalar em acomodações superiores, no âmbito do SUS, mediante pagamento da diferença de valor correspondente.

e) O polo passivo de ações que versem sobre responsabilidade nos tratamentos médicos pode ser ocupado por qualquer dos entes federados.

Resposta: alternativa "e".

- *FCC/2018 – DPE/AM – Defensor Público:*

  Determinado medicamento incluído em lista do Sistema Único de Saúde deixa de ser adquirido e fornecido por certo Estado, em função de seu alto custo e de ser destinado ao tratamento de doença com incidência muito pequena na população local. Um morador do Estado, portador da doença, que até então vinha se tratando em rede particular, precisará passar a fazer uso do referido medicamento, uma vez que, conforme laudo médico, não surtiram resultados em seu caso as demais formas conhecidas de tratamento para a doença. Move, então, ação judicial em face do Estado e da União, para compeli-los ao fornecimento do medicamento. Nessa situação, considerando o que dispõe a Constituição Federal e à luz da jurisprudência do STF,

a) apenas o Estado teria legitimidade para figurar no polo passivo da demanda, em função da descentralização das ações e serviços públicos de saúde, cabendo, ademais, ao paciente comprovar que não dispõe de condições financeiras para arcar com os custos do medicamento, de modo a fazer jus ao atendimento pelo SUS.

b) apenas o Estado teria legitimidade para figurar no polo passivo da demanda, em função da descentralização das ações e serviços públicos de saúde, sendo, no entanto, que o eventual reconhecimento do direito ao atendimento pelo SUS independe de o paciente dispor ou não de condições financeiras para arcar com os custos do medicamento.

c) em que pese a responsabilidade solidária de Estado e União quanto às ações de atendimento à saúde, não há o dever de fornecimento do medicamento, ainda que esse conste de lista do SUS, estando dentro da esfera de discricionariedade do Estado a alocação de recursos financeiros de modo a atender parcela mais significativa de sua população.

d) Estado e União podem figurar conjuntamente no polo passivo da demanda, em função da responsabilidade solidária dos entes federativos quanto ao dever de prestar tratamento de saúde adequado a quem o necessite, cabendo, no entanto, ao paciente comprovar que não dispõe de condições financeiras para arcar com os custos do medicamento, de modo a fazer jus ao atendimento pelo SUS.

e) Estado e União podem figurar conjuntamente no polo passivo da demanda, em função da responsabilidade solidária dos entes federativos quanto ao dever de prestar tratamento de saúde adequado a quem o necessite, sendo que o eventual reconhecimento do direito ao atendimento pelo SUS independe das condições financeiras do paciente para arcar ou não com os custos do medicamento.

   Resposta: alternativa "e".

- *FUNDATEC/2018 – DPE/SC – Analista Técnico:*

  Analise as assertivas abaixo sobre a responsabilidade solidária entre os entes da federação em matéria de saúde pública e assinale V, se verdadeiras, ou F, se falsas.

( ) A competência comum entre os entes federativos resulta na responsabilidade solidária da União, estados, Distrito Federal e municípios para responder pelas demandas de saúde.
Resposta: Verdadeiro.

- *FAUEL/2018 – Prefeitura de Paranavaí, PR – Procurador:*

– O tratamento médico adequado aos necessitados se insere no rol dos deveres do Estado, sendo responsabilidade solidária dos entes federados, devendo a União figurar no polo ativo, por ser ela a responsável pela gestão do Sistema Único de Saúde.
Resposta: Errado.

► A assertiva está errada, pois é consequência da solidariedade que todos, ou quaisquer dos entes possam figurar, conjunta ou isoladamente, no polo passivo, das ações em que se pleiteia tratamentos médicos.

- *MP-SP/2011 – Promotor de Justiça – 88º Concurso:*
A saúde é direito de todos e dever do Estado, devendo ser prestada

e) pela União, pelos Estados, pelo Distrito Federal e pelos Municípios, constituindo o Sistema Único de Saúde (SUS), com competência administrativa comum dos entes envolvidos e com competência legislativa concorrente, respondendo a União pelas normas gerais, o Estado e o Distrito Federal pelas normas suplementares, sendo a assistência à saúde livre à iniciativa privada.
Resposta: alternativa "e".

- *MPDFT/2011 – Promotor de Justiça Adjunto – 29º Concurso:*

– O recebimento de medicamentos pelo Estado é direito fundamental, podendo ser pleiteado por qualquer um dos entes federativos, desde que demonstrada sua necessidade e a impossibilidade de custeá-los com recursos próprios.
Resposta: Correto.

- *AOCP/2014 – EBSERH/HC-UFMG – Advogado:*
Preencha a lacuna e assinale a alternativa correta: "Nos termos do inciso II do art. 23 da Constituição Federal de 1988, é competência ______________ cuidar da saúde e assistência pública, da proteção e garantia das pessoas portadoras de deficiência."

a) comum da União, dos Estados, do Distrito Federal e dos Municípios.
Resposta: alternativa "a".

- *FGV/2013 – Juiz de Direito Substituto – Tribunal de Justiça do Amazonas:*
Com relação aos direitos e deveres individuais, coletivos e sociais previstos na Constituição Federal de 1988, assinale a afirmativa incorreta.

e) Com fundamento nos artigos 6º e 196 da Constituição Federal de 1988, é possível afirmar a existência de direito subjetivo público a prestações de saúde, oponível a todos os entes federativos de modo solidário, bem como de um dever de formulação e execução de políticas públicas, implementadas por meio do sistema único, que observará, como diretrizes, a descentralização, o atendimento integral e a participação da comunidade.

Resposta: alternativa "e".

- *UEL/COPS/2011 – Procurador do Estado do Paraná:*

Acontece de um medicamento não estar disponível ou um procedimento não ser coberto pela rede pública de saúde. Tendo em vista a competência para oferecer tais bens e serviços, é correto afirmar:

b) que o sistema único de saúde (SUS) corresponde à competência comum para cuidar da saúde;

Resposta: alternativa "b".

- *VUNESP/2013 – MPE/ES – Promotor de Justiça Substituto:*

Considerando a estrutura legal do SUS, o fornecimento de medicamentos para pacientes é atribuição, dentre os entes públicos,

c) solidária em relação a todas as unidades da Federação.

Resposta: alternativa "c".

- *Fundação Carlos Chagas (FCC)/2013 – Defensor Público do Estado do Amazonas:*

Suponha que um indivíduo obtenha prescrição médica para uso de medicamento nacional, registrado na ANVISA (Agência Nacional de Vigilância Sanitária), que não é disponibilizado pelo Sistema Único de Saúde – SUS. Nessa situação, pretendendo obter judicialmente o medicamento do Poder Público, o interessado

a) poderá propor medida judicial contra União, Estado e Município, em regime de solidariedade.

Resposta: alternativa "a".

- *TRT 8ª Região/2013 – Juiz do Trabalho Substituto:*

Assinale a alternativa CORRETA:

b) A tutela inibitória, como tutela preventiva e específica, é adequada para a proteção de direitos, tais como o direito à saúde e o direito ao meio ambiente saudável, pois além de poder prevenir o ilícito, atua de modo a garantir a atuação do interesse específico pelo qual se invoca a tutela, ao invés do ressarcimento pecuniário do dano, com base no princípio do equivalente monetária.

Resposta: alternativa "b".

- *FCC/2016 – DPE/ES – Defensor Público:*

A respeito do direito fundamental à saúde e da regulamentação das políticas públicas de saúde na Constituição Federal de 1988, considere:

– A jurisprudência do Supremo Tribunal Federal e do Superior Tribunal de Justiça é pacífica no sentido de afirmar a existência de responsabilidade solidária entre a União e os Estados no fornecimento de medicamento e tratamento médico, cabendo ao Município apenas responsabilidade subsidiária.

Resposta: Errado.

▶ A assertiva está errada, visto que a jurisprudência pacífica dos Tribunais Superiores afirma a solidariedade entre União, Estados e Municípios – e não a responsabilidade subsidiária mencionada pela questão.

- *CESPE-CEBRASPE/2015 – Advogado da União:*

  Com base nas normas constitucionais e na jurisprudência do STF, julgue os itens seguintes.

  Situação hipotética: Determinado estado e um dos seus municípios estão sendo processados judicialmente em razão de denúncias acerca da má qualidade do serviço de atendimento à saúde prestado à população em um hospital do referido município. Assertiva: Nessa situação, o Estado, em sua defesa, poderá alegar que, nesse caso específico, ele não deverá figurar no polo passivo da demanda, já que a responsabilidade pela prestação adequada dos serviços de saúde à população é do município, e, subsidiariamente, da União.

  Resposta: Errado

▶ Como referido, a jurisprudência reitera a existência de solidariedade entre os entes federativos, o que justifica a permanência do Estado no polo passivo da demanda ajuizada.

- *UFG/2015 – Prefeitura de Goiânia/GO – Procurador:*

  A última década revela um notável aumento na judicialização das políticas públicas de saúde no Brasil, notadamente em razão de demandas judiciais relativas ao fornecimento de medicamentos e tratamentos de saúde. A par de tais fatos, sob o viés processual civil da questão, conclui-se que:

a) o município não possui legitimidade passiva para figurar em demandas cujo objeto seja o fornecimento de medicamento de alto custo, já que sua responsabilidade é subsidiária ante as atribuições da União e dos Estados.

b) a decisão que determina o fornecimento de medicamentos não poderá fixar astreintes em face da Fazenda Pública Municipal. Poderá, entretanto, se necessário, determinar o sequestro de valores da municipalidade (bloqueio) a fim de que seja efetivada.

c) a ação proposta em face do Município visando à obtenção de medicamento, no caso de chamamento da União ao processo, deverá ser remetida à Justiça Federal, por força do artigo 109, I, da Constituição e Súmula 150 do STJ.

d) a demanda que tenha por objetivo a entrega de medicamento pelo Poder Público pode ser ajuizada em face de qualquer um dos entes estatais ou em face de todos, conjuntamente, nesse último caso sendo competente para processar e julgar a causa a Justiça Federal.

Resposta: alternativa "d".

- *CESPE-CEBRASPE/2016 – TJ/AM – Juiz Substituto:*

Tendo em vista que o direito à vida — valor central do ordenamento jurídico — desdobra-se em direito à existência física e direito a uma vida digna [...]

– É dever privativo da União desenvolver políticas públicas que visem à redução de doenças e outros agravos.

Resposta: Errado

► A afirmação está errada. já que compete aos entes das três esferas o planejamento e a consecução das políticas de saúde, incluídas aquelas que visem à redução de doenças e outros agravos.

► Competências executivas em relação à saúde:

- *CS-UFG/2018 – CS-UFG – Pedagogo Hospitalar:*

De acordo com os preceitos constitucionais, cuidar da saúde e assistência pública, da proteção e garantia das pessoas com deficiência é de competência

a) do Ministério da Saúde, bem como dos estados e municípios.
b) do Sistema Único de Saúde (SUS) em todo o território nacional.
c) dos serviços públicos disponíveis em toda a rede de saúde.
d) da União, dos estados, do Distrito Federal e dos municípios.

Resposta: alternativa "d".

- *AOCP/2014 – EBSERH/HC-UFMG – Advogado:*

Preencha a lacuna e assinale a alternativa correta: "Nos termos do inciso VII do art. 30 da Constituição Federal de 1988, compete aos Municípios prestar, com a cooperação técnica e financeira ____________________, serviços de atendimento à saúde da população."

b) da União e do Estado.

Resposta: alternativa "b".

- *FCC/2013 – Defensor Público do Estado do Amazonas:*

Considerando o sistema de repartição de competências entre os entes federativos na Constituição Federal, cabe

e) aos Municípios prestar, com a cooperação técnica e financeira da União e do Estado, serviços de atendimento à saúde da população.

Resposta: alternativa "e".

▶ A questão retoma a competência discriminada pelo art. 30, VII, da Constituição Federal.

- *CONESUL/2008 – Prefeitura de Porto Alegre/RS, Médico (Cardiologista):*
  Segundo a Constituição da República Federativa do Brasil, de 5 de outubro de 1988, compete aos municípios:

e) prestar, com a cooperação técnica e financeira da União e do Estado, serviços de atendimento à saúde da população.
Resposta: alternativa "e".

- *MP/PR/2009 – Promotor Substituto:*
  Analise as seguintes assertivas [...]:

III. Compete aos Municípios prestar, com a cooperação técnica e financeira da União e do Estado, serviços de atendimento à saúde da população.
Resposta: Correto.

▶ O SUS como garantia institucional fundamental:

- *MP-RS/2014 – Promotor de Justiça:*

– Enunciado no art. 198 da Constituição Federal, o Sistema Único de Saúde (SUS) assume a condição de garantia institucional fundamental, inclusive como limite material à reforma constitucional.
Resposta: Correto.

- *MPDFT/2013 – Promotor de Justiça Adjunto – 30º Concurso:*

– A proteção à saúde individual integra o aspecto subjetivo do direito fundamental à saúde, sendo a saúde pública seu elemento objetivo ou garantia institucional.
Resposta: Correto.

- *MP-SC/2011 – Promotor de Justiça – XXXVI Concurso:*

– O SUS – Sistema Único de Saúde é constituído pelo conjunto de ações e serviços de saúde cujos prestadores são órgãos e instituições públicas federais, estaduais e municipais, da administração direta ou indireta ou fundações mantidas pelo poder público.
Resposta: Correto.

▶ Bloqueio de recursos públicos:

- *CESPE/2015 – DPE/PE – Defensor Público:*
  Em relação à efetivação dos direitos sociais, julgue os itens a seguir.

– Conforme jurisprudência do STJ, o juiz pode determinar o bloqueio de verbas públicas para garantir o fornecimento de medicamentos.
Resposta: Correto.

2. O princípio da universalidade e igualdade de acesso aos serviços e ações de saúde: titulares, destinatários e a obrigação de não discriminação.

O **princípio da universalidade e igualdade de acesso** aos serviços e ações de saúde guarda relação tanto com a cláusula geral de igualdade, prevista no art. 5º, *caput*, da CF, quanto com o **princípio da equidade**, mais comumente referido pelos estudiosos da saúde pública e do direito sanitário. O princípio densifica o dever estatal de "prover condições que assegurem o acesso universal e igualitário às ações e aos serviços" de saúde, na dicção do art. 2º, § 1º, da Lei nº 8.080/90. Trata-se de princípio vinculante do Poder Público, assim como dos "serviços privados contratados e conveniados que integram" o SUS, refletindo na "universalidade de acesso aos serviços de saúde em todos os níveis de assistência" e na "igualdade da assistência à saúde, sem preconceitos ou privilégios de qualquer espécie" (Lei nº 8.080/90, art. 7º, *caput,* e inc. I e IV). O princípio da universalidade pauta o reconhecimento de um direito à igual assistência à saúde, para todas as pessoas e sem discriminações, em todos os níveis de complexidade do sistema.

O acesso universal e igualitário atrela-se ainda a um **dever fundamental de não discriminação no acesso aos bens e serviços de saúde**, conforme definido pelo Comitê de Direitos Econômicos, Sociais e Culturais da Organização das Nações Unidas (ECOSOC) no **Comentário Geral nº 14**. Segundo o Comitê, esta acessibilidade abarca quatro dimensões: (a) não discriminação, no sentido de que os serviços e bens de saúde devem ser acessíveis a todas as pessoas, especialmente aos segmentos mais vulneráveis ou marginalizados da população, sendo vedadas discriminações; (b) acessibilidade física, assegurando-se que os serviços e bens de saúde, inclusive atendimento médico e fornecimento de água potável e saneamento básico, estejam ao alcance de toda a população, facilitando-se o acesso físico aos portadores de alguma necessidade especial; (c) acessibilidade econômica, não se exigindo a gratuidade, mas que eventual pagamento pelos serviços e bens de saúde se dê com base na equidade, de modo que sejam acessíveis a todos, inclusive aos grupos sociais em desvantagem econômica; (d) acessibilidade de informação, cumprindo assegurar "o direito de procurar, receber e comunicar informações e ideias a respeito de questões de saúde", o que não deve prejudicar a confidencialidade dos dados pessoais[64].

---

64. COMMITTEE ON ECONOMIC, SOCIAL AND CULTURAL RIGHTS. General Comment n. 14 (2000): The Right to the Highest Attainable Standard of Health (Article 12 of the International Covenant on Economic, Social, and Cultural Rights). UN doc.E/C.12.2000/4, 4 July 2000. In: GRUSKIN,

Cabe lembrar, outrossim, que a garantia de "acesso universal e igualitário" busca **superar os modelos institucionais anteriores ao SUS**, quando o acesso aos serviços públicos de saúde era restrito aos trabalhadores formais, na condição de segurados da Previdência Social e respectivos dependentes. Tanto na época das Caixas e dos Institutos de Aposentadorias e Pensões, quanto, mais adiante, já sob a égide do Instituto Nacional da Previdência Social (INPS), significativa parcela da população (como famílias de desempregados, trabalhadores informais e trabalhadores rurais) dependia da assistência prestada pelas entidades de filantropia, em especial as Santas Casas de Misericórdia. A **inclusão** dessas pessoas, por meio da ampliação e universalização do acesso aos serviços de saúde, tornou-se então uma das principais bandeiras do Movimento de Reforma Sanitária e, como tal, encontra-se na base da estrutura de funcionamento e prestação de serviços do SUS.

Em termos de teoria dos direitos fundamentais, a expressão "acesso universal e igualitário" guarda relação com a definição dos **titulares** do direito à saúde. Nesse aspecto, cabe retomar o que já se assinalou anteriormente, no sentido de que o direito à saúde possui uma titularidade simultaneamente individual e coletiva (ou difusa), abrangendo a proteção e promoção da saúde de cada pessoa individualmente considerada, de um determinado grupo (os idosos, por exemplo) ou da coletividade de modo geral (aproximando-se à noção de saúde pública). Trata-se, assim, de **um direito de titularidade universal**, de que são sujeitos todas as pessoas, inclusive os estrangeiros, mesmo que se encontrem provisoriamente no país (em férias, por exemplo), pelo menos no que concerne aos casos de urgência e por incidência conjunta das normas internacionais de proteção à saúde[65].

Sofia et al. (edit.) *Perspectives on Health and Human Rights*. New York-London: Routledge, 2005, p. 476-477.

65. O Brasil é signatário de diversos documentos internacionais que protegem a saúde, sendo de referir, por todos, a Declaração Universal de Direitos Humanos das Nações Unidas (DUDH/ONU, art. 25.1) e o Pacto Internacional dos Direitos Econômicos, Sociais e Culturais (PIDESC, art. 12.1), cuja incidência já seria o bastante para abrigar a proteção da saúde dos estrangeiros, pelo menos nas hipóteses de atendimento emergencial e a despeito da regularidade de sua situação no país. Além disso, projetos como Sistema Integrado de Saúde das Fronteiras (SIS-Fronteiras, implementado pela Portaria GM nº 1.120, de 06/07/2005 do Ministério da Saúde), que prevê o atendimento, pelo SUS, da população brasileira e estrangeira que vive na longa zona de fronteira terrestre do país, respaldam a interpretação extensiva a respeito do caráter universal do direito à saúde. Conferir: <http://dtr2001.saude.gov.br/sas/PORTARIAS/Port2005/GM/GM-1120.htm>. Acesso em: 23 fev. 2015.

Além dos titulares, deve-se perquirir acerca dos **destinatários** da norma de direito fundamental, ou seja, a quem obriga a norma constitucional que positiva o direito à saúde. O texto constitucional claramente estipula o **Estado** como destinatário precípuo do direito à saúde. Quanto à eficácia do direito à saúde entre **particulares**, normas constitucionais já respaldavam o argumento em favor do reconhecimento desse efeito horizontal, como é o caso do art. 227, ao estabelecer como dever da família assegurar a saúde à criança, ao adolescente e ao jovem; do art. 228, ao prescrever o dever dos filhos de ampararem os pais na enfermidade; e do art. 229, ao afirmar o dever da família e da sociedade em assegurar o bem-estar e o direito à vida às pessoas idosas – claramente relacionado com o direito à saúde. Releva notar, contudo, que o art. 2º, § 2º, da Lei nº 8.080/90 põe termo à discussão, fixando que "O dever do Estado não exclui o das pessoas, da família, das empresas e da sociedade". São assim destinatários e, portanto, obrigados pelas normas de direito à saúde, tanto o Estado, quanto os particulares. Essa ideia ainda é reforçada pela compreensão de que a proteção e a promoção da saúde, para que sejam efetivadas, dependem de uma série de condutas e fatores, ligados ao que se denomina de "determinantes sociais", e que ultrapassam os deveres eventualmente impostos ao Estado, bem como o próprio âmbito exclusivo do direito à saúde[66] – como se verá mais adiante, no comentário específico ao art. 3º da Lei nº 8.080/90.

► **Jurisprudência do STF:**

RE-RG nº 581.488/RS: julgada a questão constitucional envolvendo a possibilidade de melhoria do tipo de acomodação aos pacientes internados pelo Sistema Único de Saúde (SUS) mediante pagamento da diferença de valores – assim chamada **"diferença de classe"**. O STF fixou a tese de que: *"É constitucional a regra que veda, no âmbito do Sistema Único de Saúde, a internação em acomodações superiores, bem como o atendimento diferenciado por médico do próprio Sistema Único de Saúde, ou por médico conveniado, mediante o pagamento da diferença de valores correspondentes".*

---

66. Observe-se que a realização do direito à saúde está relacionada à concretização de diversos outros direitos fundamentais, como educação, segurança, trabalho, lazer, moradia, alimentação, além do direito à vida, da tutela da dignidade humana e da proteção de grupos específicos (crianças e adolescentes, idosos, índios, gestantes).

"DIREITO CONSTITUCIONAL E ADMINISTRATIVO. AÇÃO CIVIL PÚBLICA. ACESSO DE PACIENTE À INTERNAÇÃO PELO SISTEMA ÚNICO DE SAÚDE (SUS) COM A POSSIBILIDADE DE MELHORIA DO TIPO DE ACOMODAÇÃO RECEBIDA E DE ATENDIMENTO POR MÉDICO DE SUA CONFIANÇA MEDIANTE O PAGAMENTO DA DIFERENÇA ENTRE OS VALORES CORRESPONDENTES. INCONSTITUCIONALIDADE. VALIDADE DE PORTARIA QUE EXIGE TRIAGEM PRÉVIA PARA A INTERNAÇÃO PELO SISTEMA PÚBLICO DE SAÚDE. ALCANCE DA NORMA DO ART. 196 DA CONSTITUIÇÃO FEDERAL. RECURSO EXTRAORDINÁRIO A QUE SE NEGA PROVIMENTO.

1. É constitucional a regra que veda, no âmbito do Sistema Único de Saúde, a internação em acomodações superiores, bem como o atendimento diferenciado por médico do próprio Sistema Único de Saúde (SUS) ou por conveniado, mediante o pagamento da diferença dos valores correspondentes.

2. O procedimento da "diferença de classes", tal qual o atendimento médico diferenciado, quando praticados no âmbito da rede pública, não apenas subverte a lógica que rege o sistema de seguridade social brasileiro, como também afronta o acesso equânime e universal às ações e serviços para promoção, proteção e recuperação da saúde, violando, ainda, os princípios da igualdade e da dignidade da pessoa humana. Inteligência dos arts. 1º, inciso III; 5º, inciso I; e 196 da Constituição Federal.

3. Não fere o direito à saúde, tampouco a autonomia profissional do médico, o normativo que veda, no âmbito do SUS, a assistência diferenciada mediante pagamento ou que impõe a necessidade de triagem dos pacientes em postos de saúde previamente à internação.

4. Recurso extraordinário a que se nega provimento."

(STF, RE-RG nº 581.488/RS, Rel. Min. Dias Toffoli, Pleno, unânime, DJe nº 65, 07-04-2016)

Aplicação em concurso:

▶ Universalidade e igualdade de acesso:

- *VUNESP/2018 – IPSM de São José dos Campos, SP – Procurador:*

  De acordo com o disposto na Constituição Federal, a seguridade social compreende um conjunto integrado de ações de iniciativa dos Poderes Públicos e da sociedade, destinadas a assegurar os direitos relativos à saúde, à previdência e à assistência social. Sobre a seguridade social, assinale a alternativa correta.

– A universalidade da cobertura e do atendimento possui uma dupla dimensão. Na dimensão subjetiva, relaciona-se ao dever imposto ao Estado de garantir a todas as pessoas que se encontrem no Brasil o acesso aos direitos albergados pela seguridade social. Na dimensão objetiva, refere-se às situações que apresentam um risco social, que são escolhidos pelo legislador para ser objeto de proteção, de acordo com a capacidade econômica do Estado.

Resposta: Correto.

- *FUNRIO/2018 – Assembleia Legislativa/RR – Procurador:*

Analise as seguintes assertivas sobre a Seguridade Social, à luz da CRFB/88:

– A Saúde, parte integrante da Seguridade Social, deve ser garantida a todos mediante políticas sociais e econômicas que visem à redução do risco de doença e de outros agravos e ao acesso universal e igualitário às ações e serviços para sua promoção, proteção e recuperação.

Resposta: Correto.

- *FCC/2018 – Câmara Legislativa do Distrito Federal – Consultor Legislativo (Saúde):*

A mudança no tratamento da questão social pela Constituição Federal de 1988 consagrou, em relação à Seguridade Social, o princípio basilar de

a) extensão da cobertura aos segmentos até então desprotegidos na sociedade.
b) cobertura do contribuinte direto.
c) sustentação orçamentária com enfoque na folha de pagamento do contribuinte.
d) assegurar assistência médica aos trabalhadores do mercado formal.
e) exclusão de cobertura contra riscos sociais.

Resposta: alternativa "a".

- *CESPE/2018 – Polícia Federal – Papiloscopista:*

A respeito dos direitos de ordem social, julgue o item que segue.

A assistência social, ao contrário da previdência social, é prestada a quem dela necessitar, independentemente de contribuição à seguridade social.

Resposta: Correto.

- *VUNESP/2018 – IPSM – Procurador:*

De acordo com o disposto na Constituição Federal, a seguridade social compreende um conjunto integrado de ações de iniciativa dos Poderes Públicos e da sociedade, destinadas a assegurar os direitos relativos à saúde, à previdência e à assistência social. Sobre a seguridade social, assinale a alternativa correta.

a) A universalidade da cobertura e do atendimento possui uma dupla dimensão. Na dimensão subjetiva, relaciona-se ao dever imposto ao Estado de garantir a todas as pessoas que se encontrem no Brasil o acesso aos direitos albergados pela seguridade social. Na dimensão objetiva, refere-se às situações

que apresentam um risco social, que são escolhidos pelo legislador para ser objeto de proteção, de acordo com a capacidade econômica do Estado.
Resposta: alternativa "a".

- *VUNESP/2016 – MPE-SP – Analista Técnico Científico (Pedagogo):*
  Nos termos do artigo 196 da Constituição Federal de 1988, a saúde, no Brasil, é dever do Estado, garantido mediante

a) atendimento especializado, voltado à população em situação de vulnerabilidade econômica e social.
b) atendimento regionalizado, o mais próximo da residência, a toda a população.
c) atendimento diferenciado a cada faixa etária da população.
d) acesso universal igualitário às ações e aos serviços voltados à promoção da saúde, à proteção e à recuperação.
e) política pública centralizada de atendimento à população, com prioridade ao primeiro ano de vida
Resposta: alternativa "d".

- *FCC/2016 – DPE/ES – Defensor Público:*
  A respeito do direito fundamental à saúde e da regulamentação das políticas públicas de saúde na Constituição Federal de 1988, considere:

– A saúde é direito de todos e dever do Estado, garantido mediante políticas sociais e econômicas que visem o acesso prioritário das pessoas necessitadas às ações e serviços para sua promoção, proteção e recuperação.
Resposta: Errado.

- *IDECAN/2017 – Ministério da Saúde – Administrador:*

– A saúde é direito de todos e dever do Estado, que deve estabelecer políticas sociais que visem à redução do risco de agravos, além do acesso mesmo que parcial aos serviços de saúde.
Resposta: Errado.

► As afirmativas das duas questões anteriores estão erradas pela mesma razão: não se há falar em acesso "prioritário", nem tampouco "parcial", mas em acesso igual e universal às ações e aos serviços de saúde.

- *FUNCAB/2014 – Pref. Vassouras, RJ – Médico Cardiologista:*
  Consolidando o processo de evolução do sistema público de saúde, a Constituição Federal de 1988 consagrou o acesso universal e igualitário aos serviços de saúde como um direito de cidadania. A esse respeito [...]

– O princípio da universalidade, inscrito no artigo 196 da Constituição Federal, representou a inclusão de todos no amparo prestado pelo SUS.
Resposta: Correto.

- *FUNCAB/2014 – SESACRE – Biomédico:*

A garantia de atenção à saúde por parte do SUS, a todo e qualquer cidadão diz respeito ao seguinte princípio:

d) universalidade.

Resposta: alternativa "d".

- *FUNCAB/2014 – SESACRE – Biomédico:*

A partir da nova Constituição Federal de 1988, a única condição para se ter direito de acesso aos serviços e ações de saúde é:

c) necessitar desses serviços.

Resposta: alternativa "c".

- *FAPESE/2014 – Pref. Criciúma, SC – Médico Cirurgião Geral:*

O modelo assistencial do SUS que garante a todos os cidadãos o acesso aos serviços de saúde públicos ou privados conveniados, em todos os níveis do sistema de saúde, hierarquizados e sem discriminação entre população urbana e rural ou entre contribuintes e não contribuintes previdenciários, é:

b) A universalidade, um dos princípios do SUS.

Resposta: alternativa "b".

- *FAUEL/2014 – Pref. Toledo, PR – Médico ESF:*

O princípio do Sistema Único de Saúde, que respalda e garante o acesso de pacientes, bem como de qualquer indivíduo aos serviços públicos de saúde é:

c) universalidade.

Resposta: alternativa "c".

- *FUNCAB/2014 – Pref. Vassouras, RJ – Médico Cardiologista:*

Os princípios do SUS são a base doutrinária e organizativa do sistema, fundamentados nos preceitos constitucionais e responsáveis por nortear sua construção. No que se refere ao princípio da universalidade, é correto afirmar:

b) Segundo esse princípio, a saúde é um direito de todos, cabendo ao poder público a provisão de serviços e ações que lhe garanta. O grande desafio desse princípio é disponibilizar as ações e serviços de saúde a todos que deles necessitem.

Resposta: alternativa "b".

- *MPE/SC/2013 – Promotor de Justiça:*

Na estruturação do Sistema Único de Saúde, a universalidade é princípio basilar que confere a todos o direito de recorrer ao serviço ou sistema de saúde sem seletividade ou discriminações.

Resposta: Verdadeiro.

- *METTA/2010 – Prefeitura de Logradouro/PB, Médico:*

"Saúde, direito de todos e dever do Estado". A que principio do SUS esta assertiva melhor se enquadra?

b) Universalidade;
Resposta: alternativa "b".

- *MOURA MELO/2010 – Prefeitura de Rio Grande da Serra/SP, Médico do Trabalho:*
  De acordo com o artigo 196 da Constituição Federal que estabelece: *"A saúde é direito de todos e dever do estado (...)"*, tem-se o seguinte princípio do sistema:

b) A universalidade.
Resposta: alternativa "b".

- *UEM/2009 – Prefeitura de Abatiá/PR, Médico:*
  Início dos anos 60 até metade dos anos 80, o modelo de atenção à saúde vigente no Brasil era o médico assistencial privativista. Tinha direito à saúde apenas os trabalhadores segurados do INPS e depois do INAMPS. Com o advento do Sistema Único de Saúde (SUS), é garantido o acesso a saúde a todas as pessoas, independentemente de sexo, raça, renda, ocupação, ou outras. Essa garantia é um dos princípios doutrinários do sistema. A qual princípio o texto se refere?

a) Universalidade.
Resposta: alternativa "a".

- *MPDFT/2009 – Promotor de Justiça Adjunto – 29º Concurso:*

– O acesso às ações e aos serviços públicos de saúde é seletivo e visa a atender a população carente.
Resposta: Errado.

► O acesso ao SUS é universal, pois o sistema visa a atender a todos, sem seletividade e independentemente de renda.

- *UNISUL/2009 – Prefeitura de Garopaba/SC, Médico (ESP):*
  Em relação à cobertura assistencial, a premissa básica do Sistema único de Saúde (SUS) que diferencia a questão do acesso aos períodos anteriores à Constituição Federal de 1988 é:

d) a universalização do atendimento.
Resposta: alternativa "d".

- *AOCP/2009 – Prefeitura de Piracicaba/SP, Médico (PSF):*
  O acesso universal aos serviços de saúde, além de ser uma garantia constitucional, é uma bandeira de luta dos movimentos sociais, nos quais essa reivindicação passou a ser um dos elementos fundamentais dos direitos de cidadania. E, nesse caso, o exercício da cidadania tem um grande potencial de produzir resultados concretos, tendo em vista as reais possibilidades de

mudança e melhora no atendimento aos problemas de saúde da população. O texto se refere a

b) universalidade.

Resposta: alternativa "b".

- *MP/PR/2009 – Promotor Substituto:*

Indique a alternativa [...]:

a) o princípio da universalidade orienta que o Sistema Único de Saúde deve ofertar ações e serviços de saúde a todos, oferecendo os cuidados necessários, quer seja através da estrutura pública ou contratada pela Administração Pública; [...]

Resposta: Correto.

- *CONSULPLAN/2010 – Prefeitura de Itapira/SP, Biomédico:*

A Constituição Federal de 1988 estabelece que o acesso aos serviços de saúde no Brasil tem caráter:

c) Universal, ao qual todos têm direito.

Resposta: alternativa "c".

- *CESPE/2008 – Município de Vitória, Médico:*

– Segundo a Constituição de 1988, que forneceu as bases legais para a inclusão dos cidadãos brasileiros no sistema público de saúde, apenas a saúde dos pobres é um dever do Estado.

Resposta: Errado.

► A saúde de todos é dever do Estado, não há ressalvas.

- *UFPI/2010 – Prefeitura de Parnaíba/PI, Enfermeiro:*

A garantia de que todos os cidadãos, sem privilégios ou maneiras, devem ter acesso aos serviços de saúde públicos e privados conveniados, em todos os níveis do sistema, constitui um dos princípios e diretrizes do Sistema Único de Saúde (SUS), os quais foram estabelecidos pela Lei Orgânica da Saúde nº 8.080, de 1990. O princípio a que se refere este texto é:

c) Universalização com direito à saúde.

Resposta: alternativa "c".

- *PaqTcPB/2010 – Prefeitura de Patos/PB, Inspetor Sanitário – Farmacêutico:*

– De acordo com o princípio da universalidade, a saúde é direito de cidadania e todas as pessoas devem ser atendidas, independentemente de cor, raça, ou posição social.

Resposta: Correto.

- *FEPESE/2010 – Prefeitura de Balneário Camboriú/SC, Médico:*

A Diretriz e característica do modelo assistencial do SUS que garante a todos os cidadãos ter acesso aos serviços de saúde públicos ou privados conveniados, em todos os níveis do sistema de saúde assegurado por uma rede hierarquizada de serviços, sem discriminação entre população urbana e rural, ou entre contribuintes e não contribuintes previdenciários, caracteriza a(o):

b) Universalidade.

Resposta: alternativa "b".

- *CESPE/2016 – DPU – Analista Técnico Administrativo:*

Acerca das disposições constitucionais sobre a ordem social, julgue os itens seguintes.

– O dever do Estado de prestar assistência social a quem dela necessite independe da comprovação de contribuição à seguridade social.

Resposta: Correto.

- *FAEPESUL/2016 – Prefeitura de Morro da Fumaça/SC – Advogado:*

– A saúde é direito de todos e dever do Estado, garantido mediante políticas sociais e econômicas que visem à redução do risco de doença e de outros agravos e ao acesso universal e igualitário às ações e serviços para sua promoção, proteção e recuperação, mediante comprovação do estado de hipossuficiência econômica conforme diretrizes do Sistema Único de Saúde.

Resposta: Errado.

► A saúde é direito de todos, independentemente de comprovação de carência pessoal de recursos financeiros.

- *FUNCAB/2011 – Prefeitura de Serra/ES – Fiscal de Vigilância Sanitária:*

As ações e serviços de saúde no âmbito do SUS devem ser desenvolvidos de acordo com os princípios e diretrizes previstos na Constituição Federal e na Lei nº 8.080/90. Em relação a estes princípios e diretrizes, é INCORRETO afirmar que:

a) a universalidade de acesso aos serviços de saúde deve ocorrer em níveis específicos da assistência.

Resposta: alternativa "a".

► A universalidade e a igualdade de acesso se dão em todos os níveis de assistência à saúde.

- *COPEVE/UFAL/2012 – Prefeitura de Maceió/AL – Analista Previdenciário:*

Assinale a opção correta.

a) A saúde é direito de todos brasileiros que residam no Brasil e dever do Estado, garantido mediante políticas sociais e econômicas que visem à redução do risco de doença e de outros agravos e ao acesso limitado e seletivo às ações serviços para sua promoção, proteção e recuperação.

b) A saúde pública brasileira é direito restrito aos trabalhadores que contribuem para a Previdência Social nacional e dever do Estado, garantido mediante políticas sociais e econômicas que visem prioritariamente enfermos e ao acesso universal e igualitário às ações e serviços para sua promoção, proteção e recuperação.

c) A saúde é direito de todos e dever do Estado, garantido mediante políticas sociais e econômicas que visem à redução do risco de doença e de outros agravos e ao acesso universal e igualitário às ações e serviços para sua promoção, proteção e recuperação.

d) A saúde pública brasileira é direito restrito aos segurados que contribuem para a Previdência Social nacional e dever do Estado, garantido mediante políticas sociais e econômicas que visem prioritariamente à recuperação dos enfermos e ao acesso limitado e seletivo às ações e serviços para sua promoção, proteção e recuperação.

e) A saúde pública brasileira é direito restrito aos beneficiários da Previdência Social nacional e dever do Estado, garantido mediante políticas sociais e econômicas que visem à redução do risco de doença e de outros agravos e ao acesso universal e igualitário às ações e serviços para sua promoção, proteção e recuperação.

Resposta: alternativa "c".

▶ **Atenção!** A questão aborda o princípio da universalidade e igualdade de acesso aos serviços e ações de saúde. Por se tratar de acesso igual e universal, as demais alternativas, ao afirmarem a restrição de acesso aos brasileiros residentes, aos enfermos, ou aos segurados da Previdência Social; bem como ao se referirem a acesso limitado, seletivo e prioritário, são incorretas.

- *VUNESP/2016 – Município de Itaquaquecetuba/SP – Procurador:*

  De acordo com a Constituição Federal de 1988,

– O direito à saúde é direito social, de segunda geração, garantido apenas aos brasileiros natos ou naturalizados.

  Resposta: Errado.

▶ Como na questão anterior, o direito à saúde é assegurado a todos, inclusive estrangeiros residentes em território brasileiro ou que aqui se encontrem de passagem (em férias, por exemplo) – ainda que, neste caso, seja possível discutir a extensão dessa garantia.

- *IDECAN/2010 – Prefeitura de São Sebastião da Vargem Alegre/MG, Médico (Saúde da Família):*

  "Todo cidadão tem direito ao acesso ordenado e organizado aos sistemas de saúde." (Carta dos Direitos dos Usuários de Saúde). Este princípio contido na Carta significa que:

c) A garantia de acessibilidade significa condições de atendimento adequado, justo e eficaz.

Resposta: alternativa "c".

- *CONSULPLAN/2011 – Prefeitura de São Domingos do Prata/MG – Agente Comunitário de Saúde:*

  As ações e os serviços de saúde que integram o Sistema Único de Saúde obedecem a alguns princípios, entre eles a universalidade de acesso, que quer dizer que

b) a população deve ter acesso a todas as ações e serviços de saúde independente das características sociais ou pessoais. A saúde é um direito de todos.

Resposta: alternativa "b".

▶ Destinatários dos deveres de proteção e promoção da saúde:

- *AOCP/2016 – EBSERH – Médico (Medicina do Trabalho):*

  A Constituição Federal brasileira, de 05 de outubro de 1988, declara que a saúde é direito de todos e dever

a) do particular.
b) da escola.
c) dos planos de saúde.
d) do Estado.
e) das empresas.

Resposta: alternativa "d".

- *AOCP/2015 – EBSERH/HE-UFSCAR – Advogado:*

– O dever do Estado de garantir a saúde consiste na formulação e execução de políticas econômicas e sociais que visem à redução de riscos de doenças e de outros agravos e no estabelecimento de condições que assegurem acesso universal e igualitário às ações e aos serviços para a sua promoção, proteção e recuperação e isso exclui o dever das pessoas, da família, das empresas e da sociedade.

Resposta: Errado.

▶ A existência de um dever de proteção e promoção da saúde atribuído ao Estado não exclui o dever das pessoas, da família, das empresas e da sociedade, e pode-se mesmo falar na existência de um dever da pessoa para consigo mesma, no sentido de que também cabe ao indivíduo cuidar da própria saúde.

- *GESTÃO DE CONCURSOS/2014 – HRTN – Médico Plantonista Clínico:*

  De acordo com o artigo 196 da Constituição Federal de 05 de outubro de 1988, [...]

a) o dever do Estado não exclui o das pessoas, da família, das empresas e da sociedade.

Resposta: alternativa "a".

- *MP-SC/2011 – Promotor de Justiça – XXXVI Concurso:*

O dever do Estado de garantir a saúde exclui a obrigação das empresas e da sociedade com a saúde.

Resposta: Errado.

▶ Muito embora se sustente que o destinatário precípuo do direito fundamental à saúde é o Estado, como principal obrigado ao cumprimento dos deveres que daí decorrem, isto não exclui o cumprimento de deveres semelhantes pelas pessoas consigo mesmas e entre si, pela família, pelas empresas e pela sociedade.

- *ADVISE – Prefeitura Marimbondo/AL – Agente Comunitário de Saúde:*

Com relação à Saúde, a responsabilidade do Poder Público é:

a) Não excludente da participação da Família, dos indivíduos nem da Comunidade.

Resposta: alternativa "a".

▶ Diferença de classe:

IBFC/2018 – TRF 2ª Região – Juiz Federal Substituto:

Após analisar as afirmações abaixo, assinale a alternativa correta:

– O STF entende ser constitucional atos normativos que, no âmbito do Sistema Único de Saúde (SUS), vedam a internação em acomodações superiores, bem como o atendimento diferenciado por médico do próprio SUS ou conveniado, mediante o pagamento da diferença dos valores correspondentes.

Resposta: Correto.

- *VUNESP/2018 – IPSM de São José dos Campos, SP – Procurador:*

Considerando os direitos e garantias fundamentais, bem como a jurisprudência firmada pelo Supremo Tribunal Federal e pelo Superior Tribunal de Justiça...

– É constitucional a possibilidade de um paciente do Sistema Único de Saúde (SUS) pagar para ter acomodações superiores ou ser atendido por médico de sua preferência, a chamada "diferença de classes".

Resposta: Errado.

▶ Ao apreciar o RE-RG nº 581.488/RS, o STF definiu como constitucional a proibição à "diferença de classe", reiterando que se encontram vedados, no âmbito do SUS, o pagamento para que os pacientes tenham acesso a acomodações superiores ou possam ser atendidos por médicos de sua preferência.

- *TRT 4ª REGIÃO/2016 – Juiz do Trabalho Substituto:*

  Considere as assertivas abaixo sobre direitos sociais.

  – É constitucional a regra que veda, no âmbito do Sistema Único de Saúde – SUS, a internação em acomodações superiores, bem como o atendimento diferenciado por médico do próprio SUS, mediante o pagamento da diferença dos valores correspondentes.

  Resposta: Correto.

- *CESPE/2016 – TJ/AM – Juiz Substituto:*

  Tendo em vista que o direito à vida — valor central do ordenamento jurídico — desdobra-se em direito à existência física e direito a uma vida digna, assinale a opção correta.

  – O STF afastou a possibilidade de o SUS pagar por tratamento diferenciado oferecido a pessoa que comprove necessitar de medida curativa ainda não incorporada ao sistema público, para evitar o chamado efeito multiplicador que o precedente judicial poderia causar.

  Resposta: Errado.

► O efeito multiplicador não foi usado pelo STF no julgamento do RE-RG nº 581.488/RS, acerca da "diferença de classe". O fundamento central da decisão que reconheceu a constitucionalidade da regra que veda a internação em acomodações superiores, mediante pagamento da diferença de valores, foi a violação ao *"acesso equânime e universal às ações e serviços para a promoção, proteção e recuperação da saúde"*, além dos princípios da igualdade e da dignidade humana.

---

3. O conteúdo do direito fundamental à saúde: prevenção, promoção e cura.

A determinação do conteúdo material e jurídico abrigado sob as normas constitucionais que explicitam o direito à saúde pressupõe a definição do que se entende por "saúde". Apesar da complexidade inerente a uma tarefa como essa, parece suficiente notar que o constituinte brasileiro adotou um **conceito amplo** de saúde, alinhando-se à concepção preconizada pela **Organização Mundial da Saúde (OMS)**, que se aproxima da noção de **qualidade de vida** e supera, com isso, a ideia da mera ausência de doenças. Por saúde se compreende "**o estado de completo bem-estar físico, mental e social**" – conceito que, apesar da forte carga de indeterminação, permite, exatamente por isso, uma constante abertura a novas densificações, conformando-se à evolução da sociedade, às mudanças na realidade, às necessidades do ser humano e às possibilidades da ciência e da tecnologia.

Outrossim, o conceito amplo adotado pelo texto constitucional guarda pertinência com a constatação de que a saúde é influenciada por uma série de **fatores e condicionantes**, internos e externos, tais como: acesso à água potável e a adequadas condições de saneamento, à alimentação, à moradia, à educação, à informação, ao trabalho e ao lazer, proteção contra a violência e discriminações, proteção de grupos vulneráveis (crianças, mulheres, idosos, índios, etc.), garantia de um ambiente ecologicamente equilibrado, entre tantos outros. Trata-se das chamadas "**determinantes sociais**" da saúde, igualmente previstas no art. 3º da Lei nº 8.080/90, sobre as quais leciona Lenir Santos:

> *"A visão epidemiológica da questão saúde/doença, que privilegia o estudo de fatores sociais, ambientais, econômicos e educacionais que podem gerar enfermidades, passou a integrar o direito à saúde.*
>
> *[...]*
>
> *Daí se pode afirmar que, sem a redução das desigualdades sociais, a erradicação da pobreza e a melhoria do modo de vida, o setor saúde será o estuário de todas as mazelas das más políticas sociais e econômicas. E, sem essa garantia de mudança dos fatores condicionantes e determinantes, não se garantirá o direito à saúde em sua abrangência constitucional"*[67].

Ainda sobre o **conteúdo** do direito à saúde, vale notar que o art. 196 da CF refere-se expressamente às ações e aos serviços para "promoção, proteção e recuperação" da saúde, além de indicar que este direito deve ser garantido por "políticas sociais e econômicas que visem à redução do risco de doenças e outros agravos". A partir da interpretação dessas normas podem identificar-se os três aspectos essenciais do direito à saúde, inclusive no que concerne à estruturação do SUS e à definição das ações e políticas públicas para efetivação desse direito fundamental: **prevenção**, **promoção** e **cura (ou recuperação)**[68]. De sua vez, o art. 198, II, estabelece a "prioridade para as atividades preventivas, sem prejuízo dos serviços

67. SANTOS, Lenir. Direito à saúde e Sistema Único de Saúde: conceito e atribuições. O que são ações e serviços de saúde. In: SANTOS, Lenir (org.). *Direito da Saúde no Brasil*. Campinas: Saberes Ed., 2010, p. 147-149.
68. Germano Schwartz salienta que o termo "recuperação" estaria relacionado ao que se convencionou chamar de saúde curativa; já as expressões "redução do risco de doença" e "proteção" diriam respeito à saúde preventiva; enquanto o termo "promoção", enfim, estaria ligado à busca da qualidade de vida. Cf. SCHWARTZ, Germano André Doederlein. *Direito à saúde:* efetivação em uma perspectiva sistêmica. Porto Alegre: Livraria do Advogado, 2001, p. 27. No mesmo sentido, p. 98-99.

assistenciais"; enquanto o art. 200 elenca toda uma série de competências a serem executadas pelo SUS, bens a serem tutelados e ações por desenvolver. Disso se infere que a interpretação do texto constitucional, no que concerne à definição do conteúdo do direito à saúde, deve ser pautada por um **critério extensivo**, que procure assegurar a melhor e mais ampla eficácia às normas de direitos fundamentais (e do direito à saúde, em particular) e ao texto constitucional como um todo.

É importante destacar, ainda, que a **Lei Complementar nº 141/2012**, editada para regulamentar o art. 198, § 3º, da CF, estabeleceu o que se deve entender por **ações e serviços públicos de saúde** para os "fins de apuração da aplicação dos recursos mínimos" conforme nela previsto. Não se trata, portanto, de um conceito geral, mas da definição das atividades e competências que serão consideradas "ações e serviços públicos de saúde" para fins de aplicação dos patamares constitucionais mínimos de recursos financeiros destinados à saúde por parte da União, dos Estados, do Distrito Federal e dos Municípios.

O **art. 2º da LC nº 141/2012** mantém a referência à "promoção, proteção e recuperação da saúde", atrelando a aplicação dos recursos a "ações e serviços públicos de acesso universal, igualitário e gratuito", conformados aos objetivos e metas fixados pelo Plano de Saúde de cada ente da Federação e destinados ao setor da saúde – o que exclui outras políticas públicas, ainda que indiretamente relacionadas aos determinantes sociais e econômicos da saúde. Vale notar que é a **gratuidade** é aqui explicitada, ao lado da universalidade e da igualdade de acesso, como um princípio das ações e dos serviços públicos de saúde desenvolvidos no âmbito do SUS – o que representa certa novidade, pois o texto constitucional não possui dispositivo semelhante, enquanto a Lei nº 8.080/90 só continha uma norma transitória a esse respeito (art. 43). Já os **arts. 3º e 4º da LC nº 141/2012** exemplificam o que serão considerados, e o que não o serão, ações e serviços públicos de saúde, para a finalidade de aplicação dos recursos mínimos.

Aplicação em concurso:

► **Conceito amplo de saúde:**

- *AOCP/2015 – EBSERH/HE-UFSCAR – Advogado:*

– Também fazem parte das ações de saúde as que se destinam a garantir às pessoas e à coletividade condições de bem-estar físico, mental e social.
Resposta: Correto.

- *BIORIO/2014 – SPDM – Médico Generalista ESF:*

  A percepção da saúde como direito de cidadania é um dado novo na história das políticas sociais brasileiras. Nesse contexto, a noção de saúde tende a ser percebida como:

c) conjunto de condições coletivas de existência com qualidade de vida.

  Resposta: alternativa "c".

- *COMEDE/2009 – Prefeitura de São Benedito do Sul/PE – Médico:*

  A definição de saúde, segundo a Organização Mundial de Saúde, é:

b) "Saúde é um estado de completo bem-estar físico, mental e social".

  Resposta: alternativa "b".

- *NCE/UFRJ/2008 – Ministério da Saúde, Médico (Cirurgia Crânio Maxilo Facial):*

  O conceito de "saúde" defendido pela OMS:

b) é mais amplo que o conceito comum;

  Resposta: alternativa "b".

- *COMPERVE/UFRN/2010 – Psicólogo:*

  O conceito ampliado de saúde, proposto pela Reforma Sanitária para reorientar o sistema de saúde brasileiro, é compreendido como

b) resultado das condições de vida e do acesso a um sistema de saúde de qualidade.

  Resposta: alternativa "b".

- *FUNCAB/2014 – Pref. Vassouras, RJ – Médico Cardiologista:*

– A Constituição Federal de 1988 define o conceito de saúde, incorporando novas dimensões. A saúde passa a abranger o acesso a um conjunto de fatores tais como alimentação, moradia, emprego e lazer.

  Resposta: Correto.

- *COPESE/UFPI/2009 – Prefeitura de Piripiri/PI, Médico:*

  A saúde está presente em todos os momentos da vida, nos quais somos capazes de pensar, sentir e assumir nossos atos e decisões. É um estado de bem-estar físico, social e mental e não simplesmente a ausência de enfermidades, como diz a Organização Mundial de Saúde. Este conceito de saúde requer, no entanto

c) proposições de políticas públicas eficientes, baseadas em pesquisas fincadas na realidade, para combater as desigualdades sociais e econômicas.

  Resposta: alternativa "c".

► **Conteúdo do direito à saúde: proteção, promoção e cura.**

- *SEGPLAN-GO/2016 – SEAP/GO – Analista de Saúde:*

Ações desenvolvidas pelo SUS que abrangem diagnóstico e tratamento de doenças, acidentes e danos à saúde de maneira geral, bem como limitação da invalidez são consideradas:

a) promoção da saúde.
b) proteção da saúde.
c) recuperação da saúde.
d) reabilitação.
e) nenhuma das alternativas está correta.

Resposta: alternativa "c".

- *CESPE/2016 – Juiz de Direito Substituto/AM:*

Tendo em vista que o direito à vida — valor central do ordenamento jurídico — desdobra-se em direito à existência física e direito a uma vida digna [...]

– O direito à saúde efetiva-se mediante ações distributivas e alocativas relacionadas à promoção, proteção e recuperação da saúde.

Resposta: Correto.

- *MPDFT/2013 – Promotor de Justiça Adjunto – 30º Concurso:*

– A saúde pública reúne ações, preferencialmente, preventivas, destinadas à proteção da saúde da população, sem relação direta com as situações de pessoas concretas.

Resposta: Correto.

- *CONSULPLAN/2011 – Prefeitura de Itapira/SP – Agente Comunitário de Saúde:*

O SUS – Sistema Único de Saúde – é um conjunto de ações e serviços de saúde prestados por órgãos e instituições públicas. É um dos objetivos do SUS:

c) Assistir às pessoas por intermédio de ações de promoção, proteção e recuperação da saúde.

Resposta: alternativa "c".

- *USCS/2010 – CAIP, Psicólogo:*

O Sistema Único de Saúde (SUS), implantado no Brasil a partir de 1990 através da Lei 8.080, tem como um de seus objetivos a assistência às pessoas por intermédio de ações de promoção, proteção, recuperação e reabilitação da saúde. Relacione os termos com as seguintes definições e assinale a ordem correta da correlação

I. promoção da saúde
II. proteção da saúde
III. recuperação da saúde
IV. reabilitação da saúde

( ) diagnóstico e tratamento de doenças, acidentes e danos de toda natureza.
( ) ações de vigilância epidemiológica, programas de saneamento básico, vigilância sanitária.

( ) reinserção do indivíduo ao seu ambiente social e à sua atividade profissional, contando com serviços comunitários visando a reeducação e treinamento, o reemprego ou a sua recolocação seletiva através de programas específicos junto à indústria e ao comércio.

( ) ações de educação em saúde, ações contra a violência, ações de estímulo de adoção de estilos de vida saudáveis.

c) III, II, IV, I.

Resposta: alternativa "c".

- *PaqTcPB/2010 – Prefeitura de Patos/PB, Inspetor Sanitário – Farmacêutico:*

Analise as proposições abaixo e assinale a(s) correta(s):

I. De acordo com princípios do SUS as ações de saúde devem estar voltadas para a cura da doença, mas também para a prevenção e para a promoção da saúde.

II. As ações de promoção da saúde estão relacionadas a fatores biológicos, psicológicos e sociais.

III. A prevenção da saúde está relacionada ao saneamento básico e à vigilância sanitária e pode ser realizada através de ações primordialmente individuais.

A alternativa correta é:

d) I e II estão corretas.

Resposta: alternativa "d".

► A alternativa III está errada porque a prevenção da saúde depende de ações de caráter coletivo, inserindo-se, muitas vezes, no que se denomina "saúde coletiva" ou "saúde pública".

► Promoção da saúde:

- *FJG/2008 – Prefeitura Municipal do Rio de Janeiro, Médico (Acupuntura):*

O significado da expressão "concepção ampliada de saúde", que marca conceitualmente a Política Nacional de Promoção de Saúde, é o de que:

d) o processo saúde-doença não é somente resultante da vontade dos sujeitos e/ou comunidades, mas expressa o contexto da própria vida.

Resposta: alternativa "d".

- *FUNADEPI/2010 – Prefeitura de Cocal/PI, Enfermeiro:*

No Sistema Único de Saúde, a Promoção da Saúde é tida como uma possibilidade de enfocar aspectos que determinam o processo saúde-doença da população. O objetivo dessa política é promover a qualidade de vida e reduzir a vulnerabilidade e riscos à saúde relacionados aos seus determinantes e condicionantes. Nas alternativas que se seguem, marque a que não representa um destes determinantes e condicionantes:

a) Alimentação saudável;

b) Prática corporal/atividade física;
c) Prevenção e controle do tabagismo;
d) Estímulo à cultura da paz;
e) Imunização.

Resposta: alternativa "e".

- *INTEGRI/2010 – Prefeitura de Votorantim, Médico Pediatra Plantonista:*

São medidas utilizadas na Saúde Pública que dizem respeito à promoção da saúde e à proteção específica, respectivamente:

c) Educação sanitária e imunização.

Resposta: alternativa "c".

- *EDUCA/2009 – Prefeitura de Juarez Távora/PB, Enfermeiro:*

Considere os seguintes objetivos:

1. Incorporar e implementar ações de promoção da saúde, com ênfase na atenção básica.
2. Ampliar os processos de administração local, com ênfase na ação de gestores municipais e trabalhadores de saúde.
3. Favorecer a preservação do meio ambiente e a promoção de ambientes mais seguros e saudáveis.

Para a implementação da política de promoção da saúde, são objetivos do Ministério da Saúde:

c) 1 e 3 apenas.

Resposta: alternativa "c".

▶ A afirmativa 2 está errada porque a ampliação dos processos de administração local relaciona-se mais propriamente à descentralização da assistência à saúde, não ficando a promoção restrita às atividades dos gestores locais e trabalhadores de saúde.

- *BIORIO/2011 – Médico – IABAS:*

Em relação à Política Nacional de Promoção da Saúde, entende-se que:

a) a promoção da saúde apresenta-se como um mecanismo de fortalecimento e implantação de uma política transversal, integrada e intersetorial;

Resposta: alternativa "a".

▶ Gratuidade no SUS:

- *COMPERVE/2018 – Prefeitura de Natal – Enfermeiro:*

A Constituição Federal de 1988 incluiu, no capítulo da seguridade social, a saúde como direito de todos e dever do Estado, fundamentando a criação do Sistema Único de Saúde (SUS). O SUS passa a ser o principal norteador na condução das políticas de saúde do Brasil, incorporando o conceito ampliado de saúde e entendendo a saúde como cidadania. A partir de então, as políticas públicas de saúde no Brasil

a) priorizam a assistência nas unidades de atenção primária em saúde que, na rede de atenção à saúde, estão concentradas em locais específicos do território.
b) preconizam a realização de ações de promoção, proteção, recuperação e reabilitação da saúde, fundamentando-se na integralidade e priorizando as ações curativas.
c) garantem o acesso universal aos serviços de saúde realizados nas Unidades Básicas e o atendimento para serviços de alta complexidade através da saúde suplementar.
d) baseiam-se na justiça social para superar as desigualdades na assistência e garantem o acesso gratuito aos serviços públicos de saúde.

Resposta: alternativa "d".

- *QUADRIX/2018 – CRN 10ª Região (SC) – Técnico Administrativo:*

Com relação à ordem social na CF, julgue o item que se segue.

A exemplo da previdência, a saúde e a assistência social estão vinculadas à necessidade de contribuição por parte de seus usuários.

Resposta: Errado.

▶ Tanto a saúde, quanto a assistência social são prestadas independentemente de contribuição por parte dos usuários.

- *INSTITUTO AOCP/2017 – EBSERH – Assistente Administrativo:*

De acordo com a Lei 8.080/1990, assinale a alternativa correta.

a) São vedados, apenas na esfera Municipal de gestão do SUS, o pagamento, o ressarcimento ou o reembolso de medicamento, produto e procedimento clínico ou cirúrgico experimental, ou de uso não autorizado pela Agência Nacional de Vigilância Sanitária – ANVISA.
b) São vedados, em todas as esferas de gestão do SUS, a dispensação, o pagamento, o ressarcimento ou o reembolso de medicamento e produto, nacional ou importado, sem registro na Anvisa.
c) A Comissão Nacional de Incorporação de Tecnologias no SUS, cuja composição e regimento são definidos em regulamento, contará com a participação de 2 representantes indicados pelo Conselho Nacional de Saúde e de 2 representantes, especialistas na área, indicados pelo Conselho Regional de Medicina.
d) A incorporação, a exclusão e a alteração pelo SUS de novos medicamentos, produtos e procedimentos serão efetuadas mediante a instauração de processo administrativo, a ser concluído em prazo não superior a 30 dias, contado da data em que foi protocolado o pedido, admitida a sua prorrogação por 30 dias corridos, quando as circunstâncias exigirem.

e) São permitidos, em todas as esferas de gestão do SUS, desde que atendidos certos requisitos, o pagamento, o ressarcimento ou o reembolso de medicamento, produto e procedimento clínico ou cirúrgico experimental, ou de uso não autorizado pela Agência Nacional de Vigilância Sanitária – ANVISA.
Resposta: alternativa "b".

- *GESTÃO DE CONCURSOS/2014 – HRTN – Médico Plantonista Clínico:*
De acordo com o artigo 196 da Constituição Federal de 05 de outubro de 1988, [...]

c) o acesso às ações e serviços de saúde é gratuito, inclusive nos serviços públicos contratados, ressalvando-se as cláusulas dos contratos ou convênios estabelecidos com as entidades privadas.
Resposta: alternativa "c".

- *GESTÃO DE CONCURSOS/2014 – HRTN – Analista Jurídico:*
É vedado em todas as esferas da gestão do SUS, EXCETO:

a) O pagamento de procedimento clínico de uso não autorizado pela ANVISA.
b) O ressarcimento ou reembolso de cirurgia experimental de uso não autorizado pela ANVISA.
c) O reembolso de produto importado, mesmo sendo registrado na ANVISA.
d) Dispensação de medicamento importado não registrado na ANVISA.
Resposta: alternativa "c".

▶ Não há reembolso de valores no SUS.

- *CESPE/2004 – Promotor de Justiça Substituto, MP/TO:*
Por determinação constitucional, apenas o atendimento a brasileiros é gratuito no âmbito do SUS, devendo os estrangeiros pagar pelos serviços que lhes forem individualmente prestados.
Resposta:Errado.

▶ O acesso aos serviços de saúde é universal, inclusive em decorrência dos tratados internacionais dos quais o Brasil é signatário e que o obrigam, como consequência do **princípio da reciprocidade** nas relações internacionais.

- *INDEC/2010 – Prefeitura de Sumaré/SP, Médico Cardiologista Infantil:*
É dever do poder público assegurar a saúde de todos os munícipes, exceto:

a)	( )	políticas sociais, econômicas e ambientais que visem ao bem-estar físico, mental e social do indivíduo e da coletividade e a redução do risco de doenças e outros agravos.

b)	( )	acesso universal e igualitário de todos os habitantes do Município às ações e serviços de promoção, proteção e recuperação da saúde, sem qualquer discriminação.
c)	( )	respeito ao meio ambiente e controle da poluição ambiental
d)	( )	cobrar ao usuário pela prestação de serviços de assistência saúde.

Resposta: alternativa "d".

▶ É vedada a cobrança dos usuários pelos serviços públicos de saúde.

- *PaqTcPB – Prefeitura de Patos/PB, Inspetor Sanitário (Farmacêutico):*
  Em relação aos objetivos e ao funcionamento do SUS, analise as proposições abaixo e assinale a(s) correta(s):

I. Uma das finalidades do SUS foi alterar a situação de desigualdade na assistência à saúde da população, tornando obrigatório o atendimento público a qualquer cidadão.
II. Em algumas situações específicas é permitida a cobrança de dinheiro pelo atendimento ao usuário, pelo sistema SUS.
III. Uma das metas do SUS é tornar-se um importante mecanismo de eqüidade no atendimento das necessidades de saúde da população.

A alternativa correta é:

c) I e III estão corretas.

Resposta: alternativa "c".

▶ A afirmativa *"II"* está errada: a Resolução nº 283, de 30 de outubro de 1991, do Instituto Nacional de Assistência Médica da Previdência Social (INAMPS), veda a cobrança pelos serviços e ações de saúde prestados no âmbito do SUS. Essa orientação foi posteriormente reiterada pela Portaria nº 113, de 4 de setembro de 1997, da Secretaria de Assistência à Saúde do Ministério da Saúde (SAS/MS).

Art. 197. São de **relevância pública** as **ações e serviços de saúde**, cabendo ao Poder Público dispor, nos termos da lei, sobre sua regulamentação, fiscalização e controle, devendo sua execução ser feita diretamente ou através de terceiros e, também, por pessoa física ou jurídica de direito privado.

1. A **relevância pública das ações e dos serviços de saúde** demonstra o **caráter indisponível** do direito à saúde, uma vez que se encontra estreitamente vinculado com o direito à vida e a proteção da dignidade humana – o que também reforça o argumento em favor de sua fundamentalidade material. É com respaldo na indisponibilidade do direito à saúde, tanto como direito de titularidade individual, quanto na condição de direito coletivo ou difuso, que a jurisprudência tem aceito de forma praticamente unânime a **legitimidade ativa do Ministério Público**, para atuar não apenas como fiscal da lei (*custos legis*), mas como autor de ações civis públicas, mesmo que em benefício de uma única pessoa.

▶ **Jurisprudência:** Em diversas oportunidades, o Supremo Tribunal Federal e o Superior Tribunal de Justiça têm afirmado a legitimidade ativa *ad causam* do Ministério Público para ajuizamento de ações em defesa do direito à saúde, mesmo que se trate de um único beneficiário, dado ao caráter indisponível de que se reveste esse direito. Por exemplo:

- **STF → legitimidade ativa *ad causam* do Ministério Público:**

> **RE RG 605.533/MG:** Após reconhecer a repercussão geral da questão constitucional, o STF deu provimento ao recurso extraordinário e fixou a seguinte tese: *"O Ministério Público é parte legítima para ajuizamento de ação civil pública que vise o fornecimento de remédios a portadores de certa doença."* (STF, RE nº 605.533/MG, Rel. Min. Marco Aurélio, Pleno, ata de julgamento publicada no DJe nº 169 de 17-08-2018).
>
> *"AGRAVO REGIMENTAL NO RECURSO EXTRAORDINÁRIO. CONSTITUCIONAL. AÇÃO CIVIL PÚBLICA. INTERESSES INDIVIDUAIS INDISPONÍVEIS. LEGITIMIDADE DO MINISTÉRIO PÚBLICO. DIREITO À SAÚDE. DEVER DO ESTADO. REALIZAÇÃO DE TRATAMENTO MÉDICO. OBRIGAÇÃO SOLIDÁRIA DOS ENTES DA FEDERAÇÃO. SITUAÇÃO DE OMISSÃO DA ADMINISTRAÇÃO PÚBLICA. CONCRETIZAÇÃO DE POLÍTICAS PÚBLICAS PELO PODER JUDICIÁRIO. POSSIBILIDADE. AGRAVO A QUE SE NEGA PROVIMENTO. I – O acórdão recorrido está em harmonia com a jurisprudência desta Corte firmada no sentido de que o Ministério Público possui legitimidade para ingressar em juízo com ação civil pública em defesa de interesses individuais indisponíveis, como é o caso do direito à saúde. [...]" (STF, AgR-RE 820.910/CE, Rel. Min. Ricardo Lewandowski, 2ª Turma, unânime, DJe nº 171 de 03-09-2014)*
>
> *"AGRAVO REGIMENTAL NO RECURSO EXTRAORDINÁRIO. CONSTITUCIONAL. DIREITO À SAÚDE. LEGITIMIDADE DO MINISTÉRIO PÚBLICO PARA DEFESA DE INTERESSE INDIVIDUAL INDISPONÍVEL. PRECEDENTES. AGRAVO REGIMENTAL AO QUAL SE NEGA PROVIMENTO." (STF, AgR-RE nº 648.410DF, Rel. Min. Cármen Lúcia, 1ª Turma, unânime, DJe nº 53 de 13-03-2012)*

- **STJ → legitimidade ativa *ad causam* do Ministério Público:**

REsp nº 1.682.836/SP e REsp nº 1.681.690/SP: em sede de recurso especial repetitivo, o STJ reiterou jurisprudência anterior e reconheceu a legitimidade *ativa ad causam* do Ministério Público para o ajuizamento de ação civil pública para tutela do direito à saúde, ainda que se trate de um único beneficiário. Eis a ementa dos acórdãos:

"ADMINISTRATIVO E PROCESSUAL CIVIL. RECURSO ESPECIAL SOB A SISTEMÁTICA DOS REPETITIVOS. DEMANDAS DE SAÚDE COM BENEFICIÁRIOS INDIVIDUALIZADOS INTERPOSTAS CONTRA ENTES FEDERATIVOS. LEGITIMIDADE DO MINISTÉRIO PÚBLICO. SUPOSTA AFRONTA AOS DISPOSITIVOS DOS ARTS. 1º, V, E 21 DA LEI N. 7.347/1985, BEM COMO AO ART. 6º DO CPC/1973. NÃO OCORRÊNCIA. DIREITO À SAÚDE. DIREITO INDIVIDUAL INDISPONÍVEL. ART. 1º DA LEI N. 8.625/1993 (LEI ORGÂNICA NACIONAL DO MINISTÉRIO PÚBLICO). APLICABILIDADE. RECURSO ESPECIAL CONHECIDO E NÃO PROVIDO. RECURSO JULGADO SOB A SISTEMÁTICA DO ART. 1.036 E SEGUINTES DO CPC/2015, C/C O ART. 256-N E SEGUINTES DO REGIMENTO INTERNO DO STJ.

1. Os dispositivos legais, cuja aplicação é questionada nos dois recursos especiais e a tramitação se dá pela sistemática dos repetitivos (REsp 1.681.690/SP e REsp 1.682.836/SP), terão sua resolução efetivada em conjunto, consoante determina a regra processual.

2. A discussão, neste feito, passa ao largo de qualquer consideração acerca da legitimidade ministerial para propor demandas, quando se tratar de direitos difusos, coletivos ou individuais homogêneos, até porque inexiste qualquer dúvida da sua legitimidade, nesse particular, seja por parte da legislação aplicável à espécie, seja por parte da jurisprudência. De outra parte, a discussão também não se refere à legitimidade de o Ministério Público postular em favor de interesses de menores, incapazes e de idosos em situação de vulnerabilidade. É que, em tais hipóteses, a legitimidade do órgão ministerial decorre da lei, em especial dos seguintes estatutos jurídicos: art. 201, VIII, da Lei n. 8.069/1990, e art. 74, II e III, da Lei 10.741/2003.

3. A fronteira para se discernir a legitimidade do órgão ministerial diz respeito à disponibilidade, ou não, dos direitos individuais vindicados. É que, referindo-se a direitos individuais disponíveis e uma vez não havendo uma lei especifica autorizando, de forma excepcional, a atuação do Ministério Público (como no caso da Lei n. 8.560/1992), não se pode falar em legitimidade de sua atuação. Todavia, se se tratar de direitos ou interesses indisponíveis, a legitimidade ministerial já decorreria da redação do próprio art. 1º da Lei n. 8.625/1993 (Lei Orgânica Nacional do Ministério Público).

4. Com efeito, a disciplina do direito à saúde encontra na jurisprudência pátria a correspondência com o próprio direito à vida, de forma que a característica da indisponibilidade do direito já decorreria dessa premissa firmada.

5. Assim, inexiste violação dos dispositivos do art. 1º, V, e art. 21, da Lei n. 7.347/1985, bem como do art. 6º do CPC/1973, já que a atuação do Ministério Público, em demandas de saúde, assim como nas relativas à dignidade da pessoa humana, tem assento na indisponibilidade do direito individual, com fundamento no art. 1º da Lei n. 8.625/1993 (Lei Orgânica Nacional do Ministério Público).

6. Tese jurídica firmada: O Ministério Público é parte legítima para pleitear tratamento médico ou entrega de medicamentos nas demandas de saúde propostas contra os entes federativos, mesmo quando se tratar de feitos contendo beneficiários individualizados, porque se trata de direitos individuais indisponíveis, na forma do art. 1º da Lei n. 8.625/1993 (Lei Orgânica Nacional do Ministério Público).

7. No caso, o aresto prolatado pelo eg. Tribunal de origem está conforme o posicionamento desta Corte Superior, ao considerar a atuação do Ministério Público, por versar sobre direitos individuais indisponíveis.

8. Recurso especial conhecido e não provido.

9. Recurso julgado sob a sistemática do art. 1.036 e seguintes do CPC/2015 e art. 256-N e seguintes do Regimento Interno deste STJ."

(STJ, REsp nº 1.681.690/SP e REsp nº 1.682.836/SP, Rel. Min. Og Fernandes, 1ª Seção, DJe 03-05-2018).

- **STJ → relevância pública dos serviços de saúde, a justificar o uso dos especiais instrumentos da tutela coletiva:**

"ADMINISTRATIVO. PROCESSUAL CIVIL. RECURSO ESPECIAL. AÇÃO CIVIL PÚBLICA. LEGITIMIDADE ATIVA DO MINISTÉRIO PÚBLICO NA DEFESA DE INTERESSES OU DIREITOS INDIVIDUAIS HOMOGÊNEOS. ARTS. 127 E 129, III E IX, DA CF. VOCAÇÃO CONSTITUCIONAL DO MINISTÉRIO PÚBLICO NA DEFESA DOS DIREITOS FUNDAMENTAIS. DIREITO À SAÚDE. DIGNIDADE DA PESSOA HUMANA. RELEVÂNCIA PÚBLICA. EXPRESSÃO PARA A COLETIVIDADE. UTILIZAÇÃO DOS INSTITUTOS E MECANISMOS DAS NORMAS QUE COMPÕEM O MICROSSISTEMA DE TUTELA COLETIVA. EFETIVA E ADEQUADA PROTEÇÃO. RECURSO PROVIDO. 1. 'O Ministério Público é instituição permanente, essencial à função jurisdicional do Estado, incumbindo-lhe a defesa da ordem jurídica, do regime democrático e dos interesses sociais e individuais indisponíveis' (art. 127 da CF). 2. 'São funções institucionais do Ministério Público: III – promover o inquérito civil

e a ação civil pública, para a proteção do patrimônio público e social, do meio ambiente e de outros interesses difusos e coletivos; IX – exercer outras funções que lhe forem conferidas, desde que compatíveis com sua finalidade, sendo-lhe vedada a representação judicial e a consultoria jurídica de entidades públicas' (art. 129 da CF). 3. É imprescindível considerar a natureza indisponível do interesse ou direito individual homogêneo – aqueles que contenham relevância pública, isto é, de expressão para a coletividade – para estear a legitimação extraordinária do Ministério Público, tendo em vista a sua vocação constitucional para a defesa dos direitos fundamentais. 4. O direito à saúde, como elemento essencial à dignidade da pessoa humana, insere-se no rol daqueles direitos cuja tutela pelo Ministério Público interessa à sociedade, ainda que em favor de pessoa determinada. 5. Os arts. 21 da Lei da Ação Civil Pública e 90 do CDC, como normas de envio, possibilitaram o surgimento do denominado Microssistema ou Minissistema de proteção dos interesses ou direitos coletivos amplo senso, no qual se comunicam outras normas, como o Estatuto do Idoso e o da Criança e do Adolescente, a Lei da Ação Popular, a Lei de Improbidade Administrativa e outras que visam tutelar direitos dessa natureza, de forma que os instrumentos e institutos podem ser utilizados com o escopo de 'propiciar sua adequada e efetiva tutela' (art. 83 do CDC). 6. Recurso especial provido para determinar o prosseguimento da ação civil pública." (STJ, REsp nº 695.396/RS, Rel. Min. Arnaldo Esteves Lima, 1ª Turma, DJe 27-04-2011)

• **STJ →** Também sob o fundamento da relevância pública dos serviços de saúde, o STJ considera **irregular a suspensão do fornecimento de energia elétrica a hospitais e postos de saúde**:

"É ilegítima a interrupção de fornecimento de energia elétrica de município inadimplente, quando atingir unidades públicas provedoras de necessidades inadiáveis, i. e., referentes à sobrevivência, saúde ou segurança da coletividade, aplicando-se por analogia à Lei de Greve (art. 11, parágrafo único, da Lei n. 7.783/1989). Precedentes citados: EREsp 721.119-RS, DJ 10/9/2007; REsp 302.620-SP, DJ 16/2/2004, e REsp 460.271-SP, DJ 21/2/2005" (STJ, REsp nº 831.010-RS, Rel. Min. Castro Meira, 2ª Turma, julgado em 26-08-2008 – Informativo STJ nº 365).

"PROCESSUAL CIVIL E ADMINISTRATIVO. FORNECIMENTO DE ENERGIA ELÉTRICA. INVIABILIDADE DE SUSPENSÃO DO ABASTECIMENTO NA HIPÓTESE DE DÉBITO DE ANTIGO PROPRIETÁRIO. PORTADORA DO VÍRUS HIV. NECESSIDADE DE REFRIGERAÇÃO DOS MEDICAMENTOS. DIREITO À SAÚDE. 1. A jurisprudência do Superior Tribunal de Justiça é no sentido da impossibilidade de suspensão de serviços essenciais, tais como o fornecimento de energia elétrica e água, em função da cobrança de débitos

de antigo proprietário. 2. A interrupção da prestação, ainda que decorrente de inadimplemento, só é legítima se não afetar o direito à saúde e à integridade física do usuário. Seria inversão da ordem constitucional conferir maior proteção ao direito de crédito da concessionária que aos direitos fundamentais à saúde e à integridade física do consumidor. Precedente do STJ. 3. Recurso Especial provido." (STJ, REsp nº 1.245.812/RS, Rel. Min. Herman Benjamin, 2ª Turma, DJe 1º-09-2011)

"DIREITO PROCESSUAL CIVIL. LEGITIMIDADE ATIVA DO MP PARA O AJUIZAMENTO DE AÇÃO CIVIL PÚBLICA. O Ministério Público tem legitimidade para ajuizar ação civil pública contra a concessionária de energia elétrica com a finalidade de evitar a interrupção do fornecimento do serviço à pessoa carente de recursos financeiros diagnosticada com enfermidade grave e que dependa, para sobreviver, da utilização doméstica de equipamento médico com alto consumo de energia. Conforme entendimento do STJ, o MP detém legitimidade ativa ad causam para propor ação civil pública que objetive a proteção do direito à saúde de pessoa hipossuficiente, porquanto se trata de direito fundamental e indisponível, cuja relevância interessa à sociedade. Precedentes citados: REsp 1.136.851-SP, Segunda Turma, DJe 7/3/2013 e AgRg no REsp 1.327.279-MG, Primeira Turma, DJe 4/2/2013." (STJ, AgRg no REsp nº 1.162.946/MG, Rel. Min. Sérgio Kunina, 1ª Turma, julgado em 04-06-2013 – Informativo nº 523, de 14-08-2013)

Aplicação em concurso:

▶ Relevância pública das ações e serviços de saúde:

- *FCC/2018 – TRT 15ª Região – Técnico Judiciário (Área Administrativa):*

  O Direito universal à saúde deve ser garantido pelo Estado mediante políticas sociais e econômicas que visem à redução do risco de doença e de outros agravos, com base, dentre outros, na previsão constitucional segundo a qual

a) as instituições privadas poderão participar de forma complementar do Sistema Único de Saúde, segundo diretrizes próprias, tendo preferência as entidades filantrópicas e as sem fins lucrativos.

b) o financiamento do Sistema Único de Saúde será efetivado integralmente com recursos do orçamento da seguridade social da União, responsável em assegurar o acesso universal e igualitário.

c) as ações e serviços públicos de saúde integram uma rede regionalizada e hierarquizada e constituem um sistema único, organizado com vistas ao atendimento integral, excluídos os serviços assistenciais.

d) é vedado às instituições privadas com fins lucrativos participarem do Sistema Único de Saúde.

e) são de relevância pública as ações e serviços de saúde, devendo sua execução ser feita diretamente pelo Poder Público ou por meio de terceiros e, também, por pessoa física ou jurídica de direito privado.
Resposta: alternativa "e".

- *IDECAN/2017 – Ministério da Saúde – Administrador:*

– São de relevância pública as ações e serviços de saúde, cabendo ao Poder Público dispor, nos termos da lei, sobre sua regulamentação, fiscalização e controle.
Resposta: Correto.

- *VUNESP/2016 – MPE-SP – Analista Técnico Científico (Pedagogo):*

A Constituição Federal de 1988 (art.197) estabelece que são de relevância pública as ações e serviços de saúde pública, cabendo ao Poder Público dispor, nos termos da lei, sobre sua regulamentação, fiscalização e controle, devendo sua execução ser feita

a) diretamente ou por meio de terceiros e, também, por pessoa física ou jurídica de direito privado.
b) por empresas filantrópicas, exclusivamente em convênio com o Governo Federal.
c) pelos Estados, que poderão estabelecer convênio, desde que autorizados pelo Governo Federal.
d) diretamente pelos serviços terceirizados contratados unicamente pelo Governo Federal.
e) por pessoas físicas, desde que credenciadas pelo Ministério da Saúde.
Resposta: alternativa "a".

- *FAURGS/2016 – TJ/RS – Juiz de Direito Substituto:*

– São de relevância pública as ações e serviços de saúde, cabendo ao Poder Público dispor, nos termos da lei, sobre sua regulamentação, fiscalização e controle, devendo sua execução ser feita diretamente ou através de terceiros e, também, por pessoa física ou jurídica de direito privado.
Resposta: Correto.

- *AOCP/2016 – EBSERH – Médico (Medicina do Trabalho):*

Acerca da Ordem Social, de acordo com a Constituição Federal brasileira, de 05 de outubro de 1988, é correto afirmar que

– não são de relevância pública as ações e serviços de saúde.
Resposta: Errado.

► O art. 197 da Constituição Federal é explícito em estabelecer a relevância pública dos serviços e ações de saúde.

- *FAEPESUL/2016 – Prefeitura de Morro da Fumaça/SC – Advogado:*
  Com relação à Ordem Social, marque a alternativa CORRETA no que estatui a Constituição sobre o Direito à Saúde:

d) São de relevância pública as ações e serviços de saúde, cabendo ao Poder Público dispor, nos termos da lei, sobre sua regulamentação, fiscalização e controle, podendo sua execução ser feita através de terceiros e, também, por pessoa física ou jurídica de direito privado.
Resposta: alternativa "d".

- *AOCP/2014 – EBSERH/MEAC-UFC e HUWC-UFC – Advogado:*
  Nos termos da Constituição Federal [...]

b) são de relevância pública as ações e serviços de saúde, cabendo ao Poder Público dispor, nos termos da lei, sobre sua regulamentação, fiscalização e controle, devendo sua execução ser feita diretamente ou através de terceiros e, também, por pessoa física ou jurídica de direito privado.
Resposta: Correto.

- *VUNESP/2014 – TJ-PA – Analista Judiciário, Médico:*
  A Constituição Federal estabelece que

d) as ações e serviços de saúde são de relevância pública.
Resposta: alternativa "d".

- *FAUEL/2014 – Pref. Toledo, PR – Médico ESF:*
  Sobre o Sistema Único de Saúde [...]

a) são de relevância pública as ações e serviços de saúde, cabendo ao Poder Público dispor, nos termos da lei, sobre sua regulamentação, fiscalização e controle.
Resposta: alternativa "a".

- *FUNCAB/2014 – Pref. Vassouras, RJ – Médico Cardiologista:*

– O SUS faz parte das ações definidas na Constituição como sendo de "relevância pública", sendo atribuído ao poder público a sua regulamentação, fiscalização e o controle das ações e dos serviços de saúde.
Resposta: Correto.

▶ Legitimidade ativa *ad causam* do Ministério Público:

- *IBGP/2018 – Prefeitura de Santa Luzia, MG – Procurador Municipal:*
  De acordo com o Código de Processo Civil, assinale a alternativa CORRETA:

c) O Ministério Público é parte legítima para pleitear tratamento médico ou entrega de medicamentos nas demandas de saúde propostas contra os entes federativos, mesmo quando se tratar de feitos contendo beneficiários individualizados.
Resposta: alternativa "c".

- *MPE-BA/2018 – MPE-BA – Promotor de Justiça Substituto:*

  Com relação ao Direito à Saúde, prevalece o entendimento de que:

c) A posição nos Tribunais Superiores atualmente é de que há legitimidade do Ministério Público para intentar ação civil pública de cunho individual nos casos que envolvem direito à saúde.

  Resposta: alternativa "c".

- *MP-PR/2014 – Promotor Substituto – prova escrita (espelho de resposta):*

  QUESTÃO DE DIREITO SANITÁRIO:

  "José dos Anzóis Caracóis é portador de síndrome autoimune rara e incurável e, submete-se a acompanhamento médico pelo Sistema Único de Saúde (SUS), para controle dos sintomas da doença. Após esgotar todas as alternativas de tratamentos com fármacos padronizados pelo sistema, o médico assistente prescreveu medicamento não previsto nos protocolos do SUS, porém, reputado indispensável para garantia da sobrevivência do paciente, com melhor qualidade de vida. O paciente solicitou a dispensação do fármaco, que lhe foi negada pelo Poder Público, sob o argumento de não estar relacionado nos protocolos do SUS. Ao que José dos Anzóis Caracóis procurou o representante do Ministério Público Estadual e informou a necessidade do medicamento. De posse dessas informações, o órgão ministerial instaurou procedimento próprio e, após a instrução do feito, concluiu pela veracidade da reclamação."

  Considere a situação acima descrita e responda fundamentadamente as seguintes questões:

a) O Ministério Público Estadual detém legitimidade para atuar em face da situação descrita? Quais os fundamentos de ordem constitucional e legal para tanto?

b) Na eventualidade de se ingressar com ação judicial, quem seria(seriam) o(s) legitimado(s) passivo(s)? Por quê?

  Resposta:

  a) Tendo em vista a natureza indisponível do direito à saúde, assim como a previsão do artigo 197, da CF, no sentido de que as ações e serviços de saúde são de relevância pública, o Ministério Público Estadual possui legitimidade para atuar e face da situação descrita, por força do artigo 127 da Constituição Federal, que incumbe à instituição a defesa dos interesses individuais indisponíveis e do artigo 129, II que prevê a função de zelar pelo efetivo respeito dos poderes públicos e dos serviços de relevância pública aos direitos assegurados na Constituição, promovendo as medidas necessárias a sua garantia. Também fundamentam a legitimidade ministerial o artigo 114, caput da Constituição do Estado do Paraná, além do art. 25, IV, a, da Lei 8.625/1993 e art. 2º, IV, a, da Lei Estadual Complementar nº 85/199.

  b) Na eventualidade de o Ministério Público ingressar com ação judicial, conforme o entendimento maciço em todas as Cortes do País, tratando-se de um sistema único de saúde, no qual não há a especificação das tarefas que cabem a cada ente federado. E com fundamento nos artigos 196 e 23, II, da Constituição Federal, seriam legitimados passivos na demanda a União, o Estado e o Município.

- *MP-PR/2011 – Promotor Substituto:*

– A posição dos Tribunais Superiores atualmente é de que não há legitimidade do Ministério Público para interpor ação civil pública de cunho individual nos casos que envolvem direito à saúde.

Resposta: Errado.

▶ A posição da jurisprudência, tanto do STF, quanto do STJ, reconhece, de maneira consolidada, a legitimidade ativa *ad causam* do Ministério Público para a defesa de direitos indisponíveis, entre os quais o direito à saúde, inclusive se cuidar de somente um único beneficiário.

- *MP/SC/2007 – Promotor de Justiça:*

Considere que a um portador de necessidades especiais foi prescrito o uso indispensável de medicação específica, mas que não se encontra padronizada pelo Sistema Único de Saúde. Deste modo, após provocação da instância administrativa, o requerimento do paciente foi indeferido pela Secretaria Municipal de Saúde.

I. O direito em questão é individual homogêneo, eis que assemelhado aos direitos transindividuais porque demanda, da mesma forma, tutela coletiva. Assim, é homogêneo porque deriva da mesma situação, tem a mesma origem, decorrente da característica de massa da atual sociedade.

II. O Ministério Público está legitimado para a propositura de ação em desfavor do Estado, posto versar primordialmente sobre direitos e interesses difusos e coletivos.

III. A demanda diz respeito a interesse individual homogêneo, manifesto que é o interesse social da atuação ministerial, por tratar de tema ligado à saúde, cujo resguardo é obrigação do Estado e direito de todos.

e) todos estão corretos.

Resposta: alternativa "e".

- *UnB/CESPE/2009 – Defensoria Pública do Estado do Espírito Santo – Defensor Público:*

– O Ministério Público é parte legítima para propor ação civil pública com o objetivo de tutelar direitos individuais indisponíveis, como o de recebimento de medicamento de uso contínuo por pessoa idosa.

Resposta: Correto.

2. Questão semelhante se coloca em relação à **legitimidade ativa *ad causam* das Defensorias Públicas**, no que respeita ao ajuizamento de ações civis

públicas na defesa de direitos difusos ou coletivos – hipótese em que o direito à saúde pode ser enquadrado, especialmente quando forem inúmeros os beneficiários No Supremo Tribunal Federal a matéria foi objeto de repercussão geral (RE-RG nº 733.433/MG) e da **Ação Direta de Inconstitucionalidade (ADI) nº 3.943/DF**, ajuizada pela Associação Nacional dos Membros do Ministério Público (CONAMP). Nas duas ocasiões, decidiu o STF que asas Defensorias Públicas possuem legitimidade para a propositura de ação civil pública na defesa de direitos difusos. Confira-se:

> **RE nº 733.433/MG:** o STF fixou a seguinte tese: *"A Defensoria Pública em legitimidade para a propositura da ação civil publica em ordem de promover a tutela de direitos difusos e coletivos de que sejam titulares, em tese, pessoas necessitadas".*
>
> *"DIREITO PROCESSUAL CIVIL E CONSTITUCIONAL. AÇÃO CIVIL PÚBLICA. LEGITIMIDADE DA DEFENSORIA PÚBLICA PARA AJUIZAR AÇÃO CIVIL PÚBLICA EM DEFESA DE INTERESSES DIFUSOS. INTERPRETAÇÃO DO ART. 134 DA CONSTITUIÇÃO FEDERAL. Discussão acerca da constitucionalidade do art. 5º, inciso II, da Lei nº 7.347/1985, com a redação dada pela Lei nº 11.448/07, e do art. 4º, incisos VII e VIII, da Lei Complementar nº 80/1994, com as modificações instituídas pela Lei Complementar nº 132/09. Repercussão geral reconhecida. Mantida a decisão objurgada, visto que comprovados os requisitos exigidos para a caracterização da legitimidade ativa. Negado provimento ao recurso extraordinário. Assentada a tese de que a Defensoria Pública tem legitimidade para a propositura de ação civil pública que vise a promover a tutela judicial de direitos difusos e coletivos de que sejam titulares, em tese, pessoas necessitadas." (RE-RG nº 733.433/MG, STF, Pleno, Rel. Min. Dias Toffoli, julgado em 04-11-2015, ata publicada no DJe nº 222, 06-11-2015).*
>
> **ADI nº 3.943/DF:** por maioria de votos, o STF julgou improcedente o pedido. Em seu voto, afirmou a Relatora, Min. Cármen Lúcia: *"O dever do Estado de prestar assistência integral, como posto nas informações do Presidente da República, passa 'pela assistência incondicional aos necessitados, ainda que, de forma indireta e eventual, essa atuação promova a defesa de direitos de indivíduos economicamente bem estabelecidos'."*
>
> *"AÇÃO DIRETA DE INCONSTITUCIONALIDADE. LEGITIMIDADE ATIVA DA DEFENSORIA PÚBLICA PARA AJUIZAR AÇÃO CIVIL PÚBLICA (ART. 5º, INC. II, DA LEI N. 7.347/1985, ALTERADO PELO ART. 2º DA LEI N. 11.448/2007). TUTELA DE INTERESSES TRANSINDIVIDUAIS (COLETIVOS STRITO SENSU E DIFUSOS) E INDIVIDUAIS HOMOGÊNEOS. Defensoria Pública: instituição essencial à função jurisdicional. Acesso à justiça. Necessitado: definição segundo princípios hermenêuticos garantidores da força normativa da*

Constituição e da máxima efetividade das normas constitucionais: art. 5º, incs. XXXV, LXXIV, LXXVIII, da Constituição da República. Inexistência de norma de exclusividade do Ministério Público para ajuizamento de ação civil pública. Ausência de prejuízo institucional do Ministério Público pelo reconhecimento da legitimidade da Defensoria Pública. Ação julgada improcedente." (STF, ADI nº 3.943, Pleno, Rel. Min. Cármen Lúcia, por maioria, DJe nº 154, de 05-08-2015)

▶ **Jurisprudência do STJ:** o STJ ratifica a orientação estabelecida pelo STF no julgamento da ADI nº 3.943/DF, reconhecendo legitimidade ativa *ad causam* à Defensoria Pública para o ajuizamento de ação civil pública em matéria de direitos difusos, coletivos e individuais homogêneos, de pessoas consideradas "hipossuficientes jurídicos". Observem-se os seguintes julgados:

PROCESSUAL CIVIL. AGRAVO INTERNO NO RECURSO ESPECIAL. CÓDIGO DE PROCESSO CIVIL DE 2015. APLICABILIDADE. FUNDAMENTAÇÃO DEFICIENTE. SÚMULA N. 284/STF. DEFENSORIA PÚBLICA. LEGITIMIDADE PARA PROPOR A AÇÃO CIVIL PÚBLICA. HIPOSSUFICIÊNCIA JURÍDICA. SÚMULA N. 83/STJ. AUSÊNCIA DE PREQUESTIONAMENTO. SÚMULA N. 211/STJ. ASTREINTES. CRITÉRIOS DE FIXAÇÃO. MATÉRIA FÁTICA. SÚMULA N. 7/STJ. ARGUMENTOS INSUFICIENTES PARA DESCONSTITUIR A DECISÃO ATACADA. APLICAÇÃO DE MULTA. ART. 1.021, § 4º, DO CÓDIGO DE PROCESSO CIVIL DE 2015. DESCABIMENTO.

[...]

III – O acórdão recorrido adotou entendimento consolidado nesta Corte, segundo o qual a Defensoria Pública possui legitimidade ativa para o ajuizamento de ações coletivas buscando a tutela de direitos difusos, coletivos stricto sensu e individuais homogêneos. Na presente demanda, a Defensoria Pública da União busca, em ação civil pública, a concessão de atendimento de saúde a pessoas com obesidade mórbida, restando evidente a hipossuficiência jurídica dos representados para atuar na defesa dos interesses de toda a coletividade. Aplicação da Súmula n. 83/STJ.

IV – A insurgência, no que se refere à apontada violação aos arts. 286, 459, e 462 do Código de Processo Civil de 1973, e 95, do Código de Defesa do Consumidor, carece de prequestionamento, uma vez que não foi analisada pelo Tribunal de origem, aplicável, portanto, o óbice da Súmula n. 211/STJ.

[...]

IX – Agravo Interno improvido."

(STJ, AgInt no REsp nº 1.704.581/MG, Rel. Min. Regina Helena Costa, 1ª Turma, DJe 14-05-2018)

"EMBARGOS DE DIVERGÊNCIA NO RECURSO ESPECIAL NOS EMBARGOS INFRINGENTES. PROCESSUAL CIVIL. LEGITIMIDADE DA DEFENSORIA PÚBLICA PARA A PROPOSITURA DE AÇÃO CIVIL PÚBLICA EM FAVOR DE IDOSOS. PLANO DE SAÚDE. REAJUSTE EM RAZÃO DA IDADE TIDO POR ABUSIVO. TUTELA DE INTERESSES INDIVIDUAIS HOMOGÊNEOS. DEFESA DE NECESSITADOS, NÃO SÓ OS CARENTES DE RECURSOS ECONÔMICOS, MAS TAMBÉM OS HIPOSSUFICIENTES JURÍDICOS. EMBARGOS DE DIVERGÊNCIA ACOLHIDOS.

1. Controvérsia acerca da legitimidade da Defensoria Pública para propor ação civil pública em defesa de direitos individuais homogêneos de consumidores idosos, que tiveram seu plano de saúde reajustado, com arguida abusividade, em razão da faixa etária.

2. A atuação primordial da Defensoria Pública, sem dúvida, é a assistência jurídica e a defesa dos necessitados econômicos, entretanto, também exerce suas atividades em auxílio a necessitados jurídicos, não necessariamente carentes de recursos econômicos, como é o caso, por exemplo, quando exerce a função do curador especial, previsto no art. 9º, inciso II, do Código de Processo Civil, e do defensor dativo no processo penal, conforme consta no art. 265 do Código de Processo Penal.

3. No caso, o direito fundamental tutelado está entre os mais importantes, qual seja, o direito à saúde. Ademais, o grupo de consumidores potencialmente lesado é formado por idosos, cuja condição de vulnerabilidade já é reconhecida na própria Constituição Federal, que dispõe no seu art. 230, sob o Capítulo VII do Título VIII ("Da Família, da Criança, do Adolescente, do Jovem e do Idoso"): "A família, a sociedade e o Estado têm o dever de amparar as pessoas idosas, assegurando sua participação na comunidade, defendendo sua dignidade e bem-estar e garantindo-lhes o direito à vida."

4. "A expressão 'necessitados' (art. 134, caput, da Constituição), que qualifica, orienta e enobrece a atuação da Defensoria Pública, deve ser entendida, no campo da Ação Civil Pública, em sentido amplo, de modo a incluir, ao lado dos estritamente carentes de recursos financeiros - os miseráveis e pobres -, os hipervulneráveis (isto é, os socialmente estigmatizados ou excluídos, as crianças, os idosos, as gerações futuras), enfim todos aqueles que, como indivíduo ou classe, por conta de sua real debilidade perante abusos ou arbítrio dos detentores de poder econômico ou político, 'necessitem' da mão benevolente e solidarista do Estado para sua proteção, mesmo que contra o próprio Estado. Vê-se, então, que a partir da ideia tradicional da instituição forma-se, no Welfare

State, um novo e mais abrangente círculo de sujeitos salvaguardados processualmente, isto é, adota-se uma compreensão de minus habentes impregnada de significado social, organizacional e de dignificação da pessoa humana" (REsp 1.264.116/RS, Rel. Ministro HERMAN BENJAMIN, SEGUNDA TURMA, julgado em 18/10/2011, DJe 13/04/2012).

5. O Supremo Tribunal Federal, a propósito, recentemente, ao julgar a ADI 3943/DF, em acórdão ainda pendente de publicação, concluiu que a Defensoria Pública tem legitimidade para propor ação civil pública, na defesa de interesses difusos, coletivos ou individuais homogêneos, julgando improcedente o pedido de declaração de inconstitucionalidade formulado contra o art. 5º, inciso II, da Lei nº 7.347/1985, alterada pela Lei nº 11.448/2007 ("Art. 5º - Têm legitimidade para propor a ação principal e a ação cautelar:... II – a Defensoria Pública").

6. Embargos de divergência acolhidos para, reformando o acórdão embargado, restabelecer o julgamento dos embargos infringentes prolatado pelo Terceiro Grupo Cível do Tribunal de Justiça do Estado do Rio Grande do Sul, que reconhecera a legitimidade da Defensoria Pública para ajuizar a ação civil pública em questão.

(STJ, EREsp nº 1.192.577/RS, Corte Especial, unânime, DJe 13-11-2015)

Aplicação em concurso:

- *Fundação Carlos Chagas/2012 – Defensor Público do Estado de São Paulo – 2012:*

  Tramita no Supremo Tribunal Federal a Ação Direta de Inconstitucionalidade nº 3.943 interposta pela Associação Nacional dos Membros do Ministério Público - CONAMP, contestando a legitimidade da Defensoria Pública para a propositura de Ação Civil Pública, sob a alegação, em linhas gerais, de que tal legitimidade da Defensoria Pública "afeta diretamente" as atribuições do Ministério Público. De acordo com os diplomas normativos e a doutrina dominante que tratam do Direito Processual Coletivo, [...]

c) a legitimidade da Defensoria Pública para a tutela coletiva de direitos difusos - como, por exemplo, a ordem urbanística, o direito aos serviços públicos essenciais de saúde e educação e o direito ao ambiente - está em perfeita sintonia com o art. 5º, II, e o rol exemplificativo de direitos coletivos em sentido amplo trazido pelo art. 1º, ambos da Lei nº 7.347/85.
Resposta: alternativa "c".

3. A relevância pública das ações e dos serviços de saúde também fundamenta a propositura dos pedidos de "**suspensão de segurança**" (ou, mais precisamente, de suspensão de liminares, antecipações de tutela e sentenças dotadas de força executiva ou eficácia mandamental imediata, como aquelas proferidas em sede de ação civil pública), na forma do art. 4º da Lei nº 8.437/92 e do art. 15 da Lei nº 12.016/2009. São a relevância pública e o caráter indisponível do direito à saúde que pautam a decisão acerca da existência de interesse público na suspensão da execução de certas decisões judiciais, cabendo o deferimento da medida excepcional sempre que demonstrada a grave lesão à saúde pública.

► **Jurisprudência do STJ:**

> *"AGRAVO REGIMENTAL EM SUSPENSÃO DE LIMINAR E DE SENTENÇA. TUTELA ANTECIPADA EM SENTENÇA. CUMPRIMENTO. SUSPENSÃO DA FABRICAÇÃO E COMERCIALIZAÇÃO DE MEDICAMENTOS SIMILARES A MEDICAMENTO DE REFERÊNCIA NO MERCADO. AMEAÇA DE GRAVE LESÃO À SAÚDE E À ECONOMIA PÚBLICAS. RISCO À POLÍTICA PÚBLICA DE MEDICAMENTOS GENÉRICOS. CONTRACAUTELA DEFERIDA. AGRAVO REGIMENTAL DESPROVIDO. I – A suspensão de execução de sentença pressupõe manifesto interesse público, consubstanciado na potencialidade lesiva à ordem, à saúde, à segurança ou à economia públicas (cf. art. 4º da Lei n.º 8.437/92). II – In casu, o cumprimento imediato de tutela antecipada, deferida em sentença cujo objeto é o questionamento da própria sistemática adotada para a autorização do registro e comercialização de medicamentos genéricos e similares, coloca em risco a economia e a saúde públicas (Precedente: AgRg na SLS 818/DF, Corte Especial, Rel. Min. Cesar Asfor Rocha, DJe de 6/8/2009). III – Assim, a execução imediata da decisão objurgada – sem o respectivo trânsito em julgado -, além de potencializar o efeito multiplicador de demandas e decisões de mesma natureza, fragiliza a política nacional dos genéricos, na medida em que inviabiliza, ainda que temporariamente, a produção e comercialização de medicamentos antidepressivos genéricos ou similares de última geração. Agravo regimental desprovido." (AgRg na SLS nº 1.425/DF, Rel. Min. Felix Fischer, Corte Especial, DJe 19-12-2011)*
>
> *"SUSPENSÃO DE LIMINAR. SAÚDE PÚBLICA. LEISHMANIOSE VISCERAL. 1. A exigência de que o proprietário do animal portador da doença consinta em sacrificá-lo pode acarretar grave lesão à saúde pública; outro tanto, a possibilidade de que o animal seja tratado sob a supervisão e responsabilidade de médico veterinário, porque a transmissão da doença não é evitada por esse meio. 2. O agente público de saúde só tem acesso ao domicílio em que reside o proprietário do animal mediante consentimento ou autorização judicial. Agravo regimental desprovido." (STJ, AgRg na SLS nº 1.289/MS, Rel. Min. Ari Pargendler, Corte Especial, DJe 19-11-2010)*

"AGRAVO REGIMENTAL EM PEDIDO DE SUSPENSÃO. CONSELHO FEDERAL DE ENFERMAGEM – COFEN. RESOLUÇÃO Nº 257/2001. PREPARO DE MEDICAMENTOS QUIMIOTERÁPICOS ANTINEOPLÁSICOS POR ENFERMEIROS. IMPEDIMENTO. LESÃO À SAÚDE PÚBLICA. LEI Nº 8.437/92, ART. 4º. 1. No exame do pedido de suspensão, a regra é ater-se o Presidente do Tribunal às razões inscritas na Lei nº 8.437/92, art. 4º. Quando a magnitude da decisão atacada implicar grave lesão aos valores ali tutelados (ordem, saúde, segurança e economia públicas) caberá a medida pleiteada. 2. Ofende o interesse público, notadamente a saúde pública, decisão que impede a administração de dosagem prescrita pelo médico de medicamentos quimioterápicos antineoplásicos por profissionais de enfermagem capacitados, que auxiliam no tratamento dos pacientes com câncer. 3. Agravo Regimental não provido." (STJ, AgRg na SLS nº 60/DF, Rel. Min. Edson Vidigal, Corte Especial, DJ 29-08-2005)

Aplicação em concurso:

- *VUNESP/2014 – TJ-RJ – Juiz Substituto:*

  Assinale a alternativa correta, de acordo com a lei que disciplina a ação civil pública (Lei nº 7.347/1985).

a) A liminar concedida poderá ter sua execução suspensa pelo presidente do tribunal competente, mediante requerimento de pessoa jurídica de direito público, para evitar grave lesão à ordem, à saúde, à segurança e à economia pública.

  Resposta: alternativa "a".

- *VUNESP/2014 – TJ-RJ – Juiz Substituto:*

  Em mandado de segurança, concedida a segurança ao impetrante, seja por liminar ou sentença, pode-se afirmar que

b) é possível a suspensão da execução da liminar ou da sentença pelo tribunal, mediante provocação, para evitar grave lesão à ordem econômica, à saúde, à segurança ou à economia.

  Resposta: alternativa "b".

- *MPE/SC/2013 – Promotor de Justiça :*

  Não será cabível medida liminar contra atos do Poder Público, no procedimento cautelar ou em quaisquer outras ações de natureza cautelar ou preventiva, toda vez que providência semelhante não puder ser concedida em ações de mandado de segurança, em virtude de vedação legal. Compete ao presidente do tribunal, ao qual couber o conhecimento do respectivo recurso, suspender, em despacho fundamentado, a execução da liminar nas ações movidas contra o Poder Público ou seus agentes, a requerimento do Ministério Público ou da pessoa jurídica de direito público interessada, em

caso de manifesto interesse público ou de flagrante ilegitimidade, e para evitar grave lesão à ordem, à saúde, à segurança e à economia públicas.
Resposta: Verdadeiro.

4. O art. 197 também atribui ao Poder Público o dever de dispor, por meio de lei, sobre a **regulamentação**, a **fiscalização** e o **controle** das ações e dos serviços de saúde, abrindo um leque de competências bastante largo. Em termos de regulação legislativa dessas competências, cabe lembrar, entre outras, a Lei nº 8.080/90, como norma de organização do SUS; a Lei nº 8.142/90, norma que regulamenta a participação da comunidade e o controle social sobre as ações e os serviços de saúde, além de disciplinar as transferências de recursos financeiros; a Lei nº 9.782/99 e todas as demais normas vinculadas ao Sistema Nacional de Vigilância Sanitária; bem como as Leis nºs 9.656/98 e 9.961/2000, voltadas à disciplina do setor da "saúde suplementar", ou seja, a prestação dos serviços de saúde pela iniciativa privada, por meio dos planos de saúde. Como se vê, o art. 197 estabelece, para o Estado, deveres que efetivam o direito à saúde nas funções de direito a organização e procedimento (inclusive como direito de participação, por meio dos Conselhos e Conferências de Saúde) e de direito à proteção, nas mais diversas áreas.

▶ **Jurisprudência:** O Supremo Tribunal Federal reconhece a relevância pública das ações e dos serviços de saúde, mesmo quando prestados por entidades da iniciativa privada, o que lhes determina a extensão do regime de direito público:

> *"HABEAS CORPUS. CRIME DE CONCUSSÃO. EXIGÊNCIA DE PAGAMENTO PARA REALIZAÇÃO DE CIRURGIA DE URGÊNCIA. CONCEITO PENAL DE FUNCIONÁRIO PÚBLICO. MÉDICO CREDENCIADO PELO SISTEMA ÚNICO DE SAÚDE. TELEOLOGIA DO CAPUT DO ART. 327 DO CÓDIGO PENAL. ORDEM DENEGADA. 1. A saúde é constitucionalmente definida como atividade mistamente pública e privada. Se prestada pelo setor público, seu regime jurídico é igualmente público; se prestada pela iniciativa privada, é atividade privada, porém sob o timbre da relevância pública. 2. O hospital privado que, mediante convênio, se credencia para exercer atividade de relevância pública, recebendo, em contrapartida, remuneração dos cofres públicos, passa a desempenhar o múnus público. O mesmo acontecendo com o profissional da medicina que, diretamente, se obriga com o SUS. 3. O médico particular, em atendimento pelo SUS, equipara-se, para fins penais, a funcionário público. Isso por efeito da regra que se lê no caput do art. 327 do Código Penal. 4. Recurso ordinário a que se*

nega provimento." (RHC nº 90.523/ES, Rel. Min. Ayres Britto, 2ª Turma, DJe nº 201 de 18-10-2011, por maioria).

"CONSTITUCIONAL. TRIBUTÁRIO. RECURSO EXTRAORDINÁRIO. REPERCUSSÃO GERAL. IMUNIDADE TRIBUTÁRIA RECÍPROCA. SOCIEDADE DE ECONOMIA MISTA. SERVIÇOS DE SAÚDE. 1. A saúde é direito fundamental de todos e dever do Estado (arts. 6º e 196 da Constituição Federal). Dever que é cumprido por meio de ações e serviços que, em face de sua prestação pelo Estado mesmo, se definem como de natureza pública (art. 197 da Lei das leis). 2. A prestação de ações e serviços de saúde por sociedades de economia mista corresponde à própria atuação do Estado, desde que a empresa estatal não tenha por finalidade a obtenção de lucro. 3. As sociedades de economia mista prestadoras de ações e serviços de saúde, cujo capital social seja majoritariamente estatal, gozam da imunidade tributária prevista na alínea "a" do inciso VI do art. 150 da Constituição Federal. 3. Recurso extraordinário a que se dá provimento, com repercussão geral." (RE nº 580.264/RS, Rel. p/ acórdão Min. Joaquim Barbosa, Pleno, DJe nº 192 de 05-10-2011, por maioria)

"RECURSO EXTRAORDINÁRIO – SISTEMA ÚNICO DE SAÚDE (SUS) – CONTRATAÇÃO DIRETA DE SERVIÇOS HOSPITALARES – INOBSERVÂNCIA DA EXIGÊNCIA DE PROCEDIMENTO LICITATÓRIO – LESÃO AO PATRIMÔNIO PÚBLICO – AÇÃO CIVIL PÚBLICA – LEGITIMIDADE ATIVA DO MINISTÉRIO PÚBLICO FEDERAL – RECURSO DE AGRAVO IMPROVIDO. – O Ministério Público dispõe de legitimidade ativa 'ad causam' para ajuizar ação civil pública, quando promovida com o objetivo de impedir que se consume lesão ao patrimônio público resultante de contratação direta de serviço hospitalar privado, celebrada sem a necessária observância de procedimento licitatório, que traduz exigência de caráter ético-jurídico destinada a conferir efetividade, dentre outros, aos postulados constitucionais da impessoalidade, da publicidade, da moralidade administrativa e da igualdade entre os licitantes, ressalvadas as hipóteses legais de dispensa e/ou de inexigibilidade de licitação. Precedentes." (AgR no RE nº 262.134/MA, Rel. Min. Celso de Mello, 2ª Turma, DJ 02-02-2007, unânime)

Aplicação em concurso:

- *QUADRIX/2018 – CRN 10ª Região (SC) – Técnico Administrativo:*

  Com relação à ordem social na CF, julgue o item que se segue.

  Devido à sua relevância e à sua estatura constitucional, a saúde, embora possa ser prestada por particulares, se submete à regulamentação, ao controle e à fiscalização do Poder Público, atividades essas que poderão ser delegadas às entidades de classe dos profissionais.

  Resposta: Errado.

► O art. 197 da CF impõe ao Estado o dever de dispor, nos termos da legislação conformadora, sobre a regulamentação, fiscalização e controle das ações e serviços de saúde, públicos e privados, não havendo falar em "delegação" nessas hipóteses.

- *INSTITUTO EXCELÊNCIA/2017 – Prefeitura de Cerro Largo, RS – Procurador:*
  De acordo com a Constituição da República Federativa do Brasil: Art. 197. São de relevância pública as ações e serviços de saúde, cabendo ao Poder Público dispor, nos termos da lei, sobre sua regulamentação, Assinale a alternativa CORRETA:

a) descentralização, com direção única em cada esfera de governo.
b) atendimento integral, com prioridade para as atividades preventivas, sem prejuízo dos serviços assistenciais.
c) fiscalização e controle, devendo sua execução ser feita diretamente ou através de terceiros e, também, por pessoa física ou jurídica de direito privado.
d) Nenhuma das alternativas.

Resposta: alternativa "c".

- *CONSULPLAN/2009 – Prefeitura de Guarapari/ES – Auditor em Saúde:*
  De acordo com a atual Constituição Federal do Brasil [...]
  São de relevância pública as ações e serviços de saúde, cabendo ao poder público dispor, nos termos da lei, sobre sua regulamentação, fiscalização e controle, devendo sua execução ser feita diretamente ou através de terceiros e, também, por pessoa física ou jurídica de direito privado.
  Resposta: Correto.

- *IPAD/2009 – Prefeitura de Moreno/PE – Auditor Médico:*
  Assinale a alternativa [...]

a) Os serviços e ações de saúde são considerados de relevância pública, devendo ser fiscalizados pelo Ministério Público.
b) É função do poder público para com a saúde: regulamentar, fiscalizar e controlar todas as ações de saúde no país, tanto de instituições públicas quanto privadas.

Resposta: as duas alternativas estão corretas.

- *Prefeitura Municipal de Florianópolis/2008 – Médico:*
  Assinale a alternativa incorreta:

( ) São de relevância pública as ações e serviços de saúde, cabendo às pessoas jurídicas de direito privado a sua regulamentação.

Resposta correta.

► A alternativa está errada porque cabe ao Poder Público, e não às pessoas jurídicas de direito privado, a regulamentação dos serviços e ações de saúde.

Art. 198. As **ações e serviços públicos de saúde** integram uma **rede regionalizada e hierarquizada** e constituem um **sistema único**, organizado de acordo com as seguintes **diretrizes**:

I – **descentralização**, com direção única em cada esfera de governo;

II – **atendimento integral**, com prioridade para as atividades preventivas, sem prejuízo dos serviços assistenciais;

III – **participação** da comunidade.

§ 1º. O sistema único de saúde será financiado, nos termos do art. 195, com recursos do orçamento da seguridade social, da União, dos Estados, do Distrito Federal e dos Municípios, além de outras fontes.

§ 2º. A União, os Estados, o Distrito Federal e os Municípios aplicarão, anualmente, em ações e serviços públicos de saúde recursos mínimos derivados da aplicação de percentuais calculados sobre:

I – no caso da União, a receita corrente líquida do respectivo exercício financeiro, não podendo ser inferior a 15% (quinze por cento);

II – no caso dos Estados e do Distrito Federal, o produto da arrecadação dos impostos a que se refere o art. 155 e dos recursos de que tratam os arts. 157 e 159, inciso I, alínea a, e inciso II, deduzidas as parcelas que forem transferidas aos respectivos Municípios;

III – no caso dos Municípios e do Distrito Federal, o produto da arrecadação dos impostos a que se refere o art. 156 e dos recursos de que tratam os arts. 158 e 159, inciso I, alínea b e § 3º.

§ 3º. Lei complementar, que será reavaliada pelo menos a cada cinco anos, estabelecerá:

I – os percentuais de que tratam os incisos II e III do § 2º;

II – os critérios de rateio dos recursos da União vinculados à saúde destinados aos Estados, ao Distrito Federal e aos Municípios, e dos Estados destinados a seus respectivos Municípios, objetivando a progressiva redução das disparidades regionais;

III – as normas de fiscalização, avaliação e controle das despesas com saúde nas esferas federal, estadual, distrital e municipal;

IV – (Revogado).

§ 4º. Os gestores locais do sistema único de saúde poderão admitir agentes comunitários de saúde e agentes de combate às endemias por meio de processo seletivo público, de acordo com a natureza e complexidade de suas atribuições e requisitos específicos para sua atuação.

§ 5º. Lei federal disporá sobre o regime jurídico, o piso salarial profissional nacional, as diretrizes para os Planos de Carreira e a regulamentação das atividades de agente comunitário de saúde e agente de combate às endemias, competindo à União, nos termos da lei, prestar assistência financeira complementar aos Estados, ao Distrito Federal e aos Municípios, para o cumprimento do referido piso salarial.

§ 6º. Além das hipóteses previstas no § 1º do art. 41 e no § 4º do art. 169 da Constituição Federal, o servidor que exerça funções equivalentes às de agente comunitário de saúde ou de agente de combate às endemias poderá perder o cargo em caso de descumprimento dos requisitos específicos, fixados em lei, para o seu exercício.

1. O **art. 198 da CF** é a **norma estruturante** por excelência do Sistema Único de Saúde (SUS), estabelecendo que será formado como **rede de serviços e ações de saúde**, constituído de acordo com os princípios ali elencados (ademais daqueles previstos nos arts. 196, 197 e 199) e financiado, entre outras fontes, com recursos da seguridade social e do orçamento dos entes federados, cujos percentuais mínimos obedecerão à lei complementar específica – atualmente, a Lei Complementar nº 141/2012. Algumas considerações devem ser feitas.

Cabe assim destacar a distinção que a doutrina faz, especialmente aquela proveniente da área da saúde pública, entre *princípios* e *diretrizes* do SUS, restringindo a expressão "**diretrizes**" àquelas elencadas no art. 198, I a III, da CF, quais sejam: descentralização, com direção única; atendimento integral, com prioridade para as atividades preventivas; e participação da comunidade. No âmbito deste trabalho, contudo, optamos por utilizar a expressão "**princípios**" para englobar ambas as categorias, em atenção às características que nos parecem comuns tanto aos princípios, quanto às diretrizes do SUS, pelo menos de um ponto de vista estritamente jurídico. Com isso, procuramos guardar congruência com o entendimento mais regularmente defendido em teoria do Direito – também de modo não unânime, ressalte-se – quando se reconhece aos princípios caráter deontológico (dizem o que "deve ser") e, por isso, eficácia jurídica, na condição de espécie do gênero "normas jurídicas". Diferentemente das regras, os princípios seriam dotados de uma estrutura mais aberta e indeterminada, que, por isso, asseguraria um espaço de conformação mais amplo ao intérprete no momento da aplicação dessas normas jurídicas aos casos concretos. Além disso, e diversamente das regras, os princípios possuiriam uma dimensão de "peso" ou "importância", que permitiria a preponderância de um princípio sobre o outro na solução de hipóteses concretas – sem que isso acarrete a exclusão do princípio pontualmente afastado[69].

Posta essa premissa, vale observar que o **art. 198**, especialmente pelo disposto no *caput* e nos **inc. I a III, da CF** elenca os princípios pelos quais o SUS deverá organizar-se. É importante notar que **o art. 198 não traz um rol taxativo**, até mesmo porque complementado pelos princípios previstos nas demais normas constitucionais e legais que disciplinam o SUS – notadamente os arts. 196, 197 e 199 da CF e o art. 8º da Lei nº 8.080/90. Os princípios do art. 198 da CF devem ser interpretados, portanto, como um **conteúdo mínimo** a ser observado na organização dos serviços e ações de saúde, sobretudo no que concerne ao modo como se dará o exercício das competências legislativas e administrativas pelos diferentes entes públicos envolvidos. Mais que isso, a delimitação do campo de incidência de cada um desses princípios deve sempre considerar o âmbito de vigência dos demais, num intrincado complexo de relações que se influenciam e conformam mutuamente. Em palavras simples, os princípios estruturantes do SUS compõem um todo, que deve ser aplicado conjuntamente.

Neste contexto, além da universalidade e igualdade (art. 196), da relevância pública de ações e serviços de saúde, bem como da liberdade de participação da iniciativa privada na prestação da assistência (art. 199), configuram **princípios estruturantes do SUS**: a unidade, a regionalização, a hierarquização, a descentralização, a integralidade de atendimento e a participação da comunidade. Tais princípios vigem não somente em relação ao Poder Público, quanto também para a iniciativa privada, já que o caráter indisponível da saúde e a relevância pública das ações e serviços não se alteram pelo fato de a assistência ser prestada por pessoa física ou jurídica de direito privado (art. 197). Conquanto possam sofrer alguma mitigação em decorrência das peculiaridades próprias dessas relações, parece possível sustentar que tais princípios vigem nos contratos e convênios do SUS com entidades privadas (a chamada "saúde complementar"); assim como nas relações típicas das operadoras de planos de saúde (setor da "saúde suplementar"), com aplicação conjunta da tutela ao consumidor, cuja natureza é igualmente indisponível. Esta, pelo menos, tem sido a tendência trilhada pela jurisprudência, sobretudo no que concerne ao princípio da

69. Para maior aprofundamento a respeito da normatividade dos princípios e das distinções entre princípios e regras, cf.: FIGUEIREDO, 2007, p. 106 et seq., com referência à bibliografia mais conhecida sobre o tema.

integralidade, seguidamente aplicado assegurar cobertura plena aos planos de saúde contratados – como se verá no comentário ao art. 199 da CF.

Aplicação em concurso:

► Conceito de SUS:

- *INAZ do Pará/2018 – FunGota de Araraquara, SP – Advogado:*

  A Constituição Federal, no art. 198, ao dispor sobre as ações e serviços de saúde, estabelece que elas integram:

a) uma rede organizada e hierarquizada, com conselhos reguladores.
b) uma rede regionalizada e sem hierarquia, constituindo um sistema único.
c) uma rede regionalizada e hierarquizada, constituindo um sistema único.
d) uma rede nacional e hierarquizada, constituindo sistemas múltiplos.

Resposta: alternativa "c".

- *VUNESP/2014 – Pref. Estância Hidromineral de Poá, SP – Procurador Jurídico:*

  Nos termos da Constituição Federal, quando trata da saúde, é correta a seguinte assertiva:

a) As ações e serviços públicos de saúde integram uma rede regionalizada e hierarquizada e constituem um sistema único.

Resposta: alternativa "a".

- *AOCP/2014 – EBSERH/MEAC-UFC e HUWC-UFC – Advogado:*

  Nos termos da Constituição Federal [...]

d) as ações e serviços públicos de saúde integram uma rede regionalizada e hierarquizada e constituem um sistema único.

Resposta: Correto.

► Diretrizes em sentido estrito:

- *CESPE/2016 – INSS – Analista do Seguro Social:*

  Com referência à CF e às políticas de seguridade, julgue o item subsecutivo.

  Os princípios que orientam as ações e os serviços públicos de saúde e serviços privados contratados ou conveniados que integram o SUS incluem a universalidade de acesso, a integralidade de assistência e a descentralização político-administrativa.

  Resposta: Correto.

- *VUNESP/2018 – TJ/RJ – Juiz Leigo:*

  A intervenção do Poder Judiciário em matéria de políticas públicas é alvo de críticas sob o argumento de que poderia levar à desarticulação orçamentária de políticas racionalmente fixadas pelo Poder Executivo e Legislativo. Em matéria de política de saúde, essa crítica é bastante frequente. A respeito do tratamento constitucional dado ao tema da saúde, assinale a alternativa correta.

a) São diretrizes do sistema único de saúde a descentralização, o atendimento integral e a participação da comunidade.

Resposta: alternativa "a".

- *IDECAN/2017 – Ministério da Saúde – Administrador:*

– As ações e serviços públicos de saúde integram uma rede regionalizada e hierarquizada, e constituem um sistema único, organizado de acordo com a seguinte diretriz: descentralização, com direção bilateral e apenas na esfera executiva.

Resposta: Errado.

- *AOCP/2017 – EBSERH – Assistente Administrativo:*

Considerando os temas Saúde e Seguridade social, de acordo com a Constituição Federal...

– As Diretrizes que norteiam a organização do Sistema Único de Saúde são: centralização e atendimento integral.

Resposta: Errado.

▶ As afirmativas das duas questões anteriores mostram-se erradas quando confrontadas com o texto constitucional, que estabelece como diretriz do SUS a *"descentralização, com direção única em cada esfera de governo"*.

- *FCC/2016 – DPE/ES – Defensor Público:*

A respeito do direito fundamental à saúde e da regulamentação das políticas públicas de saúde na Constituição Federal de 1988, considere:

– As ações e serviços públicos de saúde integram uma rede regionalizada e hierarquizada e constituem um sistema único, tendo por diretriz a descentralização, com direção única em cada esfera de governo.

Resposta: Correto.

- *AOCP/2016 – EBSERH – Técnico em Radiologia*

De acordo com o que estabelece a Constituição Federal...

– As ações e serviços públicos de saúde integram uma rede regionalizada e hierarquizada e constituem um sistema único, tendo como uma de suas diretrizes o atendimento integral, com prioridade para as atividades preventivas, sem prejuízo dos serviços assistenciais.

Resposta: Correto.

- *CESPE/2016 – ANVISA – Técnico Administrativo:*

– Atendimento integral com prioridade para as atividades preventivas, descentralização com direção única em cada esfera de governo e participação da comunidade são diretrizes que devem integrar as ações públicas de saúde.

Resposta: Correto.

- *FGV/2016 – MPE/RJ – Analista do Ministério Público (Processual):*

Em matéria de tutela coletiva da saúde, de acordo com o texto constitucional, as ações e serviços públicos de saúde integram uma rede regionalizada e hierarquizada e constituem um sistema único, organizado de acordo com algumas diretrizes, como:

a) a desconcentração, com direção separada e autônoma em cada esfera de governo;
b) o atendimento integral, com prioridade para as atividades preventivas, sem prejuízo dos serviços assistenciais;
c) a participação das três esferas de poder, federal, estadual e municipal, excluída a contribuição da comunidade;
d) a universalidade, consistente na garantia de atenção à saúde, por parte do sistema, somente aos cidadãos hipossuficientes;
e) a centralização, segundo a qual a União centraliza a administração das verbas públicas destinadas ao SUS.

Resposta: alternativa "b".

- *CESPE/2016 – DPU – Analista Técnico Administrativo:*

– O Sistema Único de Saúde é organizado de forma centralizada, com direção única em cada esfera de governo.

Resposta: Errado.

► É diretriz constitucional do SUS a *"descentralização, com direção única em cada esfera de governo"*.

- *FAEPESUL/2016 – Prefeitura de Morro da Fumaça/SC – Advogado:*

Com relação à Ordem Social, marque a alternativa CORRETA no que estatui a Constituição sobre o Direito à Saúde:

– Como diretriz dos serviços públicos de saúde tem-se que o atendimento deve ser integral com prioridade para as ações ostensivas de combate a endemias.

– As ações e serviços públicos de saúde integram uma rede regionalizada e hierarquizada e constituem um sistema único, organizado, descentralizado, com direção única federal.

Resposta: as duas afirmativas estão erradas.

► - Ambas afirmativas são incorretas, pois o atendimento integral deve dar *"prioridade às atividades preventivas, sem prejuízo dos serviços assistenciais"*; bem como deve existir *"direção única em cada esfera de governo"*.

- *DOM CINTRA/2014 – FIOCRUZ – Tecnologista, Neonatologia:*

  As ações e serviços públicos de saúde integram uma rede regionalizada e hierarquizada e constituem um sistema único, que deve ser organizado conforme as seguintes diretrizes:

b) descentralização, atendimento integral e participação da comunidade.

Resposta: alternativa "b".

- *MP-PR/2013 – Promotor Substituto:*

– São diretrizes do SUS a descentralização, o atendimento integral e a participação da comunidade.

Resposta: Correto.

- *CETRO/2013 – Prefeitura Municipal de Campinas/SP – Enfermeiro:*

  O Sistema Único de Saúde – SUS – é baseado em diretrizes. Assinale a alternativa que não apresenta uma diretriz.

a) Participação da comunidade.
b) Atendimento integral.
c) Universalidade.
d) Descentralização

Resposta: alternativa "c".

▶ **Atenção!** A questão acolhe a distinção entre *princípios* e *diretrizes* do SUS. De acordo com o texto constitucional, são diretrizes do SUS aquelas previstas no art. 198, I a III, quais sejam: descentralização, atendimento integral e participação da comunidade. A universalidade, assegurada pelo art. 196 da CF, seria então princípio do SUS.

- *MPDFT/2009 – Promotor de Justiça Adjunto – 29º Concurso:*

– As diretrizes do Sistema Único de Saúde são: descentralização, atendimento integral e participação da comunidade.

Resposta: Correto.

- *FUMARC/2009 – Prefeitura de Papagaios/MG, Médico:*

  Dentre as diretrizes a que se refere o artigo "As ações e serviços públicos de saúde integram uma rede regionalizada e hierarquizada e constituem um sistema único, organizado de acordo com as seguintes diretrizes...", citado segundo a Constituição Federal de 1988 em seu título VIII, capítulo II, seção II art. 198 encontram-se, EXCETO:

a) É vedada a destinação de recursos públicos para subvenções às instituições privadas sem fins lucrativos.
b) Descentralização, com direção única, em cada esfera de governo.
c) Atendimento integral, com prioridade para as atividades preventivas, sem prejuízo dos serviços assistenciais.

d) Participação da comunidade.

Resposta: alternativa "a".

▶ **Atenção!** À semelhança da questão anterior, a resposta correta encontra-se na distinção entre *princípios* e *diretrizes* do SUS, encontrando-se estas previstas no art. 198, I a III, da CF. A alternativa *"a"* está errada por trazer regra contida no art. 199, § 2º, da CF – ainda que igualmente válida para o SUS.

- *CESPE/2011 – SESA/ES – Médico Cardiologista (Regulação):*

– O modelo adotado pelo Brasil pretende que ações e serviços públicos de saúde estejam integrados em rede regionalizada e hierarquizada, constituindo um sistema único que se alicerça na descentralização, no atendimento integral e na participação da comunidade.

Resposta: Correto.

- *FUNCAB/2010 – Prefeitura de Vitória/ES, Biólogo:*

De acordo com a Constituição Federal, as ações e serviços públicos de saúde constituem um sistema único, organizado conforme as seguintes diretrizes:

a) universalidade, integralidade e regionalização.
b) descentralização, atendimento integral e participação da comunidade.
c) regionalização, atendimento integral e direito à informação.
d) direito à informação, universalidade e preservação da autonomia.
e) integralidade, preservação da autonomia e descentralização.

Resposta: alternativa "b".

▶ **Atenção!** A pergunta requer cuidado redobrado. A resposta correta à questão é a referência expressa às diretrizes arroladas pelos inc. I a III do art. 198 da CF, não considerando outros princípios que, embora atinentes ao SUS, tenham sido explicitados em outros dispositivos constitucionais e legais.

▶ Princípios do SUS em sentido amplo:

- *MPE-PR/2016 – MP-PR – Promotor de Justiça:*

– A universalidade de acesso aos serviços de saúde em todos os níveis de assistência, a igualdade da assistência à saúde, sem preconceitos ou privilégios de qualquer espécie, e a participação da comunidade compõem alguns dos princípios e diretrizes do Sistema Único de Saúde (SUS).

Resposta: Correto.

- *COMPROV/UFCG/2014 – Pref. Baraúna, PB – Médico Clínico Geral:*

Sobre a estrutura e organização do SUS analise as proposições abaixo e responda:

I. A gestão do SUS é centralizada pelo governo federal.

II. Os princípios e as diretrizes do SUS estruturam a implantação do serviço de saúde no Brasil, considerando os aspectos políticos, administrativos e técnicos.

III. Os princípios do SUS são relativos à organização do sistema de saúde.

A sequência correta é:

c) II e III estão corretas.

Resposta: alternativa "c".

- *AOCP/2014 – EBSERH/HUPAA-UFAL – Advogado:*

São implicações organizativas do Sistema Único de Saúde, EXCETO:

a) Equidade.
b) Regionalização.
c) Hierarquização.
d) Descentralização.
e) Participação social.

Resposta: alternativa "a".

► Muito embora a equidade seja princípio do SUS, a resposta exige o questionamento sobre a natureza organizacional dos princípios ali elencados, e a equidade diz respeito à forma de tratamento das pessoas, não propriamente à organização do SUS.

- *Gestão de Concursos/2013 – Médico (CIAS/SAMU/MG):*

Entre os princípios e as diretrizes do SUS, destacam-se

a) a integralidade e a centralização.
b) a centralização e a universalidade.
c) a complexidade e a igualdade.
d) a descentralização e a integralidade.

Resposta: alternativa "d".

► O SUS se caracteriza pela descentralização, o que torna erradas as alternativas "a" e "b". Já a alternativa "c" está errada por se referir à "complexidade", que não é princípio nem diretriz do SUS; a "hierarquização" em diferentes níveis de complexidade é que configura um princípio do SUS.

- *UPENET/IAUPE/2013 – Médico Reumatologista – Hospital Universitário Oswaldo Cruz (HUOC):*

Sobre o art. 198 da Constituição Federal de 1988, referente às diretrizes das ações e dos serviços públicos de saúde que constituem um sistema único, assinale V para as afirmativas Verdadeiras ou F para as Falsas.

( ) A centralização com direção única, em cada esfera de Governo é uma das diretrizes do Sistema único.

( ) O atendimento integral, com prioridade para as atividades preventivas, sem prejuízo dos serviços assistenciais é umas das diretrizes do Sistema Único.

( ) É vedada a participação da comunidade de acordo com as diretrizes do Sistema Único.

( ) O Sistema Único de Saúde será financiado, nos termos do art. 195, com recursos do orçamento da seguridade social, da União, dos Estados, do Distrito Federal e dos Municípios, além de outras fontes.

Assinale a alternativa que apresenta a sequência CORRETA.

d) F – V – F – V

Resposta: alternativa "d".

▶ A primeira e a terceira assertivas são falsas porque o SUS deve organizar-se de forma *descentralizada* e *com* a participação da comunidade.

- *INTEGRI/2010 – Prefeitura de Votorantim/SP, Enfermeiro:*

A Constituição da República Federativa do Brasil de 1988, secção II, explana no art. 198 que as ações e serviços públicos de saúde integram uma rede regionalizada e hierarquizada e constituem um sistema único, organizado de acordo com as seguintes diretrizes:

Assinale a alternativa correta sobre esse artigo da Constituição Federal de 1988:

I. descentralização, sem direção única em cada esfera de governo;

II. atendimento integral, com prioridade para as atividades de recuperação, sem prejuízo dos serviços assistenciais;

III. participação da comunidade.

d) somente a III está correta.

Resposta: alternativa "d".

▶ A afirmativa "I" está errada porque há descentralização com direção única em cada esfera de governo, enquanto na afirmativa "II" o erro está nas atividades que devem ser priorizadas: preventivas, e não curativas ou de recuperação.

- *UEPG/2009 – Prefeitura de Ponta Grossa/PR, Médico Plantonista:*

As ações de saúde pública no Brasil devem estar voltadas, ao mesmo tempo, para o indivíduo e para a comunidade, para a prevenção e para o tratamento, sempre respeitando a dignidade humana. Nesse contexto e no que se refere aos princípios, definidos em lei, que embasam essas ações, assinale o que for correto.

01) Universalidade de acesso.

02) Não hierarquização da rede de serviços.

04) Integralidade de assistência.

08) Ênfase na centralização dos serviços.
16) Descentralização político-administrativa.
Resposta: alternativas "01", "04" e "16", corretas.

► As alternativas *"02"* e *"08"* estão erradas porque os princípios vigentes são, respectivamente, a hierarquização e a descentralização dos serviços do SUS.

- *UnB/CESPE/2008 – Ministério da Saúde, Técnico de Nível Superior (Especialidade em Economia da Saúde):*

  Com relação ao que dispõe a CF acerca da assistência à saúde, julgue os seguintes itens.

– Conforme o texto constitucional, as ações e os serviços públicos de saúde integram uma rede regionalizada e hierarquizada que constitui um sistema único, organizado de acordo com as seguintes diretrizes: atendimento integral, priorizando-se as atividades assistenciais; descentralização, com dupla direção na esfera municipal, a partir de parcerias estabelecidas entre estados e municípios; participação da comunidade.

  Resposta: Errado.

► A afirmativa está errada, pois são diretrizes do SUS: o atendimento integral, com prioridade para as atividades preventivas; e a descentralização, com direção única em cada esfera de governo.

- *VUNESP – UNESP/2008, Médico:*

  As ações e serviços de saúde, executados pelo SUS, [...]

II. são organizados de forma regionalizada;
Resposta: Correto.

III. são organizados de forma hierarquizada, em níveis de complexidade crescente;
Resposta: Correto.

IV. são organizados exclusivamente em nível básico.
Resposta: Errado.

► A afirmativa *"IV"* está errada porque as ações e os serviços de saúde do SUS são organizados em todos os níveis de complexidade, não somente no nível básico, segundo os princípios da integralidade e da hierarquização.

---

2. **Princípio da unidade:** O princípio da unidade (ou unicidade) decorre da previsão constitucional de que o SUS será um **sistema único**: "as ações

e serviços públicos de saúde [...] constituem um sistema único". Pela garantia de um sistema de saúde único, o Movimento da Reforma Sanitária pleiteava a superação do cenário de fragmentação institucional que caracterizou os modelos anteriores ao SUS. A unidade do sistema deve permitir o planejamento, a coordenação e o acompanhamento integrado das políticas públicas do setor. Apesar de descentralizados e regionalizados, os serviços e as ações de saúde passam a fazer parte de um só sistema público, com comando único em cada esfera de governo e seguindo diretivas comuns – o que não impede a ampliação de ações e serviços por meio de programas setoriais ou locais. O art. 198 foi regulamentado pelo art. 9º da Lei nº 8.080/90, que estabelece a autoridade responsável pela direção única do sistema de saúde em cada nível federal; e pelo art. 14-A, acrescentado pela Lei nº 12.466/2011 à Lei nº 8.080/90, que trata das **Comissões Intergestores**, cujo papel é relevante na pactuação dos aspectos operacionais do SUS entre os gestores.

Como se observa, o princípio da unidade guarda forte relação com o **planejamento da saúde**, considerado "obrigatório para os entes públicos" e "indutor de políticas para a iniciativa privada", nos termos do art. 15, § 1º, do **Decreto nº 7.580/2011**. Os arts. 15 a 19 desse diploma estipulam "o processo de planejamento da saúde será ascendente e integrado, do nível local até o federal [...], compatibilizando-se as necessidades das políticas de saúde com a disponibilidade de recursos financeiros" (Dec. nº 7.508/2011, art. 15, *caput*). Essa norma, aliás, encontra eco no art. 30, § 1º, da Lei Complementar nº 141/2012, que regulamentou o § 3º do art. 198:

> **LC nº 141/2012, art. 30, § 1º:** *"O processo de planejamento e orçamento será ascendente e deverá partir das necessidades de saúde da população em cada região, com base no perfil epidemiológico, demográfico e socioeconômico, para definir as metas anuais de atenção integral à saúde e estimar os respectivos custos."*

O instrumento destinado a realizar essa compatibilização é o **Plano de Saúde**, que servirá de base para as atividades e a programação em cada nível de direção do SUS, mediante a equalização entre as necessidades da política de saúde e a disponibilidade de recursos (Lei nº 8.080/90, art. 36, *caput* e § 1º). Resultando do planejamento integrado entre os entes federativos, os planos de saúde deverão conter as metas de saúde e observar as diretrizes fixadas pelo Conselho Nacional de Saúde em conformidade com as características epidemiológicas e de organização dos serviços nas esferas dos entes federativos e Regiões de Saúde (Dec. 7.508/2011, art. 15, §§ 2º e 3º). A conformidade com os objetivos e metas explicitados nos Planos de Saúde de cada ente federativo é uma das diretrizes para comprovar se certo gasto pode ser considerado despesa com ações e serviços públicos de saúde para fins de aplicação dos recursos mínimos de que trata a Lei Complementar nº 141/2012 (art. 2º, II). A elaboração do Plano de Saúde, aliás, pode também restringir a entrega dos recursos mínimos por parte da União e dos Estados (LC nº 141/2012, art. 22, II).

De seu turno, o **Mapa da Saúde** é ferramenta voltada a orientar o planejamento integrado da saúde pelos entes federativos, em que devem ser identificadas as necessidades de saúde e "considerados os serviços e as ações prestados pela iniciativa privada, de forma complementar ou não ao SUS" (Dec. nº 7.508/2011, arts. 16 e 17). É definido pelo Decreto nº 7.508/2011 como a "descrição geográfica da distribuição de recursos humanos e de ações e serviços de saúde ofertados pelo SUS e pela iniciativa privada, considerando-se a capacidade instalada existente, os investimentos e o desempenho aferido a partir dos indicadores de saúde do sistema" (art. 2º, V).

Importa ainda fazer referência à chamada **Programação Pactuada e Integrada da Assistência à Saúde (PPI)**, disciplinada pelos arts. 630 e segs. da Portaria de Consolidação nº 5, de 28 de setembro de 2017, do Ministério da Saúde[70].. Nos termos do art. 630, a PPI se caracteriza como um processo instituído no âmbito do SUS, conformado às demais ações de planejamento da saúde, por meio da qual "são definidas e quantificadas as ações de saúde para a população residente em cada território, bem como efetuados os pactos intergestores para garantia de acesso da população aos serviços de saúde". A PPI tem por objetivo principal a organização da rede de serviços, definindo, a partir de critérios e parâmetros pactuados, os limites financeiros (por vezes designados como "tetos orçamentários") para a assistência à saúde da população do ente federal de que se trate, assim como dos indivíduos que tenham sido referenciados por outros Municípios. De acordo com as necessidades de saúde da população, a PPI procura orientar a alocação dos recursos financeiros destinados à assistência à saúde, assim como estabelece "os limites financeiros federais para a assistência de média e de alta complexidade de todos os municípios".

70. Disponível em: <http://bvsms.saude.gov.br/bvs/saudelegis/gm/2017/prc0005_03_10_2017.html>, acesso em 14 abr. 2019.

O **Planejamento no SUS** foi objeto do **Pacto pela Saúde**. O planejamento do SUS encontra-se regulamentado pela Portaria de Consolidação nº 1, de 28 de setembro de 2017, do Ministério da Saúde, cujo art. 1º, § único, estabelece algumas diretrizes, cabendo destacar seu caráter contínuo, articulado e integrado; observância às pactuações feitas pelos gestores nas Comissões Intergestores Regionais (CIR), Bipartites (CIB) e Tripartite (CIT); a transparência da gestão em saúde, como incentivo à participação da comunidade; a consideração das necessidades de saúde da população em cada região de saúde, compatibilizando-as num planejamento integrado. A relação com o princípio da unidade aparece de modo mais evidente, ao se determinar a integração do planejamento (o planejamento deve ser "ascendente e integrado, do nível local até o federal, orientado por problemas e necessidades de saúde para a construção das diretrizes, objetivos e metas"); bem como a necessidade de compatibilização entre o planejamento em saúde e os demais instrumentos de planejamento e orçamento do Poder Executivo – ou seja, o dever de "compatibilização entre os instrumentos de planejamento da saúde (Plano de Saúde e respectivas Programações Anuais, Relatório de Gestão) e os instrumentos de planejamento e orçamento de governo, quais sejam o Plano Plurianual (PPA), a Lei de Diretrizes Orçamentárias (LDO) e a Lei Orçamentária Anual (LOA), em cada esfera de gestão".

Aplicação em concurso:

- **Princípio da unidade (ou unicidade):**

  - *OHRION CONSULTORIA/2018 – Prefeitura de Jaguariúna, SP – Procurador Jurídico:*

    De acordo com o que dispõe a Lei nº 8.080/90, analise as afirmações a seguir:

    – A direção do Sistema Único de Saúde (SUS) é única, de acordo com o inciso I do art. 198 da Constituição Federal, sendo exercida no âmbito da União, pelo Ministério da Saúde, no âmbito dos Estados e do Distrito Federal, pela respectiva Secretaria de Saúde ou órgão equivalente; e no âmbito dos Municípios, pela respectiva Secretaria de Saúde ou órgão equivalente.

    Resposta: Correto.

  - ***VUNESP/2018 – TJ/RJ – Juiz Leigo:***

    A intervenção do Poder Judiciário em matéria de políticas públicas é alvo de críticas sob o argumento de que poderia levar à desarticulação orçamentária de políticas racionalmente fixadas pelo Poder Executivo e Legislativo. Em matéria de política de saúde, essa crítica é bastante frequente. A respeito do tratamento constitucional dado ao tema da saúde...:

– As ações e serviços públicos de saúde integram uma pirâmide regionalizada e hierarquizada e constituem um sistema múltiplo.

Resposta: Errado.

▶ As ações e serviços públicos de saúde integram uma rede regionalizada e hierarquizada, constituindo um sistema único.

- *FCC/2018 – Câmara Legislativa do Distrito Federal – Consultor Legislativo (Saúde):*

A edição do Decreto nº 7.508/2011, e da Lei Complementar nº 141/2012, recolocaram o planejamento em saúde na agenda do gestor do SUS, constituindo-se mecanismo fundamental para garantir a unicidade e os princípios constitucionais desse sistema de saúde. O planejamento governamental deve

a) partir das necessidades de saúde identificadas pela área de informática do Conselho Nacional de Saúde.
b) ser descendente e autônomo em nível de cada gestor do SUS.
c) ser autônomo em relação à alocação dos recursos orçamentários na Lei Orçamentária Anual (LOA) da área da saúde.
d) respeitar os resultados das pactuações entre os gestores definidas nas comissões intergestores, bem como estar articulado constantemente com o monitoramento, a avaliação e a gestão do SUS.
e) estar articulado constantemente com a área administrativa e o monitoramento do Tribunal de Contas do Governo Federal.

Resposta: alternativa "d".

- *FAUEL/2014 – Pref. Toledo, PR – Médico ESF:*

Sobre o Sistema Único de Saúde [...]

e) a direção do Sistema Único de Saúde (SUS) é única, em cada esfera de governo sendo exercida no âmbito dos Estados e do Distrito Federal, pela respectiva secretaria de saúde ou órgão equivalente.

Resposta: alternativa "e".

- *TJDFT/2012 – Juiz de Direito Substituto:*

Levando em conta as disposições da Constituição Federal [...]

b) As ações e serviços públicos de saúde integram uma rede regionalizada e hierarquizada e constituem um sistema único, descentralizado e com múltiplas direções em cada esfera de governo.

Resposta: Errado.

▶ A direção do SUS é única, e não múltipla, em cada esfera de governo.

▶ Planejamento no SUS, conforme o Decreto nº 7.508/2011:

- *FUNCAB/2013 – Prefeitura de Cuiabá, MT – Cirurgião Dentista:*

  Segundo CHORNY (1998), "planejar consiste, basicamente, em decidir com antecedência o que será feito para mudar condições insatisfatórias no presente ou evitar que condições adequadas venham a deteriorar-se no futuro." Em relação ao Planejamento da Saúde, é correto afirmar que:

b) no planejamento devem ser considerados as ações e serviços prestados pela iniciativa privada, de forma complementar ou não ao SUS, os quais deverão compor os Mapas da Saúde regional, estadual e nacional.

Resposta: alternativa "b".

▶ **Atenção!** A resposta corresponde ao texto do art. 16 do Decreto nº 7.508/2011: "Art. 16. No planejamento devem ser considerados os serviços e as ações prestados pela iniciativa privada, de forma complementar ou não ao SUS, os quais deverão compor os Mapas da Saúde regional, estadual e nacional."

- *COMPERVE/2018 – Prefeitura de Natal – Enfermeiro:*

  O Decreto Presidencial nº 7.508/2011 coloca o planejamento em saúde na centralidade da agenda da gestão, a ser desenvolvido nas três esferas de governo, considerando, entre outras questões, as especificidades do território, os problemas e as necessidades de saúde da população (BRASIL, 2012). Nessa perspectiva, o planejamento da saúde no SUS utiliza instrumentos que devem ser integrados, revistos e adotados em consonância com os seus referenciais legais. É responsabilidade dos três entes federativos a elaboração, a aplicação e a adaptação desses instrumentos com a colaboração de usuários, profissionais e gestores.

  No que se refere ao planejamento em saúde no SUS, analise as afirmativas seguintes.

I. O planejamento da saúde deve compatibilizar, no âmbito dos planos de saúde, as necessidades das políticas de saúde com a disponibilidade orçamentária dos recursos.

II. A elaboração dos planos de saúde estadual e municipal deve seguir um modelo normativo de planejamento, contemplando momentos de diálogo entre os atores envolvidos no processo: gestores e profissionais de saúde.

III. O planejamento da saúde desconsidera os serviços e as ações prestados pela iniciativa privada, os quais não compõem o Mapa da Saúde municipal, regional, estadual e nacional.

IV. No processo de planejamento, a participação social deve ser observada, inclusive em âmbito regional, por meio de estímulo à realização de plenárias de conselhos de saúde e de fóruns de conselheiros de saúde.

Em relação ao planejamento em saúde no SUS, estão corretas as afirmativas.

a) I e III.

b) I e IV.

c) II e III.

d) II e IV.

Resposta: alternativa "b".

• *AOCP/2014 – EBSERH/HU-UFMS – Advogado:*

Analise as assertivas e assinale a alternativa que aponta as corretas. De acordo com o Decreto Presidencial nº 7.508, de 28 de junho de 2011, para assegurar ao usuário o acesso universal, igualitário e ordenado às ações e serviços de saúde do SUS, caberá aos entes federativos, além de outras atribuições que venham a ser pactuadas pelas Comissões Intergestores,

I. garantir a transparência, a integralidade e a equidade no acesso às ações e aos serviços de saúde.

II. orientar e ordenar os fluxos das ações e dos serviços de saúde.

III. monitorar o acesso às ações e aos serviços de saúde.

IV. ofertar regionalmente as ações e os serviços de saúde.

e) I, II, III e IV.

Resposta: alternativa "e".

• *Instituto AOCP/2014 – EBSERH/HU-UFS-SE – Advogado:*

De acordo com a organização do SUS estabelecida no Decreto 7.508/2011, é possível afirmar que

c) o SUS é constituído pela conjugação das ações e serviços de promoção, proteção e recuperação da saúde executados pelos entes federativos, de forma direta ou indireta, mediante a participação complementar da iniciativa privada, sendo organizado de forma regionalizada e hierarquizada.

Resposta: alternativa "c".

• *DIRECTA/2014 – Pref. Paranapanema, SP – Médico 42h semanais:*

Segundo o artigo 13 do Decreto 7.508/11, para assegurar ao usuário o acesso universal, igualitário e ordenado às ações e serviços de saúde do SUS, caberá aos entes federativos, além de outras atribuições que venham a ser pactuadas pelas Comissões Intergestores:

I. garantir a transparência, a parcialidade e a equidade no acesso e aos serviços de saúde;

II. orientar e ordenar os fluxos das ações e dos serviços de saúde;

III. monitorar o acesso às ações e aos serviços de saúde;

IV. ofertar regionalmente as ações e os serviços de saúde.

c) Apenas as afirmativas II, III, e IV estão corretas.

Resposta: alternativa "c".

▶ Os entes federativos, além da transparência e da equidade, devem garantir a integralidade na assistência à saúde (Dec. 7.508/2011, art. 13, I).

- *CETRO/2013 – ANVISA – Especialista em Regulação e Vigilância Sanitária:*

Quanto ao processo de planejamento da saúde, disposto no Capítulo III do Decreto nº 7.508/2011, é correto afirmar que

a) os Conselhos de Saúde estabelecerão as diretrizes a serem observadas na elaboração dos planos de saúde, de acordo com as características epidemiológicas e da organização de serviços nos entes federativos e nas Regiões de Saúde.

b) no planejamento devem ser considerados tão somente os serviços e as ações prestados no setor público, os quais deverão compor os Mapas de Saúde regional, estadual e nacional.

c) o processo de planejamento da saúde será descendente e integrado, ouvidos os respectivos Conselhos de Saúde, compatibilizando-se as necessidades das políticas de saúde com a disponibilidade de recursos financeiros.

d) o planejamento da saúde é obrigatório para os entes públicos, e será indutor de políticas nas 3 (três) instâncias federativas componentes do Sistema Único de Saúde (SUS), sendo facultativa a indução na iniciativa privada.

e) o planejamento da saúde em âmbito estadual deve ser realizado de maneira regionalizada, a partir das necessidades dos Municípios, considerando o estabelecimento de metas de saúde.

Resposta: alternativa "e".

▶ **Atenção!** A questão aborda as regras estabelecidas pelo Decreto nº 7.508/2011 a respeito do planejamento em saúde. Vale conferir o que está errado nas demais alternativas, contrapondo-as ao texto legislativo:

Alternativa	Decreto nº 7.508/2011:
a)	**art. 15, § 3º.** O *Conselho Nacional de Saúde* estabelecerá as diretrizes a serem observadas na elaboração dos planos de saúde, de acordo com as características epidemiológicas e da organização de serviços nos entes federativos e nas Regiões de Saúde.
b)	**art. 16.** No planejamento devem ser considerados *os serviços e as ações prestados pela iniciativa privada, de forma complementar ou não ao SUS*, os quais deverão compor os Mapas da Saúde regional, estadual e nacional.
c)	**art. 15.** O processo de planejamento da saúde será *ascendente* e integrado, do nível local até o federal, ouvidos os respectivos Conselhos de Saúde, compatibilizando-se as necessidades das políticas de saúde com a disponibilidade de recursos financeiros

d)	**art. 15, § 1º.** O planejamento da saúde é obrigatório para os entes públicos e será indutor de políticas para a iniciativa privada.

- *CESPE/2013 – SESA/ES – Farmacêutico:*

  A formulação de políticas públicas de saúde exige do poder público a capacidade de coordenação, de controle e de articulação intersetorial, para a implementação de soluções dos problemas relacionados à saúde, bem como para a melhoria do acesso universal e integral da população aos serviços públicos de saúde. Em relação a esse tema, assinale a opção correta.

a) A organização do SUS prevê a realização de planejamento de saúde integrado e ascendente, do nível local ao federal.

Resposta: alternativa "a".

► Programação Pactuada e Integrada da Assistência à Saúde (PPI):

- *MS CONCURSOS/2017 – Prefeitura de Piraúba, MG – Enfermeiro:*

  Dentre os Principais Instrumentos de Gestão em Saúde, ligados ao planejamento, pode-se citar os alistados em qual alternativa?

a) Agendas de Saúde; Planos de Saúde; Relatórios de Gestão; Plano Diretor de Regulação (PDR); e Programação Pactuada e Interligada (PPI).
b) Agendas de Saúde; Planos de Saúde; Relatórios de Gestão; Plano Diretor de Regionalização (PDR); e Programação Pactuada e Integrada (PPI).
c) Agendas de Saúde; Planos de Saúde; Relatórios Finais; Plano Diretor de Regulação (PDR); e Programação Pactuada e Interligada (PPI).
d) Agendas de Saúde; Planos de Saúde; Relatórios de Gestão; Plano Diretor de Regionalização (PDR); e Programação Pactuada e Interligada (PPI).

Resposta: alternativa "b".

- *FUNCAB/2014 – Câmara de Vitória, ES – Analista Legislativo – Saúde:*

  O instrumento de planejamento que tem por objetivo organizar a rede de serviços e definir, a partir de critérios e parâmetros pactuados, os limites financeiros destinados à assistência da população própria e das referências recebidas de outros Municípios é o(a):

b) Programação Pactuada Integrada.

Resposta: alternativa "b".

- *FUNCAB/2014 – Pref. Vassouras, RJ – Médico Cardiologista:*

  O Sistema de Planejamento do SUS é representado pela atuação contínua, articulada, integrada e solidária do planejamento das três esferas de gestão do SUS. Em relação à Programação Pactuada Integrada (PPI), é correto afirmar:

a) Tem por objetivo organizar a rede de serviços, dando transparência aos fluxos, e definir, a partir de critérios e parâmetros pactuados, os limites financeiros destinados à assistência da população própria e das referências recebidas de outros municípios.

Resposta: alternativa "a".

▶ Plano de Saúde:

- *FCC/2018 – Câmara Legislativa do Distrito Federal – Consultor Legislativo (Saúde):*

O planejamento no Sistema Único de Saúde é uma função gestora que, além de requisito legal, é um dos mecanismos relevantes para assegurar a unicidade e os princípios constitucionais do SUS. Para tanto, o Decreto nº 7.508 de 2011 veio reforçar esse processo de planejamento da saúde sendo ascendente e integrado, do nível local até o federal, considerando os respectivos Conselhos de Saúde. Diante disso, para esse processo de planejamento exige-se:

a) Realizar o planejamento da saúde em âmbito estadual devendo ser respeitados os aspectos centralizados da política do governo, a partir das necessidades dos seus órgãos estaduais, não incluindo as necessidades dos municípios.

b) Elaborar planos de saúde, os quais serão resultado do planejamento integrado dos entes federativos, devendo conter metas de saúde e, ainda considerar, os serviços e as ações prestados pela iniciativa privada, de forma complementar ou não ao SUS.

c) Pactuar as etapas do processo e os prazos dos planejamentos municipais em consonância apenas com o planejamento nacional, considerando as decisões da Comissão Intergestores Tripartite (CIT).

d) Formular o Mapa da Saúde para contribuir, essencialmente, na identificação das doenças, a fim de orientar o planejamento flexível dos entes federativos.

e) Seguir as diretrizes do Conselho Nacional de Saúde observadas para a elaboração dos planos de saúde, de acordo com as características assistenciais da rede de Câncer nos municípios.

Resposta: alternativa "b".

- *COMPERVE/2018 – Prefeitura de Natal – Enfermeiro:*

O Decreto Presidencial nº 7.508/2011 coloca o planejamento em saúde na centralidade da agenda da gestão, a ser desenvolvido nas três esferas de governo, considerando, entre outras questões, as especificidades do território, os problemas e as necessidades de saúde da população (BRASIL, 2012). Nessa perspectiva, o planejamento da saúde no SUS utiliza instrumentos que devem ser integrados, revistos e adotados em consonância com os seus referenciais legais. É responsabilidade dos três entes federativos a elaboração, a aplicação e a adaptação desses instrumentos com a colaboração de usuários, profissionais e gestores.

O instrumento de planejamento da saúde que operacionaliza as intenções expressas no Plano de Saúde e tem por objetivo anualizar as metas do

Plano de Saúde e prever a alocação dos recursos orçamentários a serem executados é

a) a Programação Anual de Saúde.
b) o Relatório Anual de Gestão.
c) o Plano Plurianual.
d) a Lei Orçamentária Anual.

Resposta: alternativa "a".

- *SEGPLAN-GO/2016 – SEAP/GO – Técnico de Saúde:*

A Programação Anual de Saúde é um dos importantes instrumentos de planejamento do SUS. Do ponto de vista da estrutura, a composição do referido instrumento deve conter, minimamente:

a) as ações que irão garantir o alcance dos objetivos e o cumprimento das metas do Plano de Saúde; a análise situacional, e; os objetivos e diretrizes pactuados.
b) o estabelecimento de metas anuais; a análise situacional e as diretrizes pactuadas.
c) os recursos orçamentários necessários ao cumprimento da Programação; as condições de saúde da população e os determinantes e condicionantes de saúde.
d) as ações que irão garantir o alcance dos objetivos e o cumprimento das metas do Plano de Saúde; o estabelecimento de metas anuais, e; os recursos orçamentários necessários ao cumprimento da Programação.
e) todas as alternativas estão corretas.

Resposta: alternativa "d".

- *IBC/2014 – Pref. Alagoa Grande, PB – Médico Cardiologista:*

O Decreto presidencial 7.508, de 28 de junho de 2011 regulamenta a Lei 8.080 de 19 de setembro de 1990. Considerando o que expressa esse decreto [...]

c) O Conselho Nacional de Saúde estabelecerá as diretrizes a serem observadas na elaboração dos planos de saúde, de acordo com as características epidemiológicas e da organização de serviços nos entes federativos e nas Regiões de Saúde.

Resposta: Correto.

- *IDECAN/2014 – Pref. Apiacá, ES – Médico Cardiologista:*

Em relação ao Plano Municipal de Saúde (PMS), assinale a alternativa INCORRETA.

a) Deve orientar as ações na área, incluindo o orçamento para a sua execução.
b) Devem ser descritos os principais problemas da saúde pública local, suas causas, consequências e pontos críticos.
c) É responsabilidade do gestor municipal desenvolver o processo de planejamento, programação e avaliação da saúde local.

d) O Plano Nacional de Saúde não é um bom instrumento para nortear a elaboração do PMS, pois não permite a redução das desigualdades em saúde existentes.

e) Devem ser definidos os objetivos e metas a serem atingidos, as atividades a serem executadas, os cronogramas, as sistemáticas de acompanhamento e de avaliação dos resultados.

Resposta: alternativa "d".

▶ O planejamento em saúde deve ser ascendente e integrado, do nível local até o federal, motivo por que o Plano Nacional de Saúde deve ser considerado na elaboração dos Planos Estaduais e Municipais de Saúde.

▶ Mapa da Saúde:

- *AOCP/2016 – EBSERH – Advogado:*

Para efeito do Decreto Presidencial nº 7.508, de 28 de junho de 2011, considera-se "Mapa da Saúde":

a) as instâncias de pactuação consensual entre os entes federativos para definição das regras da gestão compartilhada do SUS.

b) o espaço geográfico contínuo constituído por agrupamentos de Municípios limítrofes, delimitado a partir de identidades culturais, econômicas e sociais e de redes de comunicação e infraestrutura de transportes compartilhados, com a finalidade de integrar a organização, o planejamento e a execução de ações e serviços de saúde.

c) a descrição geográfica da distribuição de recursos humanos e de ações e serviços de saúde ofertados pelo SUS e pela iniciativa privada, considerando-se a capacidade instalada existente, os investimentos e o desempenho aferido a partir dos indicadores de saúde do sistema.

d) o documento que estabelece: critérios para o diagnóstico da doença ou do agravo à saúde; o tratamento preconizado, com os medicamentos e demais produtos apropriados, quando couber; as posologias recomendadas; os mecanismos de controle clínico; e o acompanhamento e a verificação dos resultados terapêuticos, a serem seguidos pelos gestores do SUS.

e) o conjunto de ações e serviços de saúde articulados em níveis de complexidade crescente, com a finalidade de garantir a integralidade da assistência à saúde.

Resposta: alternativa "c".

- *IBFC/2016 – EBSERH/HUAP-UFF – Advogado:*

Considerando o Decreto presidencial 7.508 de 28 de junho de 2011, analise as afirmativas abaixo:

– O Mapa da Saúde será utilizado na identificação das necessidades de saúde e orientará o planejamento integrado dos entes federativos, contribuindo para o estabelecimento de metas de saúde.

Resposta: Correto.

- *AOCP/2015 – EBSERH/HE-UFPEL – Advogado:*

  O que podemos considerar como Mapa da Saúde?

a) O espaço geográfico contínuo constituído por agrupamentos de Municípios limítrofes, delimitado a partir de identidades culturais, econômicas e sociais e de redes de comunicação e infraestrutura de transportes compartilhados.

b) O conjunto de ações e serviços de saúde articulados em níveis de complexidade crescente, com a finalidade de garantir a integralidade da assistência à saúde em regiões previamente determinadas.

c) Os serviços de atendimento inicial à saúde do usuário no SUS, divididos por cada região geográfica.

d) A descrição geográfica da distribuição de recursos humanos e de ações e serviços de saúde ofertados pelo SUS e pela iniciativa privada, considerando-se a capacidade instalada existente, os investimentos e o desempenho aferido a partir dos indicadores de saúde do sistema.

e) Os serviços de saúde específicos para o atendimento da pessoa que, em razão de agravo ou de situação laboral, necessita de atendimento especial.

Resposta: alternativa "d".

- *IBC/2014 – Pref. Alagoa Grande, PB – Médico Cardiologista:*

  O Decreto presidencial 7.508, de 28 de junho de 2011 regulamenta a Lei 8.080 de 19 de setembro de 1990. Considerando o que expressa esse decreto [...]

b) O Mapa da Saúde será utilizado na identificação das necessidades de saúde e orientará o planejamento integrado dos entes federativos, contribuindo para o estabelecimento de metas de saúde.

Resposta: Correto.

- *Instituto AOCP/2014 – EBSERH/HUCAM-UFES – Advogado:*

  De acordo com o Decreto 7508/2011, a descrição geográfica da distribuição de recursos humanos e de ações e serviços de saúde ofertados pelo SUS e pela iniciativa privada, considerando-se a capacidade instalada existente, os investimentos e o desempenho aferido a partir dos indicadores de saúde do sistema, denomina-se

c) Mapa da Saúde.

Resposta: alternativa "c".

- *UNIVALI/2013 – Prefeitura de Itajaí, SC – Cirurgião Dentista, Clínico Geral:*

  Compreendendo a importância do Decreto nº 7.508, de 28 de junho de 2011, para a organização e gerenciamento do SUS é obrigatório a todo profissional de saúde o conhecimento deste documento, bem como de suas implicações no dia a dia dos serviços de saúde. Tendo como base este Decreto, assinale a alternativa correta.

b) No planejamento devem ser considerados os serviços e as ações prestados pela iniciativa privada, prioritariamente, os quais deverão compor os Mapas da Saúde regional, estadual e nacional.

Resposta: Errado.

► Conforme o art. 16 do Decreto nº 7.508/2011, o planejamento deve considerar "os serviços e as ações prestados pela iniciativa privada, *de forma complementar ou não ao SUS* [...]".

3. **Princípio da regionalização:** O princípio da regionalização reflete um processo político de desenvolvimento e implementação de estratégias e mecanismos voltados à **atuação compartilhada**, num determinado espaço geográfico, no que se refere a planejamento, integração, gestão, regulação e financiamento – *in casu*, dos serviços e das ações de saúde[71]. Ao demandar a formulação de novos arranjos e a atuação conjugada, do Poder Público e da iniciativa privada, o princípio da regionalização imprime um **caráter dinâmico** à estrutura do Sistema Único de Saúde (SUS), criando um espaço de conformação e atuação que não obedece à lógica federativa, pois relativiza as fronteiras – territoriais, inclusive – no exercício das competências constitucionais e na efetivação das políticas públicas de saúde. Segundo Dourado e Elias, as "figuras regionais" integram o SUS como "instâncias administrativas não coincidentes com os entes federados"[72], que delas participam, porém num contexto diverso.

   A regionalização da assistência à saúde segue diretriz proveniente da Organização Mundial da Saúde (OMS), aproximando o planejamento da saúde às necessidades de cada comunidade local, pela consideração do **perfil epidemiológico**[73] da população para a qual a assistência à saúde se

71. Nesse sentido, consultar: VIANA, Ana Luiza d'Ávila; LIMA, Luciana Dias de; FERREIRA, Maria Paula. Condicionantes estruturais da regionalização na saúde: tipologia dos Colegiados de Gestão Regional. *Ciência & Saúde Coletiva* [online], vol. 15, n. 5, p. 2.318. Disponível em: <http://www.scielosp.org/pdf/csc/v15n5/v15n5a07.pdf>. Acesso em 29 nov. 2012. Ver ainda: LIMA, Luciana Dias de; QUEIROZ, Lúcia F. N. de; MACHADO, Cristiani Vieira; VIANA, Ana Luiza d'Ávila. Descentralização e regionalização: dinâmica e condicionantes da implantação do Pacto pela Saúde no Brasil. *Ciência & Saúde Coletiva* [online], vol. 17, n. 7, p. 1.904, 2012. Disponível em: <http://www.scielosp.org/pdf/csc/v17n7/30.pdf>. Acesso em: 29 nov. 2012.
72. DOURADO, Daniel de Araujo; ELIAS, Paulo Eduardo Mangeon. Regionalização e dinâmica política do federalismo sanitário brasileiro. *Revista de Saúde Pública* [online], vol. 45, n. 1, p. 205, 2011. Disponível em: <http://www.scielo.br/pdf/rsp/v45n1/1944.pdf>. Acesso em 29 nov. 2012.
73. O perfil epidemiológico da população constitui um dos critérios para a definição do montante de recursos financeiros a ser transferido para Estados, Distrito Federal e Municípios, na forma do art. 35, II, da Lei nº 8.080/90. Como explica Marcelo Medeiros, os critérios epidemiológicos possuem um alto grau de orientação à "coletividade", levando em consideração o grau de necessidade dos indivíduos, em determinada situação de espaço e tempo, como critério de alocação e distribuição dos recursos de saúde. Cf. MEDEIROS, Marcelo.

destina. Ademais, atende a um pleito do Movimento de Reforma Sanitária, tendo sido incluída entre as reivindicações tiradas da 8ª Conferência Nacional de Saúde[74]. De acordo com Fernando Aith, o princípio da regionalização respalda "uma organização fundada na cooperação entre esses diversos entes federativos, para que se organizem e juntem esforços rumo à consolidação de um sistema eficiente de prestação de ações e serviços públicos de saúde"[75].

No momento inicial de implementação do SUS, contudo, a regionalização cedeu espaço à descentralização, notadamente sob a fórmula da "**municipalização da saúde**", e o princípio foi praticamente deixado de lado durante toda a década de 1990. Entre outras razões, a complexidade do pacto federativo brasileiro, com três níveis de governo autônomos, divididos entre a União, 26 Estados-membros, o Distrito Federal e mais de 5.500 Municípios dificulta(va) a implantação de novos consertos institucionais. Com tamanha heterogeneidade e diversos limites geográficos a serem superados (em termos de território, ambiente, orçamento, condições sociais e culturais, peculiaridades epidemiológicas, etc.), os desafios à criação de uma rede regionalizada de serviços e ações de saúde estiveram sempre presentes.

Como medida para tornar efetiva a regionalização, por meio do planejamento integrado, o Ministério da Saúde editou a **Norma Operacional de Assistência Social (NOAS) nº 1/2001** (Portaria nº 95, de 26 de janeiro de 2001). A NOAS nº 1/2001 fixou a **territorialidade** como critério de "identificação de prioridades de intervenção e de conformação de sistemas funcionais de saúde, não necessariamente restritos à esfera municipal". Com isso, permitiu a criação de **Regiões de Saúde**, com objetivo de dar

---

Princípios de Justiça na Alocação de Recursos em Saúde. Texto para discussão nº 687. Rio de Janeiro, dezembro de 1999, p. 67. In: BRASIL. Ministério da Saúde. *Curso de Iniciação em Economia da Saúde para os Núcleos Estaduais/Regionais*, p. 52-53. Disponível em: <http://portal.saude.gov.br/portal/arquivos/pdf/apostila_curso_iniciacao_economia_saude.pdf>. Acesso em: 24 maio 2008.

74. A VIII Conferência Nacional de Saúde já sugeria que o novo sistema de saúde, depois configurado no SUS, deveria "ser organizado com base epidemiológica e ter prioridades claramente definidas em função das necessidades locais e regionais", além de "estruturar-se com base nos conceitos de descentralização, regionalização e hierarquização – só centralizar o que realmente não for possível descentralizar", conforme referência de Ana Paula Raeffray (op. cit., p. 285).
75. AITH, 2010, p. 209.

solução aos problemas de saúde das populações envolvidas, pela garantia de equidade de acesso e otimização dos recursos (financeiros e sanitários) existentes. Por meio do **Plano Diretor de Regionalização**, a NOAS nº 01/2001 tentava reforçar o papel dos gestores estaduais na formulação e coordenação das políticas de saúde, bem como no apoio técnico aos municípios. Incentivou a atenção básica com a criação dos "módulos assistenciais resolutivos", a fim de permitir acesso da população de Municípios de pequeno porte à assistência à saúde em nível microrregional. Esses mecanismos não foram suficientes, no entanto, e o Ministério da Saúde editou uma nova **Norma Operacional de Assistência à Saúde (NOAS) nº 1/2002** (Portaria nº 373, de 27 de fevereiro de 2002) procurando aperfeiçoar o processo de regionalização e assegurar o almejado acesso universal e igualitário aos serviços e ações de saúde.

Ainda assim, contudo, não se viam planejamento e atuação coordenados e cooperativos entre gestores estaduais e municipais – situação ainda agravada pelos problemas de financiamento e transferência de recursos. Mais e mais se mostrava necessário o estabelecimento de um pacto de gestão, pelo qual os gestores assumissem compromissos negociados e firmassem metas comuns a serem alcançadas de forma cooperativa e solidária[76]. Isso aconteceu com a superveniência do **Pacto pela Saúde** (2006), que, entre outros objetivos, previu "a formulação de estratégias para a organização da gestão regional do sistema" e "a definição de uma proposta de organização das redes de atenção, tendo a atenção primária como ordenadora"[77].

Além disso, o **Decreto nº 7.508/2011** incrementou o princípio da regionalização. Entre outras disposições, definiu **Região de Saúde** como uma unidade diversa e distinta do território dos entes federados, delimitada por vínculos comuns compartilhados. Nas palavras do decreto, trata-se do "espaço geográfico contínuo constituído por agrupamentos de Municípios limítrofes, delimitado a partir de identidades culturais, econômicas e sociais e de redes de comunicação e infraestrutura de transportes compartilhados, com a finalidade de integrar a organização, o planejamento e a execução de ações e serviços de saúde" (Dec. 7.508/2011, art. 2º, I).

---

76. É o que lembram Dourado e Elias, op. cit., p. 208.
77. Cf. LIMA, Luciana Dias de; QUEIROZ, Lúcia F. N. de; MACHADO, Cristiani Vieira; VIANA, Ana Luiza d'Ávila. Descentralização e regionalização: dinâmica e condicionantes da implantação do Pacto pela Saúde no Brasil. *Ciência & Saúde Coletiva* [online], vol. 17, n. 7, p. 1.905, 2012. Disponível em: <http://www.scielosp.org/pdf/csc/v17n7/30.pdf>. Acesso em: 29 nov. 2012.

Outrossim, ao lado das Comissões Tripartite (CIT) e Bipartites (CIB), o Decreto nº 7.508/2011 previu a criação de **Comissões Intergestores Regionais (CIR)**, vinculadas às Secretarias Estaduais de Saúde para efeitos administrativos e operacionais (art. 30, I). As CIR são responsáveis por elaborarem a Programação Geral das Ações e Serviços de Saúde, por meio da qual são determinados "os quantitativos físicos e financeiros das ações e serviços de saúde" para cada região, contemplando os objetivos e metas estabelecidos pelo Planejamento Integrado da Saúde, em que abrangidas as ações de assistência e promoção da saúde, vigilância (sanitária, epidemiológica e ambiental), e assistência farmacêutica[78]. O Decreto nº 7.508/2011 ainda instituiu o **Contrato Organizativo de Ação Pública da Saúde (COAP)**, isto é, um "acordo de acordo de colaboração entre os entes federativos para a organização da rede interfederativa de atenção à saúde" (art. 33), que tem por objeto "a organização e a integração das ações e dos serviços de saúde", sob a responsabilidade dos entes integrantes de uma região de saúde e com finalidade de assegurar a integralidade da assistência aos usuários (art. 34)[79]. Cuida-se, enfim, de medidas dirigidas à consecução da gestão compartilhada, num contexto de pactuações e consenso interfederativo.

Aplicação em concurso:

- **Princípio da regionalização:**
  - *MPE-PR/2016 – MP-PR – Promotor de Justiça:*
  - As ações e serviços de saúde, executados pelo Sistema Único de Saúde (SUS), seja diretamente ou mediante participação complementar da iniciativa privada, serão organizados de forma regionalizada e hierarquizada em níveis de complexidade crescente.
    Resposta: Correto.

---

78. BRASIL. Ministério da Saúde. Coordenação-Geral de Cooperação Interfederativa. *Caderno de Informações para a Gestão Interfederativa no SUS*. Brasília, 2012a, p. 28. Disponível em: <http://portal.saude.gov.br/portal/arquivos/pdf/caderno_051112.pdf>. Acesso em: 06 dez. 2012.
79. "O contrato organizativo da ação pública, como um instrumento da gestão compartilhada, tem a função de definir entre os entes federativos as suas responsabilidades no SUS, permitindo, a partir de uma região de saúde, uma organização dotada de unicidade conceitual, com diretrizes, metas e indicadores, todos claramente explicitados e que devem ser cumpridos dentro de prazos estabelecidos. Tudo isso pactuado com clareza e dentro das práticas federativas que devem ser adotadas num Estado Federativo" (BRASIL, 2012a, p. 74).

- *BIORIO/2014 – Pref. de Três Rios, RJ – Médico Angiologista:*

  Avalie se, de acordo com a NOAS-SUS 01/02, as seguintes afirmativas acerca do processo de regionalização são falsas (F) ou verdadeiras (V):

I. Estabelece o processo de regionalização como estratégia de hierarquização dos serviços de saúde e de busca de maior equidade.

II. O processo de regionalização deverá contemplar uma lógica de planejamento integrado, compreendendo as noções de territorialidade, na identificação de prioridades de intervenção e de conformação de sistemas funcionais de saúde, não necessariamente restritos à abrangência municipal, mas respeitando seus limites como unidade indivisível, de forma a garantir o acesso dos cidadãos a todas as ações e serviços necessários para a resolução de seus problemas de saúde, otimizando os recursos disponíveis.

III. Institui o Plano Diretor de Regionalização – PDR como instrumento de ordenamento do processo de regionalização da assistência em cada estado e no Distrito Federal, baseado nos objetivos de definição de prioridades de intervenção coerentes com as necessidades de saúde da população e garantia de acesso dos cidadãos a todos os níveis de atenção.

IV. O PDR fundamenta-se na conformação de sistemas funcionais e resolutivos de assistência à saúde, por meio da organização dos territórios estaduais em regiões/microrregiões e módulos assistenciais; da conformação de redes hierarquizadas de serviços; do estabelecimento de mecanismos e fluxos de referência e contra-referência intermunicipais, objetivando garantir a integralidade da assistência e o acesso da população aos serviços e ações de saúde de acordo com suas necessidades.

As afirmativas I, II, III e IV são respectivamente:

a) V, V, V e V.

Resposta: alternativa "a".

- *IDECAN/2014 – EBSERH, HUPAA-UFAL – Técnico em Enfermagem, Saúde do Trabalhador:*

  A regionalização, que é um dos princípios do SUS, significa

d) organizar os serviços de saúde em cada região para que a população tenha acesso a todos os tipos de atendimento.

Resposta: alternativa "d".

- *CONPASS/2013 – Prefeitura Municipal de Extremoz, RN – Auditor Fiscal de Vigilância Sanitária:*

  Em relação ao Pacto Pela Saúde assinale a alternativa incorreta:

  [...]

e) É um conjunto de reformas institucionais pactuado entre duas esferas de gestão (União e municípios) fortalecendo o processo de municipalização do Sistema Único de Saúde.

Resposta: alternativa "e".

- *Gestão de Concursos/2013 – Médico (CIAS/SAMU/MG):*

  A implantação do Pacto pela Saúde em 2006 possibilitou a efetivação da descentralização das ações e dos serviços de assistência à saúde, e redefiniu responsabilidades coletivas por resultados sanitários em função das necessidades da saúde da população na busca da equidade social. Considerando-se o Pacto pela Saúde e a Lei Orgânica da Saúde, são responsabilidades gerais da gestão municipal do Sistema Único de Saúde, EXCETO:

a) Participar da gerência compartilhada com o Estado e União, de toda a rede pública de serviços de atenção básica.
b) Promover a equidade na atenção à saúde, considerando as diferenças individuais e de grupos populacionais, por meio da adequação da oferta às necessidades como princípio de justiça social.
c) Participar do financiamento tripartite do Sistema Único de Saúde.
d) Assumir a gestão e executar as ações de atenção básica, incluindo as ações de promoção e proteção, no seu território.

Resposta: alternativa "a".

► O Município pode atuar na gestão compartilhada que envolva o seu próprio território, e não na gestão da rede pública como um todo.

- *UPENET/IAUPE/2013 – Médico Reumatologista – Hospital Universitário Oswaldo Cruz (HUOC):*

  Sobre a Norma Operacional de Assistência à Saúde (NOAS) de 2002, município que apresente papel de referência para outros municípios em qualquer nível de atenção é denominado de

a) Município Sede.
b) Unidade territorial de qualificação na assistência à saúde.
c) Município Polo.
d) Município Piloto.
e) Território.

Resposta: alternativa "c".

- *IBFC/2013 – Fundação Hemominas – Enfermeiro:*

  Sobre a Norma Operacional de Assistência à Saúde (NOAS) de 2002, município que, apresente papel de referência para outros municípios, em qualquer nível de atenção é denominado:

a) Município Sede.
b) Unidade territorial de qualificação na assistência à saúde.
c) Município Polo.
d) Município Piloto.

Resposta: alternativa "b".

► A questão é praticamente idêntica à anterior, ambas exigindo o conceito de Município Polo, conforme definição da NOAS nº 01/2002: "município que, de acordo com a definição da estratégia de regionalização de cada estado, apresente papel de referência para outros municípios, em qualquer nível de atenção".

- *INTEGRI/2010 – Prefeitura de Votorantim/SP, Médico Urologista:*

Entre os princípios que organizam o SUS está a Regionalização. Este princípio tem como objetivo, exceto:

a) O atendimento realizado mais próximo do cidadão, preferencialmente pelo município;

b) Distribuição dos serviços de saúde por regiões, melhorando assim o acesso da população;

c) É centralizar todo atendimento em uma única área do município, pois só assim todos saberão onde serão atendidos;

d) É buscar de forma regionalizada as estruturas do município, pois só assim é possível organizar os serviços e garantir que todos serão atendidos com a maior eficiência, com qualidade e próximo de seu domicílio.

Resposta: alternativa "c".

► A alternativa *"c"* está errada porque o princípio da regionalização sintoniza-se com o princípio da descentralização, não tendo por objetivo, portanto, centralizar o atendimento oferecido pelo SUS.

- *MP/PR/2009 – Promotor Substituto:*

– Através da diretriz da regionalização objetiva-se assegurar aos usuários, dentre outros aspectos, o acesso às ações e serviços de saúde, cuja complexidade e contingente populacional transcenda a escala local/municipal.

Resposta: Correto.

- *FJG/2008 – Prefeitura Municipal do Rio de Janeiro, Médico (Acupuntura):*

Racionalizar os gastos e otimizar os recursos, possibilitando ganho em escala nas ações e serviços de saúde oferecidos para um determinado território, é objetivo da:

c) regionalização.

Resposta: alternativa "c".

► Região de Saúde:

- *FAEPESUL/2016 – Prefeitura de Nova Veneza, SC – Médico do Trabalho:*

Referente às questões relacionadas ao Sistema Único de Saúde e aspectos gerais de suas portarias, leia os itens que seguem colocando V para as afirmativas verdadeiras e F para as afirmativas falsas, após assinale o que se pede:

( ) O Decreto nº 7.508, de 28 de Junho de 2011 regulamenta a Lei nº 8.080, de 19 de setembro de 1990, e dispõe sobre a organização do Sistema Único de Saúde - SUS, o planejamento da saúde, a assistência à saúde e a articulação interfederativa aponta que a Região de Saúde corresponde ao espaço geográfico contínuo constituído por agrupamentos de Municípios limítrofes, delimitado a partir de identidades culturais, econômicas e sociais e de redes de comunicação e infraestrutura de transportes compartilhados, com a finalidade de integrar a organização, o planejamento e a execução de ações e serviços de saúde.

Resposta: Verdadeiro.

- *IADES/2018 – SES/DF – Administrador:*

Com relação ao Decreto nº 7.508/2011, que regulamenta a Lei nº 8.080/1990, assinale a alternativa correta.

a) Rede de Atenção à Saúde é a descrição geográfica da distribuição de recursos humanos e de ações e serviços de saúde ofertados pelo Sistema Único de Saúde e pela iniciativa privada.
b) As Regiões de Saúde serão instituídas pelo Estado, em articulação com os municípios, respeitadas as diretrizes gerais pactuadas.
c) A criação de outras Portas de Entrada às ações e aos serviços de saúde, não previstas no decreto, é vedada.
d) O acesso universal e igualitário às ações e aos serviços de saúde será ordenado pela atenção terciária e deve ser fundado na avaliação da gravidade do risco.
e) A integralidade da assistência à saúde se inicia na Rede de Atenção à Saúde e finaliza-se no nível de saúde que o paciente escolher.

Resposta: alternativa "b".

- *FUNCAB/2016 – EMSERH – Fisioterapeuta:*

Sobre as regiões de saúde, analise as afirmativas.

I. São espaços geográficos contínuos constituídos por agrupamentos de Municípios limítrofes.
II. Uma das características das Regiões de Saúde é que elas devem ser compostas estritamente por municípios do mesmo estado.
III. Os entes federativos devem definir, entre outras coisas, o rol de ações e serviços que serão ofertados nas Regiões de Saúde.

Está correto apenas o que se afirma em:

a) I e II. b) I e III. c) II. d) III. e) I.

Resposta: alternativa "b".

- *COMPERVE/2018 – SESAP-RN – Administrador:*

Na perspectiva de aperfeiçoar a relação interfederativa e oportunizar maior segurança jurídica na responsabilização sanitária dos diversos níveis de governo, incentivar o planejamento em saúde e fortalecer a organização do sistema e dos serviços de saúde, o Ministério da Saúde lançou, em 2011, do Decreto-Lei nº 7.508, promovendo regulamentação da Lei nº 8.080/1990. Com base no Decreto-Lei supracitado, analise as afirmativas seguintes:

– Região de saúde é o espaço geográfico contínuo constituído por agrupamentos de municípios limítrofes delimitado a partir de identidades culturais, econômicas e sociais e de redes de comunicação e infraestrutura de transportes compartilhados.
Resposta: Correto.

– Uma Região de Saúde deve conter, no mínimo, ações e serviços de atenção ambulatorial especializada e hospitalar, e vigilância em saúde, de atenção primária, de atenção psicossocial e de urgência e emergência.
Resposta: Correto.

▶ A afirmativa "II" está errada, pois uma das características das Regiões de Saúde é exatamente a possibilidade de que sejam integradas por Municípios situados em diferentes Estados, o que permite melhor adequação ao perfil epidemiológico e às necessidades de saúde numa certa região.

• *CESPE/2018 – EBSERH – Nível Superior (Área Médica):*
Com base no disposto no Decreto nº 7.508/2011, julgue os itens a seguir.

– Para a instituição de uma região de saúde, é suficiente que o local possua: atenção primária, urgência e emergência, atenção ambulatorial especializada e hospitalar e vigilância em saúde.
Resposta: Errado.

– O município poderá compor mais de uma região de saúde interestadual, conforme as regiões de saúde dos estados vizinhos.
Resposta: Errado.

Resposta: alternativa "b".

▶ A resposta para a primeira afirmativa está no art. 5º do Decreto nº 7.508/2011 que prevê como requisito à instituição das Regiões de Saúde, além das ações e serviços de saúde elencados, a oferta de atenção psicossocial. De sua vez, a segunda afirmativa trata das regiões de saúde interestaduais; o art. 2º, § 3º, da Resolução nº 1/2011 da Comissão Intergestores Tripartite estabelece que "*Cada Município poderá compor apenas uma única Região de Saúde*"[80].

---

80. Ver: <http://bvsms.saude.gov.br/bvs/saudelegis/cit/2011/res0001_29_09_2011.html>. Acesso em 9 mar. 2019.

- *AOCP/2017 – EBSERH – Assistente Administrativo:*

  Conforme o Decreto nº 7.508 de 2011, para se estabelecer uma Região de Saúde, esta deve conter, no mínimo, ações e serviços de

a) atenção primária e urgência e emergência.

b) atenção primária; urgência e emergência; atenção psicossocial e atenção ambulatorial especializada e hospitalar.

c) atenção primária; urgência e emergência; atenção psicossocial e vigilância em saúde.

d) atenção primária; urgência e emergência; atenção psicossocial; atenção ambulatorial especializada e hospitalar e vigilância em saúde.

e) atenção Primária e atenção ambulatorial especializada e hospitalar.

Resposta: alternativa "d".

- *AOCP/2016 – EBSERH – Técnico em Radiologia:*

  De acordo com o que dispõe o Decreto Presidencial nº 7.508, de 28 de junho de 2011, acerca das "Regiões de Saúde", assinale a alternativa correta.

a) As Regiões de Saúde serão instituídas pela iniciativa privada, em articulação com a população dos Municípios, respeitadas as diretrizes gerais pactuadas na Comissão Intergestores Tripartite – CIT.

b) É vedada a instituição de Regiões de Saúde interestaduais.

c) Para ser instituída, a Região de Saúde deve conter apenas ações e serviços de atenção primária, urgência e emergência.

d) As Regiões de Saúde serão referência para as transferências de recursos entre os entes federativos.

e) Para ser instituída, a Região de Saúde não pode conter ações e serviços de atenção psicossocial.

Resposta: alternativa "d".

- *AOCP/2015 – EBSERH/HC-UFG – Advogado:*

  Assinale a alternativa correta.

a) O acesso universal, igualitário e ordenado às ações e serviços de saúde se inicia pela rede regionalizada e hierarquizada, de acordo com a complexidade do serviço.

b) Não poderão ser criadas novas formas de entrada no Sistema Único de Saúde.

c) Ao usuário, será assegurada a continuidade do cuidado em saúde, somente em algumas modalidades, nos serviços, hospitais e em outras unidades integrantes da rede de atenção da respectiva região.

d) Para assegurar ao usuário o acesso universal, igualitário e ordenado às ações e serviços de saúde do SUS, não caberá aos entes federativos orientar e ordenar os fluxos das ações e dos serviços de saúde.

e) As Redes de Atenção à Saúde estarão compreendidas no âmbito de uma Região de Saúde, ou de várias delas, em consonância com diretrizes pactuadas nas Comissões Intergestores.

Resposta: alternativa "e".

• *AOCP/2014 – EBSERH/HUSM-UFSM – Advogado:*

De acordo com o Decreto 7.508/2011, considera-se Região de Saúde

d) espaço geográfico contínuo constituído por agrupamentos de Municípios limítrofes, delimitado a partir de identidades culturais, econômicas e sociais e de redes de comunicação e infraestrutura de transportes compartilhados, com a finalidade de integrar a organização, o planejamento e a execução de ações e serviços de saúde.

Resposta: alternativa "d".

• *BIORIO/2014 – IABAS – Sanitarista:*

"Base territorial de planejamento da atenção à saúde, não necessariamente coincidente com a divisão administrativa do estado, a ser definida pela Secretaria Estadual de Saúde, de acordo com as especificidades e estratégias de regionalização da saúde em cada estado, considerando as características demográficas, socioeconômicas, geográficas, sanitárias, epidemiológicas, oferta de serviços, relações entre municípios, entre outras." O texto define:

c) Região de Saúde.

Resposta: alternativa "c".

• *AOCP/2014 – EBSERH, HU-UFGD – Técnico em Enfermagem, Saúde do Trabalhador:*

Assinale a alternativa INCORRETA. De acordo com o Decreto 7.508/2011, para ser instituída, a Região de Saúde deve conter, no mínimo, ações e serviços de

a) atenção primária e vigilância em saúde.
b) urgência e emergência.
c) atenção psicossocial.
d) atenção ambulatorial especializada e hospitalar.
e) assistência social.

Resposta: alternativa "e".

• *AOCP/2014 – EBSERH/MEAC-UFC e HUWC-UFC – Advogado:*

De acordo com o parágrafo único do art. 7º do Decreto Presidencial nº 7.508, de 28 de junho de 2011, os entes federativos definirão os seguintes elementos em relação às Regiões de Saúde, EXCETO

a) seus limites geográficos.
b) população usuária das ações e serviços.

c) rol de ações e serviços que serão ofertados.
d) respectivas responsabilidades, critérios de acessibilidade e escala para conformação dos serviços.
e) serviços e ações de atenção primária.
Resposta: alternativa "e".

- *DIRECTA/2014 – Pref. Paranapanema, SP – Médico 42h semanais:*

  Conforme o artigo 4º do Decreto 7.508/11, as Regiões de Saúde serão instituídas pelo Estado, em articulação com os Municípios, respeitadas as diretrizes gerais pactuadas na:

c) Comissão Intergestores Tripartite – CIT a que se refere o inciso I do art. 30.
Resposta: alternativa "c".

- *Gestão de Concursos/2013 – Médico (CIAS/SAMU/MG):*

  De acordo com o Decreto nº 7.508, de 28 de junho de 2011, que regulamenta a Lei nº 8.080, de 19 de setembro de 1990, a Região de Saúde é definida como um espaço geográfico contínuo constituído por agrupamentos de municípios limítrofes, delimitado a partir de identidades culturais, econômicas e sociais e de redes de comunicação e infraestrutura de transportes compartilhados, com a finalidade de integrar a organização, o planejamento e a execução de ações e serviços de saúde. Quais ações e serviços mínimos devem existir para que uma região seja instituída?

a) Atenção primária; atenção psicossocial; urgência e emergência; atenção ambulatorial especializada e hospitalar; e vigilância em saúde.
Resposta: alternativa "a".

► A chave para responder à questão se encontra no art. 5º do Decreto nº 7.508/2011, que estipula, como patamar mínimo a ser oferecido, ações e serviços de atenção primária, urgência e emergência, atenção psicossocial, atenção ambulatorial especializada e hospitalar, e vigilância em saúde.

- *FUNCAB/2013 – Prefeitura de Cuiabá, MT – Cirurgião Dentista:*

  O Decreto nº 7.508, de 28 de junho de 2011, regulamentou a Lei nº 8.080/90, definindo, aprofundando e clareando conceitos essenciais ao sistema como regionalização, hierarquização, comissões intergestores, entre outros. Com base nesse decreto, analise as afirmativas abaixo e em seguida assinale a opção correta:

  [...]

II. Poderão ser instituídas Regiões de Saúde interestaduais, compostas por Municípios limítrofes, por ato conjunto dos respectivos Estados em articulação com os Municípios.
Resposta: Correto.

III. Uma Região de Saúde, para ser instituída, deve conter, no mínimo, serviços de urgência e emergência, atenção ambulatorial especializada e atenção hospitalar.

Resposta: Errado.

► A afirmativa está errada porque o rol é incompleto, já que uma Região de Saúde também deve conter ações e serviços de saúde de atenção primária, atenção psicossocial e vigilância em saúde (Dec. nº 7.508/2011, art. 5º).

- *UNIVALI/2013 – Prefeitura de Itajaí, SC – Cirurgião Dentista, Clínico Geral:*

  O Decreto Presidencial nº 7.508, de 28 de junho de 2011, dispõe sobre a organização do Sistema Único de Saúde – SUS, o planejamento da saúde, a assistência à saúde e a articulação interfederativa, e dá outras providências. Tendo como base este Decreto, marque com V as afirmações verdadeiras e com F as falsas.

( ) Região de Saúde – espaço geográfico contínuo constituído por agrupamentos de Estados limítrofes, delimitado a partir de identidades culturais, econômicas e sociais e de redes de comunicação e infraestrutura de transportes compartilhados, com a finalidade de integrar a organização, o planejamento e a execução de ações e serviços de saúde.

Resposta: Falso.

► A assertiva é falsa porque a Região de Saúde é o espaço geográfico constituído por agrupamentos de Municípios limítrofes, ainda que situados em diferentes Estados.

- *IBFC/2013 – Fundação Hemominas – Enfermeiro:*

  O Decreto 7.508 de 2011 regulamenta a Lei 8.080/90. Considerando a organização do SUS, como expressa nesse decreto, assinale a alternativa incorreta:

a) Poderão ser instituídas Regiões de Saúde interestaduais.

b) Unidades básicas de Saúde e Unidades de Pronto Atendimento são consideradas Serviços Especiais de Acesso Aberto.

c) Região de Saúde é o espaço geográfico contínuo constituído por agrupamentos de Municípios limítrofes, delimitado a partir de identidades culturais, econômicas e sociais e de redes de comunicação e infraestrutura de transportes compartilhados, com a finalidade de integrar a organização, o planejamento e a execução de ações e serviços de saúde.

d) Ao usuário será assegurada a continuidade do cuidado em saúde, em todas as suas modalidades, nos serviços, hospitais e em outras unidades integrantes da rede de atenção da respectiva região.

Resposta: alternativa "b".

▶ As demais alternativas correspondem ao texto legal de dispositivos do Decreto nº 7.508/2011, do seguinte modo: alternativa "a" → art. 4º, § 1º; alternativa "c" → art. 2º, I; alternativa "d" → art. 12.

- *CETRO/2012 – SEMSA – Prefeitura de Manaus/AM – Advogado:*

  De acordo com o Decreto nº 7.508/11, os entes federativos definirão os seguintes elementos em relação às Regiões de Saúde:

I. seus limites geográficos.

II. população usuária das ações e serviços.

III. rol de ações e serviços que serão ofertados.

IV. respectivas responsabilidades, critérios de acessibilidade e escala para conformação dos serviços.

É correto o que está contido em

d) I, II, III e IV.

Resposta: alternativa "d".

▶ Contrato Organizativo de Ação Pública da Saúde (COAP):

- *FCC/2018 – Prefeitura de Macapá, AP – Administrador:*

  A regionalização e hierarquização do Sistema Único de Saúde (SUS) são definidas pelo artigo 198 da Constituição Federal de 1988. No processo de organização das regiões de saúde, uma das dificuldades diz respeito às características geográficas do território nacional. O estado do Amapá apresenta duas regionais de saúde com diversas disparidades de acesso, com vastas áreas abrangidas por Distritos Sanitários Especiais Indígenas e com vazios assistenciais importantes. O Decreto nº 7.508, de 2011, busca equacionar dificuldades como estas, com vistas a assegurar a integralidade da assistência, por meio de:

a) Contrato Organizativo de Ação Pública em Saúde (COAP), com novos arranjos tecnológicos em saúde com vistas à elaboração de planos regionais de saúde.

b) Contrato Organizativo de Ação Pública Ensino-Saúde (COAPES), na tentativa de fixar profissionais de saúde em todos os municípios de acordo com sua capacidade instalada.

c) Contrato Organizativo de Ação Pública Ensino-Saúde (COAPES), com a instauração das Comissões Intergestores Regionais (CIR) com intuito de articularem os gestores na construção dos sistemas regionais.

d) Contrato Organizativo de Ação Pública em Saúde (COAP), na tentativa de garantir segurança jurídica na relação interfederativa constitutiva de uma região de saúde e de suas responsabilidades.

e) Contrato Organizativo de Ação Pública em Saúde (COAP), na tentativa de estabelecer um plano de metas sobre quantidade de procedimentos

a serem alcançados em cada município de acordo com seus consórcios intermunicipais.
Resposta: alternativa "d".

- *IBADE/2016 – Prefeitura de Rio Branco, AC – Terapeuta Ocupacional:*
  Marque a alternativa que corresponde à finalidade do Contrato Organizativo da Ação Pública da Saúde.

a) Garantir a integralidade da assistência à saúde e estabelecer as regras para o planejamento.
b) Definir a distribuição dos recursos humanos e financeiros do SUS.
c) Estabelecer os critérios e protocolos para atendimento nas regiões de saúde.
d) Definir e pactuar as regras da gestão compartilhada do SUS.
e) Organizar e integrar as ações e serviços de saúde na rede regionalizada e hierarquizada.

Resposta: alternativa "e".

- *AOCP/2018 – Prefeitura de Juiz de Fora, MG – Enfermeiro:*
  É uma disposição essencial do Contrato Organizativo de Ação Pública

a) liderar estratégias para complementação de recursos financeiros para saúde pública.
b) desenvolvimento de métodos de validação de pesquisa para saúde pública.
c) identificação de parcerias para ampliação do acesso aos serviços públicos e privados.
d) mapeamento da área de abrangência das unidades básicas de saúde.
e) identificação das necessidades de saúde locais e regionais.

Resposta: alternativa "e".

- *AOCP/2016 – EBSERH – Enfermeiro:*
  Conforme estabelece o Decreto Presidencial nº 7.508, de 28 de junho de 2011, o acordo de colaboração entre os entes federativos para a organização da rede interfederativa de atenção à saúde será firmado por meio de

a) Lei Complementar de âmbito nacional.
b) resolução do Ministério da Saúde, após ser aprovado por meio de Decreto Estadual dos entes federativos envolvidos.
c) decreto do Ministério da Saúde, após ser aprovado por meio de resolução dos governadores dos entes federativos envolvidos.
d) Contrato Organizativo da Ação Pública da Saúde.
e) Contrato de Gestão Concorrente, mediante licitação na modalidade concorrência.

Resposta: alternativa "d".

- *AOCP/2015 – EBSERH/HE-UFPEL – Advogado:*
  Qual é o objeto do Contrato Organizativo de Ação Pública da Saúde?

a) A organização e a integração das ações e dos serviços de saúde, sob a responsabilidade dos entes federativos em uma Região de Saúde, com a finalidade de garantir a integralidade da assistência aos usuários.
b) Estabelecimento de mecanismos de incentivos à participação do setor privado no investimento em ciência e tecnologia e estímulo à transferência de tecnologia das universidades e institutos de pesquisa aos serviços de saúde nos Estados, Distrito Federal e Municípios, e às empresas nacionais
c) Definição das atividades permanentes para o controle social no SUS, para que as estratégias adotadas possibilitem o acompanhamento e a avaliação contínuos durante a execução, incluindo a participação dos sujeitos sociais envolvidos nesse processo.
d) Estabelecimento das diretrizes a serem observadas na elaboração dos planos de saúde, de acordo com as características sociais e da organização de serviços nos entes federativos e nas Regiões de Saúde.
e) Coleta de dados de produção, realizados pela equipe das Unidades de Saúde, e sistematização de dados coletados nas visitas às comunidades, realizadas pelos agentes comunitários de saúde, a pedido do Ministério da Saúde.

Resposta: alternativa "a".

- *AOCP/2015 – EBSERH/HDT-UFT – Advogado:*

De acordo com as definições do Decreto Presidencial nº 7.508/2011, considera-se Contrato Organizativo da Ação Pública da Saúde

a) o acordo que fixa espaço geográfico contínuo constituído por agrupamentos de Municípios limítrofes, delimitado a partir de identidades culturais, econômicas e sociais e de redes de comunicação e infraestrutura de transportes compartilhados, com a finalidade de integrar a organização, o planejamento e a execução de ações e serviços de saúde.
b) o documento que traz a descrição geográfica da distribuição de recursos humanos e de ações e serviços de saúde ofertados pelo SUS e pela iniciativa privada, considerando-se a capacidade instalada existente, os investimentos e o desempenho aferido a partir dos indicadores de saúde do sistema.
c) o conjunto de ações e serviços de saúde articulados em níveis de complexidade crescente, com a finalidade de garantir a integralidade da assistência à saúde.
d) o documento que estabelece: critérios para o diagnóstico da doença ou do agravo à saúde; o tratamento preconizado, com os medicamentos e demais produtos apropriados, quando couber; as posologias recomendadas; os mecanismos de controle clínico; e o acompanhamento e a verificação dos resultados terapêuticos, a serem seguidos pelos gestores do SUS.
e) o acordo de colaboração firmado entre entes federativos com a finalidade de organizar e integrar as ações e serviços de saúde na rede regionalizada e hierarquizada, com definição de responsabilidades, indicadores e metas de saúde, critérios de avaliação de desempenho, recursos financeiros que serão disponibilizados, forma de controle e fiscalização de sua execução e

demais elementos necessários à implementação integrada das ações e serviços de saúde.
Resposta: alternativa "e".

- *AOCP/2014 – EBSERH/HU-UFGD – Advogado:*
  O acordo de colaboração entre os entes federativos para a organização da rede interfederativa de atenção à saúde será firmado por meio de
  d) Contrato Organizativo da Ação Pública da Saúde.
  Resposta: alternativa "d".

- *FUNCAB/2014 – Pref. Vassouras, RJ – Médico Cardiologista:*
  O Decreto nº 7.508/2011 prevê um acordo de colaboração firmado entre entes federativos com a finalidade de organizar e integrar as ações e serviços de saúde na rede regionalizada e hierarquizada. Esse acordo diz respeito ao:
  c) Contrato Organizativo da Ação Pública da Saúde – COAP.
  Resposta: alternativa "c".

- *FUNCAB/2014 – SESACRE – Biomédico:*
  Uma das disposições essenciais do Contrato Organizativo da Ação Pública da Saúde é:
  e) a identificação das necessidades de saúde locais e regionais.
  Resposta: alternativa "e".

- *FUNCAB/2014 – Câmara de Vitória, ES – Analista Legislativo – Saúde:*
  O Contrato Organizativo da Ação Pública da Saúde estabelece que a referência para as transferências de recursos entre os entes federativos serão as(os):
  c) Regiões de Saúde.
  Resposta: alternativa "c".

- *FUNCAB/2014 – Câmara de Vitória, ES – Analista Legislativo – Saúde:*
  As metas regionais anuais, os indicadores e as formas de avaliação são conteúdos da seguinte parte do COAP:
  b) Parte II que explicita as responsabilidades executivas dos entes signatários.
  Resposta: alternativa "b".

4. **Princípio da hierarquização:** O princípio da hierarquização estabelece a implantação e oferta dos serviços e ações de saúde em **ordem crescente de complexidade**[81], numa lógica de disponibilização adequada e articulada dos recursos materiais e humanos para a assistência à saúde e de

81. SCHWARTZ, 2001, p. 108.

definição de fluxos de movimentação e direcionamento do paciente dentro do sistema, que assegurem, a final, a **continuidade** da assistência prestada. Os níveis de complexidade da assistência à saúde abrangem: a atenção primária ou de baixa complexidade, a ser prestada em todos os Municípios; atenção secundária ou de média complexidade, e atenção terciária ou de alta complexidade – esta última oferecida nos hospitais e centros de tratamento de grande especialização, situados nas cidades brasileiras mais estruturadas.

O acesso ao sistema se dá pelas **Portas de Entrada**, que são os "serviços de atendimento inicial à saúde do usuário do SUS" (Dec. nº 7.508/2011, art. 2º, III), isto é, os serviços de atenção primária, atenção de urgência e emergência, atenção psicossocial, além dos serviços especiais de acesso aberto[82] (Dec. nº 7508/2011, art. 9º) ou outros serviços que sejam objeto de pactuação pelos gestores. O direcionamento do paciente aos níveis de maior complexidade e densidade tecnológica, como os serviços de atenção hospitalar e ambulatorial especializados, ocorre pelo mecanismo de **referenciamento** junto às Portas de Entrada do sistema, segundo critérios de ordem cronológica e de avaliação do risco individual e coletivo (Dec. nº 7.508/2011, arts. 10 e 11)[83]. Em termos práticos, o paciente ingressa no SUS por uma das portas de entrada (como os Postos de Saúde e os Serviços de Emergência) e, se não puder resolver ali mesmo o problema que o acomete, é então dirigido ao serviço especializado e de maior complexidade, onde receberá a assistência devida.

Perpassando este emaranhado de relações e caminhos por que se dá a assistência encontra-se a noção de **Rede de Atenção à Saúde**, isto é, o "conjunto de ações e serviços de saúde articulados em níveis de complexidade crescente, com a finalidade de garantir a integralidade da assistência à saúde" (Dec. nº 7.508/2011, art. 2º, VI). "Uma rede de atenção à saúde", explicam Kuschnir *et al.*, "constitui-se de um conjunto de unidades, de diferentes funções e perfis de atendimento, que operam de forma ordenada

---

82. Decreto nº 7.508/2011, art. 2º, VII: "Serviços Especiais de Acesso Aberto – serviços de saúde específicos para o atendimento da pessoa que, em razão de agravo ou de situação laboral, necessita de atendimento especial".
83. Nos termos do art. 11, § único, do Decreto nº 7.508/2011, são assegurados critérios próprios de acesso à população indígena: "A população indígena contará com regramentos diferenciados de acesso, compatíveis com suas especificidades e com a necessidade de assistência integral à sua saúde, de acordo com disposições do Ministério da Saúde."

e articulada no território, de modo a atender às necessidades de saúde de uma população"[84]. A organização dos serviços de saúde em rede busca aprimorar não somente o acesso e a qualidade da prestação oferecida, como incrementar a própria gestão da assistência, evitando desperdícios (duplicidade de serviços, repetição de exames e procedimentos já realizados, ociosidade de infraestrutura)[85] e justificando a distribuição mais equilibrada dos serviços, equipamentos e recursos, humanos e materiais.

Aplicação em concurso:

► **Hierarquização:**

- *COMPERVE/2018 – Prefeitura de Natal, RN – Técnico de Enfermagem:*
  Quando um cidadão necessita de um atendimento no Sistema Único de Saúde, ele deverá ser encaminhado para um serviço de saúde da região em que reside. O acesso deve ocorrer preferencialmente pela rede básica de saúde e, caso haja necessidade, os casos mais complexos deverão ser encaminhados para os serviços mais especializados no próprio município ou na mesma região, de acordo com a organização da rede de serviços de saúde. Essa descrição refere-se ao princípio do SUS denominado

a) descentralização.
b) hierarquização.
c) universalidade.
d) municipalização.

Resposta: alternativa "b".

- *CESPE/2018 – EBSERH – Nível Superior (Área Médica):*
  De acordo com o que dispõe a Lei n.º 8.080/1990, julgue o item subsequente.
  A hierarquização — um princípio do SUS — está associada à progressão nos níveis de complexidade conforme o avanço do grau tecnológico das ações em saúde.
  Resposta: Correto.

---

84. KUSCHNIR, Rosana; LIMA, Luciana Dias de; BAPTISTA, Tatiana Wargas de Faria; MACHADO, Cristiani Vieira. Configuração da rede regionalizada e hierarquizada de atenção à saúde no âmbito do SUS. In: GONDIM R., GRABOIS V., MENDES JUNIOR W. V. (Orgs.). *Qualificação dos Gestores do SUS*. 2. ed. Rio de Janeiro: Fiocruz/ENSP/EAD, 2011, p. 124. Disponível em: <http://www4.ensp.fiocruz.br/biblioteca/home/exibedetalhesBiblioteca.cfm?ID=12546&Tipo=B>. Acesso em: 20 dez. 2012.
85. SANTOS, Lenir; ANDRADE, Luiz Odorico Monteiro de. Redes interfederativas de saúde: um desafio para o SUS nos seus vinte anos. *Ciência & Saúde Coletiva* [online], vol. 16, n. 3, p. 1.673-1.675, 2011. Disponível em: <http://www.scielo.br/pdf/csc/v16n3/02.pdf>. Acesso em: 18 dez. 2012.

- *INSTITUTO AOCP/2016 – EBSERH – Analista de Tecnologia da Informação (Redes):*

  De acordo com o que dispõe a Lei Orgânica da Saúde - Lei nº 8.080/1990, assinale a alternativa correta.

a) As ações e serviços de saúde, executados pelo Sistema Único de Saúde (SUS), seja diretamente ou mediante participação complementar da iniciativa privada, serão organizados de forma regionalizada e hierarquizada em níveis de complexidade crescente.

Resposta: alternativa "a".

- *OHRION CONSULTORIA/2018 – Prefeitura de Jaguariúna, SP – Procurador Jurídico:*

  De acordo com o que dispõe a Lei nº 8.080/90, analise as afirmações a seguir:

– O processo de planejamento e orçamento do Sistema Único de Saúde (SUS) será decrescente, do nível local até o federal, ouvidos seus órgãos deliberativos, compatibilizando-se as necessidades da política de saúde com a disponibilidade de recursos em planos de saúde dos Municípios, dos Estados, do Distrito Federal e da União.

Resposta: Errado.

- *NUCEPE/2017 – FMS – Assistente Social:*

  O processo de planejamento está mencionado no art. 165 da Constituição Federal, dando responsabilidades ao Poder Executivo de elaborar planos plurianuais, diretrizes orçamentárias e orçamentos anuais. Da mesma forma, a Lei nº 8.080/1990 define que União, Estados, Distrito Federal e Municípios exercerão, em seu âmbito administrativo, EXCETO:

a) elaboração e atualização periódica do plano de saúde;
b) elaboração da proposta orçamentária do Sistema Único de Saúde, de conformidade com o plano de saúde;
c) planejamento e orçamento descendentes, do nível federal até o local, ouvidos seus órgãos deliberativos;
d) articulação da política e dos planos de saúde;
e) utilização dos planos de saúde como base das atividades e das programações de cada nível de direção do Sistema Único de Saúde, considerando o financiamento previsto na respectiva proposta orçamentária.

Resposta: alternativa "c".

► Nas duas questões anteriores, vale lembrar que o planejamento e o orçamento no SUS são feitos em nível crescente de complexidade, de acordo com o princípio da hierarquização.

- *CONSULPLAN/2010 – Prefeitura de Itapira/SP, Biomédico:*

  "Os conceitos de descentralização, regionalização e hierarquização são inegáveis nas organizações dos serviços de saúde." Hierarquização no setor de saúde significa:

d) Articulação entre serviços de nível de complexidade crescente.
Resposta: alternativa "d".

- *FUNCAB/2010 – Secretaria de Estado de Saúde Pública/RN, Biomédico:*
Ao afirmar que temos um sistema de saúde hierarquizado, queremos dizer que ele é organizado por:
b) níveis de complexidade tecnológica.
Resposta: alternativa "b".

- *CONSULPLAN/2010 – Prefeitura de Itabaiana/SE, Auditor Médico:*
A atenção à saúde no Sistema Único de Saúde (SUS), no Brasil, tem como características:
b) Estar organizada segundo uma estrutura piramidal.
Resposta: alternativa "b".

- *MP/PR/2009 – Promotor Substituto:*
– Por meio da diretriz da hierarquização possibilita-se que as ações e serviços restem organizados em níveis de complexidade tecnológica crescente, mostrando-se certo que o ingresso do usuário no SUS, eletivamente, dá-se por meio do nível de atenção básica;
Resposta: Correto.

- *UEL/COPS/2014 – Pref. Apucarana, PR – Médico Clínico Geral:*
A capacidade dos serviços em oferecer a uma determinada população todas as modalidades de assistência, bem como o acesso a todo tipo de tecnologia disponível, possibilitando alto grau de resolutividade, é a definição de
d) regionalização e hierarquização.
Resposta: alternativa "d".

- *AOCP/2014 – EBSERH/MEAC-UFC e HUWC-UFC – Advogado:*
De acordo com a Lei Orgânica da Saúde, Lei nº 8.080/1990,
c) as ações e serviços de saúde, executados pelo Sistema Único de Saúde (SUS), seja diretamente ou mediante participação complementar da iniciativa privada, serão organizados de forma regionalizada e hierarquizada em níveis de complexidade crescente.
Resposta: Correto.

- *FAUEL/2014 – Pref. Toledo, PR – Médico ESF:*
Sobre o Sistema Único de Saúde [...]
b) o sistema Único de Saúde implica ações e serviços públicos de saúde que integram uma rede regionalizada hierarquizada.
Resposta: alternativa "b".

- *FGV/2014 – Pref. Osasco – Médico Plantonista Anestesista:*
As ações e serviços de saúde, executados pelo Sistema Único de Saúde (SUS), seja diretamente ou mediante participação complementar da

iniciativa privada, serão organizados de forma regionalizada e hierarquizada em níveis de

a) complexidade crescente.
Resposta: alternativa "a".

- *Fundação Apolônio Salles de Desenvolvimento Educacional/2008 – Prefeitura de Maceió/AL, Agente Comunitário de Saúde:*

De acordo com o modelo adotado pelo Sistema Único de Saúde, o cuidado com a saúde do ser humano encontra-se ordenado por níveis de atenção. Fundamentado nesta afirmação, assinale a alternativa que estabelece a ordem correta desses níveis de atenção.

b) Básica, média complexidade e alta complexidade.
Resposta: alternativa "b".

▶ Portas de Entrada:

- *IBFC/2016 – EBSERH – Médico urologista:*

Sobre a hierarquização e acesso ao SUS, assinale a alternativa incorreta.

a) Mediante justificativa técnica e de acordo com o pactuado nas Comissões Intergestores, os entes federativos poderão criar novas Portas de Entrada às ações e serviços de saúde, considerando as características da Região de Saúde.
b) São Portas de Entrada às ações e aos serviços de saúde nas Redes de Atenção à Saúde os serviços de atenção primária, de urgência e emergência e de atenção psicossocial apenas.
c) Os serviços de atenção hospitalar e os ambulatoriais especializados, entre outros de maior complexidade e densidade tecnológica, serão referenciados pelas Portas de Entrada.
d) O acesso universal e igualitário às ações e aos serviços de saúde será ordenado pela atenção primária e deve ser fundado na avaliação da gravidade do risco individual e coletivo e no critério cronológico, observadas as especificidades previstas para pessoas com proteção especial, conforme legislação vigente.
e) A população indígena contará com regramentos diferenciados de acesso, compatíveis com suas especificidades.
Resposta: alternativa "b".

- *COMPERVE/2018 – Prefeitura de Natal, RN – Enfermeiro:*

A Política Nacional de Atenção Básica considera esse nível de atenção como porta de entrada preferencial do sistema, responsável por ordenar fluxos e contrafluxos de pessoas, produtos e informações em todos os pontos de atenção à saúde. Segundo o Decreto Presidencial nº 7.508/2011, que regulamenta a Lei nº 8.080/1990, os serviços especiais de acesso aberto também são considerados como porta de entrada. Um desses serviços de acesso aberto é

a) serviço de atenção às urgências e emergências.
b) centro de testagem e aconselhamento de DST/Aids.
c) unidade de saúde da família.
d) unidade mista de saúde.
Resposta: alternativa "b".

- *IBFC/2016 – EBSERH/HU-FURG – Advogado:*
Sobre a hierarquização e o acesso ao SUS, assinale a alternativa incorreta.

a) Mediante justificativa técnica e de acordo com o pactuado nas Comissões Intergestores, os entes federativos poderão criar novas Portas de Entrada às ações e serviços de saúde, considerando as características da Região de Saúde.
b) São Portas de Entrada às ações e aos serviços de saúde nas Redes de Atenção à Saúde os serviços de atenção primárias, de urgência e emergência e de atenção psicossocial apenas.
c) Os serviços de atenção hospitalar e os ambulatoriais especializados, entre outros de maior complexidade e densidade tecnológica, serão referenciados pelas Portas de Entrada.
d) O acesso universal e igualitário às ações e aos serviços de saúde será ordenado pela atenção primária e deve ser fundado na avaliação da gravidade de risco individual e coletivo e no critério cronológico, observadas as especificidades previstas para pessoas com proteção especial, conforme legislação vigente.
e) A população indígena contará com regramentos diferenciados de acesso, compatíveis com suas especificidades.
Resposta: alternativa "b".

▶ A alternativa "b" está incorreta porque também são considerados Portas de Entrada do SUS os serviços especiais de acesso aberto (Dec. nº 7.508/2011, art. 9º, IV).

- *AOCP/2015 – EBSERH/HE-UFSCAR – Advogado:*
Assinale a alternativa correta.

a) Não é princípio do Sistema Único de Saúde a conjugação dos recursos financeiros, tecnológicos, materiais e humanos da União, dos Estados, do Distrito Federal na prestação de serviços de assistência à saúde da população.
b) Não compete ao Sistema Único de Saúde controlar e fiscalizar procedimentos e substâncias de interesse para a saúde.
c) Para o Sistema Único de Saúde, considera-se porta de entrada os serviços de atendimento inicial à saúde do usuário no Sistema Único de Saúde.
d) Somente a União e os Estados têm obrigação legal de aplicar valor mínimo de recursos na saúde.
e) Os gestores locais do sistema único de saúde poderão admitir agentes comunitários de saúde e agentes de combate às endemias por meio de

contratação direta, sem teste seletivo ou concurso público, de acordo com a natureza e complexidade de suas atribuições e requesitos específicos para sua atuação.

Resposta: alternativa "c".

- *FUNCAB/2014 – Pref. Vassouras, RJ – Médico Cardiologista:*

O Decreto nº 7.508/2011 passou a exigir uma nova dinâmica na organização e gestão do Sistema Único de Saúde, sendo a principal delas o aprofundamento das relações interfederativas e a instituição de novos instrumentos, documentos e dinâmicas na gestão compartilhada do SUS. Com base no exposto, analise as afirmativas a seguir.

II. O acesso universal, igualitário e ordenado às ações e serviços de saúde se inicia pelas Portas de Entrada do SUS e se completa na rede regionalizada e hierarquizada, de acordo com a complexidade do serviço.

Resposta: Correto.

- *Instituto AOCP/2014 – EBSERH/HU-UFS-SE – Advogado:*

De acordo com o Decreto 7.508/2011, os serviços de atendimento inicial à saúde do usuário no SUS são considerados

b) Portas de Entrada.

Resposta: alternativa "b".

- *AOCP/2014 – EBSERH, HU-UFMS – Técnico em Enfermagem, Saúde do Trabalhador:*

Assinale a alternativa correta. Para efeito do Decreto Presidencial nº 7.508, de 28 de junho de 2011, considera-se

e) Portas de Entrada – serviços de atendimento inicial à saúde do usuário no SUS.

Resposta: alternativa "e".

- *FAPESE/2014 – Pref. Criciúma, SC – Médico Cirurgião Geral:*

A gestão do SUS é executada nas 3 esferas de governo, cada uma com suas respectivas atribuições, regionalizadas e hierarquizadas. Assinale a alternativa que indica a esfera responsável pela porta de entrada no sistema de saúde e atendimento à população.

b) Rede de atenção básica dos municípios.

Resposta: alternativa "b".

- *CEPUERJ/UERJ/2014 – Pref. Campo dos Goytacazes, RJ – Médico Angiologista:*

São consideradas portas de entrada do SUS:

d) atenção primária; urgência e emergência; centros psicossocial e especiais de acesso aberto.

Resposta: alternativa "d".

- *IBC/2014 – Pref. Alagoa Grande, PB – Médico Cardiologista:*

  O Decreto presidencial 7.508, de 28 de junho de 2011 regulamenta a Lei 8.080 de 19 de setembro de 1990. Considerando o que expressa esse decreto [...]

a) São portas de entrada às ações e aos serviços de saúde nas Redes de Atenção à Saúde os serviços de atenção primária; de atenção de urgência e emergência; de atenção psicossocial e os especiais de acesso aberto.

Resposta: Correto.

- *AOCP/2014 – EBSERH/HC-UFPE – Advogado:*

  De acordo com o Decreto Presidencial nº 7.508/11, são portas de entrada às ações e aos serviços de saúde nas Redes de Atenção à Saúde os seguintes serviços, EXCETO:

a) De atenção primária.
b) De vigilância em saúde.
c) De atenção psicossocial.
d) Especiais de acesso aberto.
e) De atenção de urgência e emergência.

Resposta: alternativa "b".

▶ O art. 9º do Decreto nº 7.508/2011 define os serviços de saúde que podem ser considerados portas de entrada do sistema (atenção primária, atenção de urgência e emergência, atenção psicossocial, e serviços especiais de acesso aberto). O rol é taxativo, nele não havendo previsão das ações de saúde do trabalhador.

- *GESTÃO DE CONCURSOS/2014 – HRTN – Médico Plantonista Clínico:*

  A organização de Redes de Atenção à Saúde (RAS) como estratégia para um cuidado integral e direcionado às necessidades de saúde da população é estruturada a partir de arranjos organizativos formados por ações e serviços de saúde, com diferentes configurações tecnológicas e missões assistenciais, articulados de forma complementar e com base territorial. Sobre essa estrutura organizacional, é INCORRETO afirmar que

a) a atenção básica é estruturada como primeiro ponto de atenção e principal porta de entrada do sistema, constituída de equipe multidisciplinar que cobre toda a população, integrando, coordenando o cuidado e atendendo às necessidades de saúde.
b) a prática do encaminhamento pelos centros de saúde é feita com base nos processos de referência e contrarreferência, ampliando-a para um processo de compartilhamento de casos e acompanhamento longitudinal.
c) a contrarreferência do hospital para o centro de saúde é importante para que haja acompanhamento dos indivíduos após alta hospitalar.
d) os hospitais constituem única e exclusiva porta de entrada do sistema, devido à sua complexidade e capacidade de resolutividade.

Resposta: alternativa "d".

▶ Conforme já mencionado, as portas de entrada no sistema são a atenção primária, a atenção de urgência e emergência, a atenção psicossocial, e os serviços especiais de acesso aberto.

- *Gestão de Concursos/2013 – Médico (CIAS/SAMU/MG):*

  O acesso universal, igualitário e ordenado às ações e serviços de saúde inicia-se pelas Portas de Entrada do SUS e se completa na rede regionalizada e hierarquizada, de acordo com a complexidade do serviço. Sobre as Portas de Entrada do SUS, é INCORRETO afirmar que

  a) são consideradas como portas de entrada as ações e os serviços de saúde nas Redes de Atenção à Saúde: atenção primária; atenção de urgência e emergência; atenção psicossocial; especiais de acesso aberto.

  b) mediante justificativa técnica e de acordo com o pactuado nas Comissões Intergestores, os entes federativos poderão criar novas Portas de Entrada às ações e aos serviços de saúde, considerando as características da Região de Saúde.

  c) os serviços de atenção hospitalar e os ambulatoriais especializados, entre outros de maior complexidade e densidade tecnológica.

  d) o acesso universal e igualitário às ações e aos serviços de saúde será ordenado pela atenção primária e deve ser fundado na avaliação da gravidade do risco individual e coletivo e no critério cronológico, observadas as especificidades previstas para pessoas com proteção especial, conforme legislação vigente.

  Resposta: alternativa "c".

▶ A chave para a resposta à questão encontra-se no art. 9º do Decreto nº 7.508/2011.[86]

- *UNIVALI/2013 – Prefeitura de Itajaí, SC – Cirurgião Dentista, Clínico Geral:*

  O Decreto Presidencial nº 7.508, de 28 de junho de 2011, dispõe sobre a organização do Sistema Único de Saúde – SUS, o planejamento da saúde, a assistência à saúde e a articulação interfederativa, e dá outras providências. Tendo como base este Decreto, marque com V as afirmações verdadeiras e com F as falsas.

---

86. Decreto nº 7.508/2001, art. 9º. "São Portas de Entrada às ações e aos serviços de saúde nas Redes de Atenção à Saúde os serviços: I – de atenção primária; II – de atenção de urgência e emergência; III – de atenção psicossocial; e IV – especiais de acesso aberto. // Parágrafo único. Mediante justificativa técnica e de acordo com o pactuado nas Comissões Intergestores, os entes federativos poderão criar novas Portas de Entrada às ações e serviços de saúde, considerando as características da Região de Saúde."

– Portas de Entrada – serviços de atendimento inicial à saúde do usuário no SUS, como exemplo têm os serviços de atenção psicossocial.
Resposta: Verdadeiro.

▶ Redes de Atenção à Saúde:

- *CESPE/2016 – TCE/PA – Auditor de Controle Externo (Enfermagem):*
As informações em saúde devem contribuir de maneira eficiente para a orientação e o planejamento do processo de regionalização em saúde. No que concerne a esse assunto, julgue o item subsequente.

– Com a finalidade de garantir a integralidade da assistência à saúde em um espaço geográfico específico, as redes de atenção à saúde reúnem um conjunto de ações e serviços de saúde articulados em níveis de complexidade crescente.
Resposta: Correto.

- *COMPERVE/2018 – SESAP/RN – Administrador:*
Em 2010, por meio da Portaria nº 4.279, o Ministério da Saúde estabeleceu conceitos, fundamentos, diretrizes, atributos e ferramentas para a implementação da rede de atenção à saúde (RAS) no Sistema Único de Saúde (SUS). Entre os atributos necessários ao bom funcionamento da RAS, encontram-se:

a) atenção primária à saúde estruturada como primeiro nível da atenção e gestão baseada em resultados.
b) população e território definidos e redução do tempo de espera para o agendamento de consultas.
c) atenção à saúde centrada no indivíduo, na família e na comunidade e garantia de estratégias de fixação dos profissionais.
d) população e território definidos e garantia de retorno das informações dos demais níveis para a atenção básica.

Resposta: alternativa "a".

- *FCC/2018 – Prefeitura de Macapá, AP – Administrador:*
O atendimento integral, com prioridade para as atividades preventivas, sem prejuízo dos serviços assistenciais, consagrado na Constituição Federal de 1988 no âmbito do Sistema Único de Saúde (SUS) foi regulamentado pela Lei nº 8.080/1990 e demais normas infraconstitucionais, como, dentre outras, a Portaria nº 4.279/2010 que constituiu no SUS as Redes de Atenção à Saúde (RAS). Para Mendes (2011), as RAS são formas poliárquicas de organização dos serviços de saúde cuja coordenação do cuidado deve ser orientada a partir da Atenção Primária à Saúde (APS), tendo como elementos constitutivos:

a) Sistemas Logísticos: tratamento fora do domicílio, laboratório de análises clínicas, laboratórios regionais de prótese dentária.

b) Serviços de Primeiro Contato: unidades básicas de saúde, unidades de saúde da família, unidades básicas tradicionais.

c) Sistemas de Apoio: serviços de entrega de medicamentos, serviços de transporte sanitário.

d) Serviços de Atenção Secundária e Terciária: academia da cidade, núcleos de apoio à saúde da família, unidades especializadas de referências, centros de atenção psicossocial, hospitais de pequeno porte.

e) Sistemas de Governança: conselhos locais de saúde, centros de reabilitação e centros especializados em saúde do trabalhador.

Resposta: alternativa "b".

- *IDECAN/2017 – Ministério da Saúde – Administrador:*

O Decreto nº 7.508, de 28 de junho de 2011, regulamenta a Lei nº 8.080, de 19 de setembro de 1990, para dispor sobre a organização do Sistema Único de Saúde (SUS), o planejamento da saúde, a assistência à saúde e a articulação interfederativa. Para efeito deste Decreto, considera-se [...]

– Rede de Atenção à Saúde se refere a um conjunto de ações e serviços de saúde articulados em níveis de complexidade crescente.

Resposta: Correto.

- *AOCP/2014 – EBSERH/MEAC, HUWC-UFC – Técnico em Enfermagem, Saúde do Trabalhador:*

Nos termos do art. 2º para efeito do Decreto Presidencial nº 7.508, de 28 de junho de 2011, considera-se:

c) Rede de Atenção à Saúde – conjunto de ações e serviços de saúde articulados em níveis de complexidade crescente, com a finalidade de garantir a integralidade da assistência à saúde.

Resposta: Correto.

- *UNIVALI/2013 – Prefeitura de Itajaí, SC – Cirurgião Dentista, Clínico Geral:*

O Decreto Presidencial nº 7508, de 28 de junho de 2011, dispõe sobre a organização do Sistema Único de Saúde – SUS, o planejamento da saúde, a assistência à saúde e a articulação interfederativa, e dá outras providências. Tendo como base este Decreto, marque com V as afirmações verdadeiras e com F as falsas.

– Rede de Atenção à Saúde – conjunto de ações e serviços de saúde articulados em níveis de complexidade decrescente com a finalidade de garantir a integralidade da assistência à saúde.

Resposta: Falso.

▶ A Rede de Atenção à Saúde pressupõe a organização dos serviços e ações de saúde em níveis crescentes de complexidade.

---

5. **Princípio da descentralização:** O **princípio da descentralização** das ações e dos serviços públicos de saúde está estreitamente relacionado ao **princípio federativo** e, portanto, à distribuição do poder por meio das competências executivas e legislativas atinentes à assistência à saúde, atribuídas pelo texto constitucional a União, Estados, Distrito Federal e Municípios. Neste contexto, Dourado e Elias falam até num "federalismo sanitário brasileiro", uma vez que o SUS teria sido criado "como instituição de caráter federativo orientada pela descentralização político-administrativa", que conduziria a atuação conjunta dos entes federativos, e observada a respectiva autonomia de gestão, na efetivação dos deveres de proteção, proteção e recuperação da saúde[87]. A participação dos Municípios como um terceiro nível da federação é uma peculiaridade do sistema constitucional brasileiro, decorrente de uma tradição municipalista que remonta à época do Brasil colonial e se funda na **autonomia municipal**. A autonomia municipal é considerada princípio constitucional implícito, deduzido da aplicação conjunta dos arts. 1º, 18, 29 e 30 da CF.

Historicamente, e especialmente após a Proclamação da República, alternaram-se momentos de maior e menor centralização da assistência à saúde, com a atuação dos entes federados, ora concentrada, ora mais cooperativa. A partir da década de 1970, o debate sobre o princípio da descentralização passou a ser acompanhado da ideia de municipalização da saúde – situação, esta, que se refletiria na primeira década de implantação do SUS. De fato, os anos de 1990 seriam marcados pela edição de uma série de portarias e outros atos normativos administrativos voltados à descentralização e municipalização da saúde. Merecem destaque as **Normas Operacionais Básicas (NOB's 01/1991, 01/1992, 01/1993 e 01/1996)**, por meio dos quais o Ministério da Saúde procedeu à transferência de responsabilidades (poder decisório, recursos humanos e financeiros, gestão sobre os prestadores) aos entes subnacionais, sobretudo os Municípios. Diversos fatores, porém, contribuíram para que o almejado aperfeiçoamento da democracia e da eficiência na prestação da saúde não fosse obtido da forma prevista. Para além dos problemas de financiamento, sempre presentes, a tradução do princípio da descentralização como municipalização da saúde enfraqueceu o papel dos gestores estaduais e reduziu em efetividade o princípio da regionalização, com o planejamento compartilhado e a gestão interfederativa. As recentes

87. DOURADO; ELIAS, p. 206.

inovações legislativas nesta seara, em especial o Decreto nº 7.508/2011 e a Lei Complementar nº 141/2012, buscam retomar o equilíbrio entre os princípios estruturantes do SUS, com o incremento do princípio da regionalização e o fortalecimento do planejamento e gestão compartilhados, especialmente pela atuação das Comissões Intergestores.

▶ **Jurisprudência →** Em termos judiciais (e conforme demonstram as decisões já colacionadas no comentário ao art. 196 da CF), a definição do ente federal responsável pelo cumprimento das obrigações atinentes à efetivação do direito à saúde, notadamente quanto à solidariedade no fornecimento de prestações materiais, passa pela questão do exercício das **competências** de assistência à saúde. Descentralização, regionalização, hierarquização, solidariedade, subsidiariedade e eficiência, ademais do princípio federativo, são normas que, justificando a distribuição das competências e responsabilidades no âmbito do SUS, incidem sobre a solução das demandas judiciais – mesmo que nem sempre sejam explicitamente referidas pelos acórdãos.

Aplicação em concurso:

- *CESPE/2016 – TCE/PA – Auditor de Controle Externo (Enfermagem):*

  A respeito das formas de organização dos serviços e do planejamento no SUS, julgue o item que se segue.

– A descentralização do sistema público de saúde reforça o papel dos municípios e de suas unidades de saúde na condução da política de saúde, incluindo o planejamento e a organização dos serviços correspondentes.

  Resposta: Correto.

- *IBADE/2016 – Prefeitura de Rio Branco, AC – Terapeuta Ocupacional:*

  O processo de municipalização da saúde e a transferência de recursos do fundo nacional para os fundos estaduais e municipais estão diretamente relacionados com o seguinte princípio do SUS:

a) equidade.
b) integralidade.
c) regionalização.
d) descentralização.
e) hierarquização.

  Resposta: alternativa "d".

- *FUNCAB/2014 – Câmara de Vitória, ES – Analista Legislativo – Saúde:*

  A descentralização da gestão do Sistema Único de Saúde diz respeito à:

a) transferência de poder de decisão sobre a política de saúde do nível federal para os Estados e Municípios.
Resposta: alternativa "a".

- *DOM CINTRA/2014 – FIOCRUZ – Tecnologista, Psicologia:*
A Lei 8.080/90 atribui vários princípios e refere-se à descentralização político-administrativo como:
a) ênfase na descentralização dos serviços para os municípios e, regionalização e hierarquização da rede de serviços de saúde.
Resposta: alternativa "a".

- *IDECAN/2014 – Pref. Espera Feliz, MG – Médico Cardiologista:*
Entre os princípios do Sistema Único de Saúde, é INCORRETO afirmar que
b) a descentralização dispõe que todo cidadão é igual perante o SUS.
Resposta: alternativa "b".

► A descentralização não diz respeito ao tratamento das pessoas perante o SUS, o que seria matéria de princípios como universalidade, igualdade de acesso e equidade; descentralização refere-se à estruturação do SUS e o compartilhamento de competências entre União, Estados, Distrito Federal e Municípios.

- *SOCIESC/2010 – Prefeitura de Rio Negrinho/SC, Fisioterapeuta:*
O processo de transferência de responsabilidade de gestão para os municípios, atendendo às determinações constitucionais e legais que embasam o SUS e que definem atribuições comuns e competências específicas à União, estados, Distrito Federal e municípios, é denominado:
b) Descentralização.
Resposta: alternativa "b".

- *INSTITUTO LUDUS/2010 – Prefeitura de Patos/MA, Médico Ortopedista:*
Um dos princípios do SUS, de acordo com as diretrizes previstas no art. 198 da Constituição Federal, é:
b) descentralização político-administrativa, com direção única em cada esfera.
Resposta: alternativa "b".

- *FUNCAB/2010 – Prefeitura de Vitória/ES, Médico Alergista:*
Regionalização e hierarquização da rede de serviços de saúde são ações previstas no seguinte princípio:
e) descentralização político-administrativa.
Resposta: alternativa "e".

- *AOCP/2009 – Instituto Federal do Pará, Médico:*
Relacionado à Descentralização podemos afirmar:

b) deve ser entendida como uma resposta a um movimento anterior, que foi a centralização político-administrativa nos governos militares.
Resposta: alternativa "b".

- *CONSULPLAN/2009 – Prefeitura de Guarapari/ES, Auditor em Saúde:*
O sistema público de saúde, hoje, é certamente bem mais descentralizado do que no passado recente. A observação do processo de implementação do SUS indica que a maior autonomia do nível local estimula alguns pontos tais como, EXCETO:

a) Crescimento da participação do orçamento local no custeio do SUS, em função da pressão dos usuários sobre as prefeituras.
b) Redução de fraudes porque o controle local é mais eficaz e mais próximo do usuário.
c) Redução de desperdícios, visto que a forma pela qual a prefeitura passa a ser financiada incentiva a maior parcimônia no uso dos recursos.
d) Maior possibilidade de desenvolvimento de iniciativas locais, compatíveis com as características da população beneficiária.
e) A assistência priorizada e única aos serviços de vigilância sanitária e epidemiológica, a nível municipal.
Resposta: alternativa "e".

► A alternativa *"e"* é a única que não guarda relação com o princípio da descentralização.

---

6. **Princípio da integralidade:** O **princípio da integralidade** da assistência à saúde abrange dois sentidos principais. Em primeiro lugar, integralidade significa o "conjunto articulado e contínuo das ações e serviços preventivos e curativos, individuais e coletivos, exigidos para cada caso em todos os níveis de complexidade do sistema", de acordo com o art. 7º, II, da Lei nº 8.080/90[88]. Comunicam-se, assim, os princípios da integralidade, da unidade e da hierarquização dos serviços de saúde, prevalecendo a ideia de que **a assistência à saúde deva ser prestada com organicidade**, seguindo as diretrizes de um mesmo planejamento e sem solução de continuidade. "Lembre-se que se trata de um *sistema* de saúde, o que pressupõe *ordenação*", explica Marlon Weichert[89]. À semelhança do princípio da hierarquização,

88. Nesse sentido, cf. SCHWARTZ, 2001, p. 108; e PAULI, Liane Teresinha Schuh; ARTUS, Scheila Cristina; BALBINOT, Rachelle A. A Perspectiva do Processo Saúde/Doença na Promoção de Saúde da População. *Revista de Direito Sanitário*, v. 4, n. 3, nov./2003, p. 24-42.
89. WEICHERT, Marlon Alberto. O direito à saúde e o princípio da integralidade. In: SANTOS, Lenir (org.). Direito da Saúde no Brasil. Campinas: Saberes Ed., 2010, p. 108. Em sentido

trata-se do estabelecimento de **Redes de Atenção à Saúde**, dentro das quais o acesso se dará pelo referenciamento do usuário para as redes regional e interestadual de saúde, segundo os fluxos pactuados nas Comissões Intergestores (Dec. nº 7.508/2011, art. 20). Estes fluxos correspondem às **linhas de cuidado**, por meio das quais são delineados a abordagem e o tratamento para situações de saúde semelhantes, assegurando continuidade nas ações de promoção, prevenção, tratamento e reabilitação da saúde. As linhas de cuidado atentam para as evidências científicas (*Evidence Based Medicine*) e para as necessidades de saúde, conforme critérios epidemiológicos e a disponibilidade de recursos, humanos e sanitários.

Em segundo lugar, o princípio da integralidade diz respeito à **extensão da cobertura** prestada pelo SUS, no sentido de que está assegurado o tratamento, em todos os níveis de complexidade do sistema, visando à prevenção, promoção e recuperação da saúde. A assistência à saúde deve ser a mais ampla e efetiva possível, observados os critérios técnicos e normativos aplicáveis. O Decreto nº 7.508/2011 define dois instrumentos importantes para a aplicação prática do princípio da integralidade: a RENASES e a RENAME[90].

A **Relação Nacional de Ações e Serviços de Saúde (RENASES)** é uma listagem que "compreende todas as ações e serviços que o SUS oferece ao usuário para atendimento da integralidade da assistência à saúde" (art. 21). Trata-se de uma norma consolidada pelo Ministério da Saúde, com observância, porém, das diretrizes estabelecidas pela Comissão Intergestores Tripartite, inclusive quanto à partilha de responsabilidades entre os entes federados, conforme tenham sido pactuadas nas Comissões Intergestores. A RENASES deve ser atualizada a cada dois anos e não esgota a integralidade da cobertura assegurada pelo SUS, que pode ser ampliada pelos entes subnacionais ao estabelecerem relações de ações e serviços

---

semelhante, mas ressaltando a necessidade de gestão e atuação compartilhada por parte dos entes federados, refere Lenir Santos: "a lei sabiamente definiu a integralidade da assistência como a satisfação de necessidades individuais e coletivas que devem ser realizadas dentro do sistema, nos mais diversos patamares de complexidade dos serviços de saúde, articulados pelos entes federativos em redes interfederativas de saúde. Na saúde, os entes federativos são autônomos, mas interdependentes no tocante à garantia da integralidade, devendo gerir o SUS de uma região de modo compartilhado. Não bastam relações cooperativas – há que se ter gestão compartilhada" (SANTOS, 2010, p. 162).

90. A RENASES é disciplinada pelos arts. 21 a 24 do Decreto nº 7.508/2011, enquanto a RENAME é objeto dos arts. 25 a 29 desse mesmo diploma.

de saúde, específicos e complementares, segundo a pactuação e as responsabilidades definidas nas Comissões Intergestores.

De sua vez, a **Relação Nacional de Medicamentos Essenciais (RENAME)** "compreende a seleção e a padronização de medicamentos indicados para atendimento de doenças ou de agravos no âmbito do SUS". As orientações de tratamento se complementam pelo **Formulário Terapêutico Nacional (FTN)**, que serve de guia a prescrição, dispensação e uso dos medicamentos; e pelos **Protocolos Clínicos e Diretrizes Terapêuticas (PCDT)**, os quais, com base em evidências científicas, padronizam a conduta terapêutica pela consolidação de diretrizes clínicas, ou seja, de "posicionamentos e recomendações sistematicamente desenvolvidos para orientar os médicos e pacientes acerca dos cuidados em saúde apropriados em circunstâncias clínicas específicas"[91]. A RENAME, o FTN e os PCDT serão editados pelo Ministério da Saúde, que deverá observar as diretrizes pactuadas pela Comissão Intergestores Tripartite, além de consolidar e publicar suas atualizações a cada dois anos. A ampliação da cobertura farmacêutica poderá ser feita pelos entes subnacionais, mediante a adoção de relações específicas e complementares de medicamentos, igualmente pactuadas pelas Comissões Intergestores. De todo o modo, tanto na RENAME, quanto nas relações complementares só constarão produtos com registro na Agência Nacional de Vigilância Sanitária (ANVISA). Como leciona Santos,

> *"Esses documentos, orientadores do sistema, devem ser elaborados de forma que sejam capazes de conjugar tecnologia, recursos financeiros e reais necessidades terapêuticas, sem acrescentar o que possa ser considerado supérfluo ou desnecessário nem retirar o essencial ou relevante."*[92]

O princípio da integralidade, portanto, não gera o direito a todo e qualquer tratamento, em quaisquer circunstâncias[93]; há **restrições aos tratamentos**

91. GRABOIS, Victor. Gestão do cuidado. In: GONDIM R., GRABOIS V., MENDES JUNIOR W. V. (Orgs.). Qualificação dos Gestores do SUS. 2. ed. Rio de Janeiro: Fiocruz/ENSP/EAD, 2011. p. 168. Disponível em: <http://www4.ensp.fiocruz.br/biblioteca/home/exibedetalhesBiblioteca.cfm?ID=12547&Tipo=B>. Acesso em: 21 dez. 2012.
92. SANTOS, Lenir. Direito à saúde e Sistema Único de Saúde: conceito e atribuições. O que são ações e serviços de saúde. In: ______. *Direito da Saúde no Brasil*. Campinas: Saberes Ed., 2010, p. 166.
93. "A leitura isolada dessa norma constitucional conduz a interpretações (equivocadas) de que o SUS deve, a qualquer tempo, para qualquer cidadão, em qualquer contexto, fornecer todo e qualquer insumo de saúde. [...] É evidente que a leitura de um preceito constitucional ou legal de modo dissociado das demais normas pertinentes conduz a erro" (WEICHERT, 2010, p. 102-103).

oferecidos, fundadas em critérios de diferente natureza (*v.g.*, jurídicos, sanitários, econômicos, culturais, bioéticos) – como, aliás, reconhece a própria jurisprudência. A **Recomendação nº 31/2010**[94] do Conselho Nacional de Justiça (CNJ), editada após a realização da Audiência Pública nº 4 pelo Supremo Tribunal Federal, apresenta alguns parâmetros para auxiliar na interpretação da garantia de "atendimento integral" no SUS, sobretudo na seara das ações judiciais pleiteando medicamentos e tratamentos de saúde. Vale conferir:

"RECOMENDAÇÃO Nº 31, DE 30 DE MARÇO DE 2010.

> *I. Recomendar aos Tribunais de Justiça dos Estados e aos Tribunais Regionais Federais que:*
>
> *[...]*
>
> *b) orientem, através das suas corregedorias, aos magistrados vinculados, que:*
>
> *b.1) procurem instruir as ações, tanto quanto possível, com relatórios médicos, com descrição da doença, inclusive CID, contendo prescrição de medicamentos, com denominação genérica ou princípio ativo, produtos, órteses, próteses e insumos em geral, com posologia exata;*
>
> *b.2) evitem autorizar o fornecimento de medicamentos ainda não registrados pela ANVISA, ou em fase experimental, ressalvadas as exceções expressamente previstas em lei;*
>
> *b.3) ouçam, quando possível, preferencialmente por meio eletrônico, os gestores, antes da apreciação de medidas de urgência;*
>
> *b.4) verifiquem, junto à Comissão Nacional de Ética em Pesquisas (CONEP), se os requerentes fazem parte de programas de pesquisa experimental dos laboratórios, caso em que estes devem assumir a continuidade do tratamento;*
>
> *b.5) determinem, no momento da concessão de medida abrangida por política pública existente, a inscrição do beneficiário nos respectivos programas;*
>
> *[...]"*

Tais recomendações consolidam critérios que já vinham aparecendo na jurisprudência firmada a respeito das ações judiciais envolvendo o direito

94. A Recomendação nº 31/2010 foi publicada no DJe nº 61, de 07 de abril de 2010.

à saúde. Em linhas gerais, firma-se uma presunção *juris tantum* em favor dos tratamentos estabelecidos em **Protocolos Clínicos e Diretrizes Terapêuticas (PCDT)** do SUS, e dos medicamentos contidos nas "listas oficiais", entre as quais a RENAME. Há também certo consenso quanto à impossibilidade de condenação do Poder Público à prestação de tratamentos e medicamentos experimentais, ou sem registro na ANVISA. No que respeita ao **uso** *off label*, isto é, a prescrição de um medicamento registrado na ANVISA para tratamento de certas doenças e que se pretende seja utilizado para outra enfermidade – e que, neste contexto, poderia ser enquadrado como tratamento experimental –, a jurisprudência ainda é vacilante e ainda não encontrou solução definitiva. O que se verifica, na prática e em especial quando a prestação reclamada não está incluída entre aquelas normalmente oferecidas pelo SUS, é a tendência de se exigir a realização de **prova pericial** que ateste a efetiva necessidade da prestação pleiteada em juízo, sua eficácia e segurança para o tratamento postulado, além da impossibilidade de que seja substituído por algum medicamento ou procedimento já oferecido pelo SUS. Condenado o Estado, é comum que se estipulem obrigações acessórias, como a renovação periódica da receita médica, a cargo do beneficiário, e a cominação de multa ou o sequestro de verbas públicas, por parte do ente público envolvido.

► **Questão doutrinária:**

Em termos teóricos mais amplos, a discussão dos limites do princípio da integralidade na assistência à saúde reporta-se à contraposição entre o argumento da "**reserva do possível**" e a garantia fundamental do "**mínimo existencial**", como por vezes reconhece explicitamente a jurisprudência[95].

De maneira muito resumida, pode-se referir que a **reserva do possível** é uma construção teórica originada na doutrina e na jurisprudência alemãs, que chama a atenção para a dimensão economicamente relevante dos direitos sociais, cuja concretização dependeria da existência e disponibilidade de recursos financeiros por parte do Estado. O argumento se desenvolveu e hoje se sustenta que a reserva do possível abrangeria a avaliação acerca da disponibilidade da prestação pelo menos numa dupla vertente,

95. Para maior aprofundamento desses temas, e apenas a título ilustrativo, pelo enfoque na questão da saúde, confiram-se: FIGUEIREDO, 2007, p. 131 et seq.; ainda: SARLET; FIGUEIREDO, 2008b, p. 13-50.

a saber: **(a)** uma dimensão fática, questionando-se acerca da existência e real disponibilidade dos recursos financeiros, e também profissionais, sanitários e técnicos; e **(b)** uma dimensão jurídica, tanto ligada ao poder de disposição e destinação desses mesmos recursos materiais, vinculando-se ao exercício das competências constitucionais e legais relacionadas à efetivação da assistência à saúde (e, numa aplicação conjunta com os demais princípios do SUS, às responsabilidades definidas pelo processo de pactuação e planejamento compartilhado junto às Comissões Intergestores); quanto no sentido da proporcionalidade e razoabilidade da prestação em si mesma considerada, pois o indivíduo teria direito apenas ao que seja razoável exigir do Estado.

O **mínimo existencial** também possui origem germânica, tendo surgido no contexto teoria das imunidades tributárias, como limite mínimo ao poder de tributação do Estado. Esta concepção inicial foi desenvolvida e atualmente se verifica uma tendência da doutrina em reconhecer que o mínimo existencial corresponderia a um direito ou garantia fundamental às prestações necessárias à vida digna[96], materiais e socioculturais. O mínimo existencial comportaria, assim, uma dimensão defensiva (ou negativa), a impedir que a pessoa seja privada dessas condições básicas à vida com dignidade; e uma dimensão prestacional (ou positiva), capaz de justificar o reconhecimento de um direito oponível ao Estado, no que se refere à exigibilidade dessas prestações[97]. Parte da doutrina faz uma interpretação mais restritiva, chegando mesmo a falar em "mínimo vital" ou de sobrevivência, admitindo que apenas as prestações sociais essenciais seriam exigíveis – ou seja, e para exemplificar, educação fundamental, saúde primária, um teto para morar, formação profissional básica, etc. A jurisprudência dos Tribunais Superiores, contudo, tem-se inclinado por uma interpretação mais ampla do mínimo existencial, aplicando-o conjuntamente com o direito à vida e o princípio da dignidade da pessoa humana.

A solução para esse conflito entre a reserva do possível e o mínimo existencial só poderá ser delineada diante das circunstâncias específicas do

96. Nesse sentido, conferir ainda: SARLET, Ingo Wolfgang; MARINONI, Luiz Guilherme; MITIDIERO, Daniel. *Curso de Direito Constitucional*. São Paulo: Revista dos Tribunais, 2012, p. 571.

97. "O mínimo existencial constitui, portanto, um *quid* a ser imposto sobre o direito fundamental, tanto no sentido de coibir vulnerações pelo Estado ou por terceiros, quanto, numa acepção prestacional, por respaldar a pretensão às condições mínimas de vida digna" (FIGUEIREDO, 2007, p. 201).

caso concreto, tanto no que respeita às limitações financeiras, estruturais e tecnológicas do sistema, quanto às condições pessoais e à peculiar situação em que se encontrem os indivíduos envolvidos. Não se trata de argumentos nem de direitos absolutos, e sim da construção de soluções possíveis, frente às circunstâncias em que tais casos se encontrarem inseridos – também por isso chamados de *hard cases*.

▶ **Jurisprudência do STF:**

- O conflito entre o argumento da "reserva do possível" e a garantia do "mínimo existencial" já aparece na jurisprudência e, de modo geral, tem-se resolvido em favor da prevalência deste último, como decorrência do princípio da dignidade da pessoa humana e dos direitos à proteção da vida e da saúde. Nesse sentido, mostra-se emblemático o julgamento da **Medida Cautelar em Arguição de Descumprimento de Preceito Fundamental – ADPF nº 45**, Rel. Min. Celso de Mello que, embora extinta por superveniente perda de objeto, assegurou mencionada preferência. Confiram-se os seguintes excertos da ementa e do voto:

> *"ARGÜIÇÃO DE DESCUMPRIMENTO DE PRECEITO FUNDAMENTAL. [...] INOPONIBILIDADE DO ARBÍTRIO ESTATAL À EFETIVAÇÃO DOS DIREITOS SOCIAIS, ECONÔMICOS E CULTURAIS. CARÁTER RELATIVO DA LIBERDADE DE CONFORMAÇÃO DO LEGISLADOR. CONSIDERAÇÕES EM TORNO DA CLÁUSULA DA 'RESERVA DO POSSÍVEL'. NECESSIDADE DE PRESERVAÇÃO, EM FAVOR DOS INDIVÍDUOS, DA INTEGRIDADE E DA INTANGIBILIDADE DO NÚCLEO CONSUBSTANCIADOR DO 'MÍNIMO EXISTENCIAL'. [...]*
>
> *[...]*
>
> *Cumpre advertir, desse modo, que a cláusula da "reserva do possível" – ressalvada a ocorrência de justo motivo objetivamente aferível – não pode ser invocada, pelo Estado, com a finalidade de exonerar-se do cumprimento de suas obrigações constitucionais, notadamente quando, dessa conduta governamental negativa, puder resultar nulificação ou, até mesmo, aniquilação de direitos constitucionais impregnados de um sentido de essencial fundamentalidade.*
>
> *[...]*
>
> *É que, se tais Poderes do Estado agirem de modo irrazoável ou procederem com a clara intenção de neutralizar, comprometendo-a, a eficácia dos direitos sociais, econômicos e culturais, afetando, como decorrência causal de uma injustificável inércia estatal ou de um abusivo comportamento governamental, aquele núcleo intangível consubstanciador de*

um conjunto irredutível de condições mínimas necessárias a uma existência digna e essenciais à própria sobrevivência do indivíduo, aí, então, justificar-se-á, como precedentemente já enfatizado – e até mesmo por razões fundadas em um imperativo ético-jurídico –, a possibilidade de intervenção do Poder Judiciário, em ordem a viabilizar, a todos, o acesso aos bens cuja fruição lhes haja sido injustamente recusada pelo Estado." (STF, ADPF nº 45 MC/DF, Rel. Min. Celso de Mello, DJ 04-05-2004.)

- No julgamento da **Suspensão de Segurança nº 228-0**, o Min. Gilmar Ferreira Mendes, manteve em vigor liminar deferida em ação civil pública, pela qual se obrigava o Estado, por seus três níveis de governo, à implementação de medidas destinadas à instalação e ao funcionamento de número mínimo de leitos de UTI, num prazo de 90 dias. A decisão partiu da afirmação da fundamentalidade dos direitos sociais, dentre os quais o direito à saúde, assim como da necessidade de compatibilização entre as necessidades materiais decorrentes do "mínimo existencial" e as limitações impostas pela "reserva do possível", afirmando, a final, que a decisão impugnada "apenas determinou o cumprimento de política pública constitucionalmente definida como prioritária (art. 196 c/c 227, *caput*, e § 1º, I) e especificada de maneira clara e concreta por atos normativos do próprio Ministério da Saúde" (STF, SL nº 228, Rel. Min. Gilmar Mendes, DJe 20-10-2008).

- Quanto ao fornecimento de medicamentos:

RE-RG nº 566.471/RN (DJ de 07-12-2007): *"Possui repercussão geral a controvérsia sobre a obrigatoriedade de o Poder Público fornecer medicamento de alto custo".*

RE-RG nº 657.718/MG (DJe nº 51, de 09-03-2012): *"Possui repercussão geral a controvérsia acerca da obrigatoriedade, ou não, de o Estado, ante o direito à saúde constitucionalmente garantido, fornecer medicamento não registrado na Agência Nacional de Vigilância Sanitária – ANVISA".*[98]

---

98. O STF iniciou o julgamento conjunto das questões constitucionais envolvendo a obrigatoriedade de fornecimento, pelo Estado, de medicamentos de alto custo e de medicamentos ainda sem registro na ANVISA; porém, os julgamentos ainda não foram concluídos, nem se obteve, até o momento de fechamento desta edição, uma posição que já se possa indicar como majoritária. Na ocasião, o saudoso Min. Teori Zavascki pediu vista de ambos os autos – e os feitos aguardam, portanto, pronunciamento do Min. Alexandre de Moraes, que o sucedeu.

- Limites entre o direito à saúde e a liberdade religiosa: em recente decisão, o Min. Luis Roberto Barroso reconheceu repercussão geral à questão constitucional em se *"saber se o exercício de liberdade religiosa pode justificar o custeio de tratamento de saúde pelo Estado"*. A matéria de fundo diz respeito à condenação dos entes federativos ao custeio de tratamento médico não disponível na rede pública, sob o fundamento de que o direito à saúde deve ser assegurado de maneira compatível com as convicções religiosas do indivíduo, em respeito à garantia de existência digna, e não mera sobrevivência. No conflito estabelecido contrapõem-se, de um lado, a garantia de proteção da saúde e o correspondente dever imposto ao Estado prestar assistência integral e de caráter universal e igualitário a todas as pessoas; e, de outro, a liberdade religiosa, segundo a qual é suscitada a possibilidade de compelir o Estado a oferecer tratamento diferenciado, com base no dever de respeito à liberdade de crença de cada um.

> **RE-RG nº 979.742/AM:**
>
> *"DIREITO CONSTITUCIONAL E SANITÁRIO. RECURSO EXTRAORDINÁRIO. DIREITO À SAÚDE. CUSTEIO PELO ESTADO DE TRATAMENTO MÉDICO DIFERENCIADO EM RAZÃO DE CONVICÇÃO RELIGIOSA. REPERCUSSÃO GERAL.*
>
> *1. A decisão recorrida condenou a União, o Estado do Amazonas e o Município de Manaus ao custeio de procedimento cirúrgico indisponível na rede pública, em razão de a convicção religiosa do paciente proibir transfusão de sangue.*
>
> *2. Constitui questão constitucional relevante definir se o exercício de liberdade religiosa pode justificar o custeio de tratamento de saúde pelo Estado.*
>
> *3. Repercussão geral reconhecida."*
>
> *(STF, RE-RG nº 979.742/AM, Rel. Min. Luis Roberto Barroso, DJE nº 168, de 31-07-2017)*

▶ Jurisprudência do STJ:

- Perante o STJ igualmente se coloca a discussão entre os argumentos da "reserva do possível" e do "mínimo existencial" em casos versando sobre a efetividade do direito à saúde. É o que demonstram os seguintes precedentes, *v.g.*:

> *"ADMINISTRATIVO. CONTROLE JUDICIAL DE POLÍTICAS PÚBLICAS. POSSIBILIDADE EM CASOS EXCEPCIONAIS – DIREITO À SAÚDE. FORNECIMENTO*

DE MEDICAMENTOS. MANIFESTA NECESSIDADE. OBRIGAÇÃO SOLIDÁRIA DE TODOS OS ENTES DO PODER PÚBLICO. NÃO OPONIBILIDADE DA RESERVA DO POSSÍVEL AO MÍNIMO EXISTENCIAL. POSSIBILIDADE. FIXAÇÃO. MULTA DIÁRIA. DESCUMPRIMENTO DE DETERMINAÇÃO JUDICIAL. [...] 2. Não podem os direitos sociais ficar condicionados à boa vontade do Administrador, sendo de suma importância que o Judiciário atue como órgão controlador da atividade administrativa. Seria distorção pensar que o princípio da separação dos poderes, originalmente concebido com o escopo de garantia dos direitos fundamentais, pudesse ser utilizado justamente como óbice à realização dos direitos sociais, igualmente relevantes. 3. Tratando-se de direito essencial, incluso no conceito de mínimo existencial, inexistirá empecilho jurídico para que o Judiciário estabeleça a inclusão de determinada política pública nos planos orçamentários do ente político, mormente quando não houver comprovação objetiva da incapacidade econômico-financeira da pessoa estatal. [...]. 5. Está devidamente comprovada a necessidade emergencial do uso do medicamento sob enfoque. A utilização desse remédio pela autora terá duração até o final da sua gestação, por se tratar de substância mais segura para o bebê. [...] 7. Recurso Especial não provido." (STJ, REsp nº 1.488.639/SE, Rel. Min. Herman Benjamin, 2ª Turma, unânime, DJe 16-12-2014)

"ADMINISTRATIVO. DIREITO À SAÚDE. DIREITO SUBJETIVO. PRIORIDADE. CONTROLE JUDICIAL DE POLÍTICAS PÚBLICAS. ESCASSEZ DE RECURSOS. DECISÃO POLÍTICA. RESERVA DO POSSÍVEL. MÍNIMO EXISTENCIAL. 1. A vida, saúde e integridade físico-psíquica das pessoas é valor ético-jurídico supremo no ordenamento brasileiro, que sobressai em relação a todos os outros, tanto na ordem econômica, como na política e social. 2. O direito à saúde, expressamente previsto na Constituição Federal de 1988 e em legislação especial, é garantia subjetiva do cidadão, exigível de imediato, em oposição a omissões do Poder Público. O legislador ordinário, ao disciplinar a matéria, impôs obrigações positivas ao Estado, de maneira que está compelido a cumprir o dever legal. 3. A falta de vagas em Unidades de Tratamento Intensivo – UTIs no único hospital local viola o direito à saúde e afeta o mínimo existencial de toda a população local, tratando-se, pois, de direito difuso a ser protegido. 4. Em regra geral, descabe ao Judiciário imiscuir-se na formulação ou execução de programas sociais ou econômicos. Entretanto, como tudo no Estado de Direito, as políticas públicas se submetem a controle de constitucionalidade e legalidade, mormente quando o que se tem não é exatamente o exercício de uma política pública qualquer, mas a sua completa ausência ou cumprimento meramente perfunctório ou insuficiente. 5. A reserva do possível não configura carta de alforria para o administrador incompetente, relapso ou insensível à degradação da dignidade da pessoa humana, já que é impensável que possa legitimar

ou justificar a omissão estatal capaz de matar o cidadão de fome ou por negação de apoio médico-hospitalar. A escusa da 'limitação de recursos orçamentários' frequentemente não passa de biombo para esconder a opção do administrador pelas suas prioridades particulares em vez daquelas estatuídas na Constituição e nas leis, sobrepondo o interesse pessoal às necessidades mais urgentes da coletividade. O absurdo e a aberração orçamentários, por ultrapassarem e vilipendiarem os limites do razoável, as fronteiras do bom-senso e até políticas públicas legisladas, são plenamente sindicáveis pelo Judiciário, não compondo, em absoluto, a esfera da discricionariedade do Administrador, nem indicando rompimento do princípio da separação dos Poderes. 6. 'A realização dos Direitos Fundamentais não é opção do governante, não é resultado de um juízo discricionário nem pode ser encarada como tema que depende unicamente da vontade política. Aqueles direitos que estão intimamente ligados à dignidade humana não podem ser limitados em razão da escassez quando esta é fruto das escolhas do administrador' (REsp n. 1.185.474/SC, Rel. Ministro Humberto Martins, Segunda Turma, DJe 29.4.2010). 7. Recurso Especial provido." (STJ, REsp nº 1.068.731/RS, Rel. Min. Herman Benjamin, 2ª Turma, unânime, DJe 08-03-2013)

- No que respeita ao fornecimento de medicamentos:

REsp nº 1.657.156/RJ: recurso especial repetitivo que analisou e afirmou a possibilidade de condenação do Estado ao fornecimento de **medicamentos não inseridos nas listas e atos normativos do SUS**, desde que observados alguns requisitos cumulativos: imprescindibilidade da medicação, ineficácia dos tratamentos já oferecidos pelo SUS, hipossuficiência econômica do paciente para arcar com os custos do tratamento e existência de registro do medicamento na ANVISA. Confira-se a ementa do julgado:

ADMINISTRATIVO. RECURSO ESPECIAL REPRESENTATIVO DE CONTROVÉRSIA. TEMA 106. JULGAMENTO SOB O RITO DO ART. 1.036 DO CPC/2015. FORNECIMENTO DE MEDICAMENTOS NÃO CONSTANTES DOS ATOS NORMATIVOS DO SUS. POSSIBILIDADE. CARÁTER EXCEPCIONAL. REQUISITOS CUMULATIVOS PARA O FORNECIMENTO.

1. Caso dos autos: [...]

2. Alegações da recorrente: [...]

3. Tese afetada: Obrigatoriedade do poder público de fornecer medicamentos não incorporados em atos normativos do SUS (Tema 106). Trata-se, portanto, exclusivamente do fornecimento de medicamento, previsto no inciso I do art. 19-M da Lei n. 8.080/1990, não se analisando os casos de outras alternativas terapêuticas.

> *4. TESE PARA FINS DO ART. 1.036 DO CPC/2015: A concessão dos medicamentos não incorporados em atos normativos do SUS exige a presença cumulativa dos seguintes requisitos: (i) Comprovação, por meio de laudo médico fundamentado e circunstanciado expedido por médico que assiste o paciente, da imprescindibilidade ou necessidade do medicamento, assim como da ineficácia, para o tratamento da moléstia, dos fármacos fornecidos pelo SUS; (ii) incapacidade financeira de arcar com o custo do medicamento prescrito; (iii) existência de registro na ANVISA do medicamento.*
>
> *5. Recurso especial do Estado do Rio de Janeiro não provido. Acórdão submetido à sistemática do art. 1.036 do CPC/2015.*
>
> *(STJ, REsp nº 1.657.156/RJ, Rel. Min. Benedito Gonçalves, 1ª Seção, 25-04-2018)*

EDcl no REsp nº 1.657.156/RJ: a questão do fornecimento de medicamentos não incluídos nos atos normativos do SUS foi rediscutida quando do julgamento dos embargos declaratórios opostos pelos interessados ao acórdão inicialmente proferido. O novo julgado manteve a orientação anterior, esclarecendo a **inviabilidade do uso *off label*** dos medicamentos e modulando a eficácia temporal do acórdão. Eis os principais tópicos da ementa:

> *"PROCESSUAL CIVIL. EMBARGOS DE DECLARAÇÃO NO RECURSO ESPECIAL. ESTADO DO RIO DE JANEIRO. [...] AUSÊNCIA DE VÍCIOS. NECESSIDADE DE ESCLARECIMENTO. VEDAÇÃO AO FORNECIMENTO DE MEDICAMENTO PARA USO OFF LABEL.*
>
> *[...]*
>
> *2. Não cabe ao STJ definir os elementos constantes do laudo médico a ser apresentado pela parte autora. Incumbe ao julgador nas instâncias ordinárias, no caso concreto, verificar se as informações constantes do laudo médico são suficientes à formação de seu convencimento.*
>
> *3. Da mesma forma, cabe ao julgador avaliar, a partir dos elementos de prova juntados pelas partes, a alegada ineficácia do medicamento fornecido pelo SUS decidindo se, com a utilização do medicamento pedido, poderá haver ou não uma melhoria na resposta terapêutica que justifique a concessão do medicamento.*
>
> *[...]*
>
> *5. No caso dos autos, faz-se necessário tão somente esclarecer que o requisito do registro na ANVISA afasta a possibilidade de fornecimento de medicamento para uso off label, salvo caso autorizado pela ANVISA.*

[...]

PROCESSUAL CIVIL. EMBARGOS DE DECLARAÇÃO NO RECURSO ESPECIAL. UNIÃO. [...] VÍCIOS NÃO CONFIGURADOS. NECESSIDADE DE ESCLARECIMENTO.

[...]

3. Todavia, tendo em vista as indagações do embargante, é necessário fazer os seguintes esclarecimentos: (a) o laudo médico apresentado pela parte não vincula o julgador, isto é, cabe ao juiz avaliar o laudo e verificar se as informações constantes nele são suficientes para a formação de seu convencimento quanto à imprescindibilidade do medicamento; (b) a exortação constante no acórdão embargado para que o juiz, após o trânsito em julgado, expeça comunicação ao Ministério da Saúde e/ou CONITEC a fim de realizar estudos quanto à viabilidade da incorporação no SUS do medicamento deferido, deve receber o mesmo tratamento da situação prevista no § 4º do art. 15 do Decreto n. 4.646/2011.

4. Necessário, ainda, realizar os seguintes esclarecimentos, agora quanto à modulação dos efeitos: (a) os requisitos cumulativos estabelecidos são aplicáveis a todos os processos distribuídos na primeira instância a partir de 4/5/2018; (b) quanto aos processos pendentes, com distribuição anterior à 4/05/2018, é exigível o requisito que se encontrava sedimentado na jurisprudência do STJ: a demonstração da imprescindibilidade do medicamento.

[...]

PROCESSUAL CIVIL. ART. 494, I, DO CPC/2015. CORREÇÃO DE INEXATIDÃO MATERIAL. ALTERAÇÃO DO TERMO INICIAL DA MODULAÇÃO DOS EFEITOS DO REPETITIVO.

[...]

3. Ante o exposto, de ofício, altera-se o termo inicial da modulação dos efeitos, do presente recurso especial repetitivo, para a data da publicação do acórdão embargado (4/05/2018).

TESE FIXADA:

A tese fixada no julgamento do repetitivo passa a ser: A concessão dos medicamentos não incorporados em atos normativos do SUS exige a presença cumulativa dos seguintes requisitos:

i) Comprovação, por meio de laudo médico fundamentado e circunstanciado expedido por médico que assiste o paciente, da imprescindibilidade

> *ou necessidade do medicamento, assim como da ineficácia, para o tratamento da moléstia, dos fármacos fornecidos pelo SUS;*
>
> *ii) incapacidade financeira de arcar com o custo do medicamento prescrito;*
>
> *iii) existência de registro do medicamento na ANVISA, observados os usos autorizados pela agência.*
>
> *Modula-se os efeitos do presente repetitivo de forma que os requisitos acima elencados sejam exigidos de forma cumulativa somente quanto aos processos distribuídos a partir da data de publicação do acórdão embargado, ou seja, 4/05/2018."*
>
> *(STJ, EDcl no REsp nº 1.657.156/RJ, Rel. Min. Benedito Gonçalves, 1ª Seção, DJe 21-09-2018)*

- Ainda acerca do fornecimento de medicamentos, o STJ vem estabelecendo outros parâmetros, como a apresentação periódica de prescrição médica atualizada ou a recusa de conferir à prescrição médica efeitos de presunção *jure et de jure*. Observe-se:

> *"Não há falar em julgamento extra petita se o Tribunal a quo entende ser nítido o direito ao recebimento de medicamento reivindicado da forma como prescrito, considerando, entretanto, necessária a apresentação de receita médica como forma de fiscalização, sobretudo em se tratando de sentença sujeita a reexame necessário (CPC, art. 475, I). Precedentes: AgRg no REsp 1135605/SC, Rel. MIN. Benedito Gonçalves, Primeira Turma, DJe 22/03/2011; REsp 935.496/PR, Rel. MIN. José Delgado, Primeira Turma, DJe 24/04/2008; AgRg no REsp 839.405/MG, Rel. MIN. José Delgado, Primeira Turma, DJ 14/09/2006." (STJ, AgRg no AREsp nº 295.706/MG, Rel. Min. Eliana Calmo, 2ª Turma, unânime, DJe 20-05-2013)*
>
> *"A instrução de MS somente com laudo médico particular não configura prova pré-constituída da liquidez e certeza do direito do impetrante de obter do Poder Público determinados medicamentos e insumos para o tratamento de enfermidade acometida por ele. O laudo de médico particular, embora aceito como elemento de prova, não pode ser imposto ao magistrado como se a matéria fosse, exclusivamente, de direito. Esse parecer não é espécie de prova suprema ou irrefutável, ainda mais quando a solução da controvérsia, de natureza complexa, depende de conhecimento técnico-científico, necessário para saber a respeito da possibilidade de substituição do medicamento ou sobre sua imprescindibilidade. Além do mais, o laudo médico, como elemento de prova, deve submeter-se ao contraditório, à luz do que dispõe o art. 333, II, do CPC, principalmente quando, para o tratamento da enfermidade, o Sistema*

Único de Saúde ofereça tratamento adequado, regular e contínuo. Nesse contexto, o laudo médico particular, não submetido ao crivo do contraditório, é apenas mais um elemento de prova, que pode ser ratificado ou infirmado por outras provas a serem produzidas no processo instrutório, dilação probatória incabível no MS. Desse modo, as vias ordinárias, e não a via do MS, representam o meio adequado ao reconhecimento do direito à obtenção de medicamentos do Poder Público, uma vez que, como foi dito, apenas o laudo médico atestado por profissional particular sem o crivo do contraditório não evidencia direito líquido e certo para impetração de MS." (RMS 30.746-MG, Rel. Min. Castro Meira, 2 ª Turma, julgado em 27-11-2012 – Informativo nº 511)

Aplicação em concurso:

► Conceito de integralidade no SUS:

- *CESPE/2018 – PGE/PE – Procurador do Estado:*

  Considerando o que preconiza a CF a respeito da ordem social, que objetiva o bem-estar e a justiça social, assinale a opção correta.

a) A proteção da maternidade, um dos objetivos da seguridade social, condiciona-se ao cumprimento do tempo de contribuição para fins de carência.

b) É permitida a destinação de recursos públicos a instituições privadas com fins lucrativos que participem do sistema único de saúde, para auxiliar em suas atividades.

c) Uma das diretrizes do serviço público de saúde é o atendimento integral, com prioridade às atividades preventivas, sem prejuízo dos serviços assistenciais.

d) A seguridade social é financiada por toda a sociedade e pela União, sem participação dos estados e do DF.

e) É expressamente proibida a participação de contribuições sociais sobre a receita de concursos de loteria no financiamento da seguridade social.

Resposta: alternativa "c".

- *FUNCAB/2016 – EMSERH – Técnico de enfermagem:*

  De acordo com as diretrizes do SUS previstas na Constituição Federal, o atendimento integral deve priorizar as atividades:

a) preventivas.

b) assistenciais.

c) curativas.

d) complementares.

e) especializadas.

Resposta: alternativa "a".

- *IADES/2014 – SEAP/SES/DF – Biomédico:*

  As ações e serviços públicos de saúde integram uma rede regionalizada e hierarquizada e constituem um sistema único, organizado de acordo com suas diretrizes. No que se refere às diretrizes do SUS, assinale a alternativa correta.

b) Atendimento integral.

Resposta: alternativa "b".

- *VUNESP/2014 – UNIFESP – Médico Anestesiologista:*

  A Constituição da República Federativa do Brasil estabelece que

c) uma das diretrizes das ações e serviços públicos de saúde é o atendimento integral, com prioridade para as atividades preventivas, sem prejuízo dos serviços assistenciais.

Resposta: alternativa "c".

- *VUNESP/2016 – MPE-SP – Analista Técnico Científico:*

  A Constituição Federal de 1988, quando trata do atendimento à saúde, em seu artigo 198, inciso II, estabelece prioridade às atividades

a) curativas.
b) preventivas.
c) coletivas.
d) assistencialistas.
e) comunitárias.

Resposta: alternativa "b".

- *FAUEL/2014 – Pref. Toledo, PR – Médico ESF:*

  Sobre o Sistema Único de Saúde, marque a alternativa incorreta:

c) o SUS busca, como diretriz, um atendimento parcial, com prioridade para as atividades assistencialistas, sem prejuízo dos serviços assistenciais.

Resposta: alternativa "c".

► O SUS tem por diretriz o atendimento integral, não parcial.

- *IADES/2014 – EBSERH/HUOL-UFRN – Advogado:*

  De acordo com o princípio da integralidade, a atenção à saúde deve levar em consideração

a) as necessidades específicas de pessoas ou grupo de pessoas, ainda que minoritários em relação ao total da população.

Resposta: alternativa "a".

- *CEPUERJ/UERJ/2014 – Pref. Campo dos Goytacazes, RJ – Médico Angiologista:*

  De acordo com Teixeira (2009), é preciso examinar a relação entre os princípios do SUS e as questões relativas à transformação das práticas de saúde, considerando que essas configurem um "campo problemático" e a sua superação tem o seu potencial transformador, a partir do conceito de:

b) integralidade.

Resposta: alternativa "b".

- *GESTÃO DE CONCURSOS/2014 – HRTN – Médico Plantonista Clínico:*

De acordo com o artigo 196 da Constituição Federal de 05 de outubro de 1988, [...]

b) as ações e serviços de saúde incluem a assistência terapêutica integral, inclusive farmacêutica.

Resposta: alternativa "b".

- *BIORIO/2014 – IABAS – Sanitarista:*

Todo Município é responsável pela integralidade da atenção à saúde da sua população, exercendo essa responsabilidade de forma solidária com o Estado e a União. Nesse sentido, todo município deve adotar os seguintes procedimentos, EXCETO:

a) garantir a integralidade das ações de saúde prestadas de forma interdisciplinar, por meio da abordagem integral e contínua do indivíduo no seu contexto familiar, social e do trabalho; englobando atividades de promoção da saúde, prevenção de riscos, danos e agravos; ações de assistência, assegurando o acesso ao atendimento às urgências.

b) assumir parcialmente, e de forma complementar, a gerência de toda a rede pública de serviços de atenção básica, englobando as unidades próprias e as transferidas pelo Estado ou pela União.

c) promover a equidade na atenção à saúde, considerando as diferenças individuais e de grupos populacionais, por meio da adequação da oferta às necessidades como princípio de justiça social, e ampliação do acesso de populações em situação de desigualdade, respeitadas as diversidades locais.

d) com apoio dos estados, identificar as necessidades da população do seu território, fazer um reconhecimento das iniquidades, oportunidades e recursos.

e) formular e implementar políticas para áreas prioritárias, conforme definido nas diferentes instâncias de pactuação.

Resposta: alternativa "b".

► A "gerência" dos serviços públicos de saúde não diz respeito ao princípio da integralidade da assistência.

- *IBFC/2013 – Fundação Hemominas – Enfermeiro:*

A lei 8080/90 define os princípios e diretrizes do SUS (Sistema único de Saúde). A esse respeito é incorreto afirmar que:

d) A universalidade de acesso é entendida como um conjunto articulado e contínuo das ações e serviços preventivos e curativos, individuais e coletivos, exigidos para cada caso em todos os níveis de complexidade do sistema.
Resposta: alternativa "d".

► A assertiva está errada, porque descreve o conceito legal de integralidade, e não de universalidade.

- *UFG/2012 – Prefeitura de Aparecida de Goiânia, GO – Fiscal de Saúde Pública:*

Os princípios do Sistema Único de Saúde (SUS) foram estabelecidos com a finalidade de garantir a universalização do direito à saúde, à racionalização, à integralidade e a democratização das ações. Sendo assim:

b) o princípio da integralidade determina a realização de ações de caráter individual e coletivo, em todos os níveis de complexidade, considerando o indivíduo em sua totalidade, respeitando-se peculiaridades individuais e coletivas.
Resposta: alternativa "b"

- *FUNCAB/2010 – Prefeitura de Vitória/ES, Biólogo:*

De acordo com as Leis Orgânicas de Saúde e com a Constituição Federal, o princípio do Sistema Único de Saúde que está corretamente descrito é:

e) integralidade, que é o conjunto articulado de ações e serviços preventivos e curativos em todos os níveis de complexidade.
Resposta: alternativa "e".

- *ASPERHS/2010 – Prefeitura de Afrânio/PE, Farmacêutico:*

Quanto à integralidade de assistência no SUS é INCORRETO afirmar:

d) A integralidade de assistência significa que o cidadão tem o dever de ser atendido e assistido sempre que necessitar, em qualquer situação de risco ou agravo (doença), utilizando ou não insumos, medicamentos, equipamentos, entre outros. Ou seja, o que define o atendimento deve ser a necessidade das pessoas.
Resposta: alternativa "d".

- *PaqTcPB/2010 – Prefeitura de Patos/PB, Inspetor Sanitário – Farmacêutico:*

A construção do SUS se baseou em alguns princípios previstos constitucionalmente. Em relação a esses princípios marque V (verdadeiro) e (F) falso:

II. Conforme o princípio da integralidade, os serviços de saúde devem funcionar atendendo o indivíduo como um ser predominantemente biológico, analisando as suas especialidades e doenças crônicas.
Resposta: Falso.

► A afirmativa "II" é falsa porque o princípio da integralidade diz respeito à amplitude do atendimento oferecido pelo SUS, que deve oferecer tratamento em todos os níveis de complexidade. Além disso, a ideia de um indivíduo "predominantemente biológico" se opõe ao conceito amplo de saúde, adotado pelo art. 196 da CF.

- *INSTITUTO LUDUS/2010 – Prefeitura de São João dos Patos/MA, Médico:*

  As ações de saúde pública no Brasil devem estar voltadas, ao mesmo tempo, para o indivíduo e para a comunidade, para a prevenção e para o tratamento, sempre respeitando a dignidade humana. Essas ações estão baseadas no princípio da:

b) Integralidade.

Resposta: alternativa "b".

- *ADVISE/2010 – Prefeitura de Jaguariúna/SP, Médico da Família:*

  Historicamente, o SUS representou uma verdadeira ruptura em relação às políticas de saúde desenvolvidas e implantadas, em épocas diferentes e passadas, pelo governo. No entanto, os princípios orientadores das atividades desenvolvidas pelo SUS ainda não se encontram plenamente estabelecidos, principalmente o (a):

a) integralidade assistencial.

Resposta: alternativa "a".

- *IF/SC/2010 – Professor de Gestão de Materiais, Marketing e Serviços de Saúde:*

  No art. 198 da Constituição Brasileira, consta: "As ações e serviços públicos de saúde integram uma rede regionalizada e hierarquizada e constituem um sistema único, organizado de acordo com algumas diretrizes". Assinale a alternativa que corresponde a uma das diretrizes descritas na Constituição Brasileira.

b) Atendimento integral, com prioridade para as atividades preventivas, sem prejuízo dos serviços assistenciais.

Resposta: alternativa "b".

- *MP/PR/2009 – Promotor Substituto:*

– O princípio da integralidade proporciona aos pacientes do SUS acesso às ações e serviços, desde a prevenção até a cura, em todos os níveis de complexidade do Sistema, com o objetivo de erradicar a causa e diminuir os riscos de agravos.

Resposta: Correto.

- *INSTITUTO LUDUS/2009 – Prefeitura de Cajazeiras do Piauí/PI, Médico:*

  As ações e serviços públicos de saúde integram uma rede regionalizada e hierarquizada e constituem um sistema único que visa:

b) O atendimento integral, com prioridade para as atividades preventivas, sem prejuízo dos serviços assistenciais.
Resposta: alternativa "b".

► **Critérios jurisprudenciais de balizamento da integralidade da assistência à saúde:**

- *MPE/GO/2016 – Promotor de Justiça Substituto:*
Nas decisões dos Tribunais Superiores acerca das ações judiciais em que se postulam o direito à saúde e a educação, tem prevalecido o princípio:

a) Da reserva do possível e da separação dos poderes.
b) Da razoabilidade e da disponibilidade financeira.
c) Do mínimo existencial.
d) Da responsabilidade subjetiva do Estado
Resposta: alternativa "c".

- *FMP/2015 – MPE/AM – Promotor de Justiça Substituto:*
No que se refere à eficácia dos direitos fundamentais, considere as seguintes assertivas:

I. A saúde e a educação são políticas públicas de incumbência do gestor, não podendo o Ministério Público e o Poder Judiciário adotar medidas de controle em juízo, sob pena de ativismo judicial.
II. A judicialização da política significa o ajuizamento de demandas envolvendo direitos fundamentais relativas à omissão dos poderes públicos, em razão de fatores contingenciais, ao passo que o ativismo judicial é um ato de vontade de poder (judicial), com a adoção de argumentos de moral, de política ou de economia, com ofensa ao princípio da Separação de Poderes.
III. A justiciabilidade dos direitos sociais está adstrita ao mínimo existencial, o qual corresponde ao núcleo essencial ou "núcleo duro" dos direitos fundamentais.
IV. O mínimo existencial não se confunde com o mínimo vital ou o mínimo de subsistência, podendo ser dividido em mínimo fisiológico e mínimo sociocultural.

Resposta: estão corretas as afirmativas II e IV; e estão erradas as afirmativas I e III.

► A afirmativa "I" contraria toda a jurisprudência que se estabeleceu nos Tribunais Superiores, segundo a qual é admitida a atuação do Ministério Público e do próprio Poder Judiciário no controle das políticas públicas de efetivação dos direitos sociais, entre os quais os direitos à saúde e à educação. Quanto à afirmativa "III", vale lembrar que a jurisprudência não limita a exigibilidade judicial dos direitos sociais ao mínimo existencial, sendo este usado como critério de aferição das prestações requeridas, e não necessariamente um limitador. Tampouco se admite que o mínimo existencial constitua o núcleo essencial dos direitos fundamentais – o que dependerá de qual direito fundamental esteja em causa e do âmbito de proteção que lhe atribui as normas constitucionais, inclusive diante de circunstâncias concretas (caso a caso).

- *FMP/2015 – MPE/AM – Promotor de Justiça Substituto:*

  Considere as seguintes assertivas em relação ao controle jurisdicional de políticas públicas, em consonância com a jurisprudência do Supremo Tribunal Federal e do Superior Tribunal de Justiça:

I. O controle de políticas públicas pelo Poder Judiciário viola o princípio da Separação de Poderes.

II. A jurisprudência do Supremo Tribunal Federal tem adotado os seguintes parâmetros de sindicabilidade: a omissão inconstitucional, o mínimo existencial, a proibição do retrocesso social, a proibição do excesso e da proteção insuficiente dos direitos fundamentais.

III. Não há violação ao princípio da Separação de Poderes quando em causa a ofensa ao mínimo existencial, sobretudo no que toca aos direitos fundamentais à saúde e à educação.

Resposta: a afirmativa "I" está errada, enquanto as afirmativas II e III estão corretas.

► A jurisprudência não reconhece violação ao princípio da separação dos Poderes no controle jurisdicional das políticas públicas, razão para que se considere errada a afirmativa "I".

- *MPDFT/2013 – Promotor de Justiça Adjunto – 30º Concurso:*

e) De acordo com o STF, o Estado pode ser obrigado a fornecer ou custear tanto tratamentos experimentais, quanto aqueles ainda não testados pelo SUS.

Resposta: Errado.

► A jurisprudência do STF, conforme acentua o acórdão da STA nº 175, posiciona-se contrariamente à imposição, ao Estado, de fornecimento de medicamentos experimentais.

- *MP-PR/2011 – Promotor Substituto:*

  Em não existindo o tratamento para determinada doença no Brasil, deve o benefício social do atendimento pelo SUS abranger tratamento no exterior.

  Resposta: Correto.

► Cabe referir que, de acordo com a jurisprudência, esta é uma hipótese excepcional, ainda que admissível.

- *VUNESP/2012 – Juiz de Direito Substituto – TJMG:*

  Recentemente, o Supremo Tribunal Federal estabeleceu uma série de parâmetros para solução judicial dos casos concretos que envolvem o direito à saúde. Assinale a alternativa que apresenta corretamente um desses parâmetros.

d) Os Protocolos Clínicos e Diretrizes Terapêuticas do SUS podem ser questionados judicialmente, mas compete à parte autora comprovar a ineficácia ou impropriedade da política de saúde existente.

Resposta: alternativa "d".

- *AOCP/2009 – Prefeitura de Piracicaba/SP, Médico (PSF):*

  Assinale a alternativa INCORRETA.

a) O acesso universal aos cuidados básicos de saúde, a equidade na distribuição desses cuidados a resolubilidade dos serviços são metas buscadas para a prática médica no Brasil.

b) O paradigma da medicina baseada em evidências se desenvolvido sob um plano político (e científico) adequado, pode auxiliar nessa busca, viabilizando uma prática médica efetiva e equânime.

c) O papel institucional, conduto, vai além de organizar e disseminar revisões sistemáticas, diretrizes e protocolos assistenciais.

d) É cada vez mais comuns serviços adotarem mecanismos que estimulam ativamente a prática da medicina baseada em evidências, pois a simples disponibilidade de sumários das evidências garantem sua incorporação adequada.

e) As análises econômicas são fundamentais para a prática institucional da medicina baseada em evidências.

Resposta: alternativa "d".

► A alternativa *"d"* está errada porque, muito embora haja uma forte tendência em se adotarem os procedimentos e critérios da Medicina Baseada em Evidências (*Evidence Based Medicine*), a incorporação de novos medicamentos e tratamentos depende de um processo público, por meio do qual são elaborados os Protocolos Clínicos e Diretrizes Terapêuticas (PCDT) do SUS, que não se dá de forma simples, nem por meros sumários.

► RENASES e RENAME:

- *CESPE/2018 – EBSERH – Nível Superior (Área Médica):*

  Com base no disposto no Decreto nº 7.508/2011, julgue o item a seguir.

  Observadas as diretrizes pactuadas pela Comissão Intergestores Tripartite (CIT), o Ministério da Saúde disporá sobre a Relação Nacional de Ações e Serviços de Saúde (RENASES) e sobre a Relação Nacional de Medicamentos Essenciais (RENAME), os protocolos clínicos e as diretrizes terapêuticas, devendo consolidar e publicar as atualizações da RENASES e da RENAME a cada dois anos.

Resposta: Correto.

- *IADES/2018 – SES/DF – Enfermeiro Obstetra:*

Considerando o Capítulo IV do Decreto nº 7.508/2011, que trata da Relação Nacional de Ações e Serviços de Saúde (Renases) e acerca da Relação Nacional de Medicamentos Essenciais (Rename), assinale a alternativa correta.

a) As secretarias municipais de saúde são os órgãos competentes para dispor a respeito da Rename e dos Protocolos Clínicos e Diretrizes Terapêuticas em âmbito nacional.

b) A Rename será acompanhada do Formulário Terapêutico Nacional que subsidiará a prescrição, a dispensação e o uso dos seus medicamentos.

c) Os estados, o Distrito Federal e os municípios não poderão adotar relações específicas de ações e serviços de saúde, em consonância com a Renases.

d) Os entes federativos não poderão ampliar o acesso do usuário à assistência farmacêutica.

e) A Rename e a relação específica complementar estadual, distrital ou municipal de medicamentos poderão conter produtos independentemente de registro na Anvisa.

Resposta: alternativa "b".

- *FUNDATEC/2019 – IMESF – Enfermeiro:*

De acordo com a Portaria de Consolidação nº 1/2017, a Relação Nacional de Ações e Serviços de Saúde (RENASES) está organizada nos seguintes componentes:

I. Ações e serviços da atenção básica (primária).

II. Ações e serviços da urgência e emergência.

III. Ações e serviços da atenção psicossocial.

IV. Ações e serviços da atenção ambulatorial especializada e hospitalar.

V. Ações e serviços da vigilância em saúde.

Quais estão corretas?

a) Apenas I e II.

b) Apenas I, III e IV.

c) Apenas II, III e V.

d) Apenas I, II, III e V.

e) I, II, III, IV e V.

Resposta: alternativa "e".

- *AOCP/2016 – EBSERH – Técnico em Radiologia:*

A Relação Nacional de Ações e Serviços de Saúde – RENASES compreende todas as ações e serviços que o SUS oferece ao usuário para atendimento da integralidade da assistência à saúde. De acordo com o que estabelece o Decreto Presidencial nº 7.508, de 28 de junho de 2011,

a) a cada quatro anos, o Ministério da Saúde consolidará e publicará as atualizações da RENASES.
b) a cada dois anos, o Ministério da Saúde consolidará e publicará as atualizações da RENASES.
c) a cada dois anos, o Poder Legislativo consolidará e publicará as atualizações da RENASES, após realizar a integração e unificação das leis e decretos formulados no âmbito municipal.
d) a cada quatro anos, o Poder Legislativo consolidará e publicará as atualizações da RENASES, após realizar a integração e unificação das leis e decretos formulados no âmbito municipal.
e) a Relação Nacional de Ações e Serviços de Saúde – RENASES, é fixada pela Constituição Federal, de modo que as atualizações devem ser formuladas pelo Poder Legislativo, por meio de Emenda Constitucional.

Resposta: alternativa "b".

- *AOCP/2016 – EBSERH – Enfermeiro (Urgência e Emergência):*

De acordo com o Decreto Presidencial nº. 7.508, de 28 de junho de 2011, acerca da Relação Nacional de Ações e Serviços de Saúde – RENASES –, assinale a alternativa correta.

a) Será acompanhada do Formulário Terapêutico Nacional - FTN que subsidiará a prescrição, a dispensação e o uso dos seus medicamentos.
b) Tem como função única efetuar a padronização de medicamentos indicados para atendimento de doenças ou de agravos no âmbito do SUS.
c) Tem como função precípua estabelecer os Protocolos Clínicos e Diretrizes Terapêuticas em âmbito nacional, observadas as diretrizes pactuadas pela Comissão Intergestores Bipartite - CIB.
d) Compreende todas as ações e serviços que o SUS oferece ao usuário para atendimento da integralidade da assistência à saúde.
e) A cada quatro anos, o Ministério da Saúde consolidará e publicará as atualizações da RENASES.

Resposta: alternativa "d".

- *AOCP/2016 – EBSERH – Médico (Medicina do Trabalho):*

De acordo com o Decreto Federal nº 7.508, de 28 de junho de 2011, o acesso universal e igualitário à assistência farmacêutica pressupõe

a) não estar o usuário assistido por ações e serviços de saúde do SUS.
b) ter o medicamento sido prescrito por qualquer pessoa.
c) estar a prescrição em conformidade com a RENAME e os Protocolos Clínicos e Diretrizes Terapêuticas ou com a relação específica complementar estadual, distrital ou municipal de medicamentos.
d) não ter a dispensação ocorrido em unidades indicadas pela direção do SUS.
e) estar o usuário assistido por ações e serviços de saúde particular.

Resposta: alternativa "c".

- *AOCP/2015 – EBSERH/HE-UFPEL – Advogado:*

A Relação Nacional de Ações e Serviços de Saúde (RENASES)

a) compreende todas as ações e serviços que o SUS oferece ao usuário para atendimento da integralidade da assistência à saúde.

b) compreende a seleção e a padronização de medicamentos indicados para atendimento de doenças ou de agravos no âmbito do SUS.

c) é o órgão de planejamento da saúde e indutor de políticas para a iniciativa privada.

d) expõe que apenas os Municípios pactuarão, nas respectivas Comissões Intergestores, com as suas responsabilidades, em relação ao rol de ações e serviços constantes da RENASES.

e) compreende um conjunto de ações e serviços de saúde articulados em níveis de complexidade crescente, com a finalidade de garantir a integralidade da assistência à saúde.

Resposta: alternativa "a".

- *AOCP/2015 – EBSERH/HU-UFJF – Advogado:*

A Relação Nacional de Ações e Serviços de Saúde - RENASES - compreende todas as ações e serviços que o SUS oferece ao usuário para atendimento da integralidade da assistência à saúde. Qual é o prazo que o Ministério da Saúde tem para publicar as atualizações da RENASES?

a) 01 (um) ano.

b) 02 (dois) anos.

c) 03 (três) anos.

d) 04 (quatro) anos.

e) 05 (cinco) anos.

Resposta: alternativa "b".

- *AOCP/2016 – EBSERH – Advogado:*

De acordo com o que dispõe o Decreto Presidencial nº 7.508, de 28 de junho de 2011, acerca da Relação Nacional de Medicamentos Essenciais – RENAME, assinale a alternativa correta.

a) O Ministério da Saúde é o órgão competente para dispor sobre a RENAME e os Protocolos Clínicos e Diretrizes Terapêuticas em âmbito nacional, observadas as diretrizes pactuadas pela Comissão Intergestores Bipartite – CIB.

b) A Comissão Intergestores Tripartite – CIT é o órgão competente para dispor sobre a RENAME e os Protocolos Clínicos e Diretrizes Terapêuticas em âmbito nacional, observadas as diretrizes pactuadas pelo Ministério da Previdência Social.

c) A Comissão Intergestores Tripartite – CIT é o órgão competente para dispor sobre a RENAME e os Protocolos Clínicos e Diretrizes Terapêuticas em âmbito nacional, observadas as diretrizes pactuadas pelo Ministério da Saúde.

d) O Ministério da Previdência Social é o órgão competente para dispor sobre a RENAME e os Protocolos Clínicos e Diretrizes Terapêuticas em âmbito nacional, observadas as diretrizes pactuadas pela Comissão Intergestores Bipartite – CIB.

e) O Ministério da Saúde é o órgão competente para dispor sobre a RENAME e os Protocolos Clínicos e Diretrizes Terapêuticas em âmbito nacional, observadas as diretrizes pactuadas pela Comissão Intergestores Tripartite – CIT.

Resposta: alternativa "e".

- *IBFC/2016 – EBSERH/HUAP-UFF – Advogado:*

  Considerando o Decreto presidencial 7.508 de 28 de junho de 2011, analise as afirmativas abaixo [...]:

I. O Ministério da Saúde é o órgão competente para dispor sobre a RENAME (Relação Nacional de Medicamentos Essenciais) e os Protocolos Clínicos e Diretrizes Terapêuticas em âmbito nacional.

Resposta: Correto

- *CEPUERJ/UERJ/2014 – Pref. Campo dos Goytacazes, RJ – Médico Angiologista:*

  A Relação Nacional de Medicamentos Essenciais (RENAME) realiza, entre outras, a seguinte ação:

b) seleção e padronização de medicamentos indicados para atendimento de doenças ou de agravos no âmbito do SUS.

Resposta: alternativa "b".

- *FUNCAB/2014 – Pref. Vassouras, RJ – Médico Cardiologista:*

– Dentre os novos elementos advindos do Decreto [nº 7.508/2011] estão a Relação Nacional de Ações e Serviços de Saúde – RENASES; a Relação Nacional de Medicamentos Essenciais – RENAME e o Mapa da Saúde.

Resposta: Correto.

- *AOCP/2014 – EBSERH/HC-UFPE – Advogado:*

  De acordo com o Decreto Presidencial nº 7.508/2011, todas as ações e serviços que o SUS oferece ao usuário para atendimento da integralidade da assistência à saúde são compreendidos pela

e) RENASES.

Resposta: alternativa "e".

- *AOCP/2014 – EBSERH/HC-UFMG – Advogado:*

  A respeito da Relação Nacional de Ações e Serviços de Saúde, assinale a alternativa INCORRETA.

a) A Relação Nacional de Ações e Serviços de Saúde (RENASES) compreende todas as ações e serviços que o SUS oferece ao usuário para atendimento da integralidade da assistência à saúde.

b) A União, os Estados, o Distrito Federal e os Municípios pactuarão nas respectivas Comissões Intergestores as suas responsabilidades em relação ao rol de ações e serviços constantes da RENASES.
c) O Ministério da Saúde disporá sobre a RENASES em âmbito nacional, observadas as diretrizes pactuadas pela Comissão Intergestores Tripartite.
d) A cada ano, o Ministério da Saúde consolidará e publicará as atualizações da RENASES.
e) Os Estados, o Distrito Federal e os Municípios poderão adotar relações específicas e complementares de ações e serviços de saúde, em consonância com a RENASES, respeitadas as responsabilidades dos entes pelo seu financiamento, de acordo com o pactuado nas Comissões Intergestores.

Resposta: alternativa "d".

▶ A obrigatoriedade de atualização da RENASES se dá a cada 2 (dois) anos (Dec. nº 7.508/2011, art. 22, § único).

- *CESPE-UNB/2014 – Câmara dos Deputados – Analista Legislativo, Consultor Legislativo – Área XVI:*

– A relação nacional de ações e serviços de saúde compreende todas as ações e serviços oferecidos pelo SUS para o atendimento da integralidade da assistência à saúde, sendo vedado aos estados, ao Distrito Federal e aos municípios adotar relações de ações e serviços de saúde específicos ou complementares.

Resposta: Errado.

▶ De acordo com o art. 24 do Decreto nº 7.508/2011, "Os Estados, o Distrito Federal e os Municípios poderão adotar relações específicas e complementares de ações e serviços de saúde, em consonância com a RENASES [...]".

- *VUNESP/2014 – UNIFESP – Médico Anestesiologista:*

De acordo com a Lei Orgânica do Município de São Paulo, no que se refere às ações em saúde na sua área de abrangência, é correto afirmar que

e) o serviço de atendimento médico do Município poderá oferecer ao usuário, quando possível, formas de tratamento de assistência alternativa, reconhecidas.

Resposta: alternativa "e".

- *UNIVALI/2013 – Prefeitura de Itajaí, SC – Cirurgião Dentista, Clínico Geral:*

Compreendendo a importância do Decreto nº 7.508, de 28 de junho de 2011, para a organização e gerenciamento do SUS é obrigatório a todo profissional de saúde o conhecimento deste documento, bem como de suas implicações no dia a dia dos serviços de saúde. Tendo como base este Decreto, assinale a alternativa correta.

a) A Relação Nacional de Medicamentos Essenciais – RENAME compreende a seleção e a padronização de medicamentos indicados para atendimento de doenças ou de agravos no âmbito do SUS. A RENAME será acompanhada do Dicionário de Especialidades Farmacêuticas- DEF que subsidiará a prescrição, a dispensação e o uso dos seus medicamentos.

[...]

c) A integralidade da assistência à saúde se inicia e se completa na Rede de Atenção à Saúde, mediante referenciamento do usuário na rede regional e interestadual, conforme pactuado nas Comissões Intergestores.

d) O acordo de colaboração entre os entes federativos para a organização da rede interfederativa de atenção à saúde será firmado por meio da Relação Nacional de Ações e Serviços de Saúde – RENASES.

Resposta: alternativa "c".

▶ O erro da alternativa "a" encontra-se na segunda afirmativa, pois a RENAME será acompanhada do Formulário Terapêutico Nacional (FTN), e não de algum "dicionário", como refere a questão. Já a alternativa "d" descreve o Contrato Organizativo da Ação Pública da Saúde (Dec. nº 7.508/2011, art. 33); já a RENASES constitui a listagem que "compreende todas as ações e serviços que o SUS oferece ao usuário para atendimento da integralidade da assistência à saúde" (Dec. nº 7.508/2011, art. 21).

▶ **Linhas de cuidado:**

- *AGIR-UEG/2014 – HUGO2 – Biomédico:*

  A articulação de recursos e das práticas de produção em saúde, orientada por diretrizes clínicas, entre unidades de uma dada região de saúde, para a condução oportuna, ágil e singular, dos usuários em resposta às necessidades epidemiológicas refere-se ao conceito de

c) linha de cuidado.

Resposta: alternativa "c".

7. **Princípio da participação da comunidade:** A **participação da comunidade** no planejamento e controle sobre a gestão do SUS guarda pertinência direta com o **princípio democrático**, assegurando que os cidadãos participem ativamente na definição das políticas públicas do setor e concretizando o que Peter Häberle denominou de *status activus processualis*[99], como faceta do direito à saúde correspondente a um direito de participação na organização e no procedimento. A participação da comunidade, prevista pela Constituição como uma diretriz (art. 198, III) e pela Lei nº 8.080/90 como um

99. Sobre os direitos de participação na organização e procedimento, v. SARLET, 2009, p. 194 et seq.

princípio (art. 7º, VIII), tem seu referencial histórico na década de 1980, num momento em que se aliaram o movimento pela redemocratização do país e as estratégias da medicina comunitária e da atenção primária, preconizadas pelas Conferências Internacionais de Alma-Ata (1979) e Ottawa (1986). Só faz sentido falar em participação da comunidade no planejamento e controle das políticas de saúde após a implementação do SUS, pois, apesar de previstos pela Lei nº 378/37, o Conselho Nacional de Saúde (art. 37) e as Conferências Nacionais de Saúde (art. 90) não eram formalmente integrados por representantes da sociedade civil, mas por membros ou representantes indicados pelo governo federal. Ainda assim, os vetos apresentados aos arts. 11 e 42 da Lei nº 8.080, que dispunham exatamente sobre a participação da comunidade no SUS, evidenciaram a dificuldade em se assegurar o exercício da participação, obrigando o setor sanitário a se mobilizar intensamente para que a Lei nº 8.142/90 fosse finalmente aprovada.

A **Lei nº 8.142/90** – para cujos comentários se remete o leitor – regula a participação social por meio dos **Conselhos e Conferências de Saúde**. Além destes, a legislação específica também garante a participação da comunidade em outros órgãos e comissões, como é o caso da Agência Nacional de Vigilância Sanitária (ANVISA), da Câmara de Saúde Suplementar da Agência Nacional de Saúde Suplementar (CSS/ANS) e da Comissão Técnica Nacional de Biossegurança (CTNBio). Paralelamente a isso, e não menos importante, cabe referir que a participação da sociedade também se dá pela adesão os programas de **promoção e prevenção em saúde**, quando a responsabilidade pela saúde pública passa a ser compartilhada entre Estado e sociedade, incrementando, com isso, a eficácia e efetividade das políticas públicas de saúde, bem como assegurando aplicação ao princípio da solidariedade[100]. Essa concepção alinha-se às diretivas tiradas das mencionadas Conferências Internacionais de Alma-Ata (1979) e de Ottawa (1986), em que se conecta a promoção da saúde à participação social:

> *"A promoção da saúde trabalha através de ações comunitárias concretas e efetivas no desenvolvimento das prioridades, na tomada de*

100. Nesse sentido, consultar: ROCHA, Rosa Maria da; ZANCAN, Lenira; TAVARES, Maria de Fátima Lobato; CARVALHO, Antonio Ivo. Territórios da promoção da saúde e do desenvolvimento local. In: GONDIM R., GRABOIS V., MENDES JUNIOR W . V. (Orgs.). *Qualificação dos Gestores do SUS*. 2. ed. Rio de Janeiro: Fiocruz/ENSP/EAD, 2011, p. 325-343. Disponível em: <http://www4.ensp.fiocruz.br/biblioteca/home/exibedetalhesBiblioteca.cfm?ID=12566&Tipo=B>. Acesso em: 21 dez. 2012.

> *decisão, na definição de estratégias e na sua implementação, visando a melhoria das condições de saúde. O centro deste processo é o incremento do poder das comunidades – a posse e o controle dos seus próprios esforços e destino."*[101]

Releva notar a vinculação entre **controle social e boa governança**, que de certo modo reflete princípios reitores das atividades da Administração Pública, tais como moralidade, impessoalidade e probidade. O § 3º do art. 37 da CF atribui à lei disciplinar as "formas de participação do usuário na administração pública direta e indireta", envolvendo não somente a possibilidade de reclamação quanto à prestação dos serviços públicos, como o acesso a registros administrativos e informações sobre atos de governo. De sua vez, a **Lei Complementar nº 141/2012** estabelece "normas de fiscalização, avaliação e controle das despesas com saúde nas esferas federal, estadual, distrital e municipal" (art. 1º, IV). Para tanto, impõe aos gestores de saúde, em todas as esferas federativas, "ampla divulgação, inclusive em meios eletrônicos de acesso público, das prestações de contas periódicas da área da saúde, para consulta e apreciação dos cidadãos e de instituições da sociedade" (art. 31). "A transparência e a visibilidade serão asseguradas mediante incentivo à participação popular e realização de audiências públicas, durante o processo de elaboração e discussão do plano de saúde", conforme ainda determina o parágrafo único do art. 31. Por fim, a LC nº 141/2012 ainda assina aos gestores o dever de disponibilizarem ao respectivo Conselho de Saúde um programa permanente de educação em saúde, a ser oferecido prioritariamente aos usuários e trabalhadores da saúde, a fim de que possam qualificar sua atuação na formulação de estratégias e, com isso, assegurar o efetivo controle social da execução da política de saúde (art. 44).

Aplicação em concurso:

- *COMPERVE/2018 – Prefeitura de Natal – Enfermeiro:*

  O SUS é o conjunto de ações e serviços públicos de saúde, compondo uma rede regionalizada e hierarquizada, organizada a partir dos princípios da universalidade, equidade, integralidade, descentralização e participação da

101. BRASIL. Ministério da Saúde. *Cartas de Promoção da Saúde*. Brasília, 2001, p. 13. Disponível em: <http://portal.saude.gov.br/portal/arquivos/pdf/declaracoesecarta_portugues.pdf>. Acesso em: 08 jan. 2013.

comunidade. Analise as afirmativas abaixo que discorrem sobre os princípios do SUS.

– A participação da comunidade expressa o exercício da democracia no que se refere às decisões na saúde e assegura o controle social, cabendo aos gestores a função de fiscalizar e avaliar as ações.

- *AGIRH/2014 – Pref. Canas, SP – Médico PSF 40h:*

  Na Constituição Federal de 1988 consta como diretriz do Sistema Único da Saúde:

b) Participação da comunidade.

Resposta: alternativa "b".

- *IADES/2014 – EBSERH/HUPES-UFBA – Advogado:*

  No âmbito do SUS, a participação, na perspectiva do controle social, possibilita à população

c) interferir na gestão da saúde, colocando as ações do Estado na direção dos interesses da coletividade.

Resposta: alternativa "c".

- *FCC/2014 – MP/PA – Promotor de Justiça e Promotor de Justiça Substituto:*

  A Constituição Federal de 1988, no seu art. 198, inciso III, estabelece que o Sistema Único de Saúde deve contar com a participação da comunidade. Essa participação ocorre

a) através das Conferências e Conselhos de Saúde.

Resposta: alternativa "a".

- *CESPE-UNB/2014 – Câmara dos Deputados – Analista Legislativo, Consultor Legislativo – Área XVI:*

– Cabe à assistência social prover o atendimento das necessidades básicas da população, que pode participar da formulação e do controle das ações dessa esfera em todos os níveis, desde que contribua para a seguridade social.

Resposta: Errado.

► A participação da comunidade na formulação e no controle das políticas públicas independe de contribuição para a seguridade social.

- *BIORIO/2014 – SPDM – Médico Generalista ESF:*

  A fase inicial do processo de planejamento participativo de uma intervenção em educação voltada a uma comunidade é:

e) identificar o problema e determinar suas causas e consequências em conjunto com a comunidade.

Resposta: alternativa "e".

- *Gestão de Concursos/2013 – Médico (CIAS/SAMU/MG):*

  Sobre a participação da comunidade na gestão do Sistema Único de Saúde, descrita, é INCORRETO afirmar que

a) se dá por meio da Conferência de Saúde e pelo Conselho de Saúde.

b) participam os seguintes segmentos da sociedade: usuários dos serviços de saúde, prestadores de serviços, profissionais de saúde e representantes do governo.

c) a participação comunitária em saúde é um canal importante de relação entre o Estado, os trabalhadores e a sociedade na definição e no alcance de objetivos setoriais de saúde, ao mesmo tempo orientada para a modificação favorável dos determinantes sociais de saúde tendo em vista a conquista de maior autonomia da comunidade em relação a tais determinantes ou aos próprios serviços de saúde e ao desenvolvimento da sociedade.

d) constitui-se em um conjunto de atividades políticas, com caráter consultivo, sem efeito deliberativo.

Resposta: alternativa "d".

▶ A alternativa "d" está errada porque a participação da comunidade se dá no planejamento da assistência à saúde, e as decisões dos Conselhos de Saúde têm evidente caráter deliberativo.

- *UFG/2012 – Prefeitura de Aparecida de Goiânia, GO – Fiscal de Saúde Pública:*

  O controle social tem por finalidade estimular a efetiva participação da população no Sistema Único de Saúde e estabelece que:

a) a participação da sociedade está garantida em todas as esferas de governo, através dos Conselhos de Saúde e das Conferências de Saúde.

Resposta: alternativa "a".

- *FCC/2011 – Procurador do Estado Substituto – PGE/RO:*

  Quanto à seguridade social é correto afirmar:

c) O sistema de saúde deve definir diretrizes com a participação da comunidade.

Resposta: alternativa "c".

- *ASPERHS/2010, Prefeitura de Sirinhaém/PE:*

  Art. 198. As ações e serviços públicos de saúde integram uma rede regionalizada e hierarquizada e constituem um sistema único, de forma que haja:

e) Participação da comunidade.

Resposta: alternativa "e".

- *Fundação José Arthur Boiteux/UFSC/2010 – Prefeitura de Florianópolis, Biólogo:*

  O artigo 198 da Constituição Federal define o Sistema Único de Saúde – SUS, constituído por uma rede regionalizada e hierarquizada, integrada por ações e serviços públicos de saúde. Assinale a alternativa CORRETA, sobre as diretrizes que organizam o SUS.

a)	( )	Participação da comunidade.
b)	( )	Atendimento integral, com prioridade para os serviços assistenciais, sem prejuízo das atividades preventivas.
c)	( )	Atendimento equitativo, com prioridade aos mais necessitados.
d)	( )	Descentralização, com direção compartilhada em cada esfera de governo.
e)	( )	Regionalização, com verticalidade gerencial e adstrição de clientela.

Resposta: alternativa "a".

▶ As demais alternativas estão erradas porque: *"b"* → a prioridade é para as medidas preventivas, não assistenciais; *"c"* → não há norma que assegure prioridade aos necessitados; *"d"* → deve haver descentralização, mas com direção única em cada esfera de governo; *"e"* → não há falar em "adstrição de clientela", mas o contrário, já que o SUS é marcado pelo princípio da universalidade.

- *COMPERVE/2010 – UFRN, Psicólogo:*

  Com relação a um dos princípios do SUS, o *controle social*, que pressupõe a participação da população na decisão dos rumos a serem seguidos pelo sistema público de saúde brasileiro, é incorreto afirmar:

a) pode participar dos conselhos somente a população que faz parte da área de abrangência de um determinado serviço.

b) as principais instâncias de participação da comunidade na política de saúde brasileira são as conferências e os conselhos de saúde e ainda as comissões intergestores.

c) apesar de termos um grande número de conselheiros em todo o País, a participação popular ainda é muito restrita em função do baixo grau de engajamento político.

d) a instituição da participação popular nos serviços de saúde representa uma das conseqüências do processo de redemocratização da sociedade brasileira.

Resposta: alternativa "a".

▶ A alternativa *"a"* está errada porque não existe tal restrição à participação da comunidade.

- *INSTITUTO LUDUS/2010 – Prefeitura de São João dos Patos/MA, Psicólogo:*

  A participação social no SUS é um princípio doutrinário e está assegurado na Constituição e nas Leis orgânicas da saúde. Qual a ação, dentre as abaixo, faz parte desse processo de participação social?

b) Apoiar a implantação de ouvidorias.

Resposta: alternativa "b".

- *IDECAN/2010 – Hospital Ophir Loyola/PA, Biomédico:*

  As ações e os serviços públicos de Saúde que integram o SUS são desenvolvidos de acordo com as diretrizes constitucionais, considerando alguns princípios, tais como, EXCETO:

a) Integralidade de assistência.
b) Participação da rede hospitalar.
c) Universalidade de acesso aos serviços de saúde.
d) Igualdade da assistência à saúde

Resposta: alternativa "b".

► A alternativa *"b"* está errada porque a previsão constitucional se refere ao princípio da participação da comunidade, e não da rede hospitalar.

- *MP/PR/2009 – Promotor Substituto:*

– A diretriz da participação da comunidade limita-se a garantir o acesso de representantes dos segmentos dos usuários, gestores, profissionais de saúde e prestadores de serviço, de modo paritário, nos Conselhos de Saúde Municipais e Estaduais, propiciando-lhes influir na formulação de políticas de saúde e no controle de sua execução;

Resposta: Errado.

► A afirmativa está errada porque o princípio da participação da comunidade no SUS é bastante mais amplo, não se limitando ao acesso de representantes nos Conselhos Municipais e Estaduais de Saúde.

- *CESPE/2005 – ANS, Especialista em Regulação de Saúde Suplementar:*

  A Constituição determina que as ações e serviços públicos de saúde integrem uma rede hierarquizada e constituam um sistema único de acordo com diretrizes que incluem a participação da comunidade.

  Resposta: Correto.

8. O **financiamento do Sistema Único de Saúde (SUS)** encontra-se regulado pelos **§§ 1º a 3º do art. 198** da CF, na redação dada pela Emenda Constitucional nº 29/2000. Além dessas normas constitucionais específicas, a

matéria encontra disciplina legislativa, com especial destaque para a Lei Complementar nº 141/2012, que regulou o § 3º do art. 198, estabelecendo os recursos mínimos a serem aplicados em ações e serviços de saúde, bem como critérios de rateio dos recursos provenientes de transferências para a saúde, e ainda normas sobre fiscalização e controle das despesas de saúde. Também importante é a Lei nº 8.142/90, ao dispor sobre as transferências intergovernamentais de recursos para a saúde – cuja análise será feita em capítulo próprio, mais adiante. Apesar desse conjunto normativo, a garantia de recursos mínimos a serem aplicados em saúde sempre encontra problemas, desde a alocação dos recursos, a execução orçamentária na área da saúde e mesmo o incentivo, por vezes indireto e por intermédio de renúncia fiscal, à participação da iniciativa privada.

8.1. O art. 198, § 1º, da CF, prevê que o SUS será financiamento pelo **orçamento geral da seguridade social**, sem prejuízo de outras fontes. Estas outras fontes de custeio são elencadas pelo art. 32 da Lei nº 8.080/90 e correspondem aos recursos provenientes de: (a) serviços diversos, desde que prestados sem prejuízo da assistência à saúde; (b) ajudas, contribuições, doações e donativos; (c) alienações patrimoniais e rendimentos de capital; (d) taxas, multas, emolumentos e preços públicos arrecadados no âmbito do próprio SUS; (e) rendas eventuais, incluídas as comerciais e industriais. Ainda de acordo com a Lei nº 8.080/90, as receitas geradas no âmbito do SUS serão depositadas diretamente em contas especiais, movimentadas pelo respectivo gestor do ente federativo onde tiverem sido arrecadadas (art. 32, § 2º).

8.2. O art. 198, § 2º, da CF, estabelece um dever de aplicação de **recursos mínimos em ações e serviços de saúde**, por parte da União, dos Estados, do Distrito Federal e dos Municípios. No caso da União, o montante, que não poderá ser inferior a 15%, será calculado sobre a receita corrente líquida do respectivo exercício financeiro; no caso dos Estados, Distrito Federal e Municípios, o montante será obtido pela aplicação de percentuais previstos pela lei complementar de que trata o § 3º do mesmo art. 198 (atualmente, a Lei nº 141/2012) sobre as receitas resultantes do produto da arrecadação dos impostos que discrimina. Quanto à parcela de recursos da União, o art. 3º da EC nº 86/2015 ainda determina que sejam considerada a parcela "oriunda da participação no resultado ou da compensação financeira pela exploração de petróleo e gás natural", prevista no art. 20, § 1º, da CF.

8.3. O § 3º do art. 198 da CF determina a edição de **lei complementar**, a ser revista a cada cinco anos, que: (a) estipule os percentuais mínimos a serem aplicados em ações e serviços de saúde pelos entes subnacionais, regulamentando os inc. II e III do § 2º do próprio art. 198 da CF; (b) a definição dos critérios de rateio dos recursos vinculados à saúde (da União para Estados, Distrito Federal e Municípios; e dos Estados para os respectivos Municípios), "objetivando a progressiva redução das disparidades regionais" – em nítida remissão aos objetivos da República previstos para o art. 3º da CF[102]; e (c) o estabelecimento das normas para a fiscalização, a avaliação e o controle das despesas efetuadas com saúde pelos entes federados das três esferas[103].

A lei de que trata o art. 198, § 3º, da CF é a **Lei Complementar nº 141, de 13 de janeiro de 2012**, que destina os arts. 2º a 4º a precisar o que serão consideradas despesas com ações e serviços de saúde para fins de aplicação dos recursos mínimos por si estabelecidos. É relevante observar que a ressalva feita pela própria lei, ou seja, que ela não traz um conceito geral de ações e serviços públicos de saúde, nem restringe a destinação de montantes mais vultosos a políticas de saúde ou intersetoriais; o que a lei faz é estabelecer os patamares mínimos de recursos a serem aplicados em ações e serviços de saúde, na forma que define. A ressalva é importante, seja porque os entes federativos podem decidir pela alocação de recursos mais volumosos para o setor da saúde – o que não está impedido, pois o objeto da lei são os recursos mínimos; seja porque a saúde, ao sofrer influência de **determinantes sociais e ambientais** os mais variados, traz consigo a **intersetorialidade** das políticas públicas, cujo planejamento e execução envolvem diversos outros setores – e a lei estabelece quais ações e serviços serão considerados adequados para fins de destinação dos recursos mínimos, restando às demais

102. "Art. 3º. Constituem objetivos fundamentais da República Federativa do Brasil: I – construir uma sociedade livre, justa e solidária; II – garantir o desenvolvimento nacional; III – erradicar a pobreza e a marginalização e reduzir as desigualdades sociais e regionais; IV – promover o bem de todos, sem preconceitos de origem, raça, sexo, cor, idade e quaisquer outras formas de discriminação".

103. Esta norma se conecta com diversas outras normas constitucionais e legais que dispõem sobre a fiscalização, a avaliação e o controle das despesas em saúde, como é o caso das competências previstas pelo art. 197 e do princípio da participação da comunidade na gestão e controle das políticas de saúde, explicitado pelo art. 198, III, e regulado pela Lei nº 8.142/90. Além disso, também importam as atividades desenvolvidas pelos órgãos de controle interno (como o Departamento Nacional de Auditoria do SUS – DENASUS) e controle externo (caso dos Tribunais de Contas e mesmo do Ministério Público) na fiscalização dos recursos da saúde – o que, de sua vez, remete tanto para a competência prevista pelo art. 197, como para as atividades desenvolvidas pelos Tribunais de Contas, na forma dos arts. 70 e seguintes, todos do texto constitucional.

políticas públicas a alocação de outros recursos do orçamento. Com isso, a lei procura superar as dificuldades antes verificadas na interpretação do que constituiriam despesas com ações e serviços de saúde e, em consequência, na alocação de recursos em áreas menos prioritárias e por vezes até mesmo desvinculadas das políticas de saúde.

Nessas condições, o **art. 2º da LC nº 141/2012** determina que as **despesas com ações e serviços públicos de saúde**, para os fins da lei, devem estar voltados à promoção, proteção e recuperação da saúde; atender aos princípios do art. 7º da Lei nº 8.080/90, que, de sua vez, remete às diretrizes do art. 198 da CF; e observar às diretrizes então arroladas, quais sejam:

- destinação a ações e serviços de saúde de acesso universal, igualitário e gratuito (inc. I);
- conformidade com os objetivos e metas explicitados nos Planos de Saúde de cada ente da Federação (inc. II);
- inserção entre as responsabilidades específicas do setor da saúde, o que exclui despesas relacionadas com outras políticas intersetoriais (inc. III);
- financiamento com recursos movimentados por meio dos fundos de saúde de cada ente federativo.

Ademais desses parâmetros, as despesas com ações e serviços de saúde para fins de aplicação dos recursos mínimos devem observar os **catálogos explicitados pelos arts. 3º e 4º da LC nº 141/2012**, em que referidos de modo mais concreto as ações e os serviços de saúde que podem, ou não, ser objeto da destinação dessas verbas. Vale conferir o texto legal:

> ***Art. 3º.*** *Observadas as disposições do art. 200 da Constituição Federal, do art. 6º da Lei nº 8.080, de 19 de setembro de 1990, e do art. 2º desta Lei Complementar, para efeito da apuração da aplicação dos recursos mínimos aqui estabelecidos, serão consideradas despesas com ações e serviços públicos de saúde as referentes a:*
>
> *I – vigilância em saúde, incluindo a epidemiológica e a sanitária;*
>
> *II – atenção integral e universal à saúde em todos os níveis de complexidade, incluindo assistência terapêutica e recuperação de deficiências nutricionais;*
>
> *III – capacitação do pessoal de saúde do Sistema Único de Saúde (SUS);*
>
> *IV – desenvolvimento científico e tecnológico e controle de qualidade promovidos por instituições do SUS;*

V – produção, aquisição e distribuição de insumos específicos dos serviços de saúde do SUS, tais como: imunobiológicos, sangue e hemoderivados, medicamentos e equipamentos médico-odontológicos;

VI – saneamento básico de domicílios ou de pequenas comunidades, desde que seja aprovado pelo Conselho de Saúde do ente da Federação financiador da ação e esteja de acordo com as diretrizes das demais determinações previstas nesta Lei Complementar;

VII – saneamento básico dos distritos sanitários especiais indígenas e de comunidades remanescentes de quilombos;

VIII – manejo ambiental vinculado diretamente ao controle de vetores de doenças;

IX – investimento na rede física do SUS, incluindo a execução de obras de recuperação, reforma, ampliação e construção de estabelecimentos públicos de saúde;

X – remuneração do pessoal ativo da área de saúde em atividade nas ações de que trata este artigo, incluindo os encargos sociais;

XI – ações de apoio administrativo realizadas pelas instituições públicas do SUS e imprescindíveis à execução das ações e serviços públicos de saúde; e

XII – gestão do sistema público de saúde e operação de unidades prestadoras de serviços públicos de saúde.

Art. 4º. *Não constituirão despesas com ações e serviços públicos de saúde, para fins de apuração dos percentuais mínimos de que trata esta Lei Complementar, aquelas decorrentes de:*

I – pagamento de aposentadorias e pensões, inclusive dos servidores da saúde;

II – pessoal ativo da área de saúde quando em atividade alheia à referida área;

III – assistência à saúde que não atenda ao princípio de acesso universal;

IV – merenda escolar e outros programas de alimentação, ainda que executados em unidades do SUS, ressalvando-se o disposto no inciso II do art. 3º;

V – saneamento básico, inclusive quanto às ações financiadas e mantidas com recursos provenientes de taxas, tarifas ou preços públicos instituídos para essa finalidade;

VI – limpeza urbana e remoção de resíduos;

> *VII – preservação e correção do meio ambiente, realizadas pelos órgãos de meio ambiente dos entes da Federação ou por entidades não governamentais;*
>
> *VIII – ações de assistência social;*
>
> *IX – obras de infraestrutura, ainda que realizadas para beneficiar direta ou indiretamente a rede de saúde; e*
>
> *X – ações e serviços públicos de saúde custeados com recursos distintos dos especificados na base de cálculo definida nesta Lei Complementar ou vinculados a fundos específicos distintos daqueles da saúde.*

8.4. A estipulação dos percentuais de recursos mínimos a serem aplicados pelos entes federativos é objeto dos **arts. 5º a 11 da LC nº 141/2012**.

8.4.1. Relativamente à **União**, o art. 5º determinou a vinculação ao **valor empenhado no exercício financeiro anterior**, acrescido, pelo menos, do percentual correspondente à **variação nominal do Produto Interno Bruto (PIB)**, referente ao ano que antecede à lei orçamentária anual. A lei veda a redução nominal desse montante, mesmo na hipótese de variação negativa do PIB (art. 5º, § 2º) – o que, infelizmente, não resguarda a garantia em face de corrosão da moeda em decorrência da inflação ou de variações cambiais.

Deve-se observar, outrossim, que a superveniência da LC nº 141/2012 não foi capaz de afastar a **Desvinculação de Receitas da União (DRU)**, e as novas normas devem ser interpretadas de modo conjugado com **art. 167, IV, da CF** e com o **art. 76 do ADCT**, na redação dada pela Emenda Constitucional nº 93/2016[104] O art. 167, IV, veda a vinculação de receitas de impostos a órgão, fundo ou despesa, excetuando "a destinação de recursos para as ações e serviços públicos de saúde" – conformando-se à norma do art. 198, § 2º, e, portanto, à prévia destinação de recursos públicos a ações e serviços de saúde[105]. De seu turno, porém, o art. 76 do ADCT autoriza,

---

104. ADCT, art. 76. São desvinculados de órgão, fundo ou despesa, até 31 de dezembro de 2023, 30% (trinta por cento) da arrecadação da União relativa às contribuições sociais, sem prejuízo do pagamento das despesas do Regime Geral da Previdência Social, às contribuições de intervenção no domínio econômico e às taxas, já instituídas ou que vierem a ser criadas até a referida data.
105. CF, art. 167. São vedados: [...] IV – a vinculação de receita de impostos a órgão, fundo ou despesa, ressalvadas a repartição do produto da arrecadação dos impostos a que se referem os arts. 158 e 159, a destinação de recursos para as ações e serviços públicos de saúde, para manutenção e desenvolvimento do ensino e para realização de atividades da administração tributária, como determinado, respectivamente, pelos arts. 198, § 2º, 212 e 37, XXII, e a

pelo menos até 31 de dezembro de 2023, a possibilidade de (re)alocação de 30% da arrecadação da União proveniente de contribuições sociais, contribuições de intervenção no domínio econômico e taxas (já instituídas ou que vierem a ser criadas), para outras finalidades que não aquelas previstas anteriormente – a chamada Desvinculação de Receitas da União (DRU). Uma das grandes críticas que se faz não somente à partilha das receitas, mas ao financiamento da saúde no país, diz respeito exatamente à chamada DRU, por intermédio da qual se permite que a União deixe de aplicar recursos mínimos, antes vinculados a certas áreas consideradas prioritárias, havendo aqui necessidade de compatibilização entre o texto permanente (CF, art. 167, IV) e a norma transitória (ADCT, art. 76).

8.4.2. De sua vez, muito embora o novo **art. 76-A do ADCT** (incluído pela EC nº 93/2016) autorize a desvinculação das receitas dos Estados e do Distrito Federal no mesmo percentual de 30% dos valores arrecadados em impostos, taxas e multas, o dispositivo excetua os "recursos destinados ao financiamento das ações e serviços públicos de saúde [...] de que tratam [...] os incisos II e III do § 2º do art. 198" do texto constitucional (ADTC, art. 76-A, § único, inc. I). Desse modo, segue válido o **art. 6º da LC nº 141/2012** que estabelece os recursos mínimos a serem aplicados por **Estados e Distrito Federal**, correspondentes a **12% (doze por cento)** da arrecadação, deduzidas as parcelas transferidas por cada Estado aos respectivos Municípios, dos seguintes impostos:

- Imposto sobre Transmissões *Causa Mortis* e Doações (ITCMD), Imposto sobre Circulação de Mercadorias e Serviços (ICMS) e Imposto sobre Propriedade de Veículos Automotores (IPVA) (CF, art. 155);
- Imposto sobre a Renda e Proventos de qualquer natureza (IR), incidente na fonte, cobrado sobre os rendimentos pagos pelo Estado ou Distrito Federal e respectivas autarquias e fundações; bem como sobre 20% do produto da arrecadação do imposto que a União vier a instituir na forma do art. 154, I, da Constituição Federal (CF, art. 157);
- sobre 21,5% do Imposto sobre a Renda e Proventos de qualquer natureza (IR) e do Imposto sobre Produtos Industrializados (IPI) repassados pela União ao Fundo de Participação dos Estados e do Distrito Federal (CF, art. 159, I, "a"); e sobre os 10% do produto da arrecadação do

prestação de garantias às operações de crédito por antecipação de receita, previstas no art. 165, § 8º, bem como o disposto no § 4º deste artigo; [...].

Imposto sobre Produtos Industrializados (IPI) repassados diretamente pela União aos Estados e Municípios (CF, art. 159, II).

8.4.3. A desvinculação de 30% das receitas dos Municípios relativas a impostos, taxas e multas foi prevista pelo novo **art. 76-B do ADCT** (incluído pela EC nº 93/2016), que também excluiu os "recursos destinados ao financiamento das ações e serviços públicos de saúde [...] de que tratam [...] os incisos II e III do § 2º do art. 198" do texto constitucional. Com isso, segue valendo o **art. 7º da LC nº 141/2012**, que designa os recursos mínimos a serem aplicados por **Municípios e Distrito Federal**, fixando o patamar de **15% (quinze por cento)** arrecadação dos seguintes impostos e recursos:

– Imposto sobre Propriedade Predial e Territorial Urbana (IPTU), Imposto sobre Transmissão *Inter Vivos* (ITIV) e Imposto sobre Serviços de qualquer natureza (ISS) (CF, art. 156);

– valor repassado a título de:

▪ produto da arrecadação do Imposto sobre a Renda e Proventos de qualquer natureza (IR), incidente na fonte, cobrado sobre os rendimentos pagos pelo Município e respectivas autarquias e fundações;

▪ 50% do produto da arrecadação do Imposto sobre a Propriedade Territorial Rural (ITR) e do Imposto sobre a Propriedade de Veículos Automotores (IPVA), com relação aos imóveis e veículos situados e licenciados no Município, respectivamente (CF, art. 158); e

▪ 25% do produto da arrecadação do Imposto sobre Operações relativas à Circulação de Mercadorias e sobre Prestações de Serviços de Transporte Interestadual e Intermunicipal e de Comunicação (ICMS);

▪ sobre 22,5% do Imposto sobre a Renda e Proventos de qualquer natureza (IR) e Imposto sobre Produtos Industrializados (IPI), repassados pela União ao Fundo de Participação dos Municípios (CF, art. 159, I, "b");

▪ sobre 25% dos recursos referentes ao Imposto sobre Produtos Industrializados (IPI), repassados Imposto sobre Produtos Industrializados (IPI), repassado pela União aos Estados e ao Distrito Federal, correspondentes e proporcionais aos produtos exportados em cada caso, observados, ainda, os critérios fixados pelo art. 158, § único (CF, art. 159, § 3º).

8.4.4. O **art. 8º da LC nº 141/2012** contém norma específica para o **Distrito Federal**, ordenando que aplique, anualmente, o percentual mínimo de 12% (doze por cento) do produto da arrecadação direta de impostos que não possam ser segregados em base estadual e base municipal.

8.4.5. Por fim, o **art. 11 da LC nº 141/2012** determina a prevalência das normas das Constituições Estaduais e das Leis Orgânicas dos Municípios sempre que os percentuais de recursos mínimos assegurados forem superiores àqueles por ela estabelecidos para aplicação em ações e serviços de saúde.

▶ **Jurisprudência do STF:**

- **RE RG nº 858.075/RJ**: reconhecida a repercussão geral da questão constitucional a respeito da possibilidade de imposição aos Municípios e à União, via Poder Judiciário, a aplicação de recursos mínimos em saúde em período anterior à LC nº 141/2012.

> *"ORÇAMENTO – APLICAÇÃO DE RECURSOS MÍNIMOS NA ÁREA DA SAÚDE – CONTROLE JUDICIAL – SEPARAÇÃO DE PODERES – ALCANCE DOS ARTIGOS 2º, 160, PARÁGRAFO ÚNICO, INCISO II, E 198, § 2º E § 3º, DO CORPO PERMANENTE E 77, INCISO III, § 3º E § 4º, DO ATO DAS DISPOSIÇÕES TRANSITÓRIAS DA CARTA DE 1988 – RECURSO EXTRAORDINÁRIO – REPERCUSSÃO GERAL CONFIGURADA.*
>
> *Possui repercussão geral a controvérsia alusiva à possibilidade de o Poder Judiciário impor aos municípios e à União a aplicação de recursos mínimos na área da saúde, antes da edição da lei complementar referida no artigo 198, § 3º, da Constituição Federal, considerados os preceitos dos artigos 2º, 160, parágrafo único, inciso II, e 198, § 2º e § 3º, do corpo permanente e 77, inciso III, § 3º e § 4º, do Ato das Disposições Transitórias da Carta de 1988."*
>
> *(STF, RE-RG nº 858.075/RJ, Rel. Min. Marco Aurélio, unânime, DJe nº 114, de 15-06-2015)*

- **ADI-MC nº 5.595/DF**: deferida medida liminar para suspender a eficácia dos arts. 2º e 3º da Emenda Constitucional nº 86/2015. A decisão, proferida pelo Min. Ricardo Lewandowski, *ad referendum* do Plenário, reconhece que as medidas de contenção orçamentária determinadas pela EC nº 86/2015, cujos efeitos se prolongariam por duas décadas a contar de 2018 (ADCT, art. 110, inciso II, na redação da EC nº 95/2016)[106], comprometem a

106. ADCT, art. 110. Na vigência do Novo Regime Fiscal, as aplicações mínimas em ações e serviços públicos de saúde e em manutenção e desenvolvimento do ensino equivalerão: I – no exercício de 2017, às aplicações mínimas calculadas nos termos do inciso I do § 2º do art. 198 e do *caput* do art. 212, da Constituição Federal; e II – nos exercícios posteriores, aos valores calculados para

igualdade de acesso aos serviços e ações de saúde, cujo subfinanciamento já foi comprovado nos últimos anos. Essa situação persistiria mesmo após a revogação do art. 2º da EC nº 86/2015 pelo art. 3º da EC nº 95/2016, já que o percentual fixado na norma revogada ainda teria sido invocado como justificativa para reduzir os investimentos em saúde.

A decisão respalda-se em diversos argumentos da Teoria Geral dos Direitos Fundamentais, entre os quais se destacam: *a)* a existência de um dever geral de efetivação dos direitos fundamentais imposto ao Estado, do qual resulta deveres de proteção estatais e imperativos de tutela dos direitos fundamentais; *b)* no caso do direito à saúde, o dever de proteção se concretiza pela organização e pelo procedimento, ou seja, com a realização das políticas sociais e econômicas que estruturalmente definidas no art. 198, "na forma do Sistema Único de Saúde e do seu financiamento adequado"; *c)* a existência de um dever de progressividade na efetivação dos direitos fundamentais, inclusive com a garantia de financiamento estável, suficiente e progressivo, em conformidade com os princípios da segurança jurídica, da proporcionalidade e com a reserva do possível ; *d)* a garantia de preservação dos níveis de proteção já alcançados, o que justifica a vedação ao retrocesso social que decorreria do cumprimento das normas constitucionais que impunham restrições ao recursos mínimos a serem aplicados em ações e serviços de saúde. Vale citar o seguinte excerto conclusivo:

> *"Em tal confluência de restrições ao regime de custeio mínimo das ações e serviços públicos pela União é que se verifica severo risco de retrocesso, suficientemente capaz de indicar a fumaça do bom direito na impugnação em apreço.*
>
> *No caso em exame, observa-se a falta de justificativa hábil acerca da existência de eventuais medidas compensatórias, bem como a ausência de comprovação expressa que indique a proporcionalidade e a obediência ao princípio da segurança jurídica na imposição de subpisos, marcados pelo risco da regressividade em face do regime anterior dado pela EC 29/2000, e da perda do caráter de fonte adicional de receitas para os recursos oriundos da exploração do petróleo e gás. Esta a razão pela qual cabe reconhecer a desconformidade dos arts. 2º e 3º da EC 86/2015 com o núcleo de identidade protetivo do direito à saúde na Constituição de 1988.*

---

as aplicações mínimas do exercício imediatamente anterior, corrigidos na forma estabelecida pelo inciso II do § 1º do art. 107 deste Ato das Disposições Constitucionais Transitórias."

[...]

Portanto, dado o novo regime orçamentário que passará a submeter também o piso federal da saúde a partir de 2018, a concessão de medida cautelar em data posterior consumará – de fato – o perigo de se exacerbar o 'quadro crônico de subfinanciamento da saúde pública do país [...], que causa número formidável de mortes e agravos evitáveis à saúde dos cidadãos brasileiros', tal como suscitou o requerente."

(ADI-MC nº 5.595/DF, Rel. Min. Ricardo Lewandowski, DJE nº 198, de 31-08-2017)

Aplicação em concurso:

▶ Fontes de financiamento do SUS:

- *INAZ do Pará/2018 – FunGota de Araraquara, SP – Advogado:*

A Constituição Federal, no art. 198, estabeleceu a origem dos recursos para financiamento do Sistema Único de Saúde, sendo estes:

a) recursos do orçamento da seguridade social, da União, dos Estados, do Distrito Federal e dos Municípios, além de outras fontes.

b) recursos do orçamento da seguridade social, da União, dos Estados, do Distrito Federal e dos Municípios, somente.

c) recursos do orçamento da seguridade social da União e do Fundo de participações dos Municípios.

d) recursos do orçamento da União, distribuídos, igualitariamente, entre os Estados, Distrito Federal e Municípios.

Resposta: alternativa "a".

- *AOCP/2017 – EBSERH – Assistente Administrativo:*

Considerando os temas Saúde e Seguridade social, de acordo com a Constituição Federal...

– O Sistema único de saúde será financiado com recursos do orçamento da seguridade social, da União, dos Estados, do Distrito Federal e dos Municípios, além de outras fontes.

Resposta: Correto.

- *AOCP/2016 – EBSERH – Técnico em Segurança do Trabalho:*

De acordo com a Constituição Federal, o Sistema Único de Saúde será financiado

a) com recursos exclusivos do orçamento da assistência social e da União.

b) com recursos do orçamento da seguridade social, da União, dos Estados, do Distrito Federal e dos Municípios, além de outras fontes.

c) com recursos do orçamento da Previdência Social e da iniciativa privada, sendo vedada a utilização de recursos da seguridade social.
d) com recursos exclusivos das receitas dos municípios.
e) com recursos do orçamento da União, dos Estados, do Distrito Federal e dos Municípios, além de outras fontes, sendo vedada a utilização de recursos da seguridade social.

Resposta: alternativa "b".

- *IDECAN/2015 – Prefeitura de Rio Pomba/MG – Procurador:*

Nos termos da seguridade social, conforme dispõe a Constituição da República, é correto afirmar que

a) o caráter democrático e centralizado da administração, mediante gestão quadripartite, com participação dos trabalhadores, dos empregadores, dos aposentados e do Governo nos órgãos colegiados é um dos objetivos da seguridade social.
b) a seguridade social será financiada por toda a sociedade, de forma direta e indireta, nos termos da lei, mediante recursos provenientes dos orçamentos da União, dos Estados, do Distrito Federal e dos Municípios, e de determinadas contribuições sociais.
c) a proposta de orçamento da seguridade social será elaborada de forma integrada pelos órgãos responsáveis pela previdência social e assistência social, devendo ser apresentado em separado o orçamento da saúde tendo em vista a autonomia assegurada a cada área na gestão de seus recursos.
d) são de relevância pública as ações e serviços de saúde, cabendo ao Poder Público dispor, nos termos de lei complementar, sobre sua regulamentação, fiscalização e controle, devendo sua execução ser feita diretamente ou através de terceiros e, também, por pessoa física ou jurídica de direito privado.

Resposta: alternativa "b".

- *TJDFT/2012 – Juiz de Direito Substituto:*

Levando em conta as disposições da Constituição Federal [...]

– O sistema único de saúde será financiado exclusivamente com recursos do orçamento da seguridade social.

Resposta: Errado.

► O § 1º do art. 198 da CF explicitamente prevê a possibilidade de financiamento do SUS por outras fontes, além dos orçamentos dos entes federativos.

- *AOCP/2014 – EBSERH/MEAC-UFC e HUWC-UFC – Advogado:*

Nos termos da Constituição Federal, é INCORRETO afirmar que

c) o Sistema Único de Saúde será financiado exclusivamente com recursos do orçamento da seguridade social, da União, dos Estados, do Distrito Federal.

Resposta: alternativa "c".

► Conforme salientado acima, é permitido o financiamento do SUS com recursos provenientes também de outras fontes.

- *AGIR-UEG/2014 – HUGO2 – Biomédico:*

– O financiamento das ações de assistência necessárias para o atendimento qualificado aos usuários do SUS é uma responsabilidade legal:

a) dos governos municipal, estadual e federal.

Resposta: alternativa "a".

- *MP-RS/2014 – Promotor de Justiça:*

– O princípio da não afetação enuncia a vedação constitucional, dirigida ao legislador, de vincular a receita pública a certas despesas, e apresenta como exceções somente a destinação de recursos para a educação e para a saúde.

Resposta: Errado.

► O art. 76 do ADCT prevê a Desvinculação das Receitas da União (DRU), inclusive quanto à parcela de recursos destinados à saúde.

- *MP-PR/2013 – Promotor Substituto:*

– No orçamento da seguridade social destina-se ao SUS, de acordo com a receita estimada, os recursos necessários à realização de suas finalidades.

Resposta: Correto.

- *TRT 8ª Região/2013 – Juiz do Trabalho Substituto:*

A respeito da saúde, integrante da seguridade social, é CORRETO dizer:

c) O sistema único de saúde será financiado com recursos do orçamento da seguridade social, da União, dos Estados, do Distrito Federal e dos Municípios, além de outras fontes.

Resposta: alternativa "c".

- *MP/SP/2010 – Promotor de Justiça:*

O financiamento do sistema único de saúde é feito com recursos dos orçamentos:

e) da Seguridade Social, da União, dos Estados, do Distrito Federal e dos Municípios, além de outras fontes.

Resposta: alternativa "e".

- *FRCV/2010 – Prefeitura de Moura/RO, Bioquímico:*

Não são consideradas "outras fontes" de financiamento do SUS, conforme a Lei Federal 8.080/90, os recursos provenientes:

a) Do orçamento da seguridade social.

Resposta: alternativa "a".

- *CONSULPLAN/2009 – Prefeitura de Guarapari/ES, Auditor em Saúde:*
  Considerando o que dispõe a Constituição Federal e a Lei Orgânica da Saúde, o custeio das ações e serviços de saúde é de responsabilidade:

c) Das três esferas de governo.
Resposta: alternativa "c".

- *UnB/CESPE/2008 – Prefeitura Municipal de Vitória/ES, Médico:*
  O SUS é financiado exclusivamente com recursos do orçamento da seguridade social, da União, dos estados, do Distrito Federal (DF) e dos municípios.
  Resposta: Errado.

▶ A afirmativa é incorreta: o SUS é financiado também por "outras fontes", conforme prevê o art. 198, § 1º, da CF.

- *MP/SC/2007 – Promotor de Justiça:*
  Considere que a um portador de necessidades especiais foi prescrito o uso indispensável de medicação específica, mas que não se encontra padronizada pelo Sistema Único de Saúde. Deste modo, após provocação da instância administrativa, o requerimento do paciente foi indeferido pela Secretaria Municipal de Saúde.
  [...]

V. Segundo as diretivas constitucionais, as ações e serviços públicos de saúde integram uma rede regionalizada e hierarquizada, de modo a constituir um sistema único, que é financiado com recursos do orçamento da seguridade social, da União, dos Estados, do Distrito Federal e dos Municípios, além de outras fontes, o que impõe à União, aos Estados e aos Municípios a aplicação anual de recursos mínimos nessa área.
Resposta: alternativa "V".

- *Adjunto de Procurador do Ministério Público do Especial junto ao Tribunal de Contas do Estado do Rio Grande do Sul/2008:*
  Conforme disposto na Constituição Federal, é vedada a vinculação da receita de impostos:

c) a órgãos, fundos ou despesas, ressalvadas a repartição do produto da arrecadação dos impostos e a destinação de recursos para ações e serviços públicos de saúde, para manutenção e desenvolvimento do ensino e para realização de atividades da administração tributária e a prestação de garantias às operações de crédito por antecipação de receita, observado o art. 167, IV, da CF e os demais dispositivos constitucionais pelo mesmo referidos.
Resposta: alternativa "c".

▶ Emenda Constitucional nº 29/2000:

- *INTEGRI/2010 – Prefeitura de Votorantim/SP, Enfermeiro:*

A Emenda Constitucional nº 29 foi considerado um avanço significativo para o setor saúde, assim garantindo o que para saúde:

b) o financiamento da saúde;

Resposta: alternativa "b".

- *COPESE/UFPI/2010 – Prefeitura de Teresina/PI, Dentista:*

A partir de 2005, o gasto público total com saúde no Brasil cresceu mais de 110%, o que corresponde a um aumento *per capita* de U$ 110 para U$ 153. Em que pese todo o aumento orçamentário, dados da Organização Mundial de Saúde (OMS) mostram que o investimento público em saúde no Brasil é 10 a 15 vezes menor que o de países como Canadá, Austrália e Reino Unido. Com a aprovação da Emenda Constitucional nº 29 (EC/29), é estabelecida a vinculação de recursos orçamentários da União, Estados e Municípios para a saúde. Essa Emenda Constitucional tem como propósito:

b) Ampliar os orçamentos e permitir maior estabilidade para o setor, maior capacidade de planejamento das ações e dos serviços de saúde.

Resposta: alternativa "b".

- *UnB/CESPE – Prefeitura Municipal de Vitória/ES – Médico:*

A legislação brasileira define que o financiamento do SUS deve ser tripartite, com a participação das três esferas de governo no gasto público em saúde. Nesse sentido, julgue os itens subseqüentes à luz da Emenda Constitucional n.º 29/2000.

– A publicação da referida emenda representou um importante avanço para a diminuição da instabilidade no financiamento que o setor saúde enfrentou a partir da promulgação da atual Constituição Federal, com o não-cumprimento do orçamento da seguridade social.

Resposta: Correto.

– A emenda citada vinculou recursos orçamentários da União, dos estados, do DF e dos municípios para o setor saúde.

Resposta: Correto.

– A emenda em questão alterou, entre outros, o art. 198 da Constituição Federal, e previu que os estados poderão sofrer intervenção federal caso não cumpram os dispositivos estabelecidos por essa emenda.

Resposta: Correto.

▶ Aplicação de recursos mínimos em saúde:

- *MPE-PR/2019 – MPE-PR – Promotor Substituto:*

Sobre o financiamento das ações e serviços públicos de saúde, analise as assertivas abaixo e assinale a alternativa ***correta***. São consideradas, para fins de apuração da aplicação dos valores mínimos a serem destinados, anualmente, pela União, Estados, Distrito Federal e Municípios com ações e serviços públicos de saúde, as despesas decorrentes de:

a) Remuneração do pessoal ativo, pagamento de aposentadorias e pensões dos servidores da saúde.
b) Limpeza urbana e remoção de resíduos.
c) Saneamento básico dos distritos sanitários especiais indígenas e de comunidades remanescentes de quilombos.
d) Preservação e correção do meio ambiente, realizadas por órgãos de meio ambiente dos entes da Federação ou por entidades não governamentais.
e) Obras de infraestrutura realizadas para beneficiar direta ou diretamente a rede de saúde.

Resposta: alternativa "c".

- *FCC/2018 – Câmara Legislativa do Distrito Federal – Consultor Legislativo (Saúde):*

Os embates na história do financiamento do SUS têm sido presentes desde sua criação e não foram resolvidos mesmo com a vinculação de recursos federais para a saúde, seja por meio da Emenda Constitucional (EC) 29/2000, com o frágil esquema baseado no montante aplicado no ano anterior corrigido pela variação nominal do PIB, até a Lei nº 141/2012 (regulamentação da EC nº 29) que não modificou essa base de cálculo. Além disso, o subfinanciamento do SUS foi intensificado pelas recentes Emendas Constitucionais (EC), pois a EC nº:

a) 95/2016 revogou o escalonamento previsto na EC 86, congelando o valor para a saúde para os próximos 20 anos, em 15% da Receita Corrente Líquida (RCL) e o Decreto nº 7.508/2011 que dispõe sobre a organização do SUS.
b) 86/2015 alterou a base de cálculo de aplicação do governo federal para 13,2% da Receita Corrente Líquida (RCL), em 2016, elevando-se de forma escalonada, até alcançar 15% da RCL, em 2020; e a Lei nº 13.097/2015 que permite a entrada de capital estrangeiro na saúde.
c) 86/2015 alterou a base de cálculo de aplicação do governo federal para 13,2% da Receita Corrente Líquida (RCL), em 2016, elevando-se de forma escalonada, até alcançar 15% da RCL, em 2020; e a EC nº 95/2016 que revogou o escalonamento previsto na EC nº 86, congelando o valor para a saúde para os próximos 20 anos, em 15% da RCL.
d) 93/2016 altera o percentual de aplicação em ações e serviços de saúde para 10% da Receita Corrente Líquida (RCL); e a EC nº 95/2016 que revogou o escalonamento previsto na EC nº 86, congelando o valor para a saúde para os próximos 20 anos, em 15% da RCL.
e) 95/2016 revogou o escalonamento previsto na EC nº 86, congelando o valor para a saúde para os próximos 20 anos, em 15% da Receita Corrente Líquida (RCL) e a EC nº 42/2003 que altera o Sistema Tributário Nacional.

Resposta: alternativa "c".

- *MPE-MS/2018 – MPE/MS – Promotor de Justiça:*

  Observadas as disposições do art. 200 da Constituição Federal, do art. 6º da Lei nº 8.080, de 19 de setembro de 1990, e do art. 2º da Lei Complementar nº 141, de 13 de janeiro de 2012, para efeito de apuração da aplicação dos recursos mínimos estabelecidos pela Lei Complementar nº 141, de 13 de janeiro de 2012, é correto afirmar que serão consideradas despesas com ações e serviços públicos de saúde as referentes a:

a) Preservação e correção do meio ambiente, realizadas pelos órgãos do meio ambiente dos entes da Federação ou por entidades não governamentais.
b) Pagamento de aposentadorias e pensões, inclusive dos servidores da saúde.
c) Manejo ambiental vinculado diretamente ao controle de vetores de doenças.
d) Pessoal ativo da área de saúde quando em atividade alheia à referida área.
e) Ações de assistência social.

Resposta: alternativa "c".

- *FCC/2018 – Prefeitura de Macapá, AP – Administrador:*

  Um dos grandes problemas que as gestões públicas encontram na execução orçamentário-financeira do Sistema Único de Saúde (SUS) é caracterizar o que são "ações e serviços de saúde". Santos (2014) argumenta que a legislação deveria ocupar-se em definir melhor essa categoria, haja vista que muitos gestores aplicam os recursos da saúde nos seus "determinantes/condicionantes", e não nas ações de saúde propriamente ditas. Assim, a Lei 141/2012 foi elaborada com essa preocupação. Esta lei, exclui do elenco de "ações e serviços públicos de saúde" as despesas realizadas com:

a) O desenvolvimento científico e tecnológico e o controle de qualidade promovidos por instituições vinculadas direta ou indiretamente ao SUS.
b) A remuneração do pessoal ativo da área de saúde em atividade cujas ações incluem os encargos sociais.
c) As capacitações e treinamentos do pessoal de saúde de instituições vinculadas direta ou indiretamente ao SUS.
d) As ações de apoio administrativo realizadas pelas instituições públicas do SUS e imprescindíveis à execução das ações e serviços públicos de saúde.
e) O pagamento de aposentadorias e pensões, inclusive de servidores da saúde.

Resposta: alternativa "e".

- *AOCP/2016 – EBSERH – Enfermeiro:*

  A Lei Complementar nº 141/2012 foi um avanço para as conquistas do Sistema Único de Saúde porque

a) dispõe sobre os valores mínimos a serem aplicados anualmente pela União, Estados, Distrito Federal e Municípios em ações e serviços públicos de saúde.
b) altera a forma de repasse financeiro para o SUS, extinguindo os fundos de saúde.

c) define as bases para o decreto 7508 que regulamenta a lei orgânica de saúde 8080/90

d) aprova a Política Nacional de Atenção Básica, estabelecendo a revisão de diretrizes e normas para a organização da Atenção Básica.

e) regulamenta o exercício da Enfermagem e prescrição de medicamentos de interesse coletivo no SUS.

Resposta: alternativa "a".

- *AOCP/2018 – Prefeitura de Juiz de Fora, MG – Enfermeiro:*

A lei complementar 141 de 2012 regulamenta o § 3º do art. 198 da Constituição Federal para dispor sobre os valores mínimos a serem aplicados anualmente pela União, Estados, Distrito Federal e Municípios em ações e serviços públicos de saúde. Assim, o mínimo que os Municípios deverão aplicar anualmente em ações e serviços públicos de saúde é

a) 15% da arrecadação dos impostos e recursos previstos na lei.

b) 20% do produto interno bruto com cálculo ajustado.

c) 50% das receitas totais previstas na lei orçamentária.

d) 5% do produto interno bruto.

e) 12% das transferências constitucionais, impostos e arrecadações.

Resposta: alternativa "a".

- *INAZ do Pará/2018 – FunGota de Araraquara, SP – Advogado:*

A Constituição Federal, no art. 198, estabeleceu responsabilidade para a União quanto a aplicação de recursos mínimos na área da saúde, fixando esse percentual em _____.

a) 15% da receita corrente bruta do respectivo exercício financeiro.

b) 20% da receita corrente bruta do exercício financeiro anterior.

c) 15% da receita corrente líquida do respectivo exercício financeiro.

d) 20% da receita corrente líquida do respectivo exercício financeiro.

Resposta: alternativa "c".

Sendo a saúde um direito de todos e dever do Estado, garantido mediante políticas sociais e econômicas que visem à redução do risco de doença e de outros agravos e ao acesso universal e igualitário às ações e serviços para sua promoção, proteção e recuperação. À União caberá a aplicação de recursos da receita corrente líquida do respectivo exercício financeiro, na ordem do mínimo de

a) 20%.

b) 15%.

c) 12%.

d) 10%.

Resposta: alternativa "b".

- *FUNDEP/2018 – TEC/MG – Auditor Conselheiro Substituto:*

  Considerando que a legislação impõe o dever de aplicação de recursos mínimos à saúde e a fiscalização da gestão da saúde, analise as afirmativas a seguir e assinale com V as verdadeiras e com F as falsas.

( ) A União aplicará, anualmente, em ações e serviços públicos de saúde, o montante correspondente ao valor empenhado no exercício financeiro anterior, apurado nos termos da Lei Complementar Nº 141/12, acrescido de, no mínimo, o percentual correspondente à variação nominal do Produto Interno Bruto (PIB) ocorrida no ano anterior ao da lei orçamentária anual.

( ) Os estados e o Distrito Federal aplicarão, anualmente, em ações e serviços públicos de saúde, no mínimo, 12% (doze por cento) da arrecadação total dos impostos de sua competência tributária ativa exclusiva.

( ) Os municípios e o Distrito Federal aplicarão anualmente em ações e serviços públicos de saúde, no mínimo, 15% (quinze por cento) da arrecadação dos impostos de sua competência tributária ativa.

( ) Os Tribunais de Contas poderão auxiliar o Poder Legislativo, do sistema de auditoria do SUS, do órgão de controle interno e do Conselho de Saúde de cada ente da Federação, a fiscalizar o cumprimento da legislação, que trata da aplicação de recursos mínimos destinados à saúde, como, entre outros, o cumprimento das metas para a saúde estabelecidas na Lei de Diretrizes Orçamentárias e transferências dos recursos vinculados ao SUS

Assinale a sequência CORRETA.

c) V F F V.

Resposta: alternativa "c".

- *FUNRIO/2016 – IF/BA – Administrador:*

  Segundo a Constituição Federal de 1988, a União aplicará, anualmente, em ações e serviços públicos de saúde, recurso mínimo derivado da aplicação de percentual calculado sobre a receita

a) patrimonial do exercício anterior, não podendo ser inferior a 20% (vinte por cento).
b) corrente líquida do respectivo exercício financeiro, não podendo ser inferior a 15% (quinze por cento).
c) tributária do exercício anterior, não podendo ser inferior a 15% (quinze por cento).
d) tributária do exercício corrente, não podendo ser inferior a 18% (dezoito por cento).
e) patrimonial do respectivo exercício financeiro, não podendo ser inferior a 18% (dezoito por cento)

Resposta: alternativa "b".

- *AOCP/2016 – EBSERH – Técnico em Enfermagem:*

  De acordo com o que estabelece a Constituição Federal, a União aplicará, anualmente, em ações e serviços públicos de saúde,

a) no mínimo 15% (quinze por cento) sobre a receita corrente líquida do respectivo exercício financeiro.
b) no máximo 10% (dez por cento) sobre a receita corrente líquida do respectivo exercício financeiro.
c) no mínimo 20% (vinte por cento) sobre o valor arrecadado com os impostos federais no ano anterior ao respectivo exercício.
d) no máximo 15% (quinze por cento) sobre o valor arrecadado com os impostos federais no ano anterior ao respectivo exercício.
e) no máximo 5% (cinco por cento) sobre a receita corrente líquida do respectivo exercício financeiro.

Resposta: alternativa "a".

- *AOCP/2017 – EBSERH – Analista de Tecnologia da Informação (Processos):*

A saúde é direito de todos e dever do Estado. De acordo com a Constituição Federal de 1988...

a) A União, os Estados, o Distrito Federal e os Municípios aplicarão, bimestralmente, em ações e serviços públicos de saúde recursos mínimos derivados da aplicação de percentuais calculados, no caso dos Estados e do Distrito Federal, a receita corrente líquida do respectivo exercício financeiro, não podendo ser inferior a 15% (quinze por cento).
b) A União, os Estados, o Distrito Federal e os Municípios aplicarão, bimestralmente, em ações e serviços públicos de saúde recursos mínimos derivados da aplicação de percentuais calculados, no caso da União, a receita corrente líquida do respectivo exercício financeiro, não podendo ser inferior a 10% (dez por cento).

Resposta: Errado.

- *FAEPESUL/2016 – Prefeitura de Morro da Fumaça/SC – Advogado:*

Com relação à Ordem Social, [...] no que estatui a Constituição sobre o Direito à Saúde:

– A União, os Estados, o Distrito Federal e os Municípios aplicarão, anualmente, em ações e serviços públicos de saúde recursos mínimos derivados da aplicação de percentuais calculados sobre a receita corrente líquida do respectivo exercício financeiro, não podendo ser inferior a 18% (dezoito por cento).

Resposta: Errado.

- *IBFC/2016 – EBSERH/HUAP-UFF – Advogado:*

De acordo com a Constituição da República, no que diz respeito à seguridade social, nela incluída a saúde, analise as afirmativas abaixo [...]:

– A União, os Estados, o Distrito Federal e os Municípios aplicarão, anualmente, em ações e serviços públicos de saúde recursos mínimos derivados da aplicação de percentuais calculados, no caso dos estados, sobre a receita corrente líquida do respectivo exercício financeiro, não podendo ser inferior a 15%.

Resposta: Errado.

▶ **Atenção!** As afirmativas das três últimas questões estão erradas. Como visto, a União deverá aplicar em saúde pelo menos 15% (quinze por cento) da receita corrente líquida do respectivo exercício financeiro. Os Estados e o Distrito Federal deverão aplicar anualmente 12% (doze por cento) da arrecadação dos impostos a que se refere o art. 155 e dos recursos previstos pelo art. 157, pelo art. 159, I, "a" e II, da Constituição, deduzidas as parcelas transferidas aos Municípios (LC nº 141/2012, art. 6º) – ou seja, a arrecadação do ITCMD, ICMS, IPVA e as parcelas relativas ao IR, FPE e IPI. Já os Municípios e o Distrito Federal, no que couber, deverão aplicar anualmente 15% da arrecadação dos impostos referidos pelo art. 156 e dos recursos estabelecidos pelo art. 158 e pelo art. 159, I, "b" e § 3º, do texto constitucional (LC nº 141/2012, art. 7º) – isto é, a arrecadação do IPTU, ITIV, ISS e as parcelas incidentes sobre IR, ITR, IPVA, ICMS e IPI.

- *FADESP/2016 – Prefeitura de Ulianópolis/PA – Advogado:*

  De acordo com a Constituição Federal, a União aplicará anualmente, em ações e serviços públicos de saúde, no mínimo,

a) 10% da receita corrente líquida do respectivo exercício financeiro.
b) 15% da receita corrente líquida do respectivo exercício financeiro.
c) 05% da receita corrente líquida do respectivo exercício financeiro.
d) 20% da receita corrente líquida do respectivo exercício financeiro.

Resposta: alternativa "b".

- *IBDF/2015 – SSA/HMDCC – Advogado:*

  Recursos do orçamento da União, Estados e Municípios são as principais fontes de financiamento do Sistema Único de Saúde. Para efeito do montante anual a ser investido pela União considera-se:

a) 10% das receitas da União.
b) O montante do ano anterior acrescido da variação nominal do PIB (Produto Interno Bruto).
c) O montante do ano anterior acrescido do IPCA (índice de preços ao consumidor ampliado).
d) 12% das receitas da União.

Resposta: alternativa "b".

- *MP-RS/2014 – Promotor de Justiça:*

– Nos moldes do artigo 198, parágrafo 2º, da Constituição Federal, os Municípios deverão aplicar, anualmente, em ações e serviços públicos de saúde, recursos mínimos derivados da aplicação de percentuais calculados sobre o produto da arrecadação dos impostos a que se refere o artigo 156 e dos recursos de que tratam os artigos 158 e 159, inciso I, alínea "b", e parágrafo 3º da Constituição.

Resposta: Correto.

- *MP-RS/2014 – Promotor de Justiça:*

– O Estado não intervirá em seus Municípios, salvo quando: deixar de ser paga, sem motivo de força maior, por dois anos consecutivos, a dívida fundada; não forem prestadas contas devidas, na forma da lei; não tiver sido aplicado o mínimo exigido da receita municipal na manutenção e desenvolvimento do ensino e nas ações e serviços públicos de saúde; ou o Tribunal der provimento à representação para assegurar a observância de princípios indicados na Constituição Estadual ou para prover a execução de lei ou de decisão judicial.

Resposta: Correto.

- *DIRECTA/2014 – Pref. Paranapanema, SP – Médico 42h semanais:*

Segundo o § 2º do artigo 198 da Constituição da República Federativa do Brasil, estabelece que a União, os Estados, o Distrito Federal e os Municípios aplicarão:

c) anualmente, em ações e serviços públicos de saúde recursos mínimos derivados da aplicação de percentuais calculados.

Resposta: alternativa "c".

- *VUNESP/2014 – Pref. Estância Hidromineral de Poá, SP – Procurador Jurídico:*

Em relação à intervenção nos Municípios, com fundamento no texto constitucional, é correto afirmar que o Estado não intervirá nos municípios, exceto quando

c) não tiver sido aplicado o mínimo exigido da receita municipal na manutenção e desenvolvimento do ensino e nas ações e serviços públicos de saúde.

Resposta: alternativa "c".

- *FCC/2014 – MP/PA – Promotor de Justiça e Promotor de Justiça Substituto:*

A aplicação de recursos mínimos em ações e serviços públicos de saúde, em conformidade com a disciplina constitucional da matéria,

a) deve observar percentuais previstos em lei complementar, a ser reavaliada a cada 5 anos, calculados, no caso de Estados e Municípios, sobre o produto da arrecadação dos impostos de competência de cada ente, compreendidas as transferências e efetuadas as deduções referidas expressamente na Constituição.

Resposta: alternativa "a".

- *NW CLASSIFICA/2014 – Pref. Entre Rios, SC – Procurador:*

Pela autonomia outorgada aos Municípios pela Constituição Federal, as receitas (rendas) provenientes da arrecadação de impostos municipais (IPTU, ITBI e ISS), são aplicadas:

d) conforme dispuser a legislação orçamentária local, com estrita obediência à vinculação determinada pela Constituição Federal e pela legislação pertinente, destinada ao financiamento da manutenção e do desenvolvimento do ensino e aplicado em ações e serviços públicos de saúde.

Resposta: alternativa "d".

- *UFMT/2014 – MP/MT – Promotor de Justiça Substituto:*

– As obras de infraestrutura realizadas para beneficiar diretamente a rede de saúde e as de saneamento básico não constituirão despesas com ações e serviços públicos de saúde, para fins de apuração dos percentuais mínimos que devem ser destinados à Saúde.
Resposta: Correto.

- *FUNCAB/2014 – Câmara de Vitória, ES – Analista Legislativo – Saúde:*

São consideradas despesas com ações e serviços públicos de saúde, para fins de apuração dos percentuais mínimos estabelecidos na Lei Complementar nº 141/2012, EXCETO:

a) ações de vigilância em saúde, incluindo a epidemiológica e a sanitária.
b) o pagamento de aposentadorias e pensões, inclusive dos servidores da saúde.
c) o manejo ambiental vinculado diretamente ao controle de vetores de doenças.
d) a operação de unidades prestadoras de serviços públicos de saúde.
e) a produção, aquisição e distribuição de insumos específicos dos serviços de saúde do SUS.

Resposta: alternativa "b".

- *Gestão de Concursos/2013 – CIAS/SAMU/MG – Médico:*

Observadas as disposições do artigo 200 da Constituição Federal, do artigo 6º da Lei nº 8.080, de 19 de setembro de 1990, e do artigo 2º da Lei Complementar n 141, de 13 de janeiro de 2012, para efeito da apuração da aplicação dos recursos mínimos estabelecidos em lei, são consideradas despesas com ações e serviços públicos de saúde, EXCETO:

a) Vigilância em saúde, incluindo a epidemiológica e a sanitária.
b) Obras de infraestrutura realizadas para beneficiar direta ou indiretamente a rede de saúde.
c) Atenção integral e universal à saúde em todos os níveis de complexidade, incluindo assistência terapêutica e recuperação de deficiências nutricionais.
d) Capacitação do pessoal de saúde do Sistema Único de Saúde.

Resposta: alternativa "b".

- *CESPE/2013 – SESA/ES – Farmacêutico:*

Com base na Constituição Federal de 1988 (CF) e na Lei Complementar nº 141/2012, que são instrumentos relevantes para a compreensão da gestão e da operacionalização do Sistema Único de Saúde (SUS), assinale a opção correta.

a) A União, os estados e os municípios devem investir anualmente recursos mínimos para o financiamento das ações e serviços públicos de saúde.

Resposta: alternativa "a".

- *IBFC/2013 – Fundação Hemominas – Enfermeiro:*

  Sobre o financiamento do SUS, assinale a alternativa incorreta:

  a) Estados e municípios devem investir em Saúde, pelo menos 15% de sua receita.

  Resposta: alternativa "a".

▶ A alternativa "a" está errada, porque o percentual mínimo de recursos a serem investidos pelos Municípios é de 12% (LC nº 141/2012, art. 6º).

- *CERCON/2010- Prefeitura de Girau do Ponciano/AL, Bioquímico:*

  A reforma do artigo 198 da Constituição Federal, levada a cabo pela aprovação da Emenda Constitucional nº 29, definiu os limites mínimos de aplicação em saúde, e estabeleceu regras até 2004 referentes aos repasses financeiros na área da saúde. Após esse período, ficou previsto que haveria regulamentação da matéria mediante Lei Complementar, que deverá ser reavaliada a cada:

  a) 05 anos.

  Resposta: alternativa "a".

▶ Critérios de rateio dos recursos para a saúde:

- *AOCP/2017 – EBSERH – Analista de Tecnologia da Informação (Processos):*

  A saúde é direito de todos e dever do Estado. De acordo com a Constituição Federal de 1988...

  d) Os critérios de rateio dos recursos da União vinculados à saúde destinados aos Estados, ao Distrito Federal e aos Municípios, e dos Estados destinados a seus respectivos Municípios, objetivando a progressiva redução das disparidades regionais, serão dispostos através de Lei complementar, que será reavaliada pelo menos a cada cinco anos.

  e) As normas de fiscalização, avaliação e controle das despesas com saúde nas esferas federal, estadual, distrital e municipal serão dispostos através de lei ordinária, que será reavaliada pelo menos a cada dez anos.

  Resposta: a afirmativa "d" está certa, enquanto a afirmativa "e" está errada.

▶ A resposta para a alternativa "e" está no texto do art. 198, § 3º, da Constituição, que é explícito em atribuir à lei complementar, a ser reavaliada a cada 5 anos, a fixação das *"normas de fiscalização, avaliação e controle das despesas com saúde nas esferas federal, estadual, distrital e municipal"* (inciso III).

- *FCC/2015 – TJ/GO – Juiz Substituto:*

  Ao estabelecer saúde e educação como direitos de todos e um dever do Estado, a Constituição da República determina que

a) tanto o ensino quanto a assistência à saúde são livres à iniciativa privada, sendo vedada, contudo, a destinação de recursos públicos para auxílios ou subvenções às instituições privadas.
b) os entes da federação, na organização de seus sistemas de ensino, definirão formas de colaboração, de modo a assegurar a universalização do ensino obrigatório, assim compreendido o ensino fundamental, dos 4 aos 17 anos, inclusive no que se refere à sua oferta gratuita para todos os que a ele não tiveram acesso na idade própria.
c) a União aplicará, anualmente, nunca menos de dezoito, e os Estados, o Distrito Federal e os Municípios vinte e cinco por cento, no mínimo, da receita resultante de impostos, compreendida a proveniente de transferências, em ações e serviços públicos de saúde.
d) os Estados e o Distrito Federal aplicarão, anualmente, em ações de manutenção e desenvolvimento do ensino, recursos mínimos derivados da aplicação de percentuais calculados sobre o produto da arrecadação dos impostos de sua titularidade e dos recursos provenientes da arrecadação de tributos federais que lhe pertencem, deduzidas as parcelas que forem transferidas aos respectivos Municípios.
e) lei complementar, a ser reavaliada pelo menos a cada cinco anos, estabelecerá os critérios de rateio dos recursos da União vinculados à saúde destinados aos Estados, ao Distrito Federal e aos Municípios, e dos Estados destinados a seus respectivos Municípios, objetivando a progressiva redução das disparidades regionais.

Resposta: alternativa "e".

9. Os **§§ 4º a 6º do art. 198 da CF** dispõem sobre os **Agentes Comunitários de Saúde** e os **Agentes de Combate a Endemias**, cuja atuação se dá na atenção básica à saúde e, principalmente, no contato mais próximo às comunidades locais[107]. Os agentes comunitários de saúde trabalham na prevenção e na promoção da saúde, sobretudo por meio de visitas domiciliares e comunitárias, quando atuam na orientação da população, no registro de nascimentos e óbitos, no controle epidemiológico pelo monitoramento das doenças e agravos à saúde, entre outras atividades. Desse modo, permitem a adaptação da assistência à saúde às necessidades

107. Como lembra Lenir Santos: "O agente Comunitário de Saúde é um sujeito que reside na comunidade onde irá atuar. Essa pessoa [...] é membro daquela comunidade, conhecendo hábitos, cultura, costumes, sendo-lhe muito mais fácil estimular e promover ações que fortaleçam os elos entre o setor da saúde e outras áreas, que permitam promover a qualidade de vida daquela comunidade" (SANTOS, Lenir. A Emenda Constitucional 51/2006 e os Agentes Comunitários de Saúde. *Revista de Direito do Trabalho*, n. 124, ano 32, out.-dez./2006, p. 126, nota 4).

locais, sobretudo quanto ao atendimento às famílias mais pobres e em situação de risco (desnutrição, diarreia, cólera, doenças infectocontagiosas em geral)[108]. Os agentes de combates a endemias, de seu turno, atuam na prevenção da saúde, principalmente pela vigilância, prevenção e controle de doenças – como é o caso do combate à malária e à dengue.

Trata-se geralmente de empregados públicos, submetidos ao regime da Consolidação das Leis do Trabalho (CLT)[109], cujas atividades são regulamentadas pela Lei nº 11.350/2006. Conquanto a lei preveja a possibilidade de vínculo dos agentes comunitários aos "entes federados", o que inclui as autarquias e fundações públicas (como a Fundação Nacional de Saúde – FUNASA, por exemplo), o mais comum é que possuam vínculo com os Municípios. A discussão jurisprudencial mais relevante a respeito dos agentes comunitários de saúde diz respeito à forma de ingresso no serviço público, uma vez que a Lei nº 11.350/2006, com a exigência de realização de "processo seletivo de provas ou de provas e títulos (art. 9º)", sobreveio quando muitos Municípios já vinham admitindo profissionais mediante contratação temporária. A matéria ainda é objeto de controvérsias na doutrina[110] e na jurisprudência. Vale ressaltar, ainda, que a Lei nº 12.994/2014 inseriu novos dispositivos na Lei nº 11.350/2006, sobretudo para instituir o piso salarial profissional nacional as diretrizes para o plano de carreira dos Agentes Comunitários de Saúde e os Agentes de Combate às Endemias.

▶ Jurisprudência do STF:

> *A matéria pende de julgamento definitivo pelo Supremo Tribunal Federal, tanto no âmbito da Ação Direta de Inconstitucionalidade (ADI) nº 3.395/DF, a respeito da interpretação do art. 114, I, da Constituição Federal, segundo a nova redação da Emenda Constitucional nº 45/2004. O objeto da ADI nº 3.395/DF é mais amplo, pois se refere à definição*

108. MELAMEDI, C. Programa de Agentes Comunitários de Saúde. In: FUJIWARA, L. M.; ALESSIO, N. L. N.; FARAH, M. F. S. (orgs.). *20 Experiências de Gestão Pública e Cidadania*. São Paulo: Programa Gestão Pública e Cidadania, 1998. Disponível em: <http://inovando.fgvsp.br/conteudo/documentos/20experiencias1997/11%20-%20agentes.pdf>, p. 5-6.
109. Esta é a regra geral do art. 8º da Lei nº 11.350/2006, embora o dispositivo também preveja a possibilidade de que a legislação local disponha de forma diversa.
110. Nesse sentido, cf.: SANTOS, 2006; e ainda: VARGAS, D. M.; RODRIGUES, G. A. F. Uma discussão a respeito dos agentes comunitários de saúde e de combate a endemias – A Emenda Constitucional nº 51/2006 e a Lei nº 11.350/06. *Interesse Público*, n. 47, p. 241-263, 2008.

da competência para processar e julgar as ações propostas por servidores públicos no contexto das relações jurídico-estatutárias. Foi deferida liminar em sede de medida cautelar, para excluir outra interpretação que não seja a seguinte: "O disposto no art. 114, I, da Constituição da República, não abrange as causas instauradas entre o Poder Público e servidor que lhe seja vinculado por relação jurídico-estatutária" (DJ 10-11-2006). No caso dos Agentes Comunitários de Saúde e os Agentes de Combate a Endemias, portanto, a definição da competência dependerá do regime jurídico a que forem submetidos no caso concreto: se estatutário, a competência será da Justiça Comum; se celetista, a competência será da Justiça do Trabalho.

► **Jurisprudência do STJ:**

"PROCESSUAL CIVIL E ADMINISTRATIVO. RECURSO ESPECIAL. AGENTE DE COMBATE ÀS ENDEMIAS. PISO SALARIAL DA CATEGORIA. INSTITUIÇÃO PELA LEI FEDERAL 12.994/2014. 1. A EC/ 63/2010 tornou obrigatória a adoção de piso salarial profissional nacional para os agentes comunitários de saúde e de combate às endemias, ao acrescentar o § 5º ao art. 198 da CF, estabelecendo que sua instituição se desse por lei federal. 2. A Lei Federal 12.994/2014 – que alterou a Lei 11.350/2006 para estipular as diretrizes referentes ao plano de carreira dos agentes comunitários de saúde; os mecanismos relativos à assistência financeira complementar; bem como instituir o aludido piso salarial – publicada em 18 de junho de 2014. 3. Os dispositivos da Lei 12.994/2014 não apresenta termo e/ou condição quanto ao prazo para o início do pagamento do piso salarial nacional suprarreferido, nem mencionam e/ou alteram a data de sua vigência. Portanto, a data da entrada em vigor da citada norma deve ser a de sua publicação. 4. Definido o valor do piso pela Lei Federal 12.994/2014, como preconizado pela Constituição Federal, os Estados, o Distrito Federal e os Municípios devem observá-lo. 5. O acórdão recorrido deve ser reformado para que o termo inicial do direito do recorrente de receber as diferenças relativas à inobservância do piso salarial da categoria seja a data da publicação da Lei 12.994/2014, em 18 de junho de 2014. 6. Recurso Especial provido." (STJ, REsp nº 1.733.643/GO, Rel. Min. Herman Benjamin, 2ª Turma, DJe 26-11-2018)

– "O art. 8º da Lei nº 11.350/2006 estabeleceu o regime celetista nas hipóteses de contratação de agente comunitário de saúde, salvo se o ente público adotar forma diversa por meio de lei local, nos seguintes termos: Os Agentes Comunitários de Saúde e os Agentes de Combate às Endemias admitidos pelos gestores locais do SUS e pela Fundação Nacional de Saúde – FUNASA, na forma do disposto no § 4º do art. 198 da Constituição, submetem-se ao regime jurídico estabelecido pela

Consolidação das Leis do Trabalho – CLT, salvo se, no caso dos Estados, do Distrito Federal e dos Municípios, lei local dispuser de forma diversa. Ou seja: será celetista o regime aplicável apenas se Estados, Distrito Federal e Municípios não dispuserem de forma diversa." (STJ, AgRg no CC nº 136.320/RS, Rel. Min. Mauro Campbell Marques, 1ª Seção, unânime, DJe 17-11-2014)

"AGRAVO REGIMENTAL NO CONFLITO NEGATIVO DE COMPETÊNCIA. SERVIDOR MUNICIPAL. AGENTE COMUNITÁRIO DE SAÚDE. VÍNCULO JURÍDICO-ADMINISTRATIVO. JUSTIÇA COMUM ESTADUAL. DECISÃO DO STF NA ADI 3.395-MC/DF. 1. Configurada hipótese de contratação temporária para atender a necessidade de excepcional interesse público, nos termos do art. 37, IX, da Carta Magna, o vínculo estabelecido entre o Poder Público e o servidor é jurídico-administrativo, atraindo dessa forma a competência da Justiça Estadual para apreciação dos feitos relativos a esse vínculo. Dentre outros precedentes: AgRg no CC 127.500/PE, Rel. Ministro Humberto Martins, Primeira Seção, DJe 21/05/2013. 2. Também é do citado Juízo a competência para o julgamento da demanda no período posterior, porquanto fez-se juntar cópia da Lei n. 046/2008, que dispõe sobre a criação dos cargos públicos de agente comunitário de saúde e de agente de combate às endemias, com o seguinte teor: 'Aplica-se aos servidores titulares dos cargos de que trata o caput deste artigo o regime jurídico único dos servidores públicos do Município, previsto na Lei Municipal n. 04/1997'. 3. Agravo regimental não provido."

(STJ, AgRg no CC nº 130.988/PB, Rel. Min. Benedito Gonçalves, 1ª Seção, unânime, DJe 29-10-2014)

"CONFLITO DE COMPETÊNCIA. AGENTE COMUNITÁRIO DE SAÚDE. CONTRATAÇÃO MEDIANTE PROCESSO SELETIVO SIMPLIFICADO E POSTERIOR CONTRATAÇÃO EFETIVA NOS TERMOS DA LEI Nº 11.350, DE 2006.

Competência da Justiça do Trabalho para decidir a respeito dos pedidos relativos ao período posterior à edição da lei municipal que adotou o regime da Consolidação das Leis do Trabalho. Agravo regimental desprovido." (STJ, AgRg no CC nº 132.140/RN, Rel. Min. Ari Pargendler, 1ª Seção, unânime, DJe 03-09-2014)

"PROCESSUAL CIVIL. AGRAVO REGIMENTAL NO CONFLITO NEGATIVO DE COMPETÊNCIA. AGENTE COMUNITÁRIO DE SAÚDE. CONTRATO DE TRABALHO PREVENDO REGIME JURÍDICO DA CONSOLIDAÇÃO DAS LEIS DO TRABALHO. COMPETÊNCIA DA JUSTIÇA LABORAL. 1. Analisa-se no presente feito qual o Juízo competente para julgar demanda em que a reclamante, contratada como agente comunitário de saúde, objetiva o recebimento de verbas trabalhistas. 2. Considerando a juntada aos autos de contrato de trabalho onde se estabelece que a relação jurídico-trabalhista seria

regido pela CLT, afasta-se a competência do Juízo Comum, atraindo a competência do Juízo Laboral para o julgamento da lide. Incide, na espécie, o art. 8º da Lei 11.350/2006: 'Os Agentes Comunitários de Saúde e os Agentes de Combate às Endemias admitidos pelos gestores locais do SUS e pela Fundação Nacional de Saúde – FUNASA, na forma do disposto no § 4º do art. 198 da Constituição, submetem-se ao regime jurídico estabelecido pela Consolidação das Leis do Trabalho – CLT'. 3. Agravo regimental não provido." (STJ, AgRg no CC nº 127.849/RS, Rel. Min. Benedito Gonçalves, 1ª Seção, unânime, DJe 12-06-2013).

Aplicação em concursos:

- *AOCP/2017 – EBSERH – Analista de Tecnologia da Informação (Processos):*
  A saúde é direito de todos e dever do Estado. De acordo com a Constituição Federal de 1988...
- A Lei Orgânica disporá sobre o regime jurídico, o piso salarial profissional nacional, as diretrizes para os Planos de Carreira e a regulamentação das atividades de agente comunitário de saúde e agente de combate às endemias, competindo à União, nos termos da lei, prestar assistência financeira complementar aos Estados, ao Distrito Federal e aos Municípios, para o cumprimento do referido piso salarial.
  Resposta: Errado.

► **Atenção!** O erro na questão é extremamente sutil: o texto constitucional refere-se à lei "federal", e não à lei "orgânica".

- *CESPE/2016 – ANVISA – Técnico Administrativo:*
  Ainda de acordo com a CF, julgue os seguintes itens.
- Os agentes comunitários de saúde podem ser admitidos pelo gestor local do SUS por meio de processo seletivo público em conformidade com a natureza, a complexidade e os requisitos específicos para sua atuação.
  Resposta: Correto.

- *AOCP/2014 – EBSERH/MEAC, HUWC-UFC – Técnico em Enfermagem, Saúde do Trabalhador:*
  Preencha a lacuna e assinale a alternativa correta. "De acordo com o § 4º do art. 198 da Constituição Federal, os gestores locais do Sistema Único de Saúde poderão admitir agentes comunitários de saúde e agentes de combate às endemias por meio de ____________________, de acordo com a natureza e complexidade de suas atribuições e requisitos específicos para sua atuação."

d) processo seletivo público.
Resposta: alternativa "d".

- *AOCP/2014 – EBSERH/MEAC-UFC e HUWC-UFC – Advogado:*

  Nos termos da Constituição Federal [...]

e) Lei federal disporá sobre o regime jurídico, o piso salarial profissional nacional, as diretrizes para os Planos de Carreira e a regulamentação das atividades de agente comunitário de saúde e agente de combate às endemias, competindo à União, nos termos da lei, prestar assistência financeira complementar aos Estados, ao Distrito Federal e aos Municípios, para o cumprimento do referido piso salarial.

Resposta: Correto.

▶ **Atenção!** A questão replica o texto integral do art. 198, § 5º, da Constituição Federal.

- *UNB/CESPE/2013 – TRF 2ª Região – Juiz Federal Substituto:*

– Os gestores locais do SUS poderão admitir agentes comunitários de saúde e agentes de combate às endemias por meio de processo seletivo público, porém caberá à legislação federal dispor sobre o regime jurídico e o piso salarial profissional nacional de tais agentes.

Resposta: Correto.

- *TRT 14ª Região/2013 – Juiz do Trabalho Substituto:*

  Analise as proposições abaixo e após marque a alternativa correta:

I. Os Agentes Comunitários de Saúde e os Agentes de Combate às Endemias admitidos pelos gestores locais do SUS e pela Fundação Nacional de Saúde – FUNASA submetem-se ao regime jurídico estabelecido pela CLT, salvo se, no caso dos Estados, do Distrito Federal e dos Municípios, lei local dispuser de forma diversa.

II. A contratação de Agentes Comunitários de Saúde e de Agentes de Combate às Endemias deverá ser precedida de processo seletivo público de provas ou de provas e títulos, de acordo com a natureza e a complexidade de suas atribuições e requisitos específicos para o exercício das atividades, que atenda aos princípios de legalidade, impessoalidade, moralidade, publicidade e eficiência, salvo nas hipóteses de submissão ao regime da CLT.

III. A prática de falta grave, dentre as enumeradas no art. 482 da CLT, é uma das hipóteses em que a administração pública poderá rescindir unilateralmente o contrato do Agente Comunitário de Saúde ou do Agente de Combate às Endemias.

b) Apenas o item II é falso.

Resposta: alternativa "b".

▶ A afirmativa "II" praticamente repete o texto do art. 9º da Lei nº 11.350/2006, exceto pela parte final, pois a lei não contém a ressalva quanto às hipóteses de submissão do regime da CLT: "Art. 9º. A contratação de Agentes Comunitários de

Saúde e de Agentes de Combate às Endemias deverá ser precedida de processo seletivo público de provas ou de provas e títulos, de acordo com a natureza e a complexidade de suas atribuições e requisitos específicos para o exercício das atividades, que atenda aos princípios de legalidade, impessoalidade, moralidade, publicidade e eficiência".

- *CETRO/2012 – SEMSA – Prefeitura de Manaus/AM – Advogado:*
Sobre o direito à saúde previsto na Constituição Federal [...]:

a) Os gestores locais do sistema único de saúde poderão admitir agentes comunitários de saúde e agentes de combate às endemias por meio de processo seletivo público, de acordo com a natureza e complexidade de suas atribuições e requisitos específicos para sua atuação.
b) Lei federal disporá sobre o regime jurídico, piso salarial profissional nacional, as diretrizes para os Planos de Carreira e a regulamentação das atividades de agente comunitário de saúde e agente de combate às endemias.
c) Compete à União, nos termos da lei, prestar assistência financeira complementar aos Estados, ao Distrito Federal e aos Municípios, para cumprimento do referido piso salarial.
d) Além de outras hipóteses constitucionais, o servidor que exerça funções equivalentes às de agente comunitário de saúde ou de agente de combate às endemias poderá perder o cargo em caso de descumprimento dos requisitos específicos, fixados em lei, para o seu exercício.

Resposta: todas as alternativas estão corretas.

- *FUNDEP/2011 – Prefeitura de Patrocínio/MG – Agente Comunitário de Saúde:*
A contratação de Agentes Comunitários de Saúde e de Agentes de Combate às Endemias pela Fundação Nacional de Saúde (FUNASA) deverá ser efetuada pela seguinte modalidade:

a) Regime Jurídico Único.
b) Contrato Administrativo.
c) Consolidação das Leis do Trabalho (CLT).
d) Regime Autônomo.

Resposta: alternativa "c".

- *PaqTcPB/2011 – Prefeitura de Gado Bravo/PB – Agente Comunitário de Saúde:*
Analise as seguintes atribuições e assinale a(s) que é(são) atribuição(ões) do Agente Comunitário de Saúde:

1. Fazer visitas domiciliares.
2. Executar atividades de educação para a saúde.
3. Orientar sobre prevenção de doenças.
4. Prescrever medicamentos às pessoas da comunidade.

A alternativa correta é:

d) 1, 2 e 3 apenas.

Resposta: alternativa "d".

- *ADVISE/2011 – Prefeitura de Ibimirim/PE – Agente Comunitário de Saúde:*

A lei Federal nº 10.507, de 10/07/2002, criou a profissão de Agente Comunitário de Saúde. Segundo a mencionada Lei o Agente Comunitário de Saúde deverá:

I. Residir na área da comunidade em que atuar;

II. Haver concluído com aproveitamento curso técnico em Enfermagem;

III. Haver concluído o ensino fundamental;

IV. Residir no Estado em que atuar.

Assinale a alternativa que contém todas as afirmativas CORRETAS.

a) I e III.

Resposta: alternativa "a".

- *ADVISE/2011 – Prefeitura de Ibimirim/PE – Agente Comunitário de Saúde:*

São competências do Agente Comunitário de Saúde, EXCETO:

a) Realizar em conjunto com a equipe, atividades de planejamento e avaliação das ações de saúde no âmbito da unidade básica de saúde.

b) Desenvolver ações de prevenção e monitoramento dirigidas às situações de risco ambiental e sanitário para a população, conforme plano de ação da equipe de saúde.

c) Desenvolver em equipe, ações de promoção da saúde visando a melhoria da qualidade de vida da população.

d) Desenvolver ações que busquem a desintegração entre as equipes de saúde e a população com relação à saúde básica da população.

e) Desenvolver ações de promoção social e de proteção e desenvolvimento da cidadania no âmbito social e da saúde.

Resposta: alternativa "d".

- *AOCP/2010, Prefeitura de Camaçari/BA, Médico Acupunturista:*

Em relação às disposições da Constituição Federal acerca da Saúde, [...]

II. Os gestores locais do sistema único de saúde poderão admitir agentes comunitários de saúde e agentes de combate às endemias por meio de processo seletivo público, de acordo com a natureza e complexidade de suas atribuições e requisitos específicos para sua atuação.

Resposta: Correto.

IV. Os agentes comunitários de saúde e agentes de combate às endemias devem ser contratados obrigatoriamente pelo regime estatutário.

Resposta: Errado.

► A afirmativa *"IV"* está errada: o art. 8º da Lei nº 11.350/2006 prevê que os agentes comunitários de saúde e os agentes de combate às endemias serão submetidos ao regime celetista, salvo se a legislação dos Estados, Distrito Federal ou Municípios dispuser em sentido diverso.

- *FUNDEP/2009 – Juiz de Direito – TJ/MG:*
  Quanto à Saúde, é CORRETO afirmar:

b) Os gestores locais do sistema único de saúde poderão admitir agentes comunitários e agentes de combate às endemias, por meio de processo seletivo público.
Resposta: alternativa "b".

- *CONSULPLAN/2009 – Prefeitura de Guarapari/ES, Auditor em Saúde:*
  De acordo com a atual Constituição Federal do Brasil [...]

e) Os gestores locais do sistema único de saúde poderão admitir agentes comunitários de saúde e agentes de combate a endemias por meio de processo seletivo público, de acordo com a natureza e complexidade de suas atribuições e requisitos específicos para sua atuação.
Resposta: alternativa "e".

- *CONESUL/2008 – Prefeitura de Vitória, Agente Comunitário de Saúde:*
  Análise as ações a seguir e assinale as corretas quanto às atribuições do agente comunitário de saúde.

I. Acompanhar, por meio de visita domiciliar, todas as famílias e indivíduos sob sua responsabilidade, de acordo com as necessidades definidas pela equipe.
II. Orientar famílias quanto à utilização dos serviços de saúde disponíveis.
III. Desenvolver ações que busquem a integração entre a equipe de saúde e a população adscrita a UBS, considerando as características e as finalidades do trabalho de acompanhamento de indivíduos e grupos sociais ou coletividade.
IV. Cadastrar todas as pessoas do seu município e manter os cadastros guardados.
Estão corretas as ações

c) I, II e III, apenas.
Resposta: alternativa "c".

► A afirmativa *"IV"* está errada: o art. 3º, § único, III, da Lei nº 11.350/2006 elenca como atividade dos agentes comunitários de saúde "o registro, para fins exclusivos de controle e planejamento das ações de saúde, de nascimentos, óbitos, doenças e outros agravos à saúde".

- *CONESUL/2008 – Prefeitura de Vitória, Agente Comunitário de Saúde:*

Identifique as ações que são de competência do agente comunitário de saúde:

I. Identificar as áreas de risco individual e coletivo.

II. Orientar as pessoas de acordo com as instruções da equipe de saúde da família.

III. Orientar as famílias das formas de tratar os idosos e educar as crianças.

IV. Encaminhar as pessoas que vivem em situações de riscos aos serviços que possam resolvê-los.

Estão corretas apenas as ações

e) I, II e IV.

Resposta: alternativa "e".

▶ A afirmativa *"III"* está errada, porque não há tal previsão na Lei nº 11.350/2006.

- *CONESUL/2008 – Prefeitura de Vitória, Agente Comunitário de Saúde:*

A profissão de Agente Comunitário de Saúde caracteriza-se pelo exercício de atividades de

b) prevenção de doenças e promoção da saúde, mediante ações domiciliares ou comunitárias, individuais ou coletivas, desenvolvidas em conformidade com as diretrizes do SUS e sob supervisão do gestor local.

Resposta: alternativa "b".

- *CONESUL/2008 – Prefeitura de Vitória, Agente Comunitário de Saúde:*

O Programa de Agentes Comunitários de Saúde-PACS foi criado em 1991. Foi uma das primeiras estratégias para a reorganização da atenção à saúde, como medida de enfrentamento aos graves índices de morbimortalidade materna e infantil, visando contribuir para uma melhor qualidade de vida, investindo maciçamente na educação em saúde. Portanto o agente comunitário de saúde é

a) o elo entre as famílias, comunidade e a unidade de saúde.

Resposta: alternativa "a".

- *Fundação Apolônio Salles de Desenvolvimento Educacional/2008 – Prefeitura de Maceió/AL, Agente Comunitário de Saúde:*

Sobre o Programa de Agentes Comunitários de Saúde, analise as proposições abaixo.

1. O Agente Comunitário de Saúde é vinculado à Unidade de Saúde da Família.
2. Os Agentes Comunitários de Saúde devem ser técnicos de enfermagem, para desenvolver ações básicas de saúde
3. O exercício das atividades dos Agentes Comunitários de Saúde está sob a supervisão do gestor municipal, distrital, estadual ou federal.
4. Segundo a Lei 11.350/2006, o Agente Comunitário de Saúde deve residir na área da comunidade em que atuar desde a data da publicação do edital do processo seletivo público.

5. Uma das atividades desenvolvidas pelos Agentes Comunitários de Saúde é prescrever medicações.

Estão corretas, apenas:

d) 1, 3 e 4.

Resposta: alternativa "d".

► Não há previsão de que os agentes comunitários de saúde tenham de ser técnicos em enfermagem; os requisitos legais, ademais da residência da pessoa na comunidade em que for atuar (avaliada desde a data de publicação do edital do processo seletivo), são a conclusão do ensino fundamental e do curso de formação específico, com aproveitamento (Lei nº 11.350/2006, art. 6º). Tampouco a prescrição de medicações está incluída entre as atividades dos agentes comunitários de saúde, arroladas no art. 3º, § único, da Lei nº 11.305/2006.

- *UnB/CESPE/2008 – FUNESA, FHS e FPH, Estado de Sergipe, Enfermeiro:*

O Programa de Agentes Comunitários de Saúde (PACS) e o PSF desafiaram os municípios quanto às formas mais adequadas de contratação de seus agentes. Com base na legislação vigente e considerando especialmente a emenda constitucional que trata da questão, julgue os itens [...]:

– A legislação vigente permite aos gestores locais do SUS contratar agentes comunitários de saúde (ACS) e agentes de combate às endemias, desde que aprovados em processos seletivos públicos, salvo em situações especiais dispostas em lei.

Resposta: Correto.

– O texto constitucional, que dispõe sobre a contratação dos ACS, ordenou a substituição imediata de todos os agentes contratados anteriormente à data de sua promulgação, o que impediu o aproveitamento inclusive daqueles que já atuavam nos municípios, ainda que tivessem sido submetidos a processos seletivos públicos antes da contratação.

Resposta: Errado.

► O texto constitucional não contém tal determinação; diversamente, o art. 2º, § único da EC nº 51/2006, prevê que "[o]s profissionais que, na data de promulgação desta Emenda e a qualquer título, desempenharem as atividades de agente comunitário de saúde ou de agente de combate às endemias, na forma da lei, ficam dispensados de se submeter ao processo seletivo público a que se refere o § 4º do art. 198 da Constituição Federal, desde que tenham sido contratados a partir de anterior processo de Seleção Pública efetuado por órgãos ou entes da administração direta ou indireta de Estado, Distrito Federal ou Município ou por outras instituições com a efetiva supervisão e autorização da administração direta dos entes da federação".

– Aos gestores locais do SUS foi permitida e regulamentada a contratação direta (pelo regime estatutário ou celetista) e, em situações especiais, a contratação indireta (por meio de organizações não-governamentais, cooperativas ou associações de moradores de bairro) dos ACS e agentes de combate às endemias, prática esta já instituída em larga escala pelos municípios brasileiros mesmo anteriormente à lei.
Resposta: Errado.

▶ A contratação dos agentes comunitários de saúde e dos agentes de combate às endemias deverá ser feita mediante "processo seletivo público de provas ou de provas e títulos" (Lei nº 11.350/2006, art. 9º).

– O texto constitucional prevê que lei federal disporá sobre o regime jurídico e a regulamentação das atividades de ACS e agente de combate às endemias.
Resposta: Correto.

– Especialmente em relação ao servidor que exerça funções equivalentes às de ACS ou de agente de combate às endemias, o texto constitucional prevê a perda de cargo em caso de descumprimento dos requisitos específicos, fixados em lei, para o seu exercício, além das demais hipóteses previstas em lei para perda de cargo no caso de servidor público estável em geral.
Resposta: Correto.

Art. 199. A assistência à saúde é livre à **iniciativa privada.**

§ 1º. As instituições privadas poderão participar de forma complementar do sistema único de saúde, segundo diretrizes deste, mediante contrato de direito público ou convênio, tendo preferência as entidades filantrópicas e as sem fins lucrativos.

§ 2º. É vedada a destinação de recursos públicos para auxílios ou subvenções às instituições privadas com fins lucrativos.

§ 3º. É vedada a participação direta ou indireta de empresas ou capitais estrangeiros na assistência à saúde no País, salvo nos casos previstos em lei.

§ 4º. A lei disporá sobre as condições e os requisitos que facilitem a remoção de órgãos, tecidos e substâncias humanas para fins de transplante, pesquisa e tratamento, bem como a coleta, processamento e transfusão de sangue e seus derivados, sendo vedado todo tipo de comercialização.

1. O **art. 199 da CF** assegura a **liberdade de participação da iniciativa privada** na prestação de assistência à saúde. O complexo de relações público-privadas na prestação de assistência à saúde é um dos temas mais

tormentosos em qualquer sistema de saúde, já que envolve interesses diferentes, e muitas vezes contrapostos, assim como formas diretas e indiretas de aplicação de recursos públicos. É comum a doutrina especializada designar essas relações como *"mix público-privado"*, indicando que se trata de uma análise mais ampla do que a liberdade assegurada pelo art. 199 da CF, por questionar a participação da iniciativa privada em toda sua extensão, o que inclui não somente o papel dos prestadores privados, mas as responsabilidades e as recíprocas interferências com a esfera pública nesse setor.

Historicamente a assistência à saúde atravessou momentos distintos no país, com a garantia de maior ou menor espaço para os prestadores de saúde privados. Sem que aqui se vá adentrar numa análise detalhada, cabe mencionar que o período do regime militar foi caracterizado pela privatização dos serviços de saúde da Previdência Social, como leciona Fleury[111]. Esse período também foi marcado pela expansão dos serviços prestados pelo Instituto Nacional de Assistência Médica da Previdência Social (INAMPS), sobretudo mediante regime de contratação de prestadores privados, bem como pelo crescimento do mercado de planos e seguros de saúde, e pela nítida preferência por um modelo de assistência curativo, e não preventivo.

Neste cenário, a institucionalização de um sistema de saúde público e único se tornou bandeira do Movimento da Reforma Sanitária e resultou na criação do SUS, com a promulgação da Constituição Federal de 1988 e o estabelecimento de toda uma nova ordem – aqui analisada sob o enfoque da saúde. Apesar disso, o SUS conviveu anomalamente durante cinco anos com o modelo anterior, já que o INAMPS foi extinto somente com a Lei nº 8.689, de 27 de julho de 1993. Este período – também conturbado na seara política, com a escolha do primeiro Presidente da República e seu *impeachment* pouco tempo depois – foi marcado pela adoção de uma política neoliberal, com severas restrições às verbas destinadas para a saúde. Essa diminuição de investimento prejudicou não somente o setor público, levando ao sucateamento da rede de infraestrutura, como afetou negativamente também a assistência privada, já que os valores pagos

111. FLEURY, Sonia. Reforma Sanitária Brasileira: entre o instituinte e o instituído. *Ciência & Saúde* Coletiva, Rio de Janeiro, v. 14, n. 3, p. 743-752, jun./2009. Disponível em: <http://www.scielosp.org/scielo.php?script=sci_arttext&pid=S1413-1232009000300010&lng=en&nrm=iso. Acesso em: 06 out. 2011.

pelos procedimentos foram reduzidos, não permitindo inovações nem a garantia de qualidade dos serviços. Em meio a tais circunstâncias, abriu-se espaço para a oferta e a contratação em massa de seguros e planos privados de saúde – que, de sua vez, geraram práticas abusivas e problemas de cobertura, agravados pela ausência de normas específicas de proteção.

Essas breves considerações servem apenas para ilustrar a complexidade de elementos que estão em jogo quando se examina o *mix público-privado* das relações entre SUS e prestadores particulares, no que diz com a assistência à saúde. A sedimentação da estrutura e dos princípios do SUS, conquanto evidentes, não lograram solucionar a demanda pela assistência privada, gerando situações de múltipla cobertura para milhões de pessoas e de alocação indireta de recursos públicos, por intermédio de mecanismos de renúncia fiscal. É uma pauta que segue aberta a discussões e equacionamentos.

2. O conteúdo do art. 199 da CF deve ser interpretado em conjunto com outros dispositivos constitucionais, como é o caso das normas que asseguram a livre iniciativa (art. 1º, IV) e a liberdade de exercício profissional (CF, art. 5º, XIII), ademais da disciplina específica da Ordem Econômica (arts. 170 e seguintes) e Social (arts. 193 e seguintes), e das normas especiais sobre saúde (arts. 196 a 200). Além disso, vale lembrar que o art. 197 reconhece a relevância pública das ações e dos serviços de saúde sem restrições, ou seja, quer sejam prestados pelo Poder Público, quer constituam objeto das atividades da iniciativa privada. O **art. 22 da Lei nº 8.080/90** corrobora essa vinculação, ao prescrever: "Na prestação de serviços privados de assistência à saúde, serão observados os princípios éticos e as normas expedidas pelo órgão de direção do Sistema Único de Saúde (SUS) quanto às condições para seu funcionamento". O regime jurídico incidente, contudo, não é o mesmo, e para além dos serviços propriamente privados – em que o indivíduo arca pessoalmente com o custeio dos profissionais que o atendem e do tratamento oferecido – a participação da iniciativa privada se dá de forma complementar ou suplementar ao SUS.

2.1. A "**saúde complementar**" (**CF, art. 199, § 1º**) diz respeito à assistência prestada pela iniciativa privada "dentro do SUS", ou seja, sempre que o sistema não possuir condições suficientes para assegurar a cobertura assistencial à população de uma determinada área (Lei nº 8.080/90, art. 24, *caput*). Nesta hipótese, a participação se dá por intermédio de **contratos ou convênios administrativos**, e os prestadores privados passam a se submeter às diretrizes do SUS e, num sentido mais amplo, ao regime jurídico de direito público – inclusive com a observância de normas especiais, como a responsabilidade objetiva (CF, art. 37, § 6º)[112]. Trata-se de hipótese de delegação de serviço público à iniciativa privada, com a explicitação da preferência constitucional pela participação das entidades filantrópicas e das instituições sem fins lucrativos – reiterada pelo art. 25 da Lei nº 8.080/90. Os critérios e valores para remuneração dos serviços, assim como os parâmetros para a cobertura assistencial, serão fixados pelo Ministério da Saúde e aprovados pelo Conselho Nacional de Saúde, observada a comprovação de equilíbrio econômico-financeiro que assegure a qualidade dos serviços prestados (Lei nº 8.080/90, art. 26).

2.2. A "**saúde suplementar**" diz respeito à participação da iniciativa privada "paralelamente ao SUS" – o que não exclui, conforme já salientado, a relevância pública dos serviços prestados, nem tampouco afasta a vinculação às normas gerais e próprias, entre as quais se destaca a Lei nº 9.656/98, e a submissão aos mecanismos e órgãos de controle, notadamente junto à Agência Nacional de Saúde Suplementar (ANS). A participação se dá por meio das operadoras, que oferecem e contratam **planos de saúde**[113], individuais e coletivos. Segundo a doutrina especializada, tais contratos têm por objeto uma obrigação de resultado, e não de meio, qual seja: assegurarem o tratamento adequado e integral, indispensável à manutenção ou recuperação da saúde do indivíduo, consistindo a álea na necessidade da prestação (se será necessária ou não), e não na forma pela qual é cumprida a obrigação de assistência à saúde (ou seja, a qualidade, segurança e adequação do tratamento oferecido)[114]. Essa interpretação amolda-se não somente à jurisprudência já bastante consolidada pelos Tribunais Superiores nesta seara, como reforça o argumento em favor do reconhecimento

---

112. Nesse sentido, cf. GREGORI, Maria Stella. *Planos de Saúde: a ótica da proteção do consumidor*. São Paulo: Revista dos Tribunais, 2007, p. 28 e 32-33.

113. Desde a Medida Provisória nº 1.976-22/2001, a expressão "planos de saúde" passou a designar a generalidade desses contratos, embora continuem subsistindo como espécies deles os planos e os seguros de saúde.

114. Adalberto Pasqualoto resume a questão: "O fornecedor deve assegurar a efetividade da assistência, independentemente do êxito do tratamento. Para o segurado, o crédito deve ser certo, desde que ocorra o fato aleatório." PASQUALOTO, Adalberto. A Regulamentação dos Planos e Seguros de Assistência à Saúde: uma interpretação construtiva. In: MARQUES, Cláudia Lima et al. (coords.). *Saúde e Responsabilidade: seguros e planos de assistência privada à saúde*. São Paulo: Revista dos Tribunais, 1999, p. 48. Na mesma obra coletiva e adotando posição semelhante, ver ainda: MARQUES, Cláudia Lima. Conflito de Leis no Tempo e Direito Adquirido dos Consumidores de Planos e Seguros de Saúde", p. 125.

de especiais **deveres de proteção**. Além das normas constitucionais de proteção da saúde (arts. 196 e 197), a interconexão com outras normas fundamentais reforça permite reconhecer deveres decorrentes da tutela do consumidor (art. 5º, XXXII), da criança e do adolescente (art. 227) e do idoso (art. 230), assim como das diversas normas sobre a proteção do trabalhador (art. 7º).

► **Jurisprudência:** A jurisprudência tem respaldado essa orientação, interpretando as cláusulas dos contratos de planos de saúde no sentido mais favorável ao consumidor-paciente, como dão conta exemplos relacionados à extensão da cobertura, ao afastamento ou à limitação dos períodos de carência, à discussão dos reajustes de mensalidades, etc.

► **Jurisprudência do STF:**

ADI nº 1.931/DF: apreciada em caráter definitivo a **Ação Direta de Inconstitucionalidade (ADI) nº 1.931/DF**, decidiu o STF por julgar parcialmente prejudicada a ação, no que respeita às alterações no texto originário de alguns dos dispositivos impugnados, a saber: Lei nº 9.656/1998, art. 10, VI; art. 12, I, "c" e II, "g", e §§ 4º e 5º; art. 32, §§ 1, 3º, 7º e 9º. Na parte admitida da ADI, o STF entendeu pela parcial procedência dos pedidos, para reiterar o posicionamento já firmado nas decisões anteriores proferidas nos autos e declarar a inconstitucionalidade do art. 10, § 2º, e do art. 35-E da Lei nº 9.656/1998 e do art. 2º da Medida Provisória nº 2.177-44/2001. Tais normas impunham às operadoras de planos de saúde o dever de oferta do plano referência a todos os consumidores, atuais e futuros (Lei nº 9.656/1998, art. 10, § 2º); bem como a sujeição dos chamados "planos antigos" a novas normas de caráter protetivo (Lei nº 9.656/1998, art. 35-E), a partir de 5 de junho de 1998 (MP nº 2.177-44/2001, art. 2º).

> *"AÇÃO DIRETA DE INCONSTITUCIONALIDADE – NORMA ATACADA – ALTERAÇÃO – PREJUÍZO. A superveniente modificação da norma impugnada, sem aditamento à inicial, implica o prejuízo do controle concentrado de constitucionalidade.*
>
> *PLANOS DE SAÚDE – REGÊNCIA – OBSERVÂNCIA. Os planos de saúde submetem-se aos ditames constitucionais, à legislação da época em que contratados e às cláusulas deles constantes - considerações."*
>
> *(STF, ADI nº 1.931/DF, Rel. Min. Marco Aurélio, Pleno, DJe nº 113, 08-06-2018)*

Examinando a colisão entre a garantia da livre iniciativa e o direito à saúde, a fim de analisar a razoabilidade dos parâmetros estabelecidos pelos arts. 10 a 12 da Lei nº 9.656/1998 na regulação estatal do setor da saúde suplementar, entendeu o STF que o legislador atuou de forma adequada ao restringir a liberdade de contratação e a livre iniciativa em favor da dignidade humana e dos deveres de proteção à saúde e ao consumidor (CF, art. 196 e art. 170, V, respectivamente). Com referência ao art. 197 da CF e à indisponibilidade de que se revestem os serviços e as ações de saúde, afirmou o voto-condutor que os serviços privados devem ser prestados dentro das balizas do interesse coletivo:

> *"A promoção da saúde, mesmo na esfera privada, não se vincula às premissas do lucro, sob pena de ter-se, inclusive, ofensa à isonomia, consideradas das barreiras de acesso aos planos de saúde por parte de pacientes portadores de moléstias graves. A atuação no lucrativo mercado de planos de saúde não pode ocorrer à revelia da importância desse serviço social, reconhecida pelo art. 197 do Texto Maior:*
>
> *Art. 197. São de relevância pública as ações e serviços de saúde, cabendo ao Poder Público dispor, nos termos da lei, sobre sua regulamentação, fiscalização e controle, devendo sua execução ser feita diretamente ou através de terceiros e, também, por pessoa física ou jurídica de direito privado.*
>
> *Percebam, na redação do preceito constitucional, ser inviável afirmar que a regulamentação dos planos de saúde transfere ao particular dever do Estado. O dispositivo admite a execução de ações de saúde por entidades privadas, mediante regulamentação, controle e fiscalização do Poder Público.*
>
> *Foi exatamente atendendo a esse comando maior que o legislador editou os dispositivos atacados. Fez-se necessário estabelecer parâmetros objetivos para a prestação dos serviços, inexistentes no modelo anterior. Interpretação em sentido contrário afasta a coerência do sistema, que impõe a tutela estatal e o fornecimento de serviços privados de acordo com as finalidades da Carta da República. A promoção da saúde pelo particular não exclui o dever do Estado, mas deve ser realizada dentro das balizas do interesse coletivo."*

O acórdão ainda afirma a constitucionalidade dos dispositivos que estabelecem: a proteção ao idoso (Lei nº 9.656/1998, art. 15), a garantia de aplicação das normas protetivas a todos os contratos firmados a partir de 2 de janeiro de 1999 (Lei nº 9.656/1998, art. 19, § 5ª); o ressarcimento, pelas operadoras dos planos de saúde, dos serviços abrangidos pela cobertura contratada, mas que tenham sido prestados pelo SUS (Lei nº 9.656/1998, art. 32).

No que respeita aos dispositivos declarados inconstitucionais (Lei nº 9.656/1998, art. 10, § 2º e art. 35, e MP nº 2.177-44/2001, ar. 2º), reconhece o acórdão a prevalência da cláusula geral de intangibilidade do ato jurídico perfeito, prevista no art. 5º, XXXVI, da Constituição Federal. Atente-se para a fundamentação do voto-condutor:

> *"Os dispositivos em análise preveem a incidência das novas regras relativas aos planos de saúde em contratos celebrados anteriormente à vigência do diploma. A norma destoa do Texto Maior. A vida democrática pressupõe segurança jurídica, e esta não se coaduna com o afastamento de ato jurídico perfeito e acabado mediante aplicação de lei nova. É o que decorre do inciso XXXVI do artigo 5º da Constituição Federal:*
>
> *Art. 5º. [...]*
>
> *XXXVI – a lei não prejudicará o direito adquirido, o ato jurídico perfeito e a coisa julgada.*
>
> *É impróprio inserir nas relações contratuais avençadas em regime legal específico novas disposições, sequer previstas pelas partes quando da manifestação de vontade. [...]*
>
> *À toda evidência, o legislador, com o intuito de potencializar a proteção do consumidor, extrapolou as balizas da Carta Federal, pretendendo substituir-se à vontade dos contratantes. Salta aos olhos a inconstitucionalidade."*

RE-RG nº 948.634/RS: há repercussão geral nas controvérsias referentes à aplicação retroativa da legislação aos planos de saúde firmados no regime anterior.

> *"DIREITO INTERTEMPORAL. APLICAÇÃO RETROATIVA DE LEIS SOBRE PLANOS DE SAÚDE. REPERCUSSÃO GERAL RECONHECIDA. Há repercussão geral na questão sobre a aplicação retroativa de leis sobre planos de saúde aos contratos firmados antes da sua vigência, à luz do art. 5º, inc. XXXVI, da Constituição da República."*[115]
>
> *(STF, Rel. Min. Cármen Lúcia, DJe nº 39, de 01-03-2016)*

---

115. A ementa ainda se refere ao RE-RG nº 578.801/RS, que foi substituído pelo ARE-RG nº 652.492/RS e, atualmente, pelo mencionado RE-RG nº 948.634/RS. Após o reconhecimento da repercussão geral, contudo, os autos permanecem conclusos.

► **Atenção!!** Com o julgamento da ADI nº 1.931/DF, que trata de matéria semelhante, é provável que o STF adote o mesmo posicionamento já firmado. No entanto, até o momento o RE nº 948.634/RS pende de apreciação definitiva.

RE-RG nº 630.852/RS: há repercussão geral da questão envolvendo a aplicação da Lei nº 10.741/2003 (Estatuto do Idoso) a contrato de plano de saúde firmado anteriormente a sua vigência.

> *"PLANO DE SAÚDE. AUMENTO DA CONTRIBUIÇÃO EM RAZÃO DE INGRESSO EM FAIXA ETÁRIA DIFERENCIADA. APLICAÇÃO DA LEI 10.741/03 (ESTATUTO DO IDOSO) A CONTRATO FIRMADO ANTES DA SUA VIGÊNCIA. EXISTÊNCIA DE REPERCUSSÃO GERAL."*
>
> *(STF, Rel. Min. Ellen Gracie, atualmente substituída pela Min. Rosa Weber, DJe nº 103, de 30-05-2011)*

ARE RG 697.312/BA: *não* há repercussão geral na controvérsia a respeito da responsabilidade civil por danos morais e materiais decorrentes da negativa de cobertura por operadora de plano de saúde.

> *"DIREITO DO CONSUMIDOR. EMPRESA OPERADORA DE PLANO DE SAÚDE. NEGATIVA DE COBERTURA PARA TRATAMENTO DE BENEFICIÁRIO. DANOS MORAIS E MATERIAIS. MATÉRIA DE QUE NÃO ENSEJA A ABERTURA DA VIA EXTRAORDINÁRIA. AUSÊNCIA DE REPERCUSSÃO GERAL.*
>
> *Nos termos da jurisprudência do Supremo Tribunal Federal, o tema alusivo à responsabilidade por danos morais e materiais decorrentes de negativa de cobertura para tratamento de beneficiário, por parte de operadora de plano de saúde, não enseja a abertura da via extraordinária, dado que não prescinde do reexame da legislação infraconstitucional, de cláusulas contratuais e do conjunto fático-probatório dos autos (Súmulas 636, 454 e 279 do STF). Não havendo, em rigor, questão constitucional a ser apreciada por esta Suprema Corte, falta ao caso "elemento de configuração da própria repercussão geral", conforme salientou a ministra Ellen Gracie, no julgamento da Repercussão Geral no RE 584.608."*
>
> *(STF, Rel. Min. Ayres Britto, DJe nº 230, de 22-11-2012).*

► **Jurisprudência do STJ:**

Súmula nº 302: *"É abusiva a cláusula contratual de plano de saúde que limita no tempo a internação hospitalar do segurado."*

Súmula nº 597: *"A cláusula contratual de plano de saúde que prevê carência para utilização dos serviços de assistência médica nas situações de* *emergência ou de urgência é considerada abusiva se ultrapassado o prazo máximo de 24 horas contado da data da contratação."*

Súmula nº 608: *"Aplica-se o Código de Defesa do Consumidor aos contratos de planos de saúde, salvo os administrados por entidades de autogestão."*

Súmula nº 609: *"A recusa de cobertura securitária, sob alegação de doença preexistente, é ilícita se não houve a exigência de exames médicos prévios à contratação ou a demonstração de má-fé do segurado."*

REsp nº 1.712.163/SP e REsp nº 1.726.653: recursos especiais repetitivos que afirmaram a tese da inexistência de obrigação, por parte das operadoras de planos de saúde, quanto ao **fornecimento de medicamentos sem registro na ANVISA**. Eis a ementa dos julgados:

> *"RECURSO ESPECIAL. RITO DOS RECURSOS ESPECIAIS REPETITIVOS. PLANO DE SAÚDE. CONTROVÉRSIA ACERCA DA OBRIGATORIEDADE DE FORNECIMENTO DE MEDICAMENTO NÃO REGISTRADO PELA ANVISA.*
>
> *1. Para efeitos do art. 1.040 do NCPC:*
>
> *1.1. As operadoras de plano de saúde não estão obrigadas a fornecer medicamento não registrado pela ANVISA.*
>
> *2. Aplicação ao caso concreto:*
>
> *[...]*
>
> *2.2. É legítima a recusa da operadora de plano de saúde em custear medicamento importado, não nacionalizado, sem o devido registro pela ANVISA, em atenção ao disposto no art. 10, V, da Lei nº 9.656/98, sob pena de afronta aos arts. 66 da Lei nº 6.360/76 e 10, V, da Lei nº 6.437/76. Incidência da Recomendação nº 31/2010 do CNJ e dos Enunciados nº 6 e 26, ambos da I Jornada de Direito da Saúde, respectivamente, 'A determinação judicial de fornecimento de fármacos deve evitar os medicamentos ainda não registrados na Anvisa, ou em fase experimental, ressalvadas as exceções expressamente previstas em lei'; e, 'É lícita a exclusão de cobertura de produto, tecnologia e medicamento importado não nacionalizado, bem como tratamento clínico ou cirúrgico experimental'.*
>
> *2.3. Porém, após o registro pela ANVISA, a operadora do plano de saúde não pode recusar o custeio do tratamento com o fármaco indicado pelo médico responsável pelo beneficiário.*
>
> *3. Recurso especial parcialmente provido. Acórdão sujeito ao regime do art. 1.040 do NCPC."*
>
> *(STJ, REsp nº 1.712.163/SP e 1.726.563/SP, Rel. Min. Moura Ribeiro, 2ª Seção, DJe 08-11-2018).*

REsp nº 1.361.182/RS e REsp nº 1.360.969/RS: recursos especiais repetitivos tratando da controvérsia sobre o prazo prescricional para exercício da pretensão de revisão de cláusula contratual que prevê reajuste de plano de saúde e respectiva repetição dos valores supostamente pagos a maior. Julgados na mesma ocasião, o STJ concluiu pela aplicação das normas gerais sobre prescrição das pretensões condenatórias previstas na legislação civil (CC/1916, art. 177; e CC/2002, art. 206, § 3º, IV), respeitadas as normas de transição do art. 2.028 do CC/2002.

> *"I. RECURSO ESPECIAL REPRESENTATIVO DE CONTROVÉRSIA. CIVIL. CONTRATO DE PLANO OU SEGURO DE ASSISTÊNCIA À SAÚDE. PRETENSÃO DE NULIDADE DE CLÁUSULA DE REAJUSTE. ALEGADO CARÁTER ABUSIVO. CUMULAÇÃO COM PRETENSÃO DE RESTITUIÇÃO DOS VALORES PAGOS INDEVIDAMENTE. EFEITO FINANCEIRO DO PROVIMENTO JUDICIAL. AÇÃO AJUIZADA AINDA NA VIGÊNCIA DO CONTRATO. NATUREZA CONTINUATIVA DA RELAÇÃO JURÍDICA. DECADÊNCIA. AFASTAMENTO. PRAZO PRESCRICIONAL TRIENAL. ART. 206, § 3º, IV, DO CÓDIGO CIVIL DE 2002. PRETENSÃO FUNDADA NO ENRIQUECIMENTO SEM CAUSA.*
>
> *[...]*
>
> *1. Em se tratando de ação em que o autor, ainda durante a vigência do contrato, pretende, no âmbito de relação de trato sucessivo, o reconhecimento do caráter abusivo de cláusula contratual com a consequente restituição dos valores pagos indevidamente, torna-se despicienda a discussão acerca de ser caso de nulidade absoluta do negócio jurídico – com provimento jurisdicional de natureza declaratória pura, o que levaria à imprescritibilidade da pretensão – ou de nulidade relativa – com provimento jurisdicional de natureza constitutiva negativa, o que atrairia os prazos de decadência, cujo início da contagem, contudo, dependeria da conclusão do contrato (CC/2002, art. 179). Isso porque a pretensão última desse tipo de demanda, partindo-se da premissa de ser a cláusula contratual abusiva ou ilegal, é de natureza condenatória, fundada no ressarcimento de pagamento indevido, sendo, pois, alcançável pela prescrição. Então, estando o contrato ainda em curso, esta pretensão condenatória, prescritível, é que deve nortear a análise do prazo aplicável para a perseguição dos efeitos financeiros decorrentes da invalidade do contrato. [...] 3. Cuidando-se de pretensão de nulidade de cláusula de reajuste prevista em contrato de plano ou seguro de assistência à saúde ainda vigente, com a consequente repetição do indébito, a ação ajuizada está fundada no enriquecimento sem causa e, por isso, o prazo prescricional é o trienal de que trata o art. 206, § 3º, IV, do Código Civil de 2002. [...] 9. A pretensão de repetição do indébito somente se refere às prestações pagas a maior no período de três anos compreendidos no*

> *interregno anterior à data do ajuizamento da ação (art. 206, § 3º, IV, do CC/2002; art. 219, caput e § 1º, CPC/1973; art. 240, § 1º, do CPC/2015). 10. Para os efeitos do julgamento do recurso especial repetitivo, fixa-se a seguinte tese: Na vigência dos contratos de plano ou de seguro de assistência à saúde, a pretensão condenatória decorrente da declaração de nulidade de cláusula de reajuste nele prevista prescreve em 20 anos (art. 177 do CC/1916) ou em 3 anos (art. 206, § 3º, IV, do CC/2002), observada a regra de transição do art. 2.028 do CC/2002. 11. Caso concreto: Recurso especial interposto por Unimed Nordeste RS Sociedade Cooperativa de Serviços Médicos Ltda. a que se nega provimento.*
>
> *(STJ, REsp nº 1.360.969/RS, Rel. Min. Marco Buzzi, 2ª Seção, por maioria, DJe 19-09-2016)*

REsp nº 1.568.244/RJ: recurso especial processado sob a sistemática dos recursos repetitivos e que discutia "a validade da cláusula contratual de plano de saúde que prevê aumento da mensalidade conforme a mudança de faixa etária do usuário". Após ponderar entre os interesses dos segurados mais jovens e mais velhos, segundo os princípios do mutualismo e da solidariedade intergeracional, o STJ estabeleceu critérios para aferição da legalidade dos reajustes das mensalidades aplicados sempre que o indivíduo atinja determinada faixa etária e previu, se assim o requerer o caso concreto, a possibilidade de revisão da cláusula eventualmente tida por abusiva, na forma do art. 51, § 2º, do Código de Defesa do Consumidor. O excerto central da ementa consignou:

> *"RECURSO ESPECIAL REPETITIVO. NEGATIVA DE PRESTAÇÃO JURISDICIONAL. NÃO OCORRÊNCIA. CIVIL. PLANO DE SAÚDE. MODALIDADE INDIVIDUAL OU FAMILIAR. CLÁUSULA DE REAJUSTE DE MENSALIDADE POR MUDANÇA DE FAIXA ETÁRIA. LEGALIDADE. ÚLTIMO GRUPO DE RISCO. PERCENTUAL DE REAJUSTE. DEFINIÇÃO DE PARÂMETROS. ABUSIVIDADE. NÃO CARACTERIZAÇÃO. EQUILÍBRIO FINANCEIRO-ATUARIAL DO CONTRATO.*
>
> *[...]*
>
> *7. Para evitar abusividades (Súmula nº 469/STJ) nos reajustes das contraprestações pecuniárias dos planos de saúde, alguns parâmetros devem ser observados, tais como (i) a expressa previsão contratual; (ii) não serem aplicados índices de reajuste desarrazoados ou aleatórios, que onerem em demasia o consumidor, em manifesto confronto com a equidade e as cláusulas gerais da boa-fé objetiva e da especial proteção ao idoso, dado que aumentos excessivamente elevados, sobretudo para esta última categoria, poderão, de forma discriminatória, impossibilitar*

a sua permanência no plano; e (iii) respeito às normas expedidas pelos órgãos governamentais:

a) No tocante aos contratos antigos e não adaptados, isto é, aos seguros e planos de saúde firmados antes da entrada em vigor da Lei nº 9.656/1998, deve-se seguir o que consta no contrato, respeitadas, quanto à abusividade dos percentuais de aumento, as normas da legislação consumerista e, quanto à validade formal da cláusula, as diretrizes da Súmula Normativa nº 3/2001 da ANS.

b) Em se tratando de contrato (novo) firmado ou adaptado entre 2/1/1999 e 31/12/2003, deverão ser cumpridas as regras constantes na Resolução CONSU nº 6/1998, a qual determina a observância de 7 (sete) faixas etárias e do limite de variação entre a primeira e a última (o reajuste dos maiores de 70 anos não poderá ser superior a 6 (seis) vezes o previsto para os usuários entre 0 e 17 anos), não podendo também a variação de valor na contraprestação atingir o usuário idoso vinculado ao plano ou seguro saúde há mais de 10 (dez) anos.

c) Para os contratos (novos) firmados a partir de 1º/1/2004, incidem as regras da RN nº 63/2003 da ANS, que prescreve a observância (i) de 10 (dez) faixas etárias, a última aos 59 anos; (ii) do valor fixado para a última faixa etária não poder ser superior a 6 (seis) vezes o previsto para a primeira; e (iii) da variação acumulada entre a sétima e décima faixas não poder ser superior à variação cumulada entre a primeira e sétima faixas.

8. A abusividade dos aumentos das mensalidades de plano de saúde por inserção do usuário em nova faixa de risco, sobretudo de participantes idosos, deverá ser aferida em cada caso concreto. Tal reajuste será adequado e razoável sempre que o percentual de majoração for justificado atuarialmente, a permitir a continuidade contratual tanto de jovens quanto de idosos, bem como a sobrevivência do próprio fundo mútuo e da operadora, que visa comumente o lucro, o qual não pode ser predatório, haja vista a natureza da atividade econômica explorada: serviço público impróprio ou atividade privada regulamentada, complementar, no caso, ao Serviço Único de Saúde (SUS), de responsabilidade do Estado.

(STJ, REsp nº 1.568.244/RS, 2ª Seção, unânime, DJe 19-12-2016)[116].

– Reiterando a tutela protetiva, podem ser citados, *v.g.*, os seguintes precedentes do STJ: REsp nº 469.911/SP, DJ 10-03-2008 (abusividade da

116. Ao tempo de fechamento desta edição, pendiam de apreciação embargos declaratórios opostos ao acórdão.

cláusula que limitava tempo de internação em UTI); AgRgAg nº 973.265/SP, DJ 17-03-2008 (ilicitude da restrição da cobertura à doença preexistente, face à boa-fé da consumidora e à não exigência, por parte de seguradora, de realização de exame prévio); AgRgAg nº 704.614, DJ 19-11-2007 (julgada abusiva cláusula contratual que excluía da cobertura a realização de transplante para consumidor que declarou previamente sofrer de enfisema pulmonar); REsp nº 993.876/DF, DJ 18-12-2007 (é causa de indenização por danos morais a recusa indevida à cobertura médica, "já que agrava a situação de aflição psicológica e de angústia" do segurado); REsp nº 466.667/SP, DJ 17-12-2007 (considerada abusiva a aplicação de cláusula de carência diante de situação de urgência, pela a ocorrência de doença surpreendente e grave).

> *"RECURSO ESPECIAL. SECURITÁRIO. PLANO DE SAÚDE. INTELIGÊNCIA DOS ARTS. 10, I, E 12 DA LEI 9.656/98. TRATAMENTO EXPERIMENTAL. EXCLUSÃO DE COBERTURA. DESCABIMENTO. INEXISTÊNCIA DE TRATAMENTO CONVENCIONAL. INDICAÇÃO MÉDICA. INSTITUIÇÃO DE SAÚDE RECONHECIDA. RECURSO PROVIDO. [...] 2. A interpretação conjunta dos arts. 10 e 12 da Lei 9.656/98 conduz à compreensão de que, na hipótese de existir tratamento convencional, com perspectiva de resposta satisfatória, não pode o paciente, às custas da seguradora ou operadora de plano de saúde, optar por tratamento experimental. Por outro lado, nas situações em que os tratamentos convencionais não forem suficientes ou eficientes, fato atestado pelos médicos que acompanham o caso, existindo, no País,* **tratamento experimental***, em instituição de reputação científica reconhecida, com indicação para a doença, a seguradora ou operadora deve arcar com os custos do tratamento, na medida em que este passa a ser o único de real interesse para o contratante, configurando o tratamento mínimo garantido pelo art. 12 da Lei. 3. Assim,* **a restrição contida no art. 10, I, da Lei 9.656/98 somente deve ter aplicação quando houver tratamento convencional eficaz para o segurado***. 4. Divergência de fundamentação na formação da maioria. 5. Recurso especial provido." (STJ, REsp nº 1.279.241/SP, Rel. p/ acórdão Min. Raul Araújo, 4ª Turma, por maioria, DJe 07-11-2014)*

> *"AGRAVO REGIMENTAL. AGRAVO EM RECURSO ESPECIAL. PLANO DE SAÚDE. COBERTURA. ABUSIVIDADE DA CLÁUSULA CONTRATUAL. MEDICAMENTO AMBULATORIAL OU DOMICILIAR. 1.- A jurisprudência desta Corte é no sentido de que* **o plano de saúde pode estabelecer as doenças que terão cobertura, mas não o tipo de tratamento utilizado para a cura de cada uma delas***. 2.- 'É abusiva a cláusula contratual que determina a exclusão do fornecimento de medicamentos pela operadora do plano de saúde tão somente pelo fato de serem ministrado em ambiente*

ambulatorial ou domiciliar.' (AgRg no AREsp 292.901/RS, Rel. Ministro LUIS FELIPE SALOMÃO, DJe 04/04/2013). 3.- Agravo Regimental improvido." (STJ, AgRg no AREsp nº 300.648/RS, Rel. Min. Sidnei Beneti, 3ª Turma, unânime, DJe 07-05-2013)

"DIREITO PROCESSUAL CIVIL. IMPOSIÇÃO DE MULTA DIÁRIA A OPERADORA DE PLANO DE SAÚDE. **É possível a imposição de multa diária (art. 461 do CPC) como forma de compelir operadora de plano de saúde a autorizar que hospital realize procedimento médico-hospitalar.** *Nessa situação, o elemento preponderante da prestação exigida é uma obrigação de fazer, e não de pagar quantia, de modo que não há qualquer óbice à fixação de astreintes para a hipótese de descumprimento. [...]" (STJ, REsp nº 1.186.851-MA, Rel. Min. Nancy Andrighi, 3ª Turma, julgado em 27-08-2013 – Informativo nº 527)*

"DIREITO CIVIL E DO CONSUMIDOR. NECESSIDADE DE INTERPRETAÇÃO DE CLÁUSULA DE CONTRATO DE SEGURO DE SAÚDE DA FORMA MAIS FAVORÁVEL À PARTE ADERENTE. [...] Tratando-se, nessa hipótese, de relação de consumo instrumentalizada por contrato de adesão, **as cláusulas contratuais, redigidas pela própria seguradora, devem ser interpretadas da forma mais favorável à outra parte, que figura como consumidora aderente**, *de acordo com o que dispõe o art. 47 do CDC. Assim, deve-se entender que a expressão 'segurada' abrange também a 'segurada dependente', não se restringindo à 'segurada titular'. Com efeito, caso a seguradora pretendesse restringir o campo de abrangência da cláusula contratual, haveria de especificar ser esta aplicável apenas à titular do seguro contratado. (STJ, REsp nº 1.133.338-SP, 3ª Turma, Rel. Min. Paulo de Tarso Sanseverino, julgado em 02-04-2013 – Informativo nº 520)*

Aplicação em concursos:

► Liberdade de participação da iniciativa privada no SUS:

- *UPENET-IAUPE/2017 – UPE – Técnico em Radiologia:*

  Do funcionamento dos serviços privados de assistência à saúde, de acordo com a Lei nº 8.080/90, analise as afirmativas abaixo e coloque V nas Verdadeiras e F nas Falsas.

( ) A assistência à saúde é livre à iniciativa privada.
Resposta: Verdadeiro.

- *INSTITUTO AOCP/2016 – EBSERH – Técnico de enfermagem:*

  De acordo com o que dispõe a Lei Orgânica da Saúde–Lei nº 8.080/1990, assinale a alternativa correta.

c) A iniciativa privada poderá participar do Sistema Único de Saúde (SUS), em caráter complementar.
Resposta: alternativa "c".

- *INSTITUTO LEGATUS/2016 – Prefeitura de Canto do Buriti, PI – Agente de Saúde:*
Sobre o Sistema Único de Saúde (SUS) é INCORRETO afirmar:
a) A iniciativa privada não poderá participar do sistema Único de Saúde (SUS).
Resposta: alternativa "a".

▶ O art. 199, *caput*, da Constituição Federal é explícito quanto à possibilidade de participação da iniciativa privada no SUS.

- *AOCP/2017 – EBSERH – Assistente Administrativo:*
Considerando os temas Saúde e Seguridade social, de acordo com a Constituição Federal [...]
– A assistência à saúde é livre à iniciativa privada.
Resposta: Correto.

- *AOCP/2016 – EBSERH – Enfermeiro:*
De acordo com o que dispõe a Constituição Federal [...]
d) A assistência à saúde é livre à iniciativa privada.
Resposta: Correto.

- *FCC/2015 – TRT 1ª Região – Juiz do Trabalho Substituto:*
Sobre a seguridade social prevista no capítulo II do Título VIII da Constituição Federal de 1988 [...]
– A assistência à saúde é livre à iniciativa privada.
Resposta: Correto.

- *MPE-PR/2016 – MP-PR – Promotor de Justiça:*
Assinale a alternativa *incorreta*:
b) A participação da iniciativa privada no Sistema Único de Saúde (SUS) se dá em caráter obrigatório.
Resposta: alternativa "b".

▶ A chave para a resposta está no art. 199, *caput*, da Constituição Federal. Se *"A assistência à saúde é livre à iniciativa privada"*, trata-se de faculdade, e não de um dever legal; logo, a participação da iniciativa privada no SUS é possível, mas não é obrigatória.

- *AOCP/2014 – EBSERH, HC-UFMG – Técnico em Enfermagem, Saúde do Trabalhador:*

– A assistência à saúde é obrigatória à iniciativa privada.

Resposta: Errado.

▶ A assistência à saúde é livre (e não obrigatória, portanto) à iniciativa privada.

- *AOCP/2016 – EBSERH – Médico (Medicina do Trabalho):*

– A assistência à saúde é exclusiva do Poder Público.

Resposta: Errado.

▶ Uma vez que a iniciativa privada pode participar da assistência à saúde, não há exclusividade para o Poder Público.

- *Gestão de Concursos/2014 – HRTN – Analista Jurídico:*

Sobre a prestação do serviço de saúde, é possível afirmar que

b) É um serviço público de prestação obrigatória, mas sem exclusividade do poder público, já que os particulares também têm titularidade para a prestação desses serviços.

Resposta: alternativa "b".

- *SOCIESC/2009 – Prefeitura de Joinville/SC, Procurador do Município:*

A Constituição da República Federativa do Brasil expõe que a saúde é direito de todos e dever do Estado propondo que sua viabilidade será garantida mediante adoção de políticas sociais e econômicas. Sobre essa temática analise as proposições abaixo e assinale a alternativa incorreta:

c) a Carta Magna viabiliza a participação da iniciativa privada de maneira direta e irrestrita mediante contrato de direito público ou convênio.

Resposta: alternativa "c".

▶ A alternativa *"c"* está errada porque o que o texto constitucional autoriza é a participação das instituições privadas em caráter complementar ao SUS e segundo os princípios deste.

- *SOCIESC/2009 – Prefeitura de Joinville/SC, Procurador do Município:*

A respeito das ações e serviços de saúde aponte a alternativa correta:

c) a execução das ações e serviços de saúde pode ser feita pela administração direta, por entidades da administração indireta e outros serviços autônomos a que seja delegada, bem como por pessoas físicas e jurídicas de direito privado.

Resposta: alternativa "c".

▶ **Saúde complementar – contrato ou convênio de direito público:**

- *CESPE/2018 – EBSERH – Nível Superior:*

  De acordo com o que dispõe a Lei nº 8.080/1990, julgue o item subsequente.

  A participação da iniciativa privada no SUS poderá ocorrer mediante contrato ou convênio, desde que em caráter complementar e após a aprovação no Conselho Nacional de Saúde, conforme critérios estabelecidos pela direção nacional do SUS.

  Resposta: Correto.

- *VUNESP/2018 – Prefeitura de Sorocaba, SP – Procurador do Município*

  Se o Município de Sorocaba visasse ampliar o número de leitos hospitalares oferecidos à população, para atendimento pelo Sistema Único de Saúde, por meio de repasse de recursos financeiros a uma instituição privada sem fins lucrativos, o instrumento jurídico adequado para formalizar essa avença seria

a) o termo de colaboração.
b) o termo de fomento.
c) o convênio.
d) o acordo de cooperação.
e) a parceria.

Resposta: alternativa "c".

- *INSTITUTO AOCP/2017 – EBSERH – Assistente Social:*

  Tratando-se da participação da iniciativa privada no Sistema Único de Saúde, de acordo com a Lei nº 8.080 de 1990, assinale a alternativa correta.

a) As entidades com fins lucrativos têm preferência para participar do SUS, comparadas às filantrópicas, haja vista o maior potencial tecnológico e de recursos humanos dessas empresas.
b) Os serviços contratados podem decidir normas técnicas e administrativas próprias para participar do SUS.
c) O SUS poderá recorrer aos serviços ofertados pela iniciativa privada somente em casos de calamidade pública.
d) Aos proprietários e dirigentes de entidades ou serviços contratados, é permitido exercer cargo de chefia no SUS.
e) A participação complementar dos serviços privados será formalizada mediante contrato ou convênio.

Resposta: alternativa "e".

- *CESPE/2017 – Prefeitura de Fortaleza, CE – Procurador do Município:*

– A rede privada de saúde pode integrar o Sistema Único de Saúde, de forma complementar, por meio de contrato administrativo ou convênio.

Resposta: Correto.

- *FUNCAB/2014 – SESACRE – Biomédico:*

  Os serviços particulares, quando conveniados e contratados, passam a participar do SUS de forma:

b) complementar.

Resposta: alternativa "b".

- *AOCP/2010 – Prefeitura de Camaçari/BA, Médico Acupunturista:*

  De acordo com a Lei Federal nº. 8.080, de 19/09/1990, a participação complementar dos serviços privados será formalizada mediante

c) contrato ou convênio, observadas, a respeito, as normas de direito público.

Resposta: alternativa "c".

- *PGE/PA/2009 – Procurador do Estado do Pará:*

  A saúde é um direito fundamental do ser humano, devendo o Estado prover as condições indispensáveis ao seu pleno exercício. O dever do Estado de garantir a saúde consiste na reformulação e execução de políticas econômicas e sociais que visem à redução de riscos de doenças. Diante disso é CORRETO afirmar:

d) Quando as disponibilidades do Poder Público forem insuficientes para garantir a cobertura assistencial à população de uma determinada área, o SUS poderá recorrer aos serviços ofertados pela iniciativa privada mediante contrato ou convênio com base nas normas de direito público.

Resposta: alternativa "d".

- *UnB/CESPE/2008 – Ministério da Saúde, Técnico de Nível Superior (Especialidade em Economia da Saúde):*

  Com relação ao que dispõe a CF acerca da assistência à saúde, julgue os seguintes itens.

– É vedado às instituições privadas, incluindo-se as filantrópicas e as entidades sem fins lucrativos, o estabelecimento de convênios ou de contratos de direito público para participarem do SUS.

Resposta: Errado.

► A Constituição expressamente autoriza a participação das instituições privadas no SUS.

- *CESPE-UNB/2014 – Câmara dos Deputados – Analista Legislativo, Consultor Legislativo – Área XVI:*

– O modelo institucional das organizações sociais possibilita ao setor de saúde a contratação direta de serviços de saúde privados e de convênios públicos devido ao fato de essas organizações não se sujeitarem ao controle do tribunal de contas e à supervisão do Ministério Público.

Resposta: Errado.

- ► Os contratos de gestão, na medida em que envolvem a participação do Poder Público, podem sujeitar-se à fiscalização do Tribunal de Contas e do Ministério Público, na forma dos arts. 9º e 10 da Lei nº 9.637/99, respectivamente.

- *MPE/SC/2013 – Promotor de Justiça:*

– As ações e serviços de saúde, no ordenamento jurídico brasileiro, devem ser prestados diretamente pelo Poder Público, ou, de forma complementar, pela iniciativa privada, não podendo ser objeto de Termo de Parceria ou Contrato de Gestão, com Organização da Sociedade Civil de Interesse Público (OSCIP) ou Organização Social (OS).

Resposta: Errado.

- ► O art. 199, § 1º, da CF determina que a participação da iniciativa privada, em caráter complementar ao SUS, seja formalizada por "contrato de direito público ou convênio", o que abrande os contratos de gestão previstos pela Lei nº 9.637/98 (arts. 1º e 5º) e os termos de parceria regulados pela Lei nº 9.790/99 (arts. 1º, 3º-IV e 9º).

- *MP-SC/2011 – Promotor de Justiça – XXXVI Concurso:*

A assistência à saúde é permitida à iniciativa privada, vedada a contratação de serviços pelo poder público.

Resposta: Errado.

- ► É permitida a contratação de serviços pelo Poder Público, por contrato administrativo ou convênio – modalidade a que se denomina de "saúde complementar".

- *MPE/SC/2013 – Promotor de Justiça:*

– As instituições privadas, as entidades filantrópicas e as sem fins lucrativos poderão participar de forma complementar do sistema único de saúde, segundo diretrizes deste, observadas condições iguais de disputa com vistas à celebração dos indispensáveis contratos de direito público ou convênios.

Resposta: Errado.

- ► O art. 199, § 1º, da CF não se refere à observância de "condições iguais de disputa com vistas à celebração dos indispensáveis contratos de direito público ou convênios".

► Saúde complementar – preferência às entidades filantrópicas ou sem fins lucrativos:

- *FCC/2018 – DPE/MA – Defensor Público:*

De acordo com o que dispõe a Lei de Organização do Sistema Único de Saúde, Lei nº 8.080/1990, quando for necessária a atuação complementar das entidades privadas, em razão de insuficiência de recursos do SUS,

a) A atuação se dará por meio de encampação do serviço da atividade particular, mediante prévia notificação a entidade privada, respeitando sempre a justa remuneração pelo serviço encampado.
b) Os critérios de remuneração dos serviços em atuação complementar serão delimitados por legislação específica.
c) A garantia da qualidade do serviço prestada pelo particular deverá ser objeto de observância pela entidade privada, dispensadas, contudo, de observância das demais normas de direito público.
d) Quando os diretores, administradores ou gestores das entidades privadas estiverem exercendo mandatos eletivos ou cargos de confiança no Sistema Único de Saúde, a forma de efetivação da atuação complementar se dará por convênio ou contrato administrativo.
e) As entidades filantrópicas e sem fins lucrativos têm preferência para realizar a atividade complementar dentro do Sistema Único de Saúde.

Resposta: alternativa "e".

- *QUADRIX/2018 – CRM/DF – Assistente Administrativo:*

No que se refere à ordem social na CF, julgue o item subsequente.
Entidades privadas poderão substituir o Estado no conjunto de ações e serviços públicos que integrem o chamado Sistema Único de Saúde (SUS), desde que por meio de instituições filantrópicas e sem fins lucrativos.
Resposta: Errado.

► O art. 199, § 1º, da CF autoriza a participação complementar da iniciativa privada, o que não significa uma total substituição das atividades estatais na prestação de saúde. Além disso, a norma não condiciona que essa participação se dê por meio de instituições filantrópicas e sem fins lucrativos, apenas assegurando uma preferência a essas entidades.

- *IDECAN/2017 – Ministério da Saúde – Administrador:*

– As instituições privadas poderão participar de forma complementar do Sistema Único de Saúde, mediante contrato de direito público ou convênio, tendo preferência as entidades particulares e com fins lucrativos.
Resposta: Errado.

► A preferência estabelecida pelo art. 199, § 1º, CF, é pelas entidades filantrópicas e/ou sem fins lucrativos.

- *FCC/2016 – PGE/MA – Procurador do Estado:*

Instituição privada com fins lucrativos que pretenda exercer atividades de assistência à saúde no País

a) poderá receber recursos públicos para auxílio ou subvenções.
b) não poderá participar, de forma complementar, do Sistema Único de Saúde em razão de sua finalidade lucrativa.
c) poderá participar, de forma complementar, do Sistema Único de Saúde, ainda que as entidades filantrópicas e as sem fins lucrativos tenham preferência.
d) poderá participar, de forma complementar, do Sistema Único de Saúde, mediante convênio, sendo vedada constitucionalmente a celebração de contrato de direito público para esse fim.
e) poderá participar, de forma complementar, do Sistema Único de Saúde, desde que mediante prévia autorização do Poder Legislativo do ente federativo com quem o ajuste será firma.

Resposta: alternativa "c".

- *FAPEC-MS/2015 – MPE/MS – Promotor de Justiça Substituto:*
  Em atenção ao Sistema Único de Saúde e à assistência à saúde [...]

– As instituições privadas poderão participar de forma complementar do sistema único de saúde, segundo diretrizes deste, mediante contrato de direito público ou convênio, sendo vedado qualquer tipo de preferência às entidades filantrópicas e as sem fins lucrativos.

Resposta: Errado.

▶ O art. 199, § 1º, do texto constitucional definiu a preferência por entidades filantrópicas e/ou sem fins lucrativos.

- *MAKYAMA/2014 – Pref. Capela do Alto, SP – Médico Cardiologista:*
  Conforme previsto pela Constituição Federal brasileira, a assistência à saúde é livre à iniciativa privada. Nessa linha, pode-se afirmar que:

– As instituições privadas poderão participar de forma complementar do sistema único de saúde, segundo diretrizes deste, mediante contrato de direito público ou convênio, tendo preferência as entidades filantrópicas e as sem fins lucrativos.

Resposta: Correto.

- *FUNDATEC/2014 – Fundação Hospitalar Getúlio Vargas – Procurador:*
  Considerando os termos da Lei n 8.080/90, conhecida como Lei Orgânica da Saúde, analise as seguintes afirmativas:

I. A assistência à saúde é livre à iniciativa privada.
II. Quando as suas disponibilidades forem insuficientes para garantir a cobertura assistencial à população de uma determinada área, o Sistema Único de Saúde poderá recorrer aos serviços oferecidos pela iniciativa privada.
III. A participação complementar dos serviços privados no Sistema Único de Saúde é restrita às entidades filantrópicas e às entidades sem fins lucrativos.

Quais estão corretas?

d) Apenas I e II.

Resposta: alternativa "d".

▶ Há uma preferência em favor das entidades filantrópicas e sem fins lucrativos, mas isso não exclui a participação de outras entidades da iniciativa privada no SUS.

- *TJDFT/2012 – Juiz de Direito Substituto:*

Levando em conta as disposições da Constituição Federal, marque a opção correta sobre o Sistema Único de Saúde.

c) As instituições privadas poderão participar de forma complementar do sistema único de saúde, segundo diretrizes deste, mediante contrato de direito público ou convênio, tendo preferência as entidades filantrópicas e as sem fins lucrativos.

Resposta: alternativa "c".

- *PUC/PR/2011 – TJ/RO – Juiz de Direito Substituto:*

– A assistência à saúde é livre às instituições privadas que poderão participar de forma complementar do Sistema Único de Saúde, segundo diretrizes deste, mediante contrato de direito público ou convênio, mesmo não sendo entidades filantrópicas e sem fins lucrativos, sem qualquer ordem de preferência em relação a estas.

Resposta: Errado.

▶ O art. 199, § 1º, da CF estabelece uma expressa preferência em favor das entidades filantrópicas e sem fins lucrativos no que respeita à participação da iniciativa privada no SUS.

- *IF/SC/2010 – Professor de Gestão de Materiais, Marketing e Serviços de Saúde:*

A Constituição da República Federativa do Brasil, em seu artigo 199, estabelece que a assistência à saúde é livre à iniciativa privada. Assinale a alternativa correta sobre essa prerrogativa legal:

d) As instituições privadas poderão participar, de forma complementar, do sistema único de saúde, segundo diretrizes deste, mediante contrato de direito público ou convênio, tendo preferência as entidades filantrópicas e as sem fins lucrativos.

Resposta: alternativa "d".

▶ Saúde suplementar:

- *VUNESP/2017 – TJ/SP – Juiz Substituto:*

Vítima de acidente automobilístico, Joana fica hospitalizada durante 90 (noventa) dias. Joana é contratante individual de plano de assistência médica e hospitalar. A administradora do plano de saúde se recusa a cobrir a totalidade dos custos da internação, alegando que o contrato limita a obrigação a 30 (trinta) dias. Durante o período de hospitalização, Joana deixa de efetuar o pagamento das prestações mensais do plano de saúde. Após se recuperar, Joana propõe ação requerendo seja o plano de saúde condenado ao pagamento das despesas referentes a todo o período de internação. Por sua vez, a administradora do plano de saúde apresenta contestação e propõe reconvenção pleiteando a condenação de Joana ao pagamento das prestações em atraso, acrescido da multa contratual de 10% (dez por cento). É correto afirmar que a ação de Joana deve ser julgada

a) procedente, pois é abusiva a cláusula contratual que limita o tempo de internação hospitalar; a reconvenção é parcialmente procedente, pois Joana está obrigada ao pagamento das mensalidades do plano de saúde, mesmo diante da recusa de cobertura, mas a multa contratual não pode exceder 2% (dois por cento).
b) improcedente, pois não há abusividade na cláusula contratual que limita o tempo de internação hospitalar; a reconvenção é procedente, pois o ilícito contratual foi praticado por Joana, que está obrigada ao pagamento das mensalidades do plano de saúde, com acréscimo da multa contratual de mora.
c) parcialmente procedente, devendo as partes dividirem equitativamente os custos da internação hospitalar que ultrapassaram o limite de 30 (trinta) dias, como forma de não gerar desequilíbrio contratual; a reconvenção é improcedente, pois ao plano de saúde não é lícito, enquanto não cumprir sua obrigação, exigir o cumprimento daquela atribuída a Joana.
d) procedente, pois a limitação temporal da internação hospitalar é admitida somente nos contratos coletivos de assistência médica; a reconvenção é improcedente, pois a conduta abusiva da administradora do plano de saúde exclui a obrigação de Joana efetuar o pagamento das mensalidades referentes ao período de hospitalização.

Resposta: alternativa "a".

- *CESPE/2016 – TJDFT – Juiz de Direito Substituto:*

  De acordo com as normas que regulam a proteção contratual do consumidor no CDC e, ainda, conforme entendimento jurisprudencial atual e prevalente do STJ [...]

– É válida a cláusula inserida em contrato de plano de saúde que limita o tempo de cobertura, quando se tratar, especificamente, de internação psiquiátrica prolongada.

  Resposta: Errado.

- *VUNESP/2015 – TJ/SP – Juiz de Direito Substituto:*

  Em tema de abusividade contratual, é correto afirmar que

– se admite limitação temporal de internação hospitalar do segurado em contrato de plano de saúde.

  Resposta: Errado.

▶ As afirmativas das duas questões anteriores estão erradas, porque, de acordo com a Súmula nº 302 do STJ, *"É abusiva a cláusula contratual de plano de saúde que limita no tempo a internação hospitalar do segurado."*

- *FAPEC-MS/2015 – MPE/MS – Promotor de Justiça Substituto:*
– De acordo com o STJ, aplica-se o Código de Defesa do Consumidor aos contratos de planos de saúde.
Resposta: Correto.

- *VUNESP/2014 – TJ-SP – Juiz de Direito:*
– É abusiva a cláusula contratual de plano de saúde que limita o tempo de internação do segurado ou usuário.
Resposta: Correto.

- *VUNESP/2014 – TJ-SP – Juiz de Direito:*
– Na implantação de *stent*, embora seja ato inerente à cirurgia cardíaca/vascular, não se configura abusiva a negativa de sua cobertura, se o contrato for anterior à Lei nº 9.656/98.
Resposta: Errado.

▶ A jurisprudência do STJ é consolidada em reconhecer a impossibilidade de "o plano de saúde pode estabelecer as doenças que terão cobertura, mas não o tipo de tratamento utilizado para a cura de cada uma delas".

- *VUNESP/2014 – TJ-RJ – Juiz Substituto:*
– É abusiva a cláusula contratual de plano de saúde que limita no tempo a internação hospitalar do segurado, desde que não seja dado prévio conhecimento da íntegra do contrato de adesão ao consumidor.
Resposta: Errado.

▶ A Súmula nº 302 do STJ não abre exceção: "É abusiva a cláusula contratual de plano de saúde que limita no tempo a internação hospitalar do segurado."

- *FMP/2014 – TJ/MT – Juiz de Direito:*
Sobre a relação de consumo, é incorreto afirmar que:
d) não constituem seu objeto os serviços prestados pelo Sistema Único de Saúde, sem remuneração pelo cidadão.
Resposta: alternativa "d".

▶ A jurisprudência reconhece a aplicação das normas de Direito do Consumidor à prestação de assistência à saúde, inclusive no SUS.

- *UFMT/2014 – MP/MT – Promotor de Justiça Substituto:*

  Levando em conta o disposto na Lei nº 9.656/1998, que institui o regime de assistência à saúde prestada pelas operadoras de planos de saúde, assinale a afirmativa INCORRETA.

a) É vedada a existência de cláusula excedente de cobertura às doenças constantes na Classificação Estatística Internacional de Doenças e Problemas Relacionados com a Saúde, da Organização Mundial da Saúde.

b) É vedada a alteração do preço do plano de saúde em razão da idade.

c) É vedada a limitação para internação hospitalar, devendo ser consideradas nulas as cláusulas que preveem essa possibilidade.

d) O reajuste dos planos individuais e familiares só pode ocorrer anualmente e mediante prévia autorização da Agência Nacional de Saúde Suplementar.

e) O Código de Defesa do Consumidor pode ser aplicado nos contratos entre usuários e operadoras de Planos de Assistência à Saúde.

Resposta: alternativa "b".

▶ **Atenção!** a jurisprudência do STJ sempre tendeu a afirmar a impossibilidade de reajuste do preço do plano de saúde em razão da idade. No entanto, em recente precedente, já citado anteriormente (REsp nº 1.381.606 DF), o STJ reconheceu, por maioria, a possibilidade do reajustamento, desde que previsto no contrato, proporcional e conformado às normas da Lei nº 9.656/98.

- *UFMT/2014 – MP/MT – Promotor de Justiça Substituto:*

– Conforme entendimento consolidado do STJ, aplica-se o Código de Defesa do Consumidor aos contratos de plano de saúde.

Resposta: Correto.

- *CESPE-UNB/2014 – Câmara dos Deputados – Analista Legislativo, Consultor Legislativo – Área XVI:*

– As ações de atenção à saúde realizadas no âmbito da saúde suplementar incluem a promoção da saúde, a prevenção de riscos e doenças e o estímulo ao parto normal.

Resposta: Correto.

- *VUNESP/2013 – TJ-SP – Juiz de Direito:*

  Acerca dos planos e seguros privados de assistência à saúde, considerada a Lei nº 9.656/98 e a jurisprudência do STJ, é correto dizer que [...]

d) é vedado estabelecer carência superior a 24 horas para a cobertura de tratamento de casos de urgência e emergência.

Resposta: alternativa "d".

- *MP-SC/2013 – Promotor de Justiça – XXXVIII Concurso:*

– Ao considerar como de cobertura obrigatória todas as doenças listadas na Classificação Estatística Internacional de Doenças e Problemas Relacionados com a Saúde, da Organização Mundial da Saúde, a Lei nº 9.656/98 (Lei dos Planos e Seguros de Saúde) proíbe a exclusão e/ou restrição de cobertura dos respectivos procedimentos diagnósticos e terapêuticos imprescindíveis para o seu êxito, com exceção daqueles previstos no art. 10 da referida lei.

Resposta: Correto.

- *MP-SC/2013 – Promotor de Justiça – XXXVIII Concurso:*

– Ainda de acordo com a Lei dos Planos e Seguros de Saúde, pode-se dizer que é ilegal o aumento por mudança de faixa etária, sem prévia e clara previsão no contrato inicial das faixas etárias e respectivos percentuais de reajuste, sendo absolutamente vedado, com a edição do Estatuto do Idoso, o aumento das mensalidades a partir de 60 (sessenta) anos, independentemente do tempo de vínculo contratual.

Resposta: Correto.

- *MP-SC/2013 – Promotor de Justiça – XXXVIII Concurso:*

– Nenhum dispositivo de lei ou contratual pode impedir, limitar ou criar obstáculos para o atendimento de urgência e emergência, sendo que o prazo máximo para a cobertura desses atendimentos, de acordo com a Lei dos Planos e Seguros de Saúde, é de 24 (vinte e quatro) horas.

Resposta: Correto.

- *TJ-SC/2010 – Juiz de Direito:*

Nos termos das normas jurídicas de ordem pública, considere as seguintes proposições e assinale a opção correta:

– Nos contratos de planos de saúde, é proibida a cláusula que fixa o reajuste das prestações pecuniárias em razão da faixa etária.

Resposta: Correta.

- *TJ-SP/2008 – Juiz de Direito:*

Determinada pessoa jurídica de direito privado, que opera plano de assistência à saúde, foi condenada a suportar as despesas com cirurgia plástica de reconstrução de mama de paciente, extirpada em tratamento de mal grave, tendo o serviço à consumidora sido prestado em hospital fora da rede credenciada, embora existentes nesta várias unidades em condições de realizá-lo. Sobre esse caso, assinale a alternativa correta.

c) A responsabilidade da operadora sempre devia ser reconhecida, não obstante as circunstâncias, mas limitada aos custos correspondentes aos do mais conceituado dentre os hospitais da rede credenciada.

Resposta: alternativa "c".

2. O **art. 199, § 2º, da CF**, proíbe expressamente "destinação de recursos públicos para auxílios ou subvenções às instituições privadas com fins lucrativos" – norma posteriormente repetida pelo **art. 38 da Lei nº 8.080/90**:

"Não será permitida a destinação de subvenções e auxílios a instituições prestadoras de serviços de saúde com finalidade lucrativa". Como refere Santos, a vedação obstaria "o Poder Público [de] subsidiar, de forma direta ou indireta, custos de serviços de saúde para as pessoas que optam pelo serviço privado lucrativo, como é o caso, entre outros, dos planos de saúde e dos seguros-saúde"[117]. Nesse sentido, também guardaria pertinência com a norma constitucional com o **art. 32 da Lei nº 9.656/98** (na redação da MP nº 2.177-44/2001), pelo qual se impõe, às operadoras de planos de saúde, a obrigação de ressarcimento ao SUS, dos serviços públicos utilizados, pelo titular ou seus dependentes, que também estivessem abrangidos pela cobertura contratada[118].

▶ **Jurisprudência do STF:**

RE RG nº 597.064/RJ: o STF negou provimento ao recurso extraordinário e fixou a seguinte tese: *"É constitucional o ressarcimento previsto no art. 32 da Lei 9.656/98, o qual é aplicável aos procedimentos médicos, hospitalares ou ambulatoriais custeados pelo SUS e posteriores a 4/6/1998, assegurados o contraditório e a ampla defesa, no âmbito administrativo, em todos os marcos jurídicos."* Embora ainda pendam de apreciação embargos declaratórios, vale conferir os termos com que ficou posta a ementa do julgado:

> *"ADMINISTRATIVO. RESSARCIMENTO SUS. OPERADORAS DE PLANOS DE SAÚDE. ART. 32 DA LEI 9.656/98. ART. 199 DA CONSTITUIÇÃO FEDERAL. CONSTITUCIONALIDADE. IMPUGNAÇÃO. CONTRADITÓRIO E AMPLA DEFESA ASSEGURADOS. PRINCÍPIO DA IRRETROATIVIDADE. FATOS JURÍGENOS POSTERIORES À VIGÊNCIA DA LEI FEDERAL.*
>
> *1. O Estado, sem se desincumbir de seu ônus constitucional, possibilitou que empresas privadas, sob sua regulamentação, fiscalização e controle (ANS), prestassem a assistência à saúde de forma paralela, no intuito de compartilhar os custos e os riscos a fim de otimizar o mandamento constitucional.*

---

117. SANTOS, 2010, p. 176.
118. Lei nº 9.656/98, art. 32: "Serão ressarcidos pelas operadoras dos produtos de que tratam o inciso I e o § 1º do art. 1º desta Lei, de acordo com normas a serem definidas pela ANS, os serviços de atendimento à saúde previstos nos respectivos contratos, prestados a seus consumidores e respectivos dependentes, em instituições públicas ou privadas, conveniadas ou contratadas, integrantes do Sistema Único de Saúde – SUS".

2. A cobrança disciplinada pelo art. 32 da Lei 9.656/98 ostenta natureza jurídica indenizatória ex lege (receita originária), sendo inaplicáveis as disposições constitucionais concernentes às limitações estatais ao poder de tributar, entre elas a necessidade de edição de lei complementar.

3. Observada a cobertura contratual entre os cidadãos-usuários e as operadoras de planos de saúde, além dos limites mínimo (praticado pelo SUS) e máximo (valores de mercado pagos pelas operadoras de planos de saúde), tal ressarcimento é compatível com a permissão constitucional contida no art. 199 da Carta Maior.

4. A possibilidade de as operadoras de planos de saúde ofertarem impugnação (e recurso, atualmente), em prazo razoável e antes da cobrança administrativa e da inscrição em dívida ativa, sendo-lhes permitido suscitar matérias administrativas ou técnicas de defesa, cumpre o mandamento constitucional do inciso LV do art. 5º da Constituição Federal.

5. O ressarcimento previsto na norma do art. 32 da Lei 9.656/98 é aplicável aos procedimentos médicos, hospitalares ou ambulatoriais custeados pelo SUS posteriores a 4.6.1998, desde que assegurado o exercício do contraditório e da ampla defesa, no âmbito administrativo, em todos os interstícios amparados por sucessivas reedições de medidas provisórias."

(STF, Rel. Min. Gilmar Mendes, Pleno, DJe nº 95, de 15-05-2018).

RE-RG nº 666.094/DF: há repercussão geral na questão relativa à definição dos valores a serem pagos pelo Poder Público pelos serviços de saúde prestados pela rede privada em cumprimento à ordem judicial (decisão de 22-02-2019, ainda não publicada). O caso envolve a controvérsia quanto à remuneração dos serviços, se devem atender aos parâmetros e valores estabelecidos no SUS para a rede conveniada, ou se devem corresponder ao preço apurado unilateralmente pelo prestador privado, inclusive quanto à margem de lucro embutida.

▶ **Jurisprudência do STJ:**

"PROCESSUAL CIVIL E ADMINISTRATIVO. AGRAVO REGIMENTAL NO AGRAVO EM RECURSO ESPECIAL. **PLANO DE SAÚDE. RESSARCIMENTO AO SUS. MATÉRIA CONSTITUCIONAL.** *TABELA TUNEP. SÚMULA 7/STJ. ARTS. 131, 165, 458, INCS. II E III, E 273 DO CPC. PREQUESTIONAMENTO. AUSÊNCIA. DIVERGÊNCIA JURISPRUDENCIAL. FALTA DE DEMONSTRAÇÃO. 1. Tendo a Corte de origem decidido sobre a legitimidade do art. 32 da Lei n. 9.656/98 sob aspecto constitucional, há impedimento do*

reexame da matéria na via especial, inclusive no tocante ao dissídio pretoriano. [...]" (AgRg no AREso nº 159.736/RS, Rel. Min. Og Fernandes, 2ª Turma, DJe 20-11-2013, unânime)

*"ADMINISTRATIVO E PROCESSUAL CIVIL. AGRAVO REGIMENTAL NO AGRAVO EM RECURSO ESPECIAL. RESSARCIMENTO AO SUS. INSCRIÇÃO NO CADIN. POSSIBILIDADE. NATUREZA DO DÉBITO. ART. 2º, § 8º DA LEI N. 10.522/2002. 1. A jurisprudência assente no âmbito do STJ é no sentido de que: (i) '***Os valores devidos a título de ressarcimento ao SUS pelas operadoras de planos de saúde não podem ser considerados 'preços de serviços públicos' ou 'operações financeiras que não envolvam recursos orçamentários'***'; e (ii) 'Dessa maneira, inaplicável o § 8º do art. 2º da Lei 10.522/2002, e plenamente possível a inscrição no CADIN pela inadimplência de tais quantias' (AgRg no REsp 841.509/RJ, Relator Ministro Herman Benjamin, Segunda Turma, DJ de 21 de agosto de 2009). Outros precedentes: AgRg no REsp 670.807/RJ, Relator Ministro José Delgado, Relator para acórdão Ministro Teori Albino Zavascki, Primeira Turma, DJ de 4 de abril de 2005 e AgRg no REsp 1013538/RJ, Relator Ministro Mauro Campbell Marques, Segunda Turma, DJ de 18 de fevereiro de 2009. 2. Agravo regimental não provido." (AgRg no AREsp nº 307.233/RJ, Rel. Min. Benedito Gonçalves, DJe 12-06-2013, unânime)*

Aplicação em concursos:

- *INSTITUTO EXCELÊNCIA/2017 – Prefeitura de Cerro Largo, RS – Procurador:*
Conforme a Constituição da República Federativa do Brasil: Art. 199. A assistência à saúde é livre à iniciativa privada. Referente a esse artigo é vedada:

a) destinação de recursos públicos para auxílios ou subvenções às instituições privadas com fins lucrativos; a participação direta ou indireta de empresas ou capitais estrangeiros na assistência à saúde no País, salvo nos casos previstos em lei.

b) a formação de recursos humanos na área de saúde; participar de forma complementar do sistema único de saúde.

c) participação da produção de medicamentos, equipamentos, imunobiológicos, hemoderivados e outros insumos; fiscalização, avaliação e controle das despesas com saúde nas esferas federal, estadual, distrital e municipal.

d) Nenhuma das alternativas.

Resposta: alternativa "a".

- *SEGPLAN-GO/2016 – SEAP/GO – Analista de Saúde:*
As instituições privadas podem participar de forma complementar do Sistema Único de Saúde (SUS). No que se refere a essa participação, assinale a alternativa incorreta:

a) O SUS poderá recorrer aos serviços ofertados pela iniciativa privada, quando as suas disponibilidades forem insuficientes para garantir a cobertura assistencial à população de uma determinada área.
b) A participação complementar dos serviços privados será formalizada mediante contrato de direito público ou convênio.
c) As entidades filantrópicas e as sem fins lucrativos terão preferência para participar do SUS
d) O SUS destinará recursos para auxílios ou subvenções às instituições privadas com fins lucrativos.
e) É vedada a participação direta ou indireta de empresas ou capitais estrangeiros na assistência à saúde no País, salvos nos casos previstos na lei.

Resposta: alternativa "d".

- *IBADE/2016 – Prefeitura de Rio Branco, AC – Terapeuta Ocupacional:*

Acerca das disposições constitucionais sobre a participação da iniciativa privada no SUS é correto afirmar que a(s):

a) participação direta ou indireta de empresas estrangeiras na assistência à saúde é vedada em qualquer circunstância.
b) instituições privadas poderão participar do SUS somente por meio de convênios.
c) constituição proíbe a destinação de recursos públicos para auxílios ou subvenções às instituições privadas com fins lucrativos.
d) entidades sem fins lucrativos só poderão participar do SUS mediante contrato de direito público.
e) entidades filantrópicas têm preferência na participação do SUS e podem firmar contratos de direito privado.

Resposta: alternativa "c".

- *FAURGS/2016 – TJ/RS – Juiz de Direito Substituto:*

Considere as seguintes afirmações referentes à saúde, tendo em vista as normas previstas no Título VIII, Da Seguridade Social.

– É vedada a participação direta ou indireta de empresas ou capitais estrangeiros na assistência à saúde no País, salvo nos casos previstos em lei.

Resposta: Correto.

- *MPE/SC – 2016 – Promotor de Justiça:*

– A Constituição Federal estabeleceu que a assistência à saúde é livre à iniciativa privada, sendo vedada, contudo, a destinação de recursos públicos para auxílios ou subvenções às instituições privadas com fins lucrativos.

Resposta: Correto.

- *AOCP/2016 – EBSERH – Enfermeiro:*

De acordo com o que dispõe a Constituição Federal...

- É vedada a destinação de recursos públicos para auxílios ou subvenções às instituições privadas com fins lucrativos.
  Resposta: Correto.

- *EDUCA/2016 – Prefeitura de Maturéia/PB – Farmacêutico:*
  Considerando à participação da iniciativa privada no SUS...
- É vedada a destinação de recursos públicos para auxílios ou subvenções às instituições privadas com fins lucrativos.
  Resposta: Correto.

- *Instituto AOCP/2014 – EBSERH/HUCAM-UFES – Advogado:*
  De acordo com a Constituição Federal, assinale a alternativa correta.

c) É vedada a destinação de recursos públicos para auxílios ou subvenções às instituições privadas com fins lucrativos.
  Resposta: alternativa "c".

- *VUNESP/2014 – Pref. São Paulo, SMS – Especialista em Saúde, Enfermeiro:*
  Um hospital privado com fins lucrativos é subvencionado pela Secretaria Municipal de Saúde. Sobre essa subvenção, é correto afirmar que

b) é vedada a destinação de recursos públicos para subvenções às instituições privadas com fins lucrativos.
  Resposta: alternativa "b".

- *FAUEL/2014 – Pref. Toledo, PR – Médico ESF:*
  Sobre o Sistema Único de Saúde [...]

d) não será permitida a destinação de subvenções e auxílios a instituições prestadoras de serviços de saúde com finalidade lucrativa.
  Resposta: Correto.

- *MAKYAMA/2014 – Pref. Capela do Alto, SP – Médico Cardiologista:*
  Conforme previsto pela Constituição Federal brasileira, a assistência à saúde é livre à iniciativa privada. Nessa linha, pode-se afirmar que:
- É permitida a destinação de recursos públicos para auxílios ou subvenções às instituições privadas com fins lucrativos.
  Resposta: Errado.

► Como visto, a afirmativa colide com o art. 199, § 2º, da CF.

- *MP-SC/2010 – Promotor de Justiça – XXXV Concurso:*
- É permitida a destinação de subvenções e auxílios a instituições prestadoras de saúde com finalidade lucrativa, já que elas podem participar de forma complementar na oferta de serviços ao SUS.
  Resposta: Errado.

- A Constituição explicitamente veda a destinação de subvenções e auxílios a instituições privadas com fins lucrativos, prestadoras de serviços de saúde.

3. O **art. 199, § 3º, da CF**, veda a "participação direta ou indireta de empresas ou capitais estrangeiros na assistência à saúde no País", ressalvando, todavia, a possibilidade de edição de lei que disponha em sentido diverso, disciplinando as condições em que isso poderá acontecer. Recentemente, o **art. 23 da Lei nº 8.080/90** foi alterado pela Lei nº 13.097/2015, e passou a estabelecer os casos em que autorizada a participação direta ou indireta, inclusivo o controle, de empresas e de capitais estrangeiros na assistência à saúde no país. São eles: **(a)** as doações de organismos internacionais vinculados à Organização das Nações Unidas (ONU), de entidades de cooperação técnica e de financiamento e empréstimos; **(b)** as pessoas jurídicas destinadas a instalar, operacionalizar ou explorar hospitais gerais e especializados, policlínicas, clínicas gerais e especializadas, assim como ações e pesquisas de planejamento familiar; **(c)** os serviços de saúde sem fins lucrativos mantidos por empresas, para atendimento de seus empregados e dependentes, sem ônus para a seguridade social; e **(d)** outros casos que possam ser previstos pela legislação específica. Isso significa que a regra geral constitucional está mantida, embora com a previsão de uma série de novas hipóteses pela legislação ordinária.

- **Jurisprudência do STF:**

> **ADI nº 5.239/DF**: *o artigo 142 da Lei nº 13.097/2015, que deu nova redação ao artigo 23 da Lei nº 8.080/90, é objeto de Ação Direta de Inconstitucionalidade perante o STF. A ação foi distribuída para a Min. Rosa Weber, e ainda não há decisão de mérito a respeito.*

Aplicação em concursos:

- *CESPE/2018 – EBSERH – Nível Médio:*

  Julgue o item seguinte, a respeito da ordem social prevista na Constituição Federal de 1988. Nesse sentido, considere que a sigla SUS, sempre que empregada, se refere ao Sistema Único de Saúde.

– A iniciativa privada participa direta ou indiretamente do SUS, mas sempre de forma complementar, podendo inclusive utilizar-se de capital estrangeiro na assistência à saúde.

  Resposta: Correto.

- *EDUCA/2016 – Prefeitura de Maturéia/PB – Farmacêutico:*
  Considerando à participação da iniciativa privada no SUS...
- É vedada a participação direta ou indireta de empresas ou capitais estrangeiros na assistência salvo nos casos previstos em lei.
  Resposta: Correto.

- *FUNDATEC/2015 – PGE/RS – Procurador do Estado:*
- É livre a participação direta ou indireta de empresas ou capitais estrangeiros na assistência à saúde no país.
  Resposta: Errado.

▶ A participação direta ou indireta de empresas ou capitais estrangeiros na assistência à saúde no país depende de previsão legal que assim o autorize.

- *MAKYAMA/2014 – Pref. Capela do Alto, SP – Médico Cardiologista:*
  Conforme previsto pela Constituição Federal brasileira, a assistência à saúde é livre à iniciativa privada. Nessa linha, pode-se afirmar que:
- É vedada a participação direta ou indireta de empresas ou capitais estrangeiros na assistência à saúde no País, salvo nos casos previstos em lei.
  Resposta: Correto.

- *AOCP/2014 – EBSERH, HC-UFMG – Técnico em Enfermagem, Saúde do Trabalhador:*
- É vedada a participação direta ou indireta de empresas ou de capitais estrangeiros na assistência à saúde, independente de sua proveniência.
  Resposta: Errado.

▶ O art. 199, § 3º, da CF permite, nos casos assim previstos em lei, a participação de empresas e capitais estrangeiros na assistência à saúde no país.

- *TJDFT/2012 – Juiz de Direito Substituto:*
  Levando em conta as disposições da Constituição Federal [...]
- É vedada a participação direta ou indireta de empresas ou capitais estrangeiros na assistência à saúde no País.
  Resposta: Errado.

▶ Conforme referido, esta é a regra geral, mas que pode ser excepcionada por lei que disponha em sentido diverso.

- *EXATA GG/2009 – Prefeitura de Vidal Ramos/SC, Médico:*
- É vedada totalmente a participação direta ou indireta de empresas ou capitais estrangeiros na assistência à saúde no País.
  Resposta: Errado

▶ O art. 199, § 3º, da CF ressalva a possibilidade de participação das empresas ou capitais estrangeiros "nos casos previstos em lei".

4. O **art. 199, § 4º, da CF**, estabelece as diretrizes básicas a respeito da **disposição sobre o corpo humano**, entre as quais a principal consiste na **vedação a todo o tipo de comercialização**, retomando a concepção mais antiga de que o homem é *res extra commercium*, bem como a noção mais moderna (e kantiana), mas também congruente, de que o ser humano, pela dignidade que lhe é inerente, não pode ser reduzido a um simples meio. Além disso, prescreve a norma constitucional:

   - para fins de transplantes, pesquisa e tratamento, a edição de lei que disponha sobre "as condições e requisitos que facilitem a remoção de órgãos, tecidos e substâncias humanas", indicando que se trata de política pública a ser fomentada. A regulamentação desse dispositivo veio pela Lei nº 9.434/97 (alterada pela Lei nº 10.211/2001). De sua vez, a Lei nº 11.105/2005, apesar de voltada à regulamentação do art. 225, § 1º, inc. II, IV e V, da CF, em especial no que se refere às atividades envolvendo organismos geneticamente modificados, acabou também se reportando ao art. 199, § 4º, da CF, na medida em que autorizou a utilização de células-tronco embrionárias, para fins de pesquisa e terapias, nas condições por si determinadas (art. 5º), vedando expressamente a "engenharia genética em célula germinal humana, zigoto humano ou embrião humano" e a "clonagem humana" (art. 6º, III e IV);
   - quanto "a coleta, processamento e transfusão de sangue e seus derivados", a edição de lei regulamentadora, também – o que foi feito pela Lei nº 10.205/2001 (regulamentada, de seu turno, pelo Decreto nº 3.990/2001) e pela Lei nº 10.972/2004, em que autorizada a criação da Empresa Brasileira de Hemoderivados e Biotecnologia (HEMOBRAS), empresa pública destinada a garantir o fornecimento de medicamentos hemoderivados ou produzidos com biotecnologia aos pacientes do SUS.

▶ **Jurisprudência do STF:**

O Supremo Tribunal Federal confirmou a constitucionalidade do art. 5º da Lei nº 11.105/2005 (Lei da Biossegurança) no julgamento da Ação Direta de Inconstitucionalidade (ADI) nº 3.510/DF. Confira-se a ementa do acórdão:

"CONSTITUCIONAL. AÇÃO DIRETA DE INCONSTITUCIONALIDADE. LEI DE BIOSSEGURANÇA. IMPUGNAÇÃO EM BLOCO DO ART. 5º DA LEI Nº 11.105, DE 24 DE MARÇO DE 2005 (LEI DE BIOSSEGURANÇA). PESQUISAS COM CÉLULAS-TRONCO EMBRIONÁRIAS. INEXISTÊNCIA DE VIOLAÇÃO DO DIREITO À VIDA. CONSTITUCIONALIDADE DO USO DE CÉLULAS-TRONCO EMBRIONÁRIAS EM PESQUISAS CIENTÍFICAS PARA FINS TERAPÊUTICOS. DESCARACTERIZAÇÃO DO ABORTO. **NORMAS CONSTITUCIONAIS CONFORMADORAS DO DIREITO FUNDAMENTAL A UMA VIDA DIGNA, QUE PASSA PELO DIREITO À SAÚDE E AO PLANEJAMENTO FAMILIAR**. *DESCABIMENTO DE UTILIZAÇÃO DA TÉCNICA DE INTERPRETAÇÃO CONFORME PARA ADITAR À LEI DE BIOSSEGURANÇA CONTROLES DESNECESSÁRIOS QUE IMPLICAM RESTRIÇÕES ÀS PESQUISAS E TERAPIAS POR ELA VISADAS. IMPROCEDÊNCIA TOTAL DA AÇÃO.*

[...]

VI – DIREITO À SAÚDE COMO COROLÁRIO DO DIREITO FUNDAMENTAL À VIDA DIGNA. O § 4º do art. 199 da Constituição, versante sobre pesquisas com substâncias humanas para fins terapêuticos, faz parte da seção normativa dedicada à 'SAÚDE' (Seção II do Capítulo II do Título VIII). Direito à saúde, positivado como um dos primeiros dos direitos sociais de natureza fundamental (art. 6º da CF) e também como o primeiro dos direitos constitutivos da seguridade social (cabeça do artigo constitucional de nº 194). Saúde que é 'direito de todos e dever do Estado' (caput do art. 196 da Constituição), garantida mediante ações e serviços de pronto qualificados como 'de relevância pública' (parte inicial do art. 197). A Lei de Biossegurança como instrumento de encontro do direito à saúde com a própria Ciência. No caso, ciências médicas, biológicas e correlatas, diretamente postas pela Constituição a serviço desse bem inestimável do indivíduo que é a sua própria higidez físico-mental.

VII – O DIREITO CONSTITUCIONAL À LIBERDADE DE EXPRESSÃO CIENTÍFICA E A LEI DE BIOSSEGURANÇA COMO DENSIFICAÇÃO DESSA LIBERDADE. O termo 'ciência', enquanto atividade individual, faz parte do catálogo dos direitos fundamentais da pessoa humana (inciso IX do art. 5º da CF). Liberdade de expressão que se afigura como clássico direito constitucional-civil ou genuíno direito de personalidade. Por isso que exigente do máximo de proteção jurídica, até como signo de vida coletiva civilizada. Tão qualificadora do indivíduo e da sociedade é essa vocação para os misteres da Ciência que o Magno Texto Federal abre todo um autonomizado capítulo para prestigiá-la por modo superlativo (capítulo de nº IV do título VIII). A regra de que 'O Estado promoverá e incentivará o desenvolvimento científico, a pesquisa e a capacitação tecnológicas' (art. 218, caput) é de logo complementada com o preceito (§ 1º do mesmo art. 218) que autoriza a edição de normas como a constante do art. 5º da Lei de Biossegurança. A compatibilização da liberdade de expressão científica com os deveres estatais de propulsão das ciências que sirvam à melhoria das condições de vida para todos os indivíduos. Assegurada, sempre, a dignidade da pessoa humana, a Constituição Federal dota o bloco normativo posto no art. 5º da Lei 11.105/2005 do necessário fundamento para dele afastar qualquer invalidade jurídica (Ministra Cármen Lúcia).

VIII – SUFICIÊNCIA DAS CAUTELAS E RESTRIÇÕES IMPOSTAS PELA LEI DE BIOSSEGURANÇA NA CONDUÇÃO DAS PESQUISAS COM CÉLULAS-TRONCO EMBRIONÁRIAS. A Lei de Biossegurança caracteriza-se como regração legal a salvo da mácula do açodamento, da insuficiência protetiva ou do vício da arbitrariedade em matéria tão religiosa, filosófica e eticamente sensível como a da biotecnologia na área da medicina e da genética humana. Trata-se de um conjunto normativo que parte do pressuposto da intrínseca dignidade de toda forma de vida humana, ou que tenha potencialidade para tanto. A Lei de Biossegurança não conceitua as categorias mentais ou entidades biomédicas a que se refere, mas nem por isso impede a facilitada exegese dos seus textos, pois é de se presumir que recepcionou tais categorias e as que lhe são correlatas com o significado que elas portam no âmbito das ciências médicas e biológicas.

IX – IMPROCEDÊNCIA DA AÇÃO. Afasta-se o uso da técnica de 'interpretação conforme' para a feitura de sentença de caráter aditivo que tencione conferir à Lei de Biossegurança exuberância regratória, ou restrições tendentes a inviabilizar as pesquisas com células-tronco embrionárias. Inexistência dos pressupostos para a aplicação da técnica da 'interpretação conforme a Constituição', porquanto a norma impugnada não padece de polissemia ou de plurissignificatidade. Ação direta de inconstitucionalidade julgada totalmente improcedente."

(STF, ADI nº 3.510/DF, Rel. Min. Ayres Britto, Pleno, por maioria, DJe nº 96, divulgado em 27/05/2010, publicado em 28-05-2010).

Em outra interessante decisão, o Supremo Tribunal Federal julgou improcedente o pedido de declaração de inconstitucionalidade de legislação estadual que concedia direito à meia entrada aos doadores regulares de sangue, afirmando que não se tratava de comercialização, porque não determinado o pagamento de quantia em dinheiro, mas de política pública de incentivo à doação de sangue, havendo aí interesse coletivo e, pois, interesse público primário a ser protegido. Eis o texto da ementa:

"AÇÃO DIRETA DE INCONSTITUCIONALIDADE. LEI N. 7.737/2004, DO ESTADO DO ESPÍRITO SANTO. GARANTIA DE MEIA ENTRADA AOS

> *DOADORES REGULARES DE SANGUE. ACESSO A LOCAIS PÚBLICOS DE CULTURA ESPORTE E LAZER. COMPETÊNCIA CONCORRENTE ENTRE A UNIÃO, ESTADOS-MEMBROS E O DISTRITO FEDERAL PARA LEGISLAR SOBRE DIREITO ECONÔMICO. CONTROLE DAS DOAÇÕES DE SANGUE E COMPROVANTE DA REGULARIDADE. SECRETARIA DE ESTADO DA SAÚDE. CONSTITUCIONALIDADE. LIVRE INICIATIVA E ORDEM ECONÔMICA. MERCADO. INTERVENÇÃO DO ESTADO NA ECONOMIA. ARTIGOS 1º, 3º, 170 E 199, § 4º DA CONSTITUIÇÃO DO BRASIL. [...] 4. A Constituição do Brasil em seu artigo 199, § 4º, veda todo tipo de comercialização de sangue, entretanto estabelece que a lei infraconstitucional disporá sobre as condições e requisitos que facilitem a coleta de sangue. 5. O ato normativo estadual não determina recompensa financeira à doação ou estimula a comercialização de sangue. 6. Na composição entre o princípio da livre iniciativa e o direito à vida há de ser preservado o interesse da coletividade, interesse público primário. 7. Ação direta de inconstitucionalidade julgada improcedente." (STF, ADI nº 3.512/DF, Rel. Min. Eros Grau, Pleno, por maioria, DJ 23-06-2006)*

► **Jurisprudência do STJ**: Em decisão envolvendo pedido de autorização judicial para a execução de transplante de rim, sob alegação de que o acórdão recorrido ofendera a Lei nº 9.434/97, o Superior Tribunal de Justiça reafirmou a necessidade de observância dos requisitos legais para a realização de transplante, sob pena de se transformar a doação em comércio de órgãos, o que é vedado pela Constituição e pela lei. A prevalência do princípio da dignidade humana, impedindo que o ser humano seja tratado como simples meio ou objeto, é o fundamento jurídico que perpassa toda a discussão travada. Confira-se a ementa e o parte da fundamentação do acórdão, *in verbis*:

> *"BIODIREITO – DIREITO À SAÚDE – ALVARÁ – TRANSPLANTE DE RIM – AUSÊNCIA DE VIOLAÇÃO DO ART. 535, II, DO CPC – AUTORIZAÇÃO JUDICIAL – NECESSIDADE – OBJETOS SINDICÁVEIS PELO PODER JUDICIÁRIO: INEXISTÊNCIA DE LESÃO À INTEGRIDADE FÍSICA DO DOADOR, NÃO-OCORRÊNCIA DE COMÉRCIO OU DE QUALQUER TIPO DE CONTRAPRESTAÇÃO E POTENCIAL EFICÁCIA DO TRANSPLANTE DE RIM – INEXISTÊNCIA DE REVOGAÇÃO DO § 3º DO ART. 15 DO DECRETO N. 2.268/97 PELA LEI N. 10.211/01 QUE ALTEROU A REDAÇÃO DO CAPUT DO ART. 9º DA LEI N. 9.434/97. [...] 2. A autorização judicial exigida no caput do artigo 9º da Lei n. 9.434/97 tem três objetivos: (I) impedir lesão à integridade física do doador; (II) impedir o comércio de órgãos ou qualquer tipo de contraprestação; e, (III) assegurar, na forma do § 3º do artigo 15 do Decreto n. 2.268/97, potencial eficácia ao transplante de rim. 3. Todas as exigências proporcionais e razoáveis colocadas pelo Poder*

Legislativo e pelo Poder Executivo para evitar o comércio de órgão ou qualquer tipo de contraprestação e assegurar a potencial eficácia do transplante de rim (direito à saúde) são ratificadas pelo ordenamento jurídico pátrio. 4. É legal a exigência, para a retirada de rins, de comprovação de, pelo menos, quatro compatibilidades em relação aos antígenos leucocitários humanos (HLA), salvo entre cônjuges e consanguíneos, na linha reta ou colateral, até o terceiro grau, inclusive. 5. A Lei n. 10.211/01, ao alterar o caput do art. 9º da Lei n. 9.434/97, não revogou ou retirou a eficácia do § 3º do artigo 15 do Decreto n. 2.268/97, portanto correto o Tribunal de origem na aplicação da Lei e do Decreto. Recurso especial improvido.

VOTO

[...]

A norma especial tratada no parágrafo único acima é a Lei n. 9.434/97, Lei dos Transplantes. [...]

Tal norma ilustra, de forma cristalina, a opção política adotada pelo Poder Legislativo de permitir a disposição apenas a título gratuito, sendo certo que a política atual tem como escopo macro proteger a vida, vedando o comércio de órgão humanos.

A venda ou aluguel de órgãos não lesionaria apenas a integridade física do doador ou os bons costumes, mas poderia deflagrar um comércio desregulado, no qual as pessoas disporiam do próprio corpo, ou do corpo de outra pessoa sob a sua tutela, como moeda de troca para assegurar lucro ou a sua sobrevivência.

A ausência de regulação e regulamentação terminaria por instaurar um sistema paralelo de comércio de órgãos que tocaria outros crimes como sequestros e homicídios para a extração do material que se tornaria valioso.

A vida humana seria reduzida a questões meramente econômicas e o seu valor e proteção seriam aviltados a extremos inimagináveis.

[...]

No caso dos transplantes, o Direito interveio para proibir todas as formas de comércio, seja envolvendo pecúnia seja envolvendo benefícios outros de qualquer natureza.

[...]

A autorização judicial exigida no caput do artigo 9º da Lei n. 9.434/97 tem três objetivos: (I) impedir lesão à integridade física do doador; (II) impedir o comércio de órgãos ou qualquer tipo de contraprestação; e,

> *(III) assegurar, na forma do § 3º do artigo 15 do Decreto n. 2.268/97, potencial eficácia ao transplante renal.*
>
> *[...]*
>
> *Assim, ficam claras a eficácia e a vigência do § 3º citado e resta cristalino que inexistente no acórdão atacado qualquer violação do artigo 9º Da Lei n. 9.434/97, alterado pela Lei n. 10.211/01. (STJ, REsp nº 1.144.720/DF, Rel. Min. Humberto Martins, 2ª Turma, votação unânime, DJe 16-12-2009).*

- Em outra interessante decisão, o Superior Tribunal de Justiça admitiu a estocagem de sangue do cordão umbilical, para armazenagem de células-tronco e eventual utilização pelo indivíduo no futuro, pois não haveria aí comércio de sangue ou produtos hemoderivados:

> *"ADMINISTRATIVO. REMESSA PARA EXTERIOR DE SANGUE DE CORDÃO UMBILICAL. ARMAZENAGEM DE CÉLULAS TRONCO. FINALIDADE TERAPÊUTICA. ARTIGO 14, § 1º, DA LEI 10.205/2001 C/C ARTIGO 199, §4º, DA CONSTITUIÇÃO FEDERAL. 1. O artigo 14, §1º, da Lei nº 10.205/11, que Regulamenta o § 4º do art. 199 da Constituição Federal, relativo à coleta, processamento, estocagem, distribuição e aplicação do sangue, seus componentes e derivados, estabelece o ordenamento institucional indispensável à execução adequada dessas atividades, dispõe que 'É vedada a doação ou exportação de sangue, componentes e hemoderivados, exceto em casos de solidariedade internacional ou quando houver excedentes nas necessidades nacionais em produtos acabados, ou por indicação médica com finalidade de elucidação diagnóstica, ou ainda nos acordos autorizados pelo órgão gestor do SINASAN para processamento ou obtenção de derivados por meio de alta tecnologia, não acessível ou disponível no País'. 2. No presente caso, a remessa do sangue do cordão umbilical para estocagem em laboratório no exterior não se destina à comercialização, o que é proibido em lei, e sim a estocagem do material genético para uma possível utilização no futuro, se necessário, pelo próprio titular do material genético para fins terapêuticos, com o fim de preservação da saúde. 3. Conforme afirmado pela Corte de origem, 'para compatibilizar o disposto no § 1º do artigo 14 da Lei 10.205/2001 com a determinação constante do § 4º do artigo 199 da Carta Magna, é mister que seja conferida à disposição legal interpretação conforme a Constituição no sentido de que não existe vedação à exportação de sangue de cordão umbilical para fins terapêuticos, interpretação essa que é reforçada pelo fato de que o próprio dispositivo legal estabelece que a proibição em causa não se aplica nos casos de indicação médica com finalidade de elucidação diagnóstica, pois não se pode negar que a estocagem do sangue do cordão umbilical – que*

visa a preservar as chamadas 'células-tronco' – atende ao objetivo da elucidação diagnóstica, ou seja, à preservação da saúde e da vida humana'. 4. Agravo regimental não provido." (AgRg no REsp nº 1.372.597/DF, Rel. Min. Mauro Campbell Marques, 2ª Turma, DJe 04-06-2013, unânime)

Aplicação em concursos:

- *FCC/2018 – TRT 6ª Região – Analista Judiciário (Área Judiciária):*

  Em conformidade com a disciplina constitucional atinente à Ordem Social,

  – a lei disporá sobre as condições e os requisitos que facilitem a remoção de órgãos, tecidos e substâncias humanas para fins de transplante, pesquisa e tratamento, bem como a coleta, processamento e transfusão de sangue e seus derivados, somente admitida a comercialização após a aprovação de junta médica autorizada pelo Poder Público.

  Resposta: Errado.

▶ É vedada a comercialização de órgãos, tecidos, substâncias humanas, sangue e hemoderivados.

- *FAUEL/2018 – AGEPAR – Especialista em Regulação (Advogado):*

  Sobre a saúde, de acordo com a Constituição Federal, é INCORRETO afirmar que:

  a) A descentralização, com direção única em cada esfera de governo, o atendimento integral, com prioridade para as atividades preventivas, sem prejuízo dos serviços assistenciais, e a participação da comunidade constituem diretrizes do sistema único de saúde.

  b) As instituições privadas poderão participar de forma complementar do sistema único de saúde, segundo diretrizes deste, mediante contrato de direito público ou convênio, tendo preferência as entidades filantrópicas e as sem fins lucrativos.

  c) A lei disporá sobre as condições e os requisitos que facilitem a remoção e a comercialização de órgãos, tecidos e substâncias humanas para fins de transplante, pesquisa e tratamento, bem como a coleta, processamento e transfusão de sangue e seus derivados.

  d) É vedada a participação direta ou indireta de empresas ou capitais estrangeiros na assistência à saúde no País, salvo nos casos previstos em lei.

  Resposta: alternativa "c".

  Resposta: Errado.

▶ O art. 199, § 4º, da CF é explícito em vedar a comercialização de órgãos, tecidos, substâncias humanas, sangue e hemoderivados.

- *FCC/2018 – DPE/AM – Analista Jurídico de Defensoria (Ciências Jurídicas):*

  Ao dispor sobre as ações voltadas para a seguridade social, a Constituição Federal prevê a

a) participação do Sistema Único de Saúde na produção de medicamentos, equipamentos, imunobiológicos, hemoderivados e outros insumos.

b) possibilidade de destinação de recursos públicos para auxílios ou subvenções às instituições privadas com ou sem fins lucrativos que prestem assistência à saúde.

c) criação, pelo Poder Público, de programas de apoio à inclusão e promoção social, vedando aos Estados e ao Distrito Federal, todavia, a destinação de parte de sua receita tributária líquida para custeá-los.

d) gratuidade da celebração do casamento civil, salvo se um dos cônjuges puder arcar com o pagamento do respectivo custo.

e) gratuidade para a obtenção de certidões em repartições públicas, quando contenham informações de interesse coletivo ou geral.

Resposta: alternativa "a".

- *EDUCA/2016 – Prefeitura de Maturéia/PB – Farmacêutico:*

  Considerando à participação da iniciativa privada no SUS...

– A lei disporá sobre as condições e os requisitos que facilitem a remoção de órgãos, tecidos e substâncias humanas para fins de transplante, pesquisa e tratamento, bem como a coleta, processamento e transfusão de sangue e seus derivados, sendo vedado todo tipo de comercialização.

Resposta: Correto.

- *FAPEC-MS/2015 – MPE/MS – Promotor de Justiça Substituto:*

– Nos termos da Constituição Federal, a lei disporá sobre as condições e os requisitos que facilitem a remoção de órgãos, tecidos e substâncias humanas para fins de transplante, pesquisa e tratamento, bem como a coleta, processamento e transfusão de sangue e seus derivados, sendo facultado determinados tipos de comercialização.

Resposta: Errado.

▶ É vedado todo o tipo de comercialização de órgãos, tecidos, substâncias humanas, sangue e hemoderivados.

- *IBFC/2016 – EBSERH/HUAP-UFF – Advogado:*

– A Constituição Federal não aborda a coleta, processamento e transfusão de sangue e seus derivados.

Resposta: Errado.

▶ O art. 199, § 4º, da CF explicitamente dispõe sobre a coleta, o processamento e a transfusão de sangue e seus derivados.

- *AOCP/2014 – EBSERH/HU-UFMS – Advogado:*

  Preencha as lacunas e assinale a alternativa correta.

  Nos termos da Constituição Federal, _________ disporá sobre as condições e os requisitos que facilitem a remoção de órgãos, tecidos e substâncias humanas para fins de transplante, pesquisa e tratamento, bem como a coleta, processamento e transfusão de sangue e seus derivados, sendo ______________ todo tipo de comercialização.

b) a lei / vedado.

Resposta: alternativa "b".

- *EXATA GG/2009 – Prefeitura de Vidal Ramos/SC, Médico:*

  Analise as afirmativas abaixo, todas relacionadas ao "Artigo 199 da Constituição Federal":

– A lei disporá sobre as condições e os requisitos que facilitem a remoção de órgãos, tecidos e substâncias humanas para fins de transplante, pesquisa e tratamento, bem como a coleta, processamento e transfusão de sangue e seus derivados, sendo vedado todo tipo de comercialização.

Resposta: Correto

- *UnB/CESPE/2008 – Ministério da Saúde, Técnico de Nível Superior (Especialidade em Economia da Saúde):*

  Com relação ao que dispõe a CF acerca da assistência à saúde, julgue os seguintes itens.

– É vedado todo tipo de comercialização, no que concerne às condições e aos requisitos para a remoção de substâncias, órgãos e tecidos humanos, para fins de transplante, pesquisa e tratamento.

Resposta: Correto.

Art. 200. Ao sistema único de saúde **compete**, além de outras atribuições, nos termos da lei:

I – controlar e fiscalizar procedimentos, produtos e substâncias de interesse para a saúde e participar da produção de medicamentos, equipamentos, imunobiológicos, hemoderivados e outros insumos;

II – executar as ações de vigilância sanitária e epidemiológica, bem como as de saúde do trabalhador;

III – ordenar a formação de recursos humanos na área de saúde;

IV – participar da formulação da política e da execução das ações de saneamento básico;

V – incrementar, em sua área de atuação, o desenvolvimento científico e tecnológico e a inovação;

VI – fiscalizar e inspecionar alimentos, compreendido o controle de seu teor nutricional, bem como bebidas e águas para consumo humano;

VII – participar do controle e fiscalização da produção, transporte, guarda e utilização de substâncias e produtos psicoativos, tóxicos e radioativos;

VIII – colaborar na proteção do meio ambiente, nele compreendido o do trabalho.

1. O **art. 200 da CF** prescreve uma série de **competências materiais do SUS**, deixando à legislação ordinária a possibilidade de complementação dessas atribuições; cuida-se de rol exemplificativo, portanto. De modo geral, tais competências podem ser reconduzidas a **deveres de proteção da saúde** e a **deveres de organização e procedimento** impostos ao Estado, para que atue no planejamento e na implementação de políticas públicas, inclusive quanto à formação de recursos humanos e disponibilização dos materiais que forem necessários para isso.

A diversidade dessas competências demonstra, ademais, o caráter **intersetorial** que envolve a efetivação do direito à saúde, determinando que sejam sempre consideradas as diferentes **condicionantes** (sociais, econômicas, ambientais, etc.) que influenciam diretamente a saúde da população. Essa intersetorialidade, todavia, não determina que o SUS seja responsável pela formulação de todas as políticas públicas necessárias à melhoria geral dos fatores condicionantes da saúde. Como bem lembra Lenir Santos, "o setor saúde não é responsável pela execução de todos os serviços que estão ligados à saúde em seus amplos termos, como as condições econômicas e sociais do país", o que não significa, como ainda adverte, "que o Estado não tem responsabilidade sobre a qualidade de vida de sua população"[119].

Entre as competências explicitadas pelo texto constitucional, destacam-se as ações de vigilância sanitária e epidemiológica; as ações de saúde do trabalhador, inclusive quanto à proteção do ambiente de trabalho; o planejamento e a execução de ações de saneamento básico; a fiscalização dos alimentos e bebidas para consumo humano; o controle sobre as atividades envolvendo substâncias psicoativas, tóxicas e radioativas; a participação no desenvolvimento de recursos humanos, do progresso científico e tecnológico e da inovação; a proteção ao ambiente.

---

119. SANTOS, 2010, p. 160.

2. **Referências normativas:** Diante do largo espectro abrangido pelo art. 200 da CF, é praticamente impossível fazer uma listagem completa de toda a legislação infraconstitucional aplicável, menos ainda se considerados os demais atos normativos[120], motivo por que vão aqui listados alguns dos mais importantes:
   - Decreto-lei nº 986/69 (disciplina a defesa e a proteção da saúde no que respeita aos alimentos);
   - Lei nº 5.991/73 (regula o controle sanitário sobre o comércio de drogas, medicamentos, insumos farmacêuticos e correlatos);
   - Lei nº 6.259/75 (dispõe sobre as ações de vigilância epidemiológica, o Programa Nacional de Imunizações e a notificação compulsória de doença);
   - Lei nº 6.360/76 (dispõe a respeito do controle sobre medicamentos, drogas, insumos farmacêuticos e correlatos, cosméticos, corantes, saneantes, etc.);
   - Lei nº 6.437/77 (define as infrações à legislação sanitária federal);
   - Lei nº 9.294/96 (regulamenta o art. 220, § 4º, da CF, fixando limites ao uso e à propaganda de produtos fumígeros, bebidas alcoólicas, medicamentos, terapias e defensivos agrícolas);
   - Lei nº 9.782/99 (estabelece o Sistema Nacional de Vigilância Sanitária, criando a Agência Nacional de Vigilância Sanitária – ANVISA).

Aplicação em concursos:

- *FUMARC/2018 – PC/MG – Delegado de Polícia Substituto:*

  Para assegurar a garantia do direito social à saúde, a Constituição da República de 1988 criou um Sistema Único de Saúde integrado por uma rede pública regionalizada e hierarquizada, descentralizado, com direção única

120. Fernando Aith fala do "caleidoscópio de leis, decretos, portarias, resoluções e outros textos normativos que formam o direito sanitário brasileiro hoje", sublinhando que "[e]sse conjunto normativo necessita de tratamento legislativo", com vistas a uma possível (e desejável) consolidação, o que, segundo o autor, é um dos desafios jurídicos para a efetivação do direito à saúde. Outro desses desafios seria superar a fragmentação que vige na organização dos serviços de vigilância sanitária, concluindo o autor que "[b]asta apenas harmonizar as diversas ações fragmentadas hoje realizadas, criando-se mecanismos legais de articulação de ações e informações" (AITH, 2010, p. 232-235).

em cada esfera de governo, que deve oferecer atendimento de qualidade a toda a população e priorizar as atividades preventivas, sem que haja prejuízo dos serviços assistenciais. Ao Sistema Único de Saúde compete, segundo o que dispõe a CF no Art. 200, além de outras atribuições, nos termos da lei:

I. executar as ações de vigilância sanitária e epidemiológica, bem como as de saúde do trabalhador.

II. participar do controle e da fiscalização da produção, do transporte, da guarda e da utilização de substâncias e produtos psicoativos, tóxicos e radioativos.

III promover a habilitação e a reabilitação das pessoas portadoras de deficiência e a promoção de sua integração à vida comunitária.

IV. fiscalizar e inspecionar alimentos, compreendido o controle de seu teor nutricional, bem como bebidas e águas para consumo humano.

Estão **CORRETAS** as assertivas:

a) I, II e III, apenas.
b) I, II e IV, apenas.
c) I, II, III e IV.
d) I, III e IV, apenas.

Resposta: alternativa "b".

- *INAZ do Pará – CRF/PE – Advogado:*

"A Carta Magna é um conjunto de prescrições em que se discrimina os órgãos do poder, definindo a competência desses, estabelecendo a forma de governo, proclamando os direitos individuais e sociais, e assegurando esses direitos num sistema definido, determinado, com clareza e precisão". Disponível em: http://www.educacao.cc/cidada/o-que-e-a-constituicao-brasileira-e-para-que-serve-a-cartamagna/ Acesso em: 01 de abril de 2018. Em seu art. 200, a Constituição Federal elenca as competências do Sistema Único de Saúde. Dentre elas. Qual a alternativa incorreta sobre a competência do SUS?

a) Controlar e fiscalizar procedimentos, produtos e substâncias de interesse para a saúde e participar da produção de medicamentos, equipamentos, imunobiológicos, hemoderivados e outros insumos.
b) Executar as ações de vigilância sanitária e epidemiológica, salvo as de saúde do trabalhador.
c) Fiscalizar e inspecionar alimentos, compreendido o controle de seu teor nutricional, bem como bebidas e águas para consumo humano.
d) Participar do controle e fiscalização da produção, transporte, guarda e utilização de substâncias e produtos psicoativos, tóxicos e radioativos.
e) Colaborar na proteção do meio ambiente, nele compreendido o do trabalho.

Resposta: alternativa "b".

- *INAZ do Pará/2018 – CRF/SC – Advogado:*

A Lei nº 8.080/1990 dispõe sobre as condições para a promoção, proteção e recuperação da saúde, a organização e o funcionamento dos serviços correspondentes. Sobre o Sistema Único de Saúde (SUS), pode-se afirmar:

a) É objetivo do Sistema Único de Saúde SUS somente a identificação dos fatores condicionantes e determinantes da saúde.
b) O SUS é responsável, em seu campo de atuação, pela participação na formulação da política e na execução de ações de saneamento básico.
c) Faz parte de um dos princípios a universalidade de acesso aos serviços de saúde em somente alguns níveis de assistência.
d) A direção do SUS, no âmbito da União, é exercida pela Secretaria de Saúde.
e) A iniciativa privada não poderá participar do Sistema Único de Saúde (SUS), em caráter complementar.
Resposta: alternativa "b".

87 Q930942 (competências – CF, art. 200)

- *FCC/2018 – Prefeitura de Macapá, AP – Administrador:*
Segundo a Constituição Federal de 1988, em seu art. 200, compete ao Sistema Único de Saúde, além de outras atribuições, nos termos da lei:

a) Participar da formulação da política e da execução das ações de saneamento básico.
b) Colaborar na proteção do direito ao trabalho nele compreendido as relações trabalhistas dos profissionais de saúde.
c) Caracterizar a formação de recursos humanos em áreas de vulnerabilidade social.
d) Incrementar, em sua área de atuação, o desenvolvimento dos processos de trabalho em saúde relacionados aos diferentes níveis de atenção.
e) Fiscalizar e inspecionar os produtos agropecuários e de origem natural.
Resposta: alternativa "a".

- *VUNESP/2018 – IPSM de São José dos Campos, SP – Procurador:*
Assinale a alternativa sobre a Seguridade Social que está em consonância com o disposto na Constituição Federal.

c) Ao sistema único de saúde compete, além de outras atribuições, fiscalizar e inspecionar alimentos, compreendido o controle de seu teor nutricional.
Resposta: alternativa "c".

- *AOCP/2017 – EBSERH – Assistente Administrativo:*
Considerando os temas Saúde e Seguridade social, de acordo com a Constituição Federal...

– A Execução de ações de vigilância sanitária e epidemiológica é competência do Sistema Único de Saúde.
Resposta: Correto.

- *FAURGS/2016 – TJ/RS – Juiz de Direito Substituto:*
Considere as seguintes afirmações referentes à saúde, tendo em vista as normas previstas no Título VIII, Da Seguridade Social.

- Compete ao Sistema Único de Saúde fiscalizar e inspecionar alimentos, compreendido o controle de seu teor nutricional, bem como bebidas e águas para consumo humano.
- Compete ao Sistema Único de Saúde, nos termos da lei, colaborar na proteção do meio ambiente, nele compreendido o do trabalho.

Resposta: as duas afirmativas estão corretas.

- *FUNDATEC/2016 – Prefeitura de Sapucaia do Sul/RS – Advogado:*

Para os efeitos da Constituição, ao Sistema Único de Saúde compete, além de outras atribuições, nos termos da Lei, ____________ e ____________ alimentos, compreendido o controle de seu teor nutricional, bem como bebidas e águas para consumo humano.

Assinale a alternativa que preenche, correta e respectivamente, as lacunas do trecho acima.

a) relacionar – divulgar
b) fiscalizar – inspecionar
c) relacionar – inspecionar
d) fiscalizar – divulgar
e) auditar – publicar

Resposta: alternativa "b".

- *VUNESP/2016 – Prefeitura de Registro/SP – Advogado:*

Ao sistema único de saúde compete, além de outras atribuições,

a) proteger a maternidade, especialmente a gestante.
b) assegurar o trabalhador em situação de desemprego involuntário.
c) garantir o salário-família e o auxílio-reclusão para os dependentes dos segurados de baixa renda.
d) incrementar, em sua área de atuação, o desenvolvimento científico e tecnológico e a inovação.
e) proteger a família, a maternidade, a infância, a adolescência e a velhice.

Resposta: alternativa "d".

- *FCC/2016 – DPE/ES – Defensor Público:*

A respeito do direito fundamental à saúde e da regulamentação das políticas públicas de saúde na Constituição Federal de 1988, considere:

- Ao sistema único de saúde compete participar da formulação da política e da execução das ações de saneamento básico.

Resposta: Correto.

- *CESPE/2016 – ANVISA – Técnico Administrativo:*

- O controle dos produtos e substâncias de interesse para a saúde e a participação na produção de medicamentos não competem ao SUS, pois sua atribuição é apenas de fiscalização.

Resposta: Errado.

▶ O art. 200, I, da CF estabelece a competência do SUS não somente para o controle, como também para a fiscalização dos produtos e substâncias de interesse para a saúde e para a participação na produção de medicamentos.

- *AOCP/2016 – EBSERH – Enfermeiro:*

– Ao sistema único de saúde compete, além de outras atribuições, nos termos da lei, participar da formulação da política e da execução das ações de saneamento básico.

Resposta: Correto.

- *MPE/SP/2015 – Promotor de Justiça Substituto:*

Em relação ao Sistema Único de Saúde, assinale a alternativa correta:

a) É constituído exclusivamente pelo conjunto de ações e serviços de saúde prestados por órgãos e instituições públicas federais, estaduais e municipais, da Administração direta e indireta e das fundações mantidas pelo Poder Público.

b) Possui três esferas de direção autônomas, cabendo-as no âmbito da União ao Ministério da Saúde, dos Estados às Secretarias de Saúde ou órgão equivalente e no dos Municípios às Secretarias de Saúde ou órgão equivalente.

c) Tem por competência, por meio de sua direção estadual, prestar apoio técnico e financeiro aos Municípios e formar consórcios administrativos intermunicipais.

d) Tem por competência participar na formulação e na implementação das políticas de controle das agressões ao meio ambiente, de saneamento básico e relativas às condições e aos ambientes de trabalho.

e) Não inclui em seu campo de atuação a execução de ações de saúde do trabalhador e a proteção do meio ambiente, nele compreendido o do trabalho.

Resposta: alternativa "d".

- *FAPEC-MS/2015 – MPE/MS – Promotor de Justiça Substituto:*

Em atenção ao Sistema Único de Saúde e à assistência à saúde [...]

– Não compete ao sistema único de saúde participar do controle e fiscalização da produção, transporte, guarda e utilização de substâncias e produtos psicoativos, tóxicos e radioativos.

Resposta: Errado.

▶ O art. 200, VII, da CF expressamente consigna como competência do SUS: "participar do controle e fiscalização da produção, transporte, guarda e utilização de substâncias e produtos psicoativos, tóxicos e radioativos".

- *UFPR/2015 – Prefeitura de Curitiba – Procurador:*

Tendo em vista o rol de competências atribuídas diretamente pela Constituição da República ao Sistema Único de Saúde (SUS), considere as seguintes afirmativas:

1. Compete ao SUS executar as ações de vigilância sanitária e epidemiológica.
2. Compete ao SUS a proteção à maternidade, especialmente à gestante.
3. Compete ao SUS colaborar na proteção do meio ambiente, nele compreendido o do trabalho.

Assinale a alternativa correta.

a) Somente a afirmativa 1 é verdadeira.
b) Somente as afirmativas 1 e 2 são verdadeiras.
c) Somente as afirmativas 1 e 3 são verdadeiras.
d) Somente as afirmativas 2 e 3 são verdadeiras.
e) As afirmativas 1, 2 e 3 são verdadeiras.

Resposta: alternativa "c".

- *TRT 21ª REGIÃO/2015 – Juiz do Trabalho Substituto*

Sobre a Ordem Social, é correto dizer, à luz da jurisprudência majoritária do Supremo Tribunal Federal e da Constituição Federal:

– O Sistema Único de Saúde tem por competência participar na formulação e na implementação das políticas de controle das agressões ao meio ambiente e de saneamento básico, ficando, porém, as relativas às condições e aos ambientes de trabalho a cargo do Sistema Nacional de Inspeção do Trabalho.

Resposta: Errado.

▶ A execução de ações de saúde do trabalhador é competência reconhecida ao SUS pelo art. 200, II, da CF.

- *AOCP/2014 – EBSERH/HC-UFMG – Advogado:*

Analise as assertivas e assinale a alternativa que aponta as corretas. Estão incluídas ainda no campo de atuação do Sistema Único de Saúde (SUS)

I. A participação na formulação da política e na execução de ações de saneamento básico.
II. A vigilância nutricional e a orientação alimentar.
III. A formulação da política de medicamentos, equipamentos, imunobiológicos e outros insumos de interesse para a saúde e a participação na sua produção.
IV. O controle e a fiscalização de serviços, produtos e substâncias de interesse para a saúde.

a) I, II, III e IV.

Resposta: alternativa "a".

- *AOCP/2014 – EBSERH/HULW-UFPB – Advogado:*

Analise as assertivas e assinale a alternativa que aponta as corretas de acordo com o disposto sobre Seguridade Social na Constituição Federal.

Ao sistema único de saúde compete, além de outras atribuições, nos termos da lei,

I. Controlar e fiscalizar procedimentos, produtos e substâncias de interesse para a saúde e participar da produção de medicamentos, equipamentos, imunobiológicos, hemoderivados e outros insumos.

II. Incrementar em sua área de atuação o desenvolvimento científico e tecnológico.

III. Fiscalizar e inspecionar alimentos, compreendido o controle de seu teor nutricional, bem como bebidas e águas para consumo humano.

IV. Participar do controle e fiscalização da produção, transporte, guarda e utilização de substâncias e produtos psicoativos, tóxicos e radioativos.

e) I, II, III e IV.

Resposta: alternativa "e".

- *DIRECTA/2014 – Pref. Paranapanema, SP – Médico 42h semanais:*

Conforme o artigo 200 da Constituição da República Federativa do Brasil, afirma que ao Sistema Único de Saúde compete, além de outras atribuições, nos termos da lei:

I. controlar e fiscalizar procedimentos, produtos e substâncias de interesse para a saúde e participar da produção de medicamentos, equipamentos, imunobiológicos, hemoderivados e outros insumos;

II. executar as ações de vigilância sanitária e epidemiológica, bem como as de saúde do trabalhador;

III. ordenar a formação de recursos humanos na área de saúde;

IV. participar da formulação da política e da execução das ações de saneamento básico;

V. incrementar em sua área de atuação o desenvolvimento científico e tecnológico;

VI. fiscalizar e inspecionar alimentos, compreendido o controle de seu teor nutricional, bem como bebidas e águas para consumo humano;

VII. participar do controle e fiscalização da produção, transporte, guarda e utilização de substâncias e produtos psicoativos, tóxicos e radioativos;

VIII. colaborar na proteção do meio ambiente, nele compreendido o do trabalho.

d) Todas as afirmativas estão corretas.

Resposta: alternativa "d".

- *FCC/2014 – Pref. Recife, PE – Procurador Judicial:*

Entre as competências constitucionalmente atribuídas ao Sistema Único de Saúde, encontram-se as seguintes:

e) colaborar na proteção do meio ambiente, nele compreendido o do trabalho; e participar do controle e fiscalização da produção, transporte, guarda e utilização de substâncias e produtos psicoativos, tóxicos e radioativos.

Resposta: alternativa "e".

- *FCC/2014 – Câmara Municipal de São Paulo, SP – Procurador Legislativo:*

  De acordo com a Constituição Federal, as ações e serviços públicos de saúde integram uma rede regionalizada e constituem um sistema único,

d) ao qual compete, dentre outras atribuições, participar da produção de medicamentos, equipamentos, imunubiológicos, hemoderivados e outros insumos.

Resposta: alternativa "d".

- *AOCP/2014 – EBSERH/HUCAM-UFES – Terapeuta Ocupacional:*

  De acordo com a Constituição Federal, analise as assertivas e assinale a alternativa que aponta as corretas. Ao Sistema Único de Saúde compete, além de outras atribuições, nos termos da lei:

I. Controlar e fiscalizar procedimentos, produtos e substâncias de interesse para a saúde e participar da produção de medicamentos, equipamentos, imunobiológicos, hemoderivados e outros insumos.

II. Executar as ações de vigilância sanitária e epidemiológica, bem como as de saúde do trabalhador.

III. Ordenar a formação de recursos humanos na área de saúde.

IV. Participar da formulação da política e da execução das ações de saneamento básico.

e) I, II, III e IV.

Resposta: alternativa "e".

- *Gestão de Concursos/2013 – Médico – CIAS/SAMU/MG:*

  Sobre as atribuições do Sistema Único de Saúde analise as assertivas e assinale com V as assertivas verdadeiras e com F as assertivas falsas.

( ) Controlar e fiscalizar procedimentos, produtos e substâncias de interesse para a saúde e participar da produção de medicamentos, equipamentos, imunobiológicos, hemoderivados e outros insumos.

( ) Executar as ações de vigilância sanitária de bens de consumo e prestação de serviços relacionados com a saúde, vigilância epidemiológica, bem como as de saúde do trabalhador.

( ) Ordenar a formação de recursos humanos em todas as áreas da educação.

( ) Participar da formulação da política e da execução das ações de saneamento básico.

Assinale a alternativa que apresenta a sequência CORRETA.

c) V, V, F, V.

Resposta: alternativa "c".

► O art. 200, III, da CF atribui ao SUS ordenar a formação de recursos humanos na área da saúde, e não em todas as áreas.

- *MAKIYAMA/2013 – Prefeitura de Piracicaba, SP – Cirurgião Dentista CLT:*

  De acordo com a Constituição Federal, analise as afirmativas abaixo no que diz respeito às competências do Sistema Único de Saúde, julgando-as como verdadeiras (V) ou falsas (F).

( ) Colaborar na proteção do meio ambiente, nele compreendido o do trabalho;

( ) Ordenar a formação de recursos humanos na área de saúde;

( ) Incrementar em sua área de atuação o desenvolvimento científico e tecnológico;

( ) Fiscalizar os alimentos, compreendido o controle de seu teor nutricional, excetuando-se as bebidas para consumo humano.

Assinale a alternativa que apresenta a sequência CORRETA de cima para baixo.

d) V, V, V, F

Resposta: alternativa "d".

► O art. 200, VI, da CF, reconhece ao SUS a competência para fiscalizar e inspecionar alimentos, bebidas e águas para consumo humano.

- *IBFC/2013 – Fundação Hemominas – Enfermeiro:*

  Sobre a legislação do SUS, assinale a alternativa correta:

d) Segundo a Constituição da República federativa do Brasil, ao Sistema Único de saúde compete, além de outras atribuições, incrementar em sua área de atuação o desenvolvimento científico e tecnológico.

Resposta: alternativa "d".

- *FCC/2013 – FHEMIG – Médico Anestesiologia:*

  Ao Sistema Único de Saúde compete, além de outras atribuições,

e) a participação no controle e na fiscalização da produção, transporte, guarda e utilização de substância e produtos psicoativos, tóxicos e radioativos.

Resposta: alternativa "e".

- *COMPERVE/UFRN/2012 – UFRN – Assessor Jurídico:*

  O Sistema Único de Saúde

b) deve fiscalizar e inspecionar alimentos, bebidas e águas para o consumo humano.

Resposta: alternativa "b".

- *FMP/2011 – TCE/RS – Auditor Público Externo – Ciências Jurídicas e Sociais:*

  Sobre a seguridade social na Constituição da República Federativa do Brasil, assinale a alternativa correta.

b) São atribuições do sistema único de saúde, entre outras, a fiscalização e inspeção de alimentos, bebidas e águas destinados ao consumo humano e a participação no controle e fiscalização da produção, transporte, guarda e utilização de substâncias e produtos psicoativos, tóxicos e radioativos.

Resposta: alternativa "b".

- *MP-SC/2011 – Promotor de Justiça – XXXVI Concurso:*

– No campo de atuação do SUS estão inseridas, entre outras, a execução das seguintes ações: de vigilância sanitária; a vigilância nutricional e orientação familiar; a formulação da política de sangue e seus derivados; a fiscalização e a inspeção de alimentos, água e bebidas para consumo humano.

Resposta: Correto.

- *VUNESP/2011 – IAMSPE – Médico (Ortopedia Joelho):*

De acordo com a Constituição Federal, é correto afirmar que

d) compete ao SUS participar da formulação da política e da execução das ações de saneamento básico.

Resposta: alternativa "d".

- *MP-SC/2010 – Promotor de Justiça – XXXV Concurso:*

– A execução de ações relativas a vigilância sanitária, vigilância epidemiológica, saúde do trabalhador, assistência terapêutica integral, inclusive farmacêutica, estão compreendidas no campo de atuação do Sistema Único de Saúde – SUS.

Resposta: Correto.

- *Fundação José Arthur Boiteux/UFSC/2010 – Prefeitura de Florianópolis, Biólogo:*

Dentre as várias atribuições, e nos termos da Constituição Federal, identifique se são verdadeiras (V) ou falsas (F) as afirmativas com relação ao que compete ao Sistema Único de Saúde.

( ) Controlar e fiscalizar procedimentos, produtos e substâncias de interesse para a saúde.

( ) Participar da produção de medicamentos, equipamentos, imunobiológicos, hemoderivados e outros insumos.

( ) Propor ações de vigilância sanitária e epidemiológica, bem como executar as ações de saneamento básico.

( ) Formar e regulamentar a formação de recursos humanos na área de saúde.

( ) Fiscalizar e inspecionar alimentos, compreendido o controle de seu teor nutricional, bem como bebidas e águas para consumo humano.

Assinale a alternativa que apresenta a sequência CORRETA, de cima para baixo.

d) V, V, F, F, V.

Resposta: alternativa "d".

► A terceira afirmativa está errada porque é competência do SUS executar ações de vigilância sanitária e epidemiológica (CF, art. 200, II); e a quarta afirmativa está errada porque cabe ao SUS ordenar a formação de recursos humanos (CF, art. 200, III).

- *AOCP/2010 – FESF/BA, Cirurgião Dentista (Saúde da Família):*

  Analise as assertivas e assinale a alternativa que apresenta as corretas. Ao sistema único de saúde compete, além de outras atribuições, nos termos da lei:

I. Incrementar em sua área de atuação o desenvolvimento científico e tecnológico.

II. Fiscalizar e inspecionar alimentos, compreendido o controle de seu teor nutricional, bem como bebidas e águas para consumo humano.

III. Participar do controle e fiscalização da produção, transporte, guarda e utilização de substâncias e produtos psicoativos, tóxicos e radioativos.

IV. Colaborar na proteção do meio ambiente, nele compreendido o do trabalho.

e) I, II, III e IV.

Resposta: alternativa "e".

- *AOCP/2010 – FESF/BA, Cirurgião Dentista (Saúde da Família):*

  Analise as assertivas e assinale a alternativa que apresenta as corretas. Estão incluídas no campo de atuação do Sistema Único de Saúde (SUS):

I. A formulação da política de medicamentos, equipamentos, imunobiológicos e outros insumos de interesse para a saúde e a participação na sua produção.

II. O controle e a fiscalização de serviços, produtos e substâncias de interesse para a saúde.

III. A fiscalização e a inspeção de alimentos, água e bebidas para consumo humano.

IV. A participação no controle e na fiscalização da produção, transporte, guarda e utilização de substâncias e produtos psicoativos, tóxicos e radioativos.

e) I, II, III e IV.

Resposta: alternativa "e".

- *CERCON/2010 – Prefeitura de Girau do Ponciano, Bioquímico:*

  Ao sistema único de saúde compete, além de outras atribuições, nos termos da lei, EXCETO:

a) Controlar e fiscalizar procedimentos, produtos e substâncias de interesse para a saúde e participar da produção de medicamentos, equipamentos, imunobiológicos, hemoderivados e outros insumos;

b) Executar as ações de vigilância sanitária e epidemiológica, salvo as de saúde do trabalhador que competirá ao Ministério Público do Trabalho sua regulamentação, posteriormente executadas através de ações desenvolvidas pelo Ministério da Saúde.

c) Ordenar a formação de recursos humanos na área de saúde;

d) Colaborar na proteção do meio ambiente, nele compreendido o do trabalho.

Resposta: alternativa "b".

▶ A alternativa *"b"* está errada porque cabe ao SUS executar as ações de saúde do trabalhador (CF, art. 200, II).

- *INTEGRI/2010 – Prefeitura de Votorantim/SP – Enfermeiro:*

  O art. 200 da Constituição Federal de 1988 revela que o sistema único de saúde compete, além de outras atribuições, nos termos da lei:

a) controlar e fiscalizar procedimentos, produtos e substâncias de interesse para a saúde e participar da produção de medicamentos, equipamentos, imunobiológicos, hemoderivados e outros insumos;

Resposta: alternativa "a".

- *FGR/2010 – Prefeitura de Pedro Leopoldo/MG, Médico HUPA (Clínica Médica):*

  Nas questões 13 e 14, marque a alternativa INCORRETA. De acordo com a art. 200 da Constituição Brasileira, são competências do Sistema Único de Saúde:

  QUESTÃO 13

a) Controlar e fiscalizar procedimentos, produtos e substâncias de interesse para a saúde.

b) Executar as ações de vigilância sanitária e epidemiológica, bem como as de saúde do trabalhador.

c) Participar da formulação da política e da execução das ações de saneamento básico.

d) Participar da produção de medicamentos, exceto equipamentos imunobiológicos, hemoderivados e outros insumos.

Resposta: alternativa "d".

▶ A alternativa "d" está errada porque compete ao SUS "participar da produção de medicamentos, equipamentos, imunobiológicos, hemoderivados e outros insumos" (CF, art. 200, I).

QUESTÃO 14

a) Incrementar em sua área de atuação o desenvolvimento científico e tecnológico.

b) Participar do controle e fiscalização da produção, transporte, guarda e utilização de substâncias e produtos psicoativos, tóxicos e radioativos.

c) Fiscalizar e inspecionar alimentos, compreendido o controle de seu teor nutricional, exceto bebidas e águas para consumo humano.

d) Colaborar na proteção do meio ambiente, nele compreendido o do trabalho.

Resposta: alternativa "c".

▶ A alternativa "c" está errada: além dos alimentos, também cabe ao SUS fiscalizar e inspecionar bebidas e águas para consumo humano (CF, art. 200, VI).

- *SEPLAG/2010 – Governo de Minas Gerais, Gestor Governamental em Saúde Pública:*

  Segundo o artigo 200 da Constituição Federal de 1988, ao Sistema Único de Saúde compete, além de outras atribuições, nos termos da lei, EXCETO:

a) Executar as ações de vigilância sanitária e epidemiológica, bem como as de saúde do trabalhador.

b) Participar do controle e fiscalização da produção, transporte, guarda e utilização de substâncias e produtos psicoativos, tóxicos e radioativos.

c) Fiscalizar e inspecionar alimentos, compreendido o controle de seu teor nutricional, bem como bebidas e água para consumo humano e animal.

d) Controlar e fiscalizar procedimentos, produtos e substâncias de interesse para a saúde e participar da produção de medicamentos, equipamentos e outros insumos.

Resposta: alternativa "c".

► A alternativa *"c"* está errada: o texto constitucional não inclui no SUS a competência relativa à fiscalização e inspeção de alimentos, bebidas e água para consumo animal.

- *AOCP/2010 – FESF/BA, Sanitarista:*

  Informe se é verdadeiro (V) ou falso (F) e assinale a alternativa que apresenta a sequência correta. Ao sistema único de saúde compete

( ) ordenar a formação de recursos humanos na área de saúde.

( ) participar da formulação da política e da execução das ações de saneamento básico.

( ) incrementar em sua área de atuação o desenvolvimento científico e tecnológico.

( ) fiscalizar e inspecionar alimentos, compreendido o controle de seu teor nutricional, bem como bebidas e águas para consumo humano.

d) V, V, V, V.

Resposta: alternativa "d".

- *INTEGRI/2010 – Prefeitura de Votorantim/SP, Psicólogo:*

  Segundo o artigo 200, do capítulo II da Saúde, compete ao Sistema Único de Saúde todas abaixo, exceto:

a) Controlar e fiscalizar procedimentos, produtos e substâncias de interesse para a saúde e participar da produção de medicamentos, equipamentos, imunobiológicos, hemoderivados e outros insumos.

b) Executar as ações de vigilância sanitária e epidemiológica, bem como as de saúde do trabalhador.

c) Ordenar a formação de recursos humanos na área da saúde.

d) Disponibilizar recursos para a contratação de serviços terceirizados para todo atendimento de saúde do trabalhador.

Resposta: alternativa "d".

▶ A alternativa *"d"* está errada porque não há previsão constitucional nem legal determinando a disponibilização de recursos para contratação de serviços terceirizados pelo SUS.

- *FUNCAB/2010 – Prefeitura de Vitória/ES, Médico Alergista:*
  Não faz parte das atribuições do Sistema Único de Saúde:

a) incrementar em sua área de atuação o desenvolvimento científico e tecnológico.
b) proteger o trabalhador e a gestante em situação de desemprego.
c) colaborar na proteção do meio ambiente.
d) executar ações de vigilância sanitária e epidemiológica.
e) controlar e fiscalizar produtos e substâncias de interesse para a saúde.

Resposta: alternativa "b".

▶ A alternativa *"b"* está errada, porque não se inclui no SUS a proteção em face do desemprego.

- *AOCP/2010 – FESP/BA, Médico Ginecologista:*
  Analise as assertivas e assinale a alternativa que apresenta as corretas. Estão incluídas ainda no campo de atuação do Sistema Único de Saúde (SUS)

I. A participação na formulação da política e na execução de ações de saneamento básico.
II. A ordenação da formação de recursos humanos na área de saúde.
III. A vigilância nutricional e a orientação alimentar.
IV. A colaboração na proteção do meio ambiente, nele compreendido o do trabalho.

e) I, II, III e IV.

Resposta: alternativa "e".

- *IPAD/2009 – Prefeitura de Moreno/PE – Auditor Médico:*
  Analise as proposições abaixo, referentes às atribuições do Sistema Único de Saúde:

1. Controlar, fiscalizar e participar da produção de bens de consumo relativos à saúde.
2. Participar da produção de equipamentos para saúde.
3. Participar do controle e fiscalização em todas as etapas da produção de substância e produtos perigosos à saúde.
4. Fiscalizar e inspecionar alimentos e água para uso humano.
5. Participar da formulação de políticas de saneamento básico e participar da execução de ações.

São corretas:

a) 1, 2, 3, 4 e 5.

Resposta: alternativa "a".

- *UNISUL/2009 – Prefeitura de Garopaba/SC, Médico (ESP):*

A Constituição Federal, no que se refere à saúde, estabelece que o Sistema Único de Saúde (SUS) tem, entre outras alterações:

b) formular políticas de atenção global à saúde.

Resposta: alternativa "b".

- *CONSULPLAN/2009 – Prefeitura de Guarapari/ES, Auditor em Saúde:*

De acordo com a atual Constituição Federal do Brasil [...]:

c) Ao sistema único de saúde compete, além de outras atribuições, nos termos da lei, fiscalizar e inspecionar alimentos, compreendido o controle de seu teor nutricional, bem como bebidas e águas para consumo humano.

Resposta: alternativa "c".

- *SOCIESC/2009 – Prefeitura de Joinville/SC, Procurador do Município:*

A Constituição da República Federativa do Brasil expõe que a saúde é direito de todos e dever do Estado propondo que sua viabilidade será garantida mediante adoção de políticas sociais e econômicas. [...]

– É da competência do Sistema Único de Saúde, dentre outras atribuições, controlar e fiscalizar procedimentos, produtos e substâncias de interesse para a saúde e participar da produção de medicamentos, equipamentos, imunobiológicos, hemoderivados e outros insumos.

Resposta: Correto.

Lei nº 8.080, de 19 de Setembro de 1990

Dispõe sobre as condições para a promoção, proteção e recuperação da saúde, a organização e o funcionamento dos serviços correspondentes e dá outras providências.

DISPOSIÇÃO PRELIMINAR

Art. 1º. Esta lei regula, em todo o território nacional, as ações e serviços de saúde, executados isolada ou conjuntamente, em caráter permanente ou eventual, por pessoas naturais ou jurídicas de direito Público ou privado.

1. A Lei nº 8.080/90 é conhecida como **Lei Orgânica da Saúde**.
2. Pode ser considerada "lei nacional", porque "regula, em todo o território nacional, as ações e serviços de saúde", isto é, dispõe sobre as ações e os serviços de saúde, prestados pelos três níveis da Federação (federal, estadual e municipal), no âmbito do Sistema Único de Saúde (SUS).
3. **Art. 1º** → trata do **objeto da Lei nº 8.080/90** e o define de modo abrangente: regular, em todo o território nacional, as ações e os serviços de saúde, prestados de forma isolada ou conjunta, em caráter permanente ou eventual, por pessoas naturais ou jurídicas, públicas ou privadas.

Aplicação em concursos:

- *SEGPLAN-GO/2016 – SEAP/GO – Técnico de Saúde:*

  A Lei nº 8.080/1990, que regulamenta o Sistema Único de Saúde, também:

a) dispõe sobre a participação da comunidade na gestão do Sistema Único de Saúde (SUS).

b) regulamenta o Sistema de Planejamento do SUS.

c) é conhecida como Lei Orgânica da Saúde e dispõe sobre as condições para a promoção, proteção e recuperação da saúde, a organização e o funcionamento dos serviços correspondentes e dá outras providências.

d) redefine o modelo de gestão do SUS, constituindo, por conseguinte, instrumento imprescindível à viabilização da atenção integral à saúde da população.

e) dispõe sobre a atualização dos critérios de habilitação de estados e municípios.

Resposta: alternativa "c".

- *AOCP/2015 – EBSERH/HU-UFJF – Advogado:*

A lei que dispõe sobre as condições para a promoção, proteção e recuperação da saúde, a organização e o funcionamento dos serviços correspondentes e dá outras providências é

a) a Lei n.º 8.142, de 28 de dezembro de 1990.

b) a Lei n.º 10.406, de 10 de janeiro de 2002.

c) a Lei n.º 5.869, de 11 de janeiro de 1973.

d) a Lei n.º 8.080, de 19 de dezembro de 1990.

e) o Decreto-Lei n.º 2.848, de 7 de dezembro de 1940.

Resposta: alternativa "d".

- *UFPI-COPESE/2014 – Prefeitura de Timon, MA – Anestesiologista:*

Regula, em todo território nacional, as ações e serviços de saúde, executando isoladamente ou conjuntamente em caráter permanente ou eventual por pessoas naturais ou jurídicas de direito público ou privado, bem como dispõe sobre as condições para promoção, proteção e recuperação da saúde, organização e funcionamento dos serviços correspondentes e dá outras providencias:

a) Lei nº 8.080, de 19 de setembro de 1990.

Resposta: alternativa "a".

- *DOM CINTRA/2014 – FIOCRUZ – Tecnologista, Medicina de Saúde e Comunidade:*

A regulação federal que "dispõe sobre as condições para a promoção, proteção e recuperação da saúde, a organização e o funcionamento dos serviços correspondentes e dá outras providências" é a:

a) Lei 8.080 de 1990.

Resposta: alternativa "a".

- *UEL/COPS/2014 – Pref. Apucarana, PR – Médico Clínico Geral:*

Em relação à Lei nº 8.080/1990, assinale a alternativa correta.

c) Dispõe sobre as condições para promoção, proteção e recuperação da saúde, a organização e o funcionamento dos serviços correspondentes e dá outras providências.

Resposta: alternativa "c".

- *CONPASS/2013 – Prefeitura Municipal de Extremoz, RN – Auditor Fiscal de Vigilância Sanitária:*

  "Dispõe sobre as condições para a promoção, proteção e recuperação da saúde, a organização e o funcionamento dos serviços correspondentes e dá outras providências".

  Esse texto se refere a:

a) Lei Orgânica da Saúde, 8.080/90.

   Resposta: alternativa "a".

- *UFG/2013 – Prefeitura de Aparecida de Goiânia, GO – Fiscal de Saúde Pública:*

  Quanto aos dispositivos legais que regulamentam o Sistema Único de Saúde (SUS), observa-se que:

a) a Lei n. 8.080, de 19 de setembro de 1990, conhecida como Lei Orgânica da Saúde, regulamentou o SUS com base nas diretrizes previstas na Constituição Brasileira promulgada em 1988.

   Resposta: alternativa "a".

- *CESPE/2018 – EBSERH – Nível Superior (Área Assistencial):*

  Julgue o item a seguir à luz do que dispõe a Constituição Federal de 1988 sobre o Sistema Único de Saúde (SUS).

  As atividades em saúde no Brasil, sejam elas desenvolvidas pelo poder público ou pelas instituições privadas de saúde, são regulamentadas pela mesma lei.

  Resposta: Correto.

- *UNIMONTES/2010 – Prefeitura de Montes Claros/MG, Biólogo:*

  Em relação à Lei 8.080/90:

I. todos os prestadores de serviços estão subordinados a essa lei e não só os integrantes do SUS.

II. essa dispõe sobre as condições para a promoção, prestação e recuperação da saúde.

III. ela regula a participação da comunidade no SUS, assegurando a existência de instâncias colegiadas como conferências e conselhos de saúde nos três níveis de governo.

   A alternativa CORRETA é

b) Somente I e II estão corretas.

   Resposta: alternativa "b".

► A afirmativa *"III"* está errada: a lei que regula a participação da comunidade no SUS é a Lei nº 8.142/90.

- *EDUCA/2009 – Prefeitura de Juarez Távora/PB, Enfermeiro:*

  No sentido de viabilizar o SUS, foram criados instrumentos legais. Assinale a alternativa que APRESENTA essa legislação:

d) a Constituição Federal de 1988, as Leis Orgânicas da Saúde nº 8.080/90 e 8.142/90 e as Normas Operacionais Básicas do SUS (NOB/SUS).
Resposta: alternativa "d".

- *UEPG/2009 – Prefeitura de Ponta Grossa/PR – Médico Plantonista:*
A Lei nº 8.080, de 19 de setembro de 1990, dispõe sobre as condições para a promoção, proteção e recuperação da saúde, regulando para todo o território nacional as ações e os serviços de saúde, executados isolada ou conjuntamente, em caráter permanente ou eventual, por pessoas de direito público ou privado. Considerando o Sistema Único de Saúde (SUS), incluído no citado dispositivo legal, assinale o que for correto.

– O SUS é constituído de ações e serviços de saúde, prestados por órgãos e instituições públicas federais, estaduais e municipais, da administração direta e indireta e das fundações mantidas pelo poder público.
Resposta: Correto.

- *UEM/2009 – Prefeitura de Abatiá/PR, Médico:*
Com relação à evolução das políticas públicas de saúde no Brasil, assinale a correta.

b) Em agosto de 1990, o Congresso Nacional aprova a primeira versão da Lei Orgânica da Saúde, a Lei 8.080, a qual é profundamente mutilada pelos vetos presidenciais, particularmente nos itens relativos ao financiamento e ao controle social.
Resposta: alternativa "b".

4. Art. 1º → a Lei nº 8.080/90 densifica o comando constitucional acerca da regulamentação dos serviços e das ações de saúde, definidos pelo art. 197 da Constituição Federal como dotados de **relevância pública**. Como já referido anteriormente, enfatiza-se o caráter indisponível do direito à saúde, a justificar, por exemplo, a legitimidade ativa *ad causam* do Ministério Público para atuar na defesa do direito à saúde e do próprio SUS. Essa indisponibilidade decorre da fundamentalidade e, portanto, da relevância social e jurídica do objeto que essa norma visa a proteger, notadamente: saúde, vida, integridade física e psíquica, dignidade da pessoa humana (inclusive quanto às condições para seu desenvolvimento individual e social) e mínimo existencial (isto é, o conjunto das prestações materiais mínimas à vida com dignidade), de uma parte; e, ao mesmo tempo, um sistema público de saúde, único, com acesso universal e cobertura integral em todos os níveis de complexidade, descentralizado, regionalizado e hierarquizado, marcado pela participação da comunidade, no planejamento das ações e no acompanhamento de sua execução ("controle social").

► **Referência constitucional:** CF, art. 197: "São de relevância pública as ações e serviços de saúde, cabendo ao Poder Público dispor, nos termos da lei, sobre sua regulamentação, fiscalização e controle, devendo sua execução ser feita diretamente ou através de terceiros e, também, por pessoa física ou jurídica de direito privado".

TÍTULO I – DAS DISPOSIÇÕES GERAIS

Art. 2º. A saúde é um **direito fundamental** do ser humano, devendo o Estado prover as condições indispensáveis ao seu pleno exercício.

§ 1º. O **dever do Estado** de garantir a saúde consiste na formulação e execução de políticas econômicas e sociais que visem à redução de riscos de doenças e de outros agravos e no estabelecimento de condições que assegurem acesso universal e igualitário às ações e aos serviços para a sua promoção, proteção e recuperação.

§ 2º. O dever do Estado **não exclui** o das pessoas, da família, das empresas e da sociedade.

1. **Art. 2º → a saúde é direito fundamental do ser humano.** Diferentemente dos textos constitucionais anteriores, a Constituição Federal de 1988 estabeleceu, pela primeira vez, que a saúde é um direito social, dotado das mesmas características atribuídas aos demais direitos fundamentais por si elencados. Retomando o que foi mencionado no comentário ao art. 196 da CF, fala-se em:

   – **fundamentalidade material:** é decorrente da relevância do conteúdo do direito (no caso, a saúde), em termos individuais e coletivos, já que estreitamente relacionado à manutenção e ao desenvolvimento da própria vida humana, na sua integridade física, psíquica e social, assim como à fruição dos demais direitos da pessoa, fundamentais ou não; ademais de suas interconexões com diversos outros direitos fundamentais (vida, moradia, ambiente, proteção ao trabalhador, etc.);

   – **fundamentalidade formal:** é resultante do regime jurídico de proteção reforçada, outorgado pelas normas constitucionais, sobretudo: (a) da previsão do direito à saúde sob o mesmo Título II, "Dos Direitos e Garantias Fundamentais", da CF (argumento topológico); (b) da "cláusula inclusiva" [121], prevista no art. 5º, § 2º, da CF; (c) da aplicabilidade ime-

121. A expressão é utilizada por FREITAS, 2002, p. 206.

diata das normas direitos fundamentais, na forma do art. 5º, § 1º, da CF, interpretado como um "mandado de otimização"[122] das normas de direitos fundamentais, no sentido de que se lhes reconheça a maior eficácia possível; (d) da inclusão dos direitos sociais entre os limites materiais à reforma constitucional (CF, art. 60, § 4º, IV), seguindo a interpretação não-restritiva propugnada pelo próprio Supremo Tribunal Federal[123].

► **Referências normativas:**

1.1. Constituição Federal:

– Saúde como direito fundamental social:

> *Art. 6º. São* **direitos sociais** *a educação,* **a saúde**, *a alimentação, o trabalho, a moradia, o transporte, o lazer, a segurança, a previdência social, a proteção à maternidade e à infância, a assistência aos desamparados, na forma desta Constituição. (Redação dada pela Emenda Constitucional nº 90, de 2015)*

– Saúde como direito de todos e dever do Estado:

> *Art. 196.* **A saúde é direito de todos e dever do Estado**, *garantido mediante políticas sociais e econômicas que visem à redução do risco de doença e de outros agravos e ao acesso universal e igualitário às ações e serviços para sua promoção, proteção e recuperação.*

1.2. Direito Internacional:

– Declaração Universal de Direitos Humanos da Organização das Nações Unidas – DUDH/ONU, arts. 22 e 25: direitos à segurança social e a um padrão de vida capaz de assegurar a saúde e o bem-estar da pessoa.

– Pacto Internacional de Direitos Econômicos, Sociais e Culturais – PIDESC (internalizado pelo Decreto-legislativo nº 226/1991 e promulgado pelo Decreto nº 591/1992), art. 12: direito ao mais alto nível possível de saúde.

– Convenção Americana de Direitos Humanos – "Pacto de São José da Costa Rica" (internalizada pelo Decreto-legislativo nº 27/1992 e

122. SARLET, 2009, p. 277 et seq., especialmente p. 288.
123. Nesse sentido, conferir o julgamento da ADI nº 939/DF, Rel. Min. Sydney Sanches, quando afirmado que o princípio da anterioridade tributária estaria incluído entre os limites materiais ao poder de reforma constitucional (STF, Pleno, DJ 18-03-1994).

promulgada pelo Decreto nº 678/1992), arts. 4º e 5º: direitos à vida e à integridade física e pessoal.

– Protocolo Adicional à Convenção Americana sobre Direitos Humanos em matéria de Direitos Econômicos, Sociais e Culturais – "Protocolo de São Salvador" (internalizado pelo Decreto-legislativo nº 56/1995 e promulgado pelo Decreto nº 3.371/1999), art. 10: direito à saúde.

Aplicação em concursos:

- *FUNRIO/2017 – SESAU-RO – Técnico de enfermagem:*

  "A saúde é um direito ___ do ser humano, devendo o Estado prover as condições ___ ao seu pleno exercício." (Art. 2º, Lei 8080/90)

  As lacunas ficam corretamente preenchidas respectivamente por:

a) fundamental / dispensáveis.
b) fundamental / indispensáveis.
c) irrelevante / dispensáveis.
d) relevante / possíveis.
e) irrelevante / indispensáveis.

Resposta: alternativa "b".

- *CS-UFG/2018 – CS-UFG – Pedagogo Hospitalar:*

  A Lei nº 8.080/1990 prevê, em seu art. 2º, a saúde como um direito fundamental do ser humano, devendo o Estado

a) garantir o pleno atendimento à população carente.
expandir os serviços de saúde por meio do Sistema Único de Saúde (SUS).
c) prover as condições indispensáveis ao seu pleno exercício.
d) contemplar o acesso de todos os trabalhadores à saúde de qualidade.

Resposta: alternativa "c".

- *INSTITUTO EXCELÊNCIA/2016 – Prefeitura de Três Corações/MG – Advogado:*

  Sobre o Sistema Único de Saúde, Lei Complementar 8.080/1990, é CORRETO afirmar:

a) A saúde é um direito fundamental do ser humano, devendo o Estado prover as condições indispensáveis ao seu pleno exercício.
b) O dever do Estado de garantir a saúde consiste na formulação e execução de políticas econômicas e sociais que visem o aumento de riscos de doenças e de outros agravos e no estabelecimento de condições que assegurem acesso universal e igualitário às ações e aos serviços para a sua promoção, proteção e recuperação.
c) O dever do Estado exclui o das pessoas, da família, das empresas e da sociedade.

d) Os níveis de saúde não expressam a organização social e econômica do País, tendo a saúde como determinantes e condicionantes, entre outros, a alimentação, a moradia, o saneamento básico, o meio ambiente, o trabalho, a renda, a educação, a atividade física, o transporte, o lazer e o acesso aos bens e serviços essenciais.

e) Nenhuma das alternativas.

Resposta: alternativa "a".

- *PUCPR/2012 – FEAES de Curitiba/PR – Advogado:*

  A Constituição Federal assinala, no Capítulo 2, dos Direitos Sociais, artigo 6º, que a saúde é um direito. O conceito de saúde, de acordo com a Lei nº 8.080, de 19 de setembro de 1990, é:

c) A saúde é um direito fundamental do ser humano, devendo o Estado prover as condições indispensáveis ao seu pleno exercício, tendo como fatores determinantes e condicionantes, entre outros, a alimentação, a moradia, o saneamento básico, o meio ambiente, o trabalho, o lazer e o acesso aos bens e serviços essenciais.

Resposta: alternativa "c".

- *CESPE/2008 – Secretaria Estadual de Saúde/ES, Médico Auditor:*

  Em suas disposições gerais, a lei em apreço [Lei nº 8.080/90] afirma que a saúde é um direito fundamental do ser humano, devendo o Estado prover as condições indispensáveis ao seu pleno exercício.

  Resposta: Correto.

- *CESPE/2007 – Prefeitura de Vitória/ES, Agente de Vigilância Sanitária:*

  No Brasil, a saúde é considerada, por lei, um direito fundamental dos cidadãos.

  Resposta: Correto.

2. Ainda a respeito do caráter fundamental do direito à saúde, é importante lembrar que a norma constitucional alberga diferentes **posições subjetivas**, passíveis de exigibilidade judicial imediata (como a jurisprudência dá conta), muitas das quais se densificam pelas normas contidas ao longo da Lei nº 8.080/90. Em linhas gerais, e retomando o que já foi explicado com mais detalhe nos comentários ao art. 196 da CF, pode-se identificar uma dimensão de direito de defesa (**direito negativo**), pela qual o direito fundamental protege o titular, individual ou coletivamente considerado, contra ingerências indevidas que lhe afetem a saúde, também aqui nos aspectos individual ou coletivo (saúde individual e saúde pública), vedando-se, portanto, a prática de atos que afetem a saúde das pessoas, por parte do Estado ou de particulares (pessoas físicas e jurídicas). Além disso, há uma dimensão de direito a prestações (**direito positivo**), que se subdivide em: direito a prestações em sentido amplo, compreendendo os deveres de proteção e promoção da saúde, assim como as normas de organização do próprio SUS; e direito a prestações em sentido estrito, ou direito a prestações materiais, pelo qual se reconhecem os deveres de fornecimento das mais variadas prestações no âmbito do SUS (medicamentos, insumos, tratamentos, exames, cirurgias, etc.)[124].

3. **Art. 2º, §§ 1º e 2º** → o direito à saúde é também **dever do Estado**, em conformidade, aliás, com o disposto pelo art. 196 da CF, **e dos particulares (das pessoas, da família, das empresas e da sociedade)**. Trata-se de típico dever constitucional e legal, que impõe ao Estado e aos particulares os deveres de não-intervenção e de promoção da saúde, individual e pública, bem como, no caso do Estado, de organizar e efetivar o SUS, dotando-o de mecanismos adequados de acesso, instrumentos de controle social, etc.

► **Referências normativas:**

- Dever da família: proteção da criança e do adolescente (CF, art. 227, e Lei nº 8.069/90 – Estatuto da Criança e do Adolescente, arts. 4º, 7º, 11 e segs.), proteção da gestante (Lei nº 8.069/90, arts. 8º a 10), proteção do idoso (CF, arts. 229 e 230, e Lei nº 10.741/2003 – Estatuto do Idoso, arts. 2º, 3º, 9º, 15 e segs.).
- Dever das empresas: proteção do trabalhador (CF, art 7º, inc. IV, IX, XIII, XV, XVI, XVII, XXII, XXIII, XXVIII e XXXIII) e proteção do consumidor (CF, art. 5º, XXXII e Lei nº 8.078/90 – Código Brasileiro de Proteção e Defesa do Consumidor).
- Dever de toda a sociedade: proteção do ambiente (CF, arts 199 e 225).

3. **Art. 2º, § 1º** → trata-se de **norma com caráter programático**, por indicar que o dever do Estado de garantir a saúde consiste na formulação e execução de políticas econômicas e sociais, em nítida referência ao texto do art. 196 da CF. A natureza programática não retira a eficácia da norma jurídica, ligando-se mais propriamente à sua estrutura normativa, isto é, à característica de impor a realização de programas e políticas públicas pelo Estado.

---

124. Cf., entre outros, SARLET; FIGUEIREDO, 2008a, p. 125-172.

► **Jurisprudência do STJ**: Examinando hipótese de fornecimento de medicação não incluída nas listagens oficiais do SUS, o Superior Tribunal de Justiça pronunciou-se pelo deferimento do pedido, salientando: "Consoante expressa determinação constitucional, é dever do Estado garantir, mediante a implantação de políticas sociais e econômicas, o acesso universal e igualitário à saúde, bem como os serviços e medidas necessários à sua promoção, proteção e recuperação (CF/88, art. 196)" (AgRg na STA nº 83/MG, Rel. Min. Edson Vidigal, Corte Especial, unânime, DJ 06-12-2004).

Aplicação em concursos:

- *UPENET-IAUPE/2017 – UPE – Técnico em Radiologia:*

  Com relação às disposições da Lei nº 8.080/90, analise as afirmativas abaixo e coloque V nas Verdadeiras e F nas Falsas.

( ) O Estado deve garantir a saúde a partir da execução de políticas econômicas e sociais que visem à redução de riscos de doenças.

Resposta: Verdadeiro.

- *MPF, Concurso Público XXIV:*

  É programática a norma constitucional que assegura o direito à saúde mediante políticas sociais e econômicas, visando à redução do risco de doença e de outros agravos e ao acesso universal e igualitário às ações e serviços para sua promoção, proteção e recuperação.

  Resposta: Correto.

- *FAUE/2010 – Prefeitura de Guaraí/PR, Psicólogo:*

  Segundo a Lei 8.080 (A saúde é um direito fundamental do ser humano, devendo o Estado prover as condições indispensáveis ao seu pleno exercício), analise as afirmativas abaixo:

– O dever do Estado de garantir a saúde consiste na formulação e execução de políticas econômicas e sociais que visem à redução de riscos de doenças e de outros agravos e no estabelecimento de condições que assegurem acesso universal e igualitário às ações e aos serviços para a sua promoção, proteção e recuperação.

Resposta: Correto.

– O dever do Estado não exclui o das pessoas, da família, das empresas e da sociedade.

Resposta: Correto.

- *INSTITUTO LUDUS/2010 – Prefeitura de São João dos Patos/MA, Médico:*
  A legislação brasileira estabelece que a saúde é um direito fundamental do ser humano, cabendo ao poder público (União, Estados, Distrito Federal e Municípios) garantir este direito, através de políticas sociais e econômicas que visem à redução dos riscos de se adoecer e morrer. A legislação obedece à seguinte diretriz:

b) Ofertar um conjunto articulado e contínuo de ações e serviços de saúde;
Resposta: alternativa "b".

- *UFSC/2008, Prefeitura de Florianópolis/SC, Médico:*
  A saúde é direito de todos e dever do Estado, garantido mediante políticas sociais e econômicas que visem à redução do risco de doença.
  Resposta: Correto.

- *CEFET/BA/2008 – Prefeitura Municipal de Entre Rios, Médico:*
  A saúde é direito de todos e dever do Estado. Dessa forma, das responsabilidades do poder público excetua-se

a) ordenar a formação de recursos humanos na área da saúde.
b) implantar ações e serviços para a promoção, proteção e recuperação da saúde.
c) atuar em áreas que possibilitem o desenvolvimento científico e tecnológico do setor saúde.
d) regular, fiscalizar e controlar as ações e os serviços de saúde em âmbito nacional, estadual e municipal.
e) definir os percentuais mínimos a serem aplicados anualmente no setor saúde pelos entes federados, assim como pelas instituições privadas que participam do SUS em caráter complementar.
Resposta: alternativa "e".

► A definição dos percentuais mínimos em saúde é competência da Lei Complementar nº 141/2012, que regulamentou o art. 198, § 3, da CF – não ficando ao arbítrio, portanto, do Poder Público.

- *VUNESP/2007, São Paulo Transporte S/A (SPTRANS), Médico Auditor:*
  Conforme determina o texto constitucional, o direito à saúde, enquanto dever do Estado, deve ser garantido mediante políticas [...]

a) sociais e econômicas.
Resposta: alternativa "a".

- *FCC/2007 – Especialista em Regulação de Saúde Suplementar, ANS:*
  É dever do Estado, na garantia da saúde do ser humano,

– a formulação e execução de políticas econômicas e sociais que visem à redução de riscos de doenças e de outros agravos;
Resposta: Correto.

– a formulação e execução apenas de políticas sociais que visem à redução de riscos de doenças e outros agravos;
Resposta: Errado.

▶ A Lei nº 8.080 impõe o dever de formulação de políticas sociais e econômicas.

– o estabelecimento de condições que assegurem acesso universal e igualitário às ações e serviços.
Resposta: Correto.

4. **Art. 2º, § 1º** → tais políticas públicas devem voltar-se aos **aspectos preventivo, curativo e promocional da saúde**:

– **prevenção:** redução de riscos de doenças e outros agravos = atuação anterior ao estabelecimento de dano à saúde, pública e/ou privada;

– **promoção:** estabelecimento de ações e serviços para a promoção da saúde = atuação prospectiva e de alcance amplo, não limitada apenas ao campo sanitário, por meio da qual se incentiva a proteção da saúde;

– **cura:** recuperação da saúde = sentido mais comum do dever de proteção à saúde, indica a atividade implementada *a posteriori*, ou seja, depois de constatada a doença, que busca a cura ou pelo menos uma significativa melhora da qualidade de vida das pessoas.

Aplicação em concursos:

- *NUCEPE/UESPI/2011 – FMS – Advogado:*
De acordo com a Lei nº 8.080/1990 [...]

– É objetivo do Sistema Único de Saúde a assistência às pessoas por intermédio de ações de promoção, proteção e recuperação da saúde, com a realização integrada das ações assistenciais e das atividades preventivas.
Resposta: Correto.

- *METTA/2010 – Prefeitura de Logradouro/PB, Enfermeiro:*
Do final da década de 80 em diante, destaca-se a Constituição Federal de 1988, que determinou ser dever do Estado garantir saúde a toda a população e, para tanto, criou o Sistema Único de Saúde. Em 1990, o Congresso Nacional aprovou a Lei Orgânica da Saúde que detalha o funcionamento do

Sistema. Qual das alternativas apresenta o conceito de saúde estabelecida pela Lei Orgânica da Saúde:

d) "Saúde é resultante de políticas econômicas e sócias que visem a redução de doenças e o acesso às ações de promoção, proteção e recuperação da saúde".

Resposta: alternativa "d".

- *CETRO/2009 – Prefeitura de Mairinque/SP, Médico:*

Historicamente, a atenção à saúde no Brasil tem investido na formulação, implementação e concretização de políticas de promoção, proteção e recuperação da saúde. Há, pois, um grande esforço na construção de um modelo de atenção à saúde que priorize ações de melhoria da qualidade de vida dos sujeitos e coletivos. A promoção da saúde, como uma das estratégias de produção de saúde, ou seja, como um modo de pensar e de operar articulado às demais políticas e tecnologias desenvolvidas no sistema de saúde brasileiro, contribui na construção de ações que possibilitam responder às necessidades sociais em saúde. No SUS, a estratégia de promoção da saúde é retomada como uma possibilidade de enfocar os aspectos que determinam o processo saúde-adoecimento em nosso país, como por exemplo: violência, desemprego, subemprego, falta de saneamento básico, habitação inadequada e/ou ausente, dificuldade de acesso à educação, fome, urbanização desordenada, qualidades do ar e da água ameaçadas, e potencializar formas mais amplas de intervir em saúde. Sendo assim, dentre as alternativas abaixo, assinale a que não apresenta ações específicas da política nacional de promoção da saúde.

c) Prevenção e controle do meio ambiente.

Resposta: alternativa "c".

- *CESPE/2007 – Prefeitura de Vitória/ES, Agente de Vigilância Sanitária:*

Hoje, além das ações de prevenção de doenças e de assistência, considera-se cada vez mais importante a atuação do setor saúde em ações de promoção da saúde.

Resposta: Correto.

5. **Art. 2º, § 1º** → a norma ainda prevê o dever estatal de assegurar o **acesso universal e igualitário** às ações e aos serviços de saúde, reportando-se aos princípios da universalidade e da igualdade de acesso:

   – **universalidade**: titularidade do direito à saúde por todo o ser humano (por isso universal), o que permite o acesso por parte de grupos especiais (*v.g.*, índios, portadores de necessidades especiais, portadores de doenças raras) e pelos não-nacionais (estrangeiros em zona de fronteira terrestre ou em situações de emergência, por exemplo);

– **igualdade**: deve ser compreendida como igualdade material, ou igualdade em sentido substancial, pode justificar discriminações positivas e negativas visando à garantia de acesso aos serviços e às ações de saúde. Em direito sanitário, a noção de igualdade material corresponde à ideia de **equidade** e liga-se ao disposto no art. 7º, IV, da própria Lei nº 8.080/90.

6. **Art. 2º, § 2º** → o dever de proteção e promoção da saúde **vincula os particulares**, impondo-se às pessoas, à família, às empresas e sociedade de modo geral. De certa forma, essa previsão legal supera a discussão doutrinária decorrente da natureza da vinculação dos particulares, se direta, porque amparada somente no texto constitucional; ou se indireta, porque dependente de regulação pelo legislador ordinário, e então reconhecida apenas se e na medida da legislação elaborada. Diante do art. 2º, § 2º, da Lei nº 8.080/90 não há dúvida: **há, sim, vinculação dos particulares ao dever de proteção à saúde.** Isso certamente não exclui, todavia, as dúvidas remanescentes quanto ao alcance dessa vinculação, especialmente quanto ao dever de os particulares fornecerem prestações materiais (remédios, insumos, etc.), sobretudo porque o princípio da legalidade (CF, art. 5º, II) joga importante papel aqui. Em linhas gerais, esse debate permanece em aberto.

Aplicação em concursos:

- *IDECAN/2017 – INCA – Técnico I:*

  "A saúde é um direito fundamental do ser humano, devendo o Estado prover as condições indispensáveis ao seu pleno exercício." (Art. 2º da Lei nº 8.080/90.)

De acordo com a citação anterior, o dever do Estado, no que concerne à saúde,

a) não exclui o dever das pessoas, da família, das empresas e da sociedade.
b) consiste, exclusivamente, na formulação de políticas de saúde e na sua aplicação.
c) está relacionado apenas com as ações e serviços para a proteção e recuperação da saúde.
d) consiste em responsabilizar os gestores do SUS pela garantia ao acesso às ações e aos serviços de saúde públicos.

Resposta: alternativa "a".

- *UPENET-IAUPE/2017 – UPE – Técnico em Radiologia:*

  Com relação às disposições da Lei nº 8.080/90, analise as afirmativas abaixo e coloque V nas Verdadeiras e F nas Falsas.

( ) A saúde é um direito fundamental do ser humano, sendo um dever das pessoas, da família, das empresas e da sociedade prover as condições indispensáveis ao seu pleno exercício.

Resposta: Falso.

▶ O art. 2º da Lei nº 8.080/1990 atribui ao Estado o dever de prover as condições indispensáveis ao pleno exercício do direito à saúde. De sua vez, o § 2º desse mesmo dispositivo legal ressalva que o dever estatal não exclui os deveres para a saúde por parte das pessoas, da família, das empresas e da sociedade.

- *IDECAN/2017 – Ministério da Saúde – Administrador:*

  A Lei nº 8.080, de 19 de setembro de 1990, regula, em todo o território nacional, as ações e serviços de saúde, executados isolada ou conjuntamente, em caráter permanente ou eventual, por pessoas naturais ou jurídicas de direito público ou privado. Em seu artigo 2º está definido que a saúde é um direito fundamental do ser humano, devendo o Estado prover as condições indispensáveis ao seu pleno exercício. Com base nestas informações, analise as afirmativas e assinale a que NÃO se enquadra no que está disposto nos parágrafos do artigo citado.

a) O dever do Estado exclui o dever das pessoas, da família, das empresas e da sociedade.

b) Dizem respeito também à saúde as ações que se destinam a garantir às pessoas e à coletividade condições de bem-estar físico, mental e social.

c) O dever do Estado de garantir a saúde consiste na formulação e execução de políticas econômicas e sociais que visem à redução de riscos de doenças e de outros agravos.

d) Também é dever do Estado estabelecer condições que assegurem acesso universal e igualitário às ações e aos serviços para a sua promoção, proteção e recuperação.

e) Os níveis de saúde expressam a organização social e econômica do País, tendo a saúde como determinantes e condicionantes, a alimentação, a moradia, dentre outros.

Resposta: alternativa "a".

- *AOCP/2016 – EBSERH – Técnico em Enfermagem:*

  De acordo com o que dispõe a Lei Orgânica da Saúde–Lei nº 8.080/1990 [...]

– O dever do Estado de garantir a saúde exclui o das pessoas, da família, das empresas e da sociedade.

Resposta: Errado.

▶ O art. 2º, § 2º, da Lei nº 8.080/1990 é explícito em acentuar que a proteção da saúde é também dever das pessoas, da família, das empresas e da sociedade.

- *COPEVE/UFAL/2012 – Prefeitura de Palmeira dos Índios/AL – Médico:*

  São dispositivos da Lei Orgânica do Sistema Único de Saúde – SUS (Lei n.º 8080/90) [...]

– é dever do Estado garantir a saúde através da formulação de políticas que visem à redução de riscos de doenças e de outros agravos.

  Resposta: Correto.

– é dever do Estado assegurar acesso universal e igualitário às ações e aos serviços de saúde para sua promoção, proteção e recuperação.

  Resposta: Correto.

– o dever do Estado não exclui o das pessoas, da família, das empresas e da sociedade.

  Resposta: Correto.

- *NUCEPE/UESPI/2011 – FMS – Advogado:*

  De acordo com a Lei nº 8.080/1990, analise as seguintes proposições:

– o dever do Estado de garantir a saúde não exclui o das pessoas, da família, das empresas e da sociedade.

  Resposta: Correto.

- *PL CONSULTORIA/2011 – Prefeitura de Coronel Bicaco/RS – Agente Comunitário de Saúde:*

  Sobre a Lei nº 8.080/1990, Lei Orgânica da Saúde, [...]

a) O dever do Estado não exclui o das pessoas, da família, das empresas e da sociedade.

  Resposta: Correto.

- *MSCONCURSOS/2011 – FSPECE – Prefeitura de Esteio/RS – Administrador:*

– O dever do Estado de prover as condições indispensáveis ao pleno exercício da saúde exclui o das pessoas, da família, das empresas e da sociedade.

  Resposta: Errado.

► A saúde é dever do Estado e dos particulares – ou seja, de todas as pessoas, da família, das empresas e da sociedade.

- *CESPE/2008 – Secretaria Estadual de Saúde/ES, Médico Auditor:*

  Ainda que a saúde seja afirmada como dever do Estado, isso não exclui o dever das pessoas, da família, das empresas e da sociedade.

  Resposta: Correto.

Art. 3º. Os níveis de saúde expressam a organização social e econômica do País, tendo a saúde como **determinantes e condicionantes**, entre outros, a alimentação, a moradia, o saneamento básico, o meio ambiente, o trabalho, a renda, a educação, a atividade física, o transporte, o lazer e o acesso aos bens e serviços essenciais. (Redação dada pela Lei nº 12.864/2013)

Parágrafo único. Dizem respeito também à saúde as ações que, por força do disposto no artigo anterior, se destinam a garantir às pessoas e à coletividade condições de bem-estar físico, mental e social.

1. **Art. 3º** → a norma refere ao que se denominam "**determinantes e condicionantes**" da saúde, ou seja, aos demais fatores que, para além das questões sanitárias propriamente ditas, influenciam a saúde das pessoas, individual e coletivamente, e servem como parâmetro para a aferição, entre outros, do índice de desenvolvimento humano (IDH) e da organização social e econômica do país.

► **Questões doutrinárias:**

1.1. O art. 3º da Lei nº 8.080/90 demonstra as interconexões existentes entre a proteção da saúde e a salvaguarda de outros bens constitucionais, cuja relevância para a concretização dos objetivos do Estado brasileiro (CF, art. 3º), entre os quais a garantia da dignidade da pessoa humana, justificam a afirmação de que o direito à saúde é direito fundamental em sentido material.

1.2. Os determinantes (sociais, ambientais, etc.) da saúde são um conceito utilizado pela Organização Mundial da Saúde (OMS), inclusive como pauta dos programas e políticas de equidade e melhoria do acesso aos serviços e às ações de saúde em nível mundial.

1.3. Em direito sanitário, relaciona-se a noção de determinantes e condicionantes da saúde ao conceito de "**intersetorialidade**", ou seja, ao reconhecimento de que a efetivação do direito à saúde depende do comprometimento e da ação de diversos setores e atores, estatais e sociais, públicos e privados.

1.4. A explicitação da noção de "determinantes e condicionantes da saúde", considerando-os fatores que influenciam no processo saúde-doença, reporta-se às reivindicações do **Movimento de Reforma Sanitária** – movimento social que mais impulsionou a consagração da saúde como direito fundamental e do próprio Sistema Único de Saúde (SUS), sobretudo por sua unicidade (um só sistema) e caráter universal (acesso igual para todas as pessoas). Diversas conclusões da 8ª Conferência Nacional de Saúde foram acolhidas na Constituição de 1988, assim como na legislação que se seguiu.

Aplicação em concursos:

- *MPE-PR/2019 – MPE-PR – Promotor Substituto:*

– Os níveis de saúde expressam a organização social e econômica do País, tendo a saúde como determinantes e condicionantes, entre outros, a alimentação, a moradia, o saneamento básico, o meio ambiente, o trabalho, a renda, a educação, atividade física, o transporte, o lazer e o acesso aos bens e serviços essenciais.
Resposta: Correto.

- *CESPE/2018 – EBSERH – Nível Superior:*
Acerca dos determinantes sociais da saúde, julgue os itens que se segue.

– Atualmente, o foco dos determinantes sociais da saúde está no mecanismo de produção das iniquidades.
Resposta: Correto.

– Uma das formas de melhorar o nível de saúde de determinada população consiste em intervir sobre os mecanismos de estratificação social, mediante, por exemplo, políticas relacionadas a mercado de trabalho, educação e seguridade social.
Resposta: Correto.

– Conforme os estudos mais atuais sobre as iniquidades em saúde, há uma relação direta de causa e efeito entre os fatores gerais de natureza social, econômica e política e os indicadores de saúde de determinada população, de modo que países com alto PIB possuem, necessariamente, melhores indicadores de saúde do que países com baixo PIB.
Resposta: Errado.

► Não há uma relação direta entre o valor do PIB e os indicadores de saúde do país, pois a superação das iniquidades em saúde depende de outros fatores sociais, econômicos e políticos, tais como menor desigualdade social, melhor distribuição de renda e educação adequada, inclusive quanto a questões de saúde.

- *CESPE/2018 – EBSERH – Nível Superior (Área Médica):*
No que se refere aos determinantes sociais da saúde, julgue os itens a seguir.

– Os determinantes sociais da saúde têm por base as iniquidades em saúde, ou seja, as desigualdades que, além de relevantes e sistemáticas, são consideradas evitáveis, injustas e desnecessárias.
Resposta: Correto.

– Atualmente os estudos das iniquidades em saúde focam a relação de causa e efeito entre a pobreza e a saúde; esses estudos têm demonstrado que a relação é uma relação direta.
Resposta: Errado.

▶ **Atenção!** Não há uma relação direta entre pobreza e saúde; outros fatores, como educação, por exemplo, têm um papel decisivo nessa relação.

- *CESPE/2018 – EBSERH – Nível Superior (Área Assistencial):*
Acerca dos fatores sociais que determinam a saúde do indivíduo e das populações, julgue os itens que se segue:
– As iniquidades em saúde são as desigualdades de saúde entre grupos populacionais, que são injustas e desnecessárias.
Resposta: Correto.

– Pode-se explicar a saúde de determinada população com base nos resultados apresentados por indivíduos, uma vez que fatores individuais são reflexos da saúde da coletividade.
Resposta: Errado.

▶ Os fatores individuais de saúde não são reflexos da saúde da coletividade; basta pensar numa série de condições e pré-disposições de caráter genético, que por vezes sequer guardam relação com a conduta do próprio indivíduo, menos ainda seriam reflexos da coletividade.

– Sociedades mais desenvolvidas economicamente demonstram necessariamente melhor índice de saúde que sociedades menos desenvolvidas.
Resposta: Errado.

▶ **Atenção!** Nem sempre sociedades mais desenvolvidas economicamente demonstram melhores índices de saúde quando comparadas com sociedades menos desenvolvidas, pois são diversos os fatores que interferem na apuração desses índices.

- *CESPE/2018 – EBSERH – Nível Superior:*
A respeito do Sistema Único de Saúde (SUS), julgue o próximo item.
– Considerando-se que os níveis de saúde podem demonstrar a situação econômica e social da saúde, a atividade física foi incluída na Lei nº 8.080/1990 como um dos determinantes de saúde.
Resposta: Correto.

- *IF-CE/2017 – IF-CE – Técnico de enfermagem:*

  Considerando-se a Lei nº 8.080/90, que dispõe sobre as condições para a promoção, proteção e recuperação da saúde, a organização e o funcionamento dos serviços correspondentes, analise as afirmativas.

– São determinantes e condicionantes da saúde, entre outros, a alimentação, a moradia, o saneamento básico, o meio ambiente, o trabalho, a renda, a educação, a atividade física, o transporte, o lazer e o acesso aos bens e serviços essenciais.

  Resposta: Correto.

- *IBFC/2016 – EBSERH – Assistente Administrativo:*

  A Lei 8080/90 expressa que a saúde tem como fatores determinantes e condicionantes os abaixo,exceto:

a) Meio ambiente.
b) Renda.
c) Lazer.
d) Acesso aos bens e serviços essenciais.
e) Nível intelectual.

  Resposta: alternativa "e".

- *SUGEP – UFRPE/2016 – UFRPE – Enfermeiro:*

  A respeito da Lei nº 8080/1990, que dispõe sobre a promoção, proteção e recuperação da saúde em todo o território nacional, assinale a alternativa correta.

a) Ela regula as ações e serviços de saúde, os quais são executados exclusivamente por pessoas naturais ou jurídicas de direito público.
b) Ela estabelece que compete ao Estado formular e executar políticas que visem à redução dos agravos à saúde, e veda a participação das pessoas em geral na proposição dessas ações.
c) Ela aponta alimentação, moradia, saneamento básico, educação, renda, transporte e lazer como alguns dos fatores determinantes e condicionantes da saúde.
d) Ela estabelece que o Sistema Único de Saúde (SUS) é constituído por órgãos e instituições públicas federais e tem os órgãos dos governos estaduais e municipais como complementares.
e) Ela veda à iniciativa privada a participação no Sistema Único de Saúde (SUS), seja em caráter principal, seja em caráter complementar.

  Resposta: alternativa "c".

- *GESTÃO CONCURSO/2016 – Consurge, MG – Psicólogo:*

  Analise o artigo 3º da Lei nº 8.080 de 19 de setembro de 1990. *"<u>Os níveis de saúde expressam a organização social e econômica do País</u>, tendo a saúde como determinantes e condicionantes, entre outros, a alimentação, a moradia, o saneamento básico, o meio ambiente, o trabalho, a renda, a educação,* *a atividade física, o transporte, o lazer e o acesso aos bens e serviços essenciais."* Considerando a expressão grifada no artigo, assinale a alternativa que melhor a exemplifica.

a) Pessoas doentes não conseguem trabalhar.
b) As doenças elevam o custo social e econômico do país.
c) Níveis ruins de saúde refletem a baixa organização social e a má distribuição de renda.
d) Bons indicadores de saúde podem ser utilizados para traçar o perfil sociodemográfico e econômico de um país.

Resposta: alternativa "c".

São considerados Determinantes Sociais da Saúde – DSS, EXCETO:

a) idade.
b) habitação
c) desemprego.
d) educação.
e) ambiente de trabalho.

Resposta: alternativa "a".
Resposta: Errado.

► **Atenção!** A idade é um fator determinante da saúde, mas não é considerada um determinante <u>social</u> da saúde!!

- *IADES/2018 – SES/DF – Técnico em Contabilidade:*

Uma base conceitual para os Determinantes Sociais da Saúde (DSS) foi sintetizada com fundamento em diversos modelos teóricos construídos entre os anos de 1991 e de 2001. Para que as intervenções nos variados níveis do modelo de Dahlgren e Whitehead (1991) sejam viáveis, efetivas e sustentáveis, devem estar fundamentadas em pilares básicos. Assinale a alternativa que indica esses pilares.

a) Biologia humana, serviços de saúde, estilos de vida e ambiente.
b) Intersetorialidade, humanização da saúde e desenvolvimento de habilidades pessoais.
c) Desenvolvimento de habilidades pessoais, reforço de ação comunitária e reorientação de serviços.
d) Promoção da saúde, humanização da saúde e implementação de políticas públicas saudáveis.
e) Intersetorialidade, participação social e evidências científicas.

Resposta: alternativa "e".

- *AOCP/2014 – EBSERH/HU-UFMS – Advogado:*

Analise as assertivas e assinale a alternativa que aponta as corretas. De acordo com a Lei Orgânica da Saúde (Lei nº 8.080/1990). Os níveis de saúde expressam a organização social e econômica do País, tendo a saúde como determinantes e condicionantes, entre outros:

I. a alimentação, a moradia e o saneamento básico.
II. o meio ambiente, o trabalho e a renda.
III. a educação, a atividade física e o transporte.
IV. o lazer e o acesso aos bens e serviços essenciais.

e) I, II, III e IV.

Resposta: alternativa "e".

- *AOCP/2014 – EBSERH/HUPAA-UFAL – Advogado:*

"Determinantes sociais são fatores que impactam diretamente na incidência de diversas doenças. Doenças crônicas e infecciosas são ligadas a esse fator de forma veemente." Sobre os fatores sociais que são considerados determinantes de doenças, analise.

I. Renda.
II. Educação.
III. Desenvolvimento infantil.

Está(ão) correta(s) a(s) alternativa(s)

a) I, II e III.

Resposta: alternativa "a".

- *IADES/2014 – SEAP/SES/DF – Biomédico:*

Os fatores sociais, econômicos, culturais, étnico-raciais, psicológicos e comportamentais que influenciam a ocorrência de problemas de saúde e seus fatores de risco na população. Essas informações se referem a

c) determinantes sociais da saúde.

Resposta: alternativa "c".

- *IBC/2014 – Pref. Alagoa Grande, PB – Médico Cardiologista:*

Considerando os determinantes sociais da saúde, entre as situações que influenciam o processo saúde-doença e consequentemente a condição de saúde, a que não corresponde à realidade no Brasil, atualmente, é (são):

a) Redução da renda *per capita*.

Resposta: alternativa "a".

- *IDECAN/2014 – EBSERH, HUPAA-UFAL – Técnico em Enfermagem, Saúde do Trabalhador:*

Em relação aos determinantes sociais da saúde, é INCORRETO afirmar que

a) a raça é um determinante social da saúde.
b) influenciam os estilos de vida das pessoas.
c) o saneamento básico é um determinante social da saúde.
d) relacionam-se com as condições de vida e trabalho dos membros da sociedade.

e) pertencer a grupos sociais excluídos dos benefícios da sociedade influencia nos padrões de saúde dos indivíduos.
Resposta: alternativa "a".

▶ A raça é um fator determinante da saúde, mas um fator individual, não social.

- *CESPE-UNB/2014 – Câmara dos Deputados – Analista Legislativo, Consultor Legislativo – Área XVI:*

– O conceito de multicasualidade abrange fatores econômicos, sociais e culturais e exclui fatores etiológicos como bactérias, vírus, fungos e protozoários.
Resposta: Errado.

▶ Entre os determinantes e condicionantes da saúde incluem-se os fatores etiológicos.

- *CESPE-UNB/2014 – Câmara dos Deputados – Analista Legislativo, Consultor Legislativo – Área XVI:*

– Processo saúde-doença é uma expressão empregada em referência à saúde e à doença de um indivíduo, desconsiderando-se fatores biológicos, econômicos, sociais e culturais.
Resposta: Errado

▶ A expressão "processo saúde-doença" é usada exatamente para destacar que a doença tem múltiplas causas, não apenas individuais e biológicas.

- *CETRO/2012 – SEMSA – Prefeitura de Manaus/AM – Advogado:*

São objetivos específicos da Política Nacional de Promoção à Saúde, exceto:

a) contribuir para o aumento da resolubilidade do Sistema, garantindo qualidade, eficácia, eficiência e segurança das ações de promoção da saúde.
b) estimular alternativas inovadoras e socialmente inclusivas/contributivas no âmbito das ações de promoção da saúde.
c) ampliar os processos de integração baseados na cooperação, solidariedade e gestão democrática.
d) contribuir para a diminuição da burocratização do Sistema, garantindo maior qualidade, eficácia, eficiência e segurança das ações de promoção da saúde.
e) favorecer a preservação do meio ambiente e a promoção de ambientes mais seguros e saudáveis.

Resposta: alternativa "d".

▶ A Política Nacional de Promoção da Saúde tem como objetivo, entre outros, contribuir para o aumento da resolubilidade do Sistema, aí sim, garantindo maior qualidade, eficácia, eficiência e segurança das ações de promoção da saúde.

- *IMA/2012 – Prefeitura de Morro do Chapéu/PI – Médico:*

  O art. 3º da Lei nº 8.080/90 dispõe sobre os fatores determinantes e condicionantes da saúde, que são, EXCETO:

a) Moradia.
b) Lazer.
c) Alimentação.
d) Medicamento.

Resposta: alternativa "d".

▶ Os medicamentos não constituem fatores determinantes e condicionantes da saúde, conforme o rol do art. 3º da Lei nº 8.080/90.

- *MP-SC/2011 – Promotor de Justiça – XXXVI Concurso:*

– A saúde, segundo a lei, tem como fatores determinantes e condicionantes, a alimentação, a moradia, o saneamento básico, o meio ambiente, o trabalho, a renda, a educação, o transporte, o lazer e o acesso aos bens e serviços essenciais, entre outros.

  Resposta: Correto.

- *PL CONSULTORIA/2011 – Prefeitura de Coronel Bicaco/RS – Agente Comunitário de Saúde:*

  Sobre a Lei nº 8.080/1990, Lei Orgânica da Saúde [...]

– A saúde tem como fatores determinantes e condicionantes, entre outros, a alimentação, a moradia e o saneamento básico.

  Resposta: Correto.

– Os níveis de saúde da população expressam a organização social e econômica do País.

  Resposta: Correto.

- *BIORIO/2011 – IABAS – Médico:*

  Analise as afirmativas a seguir:

– Compreende-se a intersetorialidade como uma articulação das possibilidades dos distintos setores de pensar a questão complexa da saúde, de corresponsabilizar-se pela garantia da saúde como direito humano e de cidadania e de mobilizar-se na formulação de intervenções que a propiciem.

  Resposta: Correto.

– O compromisso do setor saúde na articulação intersetorial é tornar cada vez mais visível que o processo saúde-adoecimento é efeito de causa única, sendo pertinente ao setor da saúde compor sua agenda com os outros setores.

Resposta: Errado.

▶ A multicausalidade do processo saúde-adoecimento é uma das premissas da articulação intersetorial no setor da saúde.

- *FRCV/2010 – Prefeitura de Rolim de Moura/RO, Bioquímico:*

  A Lei nº 8.080/90, que regula no território nacional as ações e serviços de saúde, em seu artigo 3º estabelece que a saúde tem "como fatores determinantes e condicionantes, entre outros, a alimentação, a moradia, o saneamento básico, o meio ambiente, o trabalho, a renda, a educação, o transporte, o lazer e o acesso aos bens e serviços essenciais...", o que expressa uma compreensão de saúde e doença ancorada na concepção da

c) multicausalidade.

Resposta: alternativa "c".

- *ASPERHS/2010 – Prefeitura de Afrânio/PE, Farmacêutico:*

  Referente a intersetorialidade e gestão em saúde [...]

b) O direito de todos à saúde deve ser garantido por meio de políticas sociais e econômicas que visem à redução do risco de doença e de outros agravos à saúde.

c) A Lei Orgânica da Saúde define como fatores determinantes e condicionantes da saúde, entre outros, a alimentação, a moradia, o saneamento básico, o meio ambiente, o trabalho, a renda, a educação, o transporte, o lazer, o acesso aos bens e serviços essenciais e as ações que se destinam a garantir às pessoas e à coletividade as condições de bem estar físico, mental e social.

d) Estas ações são planejadas e executadas pelo conjunto de órgãos do governo, com a colaboração do setor saúde, mas com recursos específicos e são consideradas "ações intersetoriais de saúde".

e) O gestor da saúde não é o gestor dessas políticas, mas deve participar da sua formulação e execução, colaborando na definição das estratégias de atuação desses setores, especialmente, pela identificação e divulgação dos indicadores de saúde originários da avaliação da influência daquelas estratégias sobre a saúde da população.

Resposta: Todas as alternativas estão corretas.

2. **Art. 3º, § único** → referência explícita ao **conceito de saúde da Organização Mundial de Saúde (OMS)**: saúde é o estado de "completo bem-estar físico, mental e social". O dispositivo ainda ressalta os aspectos individual e coletivo da proteção à saúde.

Aplicação em concursos:

- *CS-UFG/2018 – CS-UFG – Pedagogo Hospitalar:*

  Saúde, para a Organização Mundial da Saúde (OMS), é

  a) o gozo pleno das faculdades mentais, físicas e espirituais.

  b) a situação de perfeito bem-estar físico, mental e social.

  c) o estado físico em pleno funcionamento, com ausência de doenças psicossociais.

  d) a capacidade do ser humano de se estabelecer social e psicologicamente nos diferentes meios e ambientes.

  Resposta: alternativa "b".

- *CONSULPLAN/2008 – SESAP/RN, Auditor Hospitalar:*

  A partir da promulgação da nova Carta Constitucional em outubro de 1988, iniciou-se o processo de elaboração da Lei Orgânica da Saúde (LOS) – Lei 8.080/1990, sancionada com vetos pelo Presidente da República. Sobre este assunto, nas alternativas abaixo marque V para as verdadeiras e F para as falsas:

  ( ) A LOS integrou os principais aspectos já consagrados na Constituição – saúde como direito do cidadão e dever do Estado.

  ( ) Promover também à LOS a construção do Sistema Único de Saúde (SUS) com seus princípios de universalidade, eqüidade e integralidade das ações.

  ( ) Descentralização político-administrativa com direção única em cada esfera de governo, destacando a municipalização, que também foi prevista pela LOS.

  ( ) A LOS ampliou o conceito de saúde incluindo sua caracterização social.

  A seqüência correta está em:

  a) V, V, V, V.

  Resposta: alternativa "a".

- *CESPE/2007 – Prefeitura de Vitória/ES, Agente de Vigilância Sanitária:*

  O conceito de saúde, entendido como um estado de completo bem-estar físico, mental e social, não restringe o tema saúde apenas à ausência de doenças.

  Resposta: Correto.

TÍTULO II – DO SISTEMA ÚNICO DE SAÚDE DISPOSIÇÃO PRELIMINAR

Art. 4º. O conjunto de ações e serviços de saúde, prestados por órgãos e instituições públicas federais, estaduais e municipais, da Administração direta e indireta e das fundações mantidas pelo Poder Público, **constitui o Sistema Único de Saúde (SUS).**

§ 1º. Estão incluídas no disposto neste artigo as instituições públicas federais, estaduais e municipais de controle de qualidade, pesquisa e produção de insumos, medicamentos, inclusive de sangue e hemoderivados, e de equipamentos para saúde.

§ 2º. A iniciativa privada poderá participar do Sistema Único de Saúde (SUS), em caráter complementar.

1. **Art. 4º → conceito de Sistema Único de Saúde (SUS)**: conjunto de ações e serviços de saúde, prestados por órgãos e instituições públicas (federais, estaduais e municipais), da Administração direta e indireta e das fundações mantidas pelo Poder Público.

Aplicação em concursos:

- *PROMUN/2016 – Prefeitura de Campos do Jordão, SP – Técnico em Nutrição:*
  O Sistema Único de Saúde, segundo a Lei 8080/90, título II, compreende:

a) O conjunto de ações e serviços de saúde, prestados por órgãos e instituições públicas federais, estaduais e municipais, da Administração direta e indireta, e das fundações mantidas pelo Poder Público.
b) O conjunto de ações e serviços de prevenção e saúde, prestados por órgãos e instituições públicas federais, estaduais, da Administração direta e indireta e das fundações mantidas pelo Poder Público e Privado.
c) O conjunto de ações e serviços de saúde e educação, prestados por órgãos e instituições públicas federais e estaduais, da Administração direta e indireta e das fundações mantidas pelo Poder Público.
d) O conjunto de ações e serviços de saúde privada, prestados por órgãos e instituições privadas, da Administração direta e indireta e das fundações mantidas pelo Poder Privado.
e) O conjunto de ações e serviços de saúde e vigilância sanitária, prestados por órgãos e instituições públicas federais, estaduais e municipais, da Administração direta e indireta e das fundações mantidas pelo Poder Privado.
Resposta: alternativa "a".

- *AOCP/2014 – EBSERH/MEAC, HUWC-UFC – Técnico em Enfermagem, Saúde do Trabalhador:*
  De acordo com a Lei Orgânica da Saúde – Lei nº 8.080/1990 [...]

e) o conjunto de ações e serviços de saúde, prestados por órgãos e instituições públicas federais, estaduais e municipais, da Administração direta e indireta e das fundações mantidas pelo Poder Público, constitui o Sistema Único de Saúde (SUS).

Resposta: alternativa "e".

- *FAFIPA/2011 – Prefeitura de São José dos Pinhais/PR – Administrador:*

  De acordo com a Lei 8.080/90, analise as assertivas [...]

  O conjunto de ações e serviços de saúde, prestados por órgãos e instituições públicas federais, estaduais e municipais, da Administração direta e indireta e das fundações mantidas pelo Poder Público, constitui o Sistema Único de Saúde (SUS).

  Resposta: Correto.

- *INTEGRI/2010 – Prefeitura de Votorantim/SP, Psicólogo:*

  O que é o Sistema Único de Saúde (SUS)? Assinale a alternativa correta:

a) É um sistema de saúde, regionalizado e hierarquizado, que integra o conjunto de ações de saúde da União, estados, distrito federal e municípios e organiza as questões de saúde em todo o território nacional;

  Resposta: alternativa "a".

- *BIORIO/2010 – Prefeitura de Barra Mansa/RJ, Biólogo:*

  O conjunto de ações e serviços de saúde prestados por órgãos e instituições públicas federais, estaduais e municipais, da Administração direta e indireta e das Fundações mantidas pelo Poder Público, constitui:

a) o Sistema Único de Saúde.

  Resposta: alternativa "a".

- *MASTER/2010 – Prefeitura de Pilar/AL, Médico Auditor:*

  O Sistema Único de Saúde (SUS) é composto:

d) pelos governos federal, estadual, municipal e pelo setor privado contratado e conveniado.

  Resposta: alternativa "d".

- *IDECAN/2010 – Prefeitura de Ipatinga/MG, Auditor Técnico dos Serviços de Saúde:*

  O Sistema Único de Saúde (SUS) é constituído de ações e serviços de saúde prestados por:

c) Órgãos e instituições públicas federais, estaduais e municipais de administração direta ou indireta e fundações mantidas pelo poder público.

  Resposta: alternativa "c".

- *INSTITUTO LUDUS/2009 – Prefeitura Municipal de Inhuma/PI, Médico:*

  A Lei Orgânica da Saúde (Lei nº 8.080 de 19/09/90), define o Serviço Único de Saúde – SUS como

a) um conjunto de ações e serviços de saúde, prestados por órgãos e instituições públicas federais, estaduais e municipais, da administração direta e indireta e das fundações mantidas pelo Poder Público. Consiste de um conjunto normativo, institucional e técnico que materializa a grande política de saúde desenhada para o país a partir da Constituição de 1988.

Resposta: alternativa "a".

2. Art. 4º, § 1º → incluem-se no SUS as instituições públicas (federais, estaduais e municipais) que tenham por objeto o controle de qualidade, pesquisa e produção de insumos, medicamentos (aí abrangidos o sangue e os hemoderivados) e os equipamentos de saúde.

Aplicação em concursos:

- *CESPE/2018 – EBSERH – Nível Superior:*

  A respeito do Sistema Único de Saúde (SUS), julgue o próximo item.

  A Lei nº 8.080/1990 restringe o rol de instituições públicas federais, estaduais e municipais que fazem parte do SUS às instituições responsáveis pelo desenvolvimento direto de atividades fim em saúde, razão por que exclui desse rol as instituições de pesquisa e produção de equipamentos para saúde, por considerá-las desenvolvedoras de atividade meio.

  Resposta: Errado.

► O art. 4º, § 1º, da Lei nº 8.080/1990 expressamente prevê que as instituições de pesquisa e produção de equipamentos para a saúde estão incluídas no SUS.

- *AOCP/2016 – EBSERH – Técnico em Enfermagem:*

  De acordo com o que dispõe a Lei Orgânica da Saúde–Lei nº 8.080/1990 [...]

– Estão excluídas do Sistema Único de Saúde (SUS) as instituições públicas federais, estaduais e municipais de controle de qualidade, pesquisa e produção de insumos, medicamentos, inclusive de sangue e hemoderivados, e de equipamentos para saúde.

  Resposta: Errado.

► Pelo contrário, todas as instituições elencadas pela afirmativa estão incluídas no SUS.

- *AOCP/2015 – EBSERH/HE-UFSCAR – Advogado:*

– O Sistema Único de Saúde é o conjunto de ações e serviços de saúde prestados exclusivamente por órgãos e instituições públicas federais, tanto da Administração Direta quanto Indireta.

  Resposta: Errado.

► A assertiva está errada, já que o SUS não é integrado exclusivamente por órgãos públicos (a iniciativa privada pode participar em caráter complementar) e, mesmo no setor público, estão incluídas as instituições estaduais e municipais.

- *IDECAN/2011 – Prefeitura de Paulo Jacinto/AL – Médico Cardiologista:*

  "O conjunto de ações e serviços de saúde, prestados por órgãos e instituições públicas federais, estaduais e municipais, da Administração direta e indireta e das fundações mantidas pelo Poder Público, constitui o Sistema Único de Saúde (SUS)" (artigo 4º, Lei Federal 8.080/1990). Pode-se afirmar que estão incluídas, neste artigo, as instituições públicas federais, estaduais e municipais de:

a) Controle de qualidade.
b) Pesquisa e produção de insumos.
c) Medicamentos.
d) Equipamentos para saúde.
e) Todas as alternativas anteriores completam o enunciado.

Resposta: alternativa "e".

- *CONESUL/2008 – Prefeitura de Porto Alegre/RS, Médico (Cardiologista):*

  Considere as seguintes instituições:

I. Fundações mantidas pelo Poder público.
II. Instituições privadas com fins lucrativos.
III. Instituições públicas federais, estaduais e municipais de controle de qualidade, pesquisa e produção de insumos, medicamentos inclusive de sangue e hemoderivados, e de equipamentos para a saúde.
IV. Empresas de assistência à saúde de capital estrangeiro.
V. Órgãos da administração direta e indireta.
VI. Órgãos e instituições públicas federais estaduais e municipais.

O Sistema Único de Saúde SUS é constituído por ações e serviços de saúde prestados por:

d) apenas I, III, V e VI.

Resposta: alternativa "d".

► As instituições privadas com fins lucrativos e as empresas de assistência à saúde de capital estrangeiro não integram o SUS, ainda que possam dele participar, respectivamente, em caráter complementar ou nos casos previstos em lei (CF, art. 199, §§ 1º e 3º).

3. O controle de qualidade de medicamentos, insumos e equipamentos de saúde é atividade típica de **polícia sanitária**, incluída nas ações mais amplas da vigilância sanitária.

▶ **Referências normativas:**

3.1. Vigilância sanitária: CF, art. 200; Lei nº 6.360/76 (define e estabelece o controle sobre medicamentos, drogas, insumos farmacêuticos e correlatos, cosméticos, corantes, saneantes, etc.); Lei nº 9.782/99 (estabelece o Sistema Nacional de Vigilância Sanitária e cria a Agência Nacional de Vigilância Sanitária – ANVISA); Lei nº 11.105/2005 ("Lei da Biossegurança").

3.2. Sangue e hemoderivados: CF, art. 199, § 4º, e art. 200; Lei nº 10.205/2001 (dispõe sobre coleta, processamento, estocagem, distribuição e aplicação do sangue, seus componentes e derivados); Lei nº 10.972/2004 (autoriza a criação da HEMOBRAS – Empresa Brasileira de Hemoderivados e Biotecnologia –, empresa pública com finalidade de assegurar o fornecimento de medicamentos hemoderivados ou produzidos com biotecnologia aos pacientes do SUS).

3.3. Tecidos e órgãos humanos: CF, art. 199, § 4º; Lei nº 9.434/97 (dispõe sobre a remoção de órgãos, tecidos e partes do corpo humano, para fins de transplante e tratamento).

4. **Art. 4º, § 2º → a iniciativa privada pode participar do SUS em caráter complementar**, ou seja, o SUS pode ser integrado por instituições públicas e privadas.

▶ **Referências normativas:** CF, art. 199; Lei nº 8.080/90, art. 8º e arts. 21 e seguintes.

Aplicação em concursos:

- *CESPE/2018 – EBSERH – Nível Superior (Área Assistencial):*

  Julgue o item a seguir à luz do que dispõe a Constituição Federal de 1988 sobre o Sistema Único de Saúde (SUS).

  Constituem o SUS os órgãos e as instituições públicas das três esferas de governo, da administração direta e indireta, e as instituições de saúde da iniciativa privada.

  Resposta: Errado.

▶ A iniciativa privada não constitui o SUS, mas pode dele participar em caráter complementar.

- *AOCP/2016 – EBSERH – Técnico em Enfermagem:*

  De acordo com o que dispõe a Lei Orgânica da Saúde–Lei nº 8.080/1990 [...]

– A iniciativa privada poderá participar do Sistema Único de Saúde (SUS), em caráter complementar.
  Resposta: Correto.

- *AOCP/2016 – CISAMUSEP – Advogado:*
  De acordo com o que dispõe a Lei Orgânica da Saúde (Lei nº 8.080/90), assinale a alternativa correta.

a) O dever do Estado de garantir a saúde exclui o das pessoas da família, das empresas e da sociedade.
b) Estão excluídos do Sistema Único de Saúde (SUS) os serviços na área da saúde, prestados por instituições públicas federais, estaduais e municipais de controle de qualidade, pesquisa e produção de insumos, medicamentos, inclusive de sangue e hemoderivados, e de equipamentos para saúde.
c) Não se insere no campo de atuação do Sistema Único de Saúde (SUS) a execução de ações de saúde do trabalhador.
d) A iniciativa privada poderá participar do Sistema Único de Saúde (SUS), em caráter complementar.
e) A execução de ações de vigilância sanitária estão inseridas no campo de atuação do Sistema Único de Saúde (SUS) e as ações de vigilância epidemiológica, por integrarem a iniciativa privada, estão excluídas.

Resposta: alternativa "d".

- *MPE/PR – 2016 – Promotor de Justiça:*
  Assinale a alternativa incorreta:

a) O Sistema Único de Saúde (SUS) é constituído pelo conjunto de ações e serviços de saúde, prestados por órgãos e instituições públicas federais, estaduais e municipais, da Administração direta e indireta e das fundações mantidas pelo Poder Público;
b) A participação da iniciativa privada no Sistema Único de Saúde (SUS) se dá em caráter obrigatório; RESPOSTA
c) A identificação e divulgação dos fatores condicionantes e determinantes da saúde é um dos objetivos do Sistema Único de Saúde (SUS);
d) A universalidade de acesso aos serviços de saúde em todos os níveis de assistência, a igualdade da assistência à saúde, sem preconceitos ou privilégios de qualquer espécie, e a participação da comunidade compõem alguns dos princípios e diretrizes do Sistema Único de Saúde (SUS);
e) As ações e serviços de saúde, executados pelo Sistema Único de Saúde (SUS), seja diretamente ou mediante participação complementar da iniciativa privada, serão organizados de forma regionalizada e hierarquizada em níveis de complexidade crescente.

Resposta: alternativa "b".

► A participação da iniciativa privada no SUS não é obrigatória, mas livre e em caráter complementar.

- *MAKIYAMA/2013 – Prefeitura de Piracicaba, SP – Cirurgião Dentista CLT:*
  Segundo a Lei 8.080/90, a iniciativa privada poderá participar do Sistema Único de Saúde (SUS) em caráter:

a) Regimentar.
b) Implementar.
c) De urgência.
d) De exceção.
e) Complementar.
Resposta: alternativa "e".

- *CESPE/2013 – SESA/ES – Farmacêutico:*
  Acerca da livre participação da iniciativa privada na assistência à saúde no Brasil, prevista na CF e na Lei nº 8.080/1990, assinale a opção correta.

a) Em situações emergenciais ou de calamidade, as entidades filantrópicas e as que não tenham fins lucrativos terão preferência para participar do SUS, desde que haja previsão na lei orçamentária anual para repasse ordinário de recurso.
b) A participação da iniciativa privada no SUS ocorre mediante a celebração de contrato ou convênio com o poder público.
c) A prestação de serviços pela iniciativa privada, sob o comando da direção nacional do SUS, não se submete aos princípios de regionalização e hierarquização da rede de serviços.
d) É permitida a participação, direta ou indireta, de empresas ou de capitais estrangeiros na assistência à saúde e na doação de recursos financeiros por organismos internacionais vinculados à Organização das Nações Unidas.
e) O reajuste anual dos planos de saúde de pessoas com idade superior a setenta anos deve seguir a lógica da livre concorrência do mercado.
Resposta: alternativa "b".

- *FUNCAB/2011 – Prefeitura de Serra/ES – Fiscal de Vigilância Sanitária:*
  Com relação à participação complementar no Sistema Único de Saúde (SUS), todas as afirmativas abaixo estão corretas, EXCETO:

a) Quando as suas disponibilidades forem insuficientes para garantir a cobertura assistencial à população de uma determinada área, o Sistema Único de Saúde (SUS) poderá recorrer aos serviços ofertados pela iniciativa privada.
b) A participação complementar dos serviços privados será formalizada mediante contrato ou convênio, observadas, a respeito, as normas de direito público.
c) As entidades filantrópicas e as sem fins lucrativos terão preferência para participar do Sistema Único de Saúde (SUS).
d) Os critérios e valores para a remuneração de serviços e os parâmetros de cobertura assistencial serão estabelecidos pelas entidades particulares, aprovados no Conselho Nacional de Saúde.

e) Aos proprietários, administradores e dirigentes de entidades ou serviços contratados é vedado exercer cargo de chefia ou função de confiança no Sistema Único de Saúde (SUS).
Resposta: alternativa "d".

► Os critérios e valores para a remuneração de serviços e os parâmetros de cobertura assistencial serão estabelecidos pelo Ministério da Saúde, como órgão de direção nacional do SUS, e depois aprovados pelo Conselho Nacional de Saúde.

- *FAFIPA/2011 – Prefeitura de São José dos Pinhais/PR – Administrador:*

– A iniciativa privada poderá participar do Sistema Único de Saúde (SUS), em caráter complementar.
Resposta: Correto.

- *IDECAN/2011 – Prefeitura de Paulo Jacinto/AL – Médico Cardiologista:*

Considerando o funcionamento do SUS, conforme determina a Lei Federal nº 8080/90, nas alternativas abaixo marque V para as verdadeiras e F para falsas:

( ) A assistência à saúde é livre à iniciativa privada.

( ) Os serviços privados de assistência à saúde caracterizam-se pela atuação, por iniciativa própria, de profissionais liberais, legalmente habilitados.

( ) Os serviços privados de assistência à saúde caracterizam-se pela atuação, de pessoas jurídicas de direito privado.

A sequência está correta em:

b) V, V, V.
Resposta: alternativa "b".

- *CESPE/2008 – HEMOBRAS, Analista de Gestão Corporativa (Advogado):*

O Sistema Único de Saúde (SUS) constitui o conjunto de ações e serviços de saúde, prestados por órgãos e instituições públicas federais, estaduais e municipais, da administração direta e indireta e das fundações mantidas pelo poder público, sendo vedada a participação da iniciativa privada.
Resposta: Errado.

► É permitida a participação da iniciativa privada no SUS em caráter complementar.

- *CESPE/2007 – Prefeitura de Vitória/ES, Agente de Vigilância Sanitária:*

– É vedada a participação de serviços do setor privado no sistema de saúde brasileiro, ainda que em caráter complementar.
Resposta: Errado.

► É permitida a participação do setor privado no SUS em caráter complementar.

---

5. Cabe referir que a gestão do SUS é atualmente objeto dos arts. 56 e segs. da Portaria de Consolidação nº 1, de 28 de setembro de 2017, do Ministério da Saúde. As normas regulamentam a implementação das diretrizes operacionais dos Pactos Pela Vida e de Gestão, assim como unificam os processos de pactuação de indicadores e metas desses pactos. Vale destacar o chamado **Termo de Cooperação entre Entes Públicos (TCEP)**, pactuado por meio de portaria específica entre o Ministério da Saúde, Conass e Conasems, e que formaliza a relação entre gestores sempre que unidades prestadoras de serviços de saúde estejam sujeitas à gerência de determinada esfera administrativa e à gestão de outra. Outra novidade foi o afastamento da exigência de adesão ao Pacto pela Saúde ou a assinatura de Termo de Compromisso de Gestão como pressuposto para o repasse de recursos financeiros do Ministério da Saúde, tal como previa a hoje revogada Portaria nº 399/2006 do Ministério da Saúde.

CAPÍTULO I – DOS OBJETIVOS E ATRIBUIÇÕES

Art. 5º. São **objetivos** do Sistema Único de Saúde SUS:

I – a identificação e divulgação dos fatores condicionantes e determinantes da saúde;

II – a formulação de política de saúde destinada a promover, nos campos econômico e social, a observância do disposto no § 1º do art. 2º desta lei;

III – a assistência às pessoas por intermédio de ações de promoção, proteção e recuperação da saúde, com a realização integrada das ações assistenciais e das atividades preventivas.

1. Art. 5º → estabelece os **objetivos do SUS**:

– identificação dos fatores condicionantes e determinantes da saúde, ou seja, dos determinantes sociais da saúde (art. 3º);

– formulação de políticas de saúde voltadas, nos campos econômico e social, à redução do risco de doenças e outros agravos (prevenção), ao acesso universal e igualitário às ações e aos serviços de saúde, e às ações de promoção, proteção e recuperação da saúde;

– assistência à saúde, por meio de ações preventivas, curativas, protetivas e promocionais.

Aplicação em concursos:

- *IF-CE/2017 – IF-CE – Técnico de enfermagem:*

  Considerando-se a Lei nº 8.080/90, que dispõe sobre as condições para a promoção, proteção e recuperação da saúde, a organização e o funcionamento dos serviços correspondentes, analise as afirmativas.

– Constitui um objetivo do Sistema Único de Saúde (SUS): a assistência às pessoas por intermédio de ações de promoção, proteção e recuperação da saúde, com a realização das atividades preventivas em detrimento das ações assistenciais.

  Resposta: Errado.

► O art. 5º, III, da Lei nº 8.080/1990 prevê que a assistência à saúde das pessoas se dê pela *"realização integrada das ações assistenciais e das atividades preventivas"*.

- *EDUCA/2016 – Prefeitura de Maturéia/PB –Farmacêutico:*

  De acordo com a Lei Federal 8.080/1990, são objetivos do Sistema Único de Saúde EXCETO

a) A identificação e divulgação dos fatores condicionantes.

b) A identificação e divulgação dos fatores determinantes da saúde.

c) A formulação de política de saúde destinada a promover evolução econômica e social.

d) A assistência às pessoas por intermédio de ações promoção, proteção e recuperação da saúde.

e) A realização integrada das ações assistenciais e das atividades preventivas

Resposta: alternativa "c".

- *AOCP/2015 – EBSERH/CHC-UFPR – Advogado:*

  Sobre a Lei Federal nº 8.080 de 19/09/1992 que dispõe sobre as condições para a promoção, proteção e recuperação da saúde, a organização e o funcionamento dos serviços correspondentes e dá outras providências, assinale a alternativa correta:

a) A elaboração de programas de aperfeiçoamento não integra a política de recursos humanos.

b) Entre os objetivos da política de recursos humanos estão aquelas que visam a evitar dedicação exclusiva aos serviços do Sistema Único de Saúde (SUS).

c) Inclui-se nos objetivos da política de recursos humanos a organização de um sistema de formação em todos os níveis de ensino, inclusive de pós-graduação.

d) Os servidores que legalmente acumulam dois cargos ou empregos não poderão exercer suas atividades em mais de um estabelecimento do Sistema Único de Saúde (SUS).

e) A política de recursos humanos na área da saúde será formalizada e executada, articuladamente, em uma única esfera de governo.
Resposta: alternativa "c".

- *FUNCAB/2014 – SESACRE – Biomédico:*
Com base nos objetivos e atribuições do Sistema Único de Saúde, previstos na Lei nº 8.080/1990, analise as afirmativas abaixo.

I. São objetivos do SUS a identificação e divulgação dos fatores condicionantes e determinantes da saúde.
II. Fazem parte dos objetivos do SUS a formulação e execução de políticas econômicas e sociais que visem à redução de riscos de doenças.
Resposta: ambas assertivas estão corretas.

- *BIORIO/2014 – Pref. de Três Rios, RJ – Médico Angiologista:*
Avalie se são objetivos do Sistema Único de Saúde – SUS:

I. A identificação e divulgação dos fatores condicionantes e determinantes da saúde;
II. A formulação de política de saúde destinada a promover, nos campos econômico e social, o dever do Estado de garantir a saúde consiste na formulação e execução de políticas econômicas e sociais que visem à redução de riscos de doenças e de outros agravos e no estabelecimento de condições que assegurem acesso universal e igualitário às ações e aos serviços para a sua promoção, proteção e recuperação.
III. A assistência às pessoas por intermédio de ações de promoção, proteção e recuperação da saúde, com a realização integrada das ações assistenciais e das atividades preventivas.
Está correto o que se afirma em:

e) I, II e III.
Resposta: alternativa "e".

- *DIRECTA/2014 – Pref. Piedade, SP – Médico Clínico Geral:*
Segundo a Lei Federal 8.080/90, art. 5º, "São objetivos do Sistema Único de Saúde SUS":

I. a identificação e divulgação dos fatores condicionantes e determinantes da saúde;
II. a normatização de política de saúde destinada a promover, nos campos econômico e social, a observância do disposto no § 1º do art. 2º desta lei;
III. a assistência às pessoas por intermédio de ações de promoção, proteção e recuperação da saúde, com a realização integrada das ações assistenciais e das atividades preventivas.

b) Apenas as afirmativas I e III estão corretas.
Resposta: alternativa "b".

▶ **Atenção:** na alternativa "II", apenas a expressão "normatização" está errada, pois o texto do art. 5º, II, da Lei nº 8.080/90 refere, como objetivo do SUS, "a formulação de política de saúde destinada a promover, nos campos econômico e social, a observância do disposto no § 1º do art. 2º desta lei".

- *DIRECTA/2014 – Pref. Paranapanema, SP – Médico 42h semanais:*
  De acordo com o artigo 5º da Lei Federal 8.080/90, são objetivos do Sistema Único de Saúde SUS:

I. a identificação e divulgação dos fatores condicionantes e determinantes da saúde;

II. a formulação de política de saúde destinada a promover, nos campos econômico e social, a observância do disposto no § 1º do art. 2º desta lei;

III. a assistência às pessoas por intermédio de ações de promoção, proteção e recuperação da saúde, com a realização parcial das ações assistenciais e das atividades preventivas.

a) Apenas as afirmativas I e II estão corretas.

Resposta: alternativa "a".

▶ **Atenção!** O inciso III do art. 5º fala em "realização integrada das ações assistenciais e das atividades preventivas", e não a realização "parcial" como consta na assertiva "III".

- *CEPUERJ/UERJ/2014 – Pref. Campo dos Goytacazes, RJ – Médico Angiologista:*
  Considerando os fatores determinantes e condicionantes da saúde, são objetivos do Sistema Único de Saúde (SUS):

a) assistência às pessoas por intermédio de ações de promoção, proteção e recuperação da saúde com a realização integrada das ações assistenciais e das atividades preventivas.

Resposta: alternativa "a".

- *MAKIYAMA/2013 – Prefeitura de Piracicaba, SP – Cirurgião Dentista CLT:*
  Analise os itens a seguir com relação aos objetivos do Sistema Único de Saúde (SUS), segundo a Lei 8080/90:

I. a identificação e divulgação dos fatores condicionantes e determinantes da saúde;

II. a formulação de política de saúde destinada a promover a eliminação de riscos de doenças específicas, e a redução de outros agravos;

III. a assistência às pessoas por intermédio de ações de promoção, proteção e recuperação da saúde, com a realização integrada das ações assistenciais e das atividades preventivas.

Está CORRETO apenas o que se afirma em:

e) I e III.

Resposta: alternativa "e".

► A alternativa II está errada porque é objetivo do SUS a formulação de políticas de saúde destinadas à redução do risco de doenças e outros agravos, bem como ao acesso universal e igualitário às ações e aos serviços de saúde, e ainda às ações de promoção, proteção e recuperação da saúde.

- *UFSC/2012 – SES/SC – Médico UTI:*

Considerando a Lei nº 8.080/90, indique se são verdadeiras (V) ou falsas (F) as afirmativas abaixo, no que diz respeito aos objetivos do Sistema Único de Saúde-SUS.

( ) A identificação e divulgação dos fatores condicionantes e determinantes da saúde.

( ) A formulação da política de medicamentos, equipamentos, imunobiológicos e outros insumos de interesse para a saúde e a participação na sua produção.

( ) A assistência às pessoas por intermédio de ações de promoção, proteção e recuperação da saúde, com a realização integrada das ações assistenciais e das atividades preventivas.

( ) A participação na formulação da política e na execução de ações de saneamento básico.

( ) A ordenação da formação de recursos humanos na área de saúde.

Assinale a alternativa que apresenta a sequência CORRETA, de cima para baixo.

a) V, V, V, V, V.

Resposta: alternativa "a".

- *BIORIO/2012 – Prefeitura de Resende/RJ – Médico Ultrassonografista:*

Os objetivos do Sistema Único de Saúde incluem:

b) realizar assistência às pessoas por intermédio de ações de promoção, proteção e recuperação da saúde, com a realização integrada das ações assistenciais e das atividades preventivas;

Resposta: alternativa "b".

- *PL CONSULTORIA/2011 – Prefeitura de Coronel Bicaco/RS – Agente Comunitário de Saúde:*

De acordo com a Lei nº 8.080, de 19 de setembro de 1990, a Lei Orgânica da Saúde, são objetivos do Sistema Único de Saúde – SUS:

I. Identificação e divulgação dos fatores condicionantes e determinantes da saúde.

II. Formulação de política de saúde destinada a promover, nos campos econômico e social, a redução de riscos de doenças e de outros agravos e assegurar o acesso universal e igualitário aos serviços de saúde.

III. Assistência às pessoas por intermédio de ações de promoção, proteção e recuperação da saúde, com a realização integrada das ações assistenciais e das atividades preventivas.

e) Todos os itens.
Resposta: alternativa "e".

- *AOCP/2010 – FESF/BA, Cirurgião Dentista (Saúde da Família):*
Informe se é verdadeiro (V) ou falso (F) e, em seguida, assinale a alternativa que apresenta a sequência correta. São objetivos do Sistema Único de Saúde SUS

( ) a identificação dos fatores condicionantes e determinantes da saúde.
( ) a divulgação dos fatores condicionantes e determinantes da saúde.
( ) a formulação de política de saúde destinada a promover, nos campos econômico e social, a redução de riscos de doenças e de outros agravos.
( ) a assistência às pessoas por intermédio de ações de promoção, proteção e recuperação da saúde, com a realização integrada das ações assistenciais e das atividades preventivas.

d) V, V, V, V.
Resposta: alternativa "d".

- *INTEGRI/2010 – Prefeitura de Votorantim/SP, Enfermeiro:*
São objetivos do Sistema Único de Saúde SUS:

b) assistência às pessoas por intermédio de ações de promoção, proteção e recuperação da saúde, com a realização integrada das ações assistenciais e das atividades preventivas.
Resposta: Correto.

- *CONSULPLAN/2010 – Prefeitura de Itapira/SP, Médico Cardiologista:*
Considerando os objetivos do SUS, nas alternativas abaixo marque V para as verdadeiras e F para as falsas:

( ) Identificação e divulgação de fatores condicionantes e determinantes da saúde.
( ) Formulação de política de saúde destinada a promover, nos campos econômico e social, políticas públicas que visem à redução de riscos de doenças e de outros agravos.
( ) Assistência às pessoas por intermédio de ações de promoção, proteção e recuperação da saúde, com a realização integrada das ações assistenciais e das atividades preventivas.

A seqüência está correta em:

b) V, V, V.
Resposta: alternativa "b".

- *LUDUS/2009 – Prefeitura de Cajazeiras do Piauí/PI, Médico:*
NÃO se inclui entre os objetivos do Sistema Único de Saúde:

a) Identificação dos fatores determinantes da saúde;
b) Formulação de política de saúde destinada a promover, nos campos econômico e social, a redução de riscos de doenças e de outros agravos;

c) Assistência às pessoas por intermédio de ações de promoção, proteção e recuperação da saúde, com a realização integrada das ações assistenciais e das atividades preventivas;
d) Divulgação dos fatores determinantes da saúde;
e) Participação prioritária da iniciativa privada na assistência à saúde.

Resposta: alternativa "e".

► A alternativa *"e"* está errada porque a iniciativa privada pode participar da assistência à saúde, no SUS, de modo complementar, não prioritário.

- *CAIPIMES/2009 – Prefeitura de São Caetano do Sul/SC, Médico:*

Entre os objetivos do SUS, previstos na Lei Orgânica da Saúde, não se inclui

a) ampliar ao máximo as fontes de financiamento do sistema.
b) a identificação e divulgação dos fatores condicionantes e determinantes da saúde.
c) assistência às pessoas por ações de promoção, proteção e recuperação da saúde.
d) a formulação de política de saúde destinada a promover, nos campos econômico e social, a observância de que a Saúde é um direito fundamental do ser humano.

Resposta: alternativa "a".

► O art. 5º da Lei nº 8.080/90 não estabelece objetivos vinculados ao financiamento do SUS.

- *CESPE/2008 – Ministério da Saúde, Agente Administrativo:*

São objetivos do SUS a identificação, a modificação e a eliminação dos fatores condicionantes e determinantes sociais da saúde, por meio de ação direta e serviços de assistência à saúde.

Resposta: Errado.

► A eliminação dos fatores condicionantes e determinantes da saúde não está incluída nos objetivos do SUS.

- *UnB/CESPE/2008 – Ministério da Saúde, Agente Administrativo:*

O Sistema Único de Saúde do Brasil (SUS) encontra sustentabilidade legal no texto constitucional, nas legislações complementares e em um conjunto de portarias e normas técnicas estruturantes. Considerando essa legislação, julgue os itens seguintes.

– São objetivos do SUS a identificação, a modificação e a eliminação dos fatores condicionantes e determinantes sociais da saúde, por meio de ação direta e serviços de assistência à saúde.

Resposta: Errado.

▶ Não é objetivo do SUS nem a modificação, nem tampouco a eliminação dos fatores condicionantes e determinantes sociais da saúde – o que seria mesmo impossível, em termos práticos.

- *CONSULPLAN/2008 – Prefeitura Municipal de Paulo Afonso/BA, Auditor em Serviços de Saúde:*

  Nas alternativas abaixo, marque V para as verdadeiras e F para as falsas, considerando os objetivos do SUS:

( ) A formulação de política de saúde destinada a promover, nos campos econômico e social observando o disposto em relação ao dever do Estado.

( ) A identificação e divulgação dos fatos condicionantes e determinantes de saúde.

( ) A assistência às pessoas por intermédio de ações de promoção, proteção e recuperação da saúde, com a realização integrada das ações assistenciais e das atividades preventivas.

( ) As ações de saúde se destinem à coletividade, resguardando os princípios federativos e a unicidade.

A seqüência está correta em:

a) V, V, V, V.

Resposta: alternativa "a".

Art. 6º. Estão incluídas ainda no **campo de atuação** do Sistema Único de Saúde (SUS):

I – a execução de ações:

a) de vigilância sanitária;

b) de vigilância epidemiológica;

c) de saúde do trabalhador; e

d) de assistência terapêutica integral, inclusive farmacêutica;

II – a participação na formulação da política e na execução de ações de saneamento básico;

III – a ordenação da formação de recursos humanos na área de saúde;

IV – a vigilância nutricional e a orientação alimentar;

V – a colaboração na proteção do meio ambiente, nele compreendido o do trabalho;

VI – a formulação da política de medicamentos, equipamentos, imunobiológicos e outros insumos de interesse para a saúde e a participação na sua produção;

VII – o controle e a fiscalização de serviços, produtos e substâncias de interesse para a saúde;

VIII – a fiscalização e a inspeção de alimentos, água e bebidas para consumo humano;

IX – a participação no controle e na fiscalização da produção, transporte, guarda e utilização de substâncias e produtos psicoativos, tóxicos e radioativos;

X – o incremento, em sua área de atuação, do desenvolvimento científico e tecnológico;

XI – a formulação e execução da política de sangue e seus derivados.

§ 1º. Entende-se por **vigilância sanitária** um conjunto de ações capaz de eliminar, diminuir ou prevenir riscos à saúde e de intervir nos problemas sanitários decorrentes do meio ambiente, da produção e circulação de bens e da prestação de serviços de interesse da saúde, abrangendo:

I – o controle de bens de consumo que, direta ou indiretamente, se relacionem com a saúde, compreendidas todas as etapas e processos, da produção ao consumo; e

II – o controle da prestação de serviços que se relacionam direta ou indiretamente com a saúde.

§ 2º. Entende-se por **vigilância epidemiológica** um conjunto de ações que proporcionam o conhecimento, a detecção ou prevenção de qualquer mudança nos fatores determinantes e condicionantes de saúde individual ou coletiva, com a finalidade de recomendar e adotar as medidas de prevenção e controle das doenças ou agravos.

§ 3º. Entende-se por **saúde do trabalhador**, para fins desta lei, um conjunto de atividades que se destina, através das ações de vigilância epidemiológica e vigilância sanitária, à promoção e proteção da saúde dos trabalhadores, assim como visa à recuperação e reabilitação da saúde dos trabalhadores submetidos aos riscos e agravos advindos das condições de trabalho, abrangendo:

I – assistência ao trabalhador vítima de acidentes de trabalho ou portador de doença profissional e do trabalho;

II – participação, no âmbito de competência do Sistema Único de Saúde (SUS), em estudos, pesquisas, avaliação e controle dos riscos e agravos potenciais à saúde existentes no processo de trabalho;

III – participação, no âmbito de competência do Sistema Único de Saúde (SUS), da normatização, fiscalização e controle das condições de produção, extração, armazenamento, transporte, distribuição e manuseio de substâncias, de produtos, de máquinas e de equipamentos que apresentam riscos à saúde do trabalhador;

IV – avaliação do impacto que as tecnologias provocam à saúde;

V – informação ao trabalhador e à sua respectiva entidade sindical e às empresas sobre os riscos de acidentes de trabalho, doença profissional e do trabalho, bem como os resultados de fiscalizações, avaliações ambientais e exames de saúde, de admissão, periódicos e de demissão, respeitados os preceitos da ética profissional;

VI – participação na normatização, fiscalização e controle dos serviços de saúde do trabalhador nas instituições e empresas públicas e privadas;

VII – revisão periódica da listagem oficial de doenças originadas no processo de trabalho, tendo na sua elaboração a colaboração das entidades sindicais; e

VIII – a garantia ao sindicato dos trabalhadores de requerer ao órgão competente a interdição de máquina, de setor de serviço ou de todo ambiente de trabalho, quando houver exposição a risco iminente para a vida ou saúde dos trabalhadores.

1. **Art. 6º** → define as **competências materiais do SUS**.

Aplicação em concursos:

- *MPE-BA/2018 – MPE/BA – Promotor de Justiça:*
  Não está incluída no campo de atuação do Sistema Único de Saúde (SUS), a execução de ações de:

a) Vigilância sanitária.
b) Vigilância epidemiológica.
c) Saúde do trabalhador.
d) Assistência terapêutica integral, inclusive farmacêutica.
e) Todas as ações acima estão incluídas no campo de atuação do Sistema Único de Saúde (SUS).
Resposta: alternativa "e".

- *CS-UFG/2018 – CS-UFG – Pedagogo Hospitalar:*
  No conjunto de ações incluídas no campo de atuação do Sistema Único de Saúde (SUS), de acordo com o que dispõe o art. 6º da Lei nº 8.080/1990, estão:

a) programa de educação e saúde; prevenção à dengue, zika e chikungunya; assistência dentária comunitária; saúde da criança e do adolescente.

b) programa da saúde da família (PSF); programa mais médicos; vigilância nutricional; programa de farmácia popular.
c) vigilância sanitária; vigilância epidemiológica; saúde do trabalhador; assistência terapêutica integral, inclusive farmacêutica.
d) projeto caderneta da saúde do adolescente; assistência integral ao idoso; serviço de atendimento móvel de urgência; vigilância integral à saúde pública.

Resposta: alternativa "c".

- *AOCP/2018 – Prefeitura de Juiz de Fora, MG – Enfermeiro:*

Estão incluídos no campo de atuação do Sistema Único de Saúde (SUS), EXCETO

a) a participação na formulação da política reduzindo a execução de ações de saneamento básico.
b) a formulação e execução da política de sangue e seus derivados.
c) a fiscalização e a inspeção de alimentos, água e bebidas para consumo humano.
d) a formulação da política de medicamentos, equipamentos, imunobiológicos e outros insumos de interesse para a saúde e a participação na sua produção.
e) o incremento, em sua área de atuação, do desenvolvimento científico e tecnológico.

Resposta: alternativa "a".

- *IBFC/2017 – Órgão: EBSERH – Assistente Administrativo:*

Segundo a Lei nº 8080/90, estão incluídas ainda no campo de atuação do Sistema Único de Saúde – SUS, EXCETO:

a) A formulação e execução da política de sangue e seus derivados.
b) A capacitação dos agentes comunitários de saúde, para atuação na Estratégia de Saúde da Família.
c) A vigilância nutricional e orientação alimentar.
d) Ações de assistência terapêutica integral, inclusive farmacêutica.
e) A fiscalização e a inspeção de alimentos, água e bebidas, para consumo humano.

Resposta: alternativa "b".

- *IDECAN/2017 – INCA – Gestão de Projetos:*

São áreas de atuação do SUS, segundo a Lei nº 8.080/90, as aplicações e os serviços referentes:

I. À assistência terapêutica integral.
II. À participação na área de saneamento básico.
III. A concessões de bolsas e outras assistências sociais.

Está(ão) correta(s) a(s) alternativa(s)

a) I, II e III.
b) I, apenas.
c) I e II, apenas.
d) I e III, apenas.

Resposta: alternativa "c".

► A afirmativa "III" está errada, pois o SUS não atua na concessão de bolsas e outros tipos de prestação de assistência social.

- *FUNDATEC/2017 – FHGV – Assistente Administrativo:*

Em cumprimento às determinações da Lei nº 8.080/1990, inclui-se ainda no campo de atuação do Sistema Único de Saúde a execução de ações de:

I. Vigilância sanitária.
II. Assistência terapêutica integral, inclusive farmacêutica.
III. Conscientização contra violência contra crianças, adolescentes e idosos.

Quais estão corretas?

a) Apenas I.
b) Apenas II.
c) Apenas III.
d) Apenas I e II.
e) I, II e III.

Resposta: alternativa "d".

► A conscientização sobre a violência contra crianças, adolescentes e idosos não está prevista expressamente pela Lei nº 8.080/1990 no campo de atuação do SUS.

- *SERCTAM/2016 – Prefeitura de Quixadá, CE – Agente de Combate a Endemias:*

São atribuições do Sistema Único de Saúde (SUS), EXCETO:

a) Definir as instâncias e mecanismos de controle, avaliação e de fiscalização das ações e serviços de saúde;
b) Participar da formulação da política e da execução das ações de saneamento básico.
c) Fiscalizar e inspecionar alimentos, compreendido o controle de seu teor nutricional, bem como bebidas e águas para consumo humano.
d) Elaborar normas técnico-científicas de promoção, proteção e recuperação da saúde.
e) Atuar na fiscalização e na graduação dos cursos de saúde tanto de médio quanto superior.

Resposta: alternativa "e".

- *SEGPLAN-GO/2016 – SEAP/GO – Analista de Saúde:*

  A Lei nº 8.080/1990, que regulamenta o Sistema Único de Saúde, no capítulo que trata dos objetivos e atribuições, inclui no campo de atuação do SUS, exceto:

a) a execução das seguintes ações de vigilância sanitária; de vigilância epidemiológica; de saúde do trabalhador e de assistência terapêutica integral, inclusive farmacêutica.

b) a participação na formulação da política e na execução de ações de saneamento básico.

c) a ordenação de formação de recursos humanos na área de saúde.

d) a colaboração na proteção do meio ambiente, nele compreendido o do trabalho.

e) a formulação de políticas de saúde destinadas a promover nos campos social e cultural a observância do dever do Estado.

Resposta: alternativa "e".

- *IBFC/2016 – EBSERH – Técnico de enfermagem:*

  A Lei Orgânica da Saúde (Lei 8.080/1990) expressa os objetivos e ações no campo de atuação do Sistema Único de Saúde-SUS. Assinale a alternativa que contém um objetivo e ações que não é contemplado nessa lei.

a) Identificação dos fatores condicionantes e determinantes da saúde.

b) Participação no controle e na fiscalização da produção, transporte, guarda e utilização de substâncias e produtos radioativos.

c) Formulação da política de equipamentos e medicamentos de interesse para a saúde e a participação na sua produção.

d) Formulação de políticas de inclusão social.

e) Vigilância nutricional e orientação alimentar.

Resposta: alternativa "d".

- *FUNDATEC/2014 – Fundação Hospitalar Getúlio Vargas – Procurador:*

  O artigo 6º da referida Lei [Lei nº 8.080/90] define que estão incluídas, ainda, no campo de atuação do Sistema Único de Saúde (SUS), entre outros, EXCETO:

a) A fiscalização e a inspeção de alimentos, água e bebidas para consumo humano.

b) A vigilância nutricional e a orientação alimentar.

c) A participação na formulação da política e na execução de ações de saneamento básico.

d) A organização de um sistema de informações sobre o mercado de trabalho para o trabalhador.

e) O controle e a fiscalização de serviços, produtos e substâncias de interesse para a saúde.

Resposta: alternativa "d".

► **Atenção!** A alternativa "d" traz uma atividade que em nada se relaciona com saúde do trabalhador, e por isso não poderia estar prevista entre as competências materiais do SUS.

- *DOM CINTRA/2014 – FIOCRUZ – Tecnologista, Medicina de Saúde e Comunidade:*

  Ao Sistema Único de Saúde compete, entre outras atribuições, nos termos da lei, EXCETO:

a) controlar e fiscalizar procedimentos, produtos e substâncias de interesse para a saúde e participar da produção de medicamentos, equipamentos, imunobiológicos, hemoderivados e outros insumos; executar as ações de vigilância sanitária e epidemiológica, bem como as de saúde do trabalhador.

b) ordenar a formação de recursos humanos na área de saúde; participar da formulação da política e da execução das ações de saneamento básico.

c) fiscalizar e inspecionar alimentos, compreendido o controle de seu teor nutricional, bem como bebidas e águas para consumo humano; fiscalizar e inspecionar o abate de animais.

d) incrementar em sua área de atuação o desenvolvimento científico e tecnológico; participar do controle e fiscalização da produção, transporte, guarda e utilização de substâncias e produtos psicoativos, tóxicos e radioativos.

e) colaborar na proteção do meio ambiente, nele compreendido o do trabalho.

Resposta: alternativa "c".

► Não é competência do SUS a fiscalização e inspeção do abate de animais.

- *AOCP/2014 – EBSERH/HUCAM-UFES – Terapeuta Ocupacional:*

  Analise as assertivas e assinale a alternativa que aponta as corretas. Estão incluídas, ainda, no campo de atuação do Sistema Único de Saúde (SUS)

I. a participação na formulação da política e na execução de ações de saneamento básico.

II. a ordenação da formação de recursos humanos na área de saúde.

III. a vigilância nutricional e a orientação alimentar.

IV. o controle e a fiscalização de serviços, produtos e substâncias de interesse para a economia.

a) Apenas I, II e III.

Resposta: alternativa "a".

► São competência do SUS o controle e a fiscalização de serviços, produtos e substâncias de interesse para a saúde, e não para a economia.

- *UNIJUÍ – Farmacêutico – Pref. Cândido Godói, RS – Farmacêutico – 2013:*
  A Lei 8.080/90 define como áreas de atuação do Sistema Único de Saúde, exceto:

a) Assistência terapêutica integral, inclusive farmacêutica.
b) Controle e fiscalização de alimentos, água e bebidas para o consumo humano.
c) Ordenação de recursos humanos na área de saúde.
d) Colaboração na proteção de meio ambiente, nele compreendido o trabalho.
e) Prestação de serviço relacionado direta ou indiretamente relacionado com a saúde.

Resposta: alternativa "e".

- *CONSULPLAN – AVAPE – Médico Neurologista – 2013:*
  Segundo a Lei nº 8.080/90, estão incluídos no campo de atuação do Sistema Único de Saúde (SUS)

I. a vigilância nutricional e a orientação alimentar;
II. a participação na formulação da política e na execução de ações de saneamento básico;
III. a participação no controle e na fiscalização da produção, transporte, guarda e utilização de substâncias e produtos psicoativos, tóxicos e radioativos;
IV. a formulação da política de medicamentos, equipamentos, imunobiológicos e outros insumos de interesse para a saúde e a participação na sua produção.

Estão corretas as alternativas

a) I, II, III e IV.

Resposta: alternativa "a".

- *IMA/2012 – Prefeitura de Morro do Chapéu/PI – Médico:*
  De acordo com o art. 6º da Lei nº 8.080/90 estão incluídas no campo de atuação do Sistema Único de Saúde (SUS):

I. incrementos, em sua área de atuação, do desenvolvimento científico e tecnólogo.
II. controle e fiscalização de serviços, produtos e substâncias de interesse para a saúde.
III. formulação e execução da política de sangue e seus derivados.
IV. execução de ações de vigilância sanitária e epidemiológica.

Estão corretas apenas as alternativas

d) I, II, III, IV.

Resposta: alternativa "d".

- *ASCONPREV/2011 – Prefeitura de Bodocó/PE – Agente Comunitário de Saúde:*
  De acordo com a Lei nº 8.080, de 19 de setembro de 1990, estão incluídas no campo de atuação do Sistema Único de Saúde – SUS:

I. Execução de ações de vigilância sanitária;
II. A participação na formulação da política e na execução das ações de saneamento básico;
III. A vigilância alimentar e a orientação nutricional;
IV. A formulação e execução da política de sangue e seus derivados.

São verdadeiras as seguintes alternativas:

d) I, II e IV.

Resposta: alternativa "d".

2. Art. 6º, I → inclui-se no SUS a execução de ações de **vigilância sanitária, vigilância epidemiológica e saúde do trabalhador.**

► **Referências normativas:** CF, art. 200 (rol exemplificativo das competências do SUS); Lei nº 8.080/90, art. 6º, §§ 1º a 3º (conceitos de vigilância sanitária, vigilância epidemiológica e saúde do trabalhador).

Aplicação em concursos:

- *AOCP/2016 – EBSERH – Técnico em Segurança do Trabalho:*

De acordo com o que estabelece a Lei Orgânica da Saúde - Lei nº 8.080/1990, a execução de ações de vigilância epidemiológica

a) estão incluídas no campo de atuação do Sistema Único de Saúde (SUS).
b) estão incluídas no campo de atuação da Vigilância Sanitária e não integram o campo de atuação do Sistema Único de Saúde (SUS).
c) estão excluídas do campo de atuação do Sistema Único de Saúde (SUS).
d) estão incluídas no campo de atuação da Vigilância Sanitária e são de competência exclusiva do Sistema de Previdência Social.
e) estão excluídas do campo de atuação do Sistema Único de Saúde (SUS) e são de competência exclusiva da Vigilância Sanitária.

Resposta: alternativa "a".

- *AOCP/2015 – EBSERH/HE-UFSCAR – Advogado:*

– A vigilância epidemiológica e sanitária não está incluída no campo de atuação do Sistema Único de Saúde.

Resposta: Errado.

► A s ações de vigilância sanitária e epidemiológica estão incluídas entre as competências do SUS.

- *DOM CINTRA/2014 – FIOCRUZ – Tecnologista, Obstetrícia:*

Não estão incluídas no campo de atuação do Sistema Único de Saúde – SUS, a execução de ações de:

a) vigilância sanitária.
b) saúde do trabalhador.
c) assistência terapêutica integral, inclusive farmacológica.
d) vigilância epidemiológica.
e) todas as acima estão incluídas no campo de ação de SUS.
Resposta: alternativa "e".

- *BIORIO/2014 – SPDM – Médico Generalista ESF:*
O campo de atuação do SUS inclui a execução de ações de, EXCETO:
a) vigilância sanitária;
b) saneamento ambiental;
c) vigilância epidemiológica;
d) saúde do trabalhador;
e) assistência terapêutica integral, inclusive farmacêutica.
Resposta: alternativa "b".

- *MP-PR/2013 – Promotor Substituto:*
– Compete ao SUS executar as ações de vigilância sanitária e epidemiológica.
Resposta: Correto.

- *Procurador do Trabalho – 2012 – MPT – MPT – Superior*
– Ao Sistema Único de Saúde compete executar ações de vigilância sanitária e epidemiológica, bem como de saúde do trabalhador.
Resposta: Correto.

- *MP-SC/2011 – Promotor de Justiça – XXXVI Concurso:*
– A vigilância sanitária e a vigilância epidemiológica encontram-se no âmbito do SUS e estão diretamente relacionadas com a saúde da população de uma forma em geral.
Resposta: Correto.

- *FAFIPA/2011 – Prefeitura de São José dos Pinhais/PR – Administrador:*
De acordo com a Lei 8.080/90, analise as assertivas [...]
– Não estão incluídas no campo de atuação do Sistema Único de Saúde (SUS) a execução de ações de saúde do trabalhador.
Resposta: Correto.

– Estão incluídas no campo de atuação do Sistema Único de Saúde (SUS) a execução de ações de vigilância epidemiológica.
Resposta: Correto.

- *MAKIYAMA – Prefeitura de Piracicaba, SP – Cirurgião Dentista CLT – 2013:*
De acordo com a lei 8.080/90, estão incluídas ainda no campo de atuação do Sistema Único de Saúde (SUS) a execução de ações:

I. de vigilância sanitária;
II. de vigilância epidemiológica;
III. de saúde do trabalhador;
IV. de assistência terapêutica integral, inclusive farmacêutica.
Está CORRETO apenas o que se afirma em:
e) I, II, III e IV.
Resposta: alternativa "e".

- *CESPE/2008 – Município de Vitória/ES, Médico:*
  Compete ao SUS executar as ações de vigilância sanitária e epidemiológica, bem como as de saúde do trabalhador.
  Resposta: Correto.

- *CESPE/2008 – Ministério da Saúde, Agente Administrativo:*
  A CF estabelece as competências do SUS, entre as quais se incluem executar ações de saúde do trabalhador e colaborar na proteção do ambiente do trabalho.
  Resposta: Correto.

3. **Art. 6º, I, "d"** → incluem-se nas competências materiais do SUS a **assistência terapêutica** e a **assistência farmacêutica**;

▶ **Referências normativas:**

- CF, art. 198, II (integralidade da assistência à saúde) e art. 200, I;
- Lei nº 12.401/2011 (introduz os arts. 19-M a 19-U à Lei nº 8.080/90, para regular a assistência terapêutica e a incorporação de novas tecnologias em saúde no âmbito do SUS);
- Decreto nº 7.508/2011, arts. 21 a 24 (instituem a Relação Nacional de Ações e Serviços de Saúde – RENASES, que "compreende todas as ações e serviços que o SUS oferece ao usuário para atendimento da integralidade da assistência à saúde", a ser publicada pelo Ministério da Saúde, com observância das diretrizes pactuadas na Comissão Intergestores Tripartite) e arts. 25 a 29 (que regulamenta a Relação Nacional de Medicamentos Essenciais – RENAME, o Formulário Terapêutico Nacional – FTN e prevê a estipulação dos Protocolos Clínicos e Diretrizes Terapêuticas do SUS, pelo Ministério da Saúde, observadas as diretrizes da CIT);
- Lei nº 5.991/73 (dispõe sobre o controle sanitário do comércio de drogas, medicamentos, insumos farmacêuticos e correlatos);

– Lei nº 6.360/76 (define e estabelece o controle sobre medicamentos, drogas, insumos farmacêuticos e correlatos, cosméticos, corantes, saneantes, etc.);

– Lei nº 9.787/99 (introduz os conceitos de Denominação Comum Brasileira – DCB, e de Denominação Comum Internacional – DCI, ou seja, a identificação dos fármacos ou dos princípios farmacologicamente ativos, aprovada pela vigilância sanitária ou recomendada pela OMS, respectivamente; define o que são medicamentos similares, genéricos e de referência, além dos conceitos de bioequivalência e biodisponibilidade);

– Lei nº 10.742/2003 (estabelece normas sobre a regulação do setor farmacêutico e cria a Câmara de Regulação do Mercado de Medicamentos – CMED, "que tem por objetivos a adoção, implementação e coordenação de atividades relativas à regulação econômica do mercado de medicamentos, voltados a promover a assistência farmacêutica à população, por meio de mecanismos que estimulem a oferta de medicamentos e a competitividade do setor", na forma do art. 5º).

– Decreto nº 5.775/2006 (autoriza o fracionamento de medicamentos).

– Portaria de Consolidação nº 2, de 28 de setembro de 2017, do Ministério da Saúde, Anexo XXVII (consolida as normas sobre a Política Nacional de Medicamentos) e Anexo XXVIII (dispõe sobre a Política Nacional de Assistência Farmacêutica)[125];

– Portaria de Consolidação nº 6, de 28 de setembro de 2017, do Ministério da Saúde (dispõe sobre o financiamento e a transferência de recursos federais para as ações e os serviços de saúde do SUS, estabelecendo o Bloco de Custeio das Ações e Serviços Públicos de Saúde, e o Bloco de Investimento na Rede de Serviços Públicos de Saúde)[126];

– Portaria de Consolidação nº 5, de 28 de setembro de 2017, do Ministério da Saúde, arts. 574 e segs. (dispõem sobre o Programa Nacional de Qualificação da Assistência Farmacêutica no SUS – QUALIFAR-SUS, que "tem por finalidade contribuir para o processo de aprimoramento,

---

125. Disponível em: <http://bvsms.saude.gov.br/bvs/saudelegis/gm/2017/prc0002_03_10_2017.html>, acesso em 14 abr. 2019.
126. Disponível em: <http://bvsms.saude.gov.br/bvs/saudelegis/gm/2017/prc0006_03_10_2017.html>, acesso em 14 abr. 2019.

implementação e integração sistêmica das atividades da Assistência Farmacêutica nas ações e serviços de saúde, visando a uma atenção contínua, integral, segura, responsável e humanizada", e se organiza em quatro eixos, voltados à estrutura, educação, informação e cuidado)[127].

► **Questões doutrinárias:**

3.1. Deve-se retomar aqui as considerações feitas quando se tratou dos princípios e diretrizes do SUS, em especial no que respeita à garantia de atendimento integral, em que são formadas Redes de Atenção à Saúde e estabelecidas **linhas de cuidado**, com a definição das Portas de Entrada do paciente e de sua trajetória dentro do SUS, num *continuum* de ações e serviços em busca da promoção, prevenção e recuperação da saúde. A assistência terapêutica e farmacêutica deve ser organizada de modo a observar tais diretrizes, optando por tratamentos dotados de eficácia e segurança comprovados por evidências científicas, segundo a Medicina Baseada em Evidências e o Uso Racional de Medicamentos.

3.2. O **art. 28 do Decreto nº 7.508/2011** estabelece **condições cumulativas** para a garantia de "**acesso universal e igualitário à assistência farmacêutica**" no SUS, quais sejam: "I – estar o usuário assistido por ações e serviços de saúde do SUS; II – ter o medicamento sido prescrito por profissional de saúde, no exercício regular de suas funções no SUS; III – estar a prescrição em conformidade com a RENAME e os Protocolos Clínicos e Diretrizes Terapêuticas ou com a relação específica complementar estadual, distrital ou municipal de medicamentos; e IV – ter a dispensação ocorrido em unidades indicadas pela direção do SUS." Isso não impede que os entes federativos ampliem o acesso do indivíduo à assistência farmacêutica, sempre que questões de saúde pública o justifiquem; nem que o Ministério da Saúde estabeleça regras diferenciadas para o acesso aos medicamentos do componente especializado (Dec. nº 7.508/2011, art. 28, §§ 1º e 2º, respectivamente).

3.3. Como informa o Ministério da Saúde, a **Assistência Farmacêutica** pode ser compreendida como "um conjunto de ações voltadas à promoção, proteção e recuperação da saúde, por meio da promoção do acesso aos medicamentos e uso racional". As ações desenvolvidas pelo Ministério da

127. Disponível em: <http://bvsms.saude.gov.br/bvs/saudelegis/gm/2017/prc0005_03_10_2017.html>, acesso em 14 abr. 2019.

Saúde "consistem em promover a pesquisa, o desenvolvimento e a produção de medicamentos e insumos, bem como sua seleção, programação, aquisição, distribuição e avaliação de sua utilização, na perspectiva da obtenção de resultados concretos e da melhoria da qualidade de vida da população"[128]. A **Política Nacional de Assistência Farmacêutica (PNAF)** está regulamentada pelo **Anexo XXVIII da Portaria de Consolidação nº 2/2017 do Ministério da Saúde**[129], que institui **Câmaras Técnicas** para avaliar e definir as bases de possíveis pactuações e ações quanto acerca de medicamentos básicos e destinados à atenção básica, bem como de medicamentos estratégicos. Também institui o **Comitê Nacional para a Promoção do Uso Racional de Medicamentos**, com caráter consultivo, voltado à orientação e proposiçao de "ações, estratégias e atividades para a promoção do uso racional de medicamentos". São também estabelecidas normas sobre os componentes básico e especializado da assistência farmecêutica.

3.4. É no âmbito da assistência farmacêutica que se tem concentrado o fenômeno da chamada **judicialização da saúde**, com expressivo número de ações judiciais envolvendo o fornecimento de prestações materiais pelo SUS e por operadoras de planos de saúde, em que se discute o direito aos medicamentos e a extensão da cobertura – conforme, de resto, já analisado quando dos comentários aos arts. 196 e 198 da CF.

► Jurisprudência do STF:

Reitera a competência da Câmara de Regulação do Mercado de Medicamentos (CMED) para fixar o Coeficiente de Adequação de Preço (CAP), por meio do qual se impõe um percentual de desconto obrigatório e linear nos preços de medicamentos vendidos para o Estado, num equilíbrio entre o interesse da livre iniciativa e a proteção constitucional da saúde:

> *"CONSTITUCIONAL E ADMINISTRATIVO. RECURSO ORDINÁRIO EM MANDADO DE SEGURANÇA. SUPREMACIA DO INTERESSE PÚBLICO SOBRE O PRIVADO. COMPETÊNCIA NORMATIVA CONFERIDA À ADMINISTRAÇÃO PÚBLICA. CÂMARA DE REGULAÇÃO DO MERCADO DE*

---

128. Ambas citações encontram-se disponíveis em: <http://portalsaude.saude.gov.br/index.php/o-ministerio/principal/leia-mais-o-ministerio/470-sctie-raiz/daf-raiz/daf/l2-daf/12125--assistencia-farmaceutica>. Acesso em 03-03-2015.

129. Disponível em: <http://bvsms.saude.gov.br/bvs/saudelegis/gm/2017/prc0002_03_10_2017.html>, acesso em 14 abr. 2019.

MEDICAMENTOS (CMED). COEFICIENTE DE ADEQUAÇÃO DE PREÇO (CAP). LEI Nº 10.742/2003. RESOLUÇÃO Nº 4/2006. TUTELA CONSTITUCIONAL DO DIREITO À SAÚDE (ART. 196 CF). RECURSO ORDINÁRIO EM MANDADO DE SEGURANÇA NÃO PROVIDO. 1. A Câmara de Regulação do Mercado de Medicamentos (CMED) está prevista na Lei nº 10.742/03 como órgão técnico necessário à regulação do setor farmacêutico, justificando-se, especialmente, pelas complexidades do mercado de medicamentos. 2. A amplitude da delegação normativa consiste no fundamento fático-jurídico do exercício do poder regulamentar pela Administração Pública, que deve atuar em consonância com a lei, atendendo à necessidade de regulação do setor farmacêutico e em respeito à dinâmica e às peculiaridades técnicas do mercado de medicamentos. 3. O percentual de desconto obrigatório e linear nas vendas de determinados medicamentos ao Poder Público, chamado Coeficiente de Adequação de Preço (CAP), opera como fator de ajuste de preços, permitindo, assim, que se chegue ao 'Preço Máximo de Venda ao Governo' (PMVG), o que vai ao encontro da reprovação constitucional do aumento arbitrário de lucros (art. 173, § 4º, CF/88). 4. A Constituição Federal de 1988 agrega preocupação social aos princípios gerais da atividade econômica, resultando em legítima atuação do Estado na promoção do acesso universal e igualitário à saúde, direito social garantido pelo art. 196 da Constituição Federal, cuja responsabilidade é partilhada pelo Estado e por toda a sociedade. 5. Recurso ordinário em mandado de segurança não provido." (RMS nº 28.487/DF, Rel. Min. Dias Toffoli, 1ª Turma, DJe nº 50 de 14-03-2013, unânime)

► **Jurisprudência do STJ:**

A partir da noção de que a saúde é um direito humano fundamental, o Superior Tribunal de Justiça tem reconhecido a obrigação do Estado em "assegurar às pessoas desprovidas de recursos financeiros o acesso à medicação ou congênere necessário à cura, controle ou abrandamento de suas enfermidades, sobretudo, as mais graves" (REsp nº 674.209/RJ, Rel. Min. Castro Meira, 2ª Turma, unânime, DJ 21-03-2005).

– O *leading case* sobre a matéria parece ter sido estabelecido pelo julgamento do **REsp nº 11.183/PR, Rel. Min. José Delgado** (1ª Turma, unânime, DJ 04-09-2000). Partindo das premissas de que "A existência, a validade, a eficácia e a efetividade da Democracia está na prática dos atos administrativos do Estado voltados para o homem"; que "É dever do Estado assegurar a todos os cidadãos, indistintamente, o direito à saúde, que é fundamental"; e que se faz "imprescindível interpretar a lei de forma mais humana, teleológica, em que princípios de ordem ético-jurídica conduzam ao único desfecho justo: decidir pela preservação da vida", o Superior Tribunal de Justiça ressaltou o dever de atendimento às necessidades básicas dos cidadãos e concluiu pela imposição do dever de fornecimento de medicamento.

- O STJ ainda esclarece que a troca dos medicamentos indicados para o tratamento que está sendo postulado em juízo é viável no curso da ação e não configura alteração do pedido:

> *"PROCESSUAL CIVIL E ADMINISTRATIVO. FORNECIMENTO DE MEDICAMENTO. ALTERAÇÃO DO FÁRMACO NO CURSO DO TRATAMENTO. POSSIBILIDADE. 1. É comum, durante um tratamento médico, haver alteração dos fármacos, sem resultar em ofensa ao art. 264 do CPC. Levando-se em conta que o ordenamento constitucional garante a todos o direito à saúde, a simples troca nos medicamentos postulados na inicial não configura modificação do pedido, o qual é o próprio tratamento médico. Precedentes do STJ. 2. Agravo Regimental não provido." (AgRg no REsp nº 1.222.387, Rel. Min. Herman Benjamin, 2ª Turma, unânime DJe 01-04-2011)*
>
> *"AGRAVO REGIMENTAL EM AGRAVO DE INSTRUMENTO. DIREITO ADMINISTRATIVO. FORNECIMENTO DE MEDICAMENTOS. ARTIGO 264 DO CÓDIGO DE PROCESSO CIVIL. ALTERAÇÃO DE PEDIDO. INOCORRÊNCIA. 1. 'A simples alteração de alguns medicamentos postulados na inicial não se configura como modificação do pedido, o qual é o próprio tratamento médico. É comum durante um tratamento médico que haja alteração dos fármacos, o que não resulta, com isso, em qualquer ofensa ao art. 264 do CPC, pois a ação em comento encontra-se fulcrada no art. 196 da CF/88, o qual garante o direito à saúde à população.' (REsp nº 1.062.960/RS, Relator Ministro Francisco Falcão, Primeira Turma, in DJe 29/10/2008). 2. Agravo regimental improvido." (AgRg no Ag nº 1.352.744/RS, Rel. Min. Hamilton Carvalhido, 1ª Turma, unânime, DJe 18-02-2011)*

- O STJ também confirmou a legalidade de Resolução da Câmara de Regulação de Preços de Medicamentos (CEMED), que determinou a aplicação do denominado coeficiente de adequação de preços (CAP) a diferentes produtos e, com isso, limitou o preço de aquisição desses mesmos produtos por órgãos estatais. Entre os fundamentos da decisão, referiu-se que a resolução é amparada pela Constituição Federal e pela Lei nº 8.080/90, ademais de atender às diretrizes de "implementação da política de acesso a medicamentos pela população em geral" (STJ, MS nº 12.730/DF, Rel. Min. Eliana Calmon, 1ª Seção, unânime, DJ 03-09-2007).

Aplicação em concursos:

- *AOCP/2016 – EBSERH – Técnico em Enfermagem:*

  De acordo com o que dispõe a Lei Orgânica da Saúde–Lei nº 8.080/1990 [...]

  – Estão incluídas, no campo de atuação do Sistema Único de Saúde (SUS), a execução de ações de assistência terapêutica integral, exceto farmacêutica.

  Resposta: Errado.

► A assistência terapêutica integral engloba a assistência farmacêutica, e ambas estão incluídas dentre as competências do SUS.

- *IBFC/2016 – EBSERH/HUAP-UFF – Advogado:*

  Considerando o Decreto presidencial 7.508 de 28 de junho de 2011, analise as afirmativas abaixo [...]

  – O acesso universal e igualitário à assistência farmacêutica não pressupõe estar o usuário assistido por ações e serviços de saúde do SUS.

  Resposta: Errado.

► A afirmativa contraria o disposto no art. 28 do Decreto nº 7.508/2011, que expressamente condiciona o acesso à assistência farmacêutica a que o usuário esteja assistido por ações e serviços de saúde do SUS, e que o medicamento tenha sido prescrito por profissional de saúde no exercício regular de suas funções no SUS.

- *AOCP/2014 – EBSERH/HULW-UFPB – Advogado:*

  Analise as assertivas e assinale a alternativa que aponta as corretas de acordo o Decreto Presidencial nº 7.508, de 28 de junho de 2011. O acesso universal e igualitário à assistência farmacêutica pressupõe, cumulativamente,

  I. estar o usuário assistido por ações e serviços de saúde da rede privada ou do SUS.

  II. ter o medicamento sido prescrito por profissional de saúde, no exercício regular de suas funções no SUS.

  III. estar a prescrição em conformidade com a RENAME e os Protocolos Clínicos e Diretrizes Terapêuticas ou com a relação específica complementar estadual, distrital ou municipal de medicamentos.

  IV. não ter a dispensação ocorrido em unidades indicadas pela direção do SUS.

  b) Apenas II e III.

  Resposta: alternativa "b".

► A questão reporta-se ao art. 28 do Decreto nº 7.508/2011, que prescreve: "Art. 28. O acesso universal e igualitário à assistência farmacêutica pressupõe, cumulativamente: I – estar o usuário assistido por ações e serviços de saúde do SUS; II – ter o medicamento sido prescrito por profissional de saúde, no exercício regular de suas funções no SUS; III – estar a prescrição em conformidade com a RENAME e os Protocolos Clínicos e Diretrizes Terapêuticas ou com a relação específica complementar estadual, distrital ou municipal de medicamentos; e IV – ter a dispensação ocorrido em unidades indicadas pela direção do SUS."

---

4. Art. 6º, II → também compete ao SUS a elaboração das políticas e a execução das ações de **saneamento básico**;

▶ **Referência constitucional: CF, art. 200, IV.**

Aplicação em concursos:

- *INAZ do Pará/2018 – CRF/SC – Advogado:*

  A Lei nº 8.080/1990 dispõe sobre as condições para a promoção, proteção e recuperação da saúde, a organização e o funcionamento dos serviços correspondentes. Sobre o Sistema Único de Saúde (SUS), pode-se afirmar:

  a) É objetivo do Sistema Único de Saúde SUS somente a identificação dos fatores condicionantes e determinantes da saúde.
  b) O SUS é responsável, em seu campo de atuação, pela participação na formulação da política e na execução de ações de saneamento básico.
  c) Faz parte de um dos princípios a universalidade de acesso aos serviços de saúde em somente alguns níveis de assistência.
  d) A direção do SUS, no âmbito da União, é exercida pela Secretaria de Saúde.
  e) A iniciativa privada não poderá participar do Sistema Único de Saúde (SUS), em caráter complementar.

  Resposta: alternativa "b".

- *IF-CE/2017 – IF-CE – Técnico de enfermagem:*

  Considerando-se a Lei nº 8.080/90, que dispõe sobre as condições para a promoção, proteção e recuperação da saúde, a organização e o funcionamento dos serviços correspondentes, analise as afirmativas.

  – A participação na formulação da política e na execução de ações de saneamento básico não está incluída no campo de atuação do Sistema Único de Saúde (SUS).

  Resposta: Errado.

▶ O art. 6º, II, da Lei nº 8.080/1990 inclui, no campo de atuação do SUS, "a participação na formulação da política e na execução de ações de saneamento básico".

- *AOCP/2016 – EBSERH – Técnico em Radiologia:*

  Conforme estabelece a Lei Orgânica da Saúde - Lei nº 8.080/1990, a participação na formulação da política e na execução de ações de saneamento básico

a) é atribuição dos Comitês Intergestores da Assistência Social e não está incluída no campo de atuação do Sistema Único de Saúde (SUS).

b) é atribuição da Vigilância Sanitária relacionada à Saúde, mas não se inclui no campo de atuação do Sistema Único de Saúde (SUS).

c) é atribuição exclusiva do Município, relacionada à vigilância epidemiológica, e está excluída do campo de atuação do Sistema Único de Saúde (SUS).

d) está incluída no campo de atuação do Sistema Único de Saúde (SUS) de forma subsidiária, quando não houver Comitê Intergestores da Assistência Social no Município.

e) está incluída no campo de atuação do Sistema Único de Saúde (SUS).

Resposta: alternativa "e".

- *IDECAN/2014 – Pref. Apiacá, ES – Médico Cardiologista:*

  De acordo com a Lei nº 8.080/90, são atribuições e objetivos do Sistema Único de Saúde [...]

b) A participação na formulação da política e na execução de ações de saneamento básico.

Resposta: Correto.

- *VUNESP/2007, São Paulo Transporte S/A (SPTRANS), Médico Auditor:*

  Compete ao Sistema Único de Saúde, conforme determinação legal, [...]

b) participar da formulação da política de saneamento básico, mas não da sua execução.

Resposta: Errado.

▶ Ao SUS compete a formulação das políticas e a execução das ações de saneamento básico.

- *Escola Judicial Des. Edésio Fernandes – TJMG/2003-2004, Juiz de Direito Substituto:*

  Exclui-se da competência do sistema único de saúde, prevista na Constituição: [...]

b) participação na formulação da política e na execução de ações de saneamento básico.

Resposta: Errado.

▶ Inserem-se, nas competências materiais do SUS, a formulação da política e a execução das ações de saneamento básico.

- *FCC/2004 – MP/BA, Promotor de Justiça:*

  A participação na formulação da política e na execução de ações de saneamento básico não está incluída no campo de atuação do SUS (Sistema Único de Saúde).

  Errado.

▶ Ambas as atividades estão incluídas nas competências do SUS.

- *CESPE/2004 – MP/TO, Promotor de Justiça Substituto:*

  Não compete ao SUS participar da formulação política de saneamento básico, pois a sua função é precipuamente assistencial e não preventiva.

  Resposta: Errado.

▶ O SUS exerce função preventiva, envolvendo, entre outros, a formulação da política de saneamento básico.

---

5. Art. 6º, III → compete ao SUS a formação de **recursos humanos** na área de saúde;

▶ **Referências normativas:** CF, art. 200, III e Lei nº 8.080/90, arts. 27 e seguintes.

Aplicação em concursos:

- *FAUEL/2014 – Pref. Toledo, PR – Médico ESF:*

  Sobre o Sistema Único de Saúde [...]

a) a ordenação da formação de recursos humanos na área de saúde está incluída no campo de atuação do Sistema Único de Saúde (SUS).

  Resposta: Correto.

- *BIORIO/2014 – IABAS – Sanitarista:*

– A política de recursos humanos na área da saúde será formalizada e executada, articuladamente, pelas diferentes esferas de governo, em cumprimento dos seguintes objetivos: (i) organização de um sistema de formação de recursos humanos em todos os níveis de ensino, inclusive de pós-graduação, além da elaboração de programas de permanente aperfeiçoamento de pessoal; (ii) valorização da dedicação exclusiva aos serviços do Sistema Único de Saúde (SUS).

  Resposta: Correto.

- *FUNCAB/2014 – SESACRE – Biomédico:*

– Compete ao SUS a ordenação da formação de recursos humanos na área de saúde.

Resposta: Correto.

- *FCC/2013 – FHEMIG – Médico Anestesiologia:*

A educação em saúde, segundo o Sistema Único de Saúde (SUS),

d) refere-se à qualificação de trabalhadores da saúde e, ainda, à promoção de hábitos saudáveis aos usuários do SUS.

Resposta: alternativa "d".

- *Escola Judicial Des. Edésio Fernandes- TJMG/2003-2004, Juiz de Direito Substituto:*

Exclui-se da competência do sistema único de saúde, prevista na Constituição: [...]

d) ordenação da formação de recursos humanos na área da saúde e da assistência social.

Resposta: Correto.

▶ Atenção, pois a resposta é negativa: "exclui-se da competência...". A ordenação da formação de recursos humanos na área da saúde insere-se entre as competências do SUS, o que não acontece com a formação de pessoal da assistência social.

- *CESPE/2008 – Município de Vitória/ES, Médico:*

Entre as intervenções propostas pela reforma sanitária para a reorientação do sistema de serviços de saúde no Brasil, consta o desenvolvimento de recursos de saúde, incluídos os recursos materiais e humanos, além da gestão do sistema.

Resposta: Correto.

6. **Art. 6º, IV** → são competências materiais do SUS a **vigilância nutricional e a orientação alimentar**;

▶ **Referências normativas:** CF, art. 200, VI, e Decreto-lei nº 986/69 (normas básicas sobre a proteção e a defesa da saúde, relativamente aos alimentos).

▶ **Jurisprudência do STJ:**

Entendeu o Superior Tribunal de Justiça que "interfere nas normas gerais de vigilância alimentar (CF/1988, arts. 24 e 200) o decreto municipal, proibindo, em determinadas escolas integrantes do complexo administrativo municipal, a venda de alimentos excessivamente calóricos, como balas, caramelos, pirulitos, doces de mascar à base de gomas, sódio, corantes artificiais, saturados em colesterol, bem como bebidas alcoólicas, prejudiciais à saúde das crianças" (STJ, RMS 16.694-RJ, Rel. Min. Humberto Gomes de Barros, 1ª Turma, julgado em 28/10/2003 – Informativo STJ nº 189).

Aplicação em concursos:

- *FCC/2018 – Câmara Legislativa do Distrito Federal – Consultor Legislativo (Saúde):*

  De acordo com a Lei Orgânica da Saúde, nº 8.080 de 1990, integram o campo de atuação do SUS a vigilância nutricional e a orientação alimentar. A partir desta lei foi possível propor uma política específica para a temática, a Política Nacional de Alimentação e Nutrição (PNAN), aprovada em 1999 e atualizada em 2011. Para tanto, a PNAN está organizada em diretrizes que abrangem:

a) Atenção nutricional com foco na vigilância, promoção e prevenção e cuidado integral de agravos relacionados à desnutrição; pesquisa, inovação e conhecimento em alimentação e nutrição; gestão das ações de média e alta complexidade.
b) Cooperação e articulação para a Segurança Alimentar e Nutricional; pesquisa, inovação e conhecimento em alimentação e nutrição; controle de doenças crônicas não transmissíveis (DCNT) relacionadas à alimentação e ao excesso de peso.
c) Participação e Controle social; qualificação da força de trabalho; superação do excesso nutricional das crianças nas populações ribeirinhas.
d) Gestão das ações de alimentação e nutrição; organização da rede de atenção básica nos municípios; promoção da alimentação adequada e saudável.
e) Organização da Atenção Nutricional; promoção da alimentação adequada e saudável; vigilância alimentar e nutricional; controle e regulação dos alimentos.

Resposta: alternativa "e".

- *NUCEPE/UESPI/2011 – FMS – Advogado:*

  De acordo com a Lei nº 8.080/1990, analise as seguintes proposições:

– está incluída no campo de atuação do Sistema Único de Saúde (SUS) a vigilância nutricional e a orientação alimentar.

Resposta: Correto

- *VUNESP/2007, São Paulo Transporte S/A (SPTRANS), Médico Auditor:*

  Compete ao Sistema Único de Saúde, conforme determinação legal, [...]

c) fiscalizar e inspecionar alimentos, exceto o controle do seu teor nutricional.

Resposta: Errado.

▶ Compete ao SUS, no âmbito da vigilância sanitária, o controle nutricional dos alimentos.

---

7. **Art. 6º, V** → cabe ao SUS o dever de colaboração na **proteção do ambiente**, neste abrangido o ambiente do trabalho;

▶ **Referência constitucional:** CF, art. 200, VIII.

Aplicação em concurso:

- *MPE-GO/2016 – MP/GO – Promotor de Justiça Substituto:*

  Considerando o disposto na Lei Federal nº 8.008/90, que dispõe sobre as condições para a promoção, proteção e recuperação da saúde, todas as alternativas a seguir são corretas, com exceção:

  a) a iniciativa privada poderá participar do Sistema Único de Saúde (SUS), em caráter complementar.

  b) não está incluída no campo de atuação do Sistema Único de Saúde (SUS) a colaboração na proteção do meio ambiente, nele compreendido o do trabalho.

  c) são vedados, em todas as esferas de gestão do SUS, o pagamento, o ressarcimento ou o reembolso de medicamento, produto e procedimento clínico ou cirúrgico experimental, ou de uso não autorizado pela Agência Nacional de Vigilância Sanitária – ANVISA.

  d) o atendimento e a internação domiciliares só poderão ser realizados por indicação médica, com expressa concordância do paciente e de sua família.

  Resposta: alternativa "b".

- *AOCP/2015 – EBSERH/HC-UFG – Advogado:*

  Quanto ao campo de atuação do Sistema Único de Saúde (SUS), assinale a alternativa correta.

  a) A assistência terapêutica integral, inclusive farmacêutica, não faz parte do campo de atuação do Sistema Único de Saúde.

  b) A colaboração na proteção do meio ambiente e a orientação alimentar não são campos de atuação do Sistema Único de Saúde.

  c) A vigilância nutricional e a formulação e execução da política de sangue não são campos de atuação do Sistema Único de Saúde.

  d) A colaboração na proteção do meio ambiente do trabalho está incluída no campo de atuação do Sistema Único de Saúde, não sendo esta atribuição exclusiva do Ministério do Trabalho e Emprego.

  e) O incremento, em sua área de atuação, do desenvolvimento científico e tecnológico, não está incluído no campo de atuação do Sistema Único de Saúde.

  Resposta: alternativa "d".

- *MPE/GO/2016 – Promotor de Justiça Substituto:*

  Considerando o disposto na Lei Federal nº 8.080/90, que dispõe sobre as condições para a promoção, proteção e recuperação da saúde, todas as alternativas a seguir são corretas, com exceção:

  a) a iniciativa privada poderá participar do Sistema Único de Saúde (SUS), em caráter complementar.

  b) não está incluída no campo de atuação do Sistema Único de Saúde (SUS) a colaboração na proteção do meio ambiente, nele compreendido o do trabalho. c) são vedados, em todas as esferas de gestão do SUS, o pagamento, o ressarcimento ou o reembolso de medicamento, produto e procedimento clínico ou cirúrgico experimental, ou de uso não autorizado pela Agência Nacional de Vigilância Sanitária – ANVISA.

  d) o atendimento e a internação domiciliares só poderão ser realizados por indicação médica, com expressa concordância do paciente e de sua família.

  Resposta: alternativa "b".

▶ Como visto, é também de competência do SUS a proteção do meio ambiente, inclusive do ambiente de trabalho.

- *VUNESP/2007, São Paulo Transporte S/A (SPTRANS), Médico Auditor:*

  Compete ao Sistema Único de Saúde, conforme determinação legal, [...]

  d) colaborar na proteção do meio ambiente, nele compreendido o do trabalho.

  Resposta: Correto.

- *UFSC/2008, Prefeitura de Florianópolis, Médico:*

  Ao sistema único de saúde compete, além de outras atribuições, nos termos da lei, colaborar na proteção do meio ambiente, nele compreendido o do trabalho.

  Resposta: Correto.

8. Art. 6º, VI e VII → entre as competências materiais do SUS encontra-se a formulação da política e a participação na produção de medicamentos, equipamentos, imunobiológicos e outros insumos de interesse para a saúde; bem como o controle e a fiscalização de serviços, produtos e substâncias de interesse para a saúde.

▶ **Referência constitucional:** CF, art. 200, I.

▶ **Questão doutrinária:** A atividade de produção de medicamentos normalmente ocorre por meio dos laboratórios e instituições oficiais, como o Instituto de Tecnologia de Fármacos (Farmanguinhos), da Fundação Oswaldo Cruz (FIOCRUZ). Nesse campo, o Brasil tem tradição na fabricação de vacinas e, mais recentemente, tem-se destacado na fabricação de medicamentos genéricos, entre os quais substâncias que integram o denominado "coquetel" anti-HIV/AIDS.

Aplicação em concursos:

- *VUNESP/2007, São Paulo Transporte S/A (SPTRANS), Médico Auditor:*

  Compete ao Sistema Único de Saúde, conforme determinação legal, [...]

  a) controlar e fiscalizar produtos de interesse para a saúde, mas não participar da sua produção.

  Resposta: Errado.

► O SUS participa da produção de produtos de interesse para a saúde, inclusive medicamentos.

- *CESPE/2008 – HEMOBRÁS, Analista de Gestão Corporativa (Advogado):*

  O controle e a fiscalização de serviços, produtos e substâncias de interesse para a saúde é competência da vigilância sanitária e não do SUS.

  Resposta: Errado.

► Trata-se de atividades da vigilância sanitária, previstas entre as competências do SUS.

---

9. **Art. 6º, VIII** → também constam das competências materiais do SUS as atividades de fiscalização e inspeção de alimentos, água e bebidas para consumo humano;

   ► **Referência constitucional:** CF, art. 200, VI.

10. **Art. 6º, IX** → cabe ao SUS, ainda, a participação no controle e na fiscalização da produção, transporte, guarda e utilização de substâncias e produtos psicoativos, tóxicos e radioativos;

   ► **Referência constitucional:** CF, art. 200, VII.

Aplicação em concursos:

- *MPT/2012 - Procurador do Trabalho:*

  – Incumbe aos órgãos de saúde participar do controle e fiscalização da produção, transporte, guarda e utilização de tóxicos.

  Resposta: Correto.

- *VUNESP/2007, São Paulo Transporte S/A (SPTRANS), Médico Auditor:*
  Compete ao Sistema Único de Saúde, conforme determinação legal, [...]

e) participar do controle, da fiscalização e da produção de qualquer substância e produto psicoativo, tóxico e radiológico.
Resposta: Errado.

► A competência do SUS, no que se refere a substâncias e produtos psicoativos, tóxicos e radiológicos, não inclui a produção, mas somente o controle e a fiscalização.

---

11. Art. 6º, X → relacionada à questão da educação e da pesquisa, assim como à busca de melhoria de alguns fatores e condicionantes da saúde, atribui-se ao SUS a competência para incremento do desenvolvimento científico e tecnológico em todas as questões que possam fazer referência à saúde.

► **Referência constitucional:** CF, art. 200, V.

Aplicação em concursos:

- *VUNESP/2016 – Prefeitura de Registro/SP – Advogado:*
  Ao sistema único de saúde compete, além de outras atribuições,

a) proteger a maternidade, especialmente a gestante.
b) assegurar o trabalhador em situação de desemprego involuntário.
c) garantir o salário-família e o auxílio-reclusão para os dependentes dos segurados de baixa renda.
d) incrementar, em sua área de atuação, o desenvolvimento científico e tecnológico e a inovação.
e) proteger a família, a maternidade, a infância, a adolescência e a velhice.
Resposta: alternativa "d".

- *Escola Judicial Des. Edésio Fernandes – TJMG/2003-2004, Juiz de Direito Substituto:*
  Exclui-se da competência do sistema único de saúde, prevista na Constituição: [...]

e) incremento em sua área de atuação do desenvolvimento científico e tecnológico.
Resposta: Errado.

► O incremento do desenvolvimento científico e tecnológico está entre as competências do SUS.

- *CESPE/2005 – ANS, Especialista em Regulação de Saúde Suplementar:*
  No art. 200 da Constituição, são estabelecidas as competências do SUS. Essas competências não incluem incrementar em sua área de atuação o desenvolvimento científico e tecnológico.
  Resposta: Errado.

▶ As competências do SUS incluem o incremento do desenvolvimento científico e tecnológico.

---

12. Art. 6º, XI → finalmente, prevê a Lei nº 8.080/90, a competência do SUS para a formulação e execução da **política de sangue e seus derivados**.

▶ **Referências normativas:** CF, art. 199, § 4º e art. 200, I; Lei nº 10.205/2001 (dispõe sobre coleta, processamento, estocagem, distribuição e aplicação do sangue, seus componentes e derivados); Lei nº 10.972/2004 (autoriza a criação da Empresa Brasileira de Hemoderivados e Biotecnologia – HEMOBRAS, empresa pública destinada a garantir o fornecimento de medicamentos hemoderivados ou produzidos com biotecnologia aos pacientes do SUS).

▶ **Jurisprudência do STJ:**

> *Em mandado de segurança impetrado contra o Ministro da Saúde, em função da Portaria nº 262/2002, que estabeleceu novas formas de realização dos exames para detecção dos vírus causadores de AIDS (HIV) e Hepatite-C (HCV), entendeu o Superior Tribunal de Justiça que "o escopo que orientou a edição da portaria malsinada: aprimorar a qualidade dos serviços de hemoterapia, aumentando-lhes a segurança. Ao baixá-la, o Ministro simplesmente exerceu a competência que lhe outorgou o art. 12 da Lei n. 10.205/2001" (STJ, MS nº 8.398-DF, Rel. Min. Humberto Gomes de Barros, 1ª Seção, julgado em 9-10-2002 – Informativo STJ nº 510).*

Aplicação em concurso:

- *CESPE-UNB/2014 – Câmara dos Deputados – Analista Legislativo, Consultor Legislativo – Área XVI:*

– A Empresa Brasileira de Hemoderivados e Biotecnologia (HEMOBRÁS) é uma estatal vinculada ao Ministério da Saúde que trabalha para reduzir a dependência externa do Brasil no setor de derivados do sangue, com a produção de medicamentos essenciais à vida de pessoas com hemofilia, além de portadores de imunodeficiência genética, cirrose, câncer e AIDS e de queimados. A produção da HEMOBRÁS é destinada ao abastecimento de medicamentos dos sistemas público e privado.

Resposta: Correto.

- *MP-SC/2010 – Promotor de Justiça – XXXV Concurso:*

– As instituições públicas federais, estaduais e municipais de controle de qualidade do sangue e de hemoderivados não estão incluídas no Sistema Único de Saúde, por sujeitarem-se a legislação específica que assim determina.

Resposta: Errado.

▶ O art. 199 da CF, inserido dentro das normas a respeito da saúde e do SUS, determina que lei disponha especificamente sobre "a coleta, processamento e transfusão de sangue e seus derivados". Além disso, o § 1º do art. 4º da Lei nº 8.080/90 é explícito ao prescrever que estão incluídas no SUS "as instituições públicas federais, estaduais e municipais de controle de qualidade, pesquisa e produção de insumos, medicamentos, inclusive de sangue e hemoderivados, e de equipamentos para saúde".

---

13. Art. 6º, § 1º → conceito de vigilância sanitária: "conjunto de ações capaz de eliminar, diminuir ou prevenir riscos à saúde e de intervir nos problemas sanitários decorrentes do meio ambiente, da produção e circulação de bens e da prestação de serviços de interesse da saúde, abrangendo" o controle dos bens de consumo e da prestação de serviços que se relacionem, direta ou indiretamente, com a saúde.

▶ **Referências normativas:**

– CF, art. 200, I, II, VI, VII e VIII;

– Lei nº 6.360/76 (define e estabelece o controle sobre medicamentos, drogas, insumos farmacêuticos e correlatos, cosméticos, corantes, saneantes, etc.);

– Lei nº 6.437/77 (define as infrações à legislação sanitária federal e fixa as sanções correspondentes);

– Lei nº 9.782/99 (estabelece o Sistema Nacional de Vigilância Sanitária e cria a Agência Nacional de Vigilância Sanitária – ANVISA, agência reguladora constituída sob a forma de autarquia de regime especial, com competência para promover a proteção da saúde, pelo controle sanitário da produção e comercialização de produtos e serviços submetidos à vigilância sanitária).

► **Jurisprudência do STJ**: Apreciando hipótese de restrição ao comércio de óculos de sol apenas às óticas, o Superior Tribunal de Justiça destacou a existência de um dever de ação preventiva, por parte do Estado, ao qual cumpre atuar para evitar danos à saúde: "impõe-se à Administração Pública o dever de agir preventivamente, na preservação do interesse da coletividade, ameaçado de dano de alguma espécie, editando o elenco normativo aplicável, ou praticando os atos executivos correspondentes. [...] A proteção à saúde visual do consumidor é dever da Administração Pública" (RMS 16.082/MT, Rel. Min. José Delgado, 1ª Turma, unânime, DJ 15-09-2003).

Aplicação em concursos:

- *MPE-PR/2019 – MPE-PR – Promotor Substituto:*

  Analise as assertivas abaixo e assinale a alternativa *incorreta*:

a) Entende-se por saúde do trabalhador um conjunto de atividades que se destina, através das ações de vigilância epidemiológica e vigilância sanitária, à promoção e proteção da saúde dos trabalhadores, assim como, visa à recuperação e reabilitação da saúde dos trabalhadores submetidos aos riscos e agravos advindos das condições de trabalho.

b) Entende-se por vigilância sanitária um conjunto de ações que proporcionam o conhecimento, a detecção ou prevenção de qualquer mudança nos fatores determinantes e condicionantes da saúde individual ou coletiva com a finalidade de recomendar e adotar as medidas de prevenção e controle de doenças ou agravos.

[...]

Resposta: alternativa "b".

► A alternativa "b" traz o conceito de vigilância epidemiológica, e não a definição de vigilância sanitária.

- *CS-UFG/2018 – CS-UFG – Pedagogo Hospitalar:*

  Ao conjunto de ações capazes de eliminar, diminuir ou prevenir riscos à saúde e de intervir nos problemas sanitários decorrentes do meio ambiente, da produção e circulação de bens e da prestação de serviços de interesse da saúde, denomina-se:

a) saúde do trabalhador.

b) vigilância epidemiológica.

c) saúde ambiental.

d) vigilância sanitária.

Resposta: alternativa "d".

- *UPENET-IAUPE/2017 – UPE – Técnico em Radiologia:*
  Com relação às disposições da Lei nº 8.080/90, analise as afirmativas abaixo e coloque V nas Verdadeiras e F nas Falsas.

( ) A vigilância sanitária engloba um conjunto de ações capaz de eliminar, diminuir ou prevenir riscos à saúde e de intervir nos problemas sanitários decorrentes do meio ambiente, da produção e circulação de bens e da prestação de serviços de interesse da saúde.
Resposta: Verdadeiro.

- *VUNESP/2014 – Pref. São José do Rio Preto, SP – Médico Plantonista Clínico:*
  Segundo a Lei nº 8.080/1990, a vigilância sanitária é definida como um conjunto de ações que atuam sobre os riscos à saúde, entre as quais insere-se a intervenção nos problemas sanitários decorrentes

e) do meio ambiente, da produção e circulação de bens e prestação de serviços de interesse da saúde.
Resposta: alternativa "e".

- *AOCP/2014 – EBSERH/MEAC, HUWC-UFC – Técnico em Enfermagem, Saúde do Trabalhador:*
  De acordo com a Lei Orgânica da Saúde – Lei nº 8.080/1990 [...]

b) entende-se por vigilância sanitária um conjunto de ações capaz de eliminar, diminuir ou prevenir riscos à saúde e de intervir nos problemas sanitários decorrentes do meio ambiente, da produção e circulação de bens e da prestação de serviços de interesse da saúde.
Resposta: Correto.

- *FAFIPA/2014 – UFFS – Sanitarista:*
  As atividades ligadas à Vigilância Sanitária surgiram de uma necessidade decorrente da propagação de doenças transmissíveis nos agrupamentos urbanos, que aumentavam em população e não em suas condições sanitárias básicas. De acordo com a Lei Orgânica da Saúde (Lei Federal nº 8.080/90 e Lei Federal nº 8.142/90), são atividades inerentes à Vigilância Sanitária:

I. O controle de bens de consumo que, direta ou indiretamente, relacionem-se com a saúde, compreendidas todas as etapas de processo e da produção ao consumo.
II. O controle da prestação de serviços que se relacionam direta ou indiretamente com a saúde.
III. Conhecer os saberes e práticas que se situam num campo de convergência de vários campos do conhecimento humano, tais como química, farmacologia, epidemiologia, engenharia civil, administração pública, planejamento e gerência, biossegurança e bioética.
IV. Atuar num conjunto de ações capazes de eliminar, diminuir ou prevenir riscos à saúde e de intervir nos problemas sanitários decorrentes do meio ambiente, da produção e da circulação de bens e da prestação de serviços de interesse da saúde.

Com relação aos itens acima citados, assinale a alternativa CORRETA:

e) Todas as afirmativas estão corretas.

Resposta: alternativa "e".

- *FAFIPA/2014 – UFFS – Sanitarista:*

A Constituição Federal de 1988 afirma que a saúde é um direito social e que o Sistema Único de Saúde (SUS) é o meio de concretização desse direito. A Lei Orgânica da Saúde, por sua vez, afirma que a vigilância sanitária de caráter altamente preventivo é uma das competências do SUS. Isso significa que o Sistema Nacional de Vigilância Sanitária (SNVS), definido pela Lei nº 9.782, de 26 de janeiro de 1999, é um instrumento privilegiado de que o SUS dispõe para realizar seu objetivo de prevenção e promoção da saúde. O Sistema engloba unidades nos três níveis de governo, federal, estadual e municipal, com responsabilidades compartilhadas. O significado da sigla ANVISA é:

a) Agência Nacional de Vigilância Sanitária.

Resposta: alternativa "a".

- *ASCONPREV/2011 – Prefeitura de Bodocó/PE – Agente Comunitário de Saúde:*

– Entende-se por vigilância sanitária um conjunto de ações capaz de eliminar, diminuir ou prevenir riscos à saúde e de intervir nos problemas sanitários decorrentes do meio ambiente, da produção e circulação de bens e da prestação de serviços de interesse da saúde.

Resposta: Correto.

– A vigilância sanitária envolve o controle de bens de consumo que, direta ou indiretamente, se relacionem com a saúde, compreendidas todas as etapas e processos, da produção ao consumo; e o controle da prestação de serviços que se relacionam direta ou indiretamente com a saúde.

Resposta: Correto.

- *FUNCAB/2011 – Prefeitura de Serra/ES – Fiscal de Vigilância Sanitária:*

De acordo com a Lei nº 8.080, de 1990, que dispõe sobre as condições para promoção, proteção e recuperação da saúde, entende-se por vigilância sanitária um conjunto de:

b) ações capazes de eliminar, diminuir ou prevenir riscos à saúde e de intervir nos problemas sanitários decorrentes do meio ambiente, da produção e circulação de bens e da prestação de serviços de interesse da saúde.

Resposta: alternativa "b".

- *CONSULPLAN/2010 – Prefeitura de Itapira/SP, Médico Cardiologista:*

Trabalhar a integralidade no SUS é descompartimentalizar as diversas ações locais, tendo em vista a construção da qualidade de vida e cidadania. Neste aspecto, e considerando o âmbito da vigilância sanitária, analise algumas diretrizes:

I. Articulação das ações da vigilância sanitária, epidemiológica, ambiental e de saúde do trabalhador.
II. Articulação permanente entre as ações de vigilância sanitária e os demais serviços, e ações desenvolvidas no âmbito do SUS.
III. Promoção e fortalecimento do trabalho conjunto da vigilância sanitária com a atenção básica.
IV. Articulação na definição de políticas de formação de trabalhadores do SUS, para o cumprimento do princípio da integralidade.

Estão corretas apenas as diretrizes:

b) I, II, III, IV.

Resposta: alternativa "b".

- *VUNESP/2007 – Prefeitura de Louveira/SP, Farmacêutico:*

O controle de bens de consumo que, direta ou indiretamente, se relacionem com a saúde, compreendidas todas as etapas e processos, da produção ao consumo, é uma ação prevista em lei da [...]

c) vigilância sanitária.

Resposta: alternativa "c".

14. Art. 6º, § 2º → conceito de vigilância epidemiológica: "conjunto de ações que proporcionam o conhecimento, a detecção ou prevenção de qualquer mudança nos fatores determinantes e condicionantes de saúde individual ou coletiva, com a finalidade de recomendar e adotar as medidas de prevenção e controle das doenças ou agravos".

▶ **Referência constitucional:** CF, art. 200, II.

Aplicação em concursos:

- *AOCP/2018 – Prefeitura de Juiz de Fora, MG – Enfermeiro:*

O que é vigilância epidemiológica?

a) Um conjunto de ações capaz de eliminar, diminuir ou prevenir riscos à saúde e de intervir nos problemas sanitários decorrentes do meio ambiente, da produção e circulação de bens e da prestação de serviços de interesse da saúde.

b) Um conjunto de atividades que se destina à promoção e proteção da saúde, assim como visa à recuperação e reabilitação da saúde dos trabalhadores submetidos aos riscos e agravos advindos das condições de trabalho.

c) Um conjunto de ações que proporciona a detecção ou prevenção de qualquer mudança da saúde individual ou coletiva, com a finalidade de avaliar o impacto que as tecnologias provocam à saúde.

d) Um conjunto de atividades que se destina ao controle de bens de consumo que, direta ou indiretamente, se relacionem com a saúde.
e) Um conjunto de ações que proporcionam o conhecimento, a detecção ou prevenção de qualquer mudança nos fatores determinantes e condicionantes de saúde individual ou coletiva, com a finalidade de recomendar e adotar as medidas de prevenção e controle das doenças ou agravos.

Resposta: alternativa "e".

- *CKM Serviços/2016 – Prefeitura de Natal, RN – Agente Administrativo:*

Como se pode observar a partir da Lei nº 8.080/90, o Sistema Nacional de Vigilância Epidemiológica foi incorporado pelo Sistema Único de Saúde (SUS). Dessa forma, segundo a referida lei, a vigilância epidemiológica deve se caracterizar como *"um conjunto de ações que proporcionam o conhecimento, a detecção ou prevenção de qualquer mudança nos fatores determinantes e condicionantes de saúde individual ou coletiva, com a finalidade de recomendar e adotar as medidas de prevenção e controle das doenças ou agravos"*. Nessa linha e tendo em vista a reorganização do sistema de saúde brasileiro, pode-se afirmar que, além da ampliação do conceito, as ações de vigilância epidemiológica passaram a ser operacionalizadas num contexto de:

a) Descentralização de responsabilidades e integralidade da prestação de serviços de saúde.
b) Hierarquização das equipes de atendimento e centralização das ações de diagnóstico.
c) Manutenção do modelo de ações verticais e de atenção ao controle das doenças.
d) Centralização nas áreas de levantamento epidemiológico e diagnóstico.

Resposta: alternativa "a".

- *AOCP/2016 – EBSERH – Enfermeiro (Urgência e Emergência):*

De acordo com o que dispõe a Lei 8.080/90, entende-se por Vigilância Epidemiológica

a) a formulação da política de medicamentos, equipamentos, imunobiológicos e outros insumos de interesse para a saúde e a participação na sua produção
b) a participação na formulação da política e na execução de ações de saneamento básico.
c) um conjunto de ações que proporcionam o conhecimento, a detecção ou prevenção de qualquer mudança nos fatores determinantes e condicionantes de saúde individual ou coletiva, com a finalidade de recomendar e adotar as medidas de prevenção e controle das doenças ou agravos.
d) um conjunto de ações capaz de eliminar, diminuir ou prevenir riscos à saúde e de intervir nos problemas sanitários decorrentes do meio ambiente, da produção e circulação de bens e da prestação de serviços de interesse da saúde.

e) o controle de bens de consumo que, direta ou indiretamente, se relacionem com a saúde, compreendidas todas as etapas e processos, da produção ao consumo.

Resposta: alternativa "c".

- *Instituto AOCP/2014 – EBSERH/HU-UFS-SE – Advogado:*

O conjunto de ações que proporcionam o conhecimento, a detecção ou prevenção de qualquer mudança nos fatores determinantes e condicionantes de saúde individual ou coletiva, com a finalidade de recomendar e adotar as medidas de prevenção e controle das doenças ou agravos é o que se entende por

b) vigilância epidemiológica.

Resposta: alternativa "b".

- *GESTÃO DE CONCURSOS/2014 – HRTN – Médico Plantonista Clínico:*

A epidemiologia foi definida como "[...] o estudo da distribuição e dos determinantes de estados ou eventos relacionados à saúde em populações específicas e sua aplicação na prevenção e controle dos problemas de saúde". Nesse sentido, pode-se dizer que a epidemiologia poderá:

I. Fornecer dados para prevenção das doenças e na promoção da saúde.

II. Servir como base para que os profissionais da área da saúde possam atender de forma integral a crescente demanda de serviços de saúde da população e assegurar que os recursos destinados à saúde sejam usados da melhor maneira possível.

III. Encorajar a boa prática clínica por meio da introdução dos conceitos de epidemiologia clínica.

Estão CORRETAS as afirmativas:

d) I, II e III.

Resposta: alternativa "d".

- *VUNESP/2014 – UNIFESP – Médico Anestesiologista:*

Considere o seguinte texto: "O conjunto de ações que proporcionam o conhecimento, a detecção ou prevenção de qualquer mudança nos fatores determinantes e condicionantes da saúde individual e coletiva, com a finalidade de adotar ou recomendar medidas de prevenção e controle das doenças e agravos à saúde". Esse texto refere-se ao conceito de

c) vigilância epidemiológica.

Resposta: alternativa "c".

- *BIORIO/2014 – Pref. de Três Rios, RJ – Médico Angiologista:*

"... um conjunto de ações que proporcionam o conhecimento, a detecção ou prevenção de qualquer mudança nos fatores determinantes e condicionantes de saúde individual ou coletiva, com a finalidade de recomendar e adotar as medidas de prevenção e controle das doenças ou agravos." (art. 5º, Lei 8.080/90). O texto faz referência:

a) à vigilância epidemiológica.
Resposta: alternativa "a".

- *IDECAN/2014 – Pref. Espera Feliz, MG – Médico Cardiologista:*

"Avaliar os impactos de uma determinada doença na comunidade, efetuar estratégias de controle, notificar agravos inusitados e elaborar cálculos de coeficientes de morbimortalidade." A descrição anterior refere-se aos serviços do(a)

e) Vigilância Epidemiológica.
Resposta: alternativa "e".

- *BIORIO/2014 – SPDM – Médico Generalista ESF:*

A vigilância epidemiológica tem como objetivos, EXCETO:

a) Controlar ou prevenir as doenças infectocontagiosas sob vigilância.
b) Coletar sistematicamente as informações na rede de saúde ou fora dela.
c) Educar mediante campanhas e esclarecimentos.
e) Promover a educação alimentar e nutricional da população.
e) Todas as alternativas estão corretas.
Resposta: alternativa "e".

- *AOCP/2014 – EBSERH, HU-UFGD – Técnico em Enfermagem, Saúde do Trabalhador:*

Conforme a Lei 8.080/1990, entende-se por vigilância epidemiológica

d) um conjunto de ações que proporcionam o conhecimento, a detecção ou prevenção de qualquer mudança nos fatores determinantes e condicionantes de saúde individual ou coletiva, com a finalidade de recomendar e adotar as medidas de prevenção e controle das doenças ou agravos.
Resposta: alternativa "d".

- *ASCONPREV/2011 – Prefeitura de Bodocó/PE – Agente Comunitário de Saúde:*

– Entende-se por vigilância epidemiológica um conjunto de ações que proporcionam o conhecimento, a detecção ou prevenção de qualquer mudança nos fatores determinantes e condicionantes de saúde individual, com a finalidade de recomendar e adotar as medidas de prevenção e controle dos agravos coletivos.
Resposta: Errado.

▶ Observe-se que o único erro está no final da assertiva, quando se refere a "medidas de prevenção e controle dos agravos coletivos", pois não há a restrição aos agravos coletivos no texto legal: são todos os agravos.

- *FUNCAB/2011 – Prefeitura de Serra/ES – Fiscal de Vigilância Sanitária:*

  O interesse em acompanhar a ocorrência de doenças em comunidades com o objetivo de prevenir sua disseminação existe desde épocas remotas. Reflete a complexidade das mudanças no comportamento das doenças, da interação do homem com o meio ambiente e da mobilidade de populações humanas. Passou por modificações de conceitos e de estratégias de ação, sem perder de vista o objetivo principal: coletar dados para o desencadeamento de ações de prevenção e controle. Estamos falando de:

b) Vigilância Epidemiológica.

Resposta: alternativa "b".

15. Art. 6º, § 3º → conceito de saúde do trabalhador, para os fins da Lei nº 8.080/90: "conjunto de atividades que se destina, através das ações de vigilância epidemiológica e vigilância sanitária, à promoção e proteção da saúde dos trabalhadores, assim como visa à recuperação e reabilitação da saúde dos trabalhadores submetidos aos riscos e agravos advindos das condições de trabalho". Abrange toda a gama de competências materiais do SUS, naquilo que se relacionem à proteção, prevenção e promoção da saúde do trabalhador e a garantia de um adequado ambiente de trabalho, evitando acidentes e tecnologias inadequadas.

► **Referência constitucional:** CF, art. 7º, IV, IX, XIII, XIV, XV, XVI, XVII, XVIII, XIX, XX, XXII, XXIII, XXVII, XXVIII e XXXIII; e art. 201.

Aplicação em concurso:

- *INSTITUTO AOCP/2017 – EBSERH – Técnico de enfermagem:*

  De acordo com a Lei nº 8.080 de 1990, considerando os objetivos e atribuições do SUS, é correto afirmar que

a) não é campo de atuação do SUS a assistência terapêutica integral.

b) conceitua-se Saúde do trabalhador como um conjunto de atividades que se destina, através das ações de vigilância epidemiológica e vigilância sanitária, à promoção e proteção da saúde dos trabalhadores.

c) a Vigilância sanitária avalia os fatores determinantes e condicionantes de saúde, com a finalidade de recomendar e adotar as medidas de prevenção e controle das doenças ou agravos.

d) a assistência ao trabalhador vítima de acidentes de trabalho ou portador de doença profissional e do trabalho não abrange as competências da Saúde do Trabalhador.

e) não compete ao SUS executar ações de colaboração na proteção do meio ambiente.

Resposta: alternativa "c".

- *IBFC/2016 – EBSERH – Enfermeiro:*

  Considerando a Lei 8080/90, no que tange à Saúde do Trabalhador, analise as afirmativas abaixo e assinale a alternativa correta:

  I. O texto da lei abrange participação, no âmbito de competência do Sistema Único de Saúde – SUS, em estudos, pesquisas, avaliação e controle dos riscos e agravos potenciais à saúde existentes no processo de trabalho.

  II. O texto da lei prevê a avaliação do impacto que as tecnologias provocam à saúde.

  III. O texto da lei não prevê a garantia, ao sindicato dos trabalhadores, de requerer ao órgão competente a interdição de máquina, de setor de serviço ou de todo o ambiente de trabalho, quando houver exposição a risco iminente para a vida ou saúde dos trabalhadores.

  b) Apenas I e II são corretas.

  Resposta: alternativa "b".

- *MPE/PR – 2016 – Promotor de Justiça:*

  Assinale a alternativa incorreta:

  a) O conjunto de atividades que se destinam, através de ações de vigilância epidemiológica e vigilância sanitária, à promoção e proteção da saúde dos trabalhadores, a ser desenvolvido pelo Sistema Único de Saúde (SUS), não abrange a participação na normatização, fiscalização e controle dos serviços de saúde nas instituições e empresas privadas;

  b) A assistência ao trabalhador vítima de acidente de trabalho ou portador de doença profissional ou do trabalho está abrangida no campo de atuação do Sistema Único de Saúde (SUS);

  c) A avaliação do impacto que as tecnologias provocam à saúde está abrangida no campo de atuação do Sistema Único de Saúde (SUS);

  d) Revisão periódica da listagem oficial de doenças originadas no processo de trabalho, tendo na sua elaboração a colaboração das entidades sindicais está abrangida no campo de atuação do Sistema Único de Saúde (SUS);

  e) Estão incluídos no campo de atuação do Sistema Único de Saúde (SUS) a execução de ações de saúde do trabalhador.

  Resposta: alternativa "a".

► A alternativa "a" efetivamente contraria o disposto no art. 6º, § 3º, VI, da Lei nº 8.080/1990, que atribui ao SUS a "participação na normatização, fiscalização e controle dos serviços de saúde do trabalhador nas instituições e empresas públicas e privadas".

- *MP-PR/2014 – Promotor Substituto:*

  Sobre a proteção à saúde do trabalhador, assinale a alternativa *correta*:

  b) Os serviços de vigilância sanitária e epidemiológica manterão fiscalização e controle das atividades desenvolvidas nos ambientes de trabalho que, direta ou indiretamente, ocasionem ou possam vir a ocasionar risco ou dano à saúde, à vida ou à qualidade de vida.

Resposta: alternativa "b".

- *AGIR-UEG/2014 – HUGO2 – Biomédico:*

  As ações de Vigilância em Saúde são coordenadas com as demais ações e serviços desenvolvidos e ofertados no Sistema Único de Saúde (SUS) para garantir a integralidade da atenção à saúde da população. Entre as vigilâncias, aquela que apresenta em seu escopo ações assistenciais é a

a) em saúde do trabalhador.

Resposta: alternativa "b".

- *FUNCAB/2014 – SESACRE – Biomédico:*

  A saúde do trabalhador abrange os seguintes pontos, EXCETO:

c) Identificação das medidas de prevenção e controle dos fatores de risco ambientais relacionados às doenças.

Resposta: alternativa "c".

- *FUNDATEC/2014 – Fundação Hospitalar Getúlio Vargas – Procurador:*

  Segundo o § 3º do artigo 6º da referida Lei [Lei nº 8.080/90], entende-se por saúde do trabalhador, para fins da referida lei, um conjunto de atividades que se destina, através das ações de vigilância epidemiológica e vigilância sanitária, à promoção e proteção da saúde dos trabalhadores, assim como visa à recuperação e reabilitação da saúde dos trabalhadores submetidos aos riscos e agravos advindos das condições de trabalho, abrangendo, entre outras:

I. A assistência ao trabalhador vítima de acidentes de trabalho ou portador de doença profissional e do trabalho.

II. A avaliação do impacto que as tecnologias provocam à saúde.

III. O controle da prestação de serviços que se relacionam direta ou indiretamente com a saúde.

IV. A participação na normatização, fiscalização e controle dos serviços de saúde do trabalhador nas instituições e empresas públicas e privadas.

Quais estão coretas?

c) Apenas I, II e IV.

► A afirmativa "III" descreve atividade típica da vigilância sanitária (Lei nº 8.080/90, art. 6º, § 1º, II).

- *MAKIYAMA – Prefeitura de Piracicaba, SP – Cirurgião Dentista CLT – 2013:*

  Entende-se por saúde do trabalhador, conforme previsto na Lei 8080/90, um conjunto de atividades que se destina à promoção e proteção da saúde dos trabalhadores, assim como visa à recuperação e a reabilitação da saúde dos trabalhadores submetidos aos riscos e agravos advindos das condições de trabalho, abrangendo, entre outras ações:

I. Assistência ao trabalhador vítima de acidente de trabalho ou portador de doença profissional e do trabalho.
II. Participação, no âmbito de competência do Sistema Único de Saúde – SUS, da normatização, fiscalização e controle das condições de produção, extração, armazenamento, transporte, distribuição e manuseio de substâncias, de produtos, de máquinas e de equipamentos que apresentem riscos à saúde do trabalhador.
III. Informação ao trabalhador e à sua respectiva entidade sindical e a empresas sobre os riscos de acidente de trabalho, doença profissional e do trabalho, bem como os resultados de fiscalizações, avaliações ambientais e exames de saúde, de admissão, periódicos e de demissão, respeitados os preceitos da ética profissional.
IV. Revisão periódica da listagem oficial de doenças originadas no processo de trabalho, tendo na sua elaboração, a colaboração das entidades sindicais.
V. A garantia ao sindicato dos trabalhadores de requerer ao órgão competente, a interdição de máquina, de setor de serviço ou de todo o ambiente de trabalho, quando houver exposição a risco iminente para a vida ou saúde dos trabalhadores.

Está CORRETO apenas o que se afirma em:

e) I, II, III, IV e V.

Resposta: alternativa "e".

- *IPAD/2010 – Prefeitura de Caruaru/PE, Médico Cardiologista Plantonista:*

Em relação à Saúde do Trabalhador compete ao Sistema Único de Saúde (Lei nº. 8.080) executar todas as ações de saúde do trabalhador abaixo, *exceto*:

a) Avaliação do impacto que as tecnologias provocam à saúde.
b) Revisão periódica da listagem oficial de doenças originadas no processo de trabalho, tendo na sua elaboração a colaboração das entidades sindicais.
c) Assistência ao trabalhador vítima de acidentes de trabalho ou portador de doença profissional e do trabalho.
d) Participação na normatização, fiscalização e controle dos serviços de saúde do trabalhador nas instituições e empresas públicas e privadas.
e) Garantia de recursos humanos destinados à proteção permanente do ambiente do trabalho.

Resposta: alternativa "E".

► Não existe a previsão de tal garantia no rol do art. 6º, § 3º, da Lei nº 8.080/90.

- *ASCONPREV/2011 – Prefeitura de Bodocó/PE – Agente Comunitário de Saúde:*

– Entende-se por saúde do trabalhador, para fins desta lei, um conjunto de atividades que se destina, através das ações de vigilância epidemiológica e vigilância sanitária, à promoção e proteção da saúde dos trabalhadores, assim como visa à recuperação e reabilitação da saúde dos trabalhadores submetidos aos riscos e agravos advindos das condições de trabalho.

Resposta: Correto.

- *VUNESP/2008 – Prefeitura de São José do Rio Preto, Médico Clínico:*

  Segundo a Lei n.º 8.080/90, as atividades que visam à promoção e proteção à saúde dos trabalhadores, assim como as que visam à recuperação e à reabilitação da saúde dos trabalhadores, submetidos aos riscos e agravos advindos das condições de trabalho, abrangem [...]

e) a garantia ao sindicato dos trabalhadores de requerer ao órgão competente a interdição de máquina, de setor de serviço ou de todo o ambiente de trabalho, quando houver exposição a risco iminente para a vida ou saúde dos trabalhadores.

Resposta: alternativa "e".

▶ **Atenção!** A resposta repete o texto constante do art. 6º, § 3º, VIII: "a garantia ao sindicato dos trabalhadores de requerer ao órgão competente a interdição de máquina, de setor de serviço ou de todo ambiente de trabalho, quando houver exposição a risco iminente para a vida ou saúde dos trabalhadores".

CAPÍTULO II
DOS PRINCÍPIOS E DIRETRIZES

Art. 7º. As ações e serviços públicos de saúde e os serviços privados contratados ou conveniados que integram o Sistema Único de Saúde (SUS), são desenvolvidos de acordo com as diretrizes previstas no art. 198 da Constituição Federal, obedecendo ainda aos seguintes **princípios**:

I – universalidade de acesso aos serviços de saúde em todos os níveis de assistência;

II – integralidade de assistência, entendida como conjunto articulado e contínuo das ações e serviços preventivos e curativos, individuais e coletivos, exigidos para cada caso em todos os níveis de complexidade do sistema;

III – preservação da autonomia das pessoas na defesa de sua integridade física e moral;

IV – igualdade da assistência à saúde, sem preconceitos ou privilégios de qualquer espécie;

V – direito à informação, às pessoas assistidas, sobre sua saúde;

VI – divulgação de informações quanto ao potencial dos serviços de saúde e a sua utilização pelo usuário;

VII – utilização da epidemiologia para o estabelecimento de prioridades, a alocação de recursos e a orientação programática;

VIII – participação da comunidade;

IX – descentralização político-administrativa, com direção única em cada esfera de governo:

a) ênfase na descentralização dos serviços para os municípios;

b) regionalização e hierarquização da rede de serviços de saúde;

X – integração em nível executivo das ações de saúde, meio ambiente e saneamento básico;

XI – conjugação dos recursos financeiros, tecnológicos, materiais e humanos da União, dos Estados, do Distrito Federal e dos Municípios na prestação de serviços de assistência à saúde da população;

XII – capacidade de resolução dos serviços em todos os níveis de assistência; e

XIII – organização dos serviços públicos de modo a evitar duplicidade de meios para fins idênticos;

XIV – organização de atendimento público específico e especializado para mulheres para mulheres e vítimas de violência doméstica em geral, que garanta, entre outros, atendimento, acompanhamento psicológico e cirurgias plásticas reparadoras, em conformidade com a Lei nº 12.845, de 1º de agosto de 2013 (Redação dada pela Lei nº 13.427, de 2017)

1. **O art. 7º** explicita **os princípios e as diretrizes do SUS**, com referência expressa àqueles estabelecidos pela própria Constituição Federal no art. 198, quais sejam:
   - descentralização, com direção única em cada esfera federativa;
   - integralidade de atendimento, com prioridade para as ações de prevenção;
   - participação da comunidade.

► **Referência constitucional:** CF, art. 198.

Aplicação em concursos:

- *COMPERVE/2018 – Prefeitura de Natal, RN – Técnico de Enfermagem:*
  A Constituição brasileira de 1988 diz que a Saúde é direito de todos e dever do Estado. Isso deve ser garantido por políticas sociais e econômicas, reduzindo o risco de doença e promovendo acesso universal às ações de saúde. São princípios do SUS regulamentados pelas Leis nº 8.080/90 e nº 8.142/90:

a) integralidade e especialização do atendimento.
b) integralidade e centralização das decisões.
c) participação popular e priorização de ações de recuperação.
d) descentralização com comando único e regionalização.
Resposta: alternativa "d".

- *INSTITUTO AOCP/2016 – EBSERH – Tecnólogo em Radiologia:*
De acordo com o art. 7º da Lei 8080/90, é um princípio do SUS a igualdade da assistência à saúde, sem preconceitos ou privilégios de qualquer espécie. Também são princípios constantes nesse mesmo artigo, EXCETO
a) universalidade de acesso aos serviços de saúde em todos os níveis de assistência.
b) preservação da autonomia das pessoas na defesa de sua integridade física e moral.
c) direito à informação, às pessoas assistidas, sobre sua saúde.
d) direito de ressarcimento aos serviços privados que realizarem procedimentos no âmbito do SUS.
e) participação da comunidade.
Resposta: alternativa "d".

- *BIORIO/2014 – Pref. de Três Rios, RJ – Médico Angiologista:*
As ações e serviços públicos de saúde e os serviços privados contratados ou conveniados que integram o Sistema Único de Saúde (SUS) devem obedecer a vários princípios, dentre os quais os seguintes, EXCETO UM, que está ERRADO. Assinale-o.
a) regionalização e hierarquização da rede de serviços de saúde.
b) centralização político-administrativa, com direção única em cada esfera de governo e ênfase na centralização dos serviços na esfera federal.
c) integração em nível executivo das ações de saúde, meio ambiente e saneamento básico.
d) conjugação dos recursos financeiros, tecnológicos, materiais e humanos da União, dos Estados, do Distrito Federal e dos Municípios na prestação de serviços de assistência à saúde da população.
e) capacidade de organização dos serviços públicos de modo a evitar duplicidade de meios para fins idênticos.
Resposta: alternativa "b".

► É diretriz constitucional e legal do SUS a descentralização.

- *UNIJUÍ/2014 – Pref. Santa Rosa, RS – Advogado:*
A Lei Federal 8.080/90 estabelece que as ações e serviços públicos de saúde e os serviços privados contratados ou conveniados que integram o Sistema Único de Saúde (SUS), são desenvolvidos de acordo com as diretrizes

previstas no artigo 198 da Constituição Federal, obedecendo ainda alguns princípios com exceção de:

a) Universalidade de acesso aos serviços de saúde em todos os níveis de assistência.
b) Preservação da autonomia das pessoas na defesa de sua integridade física e moral.
c) Igualdade da assistência à saúde, sem preconceitos ou privilégios de qualquer espécie.
d) Direito à informação, às pessoas assistidas, sobre sua saúde.
e) Centralização político-administrativa com ênfase na União, porém com direção múltipla em cada esfera de governo.

Resposta: alternativa "e".

► São diretrizes constitucionais do SUS a descentralização e a direção única em cada esfera de governo.

- *UFPI-COPESE/2014 – Prefeitura de Timon, MA – Anestesiologista:*

Universalidade de acesso aos serviços de saúde, integralidade da assistencial individual e coletiva, preservação da autonomia das pessoas, igualdade da assistência à saúde, divulgação de informações quanto ao potencial dos serviços de saúde e utilização pelo o usuário e participação da comunidade constituem:

d) os princípios e diretrizes que integram o Sistema Único de Saúde.

Resposta: alternativa "d".

- *CESPE-UNB/2014 – Câmara dos Deputados – Analista Legislativo, Consultor Legislativo – Área XVI:*

– As ações e serviços públicos de saúde, assim como os serviços privados contratados ou conveniados que integram o SUS, devem orientar-se pelos seguintes princípios: integralidade da assistência, utilização da epidemiologia para o estabelecimento de prioridades, alocação de recursos e orientação programática.

Resposta: Correto.

- *IDECAN/2014 – Pref. Apiacá, ES – Médico Cardiologista:*

Em relação aos princípios do SUS, marque V para as afirmativas verdadeiras e F para as falsas.

( ) Universalidade: o SUS deve atender a todos, sem distinções ou restrições, oferecendo toda a atenção necessária, sem qualquer custo.

( ) Integralidade: o SUS deve oferecer a atenção necessária à saúde da população, promovendo ações contínuas de prevenção e tratamento aos indivíduos e às comunidades, em quaisquer níveis de complexidade.

( ) Participação social: o SUS deve disponibilizar recursos e serviços com justiça, de acordo com as necessidades de cada um, canalizando maior atenção aos que mais necessitam.

( ) Equidade: é um direito e um dever da sociedade participar das gestões públicas em geral e da saúde pública em particular; é dever do Poder Público garantir as condições para essa participação, assegurando a gestão comunitária do SUS.

A sequência está correta em

b) V, V, F, F.

Resposta: alternativa "b".

► Participação social diz respeito à integração da comunidade no planejamento e na execução das ações e dos serviços de saúde. Já a equidade diz respeito à igualdade material, no sentido de que a assistência à saúde, para que seja equânime, deve tratar a todos na medida de suas desigualdades.

- *IDECAN/2014 – Pref. Apiacá, ES – Médico Cardiologista:*

As ações e serviços públicos de saúde e os serviços privados contratados ou conveniados que integram o Sistema Único de Saúde (SUS) são desenvolvidos de acordo com as diretrizes previstas no art. 198 da Constituição Federal, obedecendo aos seguintes princípios, EXCETO:

a) Capacidade de resolução dos serviços apenas no nível primário de assistência.

b) Universalidade de acesso aos serviços de saúde em todos os níveis de assistência.

c) Preservação da autonomia das pessoas na defesa de sua integridade física e moral.

d) Integração em nível executivo das ações de saúde, meio ambiente e saneamento básico.

e) Utilização da epidemiologia para o estabelecimento de prioridades, alocação de recursos e orientação programática.

Resposta: alternativa "a".

► O SUS deve oferecer capacidade de resolução em todos os níveis da assistência à saúde.

- *AGIRH/2014 – Pref. Canas, SP – Médico PSF 40h:*

A Lei nº 8.080/90 que regulamenta o SUS define como princípios e diretrizes:

d) Integralidade, descentralização, controle social, equidade e universalidade.

Resposta: alternativa "d".

- *AOCP/2014 – EBSERH, HU-UFMS – Técnico em Enfermagem, Saúde do Trabalhador:*

De acordo com a Lei Orgânica da Saúde (Lei nº 8.080/1990), assinale a alternativa INCORRETA. As ações e serviços públicos de saúde e os serviços privados contratados ou conveniados que integram o Sistema Único de Saúde (SUS), são desenvolvidos de acordo com as diretrizes previstas no art. 198 da Constituição Federal, obedecendo, ainda, aos seguintes princípios:

a) universalidade de acesso aos serviços de saúde em todos os níveis de assistência.
b) preservação da autonomia das pessoas na defesa de sua integridade física e moral.
c) proibição da participação da comunidade.
d) igualdade da assistência à saúde, sem preconceitos ou privilégios de qualquer espécie.
e) direito à informação, às pessoas assistidas, sobre sua saúde.

Resposta: alternativa "c".

- *AOCP/2014 – EBSERH, HUSM-UFSM – Técnico em Enfermagem, Saúde do Trabalhador:*

De acordo com a Lei 8.080/1990, são princípios do Sistema Único de Saúde (SUS), EXCETO

a) universalidade de acesso aos serviços de saúde em todos os níveis de assistência.
b) integralidade de assistência, entendida como conjunto articulado e contínuo das ações e serviços preventivos e curativos, individuais e coletivos, exigidos para cada caso em todos os níveis de complexidade do sistema.
c) igualdade da assistência à saúde, sem preconceitos ou privilégios de qualquer espécie.
d) participação da comunidade.
e) alocação de recursos, estabelecimento de prioridades e a orientação programática de acordo com a assistência social.

Resposta: alternativa "e".

- *DOM CINTRA/2014 – FIOCRUZ – Tecnologista, Medicina de Saúde e Comunidade:*

São princípios e diretrizes do SUS, entre outros:

a) preservação da autonomia das pessoas na defesa de sua integridade física e moral; participação da comunidade; integralidade da assistência.

Resposta: alternativa "a".

- *BIORIO/2014 – IABAS – Sanitarista:*

Avalie se são princípios que regem o desenvolvimento das ações e serviços públicos de saúde e os serviços privados contratados ou conveniados que integram o Sistema Único de Saúde (SUS):

I. Descentralização político-administrativa, com direção única em cada esfera de governo, ênfase na descentralização dos serviços para os municípios e regionalização e hierarquização da rede de serviços de saúde.

II. Integração em nível executivo das ações de saúde, meio ambiente e saneamento básico.
III. Conjugação dos recursos financeiros, tecnológicos, materiais e humanos da União, dos Estados, do Distrito Federal e dos Municípios na prestação de serviços de assistência à saúde da população.
IV. Capacidade de resolução dos serviços em todos os níveis de assistência.
V. Organização dos serviços públicos de modo a evitar duplicidade de meios para fins idênticos.

Estão corretos:

e) I, II, III, IV e V.

Resposta: alternativa "e".

- *MP-SC/2011 – Promotor de Justiça – XXXVI Concurso:*

– Segundo a lei, o SUS possui, dentre outros, os seguintes princípios: universalidade do acesso aos serviços de saúde em todos os níveis de assistência; preservação da autonomia das pessoas na defesa de sua integridade física e moral; direito à informação, às pessoas assistidas, sobre sua saúde; participação da comunidade; regionalização e hierarquização da rede de serviços de saúde.

Resposta: Correto.

- *MP-PR/2011 – Promotor Substituto:*

São princípios do direito sanitário:

a) Princípio da unicidade; princípio da prevenção e princípio da participação da sociedade.

Resposta: alternativa "a".

- *MP-PR/2011 – Promotor Substituto:*

O Brasil é signatário do Pacto Internacional sobre Direitos Econômicos, Sociais e Culturais, que foi adotado pela XXI Sessão da Assembleia-Geral das Nações Unidas, em 19 de dezembro de 1966, tendo o Congresso Nacional brasileiro aprovado o texto do tratado por meio do Decreto Legislativo nº 226, de 12 de janeiro de 1991, entrando em vigor no Brasil em 24 de abril de 1992. São diretrizes referidas ao Direito Sanitário derivadas do referido documento a tomada de medidas necessárias para assegurar:

e) A diminuição da mortalidade infantil, a melhoria dos aspectos de higiene do trabalho. a prevenção e o tratamento das doenças epidêmicas; a criação de condições que assegurem a todos assistência médica; e a promoção do desenvolvimento das crianças.

Resposta: alternativa "e".

- *AOCP/2010 – FESF/BA, Sanitarista:*

O SUS possui princípios gerais que devem nortear os gestores na construção da política de saúde nas diferentes realidades do país, respeitando as especificidades e diversidades de cada região e localidade. Com relação aos princípios, analise as assertivas e assinale a alternativa que aponta a(s) correta(s).

I. O princípio da universalidade garante que todo cidadão é igual perante o SUS e terá acesso aos serviços de saúde públicos ou privados conveniados, sem privilégios nem barreiras, conforme suas necessidades.

II. A integralidade da atenção, diz respeito à garantia de acesso a um conjunto articulado e contínuo de ações e serviços preventivos e curativos, individuais e coletivos, exigidos para cada caso em todos os níveis de complexidade do sistema.

III. O princípio da descentralização, com direção única de governo prevê a descentralização do poder decisório do governo Federal para as instancias estaduais e municipais, considerando uma redistribuição das responsabilidades.

IV. A participação popular trata da garantia constitucional de que a população, através de suas entidades representativas, poderá participar sugerindo mudanças no processo de formulação das políticas de saúde.

e) I, II, III e IV.

Resposta: alternativa "e".

- *CONSEP/2011 – Prefeitura de Jurumenha/PI – Agente Comunitário de Saúde:*

Sobre as doutrinas e princípios que regem a organização do SUS, marque a alternativa correta:

a) Universalidade é a garantia de atenção à saúde por parte do sistema, a todo e qualquer cidadão.

b) Equidade significa assegurar ações e serviços de todos os níveis de acordo com a complexidade que cada caso requeira, more o cidadão onde morar, sem privilégios e sem barreiras.

c) A rede de serviços, organizada de forma hierarquizada e regionalizada, permite um conhecimento maior dos problemas de saúde da população da área delimitada, favorecendo ações de vigilância epidemiológica, sanitária, controle de vetores, educação em saúde, além das ações de atenção ambulatorial e hospitalar em todos os níveis de complexidade.

d) Todas as alternativas estão corretas.

Resposta: alternativa "d".

- *ACAMPLAM/2011 – Prefeitura de Umbuzeiro/PB – Agente Comunitário de Saúde:*

São princípios do Sistema Único de Saúde (SUS), exceto:

a) Municipalidade

b) Universalidade

c) Equidade

d) Integralidade

e) Resolutividade

Resposta: alternativa "a".

► Nem a Constituição Federal, nem a Lei nº 8.080/90 preveem a "municipalidade" como princípio ou diretriz do SUS.

- *INTEGRI/2010 – Prefeitura de Votorantim/SP, Médico Cardiologista:*

  A Lei Orgânica da Saúde, Lei Nº 8.080/90, é incisiva nos seus princípios e diretrizes quando destaca:

1. A universalidade de acesso aos serviços de saúde em todos os níveis de assistência.
2. A igualdade de assistência à saúde, sem preconceitos ou privilégios de qualquer espécie.
3. A participação da comunidade.
4. A utilização da epidemiologia na definição de prioridades e orientação no planejamento das ações dos serviços de saúde.

   Estão corretas as afirmativas:

b) 1, 2, 3 e 4.

   Resposta: alternativa "b".

- *IDECAN/2010 – Prefeitura de São Sebastião da Vargem Alegre/MG, Cirurgião Dentista:*

  Conforme preconiza a Lei Federal nº 8.080/1990, são considerados como princípios do SUS, EXCETO:

a) Preservação da autonomia das pessoas na defesa de sua integridade física e moral.
b) Direito à informação, às pessoas assistidas, sobre sua saúde.
c) Organização dos serviços públicos, de modo a evitar duplicidade de meios para fins idênticos.
d) Regionalização de serviços para evitar e conter excessos de viagens de demandas evasivas.
e) Integração em nível executivo das ações de saúde, meio ambiente e saneamento básico.

   Resposta: alternativa "d".

► A regionalização dos serviços de saúde não tem por objetivo "evitar e conter excessos de viagens de demandas evasivas".

- *FADURPE/2010 – SEDUC/PE, Coordenador de Curso Técnico (Enfermagem):*

  A Lei nº 8.080, de 1990, que dispõe sobre as condições para promoção, proteção e recuperação da saúde, a organização e o funcionamento dos serviços de saúde correspondente, discorre em seu artigo 7º sobre os princípios e diretrizes das ações e serviços de saúde, dentre os quais:

1. participação da comunidade.

2. universalidade de acessos aos serviços de saúde em todos os níveis de assistência.
3. direito à informação, desde que autorizada no âmbito da gestão local.
4. preservação da autonomia das pessoas na defesa de sua integralidade física e moral.
5. igualdade da assistência à saúde, com diferenciação apenas no nível terciário.

Estão corretas:

c) 1, 2 e 4 apenas.

Resposta: alternativa "c".

▶ O direito à informação é pleno, não havendo falar em necessidade de qualquer tipo de autorização por parte dos gestores do SUS. A igualdade de assistência, por sua vez, alcança todos os níveis de complexidade, não existindo diferenciação no nível terciário.

- *EDUCA/2010 – Prefeitura de Pitimbu/PB, Médico Clínico:*

A Constituição Brasileira de 1988 aprovou a criação de um Sistema Único de Saúde – SUS. Com base nos princípios do SUS, analise as seguintes afirmativas.

I. Deve-se assegurar a universalização do atendimento a população e a integralidade das ações.
II. Deve-se garantir o atendimento especializado e a atenção a pacientes carentes.
III. Deve haver um conceito ampliado de saúde considerando seus determinantes sociais.
IV. Deve-se garantir a saúde como um direito de todos e um dever do Estado.
V. Deve-se estabelecer a descentralização e o atendimento básico das necessidades de pacientes especiais.

Constituem princípios do SUS:

b) Somente as afirmativas I, III, IV.

Resposta: alternativa "b".

▶ Deve-se garantir todo o tipo de tratamento e atenção a todo o tipo de paciente, conforme os princípios da universalidade, equidade e integralidade. Também por isso, não faz sentido cogitar somente de "atendimento básico" nem de "pacientes especiais".

- *EDUCA/2010 – Prefeitura de Pitimbu/PB, Médico Clínico:*

Assinale a alternativa que apresenta CORRETAMENTE os princípios organizativos do SUS.

a) Acessibilidade, resolubilidade, regionalização, descentralização, hierarquização e participação popular.

Resposta: alternativa "a".

- *AOCP/2010 – FESF/BA, Sanitarista: Assinale a alternativa INCORRETA.*

As ações e serviços públicos de saúde e os serviços privados contratados ou conveniados que integram o Sistema Único de Saúde (SUS), são desenvolvidos de acordo com as diretrizes previstas no art. 198 da Constituição Federal, obedecendo ainda aos seguintes princípios:

a) direito à informação, às pessoas assistidas, sobre sua saúde.
b) vedação à divulgação de informações quanto ao potencial dos serviços de saúde e a sua utilização pelo usuário.
c) utilização da epidemiologia para o estabelecimento de prioridades, a alocação de recursos e a orientação programática.
d) participação da comunidade.
e) preservação da autonomia das pessoas na defesa de sua integridade física e moral.

Resposta: alternativa "b".

► O art. 7º, VI, expressamente prevê que o SUS terá como diretriz a "divulgação de informações quanto ao potencial dos serviços de saúde e a sua utilização pelo usuário".

---

2. **Art. 7º, I → princípio da universalidade de acesso em todos os níveis de assistência**: O princípio retoma a noção de titularidade ampla do direito à saúde, como direito fundamental do ser humano. O acesso universal também impõe, ao Estado e aos particulares, a obrigação de não impedirem o acesso do indivíduo aos serviços e às ações de saúde (direito de defesa), assim como de facilitarem tal acesso (direito a prestações) e até mesmo, no caso do Estado principalmente, pela criação de meios para tanto. De outra parte, a lei impõe a universalidade de acesso aos serviços e às ações de saúde em todos os níveis de assistência, ou seja, dos mais simples (como campanhas de vacinação e programas de atenção básica) até os mais complexos (procedimentos e tratamentos da chamada "alta complexidade", atendimento para portadores de doenças raras, transplantes, etc.).

► **Atenção!** A ideia central do princípio da universalidade é a de que todas as pessoas tenham acesso a todo o tipo de serviços e ações de saúde oferecidos.

► **Referências normativas:**

- **CF, art. 196:** "A saúde é **direito de todos** [...], garantido mediante políticas sociais e econômicas que visem [...] ao **acesso universal** [...] às ações e serviços para sua promoção, proteção e recuperação".
- **Lei nº 8.080/90, art. 2º:** "A saúde é um direito fundamental do ser humano [...]"; **art. 3º:** "O dever do Estado de garantir a saúde consiste [...] no estabelecimento de condições que assegurem acesso universal e igualitário às ações e aos serviços para a sua proteção, promoção e recuperação"; e **art. 4º:** "O dever do Estado não exclui o das pessoas, da família, das empresas e da sociedade".

► **Jurisprudência do STJ:**

- O Superior Tribunal de Justiça, ressaltando a estreita ligação entre os direitos à proteção da vida e da saúde, vem atribuindo uma interpretação ampla ao princípio da universalidade de acesso ao SUS: "não há que se perquirir sobre ser o recorrente Delegado de Polícia e perceber remuneração bem maior do que a maioria dos brasileiros, prevalecendo a presunção de que não pode suportar o ônus do tratamento, como decorrência da promessa constitucional de que todos são iguais perante a lei, sem distinção de qualquer natureza, garantindo-se aos brasileiros e aos estrangeiros residentes no país a inviolabilidade do direito à vida (art. 5º, CF/1988) [...] Precedentes citados: REsp 212.346-RJ, DJ 4/2/2002; RMS 11.129-PR, DJ 18/2/2002; REsp 325.337-RJ, DJ 3/9/2001, e REsp 127.604-RS, DJ 16/3/1998 (STJ, REsp nº 430.526/SP, Rel. Min. Luiz Fux, 1ª Turma, julgado em 1º-10-2002 – Informativo nº 149).

- Além disso, o STJ tem ampliado a interpretação do princípio da universalidade de acesso aos serviços de saúde para abranger o acesso à Justiça e, com isso, tem afirmado que "os pedidos devem ser interpretados, como manifestações de vontade, de forma a tornar o processo efetivo, o acesso à justiça amplo e justa a composição da lide. Precedentes: REsp 625329/RJ, Ministro LUIZ FUX, DJ 23.08.2004; REsp 735477/RJ, DJ 26.09.2006; REsp 813957/RJ, DJ 28.04.2006" (AgRg nos EDcl no REsp nº 944.105/ RJ, Rel. Min. Luiz Fux, 1ª Turma, unânime, DJe 11-09-2008).

► **Questão doutrinária:** Retomando de forma mais singela o que já foi dito no comentário ao art. 198 da CF, o princípio da universalidade do acesso ao sistema público de saúde foi uma das reivindicações do Movimento de Reforma Sanitária, que procurou estender a toda a população, independente de quaisquer condições, as prestações decorrentes do direito à saúde. Antes de 1988, o acesso aos serviços públicos de saúde era restrito aos trabalhadores com vínculo formal e respectivos dependentes, na condição de segurados da Previdência Social (INPS). A garantia de acesso universal rompeu com tais limitações, permitindo que todas as pessoas, com ou sem vínculo formal de trabalho, possam ser atendidas pelo SUS.

Aplicação em concurso:

- *IDECAN/2018 – CRF/SP – Procurador:*

  As ações e serviços públicos de saúde e os serviços privados contratados ou conveniados, que integram o Sistema Único de Saúde (SUS), são desenvolvidos de acordo com as diretrizes previstas no Art. 198 da Constituição Federal, obedecendo ainda a alguns princípios, dentre os quais a:

a) Universalidade de acesso aos serviços de saúde em todos os níveis de assistência.

b) Utilização da epidemiologia exclusivamente para o estabelecimento de prioridades.

c) Centralização político-administrativa, com direção única em cada esfera de governo.

d) Separação, no nível executivo, das ações de saúde, meio ambiente e saneamento básico.

Resposta: alternativa "a".

- *AOCP/2018 – Prefeitura de Juiz de Fora, MG – Enfermeiro:*

  As ações e serviços públicos de saúde e os serviços privados contratados ou conveniados que integram o SUS são desenvolvidos obedecendo alguns princípios. Dentre eles, é correto citar a

a) centralização político-administrativa, com direção única em cada esfera de governo.

b) utilização da epidemiologia para o estabelecimento de exclusões de recursos e a orientação programática.

c) igualdade da assistência à saúde, com privilégios de cargos superiores.

d) universalidade de acesso aos serviços de saúde em todos os níveis de assistência.

e) organização dos serviços públicos para promover a duplicidade de meios para fins idênticos.

Resposta: alternativa "d".

- *FUNCAB/2016 – EMSERH – Psicólogo:*

  Situações que condicionavam o acesso do usuário aos serviços públicos de saúde, como a necessidade de estarem formalmente inseridos no mercado de trabalho, foram legalmente excluídas com as disposições constitucionais acerca do SUS e com a Lei nº 8.080/1990 por meio do seguinte princípio:

a) hierarquização.
b) integralidade.
c) descentralização.
d) regionalização.
e) universalidade.

Resposta: alternativa "e".

- *DOM CINTRA/2014 – FIOCRUZ – Tecnologista, Psicologia:*

  Uma paciente gestante dirige-se a um hospital público de uma cidade para realizar um atendimento emergencial com a obstetra. Lá é atendida e seu problema resolvido. Num outro dia, ela se encontra a passeio na casa da sua tia, que mora em outro município do mesmo estado e sente-se mal. Dirige-se ao hospital daquela cidade e é informada de que não há obstetra no momento. Pode-se dizer que esse

d) universalidade.

Resposta: alternativa "d".

- *ACP/2014 – Pref. Comodoro, MT – Procurador Jurídico:*

  Sobre o que dispõe a Lei Federal nº 8.080, de 19 de setembro de 1990 [...]

– Os serviços públicos de saúde e os serviços privados conveniados que integram o Sistema Único de Saúde (SUS) devem observância ao princípio da universalidade, entendido como o conjunto articulado e contínuo de ações e serviços preventivos, curativos, individuais e coletivos, exigidos para cada caso, em todos os níveis de complexidade do sistema.

Resposta: Errado.

► Esta é a definição de integralidade da assistência (Lei nº 8.080/90, art. 7º, II)

- *GESTÃO DE CONCURSOS/2014 – HRTN – Médico Plantonista Clínico:*

  São fatores relacionados à acessibilidade aos serviços de saúde:

I. Econômicos.
II. Geográficos.
III. Culturais.
IV. Funcionais.

Estão CORRETOS os itens.

a) I, II, III e IV.

Resposta: alternativa "a".

- *AGILIZA/2011 – Prefeitura de Taquarussu/MS – Agente Comunitário de Saúde:*

  Em termos constitucionais, a saúde é um direito de todos. Isso significa dizer que um dos princípios do SUS, é a:

a) Universalidade.

  Resposta: alternativa "a".

- *INTEGRI/2010 – Prefeitura de Votorantim/SP, Enfermeiro:*

  Segundo a Lei 8.080 de 19 de setembro de 1990, no Capítulo II, Dos Princípios e Diretrizes, no art. 7º, "As ações e serviços públicos de saúde e os serviços privados contratados ou conveniados que integram o Sistema Único de Saúde (SUS), são desenvolvidos de acordo com as diretrizes previstas no art. 198 da Constituição Federal, obedecendo ainda aos seguintes princípios":

c) universalidade de acesso aos serviços de saúde em todos os níveis de assistência.

  Resposta: alternativa "c".

- *MULT-SAI/2010 – Prefeitura de Grossos/RN, Enfermeiro:*

  O Sistema Único de Saúde – SUS, foi criado pela Constituição Federal de 1988 e regulamentado pelas Leis nº 8.080/90 e nº 8.142/90, Leis Orgânicas da Saúde. Assinale a afirmativa INCORRETA relacionada ao SUS:

c) Através do SUS, apenas os cidadãos, que pagam seus impostos têm direito a consultas, exames, internações e tratamentos nas Unidades de Saúde vinculadas ao SUS da esfera municipal, estadual e federal, sejam públicas ou privadas, contratadas pelo gestor público de saúde.

  Resposta: alternativa "c".

▶ Todos os cidadãos, e mesmo os estrangeiros (em situações de urgência, por exemplo), têm direito à assistência à saúde prestada pelo SUS, independentemente de terem pago seus impostos ou não.

---

3. **Art. 7º, II → princípio da integralidade da assistência**. Integralidade significa o "conjunto articulado e contínuo das ações e serviços preventivos e curativos, individuais e coletivos, exigidos para cada caso em todos os níveis de complexidade do sistema". O princípio da integralidade relaciona-se ao princípio da universalidade, impondo o dever de prestação de assistência integral à saúde em todos os níveis de complexidade do sistema. Trata-se da garantia de tratamento de saúde completo.

   ▶ **Questão doutrinária:** Seguindo o que já foi exposto com mais detalhes no comentário ao art. 198 da CF, é no âmbito do princípio da integralidade da assistência que se travam as discussões mais difíceis – os chamados *hard cases* – envolvendo as demandas administrativas e judiciais pelo fornecimento de prestações materiais decorrentes do direito à saúde (medicamentos, exames, cirurgias, tratamentos, atendimento especializado, etc.). As limitações de recursos financeiros e sanitários, muitas vezes deduzidas judicialmente sob o argumento da "reserva do possível", traduzem as dificuldades entre a integralidade almejada e a realidade do tratamento oferecido, e em quais condições. A pretensão ao fornecimento de tratamentos experimentais ou de medicamentos com eficácia e segurança duvidosas questiona os limites da integralidade garantida pelo SUS e se contrapõe à **Medicina Baseada em Evidências** (*Evidence Based Medicine*) e ao **Uso Racional de Medicamentos.** Ao mesmo tempo, a garantia de proteção e implementação do denominado "mínimo existencial", ou seja, das condições materiais mínimas à vida humana com dignidade e saúde, passam pelo fornecimento de prestações materiais que assegurem a vida saudável, ou o mais próximo disso (quando as condições pessoais do indivíduo não mais lhe permitam uma vida saudável). A solução para tais controvérsias, seja no campo da definição das políticas públicas, seja quando já judicializadas as questões, passa necessariamente por uma análise de cada caso, *in concreto*, pautada pelo balanceamento entre os diversos princípios incidentes, entre os quais a dignidade da pessoa humana e a razoabilidade.

► **Jurisprudência do STJ:**

- O Superior Tribunal de Justiça tem reiteradamente afirmado o princípio da integralidade da assistência à saúde oferecida pelo SUS, individual e coletivamente, em todos os níveis de complexidade, tendendo a considerar viável até mesmo o fornecimento de tratamentos não previstos nas listas oficiais de medicamentos ou nos protocolos e diretrizes do SUS. Nesse sentido: "O Sistema Único de Saúde – SUS visa à integralidade da assistência à saúde, seja individual ou coletiva, devendo atender aos que dela necessitem em qualquer grau de complexidade, de modo que, restando comprovado o acometimento do indivíduo ou de um grupo por determinada moléstia, necessitando de determinado medicamento para debelá-la, este deve ser fornecido, de modo a atender ao princípio maior, que é a garantia à vida digna" (AgRg nos EDcl no REsp nº 944.105/ RJ, Rel. Min. Luiz Fux, 1ª Turma, unânime, DJe 11-09-2008).

- No caso de tratamento de saúde no exterior, a 1ª Seção posicionou-se pela legitimidade da vedação imposta pelo Ministério da Saúde, por meio da Portaria nº 763/94, relativa ao tratamento da retinose pigmentar em Cuba. A decisão levou em consideração o parecer técnico do Conselho Brasileiro de Oftalmologia atestando a inexistência de comprovação científica da eficácia do tratamento. Conferir: MS nº 8.895/DF, Rel. Min. Eliana Calmon, 1ª Seção, por maioria, DJ 07-06-2004; REsp nº 616.640/DF, Rel. p/ acórdão Min. Teori Zavascki, 1ª Turma, por maioria, DJ 21-03-2005.

- Destacando o caráter excepcional da decisão, contudo, o STJ já reconheceu a obrigatoriedade do Estado em oferecer tratamento, por meio de aparelho (órtese) fabricado no exterior, sem similar nacional. Entre outros fundamentos, o acórdão traz referência explítica ao "princípio da integralidade da assistência médica preventiva e curativa", acentuando que "não se pode abandonar, à sua própria sorte, aqueles que, comprovadamente, não podem obter o tratamento adequado dentro das fronteiras do país". Ressalvou-se como regra geral, contudo, "que havendo tratamento satisfatório para a doença, não se justifica que o Estado disponibilize recursos para tratamento no exterior" (MS nº 8.840/DF, Rel. Min. João Otávio de Noronha, 1ª Seção, por maioria, DJ 09-02-2004).

- **REsp nº 1.041.197/MS** (DJe 16-09-2009): em ação civil pública por meio da qual o Ministério Público do Estado do Mato Grosso do Sul buscava assegurar o fornecimento de equipamentos ao Hospital Universitário de Dourados, o STJ decidiu que a "reserva do possível" deve ser contextualizada à realidade de países periféricos como o Brasil. Afirmou que o princípio da separação dos Poderes, estabelecido para a garantia dos direitos fundamentais, não pode servir à limitação da eficácia dos direitos sociais. Há prevalência do mínimo existencial e, em função disso, deve ser mantido o acórdão que obrigara o Estado ao fornecimento de equipamentos para hospital universitário, como forma de assegurar o direito à saúde da população que será ali atendida. Confira-se a ementa do acórdão:

> *ADMINISTRATIVO – AÇÃO CIVIL PÚBLICA – CONTROLE JUDICIAL DE POLÍTICAS PÚBLICAS – POSSIBILIDADE EM CASOS EXCEPCIONAIS – DIREITO À SAÚDE – FORNECIMENTO DE EQUIPAMENTOS A HOSPITAL UNIVERSITÁRIO – MANIFESTA NECESSIDADE – OBRIGAÇÃO DO ESTADO – AUSÊNCIA DE VIOLAÇÃO DO PRINCÍPIO DA SEPARAÇÃO DOS PODERES – NÃO-OPONIBILIDADE DA RESERVA DO POSSÍVEL AO MÍNIMO EXISTENCIAL.*

[...]

3. A partir da consolidação constitucional dos direitos sociais, a função estatal foi profundamente modificada, deixando de ser eminentemente legisladora em pró das liberdades públicas, para se tornar mais ativa com a missão de transformar a realidade social. Em decorrência, não só a administração pública recebeu a incumbência de criar e implementar políticas públicas necessárias à satisfação dos fins constitucionalmente delineados, como também, o Poder Judiciário teve sua margem de atuação ampliada, como forma de fiscalizar e velar pelo fiel cumprimento dos objetivos constitucionais.

4. Seria uma distorção pensar que o princípio da separação dos poderes, originalmente concebido com o escopo de garantia dos direitos fundamentais, pudesse ser utilizado justamente como óbice à realização dos direitos sociais, igualmente fundamentais. Com efeito, a correta interpretação do referido princípio, em matéria de políticas públicas, deve ser a de utilizá-lo apenas para limitar a atuação do judiciário quando a administração pública atua dentro dos limites concedidos pela lei. Em casos excepcionais, quando a administração extrapola os limites da competência que lhe fora atribuída e age sem razão, ou fugindo da finalidade a qual estava vinculada, autorizado se encontra o Poder Judiciário a corrigir tal distorção restaurando a ordem jurídica violada.

5. O indivíduo não pode exigir do estado prestações supérfluas, pois isto escaparia do limite do razoável, não sendo exigível que a sociedade arque com esse ônus. Eis a correta compreensão do princípio da reserva do possível, tal como foi formulado pela jurisprudência germânica. Por outro lado, qualquer pleito que vise a fomentar uma existência minimamente decente não pode ser encarado como sem motivos, pois garantir a dignidade humana é um dos objetivos principais do Estado Democrático de Direito. Por este motivo, o princípio da reserva do possível não pode ser oposto ao princípio do mínimo existencial.

6. Assegurar um mínimo de dignidade humana por meio de serviços públicos essenciais, dentre os quais a educação e a saúde, é escopo da República Federativa do Brasil que não pode ser condicionado à conveniência política do administrador público. A omissão injustificada da administração em efetivar as políticas públicas constitucionalmente definidas e essenciais para a promoção da dignidade humana não deve ser assistida passivamente pelo Poder Judiciário. Recurso especial parcialmente conhecido e improvido.

(STJ, REsp nº 1.041.197/MS, Rel. Min. Humberto Martins, 2ª Turma, votação unânime, DJe 16-09-2009)

Aplicação em concursos:

- *FCC/2018 – Câmara Legislativa do Distrito Federal – Consultor Legislativo (Saúde):*

  Considerando o indivíduo na sua dimensão global - sem perder de vista a sua singularidade, quando da explicação de seus processos de adoecimento e de saúde –, a Política Nacional de Práticas Integrativas e Complementares (PNPIC) corrobora para a integralidade da atenção à saúde, princípio que requer também a interação das ações e serviços existentes no SUS. Incluem-se nas principais práticas integrativas e complementares existente no SUS, segundo esta política:

a) Medicina Tradicional Chinesa-Acupuntura, Homeopatia, Fitoterapia, Medicina Antroposófica e Termalismo-Crenoterapia.
b) Medicina Tradicional Chinesa-Acupuntura, Medicina Ayurveda, Fitoterapia, Medicina Antroposófica e Musicoterapia.
c) Medicina Ayurveda, Homeopatia, Reiki, Fitoterapia, Iridologia, Reflexologia Auricular e Podal, Quiropraxia.
d) Medicina Ayurveda, Homeopatia, Reiki, Fitoterapia, Medicina Antroposófica, Reflexologia Auricular e Podal, Aromaterapia.
e) Medicina Ayurveda, Homeopatia, Reiki, Quiropraxia, Iridologia, Meditação, Yoga e Musicoterapia.

Resposta: alternativa "a".

- *MP-SC/2014 – Promotor de Justiça – XXXIX Concurso:*

– Expressa a Lei n. 8.080/90, que a universalidade de acesso aos serviços de saúde, como princípio do Sistema Único de Saúde – SUS, é entendida como o conjunto articulado e contínuo das ações e serviços preventivos e curativos, individuais e coletivos, exigidos para cada caso em todos os níveis de complexidade do sistema.

Resposta: Errado.

► Este é o conceito legal de integralidade da assistência, como explicitamente consigna art. 7º, II, da Lei nº 8.080/90.

- *AGIRH/2014 – Pref. Canas, SP – Médico PSF 40h:*

  O conjunto contínuo e articulado de ações e serviços, preventivos e curativos, individuais e coletivos, em todos níveis de complexidade, conforme a Lei 8.080/90, expressa qual princípio?

d) Integralidade da atenção.

Resposta: alternativa "d".

- *IADES/2014 – EBSERH/HUOL-UFRN – Advogado:*

  De acordo com o princípio da integralidade, a atenção à saúde deve levar em consideração

a) as necessidades específicas de pessoas ou grupo de pessoas, ainda que minoritários em relação ao total da população.

Resposta: alternativa "a".

- *CEC/2014 – Pref. Ponta Grossa, PR – Médico Cardiologista:*

  Assinale a alternativa que complementa corretamente o texto a seguir: "O Sistema Único de Saúde, como preconiza a Lei nº 8.080 de 1990, tem como um dos seus princípios doutrinários a integralidade. Segundo essa lei entende-se integralidade da seguinte forma: ____________."

c) um conjunto de ações e serviços preventivos e curativos, exigidos para caso em todos os níveis do sistema.

Resposta: alternativa "c".

- *FUNCAB/2011 – Prefeitura de Anápolis/GO – Analista em Saúde (Cirurgião-Dentista):*

  Uma paciente comparece a uma unidade de saúde para tratar de um ferimento. A técnica de enfermagem que a atende percebe que ela aparenta ter sobrepeso e a convida a participar do "grupo de caminhada" da unidade. Esta conduta traduz o seguinte princípio do Sistema Único de Saúde:

a) universalidade.
b) integralidade.
c) descentralização.
d) hierarquização.
e) equidade.

Resposta: alternativa "b".

- *CONSULPLAN/2010 – Prefeitura de Santa Maria Madalena/RJ, Médico Clínico:*

  A Constituição Federal de 1988 e a Lei Federal nº 8.080/1990 se expressam sobre a integralidade nas ações e serviços de saúde, com diretrizes diferenciadas, porém complementares. Neste sentido, analise a integridade:

I. Possibilidade de atendimento em todos os níveis de complexidade.
II. Formação de equipe de profissionais para atuar de forma multidisciplinar e biopsicossocial.
III. Intervenção na promoção, proteção, recuperação da saúde e reabilitação.
IV. Equipe unificada e focada em especialidades de alta complexidade de forma prioritária.

Estão corretas apenas as alternativas:

b) I, II, III.

Resposta: alternativa "b".

► A ideia de integralidade relaciona-se a uma visão abrangente das ações e dos serviços de saúde, que é diversa, portanto, dos objetivos de "uma equipe unificada e focada" em somente um tipo de assistência.

- *COPEMA/2010 – IF/AL, Docente I (Saúde e Trabalho):*

  A Lei 8.080/90 (Lei Orgânica da Saúde) define princípios e diretrizes para o SUS. O conjunto contínuo e articulado de ações e serviços, preventivos e curativos, individuais e coletivos, em todos os níveis de assistência, é considerado como um direito de:

b) integralidade da assistência.

  Resposta: alternativa "b".

- *INSTITUTO LUDUS/2010 – Prefeitura de São João dos Patos/MA, Médico Cirurgião Oftalmologista:*

  As ações de saúde pública no Brasil devem estar voltadas, ao mesmo tempo, para o indivíduo e para a comunidade, para a prevenção e para o tratamento, sempre respeitando a dignidade humana. Essas ações estão baseadas no princípio da:

b) Integralidade.

  Resposta: alternativa "b".

- *EDUCA/2009 – Prefeitura de Juarez Távora/PB – Enfermeiro:*

  "A ______________ corresponde ao princípio mais negligenciado no âmbito do SUS. No início da década de noventa, a preocupação com o mesmo limitava-se a alguns centros acadêmicos e experiências municipais, posto que a ênfase política concentrava-se em questões de financiamento e descentralização. Somente com a expansão do PSF e a sua reorientação política enquanto estratégia, a partir da segunda metade da década de noventa, foi possível enfatizar propostas como territorialização, vigilância da saúde, acolhimento, vínculo, ações programáticas, oferta organizada, entre outras, retomando-se a discussão posta pela Reforma Sanitária." (Trecho da entrevista com Jairnilson da Silva Paim: Um balanço dos 20 anos do SUS, Ciênc. Saúde Coletiva. v.14, n.3, 2009) Considerando os princípios e as diretrizes do SUS citados abaixo, a lacuna exibida no texto acima

c) Integralidade.

  Resposta: alternativa "c".

4. **Art. 7º, III → princípio da autonomia**. Conquanto pudesse ser relacionado ao princípio geral da liberdade e autonomia individual, no campo do Direito Sanitário e da **Bioética** o princípio da autonomia apresenta contornos mais específicos, servindo como diretriz à solução dos conflitos éticos na área da saúde. É apontado pela doutrina como princípio basilar da

Bioética, juntamente com o princípio da não-maleficência, o princípio da beneficência e o princípio da justiça[130]. O princípio determina que as pessoas sejam tratadas com autonomia, isto é, que tenham resguardada sua capacidade de agir com conhecimento de causa e sem coação externa, e, quando isso não for possível, que sejam protegidas[131] durante a prestação dos serviços e a realização das ações de saúde pelo SUS. Da aplicação do princípio da autonomia decorrem, por exemplo, o dever de informação adequada e a exigência de consentimento informado, assim como um dever geral de proteção à dignidade do paciente.

Aplicação em concurso:

- *FCC/2018 – Câmara Legislativa do Distrito Federal – Consultor Legislativo (Saúde):*

  A Organização Mundial da Saúde define Envelhecimento Saudável como processo de desenvolvimento e manutenção da capacidade funcional que permite o bem-estar em idade avançada. Esta concepção fundamenta-se no princípio da

  a) qualidade de vida: organização de uma agenda de consultas médicas e de especialistas para manutenção da saúde e garantia da longevidade.
  b) independência: habilidade de executar funções relacionadas à vida pós-laboral e reinserção do mercado informal no momento de aposentadoria.
  c) autonomia: habilidade de controlar, lidar e tomar decisões pessoais sobre como se deve viver diariamente, de acordo com suas próprias regras e preferências.
  d) autonomia: habilidade de controlar, lidar e tomar decisões pessoais sobre sua capacidade de manter-se financeiramente sozinho, especialmente por meio de benefícios ou reinserção no mercado de trabalho.
  e) independência: habilidade de executar funções relacionadas com as atividades da vida diária com a função específica de garantir a reinserção no mundo produtivo.

  Resposta: alternativa "c".

- *AOCP/2015 – EBSERH/HE-UFSCAR – Advogado:*

  Assinale a alternativa correta.

130. KIPPER, Délio José; CLOTET, Joaquim. Princípios da Beneficência e Não-maleficência. In: COSTA, Sérgio Ibiapina Ferreira; OSELKA, Gabriel; GARRAFA, Volnei (coords.). *Iniciação à Bioética*. Brasília: Conselho Federal de Medicina, 1998, p. 41.
131. Cfe. PESSINI, Léo; BARCHIFONTAINE, Christian de Paul de. Bioética: do Principialismo à Busca de uma Perspectiva Latino-Americana. In: COSTA; OSELKA; GARRAFA, 1998, p. 83-84.

a) A preservação da autonomia das pessoas na defesa de sua integridade física e moral é um dos princípios do Sistema Único de Saúde.
b) As comissões intersetoriais terão a finalidade de articular políticas e programas de interesse para a saúde, cuja execução envolva somente áreas compreendidas no âmbito do Sistema Único de Saúde.
c) A articulação das políticas e programas, a cargo das comissões intersetoriais, não abrangerá ciência e tecnologia.
d) Não caberá à União, aos Estados, ao Distrito Federal e aos Municípios, em seu âmbito administrativo, a atribuição de elaborar as normas para regular as atividades de serviços privados de saúde, tendo em vista a sua relevância pública.
e) Não é princípio do Sistema Único de Saúde a capacidade de resolução dos serviços em todos os níveis de assistência.

Resposta: alternativa "a".

- *UNIMONTES/2010 – Prefeitura de Montes Claros/MG, Biólogo:*
  Um dos princípios que deve ser obedecido ao se executar uma ação e serviço público de saúde bem como em serviços privados contratados ou conveniados que integram o Sistema Único de Saúde é:

a) preservação e autonomia das pessoas na defesa de sua integridade física e moral.

Resposta: alternativa "a".

- *CESPE/2008 – Ministério da Saúde, Agente Administrativo:*
  A universalidade de acesso aos serviços de saúde, a preservação da autonomia das pessoas na defesa de sua integridade física e moral e a igualdade da assistência à saúde, sem preconceitos ou privilégios de qualquer espécie, são princípios e diretrizes do SUS previstos na lei mencionada.
  Resposta: Correto.

- *CONESUL/2008 – Prefeitura de Porto Alegre/RS, Médico (Cardiologista):*
  Assinale a alternativa [...]

c) A preservação da autonomia das pessoas na defesa de sua integridade física e moral e a igualdade da assistência à saúde, sem preconceitos ou privilégios de qualquer espécie, são diretrizes do SUS.

Resposta: alternativa "c".

5. **Art. 7º, IV → princípio da igualdade da assistência à saúde**, ou **equidade**. A relação com o princípio constitucional da igualdade (CF, art. 5º, *caput*) é evidente, assim como o liame com o princípio da igualdade de acesso aos serviços e às ações de saúde (CF, art. 196: "acesso universal e igualitário" – expressão reiterada pelo art. 2º, § 1º da Lei nº 8.080/90). Importante lembrar que o princípio da igualdade possui dupla dimensão: igualdade

formal, significando a igualdade de todos perante a lei e impedindo, com isso, discriminações de sexo, raça, cor, credo, idade, etc.; e igualdade material ou substancial, que se associa à ideia de justiça distributiva e, por isso, pode justificar discriminações positivas, com objetivo de assegurar uma equalização das condições entre as pessoas. Neste aspecto, corresponde à concepção de que os iguais devem ser tratados de forma igual, e os diferentes, de modo diferente, na medida dessa diferença.

► **Questões doutrinárias:**

5.1. Em direito sanitário, o princípio da igualdade é geralmente compreendido no sentido de igualdade formal, enquanto o princípio da equidade é que corresponde à noção jurídica de igualdade material ou substancial.

5.2. O princípio da igualdade também fundamenta diversas discussões acerca da implementação dos serviços e ações de saúde, seja em termos mais simples, quando se busca soluções que ampliem o acesso igualitário (isto é, de todos) aos serviços de saúde, seja de modo mais complexo, quando se inquirem as alocações de recursos financeiros e sanitários, as decisões e políticas públicas, ou até mesmo a gratuidade dos serviços públicos de saúde. É comum, nesses casos, o choque entre os princípios da igualdade e da eficiência administrativa, entre o valor da dignidade da pessoa humana e concepções utilitaristas – cuja solução, assim como em outras hipóteses, somente poderá ser apontada diante do caso concreto. Não se deve esquecer, contudo, que a Constituição Federal arrola, entre os objetivos do Estado brasileiro, a redução das desigualdades sociais e regionais, a determinar a aplicação do art. 3º do texto constitucional como parâmetro para a referida ponderação de valores e direitos em jogo.

Aplicação em concursos:

- *CESPE/2018 – EBSERH – Nível Superior:*

  A respeito do Sistema Único de Saúde (SUS), julgue o próximo item.

  O princípio da equidade no SUS refere-se ao tratamento desigual para que todos tenham, de acordo com suas necessidades, as demandas atendidas.

  Resposta: Correto.

- *COMPERVE/2018 – Prefeitura de Natal – Enfermeiro:*

  O SUS é o conjunto de ações e serviços públicos de saúde, compondo uma rede regionalizada e hierarquizada, organizada a partir dos princípios da universalidade, equidade, integralidade, descentralização e participação da comunidade. Analise as afirmativas abaixo que discorrem sobre os princípios do SUS.

– Em situações que ocorrem grandes desigualdades, como no acesso à saúde, é necessário estabelecer o princípio da equidade tratando igualmente os desiguais para minimizar o efeito da determinação social.

Resposta: Correto.

- *IF-CE/2017 – IF-CE – Técnico de enfermagem:*

Sobre os princípios e as diretrizes do Sistema Único de Saúde (SUS), é correto dizer-se que

a) a Integralidade é a garantia de atenção à saúde pelo sistema, a todo e qualquer cidadão.
b) equidade significa assegurar ações e serviços de todos os níveis de acordo com a complexidade que cada caso requeira, more o cidadão onde morar, sem privilégios e sem barreiras.
c) a Universalidade é entendida como o conjunto articulado e contínuo das ações e serviços preventivos e curativos, individuais e coletivos, exigidos para cada caso em todos os níveis de complexidade do sistema.
d) deve ser dada ênfase à descentralização dos serviços para os estados.
e) quando for necessária a contratação de serviços privados, devem ter preferência os serviços com fins lucrativos, conforme determina a Constituição.

Resposta: alternativa "b".

- *IBFC/2016 – EBSERH/HU-FURG – Advogado:*

O gestor estadual de saúde propõe priorizar investimentos em municípios de médio porte, com reduzida capacidade instalada para atendimento de pacientes com insuficiência coronariana aguda. Pode-se dizer que essa proposta:

a) Desrespeita o princípio da universalidade, do SUS.
b) Desrespeita o princípio da participação da comunidade na gestão do SUS.
c) Desrespeita o princípio utilização da epidemiologia para o estabelecimento de prioridades.
d) É coerente com o princípio da equidade, do SUS.
e) Contraria o princípio da organização dos serviços públicos de modo a evitar duplicidade de meios para fins idênticos.

Resposta: alternativa "d".

- *IBFC/2016 – EBSERH/HUAP-UFF – Advogado:*

Considerando o texto da Lei 8.080/90, a assistência sem preconceitos ou privilégios de qualquer espécie corresponde a um dos princípios do SUS, que é a (o):

a) Universalidade de acesso aos serviços de saúde em todos os níveis de assistência.

b) Preservação da autonomia das pessoas na defesa de sua integridade física e moral.
c) Integralidade de assistência.
d) Igualdade da assistência à saúde.
e) Direito à informação, às pessoas assistidas, sobre sua saúde.
Resposta: alternativa "d".

- *AGIR-UEG/2014 – HUGO2 – Biomédico:*
  Dois pacientes com hipertensão grave podem ter seu acompanhamento diferenciado conforme as características de cada um. Entre essas podemos citar as condições de ser analfabeto e/ou morar sozinho. O princípio do SUS que garante esse cuidado é

b) equidade.
Resposta: alternativa "b".

- *FAPESE/2014 – Pref. Criciúma, SC – Médico Cirurgião Geral:*
  Das diretrizes e princípios previstos no SUS, a equidade:

d) Garante a toda a população ter acesso aos serviços de saúde públicos, em condições de igualdade, não importando o gênero, situação econômica, social, cultural ou religiosa.
Resposta: alternativa "d".

- *COMPROV/UFCG/2014 – Pref. Baraúna, PB – Médico Clínico Geral:*
  Todas as alternativas abaixo estão relacionadas ao princípio de equidade do SUS, EXCETO:

a) A saúde é vista com justiça social.
b) A equidade, na saúde, é sinônimo de igualdade.
c) A equidade na saúde está relacionada às especificidades e necessidades da população.
d) Para seguir o princípio de equidade, o gestor deve analisar as peculiaridades de sua região.
e) O princípio da equidade busca a diminuição das desigualdades, mas não trata todos da mesma forma.
Resposta: alternativa "b".

▶ **Atenção!** Equidade, em saúde, pode ser tida como sinônimo de igualdade em sentido material, a justificar tratamentos distintos, e não igualdade em sentido formal (que significaria tratar a todas as pessoas da mesma forma, a despeito de suas diferenças e particularidades).

- *CETRO/2013 – Prefeitura Municipal de Campinas/SP – Enfermeiro:*
  Em uma Unidade Básica de Saúde (UBS), M.L.F., 32 anos, sexo feminino, foi diagnosticada com câncer de colo de útero. O médico da unidade forneceu

uma guia de encaminhamento para serviço de maior complexidade, que forneceria o tratamento necessário para a paciente. Ao realizar a ação de encaminhar a paciente ao serviço mais adequado para atendê-la, há o cumprimento de um dos princípios do SUS. Assinale a alternativa que apresenta o princípio do SUS executado.

c) Equidade.

Resposta: alternativa "c".

- *FEPESE/2012 – Prefeitura de Florianópolis – Médico – 2012:*

Dos princípios e diretrizes que regem o SUS no Brasil, a diretriz que garante o acesso aos serviços de saúde a toda a população em condições de igualdade, mantendo, entretanto, uma discriminação positiva em casos especiais em que a prioridade tem que ser dada a quem tem mais necessidades, é a:

e) Equidade.

Resposta: alternativa "e".

- *CONSULPLAN/2011 – Prefeitura de Campo Verde/MT – Agente Comunitário de Saúde:*

Equidade em saúde significa:

a) Igualdade da atenção à saúde, sem privilégios ou preconceitos.

Resposta: alternativa "a".

- *IBCF/2011 – Prefeitura de Campinas/SP – Agente Comunitário de Saúde:*

Você é informado, durante um treinamento, de que no ano de 2005, mais de R$ 800 milhões foram gastos pelo Sistema Único de Saúde (SUS) em procedimentos de Quimioterapia, atendendo número relativamente pequeno de pessoas, em relação à população do país. Esse fato

a) é válido e compatível com o princípio de equidade do SUS.

Resposta: alternativa "a".

- *EXATUS/2011 – Prefeitura de Maripá/PR – Agente Comunitário de Saúde:*

É um dos princípios doutrinários, o qual diz que todos cidadãos são iguais perante o Sistema Único de Saúde e será atendido conforme as suas necessidades:

a) Universalidade.
b) Integralidade.
c) Equidade.
d) Regionalidade.

Resposta: alternativa "c".

- *FUNIVERSA/2011 – SES/DF – Médico Anestesiologista:*

As ações e serviços públicos de saúde e os serviços privados contratados ou conveniados que integram o Sistema Único de Saúde são desenvolvidos de acordo com as diretrizes previstas no artigo 198 da Constituição Federal de 1988, obedecendo ainda a princípios organizativos e doutrinários, tal como:

c) Equidade.

Resposta: alternativa "c".

- *VUNESP/2009 – Prefeitura de Guarulhos/SP, Médico (Alergista):*

O Relatório Final da 8ª Conferência Nacional de Saúde – CNS – propôs um novo Sistema Nacional de Saúde que deveria ser regido, dentre outros, pelos seguintes princípios:

c) eqüidade em relação ao acesso dos que necessitam de atenção; atendimento oportuno segundo as necessidades.

Resposta: alternativa "c".

- *FUNCAB/2010 – SESAP/RN, Biomédico:*

Considerando a necessidade de classificação de risco para a organização do atendimento às urgências, estamos respeitando o princípio do Sistema Único de Saúde de:

b) eqüidade.

Resposta: alternativa "b".

- *PaqTcPB/2010 – Prefeitura de Patos/PB, Inspetor Sanitário – Farmacêutico:*

A construção do SUS se baseou em alguns princípios previstos constitucionalmente. Em relação a esses princípios marque V (verdadeiro) e (F) falso:

– Conforme o princípio da eqüidade, o atendimento deve ser preferencialmente voltado para a cura das doenças e não, para a promoção da saúde.

Resposta: Falso.

▶ Conforme o princípio da equidade, assegura-se a igualdade de assistência à saúde, conforme as necessidades de cada pessoa; ademais, a equidade em nada se relaciona à preferência por determinado tipo de ação – preferência que, de resto, é estabelecida constitucionalmente em favor das ações preventivas.

- *CAJUÍNA/2010 – Prefeitura de Miguel Alves/PI, Médico Clínico Geral (PSF):*

Senhora de 71 anos, mãe de Senador da República, é hipertensa e diabética e faz tratamento regular na rede privada de saúde. Nunca utilizou os serviços do SUS. Um belo dia, fazia sua caminhada matinal sozinha quando teve um mal estar e julgando ser passageiro não pediu ajuda, evoluindo com síncope. Foi solicitado o atendimento do SAMU por populares da via pública. Após atendimento pré-hospitalar foi encaminhada inconsciente para hospital público e logo na emergência teve seu atendimento priorizado diante dos que já aguardavam. Os princípios do SUS que foram respeitados na situação descrita são:

a) Equidade e universalidade.

Resposta: alternativa "a".

- *INTEGRI/2010 – Prefeitura de Votorantim/SP, Fonoaudiólogo:*

  A Equidade, como doutrina do Sistema Único de Saúde, destaca-se por

b) O acesso aos serviços de saúde deve ser garantido a toda população em condições de igualdade, não importando o gênero, a situação econômica, social, cultural ou religiosa, ou seja deve garantir o acesso ao atendimento em todos os níveis de complexidade, a partir da necessidade de cada indivíduo ou familiares.

   Resposta: alternativa "b".

- *UFAC/2010 – Psicólogo Clínico:*

  Acerca dos princípios do SUS, assinale a alternativa CORRETA:

a) Todos devem ter igualdade de oportunidades de usar o sistema de saúde, entretanto, o Brasil possui grandes disparidades sociais e regionais, ou seja, as necessidades de saúde variam tornando-se imprescindível compensá-las. Este postulado corresponde ao princípio de eqüidade.

   Resposta: alternativa "a".

6. **Art. 7º, V e VI → direito e dever de informação.** O direito à informação aparece como densificação do princípio da autonomia, como compreendido na Bioética, impondo ao profissional da saúde e às instituições que atuem no SUS o dever de prestar informações adequadas, a respeito da saúde do paciente, para ele mesmo ou, quando isso não for possível, para seus familiares ou responsáveis. Esse dever compreende a prestação de informações sobre os tratamentos, os serviços de saúde e sua utilização pelo paciente.

   ▶ **Questão doutrinária:** O direito à informação encontra paralelo no **art. 3º, III, da Lei nº 8.078/90 (Código de Proteção e Defesa do Consumidor – CDC)**, em que assegurado a qualquer consumidor, e não apenas ao consumidor de serviços de saúde, o direito à "informação adequada e clara sobre os diferentes produtos e serviços, com especificação correta de quantidade, características, composição, qualidade e preço, bem como sobre os riscos que apresentem". A incidência conjunta das normas sanitária e consumeirista, ambas de natureza protetiva, asseguram uma dupla tutela do consumidor-paciente, impondo um dever reforçado de prestação de informações adequadas, pois há hipossuficiência do indivíduo tanto como consumidor, quanto na condição de paciente ou usuário do serviço de saúde. O dever de informação, assim como as demais cláusulas protetivas do CDC, atuam de maneira importante nas relações de consumo estabelecidas como operadoras de planos e seguros de saúde.

Aplicação em concursos:

- *CEPUERJ/UERJ/2014 – Pref. Campo dos Goytacazes, RJ – Médico Angiologista:*

  As ações que integram o SUS são desenvolvidas de acordo com as diretrizes previstas no artigo 198 da Constituição Federal, obedecendo, entre outros, aos princípios da:

c) divulgação de informação quanto ao potencial dos serviços de saúde e sua utilização pelo usuário.

  Resposta: alternativa "c".

- *NUCEPE/UESPI/2011 – FMS – Advogado:*

– As ações e os serviços públicos de saúde devem obedecer, entre outros princípios, ao direito à informação às pessoas assistidas, sobre sua saúde.

  Resposta: Correto.

- *Instituto de Planejamento e Apoio ao Desenvolvimento Tecnológico e Científico/2010 – Conselho Regional de Biomedicina da 2ª Região, Biomédico:*

  As ações e serviços públicos de saúde que integram o Sistema Único de Saúde – SUS obedecem aos seguintes princípios:

a) Universalidade, direito à informação e eqüidade;

  Resposta: alternativa "a".

- *CESPE/2008 – Ministério da Saúde, Agente Administrativo:*

  Essa legislação prevê o direito dos sujeitos à confidencialidade da atenção à saúde e das informações dela originadas e detalha as normas e procedimentos para a proteção da identidade dos pacientes.

  Resposta: Errado.

▶ A Lei nº 8.080/90 estabelece o direito das pessoas assistidas às informações sobre sua saúde, e não detalha normas e procedimentos para proteção da identidade dos pacientes.

---

7. **Art. 7º, VII** → a lei determina que a **epidemiologia** sirva como critério para o estabelecimento de prioridades, a alocação de recursos e a orientação programática do SUS. Epidemiologia é "a ciência que estuda o processo saúde-doença na comunidade, analisando a distribuição e os fatores determinantes das enfermidades e dos agravos à saúde coletiva, propondo medidas de prevenção, de controle ou de erradicação"[132].

132. Cf.: <http://bvsms.saude.gov.br/php/level.php?lang=pt&component=51&item=56>. Acesso em 12 maio 2009.

Aplicação em concursos:

- *CONSULPLAN/2013 – AVAPE – Médico Neurologista:*

  A saúde pública tem, na epidemiologia, o mais útil instrumento para o cumprimento de sua missão de proteger a saúde das populações. São objetivos da epidemiologia

I. definir e determinar os fatores contribuintes aos agravos à saúde;

II. estabelecer medidas preventivas;

III. auxiliar o planejamento e o desenvolvimento de serviços de saúde.

Está(ão) correta(s) a(s) alternativa(s)

a) I, II e III.

Resposta: alternativa "a".

- *BIORIO/2012 – Prefeitura de Resende/RJ – Médico Ultrassonografista:*

  Os princípios do Sistema Único de Saúde incluem:

d) a utilização da epidemiologia para o estabelecimento de prioridades, a alocação de recursos e a orientação programática.

Resposta: alternativa "d".

- *CONSULPLAN/2009 – Prefeitura de Guarapari/ES, Médico:*

  A epidemiologia tem diversas aplicações em saúde pública tais como, EXCETO:

a) Avaliar quanto os serviços de saúde respondem aos problemas e necessidades das populações.

b) Independe da pesquisa, apresentar uma discussão perene sobre motivação em saúde pública.

c) Identificar fatores de risco de uma doença e grupos de indivíduos que apresentam maior risco de serem atingidos por determinado agravo.

d) Descrever o espectro clínico das doenças e sua história natural.

e) Testar a eficácia, a efetividade e o impacto de estratégias de intervenção, bem como o acesso, a qualidade e a disponibilidade dos serviços de saúde para controlar, prevenir e tratar os agravos em uma comunidade.

Resposta: alternativa "b".

► A epidemiologia é estreitamente vinculada à atividade de pesquisa.

- *CESPE/2008 – Ministério da Saúde, Agente Administrativo:*

  A utilização da epidemiologia para o estabelecimento das prioridades, a alocação de recursos e a orientação programática são princípios norteadores do SUS.

  Resposta: Correto.

8. **Art. 7º, VIII** → seguindo a determinação constitucional, estipula-se, como princípio do SUS, a **participação da comunidade**. A participação se dá de forma direta, com o exercício do controle social pelos instrumentos de informação e transparência do SUS (sobretudo quanto à alocação de recursos e à execução do orçamento); e de forma indireta, pela representação dos usuários do SUS junto aos Conselhos e às Conferências de Saúde. O princípio da participação retrata a faceta mais democrática do SUS, cujas políticas e decisões passam, assim, pela análise e pelo voto de representantes da comunidade envolvida.

▶ **Referências normativas:** CF, art. 198, III; Lei nº 8.142/90, art. 1º; e Lei Complementar nº 141/2012 (no que respeita à aplicação dos recursos mínimos em serviços e ações de saúde, especialmente quanto à fiscalização por parte da comunidade, diretamente ou por intermédio dos Conselhos de Saúde).

Aplicação em concurso:

- *CONESUL/2008 – Prefeitura de Porto Alegre/RS, Médico (Cardiologista):*
  Assinale a alternativa [...]

b) A participação da comunidade está assegurada nos Conselhos de Saúde e Conferências de Saúde, com a definição de que a representação dos usuários será paritária em relação ao conjunto dos demais segmentos.

e) O Conselho Nacional de Secretários de Saúde – CONASS e o Conselho Nacional de Secretários Municipais de Saúde CONASEMS terão representação no Conselho Nacional de Saúde.

Resposta: as duas afirmativas estão corretas.

- *MP/MG/2006, Concurso XLVI:*
  Segundo as disposições da Lei nº 8.080/90 [...]

c) as ações de serviços públicos de saúde, no âmbito do SUS, nos termos do artigo 7º, obedecem ao princípio, dentre outros, da participação da comunidade.

Resposta: alternativa "c".

- *VUNESP/2002 – Prefeitura de São Paulo/SP, Farmacêutico:*
  A participação da comunidade na gestão do SUS está assegurada por meio de representantes dos usuários no(s) item(ns) [...]

I. Conferência Municipal de Saúde; [...]

III. Conselho Municipal de Saúde.

Resposta: alternativas I e III.

9. **Art. 7º, IX** → o SUS baseia-se no princípio da descentralização político-administrativa, resguardada, contudo, a direção única em cada esfera de governo, com ênfase na descentralização dos serviços de saúde para os Municípios, assim como na regionalização e hierarquização dos serviços de saúde.

9.1. A **descentralização político-administrativa** guarda relação com o princípio federativo que, no Brasil, tem a peculiaridade de uma terceira esfera de Poder, integrada pelos Municípios. A tradição municipalista brasileira, que se revela pela autonomia municipal e pela competência para tratar dos assuntos de interesse local, é reforçada pela ênfase na descentralização dos serviços de saúde para os Municípios, notadamente no período inicial de implantação do SUS, com a regulamentação estabelecida pelas **Normas Operacionais Básicas** (NOB) nºs 01/1993 e 01/1996[133] e pelas **Normas de Assistência à Saúde** (NOAS) nºs 01/2001 e 01/2002. Desde a publicação do **Pacto pela Saúde** e, mais recentemente, com a superveniência do **Decreto nº 7.508/2011**, passou-se a dar mais ênfase à regionalização da saúde, numa redefinição dos territórios abrangidos pelas ações e serviços de saúde, segundo critérios epidemiológicos e até culturais, numa lógica que desafia o federalismo no setor da saúde.

9.2. A **direção única em cada esfera de governo** reforça o compromisso constitucional com um sistema público de saúde único, superando o paradigma que possibilitava a existência de vários sistemas de assistência à saúde, geralmente vinculados a grupos de trabalhadores ou específicas categorias profissionais. O principal desafio, ao que parece, está na manutenção da unidade do SUS, num contexto de crescente expansão dos planos privados de assistência à saúde, que além de refletir o (oni)presente conflito do *mix* público-privado de relações no SUS, assinala o perigo de se transformar o sistema público num "SUS para os pobres" – em detrimento, em última análise, de toda a população.

9.3. A **regionalização e hierarquização dos serviços de saúde** diz respeito à organização e distribuição dos serviços de saúde, tendo em conta um critério de racionalidade. Os serviços de saúde são organizados em ordem

133. A NOB nº 01/1993 foi instituída pela Portaria MS/GM nº 545, de 20 de maio de 1993, do Ministério da Saúde. Já a NOB nº 01/1996 é objeto da Portaria MS/GM nº 2.203, de 06 de novembro de 1996.

crescente de complexidade, não fazendo sentido que todo centro de saúde ofereça todo o tipo de assistência e em qualquer nível simultaneamente. Ao mesmo tempo, permite-se a conformação dos serviços oferecidos às necessidades locais e regionais, de modo a melhor assegurar o acesso universal e igualitário à integralidade da assistência à saúde. Nesse sentido, a regionalização dos serviços e ações de saúde resgata uma noção antiga, que remonta a Hipócrates e modernamente é preconizada pela Organização Mundial de Saúde (OMS), de que as doenças devem ser tratadas de acordo com as particulares locais, pois o ambiente onde a pessoa vive tem influência sobre sua saúde.

► **Jurisprudência do STJ:**

- O Superior Tribunal de Justiça, depois de firmar alguns precedentes afirmando que, nas ações pleiteando a prestação de medicamentos e tratamentos médicos pelo SUS, a competência da União se restringiria ao repasse dos recursos, ficando a cargo dos Estados e Municípios a dispensação propriamente dita (divergência aberta pelo então Min. Teori Zavascki no REsp nº 873.196/RS), atualmente consolidou sua jurisprudência no sentido da solidariedade entre os entes federados no que concerne à assistência à saúde. Com isso, e na linha do que já se mencionou no comentário ao art. 196 da CF, entende que União, Estados, Distrito Federal e/ou Municípios podem figurar no polo passivo dessas demandas, podendo a ação ser ajuizada contra todos ou alguns deles, a critério do interessado.

- Apreciando ação de cobrança movida por hospital particular que buscava o ressarcimento por serviços sem a emissão das Autorizações de Internação Hospitalar (AIH's), afirmou o STJ: "De acordo com a Lei nº 8.080/90 (Lei Orgânica da Saúde) bem como com a Norma Operacional Básica do SUS/1996, em respeito aos princípios de descentralização e de hierarquização do referido Sistema, cada ente federativo terá delimitada sua competência e atribuição no desempenho do trabalho assistencial do governo na área da saúde. É nesse intuito que incumbe aos Estados e aos Municípios a gestão dos recursos a eles destinados para os serviços de saúde e, mais, o controle da emissão das chamadas AIHs, mediante as quais os serviços de saúde prestados por particulares são remunerados" (STJ, REsp 857.343/RS, Rel. Min. Francisco Falcão, 1ª Turma, unânime, DJ 26-10-2006).

Aplicação em concursos:

▶ Direção única:

- *MAKIYAMA/2013 – Prefeitura de Piracicaba, SP – Cirurgião Dentista CLT:*
  De acordo com a lei 8.080/90, a direção do SUS deve ser:

b) Única em cada esfera de governo.
Resposta: alternativa "b".

- *COPEMA/2010 – IF/AL, Docente I (Saúde e Trabalho):*
  A descentralização do SUS com comando único em cada esfera de governo implica em:

b) Autonomia para estados e municípios na formulação e implementação das suas políticas de saúde.
Resposta: alternativa "b".

- *CESPE/2008 – Município de Vitória/ES, Médico:*
  A direção do SUS é única, sendo centralizada por órgãos específicos em cada esfera de governo.
  Resposta: Correto.

- *MAKIYAMA/2013 – Prefeitura de Piracicaba, SP – Cirurgião Dentista CLT:*
  De acordo com a lei 8.080/90, a direção do SUS deve ser:

b) Única em cada esfera de governo.
Resposta: alternativa "b".

▶ Descentralização:

- *CESPE-CEBRASPE/2016 – TJ/AM – Juiz Substituto:*

– Os serviços públicos de saúde integram uma rede regionalizada e hierarquizada, que constitui um sistema único, organizado de forma centralizada.
Resposta: Errado.

▶ É diretriz constitucional e princípio legal do SUS a descentralização.

- *COMPROV/UFCG/2014 – Pref. Baraúna, PB – Médico Clínico Geral:*

– O princípio da descentralização diz respeito à redistribuição do poder e das responsabilidades em cada esfera do governo.
Resposta: Correto.

- *ADVISE/2011 – Prefeitura de Tanque D'Arca/AL – Agente Comunitário de Saúde:*

Sabemos que o SUS é um sistema que tem a descentralização como uma de suas diretrizes. Mas, a descentralização significa uma organização por:

a) Níveis diferentes de gestão.

Resposta: alternativa "a".

- *ADVISE/2010 – Prefeitura de Piracicaba/SP, Médico (Cabeça e Pescoço):*

Com relação às NOBs (Normas operacionais Básicas), criadas com o objetivo de mobilizar a garantia plena do direito à saúde, assegurado pela Constituição de 1988, não é correto afirmar que:

a) foram editadas na década de 90 do século passado.
b) promovem a integração dos sistemas municipais.
c) definem melhor as responsabilidades entre as esferas estadual e municipal, além dos critérios para alocação de recursos.
d) representam um conjunto de normas e procedimentos reguladores do processo de descentralização das ações e serviços de saúde, no processo de construção do SUS.
e) estimulam o processo de centralização, aumentando o poder do governo federal nas ações de saúde pública.

Resposta: alternativa "e".

► A afirmativa *"e"* está errada porque é objetivo das NOB's a descentralização dos serviços e ações de saúde.

- *SEPLAG/MG/2008 – Governo de Minas Gerais, Gestor Governamental em Saúde Pública:*

Apesar dos avanços acumulados no que se refere aos seus princípios norteadores e à descentralização da atenção e da gestão, o SUS (Sistema Único de Saúde) ainda hoje enfrenta:

b) fragmentação do processo de trabalho e das relações entre os diferentes profissionais.

Resposta: alternativa "b".

► Hierarquização:

- *FUNCAB/2011 – Prefeitura de Anápolis/GO – Analista de Saúde (Biomédico):*

Ao longo da década de 1990, identificou-se a evolução de vários modelos de gestão. O avanço na consolidação do Sistema Único de Saúde se verifica no modelo segundo o qual:

c) o sistema é organizado com base na hierarquia de ações e serviços de saúde.

Resposta; alternativa "c".

- *VUNESP/2002 – Prefeitura de São Paulo/SP, Farmacêutico:*

O princípio da rede regionalizada e hierarquizada de serviços de saúde supõe a [...]

b) distribuição espacial dos equipamentos e estabelecimentos em função das características epidemiológicas de cada localidade, descentralizando os serviços mais simples e concentrando os mais complexos.
Resposta: alternativa "b".

▶ Regionalização e Hierarquização:

- *AOCP/2016 – EBSERH – Enfermeiro:*
De acordo com o que dispõe a Lei Orgânica da Saúde - Lei nº 8.080/1990, assinale a alternativa correta.

a) As ações e serviços de saúde, executados pelo Sistema Único de Saúde (SUS), seja diretamente ou mediante participação complementar da iniciativa privada, serão organizados de forma regionalizada e hierarquizada em níveis de complexidade crescente.
Resposta: alternativa "a".

- *BIORIO/2011 – IABAS – Médico:*
A regionalização é uma das diretrizes do Sistema Único de Saúde. Em relação a essa diretriz, é correto afirmar que:

b) tem como um dos seus objetivos racionalizar os gastos e otimizar os recursos, possibilitando ganho em escala nas ações e serviços de saúde de abrangência regional;
Resposta: alternativa "b".

- *FUNIVERSA/2011 – SES/DF – Médico Anestesiologista:*
A Regionalização é uma diretriz do Sistema Único de Saúde e um eixo estruturante do Pacto de Gestão/2006 e deve orientar a descentralização das ações e serviços de saúde e os processos de negociação e pactuação entre os gestores.
Os principais instrumentos de planejamento da Regionalização são – marque a alternativa correta.

a) O Plano Diretor de Regionalização e o Plano Diretor de Investimento.
Resposta: alternativa "a".

- *IPAD/2010 – Prefeitura de Caruaru/PE, Médico Cardiologista Plantonista:*
Qual a diretriz que orienta o processo de descentralização das ações e serviços de saúde e os processos de negociação e pactuação entre os gestores do SUS?

c) Regionalização.
Resposta: alternativa "c".

10. Art. 7º, X a XIVI → a Lei nº 8.080/90 ainda prevê algumas diretrizes para a racionalização e organicidade das ações e dos serviços de saúde no âmbito do SUS, atrelando-se inequivocamente a princípios como a eficiência e a economicidade dos serviços públicos de modo geral. São eles:

10.1. A **integração**, em nível executivo, das ações de saúde, meio ambiente e saneamento básico. Não se trata, aqui, do princípio da integralidade da assistência à saúde, mas sim da organização e sistematização do planejamento e das políticas públicas de saúde, ambiente e saneamento básico. A integração está mais próxima às noções de intersetorialidade e de gestão compartilhada das ações e serviços de saúde, cuja concretização depende da articulação com as medidas voltadas à proteção do ambiente e ao saneamento básico.

10.2. A **conjugação dos recursos financeiros, tecnológicos, materiais e humanos**, dos três níveis da Federação, para a prestação de serviços de assistência à saúde. À semelhança da integração executiva, abordada no tópico anterior, a conjugação dos recursos financeiros, tecnológicos, materiais e humanos também se reporta às noções de planejamento e gestão compartilhados entre os entes federativos das três esferas, que devem prestar assistência à saúde de forma integral e em todos os níveis de complexidade. De outra parte, a conjugação atende a uma realidade de escassez dos recursos sanitários (em termos financeiros, tecnológicos, materiais e humanos), atrelada ao argumento da reserva do possível, mas também limitada, individualmente, pela garantia do mínimo existencial e, em sentido mais amplo, pelo dever de progressiva efetivação dos direitos socioambientais, previsto no art. 2, alínea 1, do PIDESC.

10.3. A capacidade de resolução dos serviços em todos os níveis de assistência, também designada como **resolutividade** ou **resolubilidade** do SUS, prende-se à necessidade de que as ações e os serviços de saúde sejam dotados de eficácia e segurança em todos os níveis de complexidade, de modo a que se ofereçam tratamentos adequados, com redução dos riscos e agravos à saúde, além do incremento da qualidade de vida das pessoas. Muito embora a resolutividade da assistência à saúde se relacione às ações de prevenção e promoção, é no campo da saúde curativa que o princípio aparece de modo mais evidente, já que se avaliam a capacidade do serviço de saúde em oferecer a assistência adequada, bem como a eficácia e segurança do próprio tratamento fornecido.

10.4. A organização dos serviços públicos de modo a **evitar duplicidade de meios para fins idênticos** densifica claramente os princípios da eficiência e economicidade, impondo a busca de uma atuação coordenada por parte dos serviços de saúde. Se os recursos sanitários são escassos e, ao mesmo tempo, os serviços de saúde devem oferecer universalidade de acesso e integralidade de tratamento, em todos os níveis de complexidade, a racionalização e organização das ações de saúde é um requisito essencial à manutenção da sustentabilidade do SUS, não havendo justificativa, em tal cenário, para a duplicidade de meios para fins idênticos. Por outro lado, essa diretriz se relaciona com os princípios da descentralização, regionalização e hierarquização das ações e dos serviços de saúde, impondo uma clara definição a respeito das tarefas e responsabilidades atribuídas a cada ente federado, a fim de que a aplicação e distribuição dos recursos sanitários seja adequada à oferta e qualidade da assistência à saúde.

10.5. A oferta de assistência especialmente voltada à mulher e às vítimas de violência doméstica em geral, inclusive o atendimento a pessoas em situação de violência sexual – tal como definida pela Lei nº 12.845/2013. A nova norma inserida no inciso XIV impõe a organização de serviços de atendimento a público específico e especializado para mulheres e vítimas de violência doméstica. De modo explícito prevê que essa assistência deve assegurar, pelo menos, atendimento, acompanhamento psicológico e cirurgias plásticas reparadoras. O propósito da norma parece claro: recuperar a saúde das vítimas de violência de forma integrada e abrangente, não apenas no sentido funcional, como buscando a reconstrução da autoestima, da imagem pessoal e da própria dignidade.

Aplicação em concursos:

- **Conjugação dos recursos financeiros, tecnológicos, materiais e humanos:**
  - *CESPE/2008 – Ministério da Saúde, Agente Administrativo:*
    Essa legislação prevê a conjugação dos recursos financeiros, tecnológicos, materiais e humanos da União, dos Estados, do DF e dos Municípios na prestação de serviços de assistência à saúde da população.
    Resposta: Correto.

- **Resolutividade ou Resolubilidade:**
  - *FAEPESUL/2016 – Prefeitura de Nova Veneza, SC – Médico do Trabalho:*
    Referente às questões relacionadas ao Sistema Único de Saúde e aspectos gerais de suas portarias, leia os itens que seguem colocando V para as afirmativas verdadeiras e F para as afirmativas falsas, após assinale o que se pede:

– O Sistema Único de Saúde (SUS) obedece a um conjunto de princípios que compõem sua filosofia. Seus princípios de organização do SUS baseiam-se na resolubilidade que significa a capacidade de resolução dos serviços, em todos os níveis de assistência.
Resposta: Verdadeiro.

- *AGIR-UEG/2014 – HUGO2 – Biomédico:*
A atenção às vítimas de violência é realizada em várias esferas do SUS e segue seus princípios doutrinários e organizativos. Em relação a esses princípios verifica-se que
d) resolubilidade significa a capacidade de resolução dos serviços, em todos os níveis de atenção.
Resposta: alternativa "d".

- *Fundação José Arthur Boiteux/UFSC/2010 – Prefeitura de Florianópolis, Biólogo:*
O Sistema Único de Saúde (SUS) obedece a um conjunto de princípios que compõem sua filosofia. Assinale a alternativa CORRETA, considerando os princípios de organização do SUS.
c) Resolubilidade significa a capacidade de resolução dos serviços, em todos os níveis de assistência.
Resposta: alternativa "c".

- *INTEGRI/2010 – Prefeitura de Votorantim/SP, Médico Cardiologista:*
A organização da Atenção Básica, com base na Lei nº 8080, tem como fundamento um dos princípios do SUS que é a eficiência na capacidade de resolução das ações e serviços de saúde, através da assistência integral resolutiva, contínua e de boa qualidade à população adscrita, no domicílio e na unidade de saúde buscando identificar e intervir sobre as causas e fatores de risco ao qual essa população está exposta. A que princípio organizativo está se referindo? Assinale a alternativa correta:
c) Resolutividade.
Resposta: alternativa "c".

- *INTEGRI/2010 – Prefeitura de Votorantim/SP, Médico Urologista:*
Quais são os principais enfoques do SUS que fazem com que haja maior articulação nas suas ações de saúde:
d) Que o foco da atenção seja o indivíduo, olhando para a doença como forma de chegar à estrutura de saúde e conseguir solução para a sua queixa. O princípio da resolutividade.
Resposta: alternativa "d".

- *CESPE/2008 – Ministério da Saúde, Agente Administrativo:*
A capacidade de resolução dos serviços, em todos os níveis de assistência, é um dos princípios do SUS, o qual se refere à rede de serviços de saúde

pública exclusivamente, uma vez que é vetada à iniciativa privada a participação no SUS, ainda que em caráter complementar.

Resposta: Errado.

▶ A Lei nº 8.080/90 não faz qualquer tipo de ressalva a respeito, prevendo, ao contrário, a possibilidade de participação da iniciativa privada no SUS, em caráter complementar.

CAPÍTULO III – DA ORGANIZAÇÃO, DA DIREÇÃO E DA GESTÃO

Art. 8º. As ações e serviços de saúde, executados pelo Sistema Único de Saúde (SUS), seja diretamente ou mediante participação complementar da iniciativa privada, serão organizados de forma **regionalizada e hierarquizada em níveis de complexidade crescente.**

1. **Art. 8º** → reiteram-se os **princípios da regionalização e da hierarquização dos serviços de saúde em ordem crescente de complexidade**, inclusive quando prestados, de forma complementar, pela iniciativa privada.

   ▶ **Referência normativa:** Decreto nº 7.508/2011, especialmente no que concerne às normas sobre a organização do SUS (arts. 3º a 14), o planejamento da saúde (arts. 15 a 19) e a assistência à saúde (arts. 20 a 29).

Aplicação em concursos:

- *AOCP/2018 – Prefeitura de Juiz de Fora, MG – Enfermeiro:*
  Regionalização e Hierarquização são as bases para

a) humanização do SUS.
b) centralização do SUS.
c) organização do SUS.
d) segmentação do SUS.
e) validação do SUS.

Resposta: alternativa "c".

- *SUGEP – UFRPE/2016 – UFRPE – Enfermeiro:*
  Prevista no art. 8º da Lei 8080/1990, a hierarquização das ações e serviços de saúde visa à:

a) integração em nível executivo das ações de saúde, meio ambiente e saneamento básico.

b) universalidade de acesso aos serviços de saúde em todos os níveis de assistência.
c) igualdade da assistência à saúde, sem preconceitos ou privilégios.
d) conjugação de recursos financeiros, tecnológicos, materiais e humanos.
e) organização da assistência em níveis de complexidade crescente.
Resposta: alternativa "e".

- *AOCP/2010 – FESF/BA, Cirurgião Dentista (Saúde da Família):*

– As ações e serviços de saúde, executados pelo Sistema Único de Saúde (SUS), seja diretamente ou mediante participação complementar da iniciativa privada, serão organizados de forma regionalizada e hierarquizada em níveis de complexidade crescente.
Resposta: Correto.

- *CONESUL/2008 – Prefeitura de Porto Alegre/RS, Médico (Cardiologista):* Assinale a alternativa que contém a afirmação falsa.

d) As ações e serviços de saúde, executados pelo Sistema Único de Saúde – SUS, seja diretamente ou mediante participação complementar da iniciativa privada, serão organizados de forma única e hierarquizada em níveis de complexidade decrescente.
Resposta: alternativa "d".

▶ Os serviços e ações de saúde, quer sejam prestados pelo Poder Público, quer em caráter complementar pela iniciativa privada, serão organizados de forma regionalizada e hierarquizada em níveis de complexidade crescente.

Art. 9º. A **direção** do Sistema Único de Saúde (SUS) é **única**, de acordo com o inciso I do art. 198 da Constituição Federal, sendo exercida em cada esfera de governo pelos seguintes órgãos:

I – no âmbito da União, pelo Ministério da Saúde;

II – no âmbito dos Estados e do Distrito Federal, pela respectiva Secretaria de Saúde ou órgão equivalente; e

III – no âmbito dos Municípios, pela respectiva Secretaria de Saúde ou órgão equivalente.

1. **Art. 9º** → Estabelece **qual autoridade exercerá a direção única do SUS**:

   – na União, o Ministério da Saúde;

   – nos Estados e no Distrito Federal, a Secretaria de Saúde ou órgão equivalente;

– nos Municípios, a Secretaria de Saúde ou órgão equivalente.

▶ **Jurisprudência do STJ**: Em mais de uma oportunidade, o Superior Tribunal de Justiça assentou a possibilidade de fiscalização, pelos Municípios, sobre o repasse dos recursos orçamentários para a saúde. "Repassando verbas federais, o Município pode fiscalizar o modo como são aplicadas (Lei n. 8.080, de 1990, art. 9º)" (RMS nº 7.492/RJ, Rel. Min. Ari Pargendler, 2ª Turma, unânime, DJ 04-08-1997). Tal competência não o autoriza, porém, a "intervir em entidade privada, assumindo-lhe a direção e a gestão dos bens, salvo se os poderes de fiscalização forem inibidos" (RMS nº 8.845/RJ, Rel. Min. Ari Pargendler, 2ª Turma, unânime, DJ 09-02-1998).

Aplicação em concursos:

- *INSTITUTO AOCP/2017 – EBSERH – Assistente Administrativo:*
  A respeito da direção do Sistema Único de Saúde (SUS), de acordo com o que dispõe a Lei nº 8.080/1990, assinale a alternativa correta.

a) A direção do Sistema Único de Saúde (SUS), no âmbito da União, será exercida pelo Presidente da República.

b) Em âmbito Municipal, a direção do Sistema Único de Saúde (SUS) será exercida pelo Ministro da Saúde.

c) No âmbito dos Estados, a direção do Sistema Único de Saúde (SUS) será exercida pelo Governador.

d) Em âmbito Municipal, a direção do Sistema Único de Saúde (SUS) será exercida pelo Prefeito ou, na sua falta, pelo Presidente da Câmara Municipal.

e) A direção do Sistema Único de Saúde (SUS), no âmbito da União, será exercida pelo Ministro da Saúde.

Resposta: alternativa "e".

- *SEGPLAN-GO/2016 – SEAP/GO – Analista de Saúde:*
  Indique os órgãos responsáveis pela direção do Sistema Único de Saúde em cada esfera de governo:

a) Comissão Intergestores Tripartite, Comissão Intergestores Bipartite e Conselho Municipal de Saúde;

b) Ministério da Saúde, Secretaria do Estado de Saúde e Secretaria Municipal de Saúde.

c) Conselho Nacional de Saúde, Conselho Estadual de Saúde e Conselho Municipal de Saúde;

d) Ministério do Trabalho e Previdência Social, Secretaria do Estado da Saúde e Secretaria Municipal de Trabalho e Ação Social.

e) Presidência da República, Governo do Estado e Prefeitura Municipal.
Resposta: alternativa "b".

- *AOCP/2015 – EBSERH/HU-UFJF – Advogado:*
No âmbito da União, o Sistema Único de Saúde (SUS) é dirigido
a) pelo Ministério da Saúde.
b) pela Secretaria Federal de Saúde.
c) pela Secretaria Municipal de Saúde.
d) pela Secretaria Estadual de Saúde ou órgão equivalente.
e) pelos Hospitais Particulares com convênio com o SUS.
Resposta: alternativa "a".

- *DIRECTA/2014 – Pref. Paranapanema, SP – Médico 42h semanais:*
O artigo 9º da Lei Federal 8.080/90 estabelece que a direção do Sistema Único de Saúde (SUS) é única, de acordo com o inciso I do art. 198 da Constituição Federal, sendo exercida em cada esfera de governo pelos seguintes órgãos:
I. no âmbito da União, pelo Ministério da Saúde;
II. no âmbito dos Estados e do Distrito Federal, pelo Conselho Regional de Saúde.
III. no âmbito dos Municípios, pela respectiva Secretaria de Saúde ou órgão equivalente.
b) Apenas as afirmativas I e III estão corretas.
Resposta: alternativa "b".

► No âmbito dos Estados e do Distrito Federal, a direção do SUS é feita pela Secretaria de Saúde ou órgão equivalente.

- *MP-SC/2011 – Promotor de Justiça – XXXVI Concurso:*
– A direção do SUS no âmbito da União é exercida diretamente pela Presidência da República.
Resposta: Errado.

► No âmbito da União, a direção do SUS é exercida pelo Ministério da Saúde.

- *AOCP/2014 – EBSERH/MEAC-UFC e HUWC-UFC – Advogado:*
– De acordo com a Lei Orgânica da Saúde, Lei nº 8.080/1990, é INCORRETO afirmar que
a) a direção do Sistema Único de Saúde (SUS) é única, sendo exercida no âmbito da União, pelo Conselho Nacional da Saúde.
Resposta:alternativa "a".

► Conforme referido, a direção nacional do SUS é exercida pelo Ministério da Saúde.

- *Instituto AOCP/2014 – EBSERH/HUCAM-UFES – Advogado:*

  A direção do Sistema Único de Saúde (SUS) é única, sendo exercida no âmbito da União, pelo

b) Ministério da Saúde.

Resposta: alternativa "b".

- *Gestão de Concursos/2013 – Médico (CIAS/SAMU/MG):*

  De acordo com a descentralização da gestão, a direção do Sistema Único de Saúde é única e cada esfera de governo é exercida pelos seguintes órgãos, EXCETO:

a) Gestores no âmbito dos hospitais e unidades básicas.

b) Pela respectiva Secretaria de Saúde ou órgão equivalente no âmbito dos municípios.

c) Pela respectiva Secretaria de Saúde ou órgão equivalente no âmbito dos Estados e do Distrito Federal.

d) Pelo Ministério da Saúde no âmbito da União.

Resposta: alternativa "a".

► A direção única do SUS é feita, na esfera federal, pelo Ministério da Saúde, e nos Estados, Distrito Federal e Municípios pelas respectivas Secretarias de Saúde.

- *UEPG/2009 – Prefeitura de Ponta Grossa/PR, Médico Plantonista:*

  A Lei nº 8.080, de 19 de setembro de 1990, dispõe sobre as condições para a promoção, proteção e recuperação da saúde, regulando para todo o território nacional as ações e os serviços de saúde, executados isolada ou conjuntamente, em caráter permanente ou eventual, por pessoas de direito público ou privado. Considerando o Sistema Único de Saúde (SUS), incluído no citado dispositivo legal, assinale o que for correto.

– A direção do SUS é única, sendo exercida na União, pelo Ministério da Saúde, nos Estados, no Distrito Federal e nos Municípios, pelas respectivas Secretarias da Saúde ou órgãos equivalentes.

Resposta: Correto.

Art. 10. Os municípios poderão constituir **consórcios** para desenvolver em conjunto as ações e os serviços de saúde que lhes correspondam.

§ 1º. Aplica-se aos consórcios administrativos intermunicipais o princípio da direção única, e os respectivos atos constitutivos disporão sobre sua observância.

§ 2º. No nível municipal, o Sistema Único de Saúde (SUS), poderá organizar-se em **distritos** de forma a integrar e articular recursos, técnicas e práticas voltadas para a cobertura total das ações de saúde.

Art. 11. (Vetado)

1. **Art. 10 →** É permitida a formação de **consórcios intermunicipais**, ou seja, a cooperação entre Municípios distintos, assim como a organização dos serviços de saúde em distritos, no âmbito interno de cada Município ou constituindo microrregiões. A formação de consórcios intermunicipais tem por finalidade a otimização dos recursos, financeiros, humanos e sanitários, em favor da melhor efetivação do direito à saúde das populações envolvidas. Pela conjugação de esforços, procura-se superar as dificuldades e disparidades de toda a ordem (econômicas, sociais, ambientais, populacionais, geográficas, etc.) entre os Municípios brasileiros. Ao mesmo tempo, a criação de **distritos sanitários** possibilita o atendimento às peculiaridades e necessidades de uma determinada área do Município, descentralizando e simultaneamente facilitando o acesso da população aos serviços e às ações de saúde.

2. A **Lei Complementar nº 141/2012** autoriza Estados e Municípios, quando atuarem em consórcio ou outra forma de cooperativismo para a prestação das ações e serviços de saúde, a **remanejarem entre si as parcelas dos recursos** que tiverem junto aos Fundos de Saúde, observada a legislação de regência e as normas pactuadas pela Comissão Intergestores Tripartite (CIT) e aprovadas pelo Conselho Nacional de Saúde. Essa faculdade volta-se ao fortalecimento dos princípios da regionalização e hierarquização, num contexto de rede de serviços de saúde. É o que preceitua o **art. 21** da LC nº 141/2012:

> **Art. 21.** *Os Estados e os Municípios que estabelecerem consórcios ou outras formas legais de cooperativismo, para a execução conjunta de ações e serviços de saúde e cumprimento da diretriz constitucional de regionalização e hierarquização da rede de serviços, poderão remanejar entre si parcelas dos recursos dos Fundos de Saúde derivadas tanto de receitas próprias como de transferências obrigatórias, que serão administradas segundo modalidade gerencial pactuada pelos entes envolvidos.*
>
> **Parágrafo único.** *A modalidade gerencial referida no caput deverá estar em consonância com os preceitos do Direito Administrativo Público, com os princípios inscritos na Lei nº 8.080, de 19 de setembro de 1990, na Lei*

nº 8.142, de 28 de dezembro de 1990, e na Lei nº 11.107, de 6 de abril de 2005, e com as normas do SUS pactuadas na comissão intergestores tripartite e aprovadas pelo Conselho Nacional de Saúde.

Aplicação em concursos:

- *AOCP/2016 – EBSERH – Enfermeiro:*
  De acordo com o que dispõe a Lei Orgânica da Saúde - Lei nº 8.080/1990 [...]
- Os municípios poderão constituir consórcios para desenvolver em conjunto as ações e os serviços de saúde que lhes correspondam, de modo que não se aplica aos consórcios administrativos intermunicipais o princípio da direção única.
  Resposta: Errado.

▶ O § 1º do art. 10 da Lei nº 8.080/90 explicita a submissão dos consórcios administrativos intermunicipais ao princípio da direção única.

- *AOCP/2014 – EBSERH/MEAC-UFC e HUWC-UFC – Advogado:*
  De acordo com a Lei Orgânica da Saúde, Lei nº 8.080/1990,

d) os municípios poderão constituir consórcios para desenvolver em conjunto as ações e os serviços de saúde que lhes correspondam.
Resposta: alternativa "d".

- *CESPE-UNB/2014 – Câmara dos Deputados – Analista Legislativo, Consultor Legislativo – Área XVI:*
- Mediante consórcio público constitui-se associação pública ou pessoa jurídica de direito privado que podem firmar convênios, contratos, acordos de qualquer natureza; receber auxílios, contribuições e subvenções sociais ou econômicas; ser contratadas pela administração direta ou indireta dos entes da federação consorciados, dispensada a licitação.
  Resposta: Correto.

- *FAUEL/2014 – Pref. Toledo, PR – Médico ESF:*
  Sobre o Sistema Único de Saúde [...]

b) os Municípios poderão constituir consórcios para desenvolver, em conjunto, as ações e os serviços de saúde que lhes correspondam.
Resposta: alternativa "b".

- *MP-SC/2012 – Promotor de Justiça – XXXVII Concurso:*
- De acordo com a Lei nº 8.080/90, os municípios poderão constituir consórcios para desenvolver em conjunto as ações e os serviços de saúde que lhes correspondam.
  Resposta: Correto.

- *MSCONCURSOS/2011 – FSPSCE – Prefeitura de Esteio/RS – Advogado:*

  O conjunto de ações e serviços de saúde, prestados por órgãos e instituições públicas federais, estaduais e municipais, da Administração direta e indireta e das fundações mantidas pelo Poder Público, constitui o Sistema Único de Saúde (SUS). Nesse sentido, é possível dizer que:

– No nível municipal, o Sistema Único de Saúde (SUS), poderá organizar-se em distritos de forma a integrar e articular recursos, técnicas e práticas voltadas para a cobertura total das ações de saúde.

  Resposta: Correto.

- *NUCEPE/UESPI/2011 – FMS – Advogado:*

– É vedada a possibilidade de constituição, pelos municípios, de consórcios para desenvolver em conjunto as ações e os serviços de saúde que lhes correspondam.

  Resposta: Errado.

► O art. 10 da Lei nº 8.080/90 autoriza a formação de consórcios municipais para a prestação de ações e serviços de saúde.

- *INCAPEL/2011 – Prefeitura de Chapecó/SC – Agente do NASF:*

– "No nível municipal, o SUS poderá organizar-se em distritos de forma a integrar e articular recursos, técnicas e práticas voltadas para a cobertura total das ações de saúde".

  Resposta: Correto.

► A assertiva repete o texto do art. 10, § 2º, da Lei nº 8.080/90.

- *AOCP/2010 – FESF/BA, Cirurgião Dentista (Saúde da Família):*

  Assinale a alternativa correta. Os Municípios para a execução de ações e serviços de saúde, poderão estabelecer entre si, para o fim de manejar as parcelas de recursos previstos em lei,

c) consórcios.

  Resposta: alternativa "c".

- *AOCP/2010 – FESF/BA, Cirurgião Dentista (Saúde da Família):*

– No nível municipal, o Sistema Único de Saúde (SUS), não poderá organizar-se em distritos, tendo em vista a impossibilidade de integrar e articular recursos, técnicas e práticas voltadas para as ações de saúde.

  Resposta: Errado.

► Os Municípios podem subdividir-se em distritos para a prestação de assistência à saúde (Lei nº 8.080/90, art. 10, § 2º).

- Aplica-se aos consórcios administrativos intermunicipais o princípio da direção única, e os respectivos atos constitutivos disporão sobre sua observância.
  Resposta: Correto.

- Os municípios poderão constituir consórcios para desenvolver em conjunto as ações e os serviços de saúde que lhes correspondam.
  Resposta: Correto.

- *IDECAN/2010 – Prefeitura de Ipatinga/MG, Médico Auditor:*
  A execução de ações e serviços de saúde, conforme está previsto em leis federais, pode ser cumprida através do(a):

a) Estabelecimento de consórcios entre municípios.
Resposta: alternativa "a".

- *UEPG/2009 – Prefeitura de Ponta Grossa/PR, Médico Plantonista:*
  A Lei nº 8.080, de 19 de setembro de 1990, dispõe sobre as condições para a promoção, proteção e recuperação da saúde, regulando para todo o território nacional as ações e os serviços de saúde, executados isolada ou conjuntamente, em caráter permanente ou eventual, por pessoas de direito público ou privado. Considerando o Sistema Único de Saúde (SUS), incluído no citado dispositivo legal, assinale o que for correto.

- O SUS, no nível municipal, poderá ser organizado em distritos, com o propósito da integração de recursos, técnicas e práticas voltadas para a cobertura total das ações de saúde.
  Resposta: Correto.

Art. 12. Serão criadas **comissões intersetoriais** de âmbito nacional, subordinadas ao Conselho Nacional de Saúde, integradas pelos Ministérios e órgãos competentes e por entidades representativas da sociedade civil.

Parágrafo único. As comissões intersetoriais terão a finalidade de articular políticas e programas de interesse para a saúde, cuja execução envolva áreas não compreendidas no âmbito do Sistema Único de Saúde (SUS).

Art. 13. A articulação das políticas e programas, a cargo das comissões intersetoriais, abrangerá, em especial, as seguintes atividades:

I – alimentação e nutrição;

II – saneamento e meio ambiente;

III – vigilância sanitária e farmacoepidemiologia;

IV – recursos humanos;

V – ciência e tecnologia; e

VI – saúde do trabalhador.

Art. 14. Deverão ser criadas Comissões Permanentes de integração entre os serviços de saúde e as instituições de ensino profissional e superior.

Parágrafo único. Cada uma dessas comissões terá por finalidade propor prioridades, métodos e estratégias para a formação e educação continuada dos recursos humanos do Sistema Único de Saúde (SUS), na esfera correspondente, assim como em relação à pesquisa e à cooperação técnica entre essas instituições.

1. **Arts. 12 a 14** → O SUS poderá articular-se por meio das "**Comissões Intersetoriais**", estabelecidas pelo Conselho Nacional de Saúde (CNS), com objetivo de articular políticas públicas não abrangidas por algum dos campos específicos de atuação já discriminados nas competências do SUS, mas ainda sim de interesse da saúde. A matéria é regulada pelo próprio CNS, que atualmente conta, entre várias outras, com as Comissões Intersetoriais de Alimentação e Nutrição, Vigilância Sanitária e Farmacoepidemiologia, Recursos Humanos, Ciência e Tecnologia, Saúde do Trabalhador, Orçamento e Financiamento. As Comissões Intersetoriais têm competência, dentro de cada área de atuação respectiva, para promover estudos e propor medidas e instrumentos que visem ao aperfeiçoamento de políticas, programas, serviços e ações de saúde, assessorando tecnicamente o próprio CNS[134].

2. As Comissões Intersetoriais ainda devem buscar a integração entre os serviços e as instituições de ensino profissional e superior, com vistas ao aperfeiçoamento dos recursos humanos do SUS e ao desenvolvimento da pesquisa e da cooperação técnica entre essas instituições. Nesse contexto, merecem destaque as Comissões Intersetoriais de Ciência e Tecnologia (CICT), de Ética em Pesquisa (CONEP), de Educação Permanente para o Controle Social no SUS (CIEPCSS) e de Recursos Humanos (CIRH).

Aplicação em concursos:

- *MS CONCURSOS/2017 – Prefeitura de Piraúba, MG – Enfermeiro:*
  As questões da intersetorialidade e do controle social nas vigilâncias em saúde são de tal importância que a Lei nº 8.080/90 (BRASIL, 1990), em seu artigo 13, cria comissões intersetoriais de âmbito nacional em alguns

134. Para maiores informações, conferir: <http://conselho.saude.gov.br/web_comissoes/index.html>.

dos componentes da vigilância em saúde. Sobre isso, assinale a alternativa correta.

a) A articulação das políticas e programas a cargo das comissões setoriais abrangerá, em especial, as seguintes atividades: I – alimentação e nutrição; II – saneamento e meio ambiente; III – vigilância sanitária e farmacoepidemiologia; IV – recursos humanos; V – ciência e tecnologia e informação; e VI – saúde do trabalhador rural.

b) A articulação das políticas e programas a cargo das comissões setoriais abrangerá, em especial, as seguintes atividades: I – alimentação e nutrição; II – saneamento; III – vigilância sanitária e farmacoepidemiologia; IV – recursos humanos; V – ciência e tecnologia e informação; e VI – saúde do trabalhador.

c) A articulação das políticas e programas a cargo das comissões intersetoriais abrangerá, em especial, as seguintes atividades: I – alimentação e nutrição; II – saneamento; III – vigilância sanitária e farmacoepidemiologia; IV – recursos humanos; e V – saúde do trabalhador.

d) A articulação das políticas e programas a cargo das comissões intersetoriais abrangerá, em especial, as seguintes atividades: I – alimentação e nutrição; II – saneamento e meio ambiente; III – vigilância sanitária e farmacoepidemiologia; IV – recursos humanos; V – ciência e tecnologia; e VI – saúde do trabalhador.

Resposta: alternativa "d".

- *AOCP/2014 – EBSERH/HUSM-UFSM – Advogado:*

De acordo com a Lei 8.080/1990, a articulação das políticas e programas, a cargo das comissões intersetoriais, abrangerá as seguintes atividades, EXCETO

a) proteção à maternidade, especialmente à gestante.
b) alimentação e nutrição.
c) saneamento e meio ambiente.
d) vigilância sanitária e farmacoepidemiologia.
e) ciência e tecnologia.

Resposta: alternativa "a".

▶ Funciona, junto ao Conselho Nacional de Saúde, a Comissão Intersetorial de Saúde da Mulher, que aporta subsídios ao CNS no que respeita à saúde integral da mulher, e não somente na sua condição de mãe ou gestante.

- *BIORIO/2014 – Pref. de Três Rios, RJ – Médico Angiologista:*

Em relação às comissões intersetoriais, previstas na Lei 8080/90, avalie se as afirmativas a seguir são falsas (F) ou verdadeiras (V):

I. As comissões intersetoriais são de âmbito nacional, subordinadas ao Conselho Nacional de Saúde e integradas pelos Ministérios e órgãos competentes e por entidades representativas da sociedade civil.

II. As comissões intersetoriais têm a finalidade de articular políticas e programas de interesse para a saúde, cuja execução envolva áreas não compreendidas no âmbito do Sistema Único de Saúde (SUS).

III. A articulação das políticas e programas, a cargo das comissões intersetoriais, abrangerá, em especial, as seguintes atividades: alimentação e nutrição; saneamento e meio ambiente; vigilância sanitária e farmacoepidemiologia; recursos humanos; ciência e tecnologia; e saúde do trabalhador.

IV. Devem ser criadas Comissões Permanentes de integração entre os serviços de saúde e as instituições de ensino profissional e superior.

As afirmativas I, II, III e IV são respectivamente:

c) V, V, V e V.

Resposta: alternativa "c".

- *DIRECTA/2014 – Pref. Piedade, SP – Médico Clínico Geral:*

Coloque "V" para verdadeiro e "F" para falso:

De acordo com o artigo 13 da Lei Federal 8.080/90 afirma que a articulação das políticas e programas, a cargo das comissões intersetoriais, abrangerá, em especial, as seguintes atividades:

( ) I. alimentação e nutrição;

( ) II. saneamento e meio ambiente;

( ) III. vigilância sanitária e farmacoepidemiologia;

( ) IV. recursos humanos;

( ) V. ciência e tecnologia;

( ) VI. assistência semi integral à saúde do trabalhador.

c) V-, V-, V-, V-, V-, F.

Resposta: alternativa "c".

▶ A assistência à saúde do trabalhador, bem como a assistência à saúde em geral, são integrais (princípio da integralidade).

- *DOM CINTRA/2014 – FIOCRUZ – Tecnologista, Medicina de Saúde e Comunidade:*

– Serão criadas comissões intersetoriais de âmbito nacional, subordinadas ao Conselho Nacional de Saúde, integradas pelos Ministérios e órgãos competentes e por entidades representativas da sociedade civil.

Resposta: Correto.

- *DOM CINTRA/2014 – FIOCRUZ – Tecnologista, Medicina de Saúde e Comunidade:*

– A articulação das políticas e programas, a cargo das comissões intersetoriais, abrangerá, em especial, as seguintes atividades: alimentação e nutrição;

saneamento e meio ambiente; vigilância sanitária e farmacoepidemiologia; recursos humanos; ciência e tecnologia; e saúde do trabalhador.

Resposta: Correto.

- *CONSULPLAN/2013 – AVAPE – Médico Neurologista:*

– As comissões intersetoriais terão a finalidade de articular políticas e programas de interesse para a saúde, cuja execução envolva áreas não compreendidas no âmbito do Sistema Único de Saúde – SUS.

Resposta: Correto.

- *AOCP/2010 – FESF/BA, Cirurgião Dentista (Saúde da Família):*

Serão criadas comissões intersetoriais de âmbito nacional, subordinadas ao Conselho Nacional de Saúde, integradas pelos Ministérios e órgãos competentes e por entidades representativas da sociedade civil.

Resposta: Correto.

- *IDECAN/2010 – Prefeitura de Ipatinga/MG, Auditor Técnico dos Serviços de Saúde:*

Na organização do SUS, a articulação das políticas e programas, a cargo das comissões intersetoriais, abrangerá, em especial, algumas atividades, tais como, EXCETO:

a) Alimentação e nutrição.
b) Ciência e tecnologia.
c) Saúde do trabalhador.
d) Recursos humanos.
e) Vigilância hospitalar.

Resposta: alternativa "e".

► A vigilância hospitalar não está elencada entre as atividades a cargo das comissões intersetoriais.

- *FUNCAB/2010 – Prefeitura de Vitória/ES, Biólogo:*

A articulação das políticas e programas, a cargo das comissões intersetoriais, abrangerá, em especial, as seguintes atividades:

b) recursos humanos, saneamento e meio ambiente e ciência e tecnologia.

Resposta: alternativa "b".

- *Fundação José Arthur Boiteux/UFSC/2010 – Prefeitura de Florianópolis/SC, Biólogo:*

A Lei Orgânica do SUS estabeleceu a criação de comissões intersetoriais de âmbito nacional, subordinadas ao Conselho Nacional de Saúde, com a finalidade de articular políticas e programas de interesse para a saúde. Assinale a alternativa que apresente CORRETAMENTE três das seis atividades das comissões intersetoriais, previstas nessa Lei.

c) Alimentação e nutrição; saneamento e meio ambiente; ciência e tecnologia.
Resposta: alternativa "c".

- *INSTITUTO LUDUS/2010 – Prefeitura de São João dos Patos/MA, Médico (PSF):*

Um dos objetivos das comissões intersetoriais, criadas pela Lei nº 8.080 de 19 de setembro de 1990, é:

a) Articular políticas e programas de interesse para a saúde.
Resposta: alternativa "a".

Art. 14-A. As **Comissões Intergestores Bipartite e Tripartite** são reconhecidas como **foros de negociação e pactuação entre gestores**, quanto aos aspectos operacionais do Sistema Único de Saúde (SUS).

Parágrafo único. A atuação das Comissões Intergestores Bipartite e Tripartite terá por objetivo:

I – decidir sobre os aspectos operacionais, financeiros e administrativos da gestão compartilhada do SUS, em conformidade com a definição da política consubstanciada em planos de saúde, aprovados pelos conselhos de saúde;

II – definir diretrizes, de âmbito nacional, regional e intermunicipal, a respeito da organização das redes de ações e serviços de saúde, principalmente no tocante à sua governança institucional e à integração das ações e serviços dos entes federados;

III – fixar diretrizes sobre as regiões de saúde, distrito sanitário, integração de territórios, referência e contrarreferência e demais aspectos vinculados à integração das ações e serviços de saúde entre os entes federados.

(Dispositivo integralmente incluído pela Lei nº 12.466, de 2011).

1. O **art. 14-A** foi introduzido na Lei nº 8.080/90 pela Lei nº 12.466/2011 e deve ser interpretado juntamente com os **arts. 30 a 32 do Decreto nº 7.508/2011**, que dispõem sobre a atuação das Comissões Intergestores na articulação interfederativa. As **Comissões Intergestores Tripartite (CIT) e Bipartites (CIBs)** foram inicialmente previstas pela NOB nº 01/1993; atualmente, além destas, o Decreto nº 7.508/2011 previu a criação de **Comissões Intergestores Regionais (CIR)**, vinculadas às Secretarias Estaduais de Saúde para efeitos administrativos e operacionais, porém voltadas a efetivarem a concepção de Regiões de Saúde, cujo território não reflete a divisão de espaço típica das fronteiras federativas.

2. As Comissões Intergestores são "instâncias de pactuação consensual entre os entes federativos para definição das regras da gestão compartilhada do

SUS" (Dec. nº 7.508/2011, art. 2º, IV). Constituem **foros de negociação e pactuação entre os gestores**, atuando na **articulação interfederativa** e com competência de decisão sobre os aspectos operacionais, financeiros e administrativos da gestão compartilhada do SUS, em atenção às diretrizes fixadas pelos Conselhos de Saúde. Além disso, devem também definir as diretrizes das redes de atenção à saúde, especialmente quanto à administração e à integração das ações e dos serviços de saúde na respectiva esfera de atuação, fixando-lhes diretrizes sobre "as regiões de saúde, distrito sanitário, integração de territórios, referência e contrarreferência" (Lei nº 8.080/90, art. 14-A, III). Em termos materiais, vale conferir as **competências gerais** das Comissões Intergestores, assim como as **competências exclusivas** da Comissão Intergestores Tripartite (CIT), tal como estabelecidas pelo **art. 32 do Decreto nº 7.508/2011**, a saber:

> **Art. 32.** *As Comissões Intergestores pactuarão:*
>
> *I – aspectos operacionais, financeiros e administrativos da gestão compartilhada do SUS, de acordo com a definição da política de saúde dos entes federativos, consubstanciada nos seus planos de saúde, aprovados pelos respectivos conselhos de saúde;*
>
> *II – diretrizes gerais sobre Regiões de Saúde, integração de limites geográficos, referência e contrarreferência e demais aspectos vinculados à integração das ações e serviços de saúde entre os entes federativos;*
>
> *III – diretrizes de âmbito nacional, estadual, regional e interestadual, a respeito da organização das redes de atenção à saúde, principalmente no tocante à gestão institucional e à integração das ações e serviços dos entes federativos;*
>
> *IV – responsabilidades dos entes federativos na Rede de Atenção à Saúde, de acordo com o seu porte demográfico e seu desenvolvimento econômico-financeiro, estabelecendo as responsabilidades individuais e as solidárias; e*
>
> *V – referências das regiões intraestaduais e interestaduais de atenção à saúde para o atendimento da integralidade da assistência.*
>
> **Parágrafo único.** *Serão de competência exclusiva da CIT a pactuação:*
>
> *I – das diretrizes gerais para a composição da RENASES;*
>
> *II – dos critérios para o planejamento integrado das ações e serviços de saúde da Região de Saúde, em razão do compartilhamento da gestão; e*
>
> *III – das diretrizes nacionais, do financiamento e das questões operacionais das Regiões de Saúde situadas em fronteiras com outros*

países, respeitadas, em todos os casos, as normas que regem as relações internacionais.

3. As Comissões Intergestores representam uma revitalização do **federalismo cooperativo**, pois servem à gestão compartilhada e à articulação dos serviços e ações de saúde entre os entes federativos, participando da formulação de estratégias de implementação e gestão das políticas de saúde. Traduzem um incremento nas medidas de concretização dos princípios da descentralização e regionalização, pactuando normas e responsabilidades acerca do financiamento e da gestão dos recursos da saúde, em observância à atuação dos Conselhos de Saúde.

4. A composição das Comissões Intergestores é **paritária**. A Comissão Intergestores Tripartite (CIT) é integrada por 18 membros, distribuídos em grupos de 6 representantes, indicados, respectivamente, pelo Ministério da Saúde, pelo Conselho Nacional de Secretários da Saúde (CONASS) e pelo Conselho Nacional de Secretarias Municipais de Saúde (CONASEMS), sendo que estes últimos indicam o Presidente e mais um representante de cada uma das cinco regiões do país[135]. A CIT tem por finalidade prestar assistência ao Ministro da Saúde "na elaboração de propostas para a implantação e operacionalização do SUS, submetendo-se ao poder deliberativo e fiscalizador do Conselho Nacional de Saúde". Já as Comissões Intergestores Bipartites (CIBs) dependem de ato do Secretário Estadual de Saúde que as estabeleça, devendo também ser integradas de forma paritária por representantes da Secretaria Estadual de Saúde e do órgão de representação dos Secretários Municipais de Saúde no mesmo Estado, tendo por competência "a negociação e decisão quanto aos aspectos operacionais do SUS"[136].

5. A Comissão Intergestores Tripartite (CIT) ainda atua na **pactuação da metodologia** que, aprovada pelo Conselho Nacional de Saúde, será utilizada pelo Ministério da Saúde para definir "os montantes a serem transferidos a cada Estado, ao Distrito Federal e a cada Município para custeio das ações e serviços públicos de saúde", na forma da Lei Complementar nº

---

135. Cf. <http://portal.saude.gov.br/portal/saude/visualizar_texto.cfm?idtxt=28601>. Acesso em 26 nov. 2010.

136. Ambas as citações foram tiradas do próprio texto da NOB nº 01/1993. Disponível em: <http://siops.datasus.gov.br/Documentacao/Portaria%20545_20_05_1993.pdf>. Acesso em 26 nov. 2010.

141/2012 (art. 17, § 1º). De modo semelhante, as Comissões Intergestores Bipartite (CIBs) pactuarão a metodologia de alocação dos recursos estaduais e a previsão anual dos recursos para os Municípios que, aprovada pelo Conselho Estadual de Saúde, será explicitada pelos Planos Estaduais de Saúde (LC nº 141/2012, art. 19, § 1º).

Aplicação em concursos:

- *MPE-PR/2019 – MPE-PR – Promotor Substituto:*

  Analise as assertivas e assinale a alternativa *correta*:

a) O processo de planejamento e orçamento do Sistema Único de Saúde será descendente, do nível federal até o local, ouvidos seus órgãos deliberativos, assessorados pela Comissão Nacional de Incorporação de Tecnologias no SUS, compatibilizando-se as necessidades da política da saúde com a disponibilidade de recursos.

b) A atuação das Comissões Intergestores Bipartite e Tripartite tem por objetivo decidir sobre os aspectos operacionais, financeiros e administrativos da gestão compartilhada do Sistema Único de Saúde, em conformidade com a definição da política consubstanciada em planos de saúde, aprovados pelos Conselhos de Saúde.

c) A Comissão Intergestora Bipartite é reconhecida como entidade representativa dos entes estaduais e municipais para tratar de matérias referentes à saúde e declarada de utilidade pública e de relevante função social.

d) A atuação do Conselho Nacional de Secretários de Saúde e do Conselho Nacional de Secretarias Municipais de Saúde tem por objetivo fixar diretrizes sobre as regiões de saúde, distrito sanitário, integração de territórios, referência e contrarreferência e demais aspectos vinculados à integração das ações e serviços de saúde entre os entes federados.

e) O Conselho Nacional de Secretários de Saúde e os Conselhos de Secretarias Municipais de Saúde são reconhecidos como foros de negociação e pactuação entre gestores, quanto aos aspectos operacionais do Sistema Único de Saúde.

Resposta: alternativa "b".

- *CESPE/2018 – EBSERH – Nível Superior:*

  De acordo com o que dispõe a Lei nº 8.080/1990, julgue o item subsequente.

  A decisão dos aspectos operacionais entre gestores ocorre por meio de pactuações entre gestores e das comissões intergestoras bipartite e tripartite.

  Resposta: Correto.

- *AOCP/2017 – EBSERH/HUJB-UFCG – Advogado:*

  De acordo com Decreto presidencial nº 7.508/2011, assinale a alternativa correta sobre as Comissões Intergestores em relação a sua organização e ao funcionamento das ações e serviços de saúde integrados em redes de atenção à saúde.

a) A CIT, no âmbito do Estado, está vinculada à Secretaria Estadual de Saúde para efeitos administrativos e operacionais.
b) A CIB, no âmbito da União, está vinculada ao Ministério da Saúde para efeitos administrativos e operacionais.
c) A Comissão Intergestores Regional - CIR, no âmbito regional, está vinculada à Secretaria Municipal de Saúde para efeitos administrativos e operacionais, devendo observar as diretrizes do CIT.
d) No CIT e no CIB, os gestores públicos de saúde não poderão ser representados pelo Conselho Nacional de Secretários de Saúde - CONASS, pelo Conselho Nacional de Secretarias Municipais de Saúde - CONASEMS e pelo Conselho Estadual de Secretarias Municipais de Saúde – COSEMS, com exceção do CIR que poderá ser representado pelos conselhos citados.
e) As Comissões Intergestores pactuarão aspectos operacionais, financeiros e administrativos da gestão compartilhada do SUS, de acordo com a definição da política de saúde dos entes federativos, consubstanciada nos seus planos de saúde, aprovados pelos respectivos conselhos de saúde.

Resposta: alternativa "e".

- *AOCP/2017 – EBSERH/HUJB-UFCG – Advogado:*

De acordo com a Lei 8.080/90, no que se refere à organização e direção da gestão do Sistema Único de Saúde [...]

– As Comissões Intergestores Bipartite e Tripartite são reconhecidas como foros de negociação e pactuação entre gestores, quanto aos aspectos operacionais do Sistema Único de Saúde (SUS).
– A atuação das Comissões Intergestores Bipartite e Tripartite terá por objetivo definir diretrizes, de âmbito nacional, regional e intermunicipal, a respeito da organização das redes de ações e serviços de saúde, principalmente no tocante à sua governança institucional e à integração das ações e serviços dos entes federados.
– A atuação das Comissões Intergestores Bipartite e Tripartite terá por objetivo fixar diretrizes sobre as regiões de saúde, distrito sanitário, integração de territórios, referência e contrarreferência e demais aspectos vinculados à integração das ações e serviços de saúde entre os entes federados.

Resposta: todas as afirmativas estão corretas.

- *FUNCAB/2016 – EMSERH – Assistente social:*

As instâncias de pactuação consensual entre os entes federativos para definição das regras da gestão compartilhada do SUS são denominadas:

a) comissões intergestores.
b) comissões intersetoriais.
c) colegiados de gestão.
d) conferências de saúde.

e) conselhos de saúde.
Resposta: alternativa "a".

- *SEGPLAN-GO/2016 – SEAP/GO – Técnico de Saúde:*

Na organização, direção e gestão do SUS nas diferentes instâncias governamentais, existem fóruns de negociações e deliberações articulados por meio de pactuações. No nível nacional, isso ocorre:

a) no Conselho Nacional de Saúde, com participação dos conselhos estaduais e municipais de saúde, que são instâncias compostas por representantes dos gestores, dos trabalhadores de saúde e dos usuários.
b) na Comissão Intergestores Bipartite, que é composta paritariamente por representação da Secretaria de Estado da Saúde, do Conselho Estadual de Saúde e do Conselho Estadual de Secretários Municipais de Saúde.
c) na Comissão Intergestores Tripartite, que é composta paritariamente por representação do Ministério da Saúde, do Conselho Nacional dos Secretários de Saúde e do Conselho Nacional de Secretários Municipais de Saúde.
d) em um conselho especial composto por representação do Ministério da Saúde, do Conselho Nacional de Saúde e dos Conselhos Estaduais de Saúde.
e) no Conselho Nacional de Secretários de Saúde e no Conselho Nacional de Secretários Municipais de Saúde, que são compostos pelos secretários estaduais e municipais de saúde, respectivamente.
Resposta: alternativa "c".

- *AOCP/2016 – EBSERH – Técnico em Segurança do Trabalho:*

De acordo com os conceitos estabelecidos no Decreto Presidencial nº 7.508, de 28 de junho de 2011, as "instâncias de pactuação consensual entre os entes federativos para definição das regras da gestão compartilhada do SUS" são consideradas

a) Portas de Entrada.
b) Mapas da Saúde.
c) Diretrizes Terapêuticas.
d) Comissões Intergestores.
e) Regiões da Saúde.
Resposta: alternativa "d".

- *AOCP/2016 – EBSERH – Enfermeiro:*

De acordo com o que estabelece o Decreto Presidencial nº 7.508, de 28 de junho de 2011, a pactuação das diretrizes gerais para a composição da RENASES (Relação Nacional de Ações e Serviços de Saúde) será de competência

a) exclusiva do Conselho Nacional de Secretarias Municipais de Saúde – CONASEMS.
b) comum entre o Ministro da Saúde e o Conselho Nacional de Secretarias Municipais de Saúde – CONASEMS.

c) exclusiva do Presidente da República.
d) exclusiva da Comissão Intergestores Tripartite – CIT.
e) exclusiva da Comissão Intergestores Bipartite – CIB.
Resposta: alternativa "d".

- *AOCP/2016 – EBSERH – Técnico em Enfermagem:*

Considerando o que estabelece o Decreto Presidencial nº 7.508, de 28 de junho de 2011, para efeito desse Decreto, considera-se como Comissões Intergestores

a) serviços de saúde específicos para o atendimento da pessoa que, em razão de agravo ou de situação laboral, necessita de atendimento especial.
b) espaço geográfico contínuo constituído por agrupamentos de Municípios limítrofes, delimitado a partir de identidades culturais, econômicas e sociais.
c) ações e serviços de saúde ofertados pelo SUS e pela iniciativa privada, considerando-se a capacidade instalada existente, os investimentos e o desempenho aferido a partir dos indicadores de saúde do sistema.
d) conjunto de ações e serviços de saúde articulados em níveis de complexidade crescente, com a finalidade de garantir a integralidade da assistência à saúde
e) instâncias de pactuação consensual entre os entes federativos para definição das regras da gestão compartilhada do SUS.
Resposta: alternativa "e".

- *AOCP/2015 – EBSERH/HC-UFG – Advogado:*

Assinale a alternativa correta.

a) O acesso universal, igualitário e ordenado às ações e serviços de saúde se inicia pela rede regionalizada e hierarquizada, de acordo com a complexidade do serviço.
b) Não poderão ser criadas novas formas de entrada no Sistema Único de Saúde.
c) Ao usuário, será assegurada a continuidade do cuidado em saúde, somente em algumas modalidades, nos serviços, hospitais e em outras unidades integrantes da rede de atenção da respectiva região.
d) Para assegurar ao usuário o acesso universal, igualitário e ordenado às ações e serviços de saúde do SUS, não caberá aos entes federativos orientar e ordenar os fluxos das ações e dos serviços de saúde.
e) As Redes de Atenção à Saúde estarão compreendidas no âmbito de uma Região de Saúde, ou de várias delas, em consonância com diretrizes pactuadas nas Comissões Intergestores.
Resposta: alternativa "e".

- *AOCP/2014 – EBSERH/HUCAM-UFES – Terapeuta Ocupacional:*

De acordo com o Decreto 7.508/2011, a instância de pactuação consensual entre os entes federativos para definição das regras da gestão compartilhada do SUS, denomina-se

a) Comissões Intergestores.
Resposta: alternativa "b".

- *FUNCAB/2014 – SESACRE – Biomédico:*
Fixar diretrizes sobre as regiões de saúde, distrito sanitário, integração de territórios e referência e contrarreferência faz parte dos objetivos das(os):
a) Comissões Intergestores.
Resposta: alternativa "a".

- *IDECAN/2014 – Pref. Apiacá, ES – Médico Cardiologista:*
Sobre a gestão da saúde, marque V para as afirmativas verdadeiras e F para as falsas.
( ) A Comissão Intergestores Tripartite (CIT) atua na direção nacional do SUS. A representação de estados e municípios nessa Comissão é regional.
( ) As Comissões Intergestores Bipartites (CIB) é constituída paritariamente por representantes do governo estadual e dos secretários municipais de saúde.
( ) A implementação de espaços regionais de pactuação é uma necessidade para o aperfeiçoamento do SUS. Devem-se organizar a partir das necessidades e afinidades específicas em saúde existentes nas regiões.
A sequência está correta em
c) V, V, V.
Resposta: alternativa "c".

- *AOCP/2014 – EBSERH, HUSM-UFSM – Técnico em Enfermagem, Saúde do Trabalhador:*
De acordo com o Decreto 7.508/2011, a Comissão Intergestores Tripartite será
b) no âmbito da União, vinculada ao Ministério da Saúde para efeitos administrativos e operacionais.
Resposta: alternativa "b".

- *FUNCAB/2014 – Câmara de Vitória, ES – Analista Legislativo – Saúde:*
A pactuação das diretrizes referentes à instituição das regiões de saúde é uma responsabilidade da:
d) Comissão Intergestores Tripartite.
Resposta: alternativa "d".

- *VUNESP/2014 – Pref. São José do Rio Preto, SP – Médico Plantonista Clínico:*
No Brasil, o município é, estrategicamente, o principal responsável pela saúde de sua população e, portanto, assume atribuições e responsabilidades de gestão para exercer plenamente essa função. Dentre elas está a de participar, na forma prevista em lei, da Comissão Intergestores Tripartite (CIT), que é um foro de articulação e pactuação na esfera federal no qual são definidas as diretrizes, estratégias, programas, projetos e alocação de recursos do Sistema Único de Saúde (SUS). Assinale a alternativa que, corretamente, caracteriza essa comissão.

b) Cinco de seus membros são indicados pelo Conselho Nacional de Secretários Municipais de Saúde (Conasems).
Resposta: alternativa "b".

- *FUNCAB/2014 – SESACRE – Biomédico:*

De acordo com o Decreto nº 7.508/2011, compete à Comissão Intergestores Bipartite pactuar as etapas do processo e os prazos do Planejamento:

c) municipal.
Resposta: alternativa "c".

- *AOCP/2014 – EBSERH/HUJM-UFMT – Advogado:*

A Comissão Intergestores Regional – CIR, devendo observar as diretrizes da Comissão Intergestores Bipartite – CIB, atua

b) no âmbito regional, sendo vinculada à Secretaria Estadual de Saúde para efeitos administrativos e operacionais.
Resposta: alternativa "b".

- *UNIVALI/2013 – Prefeitura de Itajaí, SC – Cirurgião Dentista, Clínico Geral:*

O Decreto Presidencial nº 7.508, de 28 de junho de 2011, dispõe sobre a organização do Sistema Único de Saúde – SUS, o planejamento da saúde, a assistência à saúde e a articulação interfederativa, e dá outras providências. Tendo como base este Decreto, marque com V as afirmações verdadeiras e com F as falsas.

– Comissões Intergestores – instâncias de pactuação consensual entre os entes federativos para definição das regras da gestão compartilhada do SUS.
Resposta: Verdadeiro.

- *FUNCAB/2013 – Prefeitura de Cuiabá, MT – Cirurgião Dentista:*

O Decreto nº 7.508, de 28 de junho de 2011, regulamentou a Lei nº 8.080/90, definindo, aprofundando e clareando conceitos essenciais ao sistema como regionalização, hierarquização, comissões intergestores, entre outros. Com base nesse decreto, analise as afirmativas abaixo [...]

– As Comissões Intergestores são instâncias de pactuação consensual entre os entes federativos para definição das regras da gestão compartilhada do SUS.
Resposta: Correto

- *Gestão de Concursos/2013 – Médico (CIAS/SAMU/MG):*

As Comissões Intergestores Bipartite e Tripartite são reconhecidas como foros de negociação e pactuação entre gestores, quanto aos aspectos operacionais do Sistema Único de Saúde. A atuação das Comissões Intergestores Bipartite e Tripartite tem por objetivo [...]

a) Decidir sobre os aspectos operacionais, financeiros e administrativos da gestão compartilhada do SUS, em conformidade com a definição da política consubstanciada em planos de saúde, aprovados pelos conselhos de saúde.

b) Definir diretrizes, de âmbito nacional, regional e intermunicipal, a respeito da organização das redes de ações e serviços de saúde, principalmente no tocante à sua governança institucional e à integração das ações e serviços dos entes federados.

c) Fixar diretrizes sobre as regiões de saúde, distrito sanitário, integração de territórios, referência e contrarreferência e demais aspectos vinculados à integração das ações e serviços de saúde entre os entes federados.

Resposta: todas as alternativas estão corretas.

- *CETRO/2013 – ANVISA – Especialista em Regulação e Vigilância Sanitária:*

Quanto aos objetos de pactuação das Comissões Intergestores, conforme disposto no Decreto 7.508/2011, que regulamenta a Lei nº 8.080/1990, assinale a alternativa incorreta.

a) As Comissões Intergestores pactuarão aspectos operacionais, financeiros e administrativos da gestão compartilhada do SUS de acordo com a definição da política de saúde dos entes federativos, consubstanciada nos seus planos de saúde, aprovados pelos respectivos conselhos de saúde.

b) As Comissões Intergestores pactuarão diretrizes gerais sobre Regiões de Saúde, integração de limites geográficos, referência e contrarreferência e demais aspectos vinculados à integração das ações e serviços de saúde entre os entes federativos.

c) As Comissões Intergestores pactuarão diretrizes de âmbito nacional, estadual, regional e intermunicipal, a respeito da organização das redes de atenção à saúde, principalmente no tocante à gestão institucional e à integração das ações e serviços dos entes federativos.

d) Responsabilidades dos entes federativos na Rede de Atenção à Saúde, de acordo com o seu porte demográfico e seu desenvolvimento econômico financeiro, estabelecendo as responsabilidades individuais e solidárias.

e) Referências das regiões intraestaduais e interestaduais de atenção à saúde para o atendimento da integralidade da assistência.

Resposta: alternativa "c".

► De acordo com o art. 30 do Decreto nº 7.508/2011, as Comissões Intergestores "pactuarão a organização e o funcionamento das ações e serviços de saúde integrados em redes de atenção à saúde", para efeitos administrativos e operacionais.

- *MP-SC/2012 – Promotor de Justiça – XXXVII Concurso:*

– Para garantir a atuação do SUS, as Comissões Intergestores Bipartite e Tripartite reunir-se-ão anualmente após convocação do CONASS (Conselho Nacional dos Secretários de Saúde) para discutir e avaliar a situação de saúde e propor aos Conselhos de Saúde as diretrizes para a formulação da política de saúde nos níveis correspondentes.

Resposta: Errado.

► Não existe tal exigência na legislação.

- *BIORIO/2010 – Prefeitura de Barra Mansa/RJ, Médico Alergista:*
  A Comissão Intergestores Tripartite no modelo de descentralização para o SUS é composta por:
  c) Ministério da Saúde, Conselho Nacional de Secretarias Estaduais de Saúde, Conselho Nacional de Secretarias Municipais de Saúde.
  Resposta: alternativa "c".

Art. 14-B. O Conselho Nacional de Secretários de Saúde (**Conass**) e o Conselho Nacional de Secretarias Municipais de Saúde (**Conasems**) são reconhecidos como entidades representativas dos entes estaduais e municipais para tratar de matérias referentes à saúde e declarados de utilidade pública e de relevante função social, na forma do regulamento.

§ 1º. O Conass e o Conasems receberão recursos do orçamento geral da União por meio do Fundo Nacional de Saúde, para auxiliar no custeio de suas despesas institucionais, podendo ainda celebrar convênios com a União.

§ 2º. Os Conselhos de Secretarias Municipais de Saúde (Cosems) são reconhecidos como entidades que representam os entes municipais, no âmbito estadual, para tratar de matérias referentes à saúde, desde que vinculados institucionalmente ao Conasems, na forma que dispuserem seus estatutos.

(Dispositivo integralmente incluído pela Lei nº 12.466, de 2011).

1. Por meio do art. 14-B, introduzido na Lei nº 8.080/90 pela Lei nº 12.466/2011, duas importantes **entidades representativas dos entes subnacionais**, com forte tradição de atuação na área da saúde e participação efetiva no Movimento da Reforma Sanitária, passaram a ter **declarada sua utilidade pública e relevante função social**: o Conselho Nacional de Secretários de Saúde (CONASS) e o Conselho Nacional de Secretarias Municipais de Saúde (CONASEMS). Para desempenharem suas funções institucionais, passam a contar com recursos do orçamento geral da União, transferidos via Fundo Nacional de Saúde (FNS), além de terem reconhecida a possibilidade de celebrar convênios com a União.

2. O **Conselho Nacional de Secretários de Saúde (CONASS)** é uma associação civil, pessoa jurídica de direito privado e sem fins lucrativos, que congrega os Secretários de Saúde dos Estados e do Distrito Federal na condição de gestores estaduais do SUS. Criado em 3 de fevereiro de 1982 e com sede em Brasília, tem por missão "promover a articulação e a representação política da gestão estadual do SUS, proporcionando apoio técnico às Secretarias Estaduais de Saúde, coletiva e individualmente, de acordo com as suas necessidades, por meio da disseminação de informações, produção e difusão de conhecimento, inovação e incentivo à troca de experiências e de boas práticas"[137].

3. O **Conselho Nacional de Secretarias Municipais de Saúde (CONASEMS)** também se constitui sob a forma de associação civil, pessoa jurídica de direito privado e sem fins lucrativos, que integra os Secretários de Saúde dos Municípios, atuando "em prol do desenvolvimento da saúde pública, da universalidade e igualdade do acesso da população às ações e serviços de saúde, promovendo ações conjuntas que fortaleçam a descentralização política, administrativa e financeira" do SUS. Nos termos do art. 2º do seu Estatuto, o CONASEMS atua como "representante institucional das secretarias municipais de saúde nos órgãos deliberativos e consultivos da Direção Nacional do SUS, principalmente no Conselho Nacional de Saúde, na forma da Lei nº 8.142/90, com vista a discutir e aprovar a política nacional de saúde e o seu financiamento, defendendo a descentralização das ações e serviços de saúde e a autonomia dos municípios para planejar as suas ações e serviços, aprovar o seu plano de saúde, de acordo com a sua realidade local, com o apoio técnico e financeiro da União e dos Estados, na forma da lei"[138].

4. Atuando junto ao CONASEMS, a lei ainda trata dos **Conselhos de Secretarias Municipais de Saúde (COSEMS)** e, também representando as Secretarias de Saúde dos Municípios, buscam atuar sobre as políticas de saúde nacionais e estaduais de saúde junto ao CONASEMS.

Aplicação em concursos:

- *AOCP/2016 – EBSERH – Advogado:*
  De acordo com o que dispõe a Lei Orgânica da Saúde - Lei nº 8.080/1990, o Conselho Nacional de Secretários de Saúde (Conass) e o Conselho Nacional de Secretarias Municipais de Saúde (Conasems)

---

137. Maiores informações, inclusive o Estatuto que o rege, podem ser obtidas no *site* do CONASS: <http://www.conass.org.br/index.php?option=com_content&view=article&id=45&Itemid=7#>.
138. Informações conforme *site* do CONASEMS: <http://www.conasems.org.br/index.php/o-conasems/estatuto>.

a) receberão recursos do orçamento geral da União por meio do Fundo Nacional de Saúde, para auxiliar no custeio de suas despesas institucionais, podendo ainda celebrar convênios com a União
b) receberão recursos do orçamento geral da União por meio do Fundo Nacional de Saúde, para auxiliar no custeio de suas despesas institucionais, sendo vedada a celebração de convênios com a União e com os estados.
c) não receberão recursos do orçamento geral da União, mas podem celebrar convênios com a União por meio do Fundo Nacional de Saúde.
d) não receberão recursos do orçamento geral da União quando celebrarem convênios, por meio do Fundo Nacional de Saúde, com qualquer ente da federação.
e) receberão recursos do orçamento geral da União somente quando celebrarem convênios por meio do Fundo Nacional de Saúde.

Resposta: alternativa "a".

- AOCP/2015 – EBSERH/HC-UFG – Advogado:
Assinale a alternativa correta.

a) As Comissões Permanentes de Integração são reconhecidas como foros de negociação e pactuação entre gestores, quanto aos aspectos operacionais do Sistema Único de Saúde.
b) As Comissões Intergestores Bipartite e Tripartite terão por finalidade propor prioridades, métodos e estratégias para a formação e educação continuada dos recursos humanos do Sistema Único de Saúde, na esfera correspondente, assim como em relação à pesquisa e à cooperação técnica entre as instituições.
c) O Conselho Nacional de Secretários de Saúde (CONASS) e o Conselho Nacional de Secretarias Municipais de Saúde (CONASEMS) são reconhecidos como entidades representativas dos entes estaduais e municipais para tratar de matérias referentes à saúde e declarados de utilidade pública e de relevante função social, na forma do regulamento.
d) As Comissões Intersetoriais terão a finalidade de articular políticas e programas de interesse para a saúde, cuja execução envolva áreas compreendidas no âmbito do Sistema Único de Saúde.
e) Os Conselhos de Secretarias Municipais de Saúde (COSEMS) são reconhecidos como entidades que representam os entes municipais, no âmbito estadual, para tratar de matérias referentes à saúde, independentemente de estarem vinculados ao Conselho Nacional de Secretarias Municipais de Saúde.

Resposta: alternativa "c".

- *FUNDATEC/2014 – Fundação Hospitalar Getúlio Vargas – Procurador:*
Com base na referida Lei [Lei nº 8.080/90], analise as seguintes afirmativas:

I. O Conselho Nacional de Secretários de Saúde – CONASS e o Conselho Nacional de Secretarias Municipais de Saúde – CONASEMS são reconhecidos como entidades representativas dos entes estaduais e municipais para tratar de matérias referentes à saúde e declarados de utilidade pública e de relevante função social, na forma do regulamento.

I. O CONASS e o CONASEMS receberão recursos do orçamento geral da União por meio do Fundo Nacional de Saúde, para auxiliar no custeio de suas despesas institucionais, podendo ainda celebrar convênios com a União.

I. Os Conselhos de Secretarias Municipais de Saúde – COSEMS são reconhecidos como entidades que representam os entes municipais, no âmbito estadual, para tratar de matérias referentes à saúde, desde que vinculados institucionalmente ao CONASEMS, na forma que dispuserem seus estatutos.

Quais estão coretas?

e) I, II e III.

Resposta: alternativa "e".

- *FUNCAB/2014 – SESACRE – Biomédico:*

O Conselho Nacional de Secretários de Saúde (Conass) e o Conselho Nacional de Secretarias Municipais de Saúde (Conasems) são reconhecidos como entidades representativas dos:

b) entes estaduais e municipais.

Resposta: alternativa "b".

- *FCC/2014 – TRF 3ª Região – Analista Judiciário:*

Considere:

I. O Conselho Nacional de Secretários de Saúde (CONASS) e o Conselho Nacional de Secretarias Municipais de Saúde (CONASEMS) são reconhecidos como entidades representativas dos entes estaduais e municipais para tratar de matérias referentes à saúde e declarados de utilidade pública e de relevante função social, na forma do regulamento.

II. O CONASS e o CONASEMS recebem recursos do orçamento geral da União por meio do Fundo Nacional de Administração Interna, visando o auxílio no custeio de suas despesas institucionais, sendo vedada a celebração de convênios com a União.

III. Os Conselhos de Secretarias Municipais de Saúde (COSEMS) são reconhecidos como entidades que representam os entes municipais, no âmbito estadual, para tratar de matérias referentes à saúde, desde que vinculados institucionalmente ao CONASEMS, na forma que dispuserem seus estatutos.

De acordo com a Lei nº 8.080/90 está correto o que consta APENAS em

c) I e III.

Resposta: alternativa "c".

▶ O art. 14-B, § 1º, é explícito em determinar que "O Conass e o Conasems receberão recursos do orçamento geral da União por meio do Fundo Nacional de Saúde, para auxiliar no custeio de suas despesas institucionais, podendo ainda celebrar convênios com a União."

- *FUNCAB – Prefeitura de Cuiabá, MT – Cirurgião Dentista – 2013:*

– O Conselho Nacional de Secretários de Saúde (Conass) e o Conselho Nacional de Secretarias Municipais de Saúde (Conasems) não poderão receber recursos do orçamento geral da União para custear suas despesas institucionais.

Resposta: Errado.

▶ O art. 14-B, § 1º, determina expressamente que o CONASS e o CONASEMS receberão recursos do orçamento geral da União, por meio do Fundo Nacional de Saúde, para o custeio de suas despesas institucionais.

– As Comissões Intergestores Bipartite e Tripartite são reconhecidas como entidades representativas dos entes estaduais e municipais para tratar de matérias referentes à saúde e declaradas de utilidade pública e de relevante função social.

Resposta: Errado.

▶ Tais entidades representativas são o CONASS e o CONASEMS, e não quaisquer das Comissões Intergestores.

CAPÍTULO IV– DA COMPETÊNCIA E DAS ATRIBUIÇÕES

SEÇÃO I – DAS ATRIBUIÇÕES COMUNS

Art. 15. A **União**, os **Estados**, o **Distrito Federal** e os **Municípios** exercerão, em seu âmbito administrativo, as seguintes **atribuições**:

I – definição das instâncias e mecanismos de controle, avaliação e de fiscalização das ações e serviços de saúde;

II – administração dos recursos orçamentários e financeiros destinados, em cada ano, à saúde;

III – acompanhamento, avaliação e divulgação do nível de saúde da população e das condições ambientais;

IV – organização e coordenação do sistema de informação de saúde;

V – elaboração de normas técnicas e estabelecimento de padrões de qualidade e parâmetros de custos que caracterizam a assistência à saúde;

VI – elaboração de normas técnicas e estabelecimento de padrões de qualidade para promoção da saúde do trabalhador;

VII – participação de formulação da política e da execução das ações de saneamento básico e colaboração na proteção e recuperação do meio ambiente;

VIII – elaboração e atualização periódica do plano de saúde;

IX – participação na formulação e na execução da política de formação e desenvolvimento de recursos humanos para a saúde;

X – elaboração da proposta orçamentária do Sistema Único de Saúde (SUS), de conformidade com o plano de saúde;

XI – elaboração de normas para regular as atividades de serviços privados de saúde, tendo em vista a sua relevância pública;

XII – realização de operações externas de natureza financeira de interesse da saúde, autorizadas pelo Senado Federal;

XIII – para atendimento de necessidades coletivas, urgentes e transitórias, decorrentes de situações de perigo iminente, de calamidade pública ou de irrupção de epidemias, a autoridade competente da esfera administrativa correspondente poderá requisitar bens e serviços, tanto de pessoas naturais como de jurídicas, sendo-lhes assegurada justa indenização;

XIV – implementar o Sistema Nacional de Sangue, Componentes e Derivados;

XV – propor a celebração de convênios, acordos e protocolos internacionais relativos à saúde, saneamento e meio ambiente;

XVI – elaborar normas técnico-científicas de promoção, proteção e recuperação da saúde;

XVII – promover articulação com os órgãos de fiscalização do exercício profissional e outras entidades representativas da sociedade civil para a definição e controle dos padrões éticos para pesquisa, ações e serviços de saúde;

XVIII – promover a articulaçãoda política e dos planos de saúde;

XIX – realizar pesquisas e estudos na área de saúde;

XX – definir as instâncias e mecanismos de controle e fiscalização inerentes ao poder de polícia sanitária;

XXI – fomentar, coordenar e executar programas e projetos estratégicos e de atendimento emergencial.

1. **Art. 15** → estabelecimento das **competências comuns** aos entes federativos das três esferas. Trata-se de áreas em que é essencial a articulação dos gestores a respeito da elaboração e da execução das diferentes políticas e ações de saúde. Em termos teóricos, a norma procura refletir o federalismo cooperativo, com a atuação coordenada entre os diferentes níveis de poder.

2. Dentre o elenco das atribuições comuns, algumas competências merecem destaque:

art. 15, I:	definição das instâncias e mecanismos de controle, avaliação e fiscalização dos serviços e ações de saúde;
art. 15, II:	administração dos recursos orçamentários e financeiros destinados à saúde;
art. 15, III:	organização e coordenação do sistema de informação de saúde, como concretização do dever de informação que decorre do direito à saúde. São diversos os sistemas de informações existentes, que cobrem desde as estatísticas vitais até os dados financeiros quanto à aplicação dos recursos em saúde (como no caso do SIOPS: Sistema de Informações sobre Orçamentos Públicos em Saúde), assegurando transparência à gestão e permitindo a elaboração de indicadores de saúde que, em suma, sirvam ao controle da assistência à saúde;
art. 15, VI:	saúde do trabalhador: elaboração das normas técnicas e definição de padrões de qualidade para sua promoção;
art. 15, VII:	participação e execução das políticas e ações de saneamento básico, bem como colaboração na proteção e recuperação do ambiente;
art. 15, VIII:	plano de saúde: não apenas deve ser elaborado, como atualizado periodicamente;
art. 15, X:	elaboração da proposta orçamentária, em conformidade ao plano de saúde;
art. 15, IX:	recursos humanos: formulação e execução da política de formação e desenvolvimento de pessoal no âmbito do SUS;
art. 15, XI:	regulação normativa dos serviços privados de saúde, também considerados serviços de relevância pública, numa referência ao art. 197 da Constituição Federal;
art. 15, XIV:	implementação do Sistema Nacional de Sangue, Componentes e Derivados;
art. 15, XVI:	elaboração de normas técnico-científicas de promoção, proteção e recuperação da saúde;
art. 15, XVIII:	articulação da política e dos planos de saúde;
art. 15, XX:	poder de polícia sanitária: definição de instâncias e mecanismos de controle e fiscalização.

Aplicação em concursos:

- *INAZ do Pará/2018 – FunGota de Araraquara, SP – Advogado:*

  A Lei nº 8.080/90 define atribuições comuns a União, Estados, Distrito Federal e Municípios no âmbito administrativo, dentre as quais pode-se elencar:

a) elaboração, revisão e atualização periódica do plano de saúde básica.

b) acompanhamento, avaliação e divulgação do nível de saúde da população e das condições ambientais, em relatório plurianuais, com periodicidade de 4 anos.

c) elaboração, organização e coordenação do sistema de informação de saúde da família e da pessoa idosa.

d) elaboração de normas técnicas e estabelecimento de padrões de qualidade e parâmetros de custos que caracterizam a assistência à saúde.

Resposta: alternativa "d".

- *MPE-BA/2018 – MPE-BA – Promotor de Justiça Substituto:*

– A elaboração da proposta orçamentária do Sistema Único de Saúde é atribuição concorrente da União e dos Estados, excluídos os Municípios, tendo em vista a maior amplitude financeira do ente federal e estadual.

Resposta: Errado.

► A elaboração de proposta orçamentária do SUS é competência comum da União, dos Estados, do Distrito Federal e dos Municípios (Lei nº 8.080/1990, art. 15, X).

- *AOCP/2014 – EBSERH/HULW-UFPB – Advogado:*

  Analise as assertivas e assinale a alternativa que aponta as corretas de acordo com a Lei Orgânica da Saúde – Lei nº 8.080/1990. A União, os Estados, o Distrito Federal e os Municípios exercerão, em seu âmbito administrativo, as seguintes atribuições:

I. elaboração e atualização periódica do plano de saúde.

II. elaboração da proposta orçamentária do Sistema Único de Saúde (SUS), de conformidade com o plano de saúde.

III. realização de operações externas de natureza financeira de interesse da saúde, autorizadas pelo Senado Federal.

IV. implementar o Sistema Nacional de Sangue, Componentes e Derivados.

e) I, II, III e IV.

Resposta: alternativa "e".

- *FGV/2014 – Pref. Osasco – Médico Plantonista Anestesista:*

  Assinale a opção que apresenta uma atribuição comum à União, aos Estados, ao Distrito Federal e aos Municípios.

b) Acompanhar, avaliar e divulgar o nível de saúde da população e das condições ambientais.

Resposta: alternativa "b".

- *CEPUERJ/UERJ/2014 – Pref. Campo dos Goytacazes, RJ – Médico Angiologista:*

O acesso universal, igualitário e ordenado das ações e serviços de saúde do SUS, direcionados aos usuários, caberá aos entes federativos, através de ações, como:

a) orientar e ordenar fluxos.

Resposta: alternativa "a".

- *CETRO/2013 – ANVISA – Especialista em Regulação e Vigilância Sanitária:*

Considerando as atribuições comuns da União, dos Estados, do Distrito Federal e dos Municípios, elencadas no artigo 15 da Lei nº 8.080/1990, a serem exercidas em âmbito administrativo, assinale a alternativa incorreta.

a) São comuns as competências para administração dos recursos orçamentários e financeiros destinados, em cada ano, à saúde.

b) São comuns as atribuições para elaboração de normas técnicas e estabelecimento de padrões de qualidade para promoção da saúde do trabalhador.

c) São comuns as atribuições para elaboração da proposta orçamentária do Sistema Único de Saúde, com base no que dispõem as reuniões dos Conselhos de Saúde em cada nível de gestão.

d) São comuns as atribuições para implementar o Sistema Nacional de Sangue, Componentes e Derivados.

e) São comuns as atribuições para promover articulação com os órgãos de fiscalização do exercício profissional e outras entidades representativas da sociedade civil para a definição e controle dos padrões éticos para pesquisa, ações e serviços de saúde.

Resposta: alternativa "c".

► Configura competência comum a elaboração de proposta orçamentária do SUS, mas "de conformidade com o Plano de Saúde" (art. 15, X).

- *FUNCAB/2011 – Prefeitura de Serra/ES – Fiscal de Vigilância Sanitária:*

Os Sistemas de Informação são importantes, pois permitem a captação, processamento, e difusão de dados. Dentre os Sistemas de Informação em Saúde, o SIM, SINASC e SINAN são exemplos de banco de dados que reúnem, respectivamente, informações relacionadas a:

e) ocorrência de óbitos, dados sobre nascidos vivos e notificação de doenças.

Resposta: alternativa "e".

- *CESPE/2010 – INSS, Perito Médico Previdenciário:*

– Compete exclusivamente à União elaborar as normas técnicas e estabelecer os padrões de qualidade e parâmetros de custos que caracterizam a assistência à saúde.

Resposta: Errado.

▶ Trata-se de competência comum, e não de competência exclusiva da direção nacional do SUS.

- *IDECAN/2010 – Prefeitura de Ipatinga/MG, Médico Auditor:*

No SUS existem atribuições que são comuns à União, aos Estados, ao Distrito Federal e aos municípios. Analise-as:

I. Organização e coordenação do sistema de informação de saúde.
II. Promover a articulação da política e dos planos de saúde.
III. Realizar pesquisas e estudos na área de saúde.
IV. Definir as instâncias e mecanismos de controle e fiscalização inerentes ao poder de política sanitária.

Estão corretas apenas as alternativas:

b) I, II, III, IV.

Resposta: alternativa "b".

- *PaqTCPB/2010 – Prefeitura de Alagoa Grande/PB, Enfermeiro:*

Segundo a Lei Orgânica nº 8.080 são atribuições comuns da União, dos Estados, do Distrito Federal e dos Municípios no âmbito administrativo, EXCETO:

a) Organização e coordenação do Sistema de Informação em Saúde.
b) Definição das instâncias e mecanismos de controle, avaliação e de fiscalização das áreas e serviços de saúde.
c) Planejamento, organização, execução, controle e avaliação das ações e serviços de saúde, e gerir os serviços públicos de saúde.
d) Elaboração de normas técnicas científicas de promoção, proteção e recuperação da saúde.
e) Participação na formulação da política e da execução das áreas de saneamento básico e colaboração na proteção e recuperação do meio ambiente.

Resposta: alternativa "c".

▶ A alternativa *"c'* está errada: o artigo 15 da Lei nº 8.080/90 não prevê tais atividades entre as competências comuns aos entes federados.

- *FUNCAB/2010 – Estado de Goiás, Psicólogo Hospitalar:*

Em relação ao Sistema Único de Saúde (SUS), é atribuição comum da União, dos Estados, do Distrito Federal e dos Municípios:

c) elaborar e atualizar periodicamente o plano de saúde.
Resposta: alternativa "c".

- *UnB/CESPE/2009 – Ministério da Saúde, Analista Técnico Administrativo:*
  Quanto às competências e atribuições dos entes da Federação em matéria de saúde, julgue os itens seguintes.

– Compete à União, aos estados, ao Distrito Federal (DF) e aos municípios, no âmbito administrativo, elaborar a proposta orçamentária do Sistema Único de Saúde (SUS).
Resposta: Correto.

– Conforme legislação do SUS, constitui competência exclusiva da União a realização de operações externas de natureza financeira de interesse da saúde, autorizadas pelo Senado Federal.
Resposta: Errado.

▶ Trata-se de competência comum (Lei nº 8.080/90, art. 16, XII).

- *LUDUS/2009 – Prefeitura de Cajazeiras do Piauí/PI, Médico:*
  A realização das funções de controle e avaliação em saúde devem ser feitas:

b) Por todos os níveis do sistema de saúde.
Resposta: alternativa "b".

- *MP/MG/2007, Concurso XLVII:*
  A elaboração da proposta orçamentária do Sistema Único de Saúde é atribuição concorrente da União e dos Estados, excluídos os Municípios.
  Resposta: Errado.

▶ A elaboração da proposta orçamentária do SUS inclui-se entre as competências comuns aos três entes.

SEÇÃO II
DA COMPETÊNCIA

Art. 16. À **direção nacional** do Sistema Único da Saúde (SUS) compete:

I – formular, avaliar e apoiar políticas de alimentação e nutrição;

II – participar na formulação e na implementação das políticas:

a) de controle das agressões ao meio ambiente;

b) de saneamento básico; e

c) relativas às condições e aos ambientes de trabalho;

III – definir e coordenar os sistemas:

a) de redes integradas de assistência de alta complexidade;

b) de rede de laboratórios de saúde pública;

c) de vigilância epidemiológica; e

d) vigilância sanitária;

IV – participar da definição de normas e mecanismos de controle, com órgãos afins, de agravo sobre o meio ambiente ou dele decorrentes, que tenham repercussão na saúde humana;

V – participar da definição de normas, critérios e padrões para o controle das condições e dos ambientes de trabalho e coordenar a política de saúde do trabalhador;

VI – coordenar e participar na execução das ações de vigilância epidemiológica;

VII – estabelecer normas e executar a vigilância sanitária de portos, aeroportos e fronteiras, podendo a execução ser complementada pelos Estados, Distrito Federal e Municípios;

VIII – estabelecer critérios, parâmetros e métodos para o controle da qualidade sanitária de produtos, substâncias e serviços de consumo e uso humano;

IX – promover articulação com os órgãos educacionais e de fiscalização do exercício profissional, bem como com entidades representativas de formação de recursos humanos na área de saúde;

X – formular, avaliar, elaborar normas e participar na execução da política nacional e produção de insumos e equipamentos para a saúde, em articulação com os demais órgãos governamentais;

XI – identificar os serviços estaduais e municipais de referência nacional para o estabelecimento de padrões técnicos de assistência à saúde;

XII – controlar e fiscalizar procedimentos, produtos e substâncias de interesse para a saúde;

XIII – prestar cooperação técnica e financeira aos Estados, ao Distrito Federal e aos Municípios para o aperfeiçoamento da sua atuação institucional;

XIV – elaborar normas para regular as relações entre o Sistema Único de Saúde (SUS) e os serviços privados contratados de assistência à saúde;

XV – promover a descentralização para as Unidades Federadas e para os Municípios, dos serviços e ações de saúde, respectivamente, de abrangência estadual e municipal;

XVI – normatizar e coordenar nacionalmente o Sistema Nacional de Sangue, Componentes e Derivados;

XVII – acompanhar, controlar e avaliar as ações e os serviços de saúde, respeitadas as competências estaduais e municipais;

XVIII – elaborar o Planejamento Estratégico Nacional no âmbito do SUS, em cooperação técnica com os Estados, Municípios e Distrito Federal;

XIX – estabelecer o Sistema Nacional de Auditoria e coordenar a avaliação técnica e financeira do SUS em todo o Território Nacional em cooperação técnica com os Estados, Municípios e Distrito Federal.

Parágrafo único. A União poderá executar ações de vigilância epidemiológica e sanitária em circunstâncias especiais, como na ocorrência de agravos inusitados à saúde, que possam escapar do controle da direção estadual do Sistema Único de Saúde (SUS) ou que representem risco de disseminação nacional.

1. **Art. 16** → definição das **competências da direção nacional do SUS**, ou seja, das ações e políticas a cargo da União, via Ministério da Saúde. De modo geral, tais competências possuem um caráter mais ligado ao planejamento e à normatização do que propriamente à execução de ações e serviços de saúde, o que se depreende dos verbos utilizados pelo texto legal: coordenar, elaborar, acompanhar, avaliar, normatizar, promover, participar, etc. Retoma-se, com isso, a ideia central de que a execução das ações e serviços de saúde deve ser descentralizada aos entes locais – Estados e, preferencialmente, Municípios.

2. **Exceções importantes** → a direção nacional **intervém diretamente** nas ações de:

art. 16, II:	implementação das políticas de controle de agressões ao ambiente, saneamento básico e ambiente de trabalho;
art. 16, VI:	execução de atividades de vigilância epidemiológica;
art. 16, VII:	execução da vigilância sanitária de portos, aeroportos e fronteiras;
art. 16, X:	execução da política nacional e da produção de insumos e equipamentos para a saúde;
art. 16, XII:	controle e fiscalização de procedimentos, produtos e substâncias de interesse para a saúde;
art. 16, XIII:	cooperação técnica e financeira com Estados, Distrito Federal e Municípios, a fim de aperfeiçoar a atuação institucional desses entes;

art. 16, XVII:	acompanhamento, controle e avaliação de ações e serviços de saúde;
art. 16, § único:	execução de ações de vigilância epidemiológica e sanitária, quando ocorram agravos que possam escapar ao controle dos Estados, ou que representem risco de disseminação nacional.

3. Entre as competências de **coordenação e normatização**, destacam-se:

art. 16, III:	definição e coordenação dos sistemas de redes integradas de assistência de alta complexidade, rede de laboratórios de saúde pública, vigilância epidemiológica e vigilância sanitária;
art. 16, IV:	definição de normas e mecanismos de controle dos agravos sobre o ambiente, ou dele decorrentes, que tenham repercussão sobre a saúde humana;
art. 16, V:	normatização e controle da política de saúde do trabalhador;
art. 16, XIV:	normatização das relações entre o SUS e os serviços privados contratados de assistência à saúde;
art. 16, XVI:	normatização e controle nacional do Sistema Nacional de Sangue, Componentes e Derivados;
art. 16, XVIII:	elaboração do Planejamento Estratégico Nacional do SUS, em cooperação técnica com Estados, Distrito Federal e Municípios;
art. 16, XIX:	instituição do Sistema Nacional de Auditoria e coordenação da avaliação técnica e financeira do SUS em todo o território nacional, em cooperação técnica com Estados, Distrito Federal e Municípios.

▶ **Jurisprudência do STJ:**

- Apreciando ação de indenização por erro médico, ocorrido em hospital privado durante atendimento custeado pelo SUS, o Superior Tribunal de Justiça excluiu a responsabilidade da União e condenou o Município, de acordo com a repartição de competências estabelecida pela Lei nº 8.080/90, consignando: "Compete à União, na condição de gestora nacional do SUS: elaborar normas para regular as relações entre o sistema e os serviços privados contratados de assistência à saúde; promover a descentralização para os Estados e Municípios dos serviços e ações de saúde, respectivamente, de abrangência estadual e municipal; acompanhar, controlar e avaliar as ações e os serviços de saúde, respeitadas as competências estaduais e municipais (Lei 8.080/90, art. 16, XIV, XV e XVII)" (STJ, REsp nº 717.800/RS, Rel. Min. Denise Arruda, 1ª Turma, unânime, DJe 30-06-2008).

- De modo semelhante, em controvérsia acerca do exercício profissional, o Superior Tribunal de Justiça assinalou que "compete à União, pelo Ministério da Saúde, controlar e fiscalizar procedimentos no âmbito do SUS e promover articulação com órgãos educacionais e de fiscalização do exercício profissional, bem como com entidades representativas de formação de recursos humanos na área da saúde", repetindo o texto do art. 16, IX, da Lei nº 8.080/90 (EDcl no REsp nº 693.466/RS, Rel. Min. Eliana Calmon, 2ª Turma, unânime, DJ 06-03-2006).

Aplicação em concursos:

- *AOCP/2017 – EBSERH/HUJB-UFCG – Advogado:*

  De acordo com a Lei 8.080/90, no que se refere à competência do Sistema Único de saúde, é correto afirmar que

a) à direção nacional do Sistema Único de Saúde (SUS) compete formar consórcios administrativos intermunicipais.
b) à direção estadual do Sistema Único de Saúde (SUS) compete estabelecer normas e executar a vigilância sanitária de portos, aeroportos e fronteiras, podendo a execução ser complementada pelos Estados, Distrito Federal e Municípios.
c) à direção nacional do Sistema Único de Saúde (SUS) compete elaborar normas para regular as relações entre o Sistema Único de Saúde (SUS) e os serviços privados contratados de assistência à saúde.
d) à direção municipal do Sistema Único de Saúde (SUS) compete estabelecer o Sistema Nacional de Auditoria e coordenar a avaliação técnica e financeira do SUS em todo o Território Nacional em cooperação técnica com os Estados, Municípios e Distrito Federal.
e) à direção municipal do Sistema Único de Saúde (SUS) compete normatizar e coordenar nacionalmente o Sistema Nacional de Sangue, Componentes e Derivados.

   Resposta: alternativa "c".

- *REIS & REIS/2016 – Prefeitura de Cipotânea, MG – Enfermeiro:*

  De acordo com o art. 16, II, da Lei nº 8.080/90, à direção nacional do Sistema Único da Saúde (SUS) compete participar na formulação e na implementação das políticas:

I. de controle das agressões ao meio ambiente;

II. de saneamento básico; e
III. relativas às condições e aos ambientes de trabalho;
IV. de rede de laboratórios de saúde pública;

Marque a alternativa correta:

a) Apenas as afirmativas, II, III e IV estão corretas.
b) Apenas as afirmativas, I, II e IV estão corretas.
c) Apenas as afirmativas, I, II e III estão corretas.
d) Todas as afirmativas estão corretas.

Resposta: alternativa "c".

▶ **Atenção!** A direção nacional tem competência para definir e coordenar os sistemas de rede de laboratórios de saúde pública; porém, esta competência está prevista no inciso III, e não no inciso II, do art. 16 da Lei nº 8.080/1990.

- *CONSULPLAN/2016 – Prefeitura de Cascavel, PR – Farmacêutico:*

Quanto às competências da esfera de direção nacional do Sistema Único de Saúde (SUS), analise as afirmativas a seguir.

I. Formular, avaliar e apoiar políticas de alimentação e nutrição.
II. Participar na formulação e na implementação das políticas tais como as de controle junto às agressões ambientais.
III. Coordenar e participar na execução das ações de vigilância epidemiológica.

Está(ão) correta(s) a(s) afirmativa(s)

a) I, II e III.
b) I, apenas.
c) III, apenas.
d) I e III, apenas.
e) II e III, apenas.

Resposta: alternativa "a".

- *VUNESP/2016 – Prefeitura de Rosana, SP – Procurador Municipal:*

A Lei nº 8.080/90 dispõe sobre as condições para a promoção, proteção e recuperação da saúde, a organização e o funcionamento dos serviços correspondentes. É correto afirmar que cabe à direção nacional do Sistema Único da Saúde (SUS):

a) identificar estabelecimentos hospitalares e gerir sistemas públicos de alta complexidade de referência estadual e regional.
b) acompanhar, controlar e avaliar as redes hierarquizadas do Sistema Único de Saúde (SUS).
c) participar da execução, controle e avaliação das ações referentes às condições e aos ambientes de trabalho.
d) formular, avaliar e apoiar políticas de alimentação e nutrição.

e) controlar e fiscalizar os procedimentos dos serviços privados de saúde.
Resposta: alternativa "d".

- *MP-PR/2014 – Promotor Substituto:*

– O estabelecimento de normas e a execução da vigilância sanitária de portos, aeroportos e fronteiras são de competência exclusiva da direção nacional do Sistema Único de Saúde.
Resposta: Errado.

▶ **Atenção!** A competência normativa sobre a vigilância sanitária de portos, aeroportos e fronteiras é da direção nacional do SUS; a competência executiva das ações que daí decorrem, porém, pode ser complementada pelos Estados, o Distrito Federal e os Municípios (Lei nº 8.080/90, art. 16, VII).

- *AOCP/2014 – EBSERH/HC-UFMG – Advogado:*

À direção nacional do Sistema Único da Saúde (SUS) compete definir e coordenar os sistemas, EXCETO

a) de redes integradas de assistência de alta complexidade.
b) de rede de laboratórios de saúde pública.
c) de vigilância epidemiológica.
d) de vigilância sanitária.
e) de saneamento básico.
Resposta: alternativa "e".

- *AOCP/2014 – EBSERH/HUJM-UFMT – Advogado:*

Compete à direção nacional do Sistema Único da Saúde (SUS) definir e coordenar os seguintes sistemas, EXCETO

a) de redes integradas de assistência de alta complexidade.
b) de rede de laboratórios de saúde pública.
c) de vigilância epidemiológica.
d) de vigilância sanitária.
e) de distribuição de medicamentos.
Resposta: alternativa "e".

- *AOCP/2014 – EBSERH/HUPAA-UFAL – Advogado:*

À direção nacional do Sistema Único de Saúde, compete participar na formulação de políticas de:

I. saneamento básico;
II. controle das agressões ambientais;
III. controle das condições dos ambientes de trabalho.

Está(ão) correta(s) a(s) alternativa(s)

a) I, II e III.
Resposta: alternativa "a".

- *IADES/2014 – EBSERH/HUPES-UFBA – Advogado:*

  Quando ocorre a participação complementar dos serviços privados, nas situações em que as disponibilidades do SUS forem insuficientes para garantir a cobertura assistencial à população de determinada área, os critérios e os valores para a remuneração de serviços e os parâmetros de cobertura assistencial serão estabelecidos

d) pela direção nacional do SUS, aprovados no Conselho Nacional de Saúde.

Resposta: alternativa "d".

- *FUNCAB/2014 – Câmara de Vitória, ES – Analista Legislativo – Saúde:*

  Marque a alternativa que corresponde a uma responsabilidade do Ministério da Saúde em relação à atenção básica.

d) Definir e rever periodicamente, de forma pactuada, na Comissão Intergestores Tripartite, as diretrizes da Política Nacional de Atenção Básica.

Resposta: alternativa "d".

- *IADES/2014 – SEAP/SES/DF – Biomédico:*

  De acordo com o art. 16 da Lei nº 8.080/1990, à direção nacional do SUS compete

e) formular, avaliar e apoiar políticas de alimentação e nutrição.

Resposta: alternativa "e".

- *BIORIO/2014 – Pref. de Três Rios, RJ – Médico Angiologista:*

  Associe as atribuições a seguir com: I – Direção Nacional do SUS; II – Direção Estadual do SUS e III – Direção Municipal do SUS. Atribuições:

(i) formular, avaliar e apoiar políticas de alimentação e nutrição.

(ii) participar na formulação e na implementação das políticas de controle das agressões ao meio ambiente, de saneamento básico e as relativas às condições e aos ambientes de trabalho.

(iii) definir e coordenar os sistemas de redes integradas de assistência de alta complexidade, de rede de laboratórios de saúde pública, de vigilância epidemiológica e de vigilância sanitária.

As atribuições (i), (ii) e (iii) competem:

d) todas a I.

Resposta: alternativa "d".

- *IADES/2014 – EBSERH/HUPES-UFBA – Terapeuta Ocupacional:*

  Quando ocorre a participação complementar dos serviços privados, nas situações em que as disponibilidades do SUS forem insuficientes para garantir a cobertura assistencial à população de determinada área, os critérios e os valores para a remuneração de serviços e os parâmetros de cobertura assistencial serão estabelecidos

d) pela direção nacional do SUS, aprovados no Conselho Nacional de Saúde.

Resposta: alternativa "d".

- *BIORIO/2014 – IABAS – Sanitarista:*

Avalie se compete à direção nacional do Sistema Único da Saúde (SUS), dentre outras, as seguintes atribuições:

I. Formular, avaliar e apoiar políticas de alimentação e nutrição.

II. Definir e coordenar os sistemas de redes integradas de assistência de alta complexidade, de rede de laboratórios de saúde pública, de vigilância epidemiológica e de vigilância sanitária.

III. Coordenar e participar na execução das ações de vigilância epidemiológica;

IV. Executar prioritariamente as ações de vigilância epidemiológica e sanitária, tendo os estados e Municípios como participantes complementares.

Estão corretas:

c) I, II e III, apenas.

► Quanto à execução de ações de vigilância sanitária e epidemiológica pela União, o § único do art. 17 estipula: "A União poderá executar ações de vigilância epidemiológica e sanitária em circunstâncias especiais, como na ocorrência de agravos inusitados à saúde, que possam escapar do controle da direção estadual do Sistema Único de Saúde (SUS) ou que representem risco de disseminação nacional."

- *CONSULPLAN/2013 – AVAPE – Médico Neurologista:*

À direção nacional do Sistema Único de Saúde compete, EXCETO:

a) Formular, avaliar e apoiar políticas de alimentação e nutrição.

b) Coordenar e participar na execução das ações de vigilância epidemiológica.

c) Controlar e fiscalizar procedimentos, produtos e substâncias de interesse para a saúde.

d) Prestar apoio técnico e financeiro aos municípios e executar supletivamente ações e serviços de saúde.

e) Promover a descentralização, para as Unidades Federadas e para os municípios, dos serviços e ações de saúde, respectivamente, de abrangência estadual e municipal.

Resposta: alternativa "d".

► A alternativa "d" descreve uma competência da direção estadual do SUS (Lei nº 8.080/90, art. 17, III).

- *FUNCAB – Prefeitura de Cuiabá, MT – Cirurgião Dentista – 2013:*

Considerando o disposto na Lei Orgânica da Saúde, analise as afirmativas a seguir e marque a correta.

a) A União poderá executar ações de vigilância epidemiológica e sanitária em circunstâncias especiais, como na ocorrência de agravos inusitados à saúde, que escapem do controle da direção estadual do SUS ou que representem risco de disseminação nacional.

Resposta: alternativa "a".

- *MP-SC/2011 – Promotor de Justiça – XXXVI Concurso:*

– Compete à direção nacional do SUS definir e coordenar entre outros os sistemas de redes integradas de assistência de alta complexidade e de casas populares através do Programa minha casa minha vida, pois moradia digna também é questão de saúde.

Resposta: Errado.

▶ O SUS não tem relação com programas habitacionais, ainda que a moradia digna possa integrar o mínimo existencial e interferir com a boa qualidade de vida.

- *MP-SC/2011 – Promotor de Justiça – XXXVI Concurso:*

– Compete à direção nacional do SUS promover a descentralização para os Municípios dos Serviços e Ações de Saúde, entre outras competências.

Resposta: Errado.

▶ A descentralização das ações e dos serviços de saúde é competência da direção estadual do SUS.

- *INCAPEL/2011 – Prefeitura de Chapecó/SC – Agente do NASF (Farmácia):*

"A direção nacional do SUS, compete [...]". Assinale as alternativas em V (Verdadeiro) ou F (Falso) de cima para baixo, após marque a alternativa correta.

( ) Participar na implementação e políticas de controle de saneamento básico.

( ) Definir e coordenar os sistemas da rede de laboratórios da saúde privada.

( ) Participar da definição de normas e mecanismos de controle sobre os agravos ao meio ambiente.

( ) Estabelecer normas e execução da vigilância sanitária de portos e aeroportos.

( ) Prestar cooperação técnica e financeira do e Estado, DF, e aos municípios.

e) V, F, V, V, V

Resposta: alternativa "e".

▶ A direção nacional do SUS tem competência para definir e coordenar os sistemas da rede de laboratórios da saúde pública (art. 16, III, "b").

- *CONSULPLAN/2010 – Prefeitura de Resende/RJ, Bioquímico:*

À direção nacional do SUS, conforme dispõe a Lei Federal nº 8.080/1990, compete, EXCETO:

a) Controlar e fiscalizar procedimentos, produtos e substâncias de interesse para a saúde.
b) Prestar cooperação técnica e financeira aos Estados, ao Distrito Federal e aos Municípios para o aperfeiçoamento da sua atuação institucional.
c) Elaborar normas para regular as relações entre o SUS e os serviços privados contratados de assistência à saúde.
d) Normatizar e coordenar nacionalmente o Sistema Nacional de Sangue, Componentes e Derivados.
e) Executar isoladamente ações e serviços supletivos a nível municipal.
Resposta: alternativa "e".

▶ Não existe a previsão de que caiba à direção nacional do SUS a execução isolada de ações e serviços de saúde em caráter supletivo – ideia que, ademais, afronta a organização do SUS como sistema conjunto de ações, integrado, regionalizado, hierarquizado, etc.

- *INSTITUTO LUDUS/2010 – Prefeitura de São João dos Patos/MA, Médico Cirurgião Oftalmologista:*
De acordo com a Lei 8.080/90, pode-se afirmar que é competência da direção nacional do SUS:
b) Planejar, organizar, controlar e avaliar as ações e os serviços de saúde e gerir e executar os serviços públicos de saúde.
Resposta: alternativa "b".

- *INSTITUTO LUDUS/2010 – Prefeitura de São João dos Patos/MA, Médico Cirurgião Oftalmologista:*
São vários os problemas relacionados aos Recursos Humanos no SUS: formação, contrato de trabalho, condições de trabalho, salário, compromisso social e humanização do atendimento. Em relação à política de recursos humanos na área da saúde podemos afirmar que:
a) É formalizada e executada apenas pela direção nacional do SUS.
Resposta: alternativa "a".

- *MOURA MELO/2010 – Prefeitura de Rio Grande da Serra/SP, Médico do Trabalho:*
Não compete a direção nacional do Sistema Único da Saúde (SUS):
a) Formular, avaliar, elaborar normas e participar na execução da política nacional e produção de insumos e equipamentos para a saúde, em articulação com os demais órgãos governamentais.
b) Participar da definição de normas, critérios e padrões para o controle das condições e dos ambientes de trabalho e coordenar a política de saúde do trabalhador.

c) Promover articulação com os órgãos educacionais e de fiscalização do exercício profissional, bem como com entidades representativas de formação de recursos humanos na área de saúde.
d) Acompanhar, controlar e avaliar as redes hierarquizadas do Sistema Único de Saúde (SUS).

Resposta: alternativa "d".

▶ O art. 16 da Lei nº 8.080/90 não prevê como competência da direção nacional o acompanhamento, controle e avaliação das redes hierarquizadas do SUS.

- *FUNADEPI/2010 – SEDUC/PI, Professor Classe SL (Agente Comunitário de Saúde):*

À direção nacional do Sistema Único de Saúde compete:

a) Definir e coordenar os sistemas de redes integradas de assistência de alta complexidade.

Resposta: alternativa "a".

Art. 17. À **direção estadual** do Sistema Único de Saúde (SUS) compete:

I – promover a descentralização para os Municípios dos serviços e das ações de saúde;

II – acompanhar, controlar e avaliar as redes hierarquizadas do Sistema Único de Saúde (SUS);

III – prestar apoio técnico e financeiro aos Municípios e executar supletivamente ações e serviços de saúde;

IV – coordenar e, em caráter complementar, executar ações e serviços:

a) de vigilância epidemiológica;

b) de vigilância sanitária;

c) de alimentação e nutrição; e

d) de saúde do trabalhador;

V – participar, junto com os órgãos afins, do controle dos agravos do meio ambiente que tenham repercussão na saúde humana;

VI – participar da formulação da política e da execução de ações de saneamento básico;

VII – participar das ações de controle e avaliação das condições e dos ambientes de trabalho;

VIII – em caráter suplementar, formular, executar, acompanhar e avaliar a política de insumos e equipamentos para a saúde;

IX – identificar estabelecimentos hospitalares de referência e gerir sistemas públicos de alta complexidade, de referência estadual e regional;

X – coordenar a rede estadual de laboratórios de saúde pública e hemocentros, e gerir as unidades que permaneçam em sua organização administrativa;

XI – estabelecer normas, em caráter suplementar, para o controle e avaliação das ações e serviços de saúde;

XII – formular normas e estabelecer padrões, em caráter suplementar, de procedimentos de controle de qualidade para produtos e substâncias de consumo humano;

XIII – colaborar com a União na execução da vigilância sanitária de portos, aeroportos e fronteiras;

XIV – o acompanhamento, a avaliação e divulgação dos indicadores de morbidade e mortalidade no âmbito da unidade federada.

1. **Art. 17** → estabelecimento das **competências da direção estadual do SUS**, ou seja, a serem implementadas por Estados e Distrito Federal, por meio das respectivas Secretarias de Saúde (ou órgãos equivalentes). Numa análise ampla, à direção estadual do SUS foi reservada a possibilidade de complementar a atuação da direção nacional no exercício das competências de normatização e coordenação, assim como de atuar supletivamente na execução das ações e serviços de saúde a cargo dos Municípios. Ao mesmo tempo, cumpre-lhe a promoção da descentralização dos serviços e ações de saúde para os Municípios.

2. Competências **complementares e supletivas** da direção estadual do SUS:

art. 17, III:	Execução das ações e dos serviços de saúde.
art. 17, IV:	Coordenação e execução dos serviços de vigilância epidemiológica, vigilância sanitária, alimentação e nutrição e saúde do trabalhador.
art. 17, V:	Participação no controle dos agravos ao ambiente que tenham repercussão sobre a saúde humana.
art. 17, VI:	Participação na formulação das políticas e na execução das ações de saneamento básico.
art. 17, VII:	Participação das ações de controle e avaliação do ambiente de trabalho.
art. 17, VIII:	Formulação, execução, acompanhamento e avaliação da política de insumos e equipamentos para a saúde.

art. 17, XI:	Normatização do controle e da avaliação dos serviços e ações de saúde.
art. 17, XII:	Normatização e padronização dos procedimentos de controle de qualidade dos produtos e substâncias para consumo humano.
art. 17, XIII:	Colaboração na execução da vigilância de portos, aeroportos e fronteiras.

3. Competências **específicas** da direção estadual do SUS:

art. 17, I:	promoção da descentralização dos serviços e das ações de saúde para os Municípios;
art. 17, II:	acompanhamento, controle e avaliação das redes hierarquizadas do SUS;
art. 17, III:	prestação de apoio técnico e financeiro aos Municípios;
art. 17, IX:	identificação de hospitais de referência e gerenciamento dos sistemas públicos de alta complexidade de referência estadual e regional;
art. 17, X:	coordenação da rede estadual de laboratórios de saúde pública e hemocentros, gerenciando os que permaneçam sob a estrutura administrativa estadual;
art. 17, XIV:	acompanhamento, avaliação e divulgação dos indicadores de morbidade (doenças) e mortalidade no respectivo âmbito administrativo.

Aplicação em concurso:

- *MPE-BA/2018 – MPE-BA – Promotor de Justiça Substituto:*
  A alternativa que não constitui competência da direção estadual do Sistema Único de Saúde (SUS), de acordo com a lei nº 8.080, de 19 de setembro de 1990, é

a) formar consórcios administrativos intermunicipais.

b) estabelecer normas, em caráter suplementar, para o controle e avaliação das ações e serviços de saúde.

c) acompanhar, avaliar e divulgar os indicadores de morbidade e mortalidade no âmbito da unidade federada.

d) identificar estabelecimentos hospitalares de referência e gerir sistemas públicos de alta complexidade, de referência estadual e regional.

e) formular normas e estabelecer padrões, em caráter suplementar, de procedimentos de controle de qualidade para produtos e substâncias de consumo humano.

Resposta: alternativa "a".

- *UPENET-IAUPE/2017 – UPE – Técnico em Radiologia:*

Com relação às disposições da Lei nº 8.080/90, analise as afirmativas abaixo e coloque V nas Verdadeiras e F nas Falsas.

( ) À direção estadual do Sistema Único de Saúde compete participar do controle dos agravos do meio ambiente que tenham repercussão na saúde humana.

Resposta: Verdadeiro.

- *MP-PR/2014 – Promotor Substituto:*

– Compete à direção nacional do SUS identificar estabelecimentos hospitalares de referência e gerir sistemas públicos de alta complexidade de referência estadual e regional.

Resposta: Errado.

– Compete à direção estadual do SUS identificar os serviços estaduais e municipais de referência nacional para o estabelecimento de padrões técnicos de assistência à saúde.

Resposta: Errado.

► **Atenção!** A chave de resposta para as duas afirmativas está no art. 17, IX, da Lei nº 8.080/90, que atribuiu à direção estadual do SUS "identificar estabelecimentos hospitalares de referência e gerir sistemas públicos de alta complexidade, de referência estadual e regional.

- *ACP/2014 – Pref. Comodoro, MT – Procurador Jurídico:*

Sobre o que dispõe a Lei Federal nº 8.080, de 19 de setembro de 1990, analise as afirmativas abaixo:

– A promoção da descentralização para os Municípios dos serviços e das ações de saúde é de competência da direção estadual do Sistema Único de Saúde (SUS).

Resposta: Correto.

- *ADVISE/2010 – Prefeitura de Santo Amaro das Brotas/SE, Médico Clínico:*

Dentre as atribuições e funções de gestão dos governos estaduais no SUS, pode-se afirmar que:

b) as normas para o controle e avaliação das ações e serviços de saúde são da competência do gestor estadual do SUS.

Resposta: alternativa "b".

- *CERCON/2010 – Prefeitura de Capela/AL, Biomédico:*

  No que diz respeito ao papel do Gestor Estadual de Saúde são identificados quatro papéis básicos para o estado, os quais não são, necessariamente, exclusivos e sequenciais, porém, dentre eles há o considerado mais importante e permanente, qual seja:

c) Ser o promotor da harmonização, da integração e da modernização dos sistemas municipais, compondo, assim, o SUS- Estadual.

   Resposta: alternativa "c".

- *CESPE/2010 – INSS, Perito Médico Previdenciário:*

  Quanto à legislação referente ao SUS, julgue os itens seguintes.

  Compete à direção estadual do SUS coordenar e, em caráter complementar, executar ações e serviços de vigilância epidemiológica.

  Resposta: Correto.

- *AOCP/2010 – FESF/BA, Sanitarista:*

  Assinale a alternativa correta.

  À direção estadual do Sistema Único de Saúde (SUS) compete

b) o acompanhamento, a avaliação e divulgação dos indicadores de morbidade e mortalidade no âmbito da unidade federada.

   Resposta: alternativa "b".

- *VUNESP/2008 – UNESP, Médico:*

  Um dos papéis fundamentais das Secretarias Estaduais de Saúde é o de coordenar o processo de implantação do Sistema Único de Saúde (SUS) no respectivo Estado. Para tanto, o gestor estadual do SUS precisa agir de forma articulada com o

I. Governo da União;

II. Governo do Município;

III. Conselho Federal de Saúde;

IV. Conselho tripartite dos Ministérios do Trabalho e Emprego, da Saúde e da Previdência Social;

V. Departamento de Assistência à Saúde do Ministério da Saúde.

   Estão corretos apenas os itens

a) I e II.

   Resposta: alternativa "a".

► Os "órgãos" referidos nos itens *"III, IV* e *V"* não existem; o que existe é o Conselho Nacional de Saúde, a Comissão Intergestores Tripartite (e que, mesmo assim, não é constituída pelos Ministérios citados) e a Secretaria de Assistência à Saúde do Ministério da Saúde.

Art. 18. À direção municipal do Sistema de Saúde (SUS) compete:

I – planejar, organizar, controlar e avaliar as ações e os serviços de saúde e gerir e executar os serviços públicos de saúde;

II – participar do planejamento, programação e organização da rede regionalizada e hierarquizada do Sistema Único de Saúde (SUS), em articulação com sua direção estadual;

III – participar da execução, controle e avaliação das ações referentes às condições e aos ambientes de trabalho;

IV – executar serviços:

a) de vigilância epidemiológica;

b) vigilância sanitária;

c) de alimentação e nutrição;

d) de saneamento básico; e

e) de saúde do trabalhador;

V – dar execução, no âmbito municipal, à política de insumos e equipamentos para a saúde;

VI – colaborar na fiscalização das agressões ao meio ambiente que tenham repercussão sobre a saúde humana e atuar, junto aos órgãos municipais, estaduais e federais competentes, para controlá-las;

VII – formar consórcios administrativos intermunicipais;

VIII – gerir laboratórios públicos de saúde e hemocentros;

IX – colaborar com a União e os Estados na execução da vigilância sanitária de portos, aeroportos e fronteiras;

X – observado o disposto no art. 26 desta Lei, celebrar contratos e convênios com entidades prestadoras de serviços privados de saúde, bem como controlar e avaliar sua execução;

XI – controlar e fiscalizar os procedimentos dos serviços privados de saúde;

XII – normatizar complementarmente as ações e serviços públicos de saúde no seu âmbito de atuação.

1. **Art. 18** → definição das **competências da direção municipal**, a cargo dos Municípios e do Distrito Federal, por meio das respectivas Secretarias de Saúde (ou órgãos equivalentes). De modo sucinto, constata-se que, ademais do exercício das competências comuns (como a proteção contra agressões ao ambiente e a vigilância sanitária), a responsabilidade pela execução dos serviços e das ações de saúde concentra-se na esfera

municipal. Para tanto, viabiliza-se a formação dos consórcios intermunicipais, assim como a celebração de contratos e convênios com instituições privadas.

2. Entre as competências **executivas** próprias, destacam-se:

art. 18, I:	planejamento, organização, controle e avaliação das ações e dos serviços de saúde (públicos e privados, portanto), além da gerência e execução dos serviços públicos de saúde;
art. 18, IV:	execução dos serviços de vigilância epidemiológica, vigilância sanitária, alimentação e nutrição, saneamento básico e saúde do trabalhador;
art. 18, V:	execução, no âmbito municipal, da política de insumos e equipamentos para a saúde;
art. 18, VII:	formação de consórcios administrativos intermunicipais;
art. 18, VIII:	gerenciamento de laboratórios públicos de saúde e hemocentros;
art. 18, X:	celebração de contratos e convênios com instituições privadas prestadoras de serviços de saúde, controlando e avaliando sua execução;
art. 18, XI:	controle e fiscalização dos procedimentos dos serviços privados de saúde.

3. Em **caráter supletivo e complementar**, cumpre à direção municipal do SUS:

art. 18, II:	planejamento, programação e organização da rede regionalizada e hierarquizada do Sistema Único de Saúde (SUS), em articulação com sua direção estadual;
art. 18, III:	execução, no controle e na avaliação das ações referentes às condições e aos ambientes de trabalho;
art. 18, VI:	fiscalização das agressões ao ambiente, que repercutam sobre a saúde humana, atuando junto aos demais órgãos (municipais, estaduais e federais) competentes, a fim de controlá-las;
art. 18, IX:	execução da vigilância sanitária de portos, aeroportos e fronteiras;
art. 18, XII:	normatização das ações e dos serviços públicos de saúde municipais.

▶ **Jurisprudência → STJ:**

- Numa ação de **responsabilidade civil por erro médico** ocorrido em serviço privado de saúde custeado pelo SUS, o Superior Tribunal de Justiça, a partir das competências definidas pela Lei nº 8.080/90, decidiu pela responsabilidade do Município, afastando a responsabilização da União. A ementa reporta-se claramente ao art. 18 da Lei nº 8.080/90, valendo conferir o seguinte excerto:

> *"6. Os Municípios, entre outras atribuições, têm competência para planejar, organizar, controlar e avaliar as ações e os serviços de saúde e gerir e executar os serviços públicos de saúde; participar do planejamento, programação e organização da rede regionalizada e hierarquizada do SUS, em articulação com sua direção estadual; celebrar contratos e convênios com entidades prestadoras de serviços privados de saúde, bem como controlar e avaliar sua execução; controlar e fiscalizar os procedimentos dos serviços privados de saúde (Lei 8.080/90, art. 18, I, II, X e XI). 7. As ações e serviços públicos de saúde e os serviços privados contratados ou conveniados que integram o SUS serão desenvolvidos de acordo com as diretrizes previstas no art. 198 da CF/88, obedecendo, entre outros, o princípio da descentralização político-administrativa, com 'ênfase na descentralização dos serviços para os Municípios' (Lei 8.080/90, art. 7º, IX, a). 8. 'Relativamente à execução e prestação direta dos serviços, a Lei atribuiu aos Municípios essa responsabilidade (art. 18, incisos I, IV e V, da Lei n.º 8.080/90), compatibilizando o Sistema, no particular, com o estabelecido pela Constituição no seu artigo 30, VII: 'Compete aos Municípios (...) prestar, com a cooperação técnica e financeira da União e do Estado, serviços de atendimento à saúde da população' (REsp 873.196/RS, 1ª Turma, Rel. p/ acórdão Min. Teori Albino Zavascki, DJ de 24.5.2007)." (STJ, REsp nº 717.800/RS, Rel. Min. Denise Arruda, 1ª Turma, unânime, DJe 30-06-2008).*

- Em hipótese de **delegação de atribuição a entidade da iniciativa privada**, asseverou o STJ que: "O art. 18 da Lei n.º 8.080/90, em seu inciso X, estabeleceu ao Município, na defesa de seu interesse, a atribuição de celebrar contratos e convênios com entidades prestadoras de serviços privados de saúde, bem como controlar e avaliar sua execução", donde a ausência de interesse da União no litígio (STJ, CC nº 31.055/MG, Rel. Min. Laurita Vaz, 1ª Seção, unânime, DJ 29-10-2001).

Aplicação em concurso:

- *VUNESP/2016 – Prefeitura de Várzea Paulista, SP – Procurador Jurídico:*
  À direção municipal do Sistema de Saúde (SUS) compete

a) formular normas e estabelecer padrões, em caráter suplementar, de procedimentos de controle de qualidade para produtos e substâncias de consumo humano.
b) o acompanhamento, a avaliação e a divulgação dos indicadores de morbidade e mortalidade no âmbito da unidade federada.
c) controlar e fiscalizar os procedimentos dos serviços privados de saúde.
d) elaborar o Planejamento Estratégico Regional no âmbito do Sistema Único de Saúde.
e) coordenar o sistema de redes integradas de assistência de alta complexidade.
Resposta: alternativa "c".

- *FUNCAB/2016 – EMSERH – Psicólogo:*
Marque a alternativa que corresponde a uma competência da direção municipal do Sistema Único de Saúde.
a) Coordenar a política de saúde do trabalhador.
b) Promover articulação com os órgãos educacionais.
c) Coordenar os sistemas de vigilância sanitária.
d) Formar consórcios administrativos intermunicipais.
e) Formular políticas de alimentação e nutrição.
Resposta: alternativa "d".

- *FUNCAB/2016 – EMSERH – Nutricionista:*
Marque a alternativa que corresponde a uma competência da direção municipal do Sistema Único de Saúde.
a) Formar consórcios administrativos intermunicipais.
b) Formular políticas de alimentação e nutrição.
c) Promover articulação com os órgãos educacionais.
d) Coordenara política de saúde do trabalhador.
e) Coordenar os sistemas de vigilância sanitária.
Resposta: alternativa "a".

- *AOCP/2015 – EBSERH/HU-UFJF – Advogado:*
Conforme a Lei nº 8.080, de 19 de dezembro de 1990, à direção municipal do Sistema Único (SUS) compete
a) formular, avaliar e apoiar políticas de alimentação e nutrição.
b) participar na formulação e na implementação das políticas.
c) acompanhar, controlar e avaliar as redes hierarquizadas do Sistema Único de Saúde (SUS).
d) participar do planejamento, programação e organização da rede regionalizada e hierarquizada do Sistema Único de Saúde (SUS), em articulação com sua direção estadual.
e) promover a descentralização para os Municípios dos serviços e das ações de saúde.
Resposta: alternativa "d".

- *MP-PR/2014 – Promotor Substituto:*

– Compete à direção estadual do SUS formar consórcios administrativos intermunicipais, os quais obedecerão ao princípio da direção única, a ser definida no ato constitutivo da entidade, que ficará sujeita às mesmas normas de observância obrigatória às distintas pessoas jurídicas integrantes do SUS.

Resposta: Errado.

► A formação de consórcios administrativos intermunicipais é competência da direção municipal do SUS (Lei nº 8.080/90, art. 18, VII).

- *AOCP/2014 – EBSERH/HU-UFGD – Advogado:*

Assinale a alternativa INCORRETA. Conforme a Lei 8.080/1990 compete à direção municipal do Sistema Único de Saúde (SUS) executar serviços

a) de vigilância epidemiológica e de vigilância sanitária.
b) de alimentação e nutrição.
c) de saneamento básico.
d) de saúde do trabalhador.
e) de distribuição de medicamentos.

Resposta: alternativa "e".

► A distribuição de medicamentos não é tarefa exclusiva de nenhuma das esferas de gestão, até por constituir muitas vezes objeto de pactuação entre os gestores.

- *IDECAN/2014 – EBSERH, HUPAA-UFAL – Técnico em Enfermagem, Saúde do Trabalhador:*

Com base na Lei nº 8.080/90, que dispõe sobre as condições para a promoção, proteção e recuperação da saúde, a organização e o funcionamento dos serviços correspondentes, é correto afirmar que o controle e a fiscalização dos procedimentos e serviços privados de saúde competem à(s)

c) direção municipal do SUS.

Resposta: alternativa "c".

- *CONSULPLAN/2013 – AVAPE – Médico Neurologista:*

Os municípios e o Distrito Federal, como gestores dos sistemas locais de saúde, são responsáveis pelo cumprimento dos princípios da Atenção Básica, pela organização e execução das ações em seu território. Compete às Secretarias Municipais de Saúde e ao Distrito Federal

I. Organizar, executar e gerenciar os serviços e ações de Atenção Básica, de forma universal, dentro do seu território, incluindo as unidades próprias e as cedidas pelo Estado e pela União;

II. Garantir infraestrutura necessária ao funcionamento das Unidades Básicas de Saúde, dotando-as de recursos materiais, equipamentos e insumos suficientes para o conjunto de ações propostas;

III. Selecionar, contratar e remunerar os profissionais que compõem as equipes multiprofissionais de Atenção Básica, inclusive os da Saúde da Família, em conformidade com a legislação vigente.

Está(ão) correta(s) a(s) alternativa(s)

a) I, II e III.

Resposta: alternativa "a".

- *CONSULPLAN/2013 – AVAPE – Médico Neurologista:*

Todo o município é responsável pela integralidade da atenção à saúde da sua população, exercendo essa responsabilidade de forma solidária com o Estado e a União. Todo o município deve,

e) assumir a gestão e execução das ações de vigilância em saúde realizadas no âmbito local, compreendendo as ações de vigilância epidemiológica, sanitária e ambiental, de acordo com as normas vigentes e pactuações estabelecidas.

Resposta: alternativa "e".

- *MP-SC/2012 – Promotor de Justiça – XXXVII Concurso:*

– A legislação que rege o Sistema Único de Saúde (SUS) prevê que à direção municipal do Sistema de Saúde, compete colaborar na fiscalização das agressões ao meio ambiente que tenham repercussão sobre a saúde humana e atuar, junto aos órgãos municipais, estaduais e federais competentes, para controlá-las.

Resposta: Correto.

- *MP-SC/2011 – Promotor de Justiça – XXXVI Concurso:*

– Compete à direção municipal do SUS executar serviços de alimentação e nutrição, entre outras competências.

Resposta: Correto.

- *FUNCAB/2011 – Prefeitura de Serra/ES – Gestor Público de Saúde:*

À direção municipal do Sistema Único de Saúde NÃO compete:

a) participar da execução, controle e avaliação das ações referentes às condições de trabalho.

b) formar consórcios administrativos intermunicipais.

c) colaborar na fiscalização das agressões ao meio ambiente que repercutam sobre a saúde.

d) estabelecer normas para a vigilância sanitária de portos, aeroportos e fronteiras.

e) gerir laboratórios públicos de saúde e hemocentros.

Resposta: alternativa "d".

► A vigilância de portos, aeroportos e fronteiras é competência da direção nacional do SUS (art. 16, VII).

- *PaqTcPB/2011 – Prefeitura de Gado Bravo/PB – Agente Comunitário de Saúde:*

  No Brasil, o Sistema Único de Saúde estabelece como competência municipal

  d) a execução de serviços de vigilância epidemiológica e saúde do trabalhador.

  Resposta: alternativa "d".

- *ICAP/2011 – Prefeitura de Abelardo Luz/SC – Agente de Vigilância Sanitária:*

  O artigo 18 da Lei nº 8.080, de 19 de setembro de 1990, trata das competências da direção municipal do Sistema Único de Saúde – SUS. Dentre as competências da direção municipal, podemos citar:

  I. Participar do planejamento, programação e organização da rede regionalizada e hierarquizada do Sistema Único de Saúde, em articulação com sua direção estadual.

  II. Estabelecer critérios, parâmetros e métodos para o controle da qualidade sanitária de produtos, substâncias e serviços de consumo e uso humano.

  III. Controlar e fiscalizar os procedimentos dos serviços privados de saúde.

  IV. Normatizar as ações e serviços públicos de saúde no seu âmbito de atuação mediante aprovação da direção estadual.

  V. Colaborar com a União e com os Estados na execução da vigilância sanitária de portos, aeroportos e fronteiras.

  Assinale a alternativa que contém as afirmações corretas:

  c) I, III e V.

  Resposta: alternativa "c".

► A afirmativa "II" descreve uma competência da direção nacional do SUS (art. 16, VIII). Já a afirmativa "IV" procura confundir a competência assinada aos Municípios pelo art. 18, XII, cuja redação é semelhante, mas não igual: "normatizar complementarmente as ações e os serviços públicos de saúde no seu âmbito de atuação".

- *ADVISE/2010 – Prefeitura de Piracicaba/SP, Médico (Cabeça e Pescoço):*

  O Sistema Único de Saúde (SUS) implica a municipalização da saúde. Isto significa que:

  c) haverá distintas responsabilidades sobre a saúde dos cidadãos dependendo das instituições serem federais, estaduais ou municipais.

  Resposta: alternativa "c".

- *UEPG/2009 – Prefeitura de Ponta Grossa, Médico Plantonista:*

  Quanto às competências da direção municipal do SUS, assinale o que for correto.

  – Planejar, organizar, controlar e avaliar as ações e os serviços de saúde e gerir e executar os serviços públicos de saúde.

  – Participar do planejamento, da programação e da organização da rede regionalizada e hierarquizada do SUS, em articulação com sua direção estadual.

- Colaborar na fiscalização das agressões ao meio ambiente que tenham repercussão sobre a saúde humana e atuar junto aos órgãos municipais e estaduais para controlá-las.
- Participar da execução, do controle e da avaliação das ações referentes às condições e aos ambientes de trabalho.

Resposta: todas as assertivas acima estão corretas.

- *COMEDE/2009 – Prefeitura de São Benedito do Sul/PE, Médico:*

  Segundo a Lei Orgânica da Saúde, desenvolver ações de execução, controle e avaliação do Sistema Único de Saúde é competência do nível:

e) Municipal.

Resposta: alternativa "e".

- *UNISUL/2009 – Prefeitura de Garopaba/SC, Médico (ESP):*

  No Brasil, o Sistema Único de Saúde (SUS) estabelece como competência municipal. Assinale a alternativa correta

e) a execução de serviços de vigilância epidemiológica e saúde do trabalhador.

Resposta: alternativa "e".

Art. 19. Ao **Distrito Federal** competem as atribuições reservadas aos Estados e aos Municípios.

Art. 19 → a norma apenas explicita que se reconhecem ao Distrito Federal, por suas próprias peculiaridades, as competências atribuídas às direções estadual e municipal do SUS.

CAPÍTULO V –
DO SUBSISTEMA DE ATENÇÃO À SAÚDE INDÍGENA
(Incluído pela Lei nº 9.836, de 1999)

Art. 19-A. As ações e serviços de saúde voltados para o atendimento das **populações indígenas**, em todo o território nacional, coletiva ou individualmente, obedecerão ao disposto nesta Lei.

Art. 19-B. É instituído um **Subsistema de Atenção à Saúde Indígena**, componente do Sistema Único de Saúde - SUS, criado e definido por esta Lei, e pela Lei nº 8.142, de 28 de dezembro de 1990, com o qual funcionará em perfeita integração.

Art. 19-C. Caberá à União, com seus recursos próprios, financiar o Subsistema de Atenção à Saúde Indígena.

Art. 19-D. O SUS promoverá a articulação do Subsistema instituído por esta Lei com os órgãos responsáveis pela Política Indígena do País.

Art. 19-E. Os Estados, Municípios, outras instituições governamentais e não governamentais poderão atuar complementarmente no custeio e execução das ações.

Art. 19-F. Dever-se-á obrigatoriamente levar em consideração a realidade local e as especificidades da cultura dos povos indígenas e o modelo a ser adotado para a atenção à saúde indígena, que se deve pautar por uma abordagem diferenciada e global, contemplando os aspectos de assistência à saúde, saneamento básico, nutrição, habitação, meio ambiente, demarcação de terras, educação sanitária e integração institucional.

Art. 19-G. O Subsistema de Atenção à Saúde Indígena deverá ser, como o SUS, descentralizado, hierarquizado e regionalizado.

§ 1º. O Subsistema de que trata o *caput* deste artigo terá como base os Distritos Sanitários Especiais Indígenas.

§ 2º. O SUS servirá de retaguarda e referência ao Subsistema de Atenção à Saúde Indígena, devendo, para isso, ocorrer adaptações na estrutura e organização do SUS nas regiões onde residem as populações indígenas, para propiciar essa integração e o atendimento necessário em todos os níveis, sem discriminações.

§ 3º. As populações indígenas devem ter acesso garantido ao SUS, em âmbito local, regional e de centros especializados, de acordo com suas necessidades, compreendendo a atenção primária, secundária e terciária à saúde.

Art. 19-H. As populações indígenas terão direito a participar dos organismos colegiados de formulação, acompanhamento e avaliação das políticas de saúde, tais como o Conselho Nacional de Saúde e os Conselhos Estaduais e Municipais de Saúde, quando for o caso.

1. **O Subsistema de Atenção à Saúde Indígena (SasiSUS)** foi criado pela Medida Provisória nº 1.911-08, de 29 de julho de 1999, e pela Lei nº 9.836, de 23 de setembro de 1999, que incluiu toda uma série de normas específicas à Lei nº 8.080/90. Estima-se que o Subsistema de Atenção à Saúde Indígena deva atender a cerca de 400.000 pessoas, integrantes de 215 povos indígenas e falando pelo menos 180 línguas[139]. O escopo central dessas normas é a garantia de "regramentos diferenciados de acesso, compatíveis

139. Informações prestadas pela Fundação Nacional de Saúde (FUNASA), quando ainda responsável pela execução das ações de atenção à saúde indígena: <http://www.funasa.gov.br/>. Acesso em: 10 maio 2009.

com suas especificidades e com a necessidade de assistência integral à sua saúde" (Dec. nº 7.508/2011, art. 11, § único).

2. O custeio do programa e a execução das ações de saúde dele decorrentes inserem-se na competência da União, embora a lei possibilite a atuação complementar dos Estados e Municípios, assim como de outras instituições governamentais e não-governamentais (ou seja, as denominadas ONG's). Essa atuação ainda deverá ser articulada com os órgãos responsáveis pela Política Nacional de Atenção à Saúde dos Povos Indígenas, especialmente o **Ministério da Saúde**.

▶ **Atenção!** A execução das ações e serviços de atenção à saúde indígena não é mais competência da Fundação Nacional de Saúde (FUNASA), tendo sido assumida pela **Secretaria Especial de Saúde Indígena do Ministério da Saúde**, cuja competência é definida pelo **art. 47 do Anexo I Decreto nº 8.901/2016:**

Art. 47. *À Secretaria Especial de Saúde Indígena compete:*

I - planejar, coordenar, supervisionar, monitorar e avaliar a implementação da Política Nacional de Atenção à Saúde dos Povos Indígenas, por meio da gestão democrática e participativa;

II - coordenar o processo de gestão do Subsistema de Atenção à Saúde Indígena para a promoção, a proteção e a recuperação da saúde dos povos indígenas;

III - planejar, coordenar, supervisionar, monitorar e avaliar as ações referentes ao saneamento e às edificações de saúde indígena;

IV - orientar o desenvolvimento das ações de atenção integral à saúde indígena e de educação em saúde segundo as peculiaridades, o perfil epidemiológico e a condição sanitária de cada Distrito Sanitário Especial Indígena, em consonância com as políticas e os programas do SUS e em observância às práticas de saúde e às medicinas tradicionais indígenas;

V - planejar, coordenar, supervisionar, monitorar e avaliar as ações de atenção integral à saúde no âmbito do Subsistema de Atenção à Saúde Indígena;

VI - promover ações para o fortalecimento do controle social no Subsistema de Atenção à Saúde Indígena;

VII - incentivar a articulação e a integração com os setores governamentais e não governamentais que possuam interface com a atenção à saúde indígena;

> *VIII - promover e apoiar o desenvolvimento de estudos e pesquisas em saúde indígena; e*
>
> *IX - identificar, organizar e disseminar conhecimentos referentes à saúde indígena.*

3. O Subsistema de Atenção à Saúde Indígena segue o modelo de descentralização e regionalização da assistência à saúde, que deverá ser integrado ao SUS, com acesso e atendimento em todos os níveis de complexidade e "sem discriminações" (art. 19-G, § 2º). A unidade básica do subsistema são os **Distritos Sanitários Especiais Indígenas (DSEI)**, que integram a estrutura da Secretaria Especial de Saúde Indígena do Ministério da Saúde e atuam segundo as competências fixadas pelo **art. 51 do Anexo I do Decreto nº 8.901/2016**:

> **Art. 51.** *Aos Distritos Sanitários Especiais Indígenas compete:*
>
> *I - planejar, coordenar, supervisionar, monitorar, avaliar e executar as atividades do Subsistema de Atenção à Saúde Indígena do SUS, nas suas áreas de atuação, observadas as práticas de saúde e as medicinas tradicionais; e*
>
> *II - desenvolver as atividades de execução orçamentária, financeira e contábil relativas aos créditos sob a gestão específica de cada Distrito Sanitário Especial Indígena.*

3.1. Atualmente existem 34 Distritos Sanitários Especiais Indígenas no território nacional. O DSEI é "um espaço étnico-cultural dinâmico, geográfico, populacional e administrativo bem delimitado"[140] e não coincidente com as fronteiras federativas. O território é estabelecido segundo a distribuição geográfica e antropológica, bem como o acesso aos serviços dos povos indígenas aos serviços de saúde. No DSEI é prestada atenção básica à população indígena local, mediante atuação das Equipes Multidisciplinares de Saúde Indígena (EMSI), que atuam de modo semelhante ao Programa Saúde da Família, e são compostas por diversos profissionais (médicos, enfermeiros, dentistas, auxiliares de enfermagem), inclusive Agentes Indígenas de Saúde. Os serviços de saúde são integrados e articulados à rede de assistência à saúde do SUS, também de forma hierarquizada.

3.2. Além disso, releva notar a imposição legal de que a assistência à saúde se paute pelas características da população indígena, para que haja uma

---

140. Informações colhidas junto Portal da Atenção Básica do Ministério da Saúde: <http://dab.saude.gov.br/saude_indigena.php>.

conformação das ações de saúde às peculiaridades, ao perfil epidemiológico e à condição sanitária de cada Distrito Sanitário Especial Indígena, observadas as **práticas de saúde e medicinas tradicionais indígenas** (Dec. 8.901/2016, art. 47, IV) – numa clara referência à **interculturalidade** que baliza as políticas de saúde neste setor. O art. 19-F é explícito a esse respeito quanto a tal exigência: "obrigatoriamente levar em consideração a realidade local e as especificidades da cultura dos povos indígenas e o modelo a ser adotado para a atenção à saúde indígena, que se deve pautar por uma abordagem diferenciada e global".

3.3. Em cumprimento ao princípio da participação, e também como forma de respeito e viabilização do diálogo democrático intercultural, o Subsistema de Atenção à Saúde Indígena ainda deverá contar com a **participação direta da comunidade indígena** (art. 19-H). Isso se dá pelos Conselhos Locais de Saúde Indígena (CLSI), compostos por representantes da comunidade indígena e profissionais que ali atuam diretamente, com abrangência territorial local; pelos Conselhos Distritais de Saúde Indígena (CONDISIs), em número de 34 correspondentes ao DSEI, criados na forma da Resolução nº 333 do Conselho Nacional de Saúde e sob coordenação do Conselho de Saúde da esfera correspondente, em que assegurada representação paritária; e pelo Fórum Permanente dos Presidentes dos CONDISIs, com caráter consultivo, propositivo e analítico, e especial foco nas políticas de atenção à saúde indígena. Junto ao Conselho Nacional de Saúde ainda funciona a Comissão Intersetorial de Saúde Indígena (CISI), que visa a assessorar o CNS no planejamento e avaliação das políticas de saúde dos povos indígenas, por meio da articulação intersetorial e levando em consideração as proposições da Conferência Nacional de Saúde Indígena[141].

▶ **Referências normativas:**

- Decreto nº 3.156/1999 (dispõe sobre as condições de prestação de assistência à saúde dos povos indígenas);
- Portaria de Consolidação nº 2, de 28 de setembro de 2017, do Ministério da Saúde, Anexo XIV (aprova a Política Nacional de Atenção à Saúde dos Povos Indígenas)[142];

141. Para maiores informações, conferir: <http://conselho.saude.gov.br/web_comissoes/cisi/index.html>.
142. Disponível em: <http://bvsms.saude.gov.br/bvs/saudelegis/gm/2017/prc0002_03_10_2017.html>, acesso em 14 abr. 2019.

– Decreto nº 8.901/2016 (dispõe sobre a estrutura organizacional do Ministério da Saúde, dentro da qual se encontra a Secretaria Especial de Saúde Indígena – arts. 47 e segs.).

Aplicação em concursos:

- *FCC/2018 – DPE/AM – Defensor Público:*

  O Subsistema de Atenção à Saúde do Indígena, componente do Sistema Único de Saúde (SUS), conforme a Lei nº 8.080/1990,

  a) prevê que Estados e Municípios que possuem região de população indígena serão responsáveis pelo custeio do Subsistema, atuando a União de forma complementar no custeio e execução das ações.

  b) promoverá a articulação do SUS com os órgãos responsáveis pela política indígena no País.

  c) terá como base os Distritos Sanitários Especiais Indígenas.

  d) compreenderá a atenção primária e secundária, não compondo o acesso à atenção terciária da população indígena.

  e) não abrange política de atendimento coletivo à população indígena.

  Resposta: alternativa "c".

- *IADES/2017 – Fundação Hemocentro de Brasília, DF – Técnico Administrativo:*

  No que se refere às ações e aos serviços de saúde voltados para o atendimento das populações indígenas, em todo o território nacional, coletiva ou individualmente, de acordo com as previsões contidas na Lei nº 8.080/1990, e alterações posteriores, assinale a alternativa correta.

  a) A referida lei não trata especificamente acerca do assunto, senão para remeter a competência à legislação da União, dos estados, do Distrito Federal e dos municípios.

  b) À União, aos estados, ao Distrito Federal e aos municípios compete solidariamente financiar o Subsistema de Atenção à Saúde Indígena.

  c) A complementaridade no custeio e na execução das referidas ações e dos serviços cabe exclusivamente a outras instituições governamentais e não governamentais.

  d) Esses deverão ser descentralizados, hierarquizados e regionalizados.

  e) A estrutura do Sistema Único de Saúde deverá possuir a mesma estrutura e organização para tais ações e serviços, a fim de propiciar essa integração e o atendimento necessário em todos os níveis, sem discriminações.

  Resposta: alternativa "d".

- *INSTITUTO AOCP/2017 – EBSERH – Assistente Administrativo:*

  Consoante à Lei nº 8.080/90, assinale a alternativa correta no tocante ao Subsistema de Atenção à Saúde Indígena.

a) As populações indígenas devem ter acesso garantido ao SUS, em âmbito local, regional e de centros especializados, de acordo com suas necessidades, compreendendo a atenção primária, secundária e terciária à saúde.
b) Caberá aos Estados e Municípios, com seus recursos próprios, financiar o Subsistema de Atenção à Saúde Indígena.
c) A União poderá atuar complementarmente no custeio e execução das ações.
d) O Subsistema de Atenção à Saúde Indígena não segue os mesmos princípios do SUS.
e) As populações indígenas somente participam dos Conselhos de Saúde se forem alfabetizadas.

Resposta: alternativa "a".

- *FUNCAB/2016 – ANS – Técnico em Regulação de Saúde Suplementar*

No que se refere ao Subsistema de Atenção à Saúde do Indígena, é correto afirmar que:
a) caberá exclusivamente aos Estados-membros, com seus recursos próprios, financiá-lo.
b) não integra o SUS, embora seja vinculado aos Ministério da Saúde.
c) deverá ser descentralizado, hierarquizado e regionalizado.
d) às populações indígenas é vedado o direito de participar dos organismos colegiados de formulação, acompanhamento e avaliação das políticas de saúde.
e) a atuação da União no custeio e execução de ações relativas a ele é complementar à atuação dos Estados-membros.

Resposta: alternativa "c".

- *FAFIPA/2016 – CISNOP/PR – Advogado:*

Sobre a atenção à saúde indígena, marque a alínea CORRETA, com observância ao disposto na Lei nº 9.836:
a) Caberá aos estados, com seus recursos próprios, financiar o Subsistema de Atenção à Saúde Indígena.
b) Dever-se-á, obrigatoriamente, levar em consideração a realidade local e as especificidades da cultura dos povos indígenas e o modelo a ser adotado para a atenção à saúde indígena, que se deve pautar por uma abordagem diferenciada e global, contemplando os aspectos de assistência à saúde, saneamento básico, nutrição, habitação, meio ambiente, demarcação de terras, educação sanitária e integração institucional.
c) Os municípios deverão atuar, solidariamente, aos estados, no custeio e execução das ações voltadas à saúde indígena.
d) A FUNAI deverá financiar o Subsistema de Atenção à Saúde Indígena, sendo o subsistema

Resposta: alternativa "b".

- *Instituto AOCP/2014 – EBSERH/HU-UFS-SE – Advogado:*

Em relação ao Subsistema de Atenção à Saúde Indígena, analise as assertivas e assinale a alternativa que aponta as corretas.

I. As ações e serviços de saúde voltados para o atendimento das populações indígenas, em todo o território nacional, coletiva ou individualmente, obedecerão ao disposto na Lei 8.080/1990.
II. Caberá à União, com seus recursos próprios, financiar o Subsistema de Atenção à Saúde Indígena.
III. O SUS promoverá a articulação do Subsistema de Atenção à Saúde Indígena com os órgãos responsáveis pela Política Indígena do País.
IV. Os Estados, Municípios, outras instituições governamentais e não-governamentais poderão atuar complementarmente no custeio e execução das ações.
e) I, II, III e IV.
Resposta: alternativa "e".

- *AOCP/2014 – EBSERH/HUJM-UFMT – Advogado:*

Em relação ao Subsistema de Atenção à Saúde Indígena, analise as assertivas e assinale a alternativa que aponta as corretas.
I. O Subsistema de Atenção à Saúde Indígena deverá ser, como o SUS, descentralizado, hierarquizado e regionalizado.
II. Caberá aos Estados, com seus recursos próprios, financiar o Subsistema de Atenção à Saúde Indígena.
III. As populações indígenas devem ter acesso garantido ao SUS, em âmbito local, regional e de centros especializados, de acordo com suas necessidades, compreendendo a atenção primária, secundária e terciária à saúde.
IV. A União, os Municípios, outras instituições governamentais e não-governamentais poderão atuar complementarmente no custeio e execução das ações.
c) Apenas I e III.
Resposta: alternativa "c".

► O financiamento do Subsistema de Atenção à Saúde Indígena cabe à União (Lei nº 8.080/90, art. 19-C).

- *IBC/2014 – Pref. Alagoa Grande, PB – Médico Cardiologista:*

O Decreto presidencial 7.508, de 28 de junho de 2011 regulamenta a Lei 8.080 de 19 de setembro de 1990. Considerando o que expressa esse decreto, assinale a alternativa incorreta:
d) A população indígena não terá regramentos diferenciados de acesso, tendo direito à assistência integral à sua saúde, de acordo com disposições do Ministério da Saúde.
Resposta: alternativa "d".

► A afirmativa está errada, já que a população indígena conta com um subsistema diferenciado e próprio de assistência à saúde, ainda que integrante do SUS.

- *GESTÃO DE CONCURSOS/2014 – HRTN – Médico Plantonista Clínico:*

1. De acordo com o artigo 196 da Constituição Federal de 05 de outubro de 1988, "[...] a saúde é direito de todos e dever do Estado, garantido mediante políticas sociais e econômicas que visem à redução do risco de doença e de outros agravos e ao acesso universal e igualitário às ações e serviços para sua promoção, proteção e recuperação". Em relação ao exposto, é INCORRETO afirmar que:

d) o acesso universal aos serviços de saúde diz respeito ao acesso às ações e aos serviços de saúde a toda a população, com exceção dos índios, para os quais existe um sistema de saúde específico.

Resposta: alternativa "d".

▶ O Subsistema de Atenção à Saúde Indígena é componente do SUS, ou seja, está submetido às mesmas diretrizes e princípios gerais.

- *ACP/2014 – Pref. Comodoro, MT – Procurador Jurídico:*

Sobre o que dispõe a Lei Federal nº 8.080, de 19 de setembro de 1990 [...]

– É garantido às populações indígenas o acesso ao Sistema Único de Saúde (SUS) de acordo com suas necessidades, compreendendo a atenção primária e terciária, cabendo à União o custeio e financiamento de Atenção à Saúde Indígena.

Resposta: Errado.

▶ O art. 19-G, § 3º, é explícito em determinar que "As populações indígenas devem ter acesso garantido ao SUS, em âmbito local, regional e de centros especializados, de acordo com suas necessidades, compreendendo a atenção primária, secundária e terciária à saúde."

- *CESPE – SESA/ES – Farmacêutico – 2013:*

A respeito da evolução e das características das políticas de saúde no Brasil, assinale a opção correta.

a) O Subsistema de Atenção à Saúde Indígena é parte do SUS e, assim como este, deverá ser descentralizado, hierarquizado e regionalizado.

Resposta: alternativa "a".

- *MSCONCURSOS/2011 – FSPECE – Prefeitura de Esteio/RS – Administrador:*

– Caberá aos Estados e ao Distrito Federal, com seus recursos próprios, financiar o Subsistema de Atenção à Saúde Indígena.

Resposta: Errado.

▶ Caberá à União o financiamento do Subsistema de Saúde Indígena, podendo Estados, Municípios e outras instituições, governamentais ou não, "atuar complementarmente no custeio e execução das ações" (Lei nº 8.080/90, art. 19-E).

- *CETRO/2012 – SEMSA – Prefeitura de Manaus/AM – Advogado:*

De acordo com a Lei nº 8.080/90, que dispõe sobre as condições para a promoção, proteção e recuperação da saúde, a organização e o funcionamento dos serviços correspondentes e dá outras providências sobre o Subsistema de Atenção à Saúde Indígena, analise as assertivas abaixo.

I. Caberá à União, com seus recursos próprios, financiar o Subsistema de Atenção à Saúde Indígena.

II. O SUS promoverá a articulação do Subsistema instituído pela Lei nº 8.080/90 com os órgãos responsáveis pela Política Indígena do País.

III. Os Estados, Municípios, outras instituições governamentais e não governamentais não poderão atuar complementarmente no custeio e execução das ações.

É correto o que se afirma em

e) I, II e III.

Resposta: alternativa "e".

- *MP-SC/2011 – Promotor de Justiça – XXXVI Concurso:*

– Em relação à saúde do indígena foi instituído um subsistema para sua atenção, mas dito subsistema é componente do Sistema Único de Saúde.

Resposta: Correto.

- *PaqTcPB/2010 – Prefeitura de Patos/PB, Inspetor Sanitário (Farmacêutico):*

Sobre o subsistema de Atenção à Saúde Indígena, analise as proposições abaixo e assinale a(s) correta(s):

I. Cabe à União, com seus recursos próprios, financiar o subsistema de Atenção à Saúde Indígena.

II. As populações indígenas devem ter acesso garantido ao SUS, em âmbito local, regional e centros especializados.

III. O Subsistema de Atenção à Saúde Indígena deverá ser descentralizado, hierarquizado e regionalizado.

A sequência correta é:

a) I, II e III estão corretas.

Resposta: alternativa "a".

- *DOM CINTRA/2010 – FUNASA – Biólogo:*

O financiamento, com recursos próprios, do subsistema de atenção à saúde indígena, sem prejuízo de custeio complementar voluntário, compete:

d) à União.

Resposta: alternativa "d".

- *ADVISE/2010 – Prefeitura de Santo Amaro das Brotas/SE, Médico Clínico Geral:*

O subsistema de atenção à saúde indígena, que faz parte do SUS, deve:

b) adotar um modelo assistencial que se baseie numa consideração ampla e diferenciada, adaptada às características da população indígena.
Resposta: alternativa "b".

CAPÍTULO VI – DO SUBSISTEMA DE ATENDIMENTO E INTERNAÇÃO DOMICILIAR (Incluído pela Lei nº 10.424, de 2002)

Art. 19-I. São estabelecidos, no âmbito do Sistema Único de Saúde, o atendimento domiciliar e a internação domiciliar.

§ 1º. Na modalidade de **assistência de atendimento e internação domiciliares** incluem-se, principalmente, os procedimentos médicos, de enfermagem, fisioterapêuticos, psicológicos e de assistência social, entre outros necessários ao cuidado integral dos pacientes em seu domicílio.

§ 2º. O atendimento e a internação domiciliares serão realizados por equipes multidisciplinares que atuarão nos níveis da medicina preventiva, terapêutica e reabilitadora.

§ 3º. O atendimento e a internação domiciliares só poderão ser realizados por indicação médica, com expressa concordância do paciente e de sua família.

1. O **art. 19-I** institui o **Subsistema de Atendimento e Internação Domiciliar**, a fim de permitir o atendimento do paciente em sua residência, mediante concordância própria e de sua família. Tais cuidados deverão ser prestados por equipes multidisciplinares, envolvendo profissionais da saúde de áreas diferentes, nos níveis da medicina preventiva, terapêutica e reabilitadora.

2. A assistência domiciliar decorre, segundo a doutrina, de uma mudança no perfil da população, tanto pelo envelhecimento, quanto, em termos epidemiológicos, pelo aumento das doenças crônicas não transmissíveis. Além disso, a elevação dos custos do sistema hospitalar e, ao mesmo tempo, o desenvolvimento de novas tecnologias e a exigência de maior privacidade, individualização e humanização do tratamento, têm sido apontados como alguns dos fatores desencadeadores da procura pelo tratamento domiciliar[143].

---

143. As referências foram tiradas de LACERDA, Maria Ribeiro et al. Atenção à saúde no domicílio: modalidades que fundamentam sua prática. *Saúde & sociedade*, São Paulo, v. 15, n. 2, ago/2006. Disponível em: <http://www.scielo.br/scielo.php?script=sci_arttext&pid=S0104-12902006000200009&lng=pt&nrm=iso>. Acesso em 10 maio 2009.

3. A assistência domiciliar abrange diferentes modalidades de atenção à saúde: (a) a atenção domiciliar, abrangendo "ações de promoção à saúde, prevenção e tratamento de doenças e reabilitação, desenvolvidas em domicílio"; (b) a assistência domiciliar, compreendida como o "conjunto de atividades de caráter ambulatorial, programadas e continuadas, desenvolvidas em domicílio"; (c) a internação domiciliar, destinada a pacientes com problemas de saúde mais complexos, demandando a prestação de serviços semelhantes àqueles desenvolvidos nos hospitais, "com oferta de tecnologia e de recursos humanos, equipamentos, materiais e medicamentos"; e (d) a visita domiciliar, voltada mais propriamente à orientação e educação em saúde, de forma a tornar independentes as pessoas atendidas[144].

Aplicação em concursos:

- *FUNDEP/2018 – MPE/MG – Promotor de Justiça:*

– A internação domiciliar não está incluída no âmbito dos programas disponibilizados pelo Sistema Único de Saúde, porquanto sua execução demanda procedimentos médicos, de enfermagem, fisioterapêuticos, psicológicos e de assistência social de alto custo.

Resposta: Errado.

▶ Nos termos do art. 19-I da Lei nº 8.080/1990, o atendimento e a internação domiciliar estão incluídos no âmbito do Sistema Único de Saúde.

- *PUC-PR/2017 – TJ-MS – Técnico de Nível Superior - Serviço Social:*

A Lei nº 8.080/90 dispõe sobre as condições para promoção, proteção e recuperação da saúde, organização e funcionamento dos serviços correspondentes e dá outras providências. Considerando o disposto na referida Lei, analise as assertivas abaixo.

I. São estabelecidos, no âmbito do Sistema Único de Saúde, o atendimento domiciliar e a internação domiciliar.

II. Na modalidade de assistência de atendimento e internação domiciliares, incluem-se, exclusivamente, os procedimentos médicos, de enfermagem, fisioterapêuticos, psicológicos e de assistência social.

III. O atendimento e a internação domiciliares serão realizados por equipes multidisciplinares que atuarão nos níveis da medicina preventiva, terapêutica e reabilitadora.

144. LACERDA, 2006.

IV. O atendimento e a internação domiciliares só poderão ser realizados por indicação médica, com expressa concordância do paciente e de sua família.

Assinale a alternativa que indica apenas as assertivas CORRETAS.

a) I, II, III e IV.
b) I e III.
c) I, II e III.
d) I, III e IV.
e) II e IV.

Resposta: alternativa "d".

▶ O erro na afirmativa "II" está na expressão "exclusivamente", já que a modalidade de atendimento e internação domiciliares é mais ampla do que as hipóteses ali mencionadas.

- *CEFET-BA/2015 – MPE/BA – Promotor de Justiça Substituto:*

  Quanto ao direito dos cidadãos à saúde, examine as assertivas abaixo registradas:

– O Sistema Único de Saúde (SUS) prevê o subsistema de atenção e internação domiciliar que será realizado por equipes multidisciplinares que atuarão nos níveis da medicina preventiva, terapêutica e reabilitadora, incluindo-se, principalmente, os procedimentos médicos, de enfermagem, fisioterapêuticos, psicológicos e de assistência social, entre outros necessários ao cuidado integral dos pacientes em seu domicílio.

  Resposta: Correto.

- *FAFIPA/2016 – CISNOP/PR – Advogado:*

  A Lei nº 8.080 sofreu alterações ao longo dos anos, com intuito de ser aperfeiçoada. Uma destas mudanças ocorreu com a Lei nº 10.424, que trata do subsistema de atendimento e internação domiciliar. Acerca deste tópico, assinale a alternativa INCORRETA:

a) O atendimento e a internação domiciliares serão realizados por equipes multidisciplinares que atuarão nos níveis da medicina preventiva, terapêutica e reabilitadora.
b) Na modalidade de assistência de atendimento e internação domiciliares, incluem-se, principalmente, os procedimentos médicos, de enfermagem, fisioterapêuticos, psicológicos e de assistência social, entre outros necessários ao cuidado integral dos pacientes em seu domicílio.
c) O atendimento e a internação domiciliares só poderão ser realizados por indicação médica, independentemente da concordância do paciente e de sua família.
d) São estabelecidos, no âmbito do Sistema Único de Saúde, o atendimento domiciliar e a internação domiciliar.

Resposta: alternativa "c".

- *DOM CINTRA/2014 – FIOCRUZ – Tecnologista, Obstetrícia:*

Sobre o subsistema de atendimento e internação domiciliar pode-se afirmar que:

b) na modalidade de assistência de atendimento e internação domiciliares incluem-se, principalmente, os procedimentos médicos, de enfermagem, fisioterapêuticos, psicológicos e de assistência social, entre outros necessários ao cuidado integral dos pacientes em seu domicílio.

Resposta: alternativa "b".

- *MP-SC/2012 – Promotor de Justiça – XXXVII Concurso:*

– A Lei n. 8.080/90 prevê um subsistema de atendimento e internação domiciliar, cujos serviços são realizados por equipes multidisciplinares envolvendo medicina preventiva, terapêutica e reabilitadora, sendo que tais serviços somente poderão ser realizados por indicação médica, com expressa concordância do paciente e de sua família.

Resposta: Correto.

- *CONSULPLAN/2011 – CFN – Administrador:*

– São excluídos do Sistema Único de Saúde (SUS), o atendimento domiciliar e a internação domiciliar.

Resposta: Errado.

▶ O atendimento e a internação domiciliares foram expressamente incluídos na assistência prestada no SUS pela Lei nº 10.424/2002 (art. 19-I).

- *PL CONSULTORIA/2011 – Prefeitura de Coronel Bicaco/RS – Agente Comunitário de Saúde:*

– O atendimento e a internação domiciliares só poderão ser realizados por indicação médica, sem necessitar da concordância do paciente e de sua família.

Resposta: Errado.

▶ O § 2º do art. 19-I exige a expressa concordância do paciente e de sua família como condição para o atendimento e a internação domicilares.

- *MP-SC/2010 – Promotor de Justiça – XXXV Concurso:*

– A modalidade de atendimento e internação domiciliar não está incluída no Sistema Único de Saúde – SUS, porquanto sua execução demanda procedimentos médicos, de enfermagem, fisioterapêuticos, psicológicos e de assistência social, entre outros cuidados necessários para atendimento aos pacientes.

Resposta: Errado.

▶ A Lei nº 10.424/2002 introduziu o Subsistema de Atendimento e Internação Domiciliar no SUS, incluindo o art. 19-I na Lei nº 8.080/90.

- *MP/MG/2006, Concurso XLVI:*

  Segundo as disposições da Lei nº 8.080/90 [...]

d) o atendimento e a internação domiciliares do SUS somente poderão ser realizados por indicação médica, com expressa concordância do paciente e de sua família.

  Resposta: alternativa "d".

- *CESPE/2005 – ANS, Especialista em Regulação de Saúde Suplementar:*

  Originalmente, a Lei n.º 8.080/1990 não incluiu o subsistema de atendimento e internação hospitalar. Ele foi objeto de nova lei editada apenas no ano de 2002.

  Resposta: Errado.

▶ A Lei nº 10.424/2002 criou o Subsistema de Atendimento e Internação Domiciliar, não hospitalar.

- *CESPE/2010 – INSS, Perito Médico Previdenciário:*

  Não se incluem na modalidade de assistência de atendimento e internação domiciliares os procedimentos médicos.

  Resposta: Errado.

▶ Além dos procedimentos médicos, incluem-se na assistência de atendimento e internação domiciliares os procedimentos "de enfermagem, fisioterapêuticos, psicológicos e de assistência social".

- *MASTER/2010 – Prefeitura de Pilar/AL, Médico Auditor:*

  São estabelecidos, no âmbito do Sistema Único de Saúde (SUS), o atendimento domiciliar e a internação domiciliar, com base no que dispõe a Lei 8.080/90 assinale a alternativa INCORRETA:

a) Na modalidade de assistência de atendimento e internação domiciliares incluem-se, principalmente, os procedimentos médicos, de enfermagem, fisioterapêuticos, psicológicos e de assistência social, entre outros necessários ao cuidado integral dos pacientes em seu domicílio;

b) O atendimento e a internação domiciliares só poderão ser realizados por indicação médica, com expressa concordância do paciente e de sua família;

c) O atendimento e a internação domiciliares serão realizados por equipes multidisciplinares que atuarão nos níveis da medicina preventiva, terapêutica e reabilitadora;

d) Não há obrigatoriedade da concordância do paciente e da família para o atendimento e a internação domiciliares, visto que as equipes multidisciplinares atuarão nos níveis da medicina repressiva, terapêutica e reabilitadora.

Resposta: alternativa "d".

► O atendimento e a internação domiciliares dependem de expressa concordância do paciente e de sua família, abrangendo a medicina preventiva, e não "repressiva", como consta da afirmativa *"d"*.

CAPÍTULO VII – DO SUBSISTEMA DE ACOMPANHAMENTO DURANTE O TRABALHO DE PARTO, PARTO E PÓS-PARTO IMEDIATO (Incluído pela Lei nº 11.108, de 2005)

Art. 19-J. Os serviços de saúde do Sistema Único de Saúde – SUS, da rede própria ou conveniada, ficam obrigados a permitir a presença, junto à parturiente, de 1 (um) **acompanhante** durante todo o período de **trabalho de parto, parto e pós-parto imediato.**

§ 1º. O acompanhante de que trata o *caput* deste artigo será indicado pela parturiente.

§ 2º. As ações destinadas a viabilizar o pleno exercício dos direitos de que trata este artigo constarão do regulamento da lei, a ser elaborado pelo órgão competente do Poder Executivo.

§ 3º. Ficam os hospitais de todo o País obrigados a manter, em local visível de suas dependências, aviso informando sobre o direito estabelecido no *caput* deste artigo. (Incluído pela Lei nº 12.895, de 2013)

Art. 19-L. (Vetado)

O art. 19-J estabelece o **direito da parturiente de indicar uma pessoa para acompanhá-la durante o trabalho de parto, o parto propriamente dito e o pós-parto**, assegurando-lhe maior conforto e segurança no período neonatal. A regulamentação da matéria foi feita de maneira muito mais ampla, por meio da Portaria de de Consolidação nº 3, de 28 de setembro de 2017, do Ministério da Saúde, Anexo II[145]. O texto normativo criou a **Rede Cegonha**, especialmente voltada a "assegurar à mulher o direito ao

145. Disponível em: <http://bvsms.saude.gov.br/bvs/saudelegis/gm/2017/prc0003_03_10_2017.html>, acesso 14 abr. 2019;

planejamento reprodutivo e à atenção humanizada à gravidez, ao parto e ao puerpério", assim como, em relação à criança, "ao nascimento seguro e ao crescimento e desenvolvimento saudáveis". Além disso, estabeleceu diversas normas acerca do parto normal e do parto de risco, preocupando-se com a proteção à mãe e à criança durante todo o período pré-natal, nascimento e pós-parto.

Aplicação em concursos:

- *FCC/2018 – Câmara Legislativa do Distrito Federal – Consultor Legislativo (Direitos Humanos, Minorias, Cidadania e Sociedade):*

  Sobre a chamada violência obstétrica, é correto afirmar que

a) seu combate está prioritariamente voltado a coibir o abuso sexual praticado por profissionais da Saúde contra mulheres gestantes.

b) seu combate tem foco principal a erradicação de práticas ilegais de abortamento, voluntárias ou involuntárias, que geram sofrimento materno-fetal.

c) foi tipificada na lei que instituiu o Programa Nacional de Humanização em Saúde (PNHS), a qual prevê sanções civis e administrativas aos profissionais da rede, pública ou privada, de Saúde que praticarem conduta definida como violência obstétrica.

d) agrupa formas de violência ocorridas durante o cuidado obstétrico profissional, incluindo maus-tratos ao paciente e a adoção de procedimentos desnecessários e danosos, como as cesarianas realizadas sem necessidade ou prévio consentimento da parturiente.

e) sua conceituação e divulgação tem como escopo central denunciar e reprimir práticas culturais tradicionais que sujeitam a parturiente a risco de morte, a dores intensas e sequelas físicas sob pretexto de proteção do nascituro.

Resposta: alternativa "d".

- *UEM/2017 – UEM – Técnico Administrativo:*

  Assinale a alternativa incorreta.

a) O atendimento pré-natal será realizado por profissionais da atenção primária.

b) Os serviços de saúde onde o parto for realizado assegurarão às mulheres e aos seus filhos recém-nascidos, alta hospitalar responsável e contrarreferência na atenção primária, bem como o acesso a outros serviços e a grupos de apoio à amamentação.

c) Incumbe ao poder público proporcionar assistência psicológica à gestante e à mãe, no período pré e pós-natal, inclusive como forma de prevenir ou minorar as consequências do estado puerperal.

d) O direito a acompanhante durante o trabalho de parto e do pós-parto é garantia exclusiva das gestantes atendidas pelo sistema de saúde suplementar.

e) A atenção primária à saúde fará a busca ativa da gestante que não iniciar ou que abandonar as consultas de pré-natal, bem como da puérpera que não comparecer às consultas pós-parto.

Resposta: alternativa "d".

- *FGV/2016 – Município de Paulínia – Procurador:*

Gestante, no último trimestre de sua gestação, ingressa com ação judicial, almejando obter atendimento pré-natal por profissionais da atenção primária, e que os profissionais de saúde de sua referência estejam vinculados ao estabelecimento em que será realizado o parto, a fim de ser garantido o seu direito de opção da mulher. A esse respeito, assinale a afirmativa correta.

a) Não assiste razão à gestante, porque esta possui apenas o direito ao atendimento pré-natal por profissionais da atenção primária, mas não o de exigir que os profissionais de saúde de sua referência estejam vinculados ao estabelecimento em que será realizado o parto.

b) Assiste razão à gestante, pois esta, além do direito ao atendimento pré-natal por profissionais da atenção primária, pode exigir, desde o segundo trimestre da gestação, que os profissionais de saúde de sua referência estejam vinculados ao estabelecimento em que será realizado o parto.

c) Não assiste razão à gestante, tendo em vista esta não possuir o direito ao atendimento pré-natal por profissionais da atenção primária, e ser apenas preferencial, o seu direito de ser atendida pelo médico que a acompanhou na fase pré- natal.

d) Assiste razão à gestante, considerando esta possuir direito ao atendimento pré-natal realizado por profissionais da atenção primária, e que, no último trimestre de gestação, os profissionais de saúde de sua referência estejam vinculados ao estabelecimento em que será realizado o parto.

e) Não assiste razão à gestante, uma vez que esta apenas possui o direito de opção da mulher, mas não o direito ao atendimento pré-natal por profissionais da área da atenção primária.

Resposta: alternativa "d".

- *FAFIPA/2016 – CISNOP/PR – Advogado:*

O subsistema de acompanhamento, durante o trabalho de parto, parto e pós-parto imediato é tema de suma relevância na área de saúde, sendo, inclusive, tratado na Lei nº 11.108. Neste sentido, assinale a alternativa CORRETA:

a) A presença de acompanhante junto à parturiente durante o período de trabalho de parto, parto e pós-parto imediato, deverá ser precedida de indicação médica com fins de se evitar infecção hospitalar e autorização expressa da direção do hospital, que avaliará as condições estruturais para receber o acompanhante.

b) Os serviços de saúde do Sistema Único de Saúde - SUS, da rede própria ou conveniada, ficam obrigados a permitir a presença, junto à parturiente, de 1 (um) acompanhante, durante todo o período de trabalho de parto, parto e pós-parto imediato.

c) Nos hospitais de todo o país que permitirem a presença de acompanhante, durante o período de trabalho de parto, parto e pós-parto imediato, poderá haver cobrança pelos gastos deste, sendo o hospital obrigado a manter, em local visível de suas dependências, aviso informando sobre os valores que serão cobrados do acompanhante, que deverá ser parente da parturiente.

d) Os serviços de saúde do Sistema Único de Saúde – SUS, da rede própria ou conveniada, são dispensados de permitir a presença, junto à parturiente, de acompanhante durante o período de trabalho de parto, parto e pós-parto imediato, devendo, contudo, manter a família atualizada sobre as condições de saúde e evolução do quadro da paciente.

Resposta: alternativa "b".

- *TJ-SC/2013 – Juiz de Direito:*

– É assegurado à gestante, através do Sistema Único de Saúde, o atendimento pré e perinatal.

Resposta: Correto.

- *MP-SC/2014 – Promotor de Justiça – XXXIX Concurso:*

– Nos termos da Lei n. 8.080/90, os serviços de saúde do Sistema Único de Saúde – SUS, da rede própria ou conveniada, ficam obrigados a permitir a presença, junto à parturiente, de um acompanhante, de livre indicação pela parturiente, durante todo o período de trabalho de parto, parto e pós-parto imediato.

Resposta: Correto.

- *CESPE/2010 – INSS, Perito Médico Previdenciário:*

Os serviços de saúde do SUS, da rede própria ou conveniada, ficam obrigados a permitir a presença, junto à parturiente, de um acompanhante durante todo o período de trabalho de parto, parto e pós-parto imediato, indicado pela própria parturiente.

Resposta: Correto.

CAPÍTULO VIII – DA ASSISTÊNCIA TERAPÊUTICA E DA INCORPORAÇÃO DE TECNOLOGIA EM SAÚDE (Incluído pela Lei nº 12.401, de 2011)

Art. 19-M. A **assistência terapêutica integral** a que se refere a alínea *d* do inciso I do art. 6º consiste em:

I – dispensação de **medicamentos e produtos** de interesse para a saúde, cuja prescrição esteja em conformidade com as diretrizes terapêuticas definidas em protocolo clínico para a doença ou o agravo à saúde a ser tratado ou, na falta do protocolo, em conformidade com o disposto no art. 19-P;

II – oferta de **procedimentos terapêuticos**, em regime domiciliar, ambulatorial e hospitalar, constantes de tabelas elaboradas pelo gestor federal do Sistema Único de Saúde – SUS, realizados no território nacional por serviço próprio, conveniado ou contratado.

Art. 19-N. Para os efeitos do disposto no art. 19-M, são adotadas as seguintes definições:

I – produtos de interesse para a saúde: órteses, próteses, bolsas coletoras e equipamentos médicos;

II – protocolo clínico e diretriz terapêutica: documento que estabelece critérios para o diagnóstico da doença ou do agravo à saúde; o tratamento preconizado, com os medicamentos e demais produtos apropriados, quando couber; as posologias recomendadas; os mecanismos de controle clínico; e o acompanhamento e a verificação dos resultados terapêuticos, a serem seguidos pelos gestores do SUS.

Art. 19-O. Os **protocolos clínicos** e as **diretrizes terapêuticas** deverão estabelecer os medicamentos ou produtos necessários nas diferentes fases evolutivas da doença ou do agravo à saúde de que tratam, bem como aqueles indicados em casos de perda de eficácia e de surgimento de intolerância ou reação adversa relevante, provocadas pelo medicamento, produto ou procedimento de primeira escolha.

Parágrafo único. Em qualquer caso, os medicamentos ou produtos de que trata o *caput* deste artigo serão aqueles avaliados quanto à sua eficácia, segurança, efetividade e custo-efetividade para as diferentes fases evolutivas da doença ou do agravo à saúde de que trata o protocolo.

Art. 19-P. Na falta de protocolo clínico ou de diretriz terapêutica, a dispensação será realizada:

I – com base nas relações de medicamentos instituídas pelo gestor federal do SUS, observadas as competências estabelecidas nesta Lei, e a responsabilidade pelo fornecimento será pactuada na Comissão Intergestores Tripartite;

II – no âmbito de cada Estado e do Distrito Federal, de forma suplementar, com base nas relações de medicamentos instituídas pelos gestores estaduais do SUS, e a responsabilidade pelo fornecimento será pactuada na Comissão Intergestores Bipartite;

III – no âmbito de cada Município, de forma suplementar, com base nas relações de medicamentos instituídas pelos gestores municipais do SUS, e a responsabilidade pelo fornecimento será pactuada no Conselho Municipal de Saúde.

Art. 19-Q. A incorporação, a exclusão ou a alteração pelo SUS de novos medicamentos, produtos e procedimentos, bem como a constituição ou a alteração de protocolo clínico ou de diretriz terapêutica, são atribuições do Ministério da Saúde, assessorado pela **Comissão Nacional de Incorporação de Tecnologias** no SUS.

§ 1º. A Comissão Nacional de Incorporação de Tecnologias no SUS, cuja composição e regimento são definidos em regulamento, contará com a participação de 1 (um) representante indicado pelo Conselho Nacional de Saúde e de 1 (um) representante, especialista na área, indicado pelo Conselho Federal de Medicina.

§ 2º. O relatório da Comissão Nacional de Incorporação de Tecnologias no SUS levará em consideração, necessariamente:

I – as evidências científicas sobre a eficácia, a acurácia, a efetividade e a segurança do medicamento, produto ou procedimento objeto do processo, acatadas pelo órgão competente para o registro ou a autorização de uso;

II – a avaliação econômica comparativa dos benefícios e dos custos em relação às tecnologias já incorporadas, inclusive no que se refere aos atendimentos domiciliar, ambulatorial ou hospitalar, quando cabível.

Art. 19-R. A incorporação, a exclusão e a alteração a que se refere o art. 19-Q serão efetuadas mediante a instauração de **processo administrativo**, a ser concluído em prazo não superior a 180 (cento e oitenta) dias, contado da data em que foi protocolado o pedido, admitida a sua prorrogação por 90 (noventa) dias corridos, quando as circunstâncias exigirem.

§ 1º. O processo de que trata o caput deste artigo observará, no que couber, o disposto na Lei nº 9.784, de 29 de janeiro de 1999, e as seguintes determinações especiais:

I – apresentação pelo interessado dos documentos e, se cabível, das amostras de produtos, na forma do regulamento, com informações necessárias para o atendimento do disposto no § 2º do art. 19-Q;

II – (Vetado).

III – realização de consulta pública que inclua a divulgação do parecer emitido pela Comissão Nacional de Incorporação de Tecnologias no SUS;

IV – realização de audiência pública, antes da tomada de decisão, se a relevância da matéria justificar o evento.

§ 2º. (Vetado).

Art. 19-S. (Vetado).

Art. 19-T. São **vedados**, em todas as esferas de gestão do SUS:

I – o pagamento, o ressarcimento ou o reembolso de medicamento, produto e procedimento clínico ou cirúrgico experimental, ou de uso não autorizado pela Agência Nacional de Vigilância Sanitária – ANVISA;

II – a dispensação, o pagamento, o ressarcimento ou o reembolso de medicamento e produto, nacional ou importado, sem registro na Anvisa.

Art. 19-U. A **responsabilidade financeira** pelo fornecimento de medicamentos, produtos de interesse para a saúde ou procedimentos de que trata este Capítulo será pactuada na Comissão Intergestores Tripartite.

1. Ao inserir os arts. 19-M a 19-U à Lei nº 8.080/90, a Lei nº 12.401/2011 procurou suprir a lacuna relativa à explicitação legal da forma como se daria a **assistência terapêutica no SUS** e à inclusão, alteração e exclusão de novas tecnologias (ou seja, medicamentos, tratamentos, exames, próteses, órteses, etc.) no sistema, que de certo modo contavam apenas com regulamentação por atos normativos infralegais, muitas vezes dispersos. Consolidou-se, com isso, não somente uma série de conceitos legais, como se disciplinou, para além da assistência terapêutica de que trata o art. 6º, I, da própria Lei nº 8.080/90, o **princípio da integralidade** (**ou diretriz do "atendimento integral"**), previsto pelo art. 198, II, da CF. Por isso, devem ser aqui relembrados os comentários feitos ao texto constitucional e às referências ao Decreto nº 7.508/2011, no que diz com a assistência à assistência à saúde, pautada pela fixação de **linhas de cuidado**, segundo os princípios da Medicina Baseada em Evidências e o Uso Racional de Medicamentos, num contexto de redes de saúde integradas e coordenadas de atendimento.

2. O art. 19-M delimita e descreve o objeto da "assistência terapêutica integral", que abrange: a **dispensação de medicamentos e produtos de interesse para a saúde** (ou seja, órteses, próteses, bolsas coletoras e equipamentos médicos – art. 19-N, I), prescritos em conformidade às diretrizes terapêuticas definidas pelos Protocolos Clínicos do SUS ou, supletivamente, nas Relações de Medicamentos (nacional, estadual e municipal) definidas em cada esfera federativa (art. 19-P); e a **oferta de procedimentos terapêuticos** em regime domiciliar, ambulatorial e hospitalar, na forma das tabelas de procedimentos estipuladas pelo Ministério da Saúde, prestadas de modo direto pelo SUS ou por intermédio de serviços contratados ou conveniados da saúde complementar.

3. Além do conceito legal de produtos de interesse para a saúde, já mencionado, o art. 19-N define o que seja **Protocolo Clínico e Diretriz Terapêutica**

para os efeitos da lei: é o documento que estabelece: "critérios para o diagnóstico da doença ou do agravo à saúde; o tratamento preconizado, com os medicamentos e demais produtos apropriados, quando couber; as posologias recomendadas; os mecanismos de controle clínico; e o acompanhamento e a verificação dos resultados terapêuticos, a serem seguidos pelos gestores do SUS". O art. 19-O ainda exige que os Protocolos Clínicos e Diretrizes Terapêuticas indiquem os medicamentos ou produtos necessários à assistência durante as diferentes fases de evolução da doença ou do agravo à saúde, fixando as chamadas linhas de cuidado de segunda escolha, para abranger as hipóteses de eventual perda de eficácia, desenvolvimento de intolerância ou reação adversa relevante ao tratamento inicialmente oferecido, conforme as condições pessoais do paciente. Em todas essas hipóteses, os medicamentos e produtos disponibilizados devem ser "avaliados quanto à sua eficácia, segurança, efetividade e custo-efetividade" nas diferentes fases evolutivas da doença ou do agravo à saúde.

4. O art. 19-Q assina ao Ministério da Saúde a competência para decidir pela incorporação, exclusão ou alteração de novos medicamentos, produtos e procedimentos no SUS, bem como pelo estabelecimento ou alteração de Protocolo Clínico ou Diretriz Terapêutica, mediante assessoramento da **Comissão Nacional de Incorporação de Tecnologias no SUS (CONITEC)**. A matéria foi disciplinada pelo **Decreto nº 7.646**, de 21 de dezembro de 2011.

4.1. A CONITEC é órgão colegiado permanente e integrante da estrutura regimental do Ministério da Saúde, prestando-lhe assessoria quanto à incorporação, exclusão ou alteração das tecnologias adotadas e disponibilizadas pelo SUS, assim como na elaboração e alteração dos Protocolos Clínicos e Diretrizes Terapêuticas (Dec. nº 7.646/2011, art. 2º). As diretrizes da CONITEC assinalam que a definição das tecnologias providas pelo SUS passa pelos critérios do art. 19-Q, § 2º, sobretudo no que concerne à exigência de **evidências científicas**, como prova de eficácia, eficiência, segurança e custo-efetividade adequado do medicamento ou tratamento oferecido, como se constata no art. 3º do Decreto nº 7.646/2011:

> *Art. 3º. São diretrizes da CONITEC:*
>
> *I – a universalidade e a integralidade das ações de saúde no âmbito do SUS com base no melhor conhecimento técnico-científico disponível;*
>
> *II – a proteção do cidadão nas ações de assistência, prevenção e promoção à saúde por meio de processo seguro de incorporação de tecnologias pelo SUS;*

III – a incorporação de tecnologias por critérios racionais e parâmetros de eficácia, eficiência e efetividade adequados às necessidades de saúde; e

IV – a incorporação de tecnologias que sejam relevantes para o cidadão e para o sistema de saúde, baseadas na relação custo-efetividade.

4.2. Essas normas devem ser interpretadas e aplicadas em conjunto com o art. 19-T, que impõe restrições expressas aos **medicamentos e tratamentos experimentais e sem registro na ANVISA**, estabelecendo a vedação, em todas as esferas de gestão do SUS: ao pagamento, ressarcimento ou reembolso de medicamento, produto e procedimento clínico ou cirúrgico experimental, ou de uso não autorizado pela ANVISA (inc. I); bem como à dispensação, pagamento, ressarcimento ou reembolso de medicamento e produto, nacional ou importado, sem registro na ANVISA. Cabe aqui lembrar a exceção legal inscrita no art. 8º, § 5º, da Lei nº 9.782/99, que prevê a possibilidade de importação de medicamentos por organismos multilaterais internacionais – de resto, reconhecida pelo Supremo Tribunal Federal no julgamento da STA nº 175, conforme analisado no comentário ao art. 6º da CF.

4.3. Na linha do que dispõe o art. 19-R, o Decreto nº 7.646/2011 determina que a incorporação, exclusão e alteração das tecnologias de saúde do SUS, bem como o estabelecimento e a alteração dos Protocolos Clínicos e Diretrizes Terapêuticas do SUS se façam mediante **prévio processo administrativo**, com observância das normas próprias que especifica e, subsidiariamente, da Lei nº 9.784/99 (arts. 15 e 28). Entre outros requisitos, o art. 15, § 1º, do Decreto nº 7.646/2011 exige que o interessado faça prova do número e da validade do registro da tecnologia junto à Agência Nacional de Vigilância Sanitária (ANVISA); apresente evidência científica de que a nova tecnologia é, pelo menos, tão eficaz e segura quanto àquelas já fornecidas pelo SUS para a mesma finalidade; e ofereça estudo de avaliação econômica entre a nova tecnologia e aquelas já dispensadas pelo SUS.

4.4. De seu turno, o art. 19-R, III e IV, regulamentado pelo art. 19 do Decreto nº 7.646/2011, asseguram a **participação da comunidade** no processo de inclusão, alteração ou exclusão de tecnologias no SUS, prevendo que o parecer emitido pela CONITEC seja submetido à **consulta pública** pelo prazo de 20 (vinte) dias, depois do qual as contribuições e sugestões colhidas são submetidas à análise da CONITEC. Se necessário, o Secretário de Ciência, Tecnologia e Insumos Estratégicos do Ministério da Saúde poderá solicitar a realização de **audiência pública** para debater a tecnologia proposta (Dec. nº 7.646/2011, art. 21). A realização de consulta ou audiência pública é noticiada à comunidade por meio de publicação no Diário Oficial da União.

4.5. A conclusão do processo administrativo deve-se dar num **prazo** de 180 dias (Dec. nº 7.646/2011, art. 24), admitida sua prorrogação por outros 90 dias (Lei nº 8.080/90, art. 19-R); assim como a nova tecnologia deve ser ofertada no prazo subsequente de 180 dias, contados da publicação da decisão que incorporou a tecnologia ou estabeleceu, inclusive para alterá-los, o Protocolo Clínico e as Diretrizes Terapêuticas (Dec. nº 7.646/2011, art. 25). Em caso de relevante interesse público, o art. 29 do Decreto nº 7.646/2011 autoriza que o Ministro da Saúde determine a incorporação ou alteração de tecnologias em saúde ao SUS mediante processo administrativo simplificado – cujas regras, porém, não se encontram definidas pelo mencionado diploma.

5. Em relação ao custeio e aos recursos financeiros, o art. 19-U atribui à Comissão Intergestores Tripartite a **pactuação da responsabilidade financeira** pelo fornecimento dos medicamentos, produtos de interesse para a saúde e procedimentos pertinentes à assistência terapêutica e farmacêutica no SUS.

▶ **Referências normativas:**

- Constituição Federal, art. 198, II (princípio da integralidade);
- Lei nº 8.080/90, art. 5º, III (assistência às pessoas por intermédio de ações de promoção, proteção e recuperação da saúde), e art. 6º, I (assistência terapêutica integral, inclusive farmacêutica);
- Lei nº 12.732/2012 (dispõe sobre o primeiro tratamento do paciente com neoplasia maligna comprovada, a ser alcançado de modo integral e gratuito e iniciado no prazo máximo de 60 dias, contados do laudo patológico confirmatório);
- Decreto nº 7.508/2011, arts. 20 a 29 (normas sobre a assistência à saúde);
- Decreto nº 7.646/2011 (dispõe sobre a Comissão Nacional de Incorporação de Tecnologias no Sistema Único de Saúde – CONITEC, vinculada ao Ministério da Saúde);
- Portaria de Consolidação nº 6, de 28 de setembro de 2017, do Ministério da Saúde[146] (consolida as normas sobre o financiamento e as trans-

146. Disponível em: <http://bvsms.saude.gov.br/bvs/saudelegis/gm/2017/prc0006_03_10_2017.html>, acesso em 14 abr. 2019.

ferências de recursos federais para as ações e os serviços de saúde do SUS); Portaria nº 1.554, de 30 de julho de 2013[147], do Ministério da Saúde (trata do Componente Especializado da Assistência Farmacêutica); e Portaria nº 1.555, de 30 de julho de 2013[148], do Ministério da Saúde (disciplina o Componente Básico da Assistência Farmacêutica);

- Portaria nº 1, de 2 de janeiro de 2015, do Ministério da Saúde (estabelece o elenco dos medicamentos e insumos da Relação Nacional de Medicamentos Essenciais – RENAME/2014)[149];
- Portaria de Consolidação nº 1, de 28 de setembro de 2017, do Ministério da Saúde[150] (consolida as normas sobre os direitos e deveres dos usuários de saúde, bem como sobre a organização e o funcionamento do SUS, e nos arts. 14 e segs., e cujos arts. 14 e segs. dispõem sobre a Relação Nacional de Ações e Serviços de Saúde – RENASES, integrada pelas ações e serviços da atenção básica ou primária, da urgência e emergência, da atenção psicossocial, da atenção ambulatorial especializada e hospitalar, e da vigilância em saúde).

▶ **Jurisprudência do STJ:**

- **Medicamentos fora das listas do SUS – REsp 1.657.156/RJ:** a 1ª Seção do STJ fixou precedente, em sede de recurso especial repetitivo, analisando a *"Obrigação do Poder Público de fornecer medicamentos não incorporados, através de atos normativos, ao Sistema Único de Saúde"*. A tese final somente foi obtida após o julgamento dos embargos declaratórios opostos pelas partes e intervenientes, de que resultou **a limitação temporal do precedente**, bem como a manifestação do STJ no sentido da **inviabilidade de concessão de medicamentos para usos não previamente autorizados pela ANVISA** – o chamado **uso *off-label*** de medicamentos. Eis a tese final fixada pelo STJ, conforme consta na ementa do julgado:

147. Disponível em: <http://bvsms.saude.gov.br/bvs/saudelegis/gm/2013/prt1554_30_07_2013.html>, acesso em 14 abr. 2019.
148. Disponível em: <http://bvsms.saude.gov.br/bvs/saudelegis/gm/2013/prt1555_30_07_2013.html>, acesso em 14 abr. 2019.
149. Disponível em: <http://bvsms.saude.gov.br/bvs/saudelegis/gm/2015/prt0001_02_01_2015.html>, acesso em 14 abr. 2019.
150. Disponível em: <http://bvsms.saude.gov.br/bvs/saudelegis/gm/2017/prc0001_03_10_2017.html>, acesso em 14 abr. 2019.

"A concessão dos medicamentos não incorporados em atos normativos do SUS exige a presença cumulativa dos seguintes requisitos: i) Comprovação, por meio de laudo médico fundamentado e circunstanciado expedido por médico que assiste o paciente, da imprescindibilidade ou necessidade do medicamento, assim como da ineficácia, para o tratamento da moléstia, dos fármacos fornecidos pelo SUS; (ii) incapacidade financeira de arcar com o custo do medicamento prescrito; (iii) existência de registro do medicamento na ANVISA, observados os usos autorizados pela agência.

Modula-se os efeitos do presente repetitivo de forma que os requisitos acima elencados sejam exigidos de forma cumulativa somente quanto aos processos distribuídos a partir da data da publicação do acórdão embargado, ou seja, 4/5/2018."

(STJ, REsp nº 1.657.156/RJ, 1ª Seção, unânime, DJe 21-09-2018)

Aplicação em concursos:

- *MPE-PR/2019 – MPE-PR – Promotor Substituto:*

– A incorporação, exclusão ou alteração pelo SUS de novos medicamentos, produtos e procedimentos, bem como, a constituição ou alteração de protocolo clínico ou diretriz terapêutica, são atribuições do Ministério da Saúde, assessorado pela Comissão Nacional de Incorporação de Tecnologias no SUS.

Resposta: Correto.

- *FCC/2018 – Câmara Legislativa do Distrito Federal – Consultor Legislativo (Saúde):*

A Política Nacional de Assistência Farmacêutica (PNAF) é resultado da 1ª Conferência Nacional de Medicamentos e Assistência Farmacêutica e foi estabelecida pela Resolução do Conselho Nacional de Saúde nº 338/2003. Ela se relaciona à utilização da Relação Nacional de Medicamentos Essenciais (Rename), e tem como alguns dos seus eixos:

a) Desenvolvimento e capacitação de recursos humanos; definição e pactuação de ações intersetoriais que visem à utilização das plantas medicinais e medicamentos fitoterápicos no processo de atenção à saúde; regulamentação sanitária de medicamentos.

b) Regulamentação sanitária de medicamentos; reorientação da assistência básica, média/alta complexidade e farmacêutica; desenvolvimento científico e tecnológico.

c) Desenvolvimento, valorização, formação, terceirização e capacitação de recursos humanos; modernização e ampliação da capacidade instalada e de produção dos Laboratórios Farmacêuticos Oficiais; adoção de relação de medicamentos essenciais.

d) Garantia de acesso e equidade às ações de saúde; promoção da produção de medicamentos; desenvolvimento científico e tecnológico.
e) Manutenção e qualificação de serviços de assistência farmacêutica na rede pública de saúde; descentralização das ações, com definição das responsabilidades das diferentes instâncias gestoras; promoção do uso racional de medicamentos, por intermédio de ações que disciplinem a prescrição, a dispensação e o consumo.
Resposta: alternativa "e".

- *FCC/2018 – Câmara Legislativa do Distrito Federal – Consultor Legislativo (Saúde):*
A fluoretação das águas de abastecimento público foi considera uma das dez mais importantes medidas de saúde pública do século XX, nos Estados Unidos. Ela é responsável por declínios significativos dos níveis de cárie dentária em nível populacional, sendo considerada por isso, uma medida de promoção da saúde bucal muito efetiva, utilizada em vários países, como Austrália, Canadá e Brasil, dentre outros. Recentemente no Brasil, um projeto de lei foi apresentado à Câmara dos Deputados, com o objetivo de revogar a lei da fluoretação das águas (lei nº 6.050 de 1974), com base no argumento de que "*no Chile a fluoretação da água potável foi suspensa pelo aumento da mortalidade infantil atribuída a efeitos tóxicos agudos do flúor. Além dos indícios de aumento das mortes de crianças menores de 1 ano, surgiram suspeitas de malformações e de aumento de fraturas ósseas*". O argumento utilizado

a) se apoia em evidência científica de nível A e, por essa razão, atende ao requisito necessário para sustentar a revogação de uma lei.
b) se apoia em evidência científica considerada frágil na literatura especializada.
c) se apoia em evidência científica de nível C e, por essa razão, não deve ser utilizada para sustentar a revogação de uma lei.
d) se apoia em evidência científica de nível C e, por essa razão, atende ao requisito necessário para sustentar a revogação de uma lei.
e) não se apoia em evidência científica.
Resposta: alternativa "e".

- *CONSULPLAN/2017 – TRF 2ª Região – Analista Judiciário (Enfermagem):*
A Lei nº 8.080/90 determina que a assistência terapêutica integral consiste também na dispensação de medicamentos e produtos de interesse para a saúde, cuja prescrição esteja em conformidade com as diretrizes terapêuticas definidas em protocolo clínico para a doença ou o agravo à saúde a ser tratado. Na falta de protocolo clínico ou diretriz terapêutica, a dispensação de medicamentos e de produtos de interesse para a saúde será realizada com base nas relações de medicamentos instituídas pelos gestores do SUS e a responsabilidade pelo fornecimento a nível municipal será pactuada no(a):

a) Fundo Municipal de Saúde.

b) Conselho Municipal de Saúde.
c) Secretaria Municipal de Saúde.
d) Comissão Intergestores Bipartite.
Resposta: alternativa "b".

- *INSTITUTO AOCP/2017 – EBSERH – Assistente Administrativo:*
Assinale a alternativa correta sobre a assistência terapêutica e a incorporação de tecnologia em saúde definidas na Lei nº 8.080/90.

a) A incorporação, a exclusão ou a alteração pelo SUS de novos medicamentos, produtos e procedimentos são atribuições do Ministério da Ciência e Tecnologia.
b) A assistência terapêutica integral não abrange a oferta de procedimentos terapêuticos em regime domiciliar, mas apenas ambulatorial e hospitalar.
c) Os protocolos clínicos e as diretrizes terapêuticas deverão estabelecer os medicamentos ou produtos necessários nas diferentes fases evolutivas da doença ou do agravo à saúde de que tratam, bem como aqueles indicados em casos de perda de eficácia e de surgimento de intolerância ou reação adversa relevante, provocadas pelo medicamento, produto ou procedimento de primeira escolha.
d) A incorporação, a exclusão e a alteração de novos medicamentos, produtos e procedimentos no SUS serão efetuadas mediante a instauração de processo administrativo, a ser concluído em prazo não superior a 3 (três) meses.
e) É permitido o pagamento, o ressarcimento ou o reembolso de medicamento, produto e procedimento clínico ou cirúrgico experimental.
Resposta: alternativa "c".

- *AOCP/2017 – EBSERH – Analista de Tecnologia da Informação (Processos):*
De acordo com a Lei 8.080/90, no que se refere à assistência terapêutica e à incorporação de tecnologia em saúde, é correto afirmar que

a) a incorporação, a exclusão ou a alteração pelo SUS de novos medicamentos, produtos e procedimentos, bem como a constituição ou a alteração de protocolo clínico ou de diretriz terapêutica, são atribuições do Conselho da Saúde, assessorado pela Conselho Federal De Farmácia E comissões intergestoras.
b) a Comissão Nacional de Incorporação de Tecnologias no SUS, cuja composição e regimento são definidos em regulamento, contará com a participação de 1 Representante indicado pelo Conselho Nacional de Saúde e de 2 representantes, especialistas na área, indicados pelo Conselho Federal de Farmácia.
c) o Relatório da Comissão Nacional de Incorporação de Tecnologias no SUS levará em consideração, necessariamente, a avaliação econômica comparativa dos benefícios e dos custos em relação às tecnologias já incorporadas, inclusive no que se refere aos atendimentos domiciliar, ambulatorial ou hospitalar, quando cabível.

d) o Relatório da Comissão Nacional de Incorporação de Tecnologias no SUS levará em consideração, facultativamente, as evidências científicas sobre a eficácia, a acurácia, a efetividade e a segurança do medicamento, produto ou procedimento objeto do processo, acatadas pelo órgão competente para o registro ou a autorização de uso.

e) são autorizados, em todas as esferas de gestão do SUS, o pagamento, o ressarcimento ou o reembolso de medicamento, produto e procedimento clínico ou cirúrgico experimental, ou de uso não autorizado pela Agência Nacional de Vigilância Sanitária – ANVISA.

Resposta: alternativa "c".

- *AOCP/2015 – EBSERH/HDT-UFT – Advogado:*

De acordo com as disposições da Lei Orgânica da Saúde (Lei nº 8.080/1990), a Comissão Nacional de Incorporação de Tecnologias no SUS contará com a participação de

a) 2 (dois) representantes indicados pelo Conselho Nacional de Saúde, 2 (dois) representantes indicados pela Conferência de Saúde e de 1 (um) representante, especialista na área, indicado pelo Conselho Federal de Medicina.

b) 2 (dois) representantes indicados pelo Conselho Nacional de Saúde, 2 (dois) representantes indicados pela Conferência de Saúde e de 1 (um) representante, especialista na área, indicado pelo Ministério da Saúde.

c) 1 (um) representante indicado pelo Ministério da Saúde e de 1 (um) representante, especialista na área, indicado pela Conferência de Saúde.

d) 1 (um) representante indicado pelo Conselho Nacional de Saúde e de 1 (um) representante, especialista na área, indicado pelo Conselho Federal de Medicina.

e) pelo menos 10 (dez) representantes, especialistas na área de tecnologia, indicados pelo Ministério da Ciência e Tecnologia.

Resposta: alternativa "d".

- CEFET-BA/2015 – MPE/BA – Promotor de Justiça Substituto:

– No âmbito do sistema público de saúde, os protocolos e as diretrizes terapêuticas deverão estabelecer os medicamentos ou produtos necessários nas diferentes fases evolutivas da doença ou do agravo à saúde de que tratam, bem como aqueles indicados em casos de perda de eficácia e de surgimento de intolerância ou reação relevante, provocadas pelo medicamento, produto ou procedimento de primeira escolha.

Resposta: Correto.

- *UEPA/2015 – PGE/PA – Procurador do Estado:*

10. No que pertine à Ordem Social julgue as afirmativas a seguir:

– Em relação às demandas judiciais visando efetivar o Direito Fundamental à Saúde, e consoante posição atual do STF, em geral, deverá ser privilegiado o tratamento fornecido pelo SUS em detrimento de opção diversa escolhida pelo paciente, sempre que não for comprovada a ineficácia ou a impropriedade da política de saúde existente.

Resposta: Correto.

- *IBDF/2015 – SSA/HMDCC – Advogado:*

Considerando a avaliação de tecnologias em saúde, probabilidade de que indivíduos de uma população definida obtenham um benefício da aplicação de uma tecnologia a um determinado problema em condições ideais de uso diz respeito ao conceito de:

a) Eficiência.
b) Efetividade.
c) Impacto social.
d) Eficácia.

Resposta: alternativa "d".

- *FGV/2014 – Pref. Osasco – Médico Plantonista Anestesista:*

Em 2011, um capítulo tratando da assistência terapêutica e da incorporação de tecnologia em saúde foi adicionado à Lei nº 8.080/90. A seguir, um fragmento do referido capítulo: "documento que estabelece critérios para o diagnóstico da doença ou do agravo à saúde; o tratamento preconizado, com os medicamentos e demais produtos apropriados, quando couber; as posologias recomendadas; os mecanismos de controle clínico; e o acompanhamento e a verificação dos resultados terapêuticos, a serem seguidos pelos gestores do SUS". O fragmento refere-se

c) ao protocolo clínico.

Resposta: alternativa "c".

- *CESPE-UNB/2014 – Câmara dos Deputados – Analista Legislativo, Consultor Legislativo – Área XVI:*

A saúde é uma das áreas de maior convergência entre aspectos sociais e econômicos do desenvolvimento, pois condiciona o pleno exercício dos diretos humanos e demanda uma complexa cadeia de bens e serviços de alta tecnologia. Com relação ao complexo industrial da saúde e à incorporação de tecnologias na saúde, julgue os itens subsecutivos.

– Tecnologias em saúde compreendem os medicamentos, produtos e procedimentos por meio dos quais a atenção e os cuidados com a saúde devam ser prestados à população, tais como vacinas, produtos para diagnóstico de uso *in vitro*, equipamentos, procedimentos técnicos, sistemas organizacionais, informacionais, educacionais e de suporte, programas e protocolos assistenciais.

Resposta: Correto

– O complexo econômico-industrial da saúde é um conceito que considera a existência de uma base produtiva responsável pela oferta dos bens e serviços relacionados com a saúde, sendo composto pelos subsistemas de base industrial, de serviços e de atendimento.

Resposta: Correto

– A incorporação, a exclusão ou a alteração pelo SUS de novos medicamentos, produtos e procedimentos, bem como a constituição ou a alteração de protocolo clínico ou de diretriz terapêutica, são atribuições do Ministério da Saúde, assessorado pela Comissão Nacional de Incorporação de Tecnologias no SUS.

Resposta: Correto

• *AOCP/2014 – EBSERH/HC-UFPE – Advogado:*

De acordo com a redação atual da Lei nº 8.080/90, a Comissão Nacional de Incorporação de Tecnologias no SUS deve contar com um representante indicado pelo Conselho Federal de Medicina e um representante indicado pelo

b) Conselho Nacional de Saúde.

Resposta: alternativa "b".

• *MPDFT/2013 – Promotor de Justiça Adjunto – 30º Concurso:*

– 'O Sistema Único de Saúde (SUS), notadamente na política de dispensação de medicamentos, funda-se na corrente da "Medicina com base em evidências".

Resposta: Correto.

• *CETRO/2013 – ANVISA – Especialista em Regulação e Vigilância Sanitária – 2013:*

A Lei nº 12.401/2011 instituiu, no âmbito do Sistema Único de Saúde (SUS), a possibilidade de incorporação de tecnologia em saúde, relacionando-a com a assistência terapêutica integral da Lei nº 8.080/1990. Com base no que dispõe o Capítulo VIII da Lei nº 8.080/1990, assinale a alternativa correta.

a) A oferta de procedimentos terapêuticos, em regime domiciliar, ambulatorial e hospitalar, constantes de tabelas elaboradas pelos gestores federais, estaduais e municipais do Sistema Único de Saúde (SUS), realizados em território nacional por serviço próprio, contratado ou conveniado, consiste no que se entende por assistência terapêutica integral.

b) Define-se, para efeitos da legislação vigente, protocolo clínico e diretriz terapêutica como documento que estabelece critérios para o diagnóstico da doença ou do agravo à saúde, bem como o tratamento preconizado, com os medicamentos e demais produtos apropriados, quando couber, dentro das posologias recomendadas e o acompanhamento e verificação dos resultados terapêuticos, a serem seguidos pelos gestores do SUS, excetuando-se a questão das posologias recomendadas.

c) Com base nas relações de medicamentos instituídas pelos gestores federais, estaduais e municipais do Sistema Único de Saúde (SUS), observadas as competências estabelecidas na Lei nº 8.080/1990, a ausência de protocolo clínico ou diretriz terapêutica para determinada doença terá a dispensação dos fármacos e insumos necessários garantida mediante pactuação na Comissão Intergestores Tripartite (CIT) quanto ao ente federativo a garantir o atendimento dos usuários.

d) A Comissão Nacional de Incorporação de Tecnologias no SUS, cuja composição e regimento são definidos em regulamento, contará com a participação de 1 (um) representante indicado pelo Conselho Nacional de Saúde e de 1 (um) representante, especialista na área, indicado pelo Conselho Federal de Medicina.

e) A incorporação, a exclusão ou a alteração pelo SUS de novos medicamentos, produtos e procedimentos, bem como a constituição ou a alteração de protocolo clínico ou de diretriz terapêutica, são atribuições do Ministério da Saúde, assessorado pela Comissão Nacional de Incorporação de Tecnologias no SUS, podendo delegá-las aos Estados, ao Distrito Federal e aos Municípios por força da especificidade local.

Resposta: alternativa "d".

TÍTULO III – DOS SERVIÇOS PRIVADOS DE ASSISTÊNCIA À SAÚDE

CAPÍTULO I – DO FUNCIONAMENTO

Art. 20. Os **serviços privados** de assistência à saúde caracterizam-se pela atuação, por iniciativa própria, de profissionais liberais, legalmente habilitados, e de pessoas jurídicas de direito privado na promoção, proteção e recuperação da saúde.

Art. 20 → conceito de serviços privados de assistência à saúde: trata-se dos serviços de saúde prestados por profissionais liberais, legalmente habilitados, e pessoas jurídicas de direito privado, visando à promoção, proteção e recuperação da saúde.

Aplicação em concursos:

- *CEPS-UFPA/2018 – CEPS-UFPA – Assistente Social:*

  A Lei nº 8.080/90 – Lei Orgânica da Saúde tratou sobre os serviços privados de assistência à saúde. Sobre o tema, e em consonância com a legislação, é correto afirmar:

a) É permitida a participação indireta de empresas estrangeiras na assistência à saúde nos casos de doações de organismos internacionais vinculados à

Organização das Nações Unidas, mas neste caso é vedada a participação direta, inclusive o controle.

b) Os serviços privados de assistência à saúde caracterizam-se pela atuação, por iniciativa própria, de profissionais liberais, legalmente habilitados, e de pessoas jurídicas de direito privado na promoção, proteção e recuperação da saúde.

c) Se as suas disponibilidades forem insuficientes para garantir a cobertura assistencial à população de uma determinada área, o Sistema Único de Saúde (SUS) poderá recorrer aos serviços ofertados pela iniciativa privada, cuja contratação será de forma livre.

d) No caso de participação complementar dos serviços privados, os critérios e valores para a remuneração de serviços e os parâmetros de cobertura assistencial serão estabelecidos por lei complementar.

e) Na prestação de serviços privados de assistência à saúde, serão observados os princípios éticos e as normas expedidas pelo órgão de direção do Sistema Único de Saúde (SUS) quanto ao seu funcionamento, uma vez que a assistência à saúde não é livre à iniciativa privada.

Resposta: alternativa "b".

- *AOCP/2014 – EBSERH, HC-UFMG – Técnico em Enfermagem, Saúde do Trabalhador:*

– Os serviços privados de assistência à saúde caracterizam-se pela atuação, por iniciativa própria, de profissionais liberais, legalmente habilitados, e de pessoas jurídicas de direito privado na promoção, proteção e recuperação da saúde.

Resposta: Correto.

- *AOCP/2010 – Prefeitura de Camaçari/BA, Médico Acupunturista:*

– Os serviços privados de assistência à saúde caracterizam-se pela atuação, por iniciativa própria, de profissionais liberais, legalmente habilitados, e de pessoas jurídicas de direito privado na promoção, proteção e recuperação da saúde.

Resposta: Correto.

- *AOCP/2010 – FESF/BA, Médico Ginecologista:*

Assinale a alternativa [...]

– Os serviços privados de assistência à saúde caracterizam-se pela atuação, por iniciativa própria, de profissionais liberais, legalmente habilitados, e de pessoas jurídicas de direito privado na promoção, proteção e recuperação da saúde.

Resposta: Correto.

- *CERCON/2009 – Prefeitura de Passo de Camaragibe/AL – Médico:*

Assinale a alternativa [...]

- Os serviços privados de assistência à saúde caracterizam-se pela atuação, por iniciativa própria, de profissionais liberais, legalmente habilitados, e de pessoas jurídicas de direito privado na promoção, proteção e recuperação da saúde.

  Resposta: Correto.

Art. 21. A assistência à saúde é livre à iniciativa privada.

Art. 21 → o dispositivo legal repete a dicção do texto constitucional, estabelecendo **a liberdade da iniciativa privada** quanto à prestação dos serviços e realização de ações de assistência à saúde.

▶ **Referências normativas:**

- CF, art. 199: A assistência à saúde é livre à iniciativa privada.
- Lei nº 8.080/90, art. 1º; art. 2º, § 2º; e art. 4º, § 2º.
- Planos e seguros de saúde: Lei nº 9.656/98 (com as alterações da Medida Provisória nº 2.177-44/2001); Lei nº 9.961/2000 (cria a Agência Nacional de Saúde Suplementar – ANS, destinada à normatizar e controlar os serviços e as ações de assistência suplementar à saúde); Lei nº 10.850/2004 (define normas sobre a implantação de programas de incentivo à adaptação dos contratos de planos e seguros de saúde "antigos", ou seja, anteriores, à Lei nº 9.656/98).

▶ **Jurisprudência do STF:**

- A aplicação das normas protetivas da Lei nº 9.656/98 aos contratos de planos e seguros de saúde foi objeto de recente decisão do Supremo Tribunal Federal, no julgamento da a **Ação Direta de Inconstitucionalidade – ADI nº 1.931/DF**. Como mencionado no comentário ao art. 199 da Constituição Federal feito anteriormente, a ação foi tida como parcialmente prejudicada diante de alterações feitas à redação original de alguns dos dispositivos impugnados, a saber: Lei nº 9.656/1998, art. 10, VI; art. 12, I, "c" e II, "g", e §§ 4º e 5º; art. 32, §§ 1, 3º, 7º e 9º. Quanto ao mais, na parte conhecida da ADI, o STF entendeu pela parcial procedência dos pedidos, para reiterar o posicionamento já firmado nas decisões precedentes e declarar a inconstitucionalidade do art. 10, § 2º, e do art. 35-E da Lei nº 9.656/1998 e do art. 2º da Medida Provisória nº 2.177-44/2001. Esses dispositivos determinavam que as operadoras de planos de saúde deveriam obrigatoriamente oferecer o plano referência a todos os consumidores, atuais e futuros (Lei nº 9.656/1998, art. 10, § 2º); bem como a sujeição dos chamados "planos antigos" às novas normas de caráter protetivo (Lei nº 9.656/1998, art. 35-E), a partir de 5 de junho de 1998 (MP nº 2.177-44/2001, art. 2º). O acórdão já se tornou definitivo, com trânsito em julgado. (STF, ADI nº 1.931/DF, Rel. Min. Marco Aurélio, unânime, DJe nº 113 de 07-06-2018).

- De resto, e apenas retomando o que já foi exposto com mais detalhes no comentário ao art. 199 da CF, o STF reconheceu a existência de repercussão geral das seguintes questões constitucionais: a aplicação retroativa da Lei nº 9.656/98 aos chamados "contratos antigos" (**RE 948.634/RS**); a incidência da tutela protetiva do Estatuto do Idoso (Lei nº 10.741/2003) na interpretação dos contratos de planos de saúde firmados antes da sua vigência (**RE RG nº 630.852/RS**); a constitucionalidade do art. 32 da Lei nº 8.080/90, que determina o ressarcimento das despesas que o SUS tenha tido com o atendimento de indivíduos que também sejam beneficiários de planos de saúde privados (**RE RG nº 597.064/RJ**); e, recentemente, a definição do critério de fixação do pagamento, pelo SUS, dos serviços de saúde prestados pela iniciativa privada em cumprimento de ordem judicial (**RE RG nº 666.094/DF**)

► **Jurisprudência do STJ:**

- No âmbito do Superior Tribunal de Justiça, a jurisprudência não vacila em aplicar aos contratos de planos e seguros de saúde a "norma mais favorável" ao paciente-consumidor, conferindo proteção ampla à tutela protetiva, seja decorrente das normas sanitárias, seja com fundamento no direito do consumidor. Com isso, tem-se considerado abusivas, e por isso nulas de pleno direito, cláusulas contratuais que restringem a cobertura dos planos e seguros de saúde a doenças preexistentes, doenças infectocontagiosas, tipos de tratamento, etc.

- **Súmula nº 302:** *É abusiva a cláusula contratual de plano de saúde que limita no tempo a internação hospitalar do segurado.*

  Súmula nº 597: *"A cláusula contratual de plano de saúde que prevê carência para utilização dos serviços de assistência médica nas situações de emergência ou de urgência é considerada abusiva se ultrapassado o prazo máximo de 24 horas contado da data da contratação."*

Súmula nº 608: *"Aplica-se o Código de Defesa do Consumidor aos contratos de planos de saúde, salvo os administrados por entidades de autogestão."*

Súmula nº 609: *"A recusa de cobertura securitária, sob alegação de doença preexistente, é ilícita se não houve a exigência de exames médicos prévios à contratação ou a demonstração de má-fé do segurado."*

- Vale conferir o precedente firmado no julgamento do REsp nº 668.216/SP, em que o STJ declarou como abusiva cláusula que limitava a cobertura de plano de saúde a apenas alguns tipos de tratamento, ao argumento de que tal restrição, na prática, equivaleria à própria ausência de cobertura, sendo dever do plano de saúde oferecer o tratamento para a doença, e não somente medidas terapêuticas específicas. Consignou a ementa:

> *"O plano de saúde pode estabelecer quais doenças estão sendo cobertas, mas não que tipo de tratamento está alcançado para a respectiva cura. [...] A abusividade da cláusula reside exatamente nesse preciso aspecto, qual seja, não pode o paciente, em razão da cláusula limitativa, ser impedido de receber tratamento com o método mais moderno disponível no momento em que instalada a doença coberta." (STJ, REsp nº 668.216/SP, Rel. Min. Carlos Alberto Menezes Direito, 3ª Turma, unânime, DJ 02-04-2007)*

- "A Turma reiterou ser abusiva e nula de pleno direito, além de inadmissível, qualquer alteração unilateral posterior sem anuência do consumidor nos planos de saúde, porquanto as obrigações assumidas devem ser mantidas, mormente quanto à livre escolha de médico e hospital, tal como previsto no plano de saúde do recorrente que, desde 2/8/1978, cumpria suas obrigações contratuais regularmente [...]. Daí, está configurado o desequilíbrio da relação contratual de seguro-saúde em detrimento do consumidor. Precedentes citados: REsp 889.406-RJ, DJe 17/3/2008, e REsp 735.168-RJ, DJe 26/3/2008" (REsp nº 418.572-SP, Rel. Min. Luis Felipe Salomão, julgado em 10-03-2009 – Informativo STJ nº 386).

- Finalmente, em acórdão já do ano de 1999, o STJ confirmou a legitimidade ativa *ad causam* do Ministério Público para a tutela do paciente-consumidor: "o *Parquet* é parte legítima para propor ação civil pública a fim de proteger a coletividade de descabidas cláusulas abusivas contra a saúde pública, a educação ou as condições mínimas de sobrevivência dos grandes grupos sociais. Precedentes citados – do STF: RE 163.231-SP, DJ 5/3/1997 – do STJ: REsp 108.577-PI, DJ 26/5/1997, e REsp 95.347-SE, DJ

1º/2/1999" (REsp nº 177.965-PR, Rel. Min. Ruy Rosado, julgado em 18-05-1999 – Informativo STJ nº 19).

Aplicação em concurso:

- *OHRION CONSULTORIA/2018 – Prefeitura de Jaguariúna, SP – Procurador Jurídico:*

  De acordo com o que dispõe a Lei nº 8.080/90, analise as afirmações a seguir:

  – A assistência à saúde é livre à iniciativa privada.

  Resposta: Correto.

- *UFRR/2018 – UFRR – Técnico em Contabilidade:*

  – A assistência à saúde é livre à iniciativa privada.

  Resposta: Correto.

- *AOCP/2010 – Prefeitura de Camaçari/BA, Médico Acupunturista:*

  – A assistência à saúde é livre à iniciativa privada.

  Resposta: Correto.

- *UEPG/2009 – Prefeitura de Ponta Grossa/PR, Médico Plantonista:*

  A Lei nº 8.080, de 19 de setembro de 1990, dispõe sobre as condições para a promoção, proteção e recuperação da saúde, regulando para todo o território nacional as ações e os serviços de saúde, executados isolada ou conjuntamente, em caráter permanente ou eventual, por pessoas de direito público ou privado. Considerando o Sistema Único de Saúde (SUS), incluído no citado dispositivo legal, assinale o que for correto.

  – Mesmo em caráter complementar a iniciativa privada não poderá participar do SUS.

  Resposta: Errado.

► "A assistência à saúde é livre à iniciativa privada", diz o art. 21 da Lei nº 8.080/90.

Art. 22. Na prestação de serviços privados de assistência à saúde, serão observados os princípios éticos e as normas expedidas pelo órgão de direção do Sistema Único de Saúde (SUS) quanto às condições para seu funcionamento.

Art. 22 → A prestação de serviços de assistência à saúde pela iniciativa privada deve **obedecer aos mesmos princípios éticos e normas editadas pelos órgãos de direção do SUS**; ou seja: deve pautar-se, entre outros, pela observância aos princípios e diretrizes traçados nos arts. 5º a 7º da Lei nº 8.080/90, dentre os quais a universalidade de acesso, a integralidade do atendimento, a preservação da autonomia das pessoas, o direito e dever de informação, etc. Isso não afasta a observância das normas éticas, dentre as quais se destaca o **Código de Ética Médica**, aprovado pela Resolução nº 2.217, de 27 de setembro de 2018 (DOU 01-11-2018), do Conselho Federal de Medicina (CFM)[151].

Aplicação em concursos:

- *AOCP/2014 – EBSERH, HC-UFMG – Técnico em Enfermagem, Saúde do Trabalhador:*

– Na prestação de serviços privados de assistência à saúde, serão observados os princípios éticos e as normas expedidas pelo órgão de direção do Sistema Único de Saúde (SUS) quanto às condições para seu funcionamento.

Resposta: Correto.

- *CESPE-UNB/2014 – Câmara dos Deputados – Analista Legislativo, Consultor Legislativo – Área XVI:*

– A atenção à saúde no âmbito da saúde suplementar deve fundamentar-se nos princípios da integralidade das ações, respeitada a segmentação contratada, e do uso da epidemiologia para monitoramento da qualidade das ações e gestão em saúde.

Resposta: Correto.

- *DOM CINTRA/2014 – FIOCRUZ – Tecnologista, Medicina de Saúde e Comunidade:*

No que diz respeito à organização, direção e gestão do SUS podemos afirmar, EXCETO:

a) as ações e serviços de saúde, executados pelo Sistema Único de Saúde (SUS) serão organizados de forma regionalizada e hierarquizada em níveis de complexidade crescente, não havendo a mesma obrigatoriedade para os serviços da iniciativa privada.

Resposta: alternativa "a".

► O art. 199, § 1º, da CF é explícito ao determinar a observância, pelas entidades privadas, das diretrizes de organização do SUS. Além disso, os serviços privados

151. Para maior aprofundamento, conferir a íntegra do Código de Ética Médica, disponível em <https://sistemas.cfm.org.br/normas/visualizar/resolucoes/BR/2018/2217>, acesso em 14 abr. 2019.

devem ser considerados no planejamento da saúde, quando da elaboração do Mapa da Saúde (Dec. nº 7.508/2011, arts. 16 e 17).

- *PaqTcPB/2010 – Prefeitura de Patos/PB, Farmacêutico:*
- A contratação dos serviços privados deve se dar conforme os conceitos de regionalização, hierarquização e universalização.
  Resposta: Correto.

- *AOCP/2010 – Prefeitura de Camaçari/BA, Médico Acupunturista:*
- Na prestação de serviços privados de assistência à saúde, serão observados os princípios éticos e as normas expedidas pelo órgão de direção do Sistema Único de Saúde (SUS) quanto às condições para seu funcionamento.
  Resposta: Correto.

- *SELECT/2010 – Prefeitura de Água Preta/PE, Médico Plantonista:*
  Para o funcionamento da prestação de serviços privados de assistência à saúde serão observados:

d) Os princípios éticos e as normas expedidas pelo órgão de direção do Sistema Único de Saúde (SUS).
  Resposta: alternativa "d".

- *FUNCAB/2010 – Secretaria Estadual de Saúde/GO, Psicólogo Hospitalar:*
  As instituições privadas podem participar de forma complementar do Sistema Único de Saúde (SUS). No que se refere a essa participação, assinale a alternativa [...]

d) Os serviços contratados submeter-se-ão às normas técnicas e administrativas e aos princípios e diretrizes do SUS, mantido o equilíbrio econômico e financeiro do contrato.
  Resposta: alternativa "d".

Art. 23. É permitida a **participação direta ou indireta**, inclusive **controle**, de **empresas** ou de **capital estrangeiro** na assistência à saúde nos seguintes casos:

I – doações de organismos internacionais vinculados à Organização das Nações Unidas, de entidades de cooperação técnica e de financiamento e empréstimos;

II – pessoas jurídicas destinadas a instalar, operacionalizar ou explorar:

a) hospital geral, inclusive filantrópico, hospital especializado, policlínica, clínica geral e clínica especializada; e

b) ações e pesquisas de planejamento familiar;

III – serviços de saúde mantidos, sem finalidade lucrativa, por empresas, para atendimento de seus empregados e dependentes, sem qualquer ônus para a seguridade social; e

IV – demais casos previstos em legislação específica.

(Todo o dispositivo com nova redação dada pela Lei nº 13.097/2015.)

Art. 23 → com a **nova redação** dada ao art. 23 pela Lei nº 13.097/2015, torna-se mais evidente a **possibilidade de participação de empresas ou de capital estrangeiro** nas atividades de assistência à saúde no país – o que, anteriormente, era uma exceção. Passam a ser possíveis:

- as doações feitas por organismos internacionais vinculados à Organização das Nações Unidas (ONU), por entidades de cooperação técnica e de financiamentos ou empréstimos (hipótese já prevista na redação original da Lei nº 8.080/90;
- a atuação direta ou indireta, inclusive o controle, por pessoas jurídicas que se voltem à instalação, operacionalização ou exploração de: hospitais gerais e especializados, filantrópicos ou não, clínicas gerais, especializadas e policlínicas; e ações e pesquisas envolvendo o planejamento familiar;
- os serviços de saúde mantidos por empresas, para atendimento dos próprios empregados e dependentes, **sem** finalidade lucrativa e sem ônus para a seguridade social (atenção para a redação alterada da norma!);
- e em outras hipóteses a serem previstas por lei.

▶ **Referência constitucional:** CF, art. 199, § 3º: "É vedada a participação direta ou indireta de empresas ou capitais estrangeiros na assistência à saúde no País, salvo nos casos previstos em lei".

▶ **Jurisprudência do STF:**

Pende de apreciação a **ADI nº 5.239/DF**, recentemente ajuizada e por meio da qual se questiona a constitucionalidade do art. 142 da Lei nº 13.097/2015, que deu nova redação ao mencionado art. 23 da Lei nº 8.080/90. A ação foi distribuída para a Min. Rosa Weber, e ainda não há decisão a respeito.

Aplicação em concursos:

- *UPENET-IAUPE/2017 – UPE – Técnico em Radiologia:*

Do funcionamento dos serviços privados de assistência à saúde, de acordo com a Lei nº 8.080/90, analise as afirmativas abaixo e coloque V nas Verdadeiras e F nas Falsas.

( ) É autorizada a participação direta e indireta de empresas ou de capitais estrangeiros na assistência à saúde, nos seguintes casos: pessoas jurídicas destinadas a instalar, operacionalizar ou explorar ações e pesquisas de planejamento familiar.

Resposta: Verdadeiro.

- *INSTITUTO AOCP/2017 – EBSERH – Assistente Administrativo:*

Assinale a alternativa correta, de acordo com o que dispõe a Lei 8.080/1990, acerca da participação de empresas ou de capital estrangeiro na assistência à saúde.

a) É vedada a participação direta ou indireta, inclusive controle, de empresas ou de capital estrangeiro na assistência à saúde, no caso de doações de organismos internacionais vinculados à Organização das Nações Unidas, de entidades de cooperação técnica e de financiamento e empréstimos.

b) É permitida a participação direta ou indireta, inclusive controle, de empresas ou de capital estrangeiro na assistência à saúde, no caso de serviços de saúde mantidos, com finalidade lucrativa, por empresas para atendimento de seus empregados e dependentes.

c) É vedada a participação direta ou indireta, inclusive controle, de empresas ou de capital estrangeiro na assistência à saúde, no caso de pessoas jurídicas destinadas a instalar, operacionalizar ou explorar ações e pesquisas de planejamento familiar.

d) É vedada a participação direta ou indireta, inclusive controle, de empresas ou de capital estrangeiro na assistência à saúde, no caso de pessoas jurídicas destinadas a instalar, operacionalizar ou explorar hospital geral.

e) É permitida a participação direta ou indireta, inclusive controle, de empresas ou de capital estrangeiro na assistência à saúde no caso de hospital especializado.

Resposta: alternativa "e".

- *AOCP/2015 – EBSERH/HE-UFPEL – Advogado:*

É permitida a participação direta ou indireta, inclusive controle, de empresas ou de capital estrangeiro, na assistência à saúde nos casos de

a) pessoas físicas destinadas a instalar, operacionalizar ou explorar ações e pesquisas de planejamento familiar.

b) serviços de saúde mantidos, com finalidade lucrativa, por empresas, para atendimento de seus empregados e dependentes, sem qualquer ônus para a seguridade social.

c) prestação de serviços públicos de assistência à saúde, observados os princípios éticos e as normas expedidas pelo órgão de direção do Sistema Único de Saúde (SUS) quanto às condições para seu funcionamento.
d) doações de organismos internacionais vinculados à Organização das Nações Unidas, de entidades de cooperação técnica e de financiamento e empréstimos.
e) pessoas físicas destinadas a instalar, operacionalizar ou explorar hospital geral, inclusive filantrópico, hospital especializado, policlínica, clínica geral e clínica especializada.

Resposta: alternativa "d".

CAPÍTULO II –
Da Participação Complementar

Art. 24. Quando as suas **disponibilidades** forem **insuficientes** para garantir a cobertura assistencial à população de uma determinada área, o Sistema Único de Saúde (SUS) poderá recorrer aos serviços ofertados pela iniciativa privada.

Parágrafo único. A **participação complementar** dos serviços privados será formalizada mediante contrato ou convênio, observadas, a respeito, as normas de direito público.

Art. 25. Na hipótese do artigo anterior, as **entidades filantrópicas** e as **sem fins lucrativos** terão preferência para participar do Sistema Único de Saúde (SUS).

Arts. 24 e 25 → a assistência à saúde poderá ser prestada pela **iniciativa privada** sempre que o SUS não dispuser de condições suficientes para assegurar a assistência à saúde em uma determinada área. Trata-se da participação privada sob a forma de "**saúde complementar**", em que as entidades privadas atuam no exercício de um serviço público e, por isso, são submetidas às normas do regime jurídico de direito público. Nessa modalidade, a participação se dá mediante a celebração de contrato ou convênio, havendo preferência pelas entidades filantrópicas e por aquelas sem fins lucrativos.

▶ **Referência constitucional:** CF, art. 199, § 1º.

▶ **Jurisprudência do STJ:**

Em interessante precedente a respeito dos recursos repassados a entidades privadas no contexto de contrato com o Poder Público para a prestação de assistência à saúde e participação complementar ao SUS, o STJ afirmou a impenhorabilidade das verbas públicas destinadas à saúde, assegurando prevalência ao interesse coletivo de continuidade do serviço:

> *"DIREITO PROCESSUAL CIVIL. IMPENHORABILIDADE DE VERBAS PÚBLICAS RECEBIDAS POR PARTICULARES E DESTINADAS COMPULSORIAMENTE À SAÚDE. São absolutamente impenhoráveis as verbas públicas recebidas por entes privados para aplicação compulsória em saúde. A Lei n. 11.382/2006 inseriu no art. 649, IX, do CPC a previsão de impenhorabilidade absoluta dos 'recursos públicos recebidos por instituições privadas para aplicação compulsória em educação, saúde, ou assistência social'. Essa restrição à responsabilidade patrimonial do devedor justifica-se em razão da prevalência do interesse coletivo em relação ao interesse particular e visa garantir a efetiva aplicação dos recursos públicos nas atividades elencadas, afastando a possibilidade de sua destinação para a satisfação de execuções individuais promovidas por particulares." (REsp nº 1.324.276-RJ, Rel. Min. Nancy Andrighi, 3ª Turma, DJe 11-12-2012 – Informativo nº 512)*

Aplicação em concursos:

- *FUNDEP/2018 – MPE/MG – Promotor de Justiça:*

– A participação complementar da iniciativa privada no Sistema Único de Saúde não pode compreender atos de gestão e administração de unidades públicas ou quaisquer estabelecimentos de saúde com equipamentos, funcionários e recursos públicos, mas apenas a execução de determinadas ações e serviços públicos onde tais unidades não forem suficientes para a cobertura assistencial.

Resposta: Correto.

- *COMPERVE/2018 – Prefeitura de Natal, RN – Técnico de Enfermagem:*

A Lei Orgânica da Saúde (Lei nº 8.080/90) regula, em todo o território nacional, as ações e serviços de saúde, isolada ou conjuntamente, em caráter permanente ou eventual, por pessoas naturais ou jurídicas de direito público ou privado, adquirindo uma abrangência muito grande. Essa Lei

a) reconhece e reforça a dimensão biológica como determinante do processo saúde-doença.

b) estabelece que a iniciativa privada pode participar do SUS, em caráter complementar.

c) cria as comissões intergestores que são foros de pactuação entre gerentes da Atenção Básica.

d) estabelece que é dever do Estado e do mercado garantir a saúde a populações vulneráveis.

Resposta: alternativa "b".

- *AOCP/2017 – EBSERH – Assistente Administrativo:*

  Tratando-se da participação da iniciativa privada no Sistema Único de Saúde, de acordo com a Lei nº 8.080 de 1990, assinale a alternativa correta.

a) As Entidades com fins lucrativos têm preferência para participar do SUS, comparadas às filantrópicas, haja vista o maior potencial tecnológico e de recursos humanos dessas empresas.

b) Os Serviços contratados podem decidir normas técnicas e administrativas próprias para participar do SUS.

c) O SUS poderá recorrer aos serviços ofertados pela iniciativa privada somente em casos de calamidade pública.

d) Aos proprietários e dirigentes de entidades ou serviços contratados, é permitido exercer cargo de chefia no SUS.

e) A participação complementar dos serviços privados será formalizada mediante contrato ou convênio.

Resposta: alternativa "e".

- *IBFC/2016 – SES/PR – Administrador:*

– Quando as suas disponibilidades forem insuficientes para garantir a cobertura assistencial à população de uma determinada área, o Sistema Único de Saúde – SUS poderá recorrer aos serviços ofertados pela iniciativa privada.

Resposta: Correto.

- *MPE-SC/2016 – MPE/SC – Promotor de Justiça:*

  De acordo com as disposições da Lei nº 8.080/90, o conjunto de ações e serviços de saúde, prestados por órgãos e instituições públicas federais, estaduais e municipais, da Administração direta e indireta e das fundações mantidas pelo Poder Público, constitui o Sistema Único de Saúde. Prevê, ainda, que a iniciativa privada poderá participar do Sistema Único de Saúde, em caráter suplementar.

  Resposta: Errado.

► A iniciativa privada poderá participar do Sistema Único de Saúde em caráter complementar (CF, art. 199, § 1º; e Lei nº 8.080/1990, art. 24, § único).

- *UFMT/2014 – MP/MT – Promotor de Justiça Substituto:*

– Quando as suas disponibilidades forem insuficientes para garantir a cobertura assistencial à população de uma determinada área, o Sistema Único de Saúde poderá recorrer aos serviços ofertados pela iniciativa privada.

Resposta: Correto.

- *BIORIO/2014 – Pref. de Três Rios, RJ – Médico Angiologista:*

  Em relação à participação complementar dos serviços privados de assistência à saúde, avalie se as afirmativas a seguir são falsas (F) ou verdadeiras (V):

I. Quando suas disponibilidades do SUS forem insuficientes para garantir a cobertura assistencial à população de uma determinada área, o SUS poderá recorrer aos serviços ofertados pela iniciativa privada, dando preferência às entidades filantrópicas e às sem fins lucrativos.
II. A participação complementar dos serviços privados será formalizada mediante contrato ou convênio, observadas, a respeito, as normas de direito público.
III. Os critérios e valores para a remuneração de serviços e os parâmetros de cobertura assistencial serão estabelecidos pela direção nacional do Sistema Único de Saúde (SUS), aprovados no Conselho Nacional de Saúde.
IV. Os serviços contratados submeter-se-ão às normas técnicas e administrativas e aos princípios e diretrizes do Sistema Único de Saúde (SUS), mantido o equilíbrio econômico e financeiro do contrato.

As afirmativas I, II, III e IV são respectivamente:

d) V, V, V e V.

Resposta: alternativa "d".

- *FAUEL/2014 – Pref. Toledo, PR – Médico ESF:*

Sobre o Sistema Único de Saúde [...]

d) quando as suas disponibilidades forem insuficientes para garantir a cobertura assistencial à população de uma determinada área, o Sistema Único de Saúde (SUS) poderá recorrer aos serviços ofertados pela iniciativa privada.

Resposta: alternativa "d".

- *FGV/2014 – Pref. Osasco – Médico Plantonista Anestesista:*

Com relação à participação complementar da iniciativa privada do Sistema Único de Saúde, analise as afirmativas a seguir.

– Esta participação só poderá ocorrer quando as disponibilidades do SUS forem insuficientes para garantir a cobertura assistencial à população de uma determinada área.

Resposta: Correto.

- *AOCP/2014 – EBSERH/MEAC-UFC e HUWC-UFC – Advogado:*

De acordo com a Lei Orgânica da Saúde, Lei nº 8.080/1990,

b) a iniciativa privada poderá participar do Sistema Único de Saúde (SUS), em caráter complementar.

Resposta: alternativa "b".

- *BIORIO/2014 – SPDM – Médico Generalista ESF:*

A iniciativa privada poderá participar do SUS em caráter:

d) complementar.

Resposta: alternativa "d".

- *MP-PR/2013 – Promotor Substituto:*

  Sobre Sistema Único de Saúde (SUS) [...]

– Quando as disponibilidades do SUS forem insuficientes para garantir a cobertura assistencial à população de determinada área, é possível recorrer aos serviços ofertados pela iniciativa privada.

  Resposta: Correto.

- *Fundação Carlos Chagas (FCC)/2012 – Defensor Público do Estado do Paraná:*

  Quanto ao direito à saúde, é correto afirmar:

e) A iniciativa privada pode participar do Sistema Único de Saúde em caráter complementar.

  Resposta: alternativa "e".

- *FAUE/2010 – Prefeitura de Guaraí/PR, Psicólogo:*

  O conjunto de ações e serviços de saúde, prestados por órgãos e instituições públicas federais, estaduais e municipais, da Administração direta e indireta e das fundações mantidas pelo Poder Público, constitui o Sistema Único de Saúde (SUS). Segundo o Sistema único de saúde assinale alternativa correta:

a) A iniciativa privada poderá participar do Sistema Único de Saúde (SUS), em caráter complementar.

  Resposta: alternativa "a".

- *VUNESP/2013 – MP/ES – Promotor de Justiça Substituto:*

  A natureza jurídica do direito à saúde, prevista na Constituição Federal, e a atuação da assistência à saúde prestada por empresas privadas em relação à assistência pública são, respectivamente,

a) direito público subjetivo e atuação complementar.
b) direito privado objetivo e atuação principal.
c) direito coletivo e atuação alternativa.
d) direito privado subjetivo e atuação alternativa.
e) direito potestativo e atuação facultativa.

  Resposta: alternativa "a".

- *NUCEPE/UESPI/2011 – FMS – Advogado:*

  A respeito da Lei 8.080, de 19 de setembro de 1990, que dispõe sobre as condições para a promoção, proteção e recuperação da saúde, a organização e o funcionamento dos serviços correspondentes e dá outras providências [...]

– A iniciativa privada poderá participar do Sistema Único de Saúde (SUS), em caráter complementar.

– As ações e serviços de saúde, executados pelo Sistema Único de Saúde (SUS), seja diretamente ou mediante participação complementar da iniciativa privada, serão organizados de forma regionalizada e hierarquizada em níveis de complexidade crescente.

  Resposta: as duas alternativas estão corretas.

- *FUNRIO/2010 – Prefeitura de São João da Barra/RJ, Nutricionista:*

  A Lei nº 8.080, de 19 de setembro de 1990, dispõe sobre as condições para a promoção, proteção e recuperação da saúde, a organização e o funcionamento dos serviços correspondentes e dá outras providências. Marque a alternativa correta sobre o sistema único de saúde (SUS):

c) quando as suas disponibilidades forem insuficientes para garantir a cobertura assistencial à população de uma determinada área, o sistema único de saúde (SUS) poderá recorrer aos serviços ofertados pela iniciativa privada.

Resposta: alternativa "c".

- *FUNCAB/2010 – Secretaria Estadual de Saúde/GO, Psicólogo Hospitalar:*

  As instituições privadas podem participar de forma complementar do Sistema Único de Saúde (SUS). No que se refere a essa participação, assinale a alternativa [...]

a) O SUS poderá recorrer aos serviços ofertados pela iniciativa privada, quando as suas disponibilidades forem insuficientes para garantir a cobertura assistencial à população de uma determinada área.

b) A participação complementar dos serviços privados será formalizada mediante contrato ou convênio, observadas, a respeito, as normas de direito público.

c) As entidades filantrópicas e as sem fins lucrativos terão preferência para participar do SUS.

Resposta: Todas as afirmativas estão corretas.

- *MULT-SAI/2010 – Prefeitura de Grossos/RN, Enfermeiro:*

  O Sistema Único de Saúde – SUS, foi criado pela Constituição Federal de 1988 e regulamentado pelas Leis nº 8.080/90 e nº 8.142/90, Leis Orgânicas da Saúde.

– O setor privado participa do SUS de forma complementar, por meio de contratos e convênios de prestação de serviço ao Estado quando as unidades públicas de assistência à saúde não são suficientes para garantir o atendimento a toda a população de uma determinada região.

Resposta: Correto.

Art. 26. Os critérios e valores para a **remuneração de serviços** e os parâmetros de cobertura assistencial serão estabelecidos pela direção nacional do Sistema Único de Saúde (SUS), aprovados no Conselho Nacional de Saúde.

§ 1º. Na fixação dos critérios, valores, formas de reajuste e de pagamento da remuneração aludida neste artigo, a direção nacional do Sistema Único de Saúde (SUS) deverá fundamentar seu ato em demonstrativo econômico-financeiro que garanta a efetiva qualidade de execução dos serviços contratados.

§ 2º. Os serviços contratados submeter-se-ão às normas técnicas e administrativas e aos princípios e diretrizes do Sistema Único de Saúde (SUS), mantido o equilíbrio econômico e financeiro do contrato.

§ 3º. (Vetado).

§ 4º. Aos proprietários, administradores e dirigentes de entidades ou serviços contratados é vedado exercer cargo de chefia ou função de confiança no Sistema Único de Saúde (SUS).

1. **Art. 26** → é competência do Ministério da Saúde, como órgão de direção nacional do SUS, mediante aprovação pelo Conselho Nacional de Saúde, a determinação dos **critérios e valores de remuneração dos serviços e os parâmetros de cobertura assistencial** dos serviços e ações de saúde prestados pela iniciativa privada, em caráter complementar ao SUS. Para tanto serão considerados critérios atuariais (demonstrativo econômico-financeiro), que assegurem a manutenção do equilíbrio econômico e financeiro do contrato, além da efetiva qualidade de execução dos serviços contratados.

► **Jurisprudência do STJ**: o Superior Tribunal de Justiça tem reiterado que a competência para a fixação dos critérios e valores de remuneração dos serviços do SUS insere-se na competência da direção nacional, ou seja, da União, não bastando a edição de normas regulamentares pelo Conselho Nacional de Saúde. Nesse sentido: "a competência para fixar os valores de que trata o artigo 26 da Lei nº 8.080/90 é da direção nacional do SUS, e não do Conselho Nacional de Saúde, que se limita a aprová-los" (STJ, REsp nº 926.671/PR, Rel. Min. José Delgado, 1ª Turma, unânime, DJ 10-12-2007). Em sentido semelhante: AgRg no REsp nº 1.169.238/RJ (DJe 04-03-2011), REsp nº 1.035.819/CE (DJe 04-11-2010); REsp nº 969.830/PR (DJ 24-09-2007) e REsp nº 954.451/PR (DJ 18-09-2007).

Aplicação em concursos:

- *CESPE/2018 – EBSERH – Nível Superior (Área Médica):*

  De acordo com o que dispõe a Lei n.º 8.080/1990, julgue o item subsequente.

  A participação da iniciativa privada no SUS poderá ocorrer mediante contrato ou convênio, desde que em caráter complementar e após a aprovação no Conselho Nacional de Saúde, conforme critérios estabelecidos pela direção nacional do SUS.

  Resposta: Correto.

- *FCC/2018 – PGE/TO – Procurador do Estado:*

Determinado Estado da Federação extinguiu órgão público que prestava serviços de saúde diretamente a uma parcela da população, decidindo, por razões de economicidade, atribuir a execução dessa atividade à entidade privada. Trata-se de medida que se revela, à luz da Constituição Federal e da jurisprudência do Supremo Tribunal Federal,

a) constitucional, não se aplicando à entidade privada a exigência de concurso público para a contratação de seus empregados, nem a lei que disciplina o procedimento licitatório para as contratações firmadas pela Administração Pública.
b) inconstitucional, uma vez que os serviços públicos de saúde não podem ser prestados diretamente ao cidadão por entidade privada.
c) constitucional, desde que o acordo seja firmado com entidade filantrópica ou sem fins lucrativos, que poderá participar do Sistema Único de Saúde de forma complementar, podendo o Ministério Público fiscalizar a aplicação dos recursos públicos recebidos pelo parceiro privado.
d) constitucional, devendo, no entanto, a entidade privada contratar seus empregados mediante concurso público realizado pelo ente federado e submeter suas contratações ao procedimento licitatório estabelecido em lei para a Administração pública, sempre que as respectivas despesas forem pagas com recursos financeiros públicos.
e) constitucional, devendo, no entanto, as contratações da entidade privada ser submetidas ao procedimento licitatório estabelecido em lei para a Administração Pública, sempre que as respectivas despesas forem pagas com recursos financeiros públicos, não cabendo, todavia, ao Tribunal de Contas fiscalizar a aplicação dos recursos públicos recebidos pela entidade privada.

Resposta: alternativa "a".

- *UPENET-IAUPE/2017 – UPE – Técnico em Radiologia:*

Do funcionamento dos serviços privados de assistência à saúde, de acordo com a Lei nº 8.080/90, analise as afirmativas abaixo e coloque V nas Verdadeiras e F nas Falsas.

( ) Os critérios e valores para a remuneração de serviços e os parâmetros de cobertura assistencial serão estabelecidos pela direção nacional do SUS, aprovados no Conselho Nacional de Saúde.

Resposta: Verdadeiro.

- *CONSULPLAN/2010 – Prefeitura de Resende/RJ, Bioquímico:*

A aprovação dos critérios e valores para remuneração dos serviços do SUS, assim como os parâmetros para a cobertura assistencial, é de responsabilidade:

b) Conselho Nacional de Saúde.

Resposta: alternativa "b".

2. **Art. 26, § 4º →** vedação ao exercício de cargos de chefia ou funções de confiança, no âmbito do SUS, por proprietários, administradores e dirigentes de instituições ou serviços contratados.

Aplicação em concursos:

- *AGIRH/2014 – Pref. Canas, SP – Médico PSF 40h:*

  Sobre a prestação de serviços privados de assistência à saúde pode-se afirmar que:

c) Aos proprietários, administradores e dirigentes de entidades ou serviços contratados é vedado exercer cargo de chefia ou função de confiança no SUS.

  Resposta: alternativa "c".

- *NUCEPE/UESPI/2011 – FMS – Advogado:*

  Ainda em relação à Lei 8.080/90 [...]

– aos proprietários, administradores e dirigentes de entidades ou serviços contratados é vedado exercer cargo de chefia ou função de confiança no Sistema Único de Saúde (SUS).

  Resposta: Correto.

- *MP-SC/2010 – Promotor de Justiça – XXXV Concurso:*

– Aos proprietários, administradores e dirigentes de entidades ou serviços contratados é vedado exercer cargos de chefia ou função de confiança no SUS.

  Resposta: Correto.

- *FUNCAB/2010 – Secretaria Estadual de Saúde/GO, Psicólogo Hospitalar:*

  As instituições privadas podem participar de forma complementar do Sistema Único de Saúde (SUS). No que se refere a essa participação, assinale a alternativa [...]

– Aos proprietários, administradores e dirigentes de entidades ou serviços contratados é permitido exercer cargo de chefia ou função de confiança no SUS.

  Resposta: Errado.

► É vedado o exercício de cargo de chefia ou função de confiança no SUS aos proprietários, administradores e dirigentes de instituições ou serviços privados contratados.

- *UnB/CESPE/2008 – FUNESA, FHS e FPH, Estado de Sergipe, Enfermeiro:*

  Pessoas que sejam proprietárias, administradores ou dirigentes de entidades ou serviços contratados pelo SUS estão impedidas de exercerem cargos de chefia no âmbito do próprio SUS.

  Resposta: Correto.

TÍTULO IV – DOS RECURSOS HUMANOS

Art. 27. A política de **recursos humanos** na área da saúde será formalizada e executada, articuladamente, pelas diferentes esferas de governo, em cumprimento dos seguintes objetivos:

I – organização de um sistema de formação de recursos humanos em todos os níveis de ensino, inclusive de pós-graduação, além da elaboração de programas de permanente aperfeiçoamento de pessoal;

II – (Vetado)

III – (Vetado)

IV – valorização da dedicação exclusiva aos serviços do Sistema Único de Saúde (SUS).

Parágrafo único. Os serviços públicos que integram o Sistema Único de Saúde (SUS) constituem campo de prática para ensino e pesquisa, mediante normas específicas, elaboradas conjuntamente com o sistema educacional.

1. **Art. 27** → previsão de uma **política de recursos humanos para a área da saúde**, a cargo das diferentes esferas de governo, e que tenha por objetivos a organização de um sistema de formação de recursos humanos em todos os níveis de ensino, incluídos os programas permanentes de aperfeiçoamento de pessoal; bem como a valorização da dedicação exclusiva aos serviços do SUS. Além de ações desenvolvidas por outras pastas, em especial dentro das competências mais abrangentes do Ministério da Educação, a política de recursos humanos do SUS está a cargo da Secretaria de Gestão do Trabalho e da Educação na Saúde, que integra a estrutura regimental do Ministério da Saúde e atua em diversas frentes, voltadas à gestão do trabalho e da educação permanente dos profissionais que atuam no SUS. A matéria é regulada pelo art. 28 do Decreto nº 8.901/2016:

> *Art. 28. À Secretaria de Gestão do Trabalho e da Educação na Saúde compete:*
>
> *I - promover a ordenação da formação de recursos humanos na área de saúde;*
>
> *II - elaborar e propor políticas de formação e desenvolvimento profissional para a área de saúde e acompanhar sua execução, e promover o desenvolvimento da Rede Observatório de Recursos Humanos em Saúde;*

III - planejar, coordenar e apoiar as atividades relacionadas ao trabalho e à educação na área de saúde, à organização da gestão da educação e do trabalho em saúde, à formulação de critérios para as negociações e o estabelecimento de parcerias entre os gestores do SUS e ao ordenamento de responsabilidades entre as três esferas de governo;

IV - articular com os órgãos educacionais, com as entidades sindicais e de fiscalização do exercício profissional, com os movimentos sociais, e com entidades representativas de educação dos profissionais, tendo em vista a formação, o desenvolvimento profissional e o trabalho no setor de saúde;

V - promover a integração dos setores de saúde e de educação, a fim de fortalecer as instituições formadoras de profissionais atuantes na área;

VI - planejar e coordenar ações, visando à integração e ao aperfeiçoamento da relação entre a gestão do SUS nos níveis federal, estadual, municipal e no Distrito Federal, no que se refere aos planos de formação, qualificação e distribuição das ofertas de educação e trabalho na área de saúde;

VII - planejar e coordenar ações destinadas à promoção da participação dos trabalhadores de saúde do SUS na gestão dos serviços e na regulação das profissões de saúde;

VIII - planejar e coordenar ações, visando à promoção da educação em saúde, ao fortalecimento das iniciativas próprias do movimento popular no campo da educação em saúde e da gestão das políticas públicas de saúde, e à promoção de informações e conhecimentos relativos ao direito à saúde e ao acesso às ações e aos serviços de saúde;

IX - fomentar a cooperação internacional, inclusive por meio da instituição e da coordenação de fóruns de discussão, visando à solução dos problemas relacionados à formação, ao desenvolvimento profissional, à gestão e à regulação do trabalho em saúde, especialmente a solução das questões que envolvam os países vizinhos do continente americano, os países de língua portuguesa e os países do hemisfério sul; e

X – coordenar a análise técnica de projetos de lei e de outras propostas normativas que disponham sobre o trabalho e a educação em saúde.

2. **Art. 27, § único** → o elo entre as políticas de saúde e educação aparece de forma ainda mais clara no reconhecimento de que os serviços de saúde integrantes do SUS "constituem campo de prática para ensino e pesquisa", em que releva o papel dos hospitais-escola ou hospitais universitários como centros de formação de recursos humanos e de desenvolvimento da pesquisa nas diversas áreas vinculadas à saúde.

Aplicação em concursos:

- *UPENET-IAUPE/2017 – UPE – Técnico em Radiologia:*

  Com relação às disposições da Lei nº 8.080/90, analise as afirmativas abaixo e coloque V nas Verdadeiras e F nas Falsas.

( ) Prevê a organização de um sistema de formação de recursos humanos em todos os níveis de ensino, inclusive de pós-graduação, além da elaboração de programas de permanente aperfeiçoamento de pessoal.

Resposta: Verdadeiro.

- *AOCP/2014 – EBSERH/HUSM-UFSM – Advogado:*

– Os serviços públicos que integram o Sistema Único de Saúde (SUS) constituem campo de prática para ensino e pesquisa, mediante normas específicas, elaboradas conjuntamente com o sistema educacional.

Resposta: Correto.

- *CESPE-UNB/2014 – Câmara dos Deputados – Analista Legislativo, Consultor Legislativo – Área XVI:*

– Os serviços públicos que integram o SUS constituem campo de prática para ensino e pesquisa, e os serviços de saúde dos hospitais universitários e de ensino são integrados ao SUS mediante convênio.

Resposta: Correto.

– A educação em saúde é um processo de participação popular essencial à construção de conhecimento para a solução dos problemas de saúde.

Resposta: Correto.

- *UFPI-COPESE/2014 – Prefeitura de Timon, MA – Anestesiologista:*

– É uma prática social, é um processo sistemático e contínuo, com conteúdo ético, técnico, político e pedagógico que contribui para formação da consciência crítica das pessoas, visando à participação da população e à qualidade de vida, como um sujeito ativo e transformador da realidade:

c) Educação em saúde.

Resposta: alternativa "c".

- *BIORIO/2014 – IABAS – Sanitarista:*

– Os serviços públicos que integram o Sistema Único de Saúde (SUS) constituem campo de prática para ensino e pesquisa, mediante normas específicas, elaboradas conjuntamente com o sistema educacional.

Resposta: Correto.

Art. 28. Os **cargos e funções de chefia, direção e assessoramento**, no âmbito do Sistema Único de Saúde (SUS), só poderão ser exercidas em regime de tempo integral.

§ 1º. Os servidores que **legalmente acumulam** dois cargos ou empregos poderão exercer suas atividades em mais de um estabelecimento do Sistema Único de Saúde (SUS).

§ 2º. O disposto no parágrafo anterior aplica-se também aos servidores em regime de tempo integral, com exceção dos ocupantes de cargos ou função de chefia, direção ou assessoramento.

1. **Art. 28** → ainda no âmbito da política de recursos humanos do SUS, a Lei nº 8.080/90 disciplina o exercício dos **cargos e funções de chefia, direção e assessoramento**, determinando que só possam ser exercidos em tempo integral, caso em que referidos profissionais não poderão acumular dois cargos ou empregos em mais de um estabelecimento do SUS.
2. **Art. 28, §§ 1º e 2º** → para os demais profissionais que não ocupem cargos e funções de chefia, direção e assessoramento, a Lei nº 8.080/90 permite a acumulação de dois cargos ou empregos (CF, art. 37, XVI, "c") em mais de um estabelecimento do SUS, ainda que tais indivíduos trabalhem em regime de tempo integral.

Aplicação em concursos:

- *IBFC/2016 – SES/PR – Administrador:*

  Considerando a Lei 8080/90, analise os itens abaixo e a seguir, assinale a alternativa correta:

– Os servidores que legalmente acumulam dois cargos ou empregos poderão exercer suas atividades em mais de um estabelecimento do Sistema Único de Saúde – SUS.

  Resposta: Correto.

- *IBFC/2016 – EBSERH – Técnico de enfermagem:*

  Sobre a política de recursos humanos na área de saúde, de acordo com a Lei 8080/90, analise as afirmativas abaixo e assinale a alternativa correta:

I. A organização de um sistema de formação de recursos humanos em todos os níveis de ensino, inclusive de pós-graduação, além da elaboração de programas de permanente aperfeiçoamento de pessoal, é um dos objetivos da política de recursos humanos na área de saúde.

II. Valorização da dedicação exclusiva aos serviços do Sistema Único de Saúde-SUS é um dos objetivos da política de recursos humanos na área de saúde.

III. Os serviços públicos que integram o Sistema Único de Saúde-SUS constituem campo de prática para ensino e pesquisa, mediante normas específicas, elaboradas conjuntamente com o sistema educacional.

IV. Os servidores que legalmente acumulam dois cargos ou empregos não poderão exercer suas atividades em mais de um estabelecimento do Sistema Único de Saúde-SUS.

a) I, II, III e IV são corretos
b) Apenas I e II são corretos
c) Apenas I, II e III são corretos
d) Apenas II e IV são corretos
e) Apenas III e IV são corretos

Resposta: alternativa "c".

► Atenção!! Nem a Constituição, nem a Lei nº 8.080/1990 vedam, aos servidores que acumulam dois cargos ou empregos, o exercício de suas atividades em mais de um estabelecimento do SUS; pelo contrário, esta é uma situação relativamente comum aos profissionais da área da saúde.

- *AOCP/2016 – EBSERH – Médico (Medicina do Trabalho):*

Conforme dispõe o art. 28 da Lei nº 8.080, de 19 de setembro de 1990, os cargos e funções de chefia, direção e assessoramento, no âmbito do Sistema Único de Saúde (SUS), só poderão ser exercidos

a) em regime de tempo integral.
b) em regime de tempo parcial de 04 (quatro) horas.
c) em escala de 24 (vinte e quatro) horas por 48 (quarenta e oito) horas.
d) sem ter horário determinado, por tratar-se de cargo de confiança.
e) em regime de tempo parcial de 06 (seis) horas.

Resposta: alternativa "a".

- *AOCP/2014 – EBSERH/HUSM-UFSM – Advogado:*

– Os cargos e funções de chefia, direção e assessoramento, no âmbito do Sistema Único de Saúde (SUS), só poderão ser exercidas em regime de tempo parcial.

Resposta: Errado.

► Esses cargos e funções somente poderão ser exercidos em regime de tempo integral.

- *AOCP/2014 – EBSERH/HUSM-UFSM – Advogado:*

– Os servidores que legalmente acumulam dois cargos ou empregos poderão exercer suas atividades em mais de um estabelecimento do Sistema Único de Saúde (SUS).

Resposta: Correto.

– Os servidores ocupantes de cargos ou função de chefia, direção ou assessoramento poderão exercer suas atividades em mais de um estabelecimento do Sistema Único de Saúde (SUS).
Resposta: Errado.

▶ Os ocupantes de cargos ou funções de chefia, direção ou assessoramento no SUS não poderão exercer suas atividades em mais de um estabelecimento (Lei nº 8.080/90, art. 28, § 2º).

- *BIORIO/2014 – IABAS – Sanitarista:*

– Os cargos e funções de chefia, direção e assessoramento, no âmbito do Sistema Único de Saúde (SUS), só poderão ser exercidas em regime de tempo integral.
Resposta: Correto.

– Os servidores que legalmente acumulam dois cargos ou empregos não poderão exercer suas atividades em mais de um estabelecimento do Sistema Único de Saúde (SUS).
Resposta: Errado.

▶ O art. 28, § 1º, da Lei nº 8.080/90 autoriza essa possibilidade.

- *AOCP/2014 – EBSERH/MEAC, HUWC-UFC – Técnico em Enfermagem, Saúde do Trabalhador:*

De acordo com a Lei Orgânica da Saúde – Lei nº 8.080/1990, é INCORRETO afirmar que

a) os cargos e funções de chefia, direção e assessoramento, no âmbito do Sistema Único de Saúde (SUS), poderão ser exercidos em regime de tempo integral ou parcial (meio período).
Resposta: alternativa "a".

▶ Esses cargos e funções devem ser exercidos apenas em regime de tempo integral.

- *MP-SC/2010 – Promotor de Justiça – XXXV Concurso:*

– Os cargos e funções de chefia, direção e assessoramento, no âmbito do SUS, só poderão ser exercidos em regime de tempo integral.
Resposta: Correto.

- *INSTITUTO LUDUS/2010 – Prefeitura de Pastos Bons/MA, Psicólogo:*

Com relação ao artigo 28 da Lei 8.080/1990, podemos afirmar que:

b) Os servidores que legalmente acumulam 2 (dois) cargos ou empregos poderão exercer suas atividades em mais de um estabelecimento do Sistema Único de Saúde (SUS).

Resposta: alternativa "b".

- *FEPESE/UFSC/2009 – Prefeitura de Ituporanga/SC, Médico:*

Assinale a alternativa correta:

a) Os cargos e funções de chefia, direção e assessoramento, no âmbito do Sistema Único de Saúde (SUS), só poderão ser exercido em regime de tempo integral.

Resposta: alternativa "a".

Art. 29. (Vetado)

Art. 30. As especializações na forma de treinamento em serviço sob supervisão serão regulamentadas por Comissão Nacional, instituída de acordo com o art. 12 desta Lei, garantida a participação das entidades profissionais correspondentes.

TÍTULO V – DO FINANCIAMENTO

CAPÍTULO I – Dos Recursos

Art. 31. O **orçamento da seguridade social** destinará ao Sistema Único de Saúde (SUS) de acordo com a receita estimada, os recursos necessários à realização de suas finalidades, previstos em proposta elaborada pela sua direção nacional, com a participação dos órgãos da Previdência Social e da Assistência Social, tendo em vista as metas e prioridades estabelecidas na Lei de Diretrizes Orçamentárias.

Art. 31 → previsão de que o SUS seja custeado com os **recursos da seguridade social**, a partir de proposta elaborada pelo Ministério da Saúde, com a participação de órgãos da previdência e assistência sociais. O custeio do SUS sempre foi matéria extremamente tormentosa, principalmente pelo crescente aumento na demanda por recursos financeiros e pelos problemas de alocação e execução orçamentária. Com a regulamentação da Emenda Constitucional nº 29/2000 pela **Lei Complementar nº 141/2012**, e esta, de sua vez, pelo **Decreto nº 7.827/2012**, definiram-se os patamares mínimos de recursos a serem aplicados em ações e serviços de saúde, bem como normas sobre a prestação de contas dessas verbas, especialmente pelo recurso ao Sistema de Informações sobre Orçamentos Públicos em Saúde (SIOPS), e a correspondente fiscalização, a cargo, entre outros, dos Tribunais de Contas e dos Conselhos de Saúde (LC nº 141/2012, art. 38).

▶ **Referências normativas:**

- CF, art. 198, §§ 1º a 3º (redação dada pela EC nº 29/2000) e art. 167, IV;
- Lei Complementar nº 141/2012 (regulamenta o § 3º do art. 198 da CF, dispondo sobre os valores mínimos a serem aplicados anualmente pelos entes federativos em ações e serviços de saúde; estabelece os critérios de rateio dos recursos de transferências para a saúde e as normas de fiscalização, avaliação e controle das despesas com saúde das três esferas de governo);
- Decreto nº 7.827/2012 (regulamenta os procedimentos de condicionamento e restabelecimento das transferências, aos Municípios, do 50% do produto da arrecadação do Imposto Territorial Rural – ITR, de competência da União; dos recursos federais a serem transferidos ao Fundo de Participação dos Estados e do Distrito Federal e ao Fundo de Participação dos Municípios; dos recursos federais provenientes da arrecadação do Imposto sobre Produtos Industrializados – IPI e transferidos aos Estados e ao Distrito Federal. Dispõe ainda acerca dos procedimentos de suspensão e restabelecimento das transferências voluntárias da União, nas hipóteses de descumprimento da aplicação dos recursos mínimos em ações e serviços de saúde, na forma da LC nº 141/2012).

Aplicação em concurso:

- *MULT-SAI/2010 – Prefeitura de Grossos/RN, Enfermeiro:*
  O Sistema Único de Saúde – SUS, foi criado pela Constituição Federal de 1988 e regulamentado pelas Leis n.º 8080/90 e nº 8.142/90, Leis Orgânicas da Saúde.
- O SUS é destinado a todos os cidadãos e é financiado com recursos arrecadados através de impostos e contribuições sociais pagos pela população e compõem os recursos do governo federal, estadual e municipal.
  Resposta: Correto.

- *IDECAN/2010 – Prefeitura de Ipatinga/MG, Médico Auditor:*
- O SUS é financiado com recursos do orçamento da seguridade social, da União, dos Estados, do Distrito Federal e dos Municípios, entre outras fontes.
  Resposta: Correto.

- *INSTITUTO LUDUS/2009 – Prefeitura de Inhuma/PI, Médico:*

  A Constituição Federal prevê o financiamento do Sistema Único de Saúde, por meio de recursos

– do orçamento da seguridade social, da União, dos Estados, do Distrito Federal e dos Municípios, além de outras fontes.

  Resposta: Correto.

- *ESAF/2008 – Analista de Finanças e Controle (Área: Auditoria e Fiscalização/ Saúde):*

  Considerando o financiamento do SUS [...]

a) O orçamento da seguridade social destinará ao SUS os recursos necessários à realização de suas finalidades, previstos em proposta elaborada pela sua direção nacional, com a participação dos órgãos da Previdência Social e da Assistência Social.

b) As receitas geradas no âmbito do SUS serão creditadas diretamente em contas especiais, movimentadas pela sua direção, na esfera de poder onde forem arrecadadas.

c) As ações de saneamento que venham a ser executadas supletivamente pelo SUS serão financiadas por recursos tarifários específicos e outros da União, dos estados, do Distrito Federal, dos municípios e, em particular, do Sistema Financeiro da Habitação.

d) As atividades de pesquisa e desenvolvimento científico e tecnológico em saúde serão co-financiadas pelo SUS, pelas universidades e pelo orçamento fiscal, além de recursos de instituições de fomento e financiamento ou de origem externa e receita própria das instituições executoras.

  Resposta: Todas as afirmativas estão corretas.

- *MPF, Concurso Público XXI: A Saúde e a Educação: [...]*

– São de responsabilidade da União Federal e dos Estados, mas não dos Municípios, devem aqueles aplicar, anualmente, percentuais mínimos da receita resultante de impostos, compreendida a proveniente de transferências, em ações e serviços públicos de saúde e na manutenção e desenvolvimento do ensino;

  Resposta: Errado.

► A saúde é de responsabilidade dos Municípios, como também da União, dos Estados e do Distrito Federal, e a Lei nº 8.080/90 atribui aos Municípios a competência para a execução direta de diversos serviços e ações de saúde.

Art. 32. São considerados de **outras fontes** os **recursos provenientes de:**

I – (Vetado)

II – serviços que possam ser prestados sem prejuízo da assistência à saúde;

III – ajuda, contribuições, doações e donativos;

IV – alienações patrimoniais e rendimentos de capital;

V – taxas, multas, emolumentos e preços públicos arrecadados no âmbito do Sistema Único de Saúde (SUS); e

VI – rendas eventuais, inclusive comerciais e industriais.

§ 1º. Ao Sistema Único de Saúde (SUS) caberá metade da receita de que trata o inciso I deste artigo, apurada mensalmente, a qual será destinada à recuperação de viciados.

§ 2º. As receitas geradas no âmbito do Sistema Único de Saúde (SUS) serão creditadas diretamente em contas especiais, movimentadas pela sua direção, na esfera de poder onde forem arrecadadas.

§ 3º. As ações de saneamento que venham a ser executadas supletivamente pelo Sistema Único de Saúde (SUS), serão financiadas por recursos tarifários específicos e outros da União, Estados, Distrito Federal, Municípios e, em particular, do Sistema Financeiro da Habitação (SFH).

§ 4º. (Vetado).

§ 5º. As atividades de pesquisa e desenvolvimento científico e tecnológico em saúde serão co-financiadas pelo Sistema Único de Saúde (SUS), pelas universidades e pelo orçamento fiscal, além de recursos de instituições de fomento e financiamento ou de origem externa e receita própria das instituições executoras.

§ 6º. (Vetado).

1. **Art. 32** → além dos recursos provenientes da seguridade social, o SUS poderá ser financiado por **outras fontes**, oriundas de: (a) serviços diversos, desde que prestados sem prejuízo da assistência à saúde; (b) ajudas, contribuições, doações e donativos; (c) alienações patrimoniais e rendimentos de capital; (d) taxas, multas, emolumentos e preços públicos arrecadados no âmbito do próprio SUS; e (e) rendas eventuais, incluídas as comerciais e industriais. O custeio do SUS, portanto, não é feito unicamente com recursos públicos, admitindo outras fontes de financiamento.

2. **Art. 32, § 2º** → a lei ainda prevê que as receitas geradas sejam depositadas em contas especiais, movimentadas pelo gestor do SUS na respectiva esfera de competência.

   ► **Referências normativas:** CF, art. 198, §§ 1º a 3º; Lei nº 8.142/90, arts. 2º a 5º (dispõe sobre as transferências intergovernamentais de recursos financeiros na área da saúde).

Aplicação em concurso:

- *FAUEL/2014 – Pref. Toledo, PR – Médico ESF:*
  Sobre o Sistema Único de Saúde [...]

c) os recursos financeiros do Sistema Único de Saúde (SUS) serão depositados em conta especial, em cada esfera de sua atuação, e movimentados sob fiscalização dos respectivos conselhos de saúde.
Resposta: Correto.

- *CETRO/2013 – ANVISA – Especialista em Regulação e Vigilância Sanitária:*
  Segundo dispõe a Lei nº 8.080/1990, o orçamento da Seguridade Social destinará ao Sistema Único de Saúde (SUS), de acordo com a receita estimada, os recursos necessários à realização de suas finalidades, previstos em proposta elaborada pela sua direção nacional, com a participação dos órgãos da Previdência Social e da Assistência Social, tendo em vista as metas e prioridades estabelecidas na Lei de Diretrizes Orçamentárias. Porém, na composição do referido orçamento, existe a possibilidade de contar com recursos denominados por lei como "de outras fontes". É correto afirmar que são considerados de outras fontes os recursos provenientes de:

d) serviços que possam ser prestados sem prejuízo da assistência à saúde; alienações patrimoniais e rendimentos de capital; ajuda, contribuições, doações e donativos.
Resposta: alternativa "d".

- *FUNDEP/2011 – Prefeitura de Patrocínio/MG – Agente Comunitário de Saúde:*
  O Sistema Único de Saúde (SUS) é financiado pelos seguintes recursos, EXCETO

a) contribuições pagas pelo setor produtivo à seguridade social.
b) impostos arrecadados pelos estados.
c) pagamento direto dos usuários.
d) impostos arrecadados pelos municípios.
Resposta: alternativa "c".

► É vedado o pagamento direto, por parte dos usuários do SUS, pelas ações e serviços de saúde prestados. A matéria, todavia, encontra-se pendente de julgamento no STF no que respeita à chamada "diferença de classe", tendo sido reconhecida repercussão geral à questão constitucional (RE RG nº 581.488/RS) – como referido no comentário ao art. 199 da CF.

- *CERCON/2010 – Prefeitura de Capela/AL, Biomédico:*

– O financiamento do SUS é de responsabilidade das três esferas de governo e cada uma deve assegurar o aporte regular de recursos, ao respectivo fundo de saúde.

- Conforme determina o artigo 194 da Constituição Federal, a Saúde integra a Seguridade Social, juntamente com a Previdência e a Assistência Social. No inciso VI do parágrafo único desse mesmo artigo, está determinado que a Seguridade Social será organizada pelo poder público, observada a "diversidade da base de financiamento".
- Já o artigo 195, também da CF/88, determina que a Seguridade Social será financiada com recursos provenientes dos orçamentos da União, dos Estados, do Distrito Federal e dos Municípios, e de Contribuições Sociais.

Resposta: todas as afirmativas estão corretas.

- *CERCON/2009 – Prefeitura de Passo de Camaragibe/AL, Médico – 2009:*

São considerados de outras fontes os recursos provenientes de, EXCETO:

a) Serviços que possam ser prestados sem prejuízo da assistência à saúde.
b) Ajuda, contribuições, doações e donativos.
c) Através de recursos federais, Fundo de Participação dos Municípios, bem como taxas, impostos e contribuições de melhoria de cada estado e município e por fim alienações patrimoniais e rendimentos de capital.
d) Taxas, multas, emolumentos e preços públicos arrecadados no âmbito do Sistema Único de Saúde – SUS.

Resposta: alternativa "c".

► O art. 32 da Lei nº 8.080/90 não prevê os recursos federais e o Fundo de Participação dos Municípios como "outras fontes" de recursos para o SUS.

CAPÍTULO II – Da Gestão Financeira

Art. 33. Os **recursos financeiros** do Sistema Único de Saúde (SUS) serão **depositados em conta especial**, em cada esfera de sua atuação, e movimentados sob fiscalização dos respectivos Conselhos de Saúde.

§ 1º. Na esfera federal, os recursos financeiros, originários do Orçamento da Seguridade Social, de outros Orçamentos da União, além de outras fontes, serão administrados pelo Ministério da Saúde, através do **Fundo Nacional de Saúde**.

§ 2º. (Vetado).

§ 3º. (Vetado).

§ 4º. O Ministério da Saúde acompanhará, através de seu **sistema de auditoria**, a conformidade à programação aprovada da aplicação dos recursos repassados a Estados e Municípios. Constatada a malversação, desvio ou não aplicação dos recursos, caberá ao Ministério da Saúde aplicar as medidas previstas em lei.

1. **Art. 33** → a Lei nº 8.080/90 estabelece a criação de **contas especiais** para cada ente da Federação, nas quais serão depositados os recursos financeiros para custeio das ações e dos serviços de saúde prestados pelo SUS, cuja movimentação será fiscalizada pelos respectivos **Conselhos de Saúde**.

2. No que concerne aos recursos mínimos a serem aplicados em ações e serviços de saúde, o **art. 12 da Lei Complementar nº 141/2012** estabelece a transferência direta dos recursos da União para o Fundo Nacional de Saúde e demais unidades orçamentárias que compõem o Ministério da Saúde. Já os recursos transferidos aos demais entes subnacionais serão movimentados em conta específica mantida por instituição financeira oficial federal (LC nº 141/2012, art. 12, § 2º). A lei constitui o Fundo de Saúde como "unidade orçamentária e gestora dos recursos destinados a ações e serviços públicos de saúde", ressalvados aqueles montantes que tenham sido destinados ao próprio Ministério da Saúde (LC nº 141/2012, art. 14).

3. **Art. 33, § 4º** → ao Ministério da Saúde cumpre o dever de fiscalização sobre a aplicação dos recursos financeiros do SUS, por meio de **sistema de auditoria**, podendo aplicar medidas de cunho sancionatório nos casos de malversação, desvio ou não aplicação das verbas da saúde – o que não exclui, ademais, a atuação de outros entes (Ministério Público, Tribunal de Contas, Controladoria-Geral da União, etc.).

4. O acompanhamento e a fiscalização dos recursos aplicados em saúde é feita com recurso ao **Sistema de Informações sobre Orçamentos Públicos em Saúde (SIOPS)**, conceituado como o "sistema informatizado de acesso público, gerido pelo Ministério da Saúde, para o registro eletrônico centralizado das informações de saúde referentes aos orçamentos públicos da União, dos Estados, do Distrito Federal e dos Municípios" (Dec. nº 7.827/2012, art. 2º). O registro dos dados no SIOPS e a fidedignidade dos dados homologados, aos quais se reconhece fé pública, são responsabilidade de cada gestor do SUS, assim como o cumprimento dos prazos assinados pelo Ministério da Saúde (Dec. nº 7.827/2012, art. 4º). O art. 3º do Decreto nº 7.827/2012 elenca os requisitos mínimos a serem observados pelo SIOPS, a saber:

> **Art. 3º.** *O SIOPS será estruturado pelo Ministério da Saúde, observados os seguintes requisitos mínimos:*
>
> *I – registro obrigatório e atualização permanente dos dados no Sistema pela União, Estados, Distrito Federal e Municípios;*

II – informatização dos processos de declaração, armazenamento e exportação dos dados;

III – disponibilização do programa de declaração aos gestores do Sistema Único de Saúde – SUS no âmbito de cada ente da Federação, preferencialmente em meio eletrônico de acesso público;

IV – cálculo automático dos recursos mínimos aplicados em ações e serviços públicos de saúde previstos na Lei Complementar nº 141, de 2012, que deve constituir fonte de informação para elaboração dos demonstrativos contábeis e extracontábeis;

V – previsão de módulo específico de controle externo, para registro, por parte do Tribunal de Contas com jurisdição no território de cada ente da Federação, das informações sobre a aplicação dos recursos em ações e serviços públicos de saúde para emissão do parecer prévio divulgado nos termos do art. 48 e art. 56 da Lei Complementar nº 101, de 4 de maio de 2000, sem prejuízo das informações declaradas e homologadas pelos gestores do SUS; e

VI – integração das informações do SIOPS, por meio de processamento automático, ao sistema eletrônico centralizado de controle das transferências da União aos demais entes da Federação mantido pelo Ministério da Fazenda, para fins de controle do cumprimento do disposto no inciso II do parágrafo único do art. 160 da Constituição e no art. 25 da Lei Complementar nº 101, de 2000.

5. De seu turno, o **Decreto nº 7.508/2011** insere entre as competências do Sistema Nacional de Auditoria e Avaliação do SUS, ao qual se vincula o Departamento Nacional de Auditoria do SUS (DENASUS), o controle e a fiscalização dos Contratos Organizativos de Ação Pública da Saúde (art. 40), por meio dos quais os entes federativos firmam acordos de colaboração para a organização de rede interfederativa de atenção à saúde (art. 33). O exercício desse dever de fiscalização ocorre sem prejuízo do controle social exercido pelo Conselho de Saúde.

► **Referência legislativa:** Lei nº 8.689/93, art. 6º (cria o Sistema Nacional de Auditoria, vinculado ao Ministério da Saúde e com competência para "a avaliação técnico-científica, contábil, financeira e patrimonial do Sistema Único de Saúde". Ainda de acordo com o mesmo dispositivo, tal avaliação será feita de forma descentralizada, por meio dos órgãos estaduais e municipais, além da representação do Ministério da Saúde em cada Estado e no Distrito Federal. Atualmente, o órgão central do sistema é o Departamento Nacional de Auditoria do SUS (DENASUS), organizado conforme o Decreto nº 5.974/2006[152]).

► **Jurisprudência do STJ:**

Acentua o Superior Tribunal de Justiça que a competência para a fiscalização da aplicação dos recursos do SUS é reconhecida à União, por meio do Ministério da Saúde, donde a **competência da Justiça Federal** para a apuração da eventual lesão ao patrimônio público. "O cerne da controvérsia não diz respeito à origem dos recursos financeiros, nem de se perquirir sobre se teria havido, ou não, a incorporação da verba ao patrimônio do Município, solucionando-se a questão pela definição do ente fiscalizador dos recursos, cuja incumbência é da União Federal, através do Ministério da Saúde e seu sistema de Auditoria, *ex vi* do art. 33, § 4º, da Lei nº 8.080/90. Precedentes" (STJ, CC nº 19.548/RJ, Rel. Min. Gilson Dipp, 3ª Seção, unânime, DJ 04-12-2000). Essa orientação segue vigente nos precedentes mais recentes do STJ, que reiteram a competência da Justiça Federal, mesmo quando se tratar de repasse de recursos "fundo a fundo":

> *"DIREITO PROCESSUAL PENAL. COMPETÊNCIA PARA O JULGAMENTO DE AÇÕES PENAIS RELATIVAS A DESVIO DE VERBAS ORIGINÁRIAS DO SUS. Compete à Justiça Federal processar e julgar as ações penais relativas a desvio de verbas originárias do Sistema Único de Saúde (SUS), independentemente de se tratar de valores repassados aos Estados ou Municípios por meio da modalidade de transferência "fundo a fundo" ou mediante realização de convênio. Isso porque há interesse da União na regularidade do repasse e na correta aplicação desses recursos, que, conforme o art. 33, § 4º, da Lei 8.080/1990, estão sujeitos à fiscalização federal, por meio do Ministério da Saúde e de seu sistema de auditoria. Dessa forma, tem aplicação à hipótese o disposto no art. 109, IV, da CF, segundo o qual aos juízes federais compete processar e julgar os crimes políticos e as infrações penais praticadas em detrimento de bens, serviços ou interesse da União ou de suas entidades autárquicas ou empresas públicas, excluídas as contravenções e ressalvada a competência da Justiça Militar e da Justiça Eleitoral. Incide, ademais, o entendimento contido na Súmula 208 do STJ, de acordo com a qual compete à Justiça Federal processar e julgar prefeito municipal por desvio de verba sujeita a prestação de contas perante órgão federal. Cabe ressaltar, a propósito, que o fato de os Estados*

152. Para outras informações, consultar: <http://sna.saude.gov.br/>. Acesso em 26 nov. 2010.

e Municípios terem autonomia para gerenciar a verba destinada ao SUS não elide a necessidade de prestação de contas ao TCU, tampouco exclui o interesse da União na regularidade do repasse e na correta aplicação desses recursos." (AgRg no CC 122.555-RJ, Rel. Min. Og Fernandes, 3ª Seção, julgado em 14-08-2013 – Informativo nº 527).

Aplicação em concurso:

► **Depósito e fiscalização dos recursos financeiros do SUS:**

- *INAZ do Pará/2018 – FunGota de Araraquara, SP – Advogado:*

  A Lei nº 8.080/90, no art. 33, ao tratar dos recursos financeiros do Sistema Único de Saúde, estabelece que eles devem ser:

a) depositados em conta comum do Tesouro, em cada esfera de sua atuação, e movimentados sob fiscalização dos respectivos Conselhos de Saúde.

b) depositados em conta especial, em cada esfera de sua atuação, e movimentados sob fiscalização dos respectivos Conselhos de Saúde.

c) depositados em conta especial, em cada esfera de sua atuação, e movimentados sob fiscalização da respectiva Secretaria de Saúde.

d) depositados em conta especial, em cada esfera de sua atuação, e movimentados sob fiscalização do Conselho Nacional de Secretários de Saúde.

Resposta: alternativa "b".

- *MP-PR/2013 – Promotor Substituto:*

– Os recursos financeiros do SUS, depositados em conta especial e única, são movimentados sob a fiscalização dos respectivos Conselhos de Saúde das esferas federal, estadual e municipal.

Resposta: Errado.

► A lei exige que se trate de conta especial para o depósito dos recursos financeiros do SUS, mas não que esta conta seja única.

- *FUNCAB/2013 – Prefeitura de Cuiabá, MT – Cirurgião Dentista:*

  Analise as afirmativas abaixo e marque a correta, no que se refere à gestão financeira do SUS.

e) Os recursos financeiros do Sistema Único de Saúde (SUS) serão depositados em conta especial, em cada esfera de sua atuação, e movimentados sob fiscalização dos respectivos Conselhos de Saúde.

Resposta: alternativa "e".

- *FUNDEP/2011 – Prefeitura de Patrocínio/MG – Agente Comunitário de Saúde:*

Os recursos financeiros do Sistema Único de Saúde (SUS) são movimentados sob a fiscalização

a) dos Conselhos de Saúde.

Resposta: alternativa "a".

- *NUCEPE/UESPI/2011 – FMS – Advogado:*

– Os recursos financeiros do Sistema Único de Saúde (SUS) serão depositados em conta especial, em cada esfera de sua atuação, e movimentados sob fiscalização dos respectivos Conselhos de Saúde.

Resposta: Correto.

- *FUNCAB/2010 – Prefeitura de Vitória/ES, Biólogo:*

De acordo com a Lei nº 8.080/90, os recursos financeiros do Sistema Único de Saúde serão depositados em conta especial, de acordo com a esfera de atuação e movimentados sob fiscalização dos(das) respectivos(as):

a) Conselhos de Saúde.

Resposta: alternativa "a".

► Sistema de Auditoria do Ministério da Saúde:

- *IADES/2018 – SES/DF – Enfermeiro Obstetra:*

No que se refere aos componentes da Política Nacional de Gestão Estratégica e Participativa no Sistema Único de Saúde (SUS), assinale a alternativa correta.

a) As ouvidorias são canais democráticos de comunicação, destinados a receber manifestações restritas às reclamações dos cidadãos.

b) As comissões intergestores são instâncias de pactuação consensual entre os entes federativos para definição das regras da gestão compartilhada do SUS.

c) A gestão participativa e o controle social no SUS são um processo sistemático de acompanhamento dos indicadores de saúde.

d) O monitoramento e a avaliação de processos ocorre por meio da promoção da educação popular e de movimentos populares articulados.

e) Auditoria é o conjunto de técnicas que visa a avaliar a gestão pública, de forma preventiva e operacional.

Resposta: alternativa "e".

- *FCC/2013 – FHEMIG – Médico Anestesiologia:*

As ações de auditoria dentro do Sistema Único de Saúde (SUS) são

b) de responsabilidade das três esferas gestoras do SUS, o que exige a estruturação do respectivo órgão de controle, avaliação e auditoria, incluindo a definição dos recursos e da metodologia adequada de trabalho.

Resposta: alternativa "b".

- *FUNDEP/2011 – Prefeitura de Uberaba/MG – Auditor (Direito):*

No âmbito do Sistema Nacional de Auditoria – SNA, do Serviço Único de Saúde – SUS, constitui atividade própria do coordenador de equipe de auditoria

b) implementar ações corretivas das falhas detectadas, garantindo sua efetividade.

Resposta: alternativa "b".

- *IPAD/2009 – Prefeitura de Moreno/PE, Auditor Médico:*

  Quanto aos recursos do Sistema Único de Saúde, é correto afirmar:

– É competência do Ministério da Saúde, por intermédio dos órgãos do Sistema Nacional de Auditoria e com base nos relatórios de gestão encaminhados pelos estados, distrito federal e municípios, acompanhar a conformidade da aplicação dos recursos transferidos à programação dos serviços e ações constantes dos planos de saúde.

Resposta: Correto.

- *ESAF/2008 – Analista de Finanças e Controle (Área: Auditoria e Fiscalização/ Saúde):*

  Considerando o financiamento do SUS, assinale a opção incorreta.

e) O Ministério da Saúde acompanhará, por meio de seu sistema de auditoria, a conformidade à programação aprovada da aplicação dos recursos repassados a estados e municípios. Constatada a malversação, desvio ou não aplicação dos recursos, caberá ao Ministério Público aplicar as medidas previstas em lei.

Resposta: alternativa "e".

► A afirmativa está errada porque cabe ao Ministério da Saúde aplicar as medidas previstas em lei.

Art. 34. As autoridades responsáveis pela distribuição da receita efetivamente arrecadada transferirão automaticamente ao Fundo Nacional de Saúde (FNS), observado o critério do parágrafo único deste artigo, os recursos financeiros correspondentes às dotações consignadas no Orçamento da Seguridade Social, a projetos e atividades a serem executados no âmbito do Sistema Único de Saúde (SUS).

Parágrafo único. Na distribuição dos recursos financeiros da Seguridade Social será observada a mesma proporção da despesa prevista de cada área, no Orçamento da Seguridade Social.

Art. 35. Para o estabelecimento de **valores a serem transferidos** a Estados, Distrito Federal e Municípios, será utilizada a combinação dos seguintes **critérios**, segundo análise técnica de programas e projetos:

I – perfil demográfico da região;

II – perfil epidemiológico da população a ser coberta;

III – características quantitativas e qualitativas da rede de saúde na área;

IV – desempenho técnico, econômico e financeiro no período anterior;

V – níveis de participação do setor saúde nos orçamentos estaduais e municipais;

VI – previsão do plano qüinqüenal de investimentos da rede;

VII – ressarcimento do atendimento a serviços prestados para outras esferas de governo.

§ 1º. (Revogado pela Lei Complementar nº 141, de 2012).

§ 2º. Nos casos de Estados e Municípios sujeitos a notório processo de migração, os critérios demográficos mencionados nesta lei serão ponderados por outros indicadores de crescimento populacional, em especial o número de eleitores registrados.

§ 3º. (Vetado).

§ 4º. (Vetado).

§ 5º. (Vetado).

§ 6º. O disposto no parágrafo anterior não prejudica a atuação dos órgãos de controle interno e externo e nem a aplicação de penalidades previstas em lei, em caso de irregularidades verificadas na gestão dos recursos transferidos.

1. **Art. 34** à determina a **transferência dos recursos financeiros para o Fundo Nacional de Saúde**, provenientes das dotações financeiras do orçamento da seguridade social e observada a proporção das despesas aí estipulada para cada área.

Aplicação em concursos:

- *CESPE/2008 – HEMOBRÁS, Analista de Gestão Corporativa (Advogado):*
  Os recursos do Fundo Nacional de Saúde serão alocados como despesas de custeio e de capital dos Ministérios da Saúde e do Meio Ambiente, seus órgãos e entidades, da administração direta e indireta.
  Resposta: Errado.

▶ Os recursos do Fundo Nacional de Saúde serão alocados em projetos e atividades a serem executados no âmbito do SUS.

---

2. **Art. 35** → define os **critérios para o estabelecimento dos recursos a serem transferidos para Estados, Distrito Federal e Municípios**, dentre os

quais se destacam: (a) o perfil demográfico da região; (b) o perfil epidemiológico da população envolvida (conforme art. 7º, VIII, que determina a utilização da epidemiologia como critério para a alocação de recursos); (c) as características da rede de saúde local, em termos quantitativos e qualitativos; e (d) o nível de participação do setor saúde nos orçamentos estaduais e municipais. Com relação à aplicação dos recursos mínimos em ações e serviços de saúde, a Lei Complementar nº 141/2012 determinou que serão observados "as necessidades de saúde da população, as dimensões epidemiológica, demográfica, socioeconômica, espacial e de capacidade de oferta de ações e de serviços de saúde", ademais dos critérios gerais do art. 35 da Lei nº 8.080/90.

3. **Art. 35, § 2º** → a lei ressalva a situação de Estados e Municípios sujeitos a "notório processo de migração", quando o critério demográfico será ponderado por outros indicadores, especialmente o número de eleitores registrados.

4. **Art. 35, § 6º** → em nenhuma hipótese ficarão prejudicadas as atividades dos órgãos de controle interno e externo, nem tampouco a penalização, caso verificadas irregularidades na gestão dos recursos repassados.

► Aplicação em concursos:

- *VUNESP/2017 – Câmara de Barretos, SP – Advogado:*

  Os recursos financeiros do Sistema Único de Saúde (SUS) serão depositados em conta especial, em cada esfera de sua atuação, e movimentados sob fiscalização dos respectivos Conselhos de Saúde. Para o estabelecimento de valores a serem transferidos a Estados, Distrito Federal e Municípios, será utilizada a combinação dos seguintes critérios, segundo análise técnica de programas e projetos:

a) características quantitativas, distributivas e qualitativas da rede de saúde na área.
b) previsão do plano trienal de investimentos da rede.
c) ressarcimento do atendimento a serviços prestados para outras esferas de governo.
d) os critérios demográficos serão ponderados pelo número de eleitores registrados.
e) metade dos recursos destinados a Estados e Municípios será distribuído segundo o quociente de sua divisão pelo número de habitantes, independentemente de qualquer procedimento prévio.

Resposta: alternativa "c".

- *CEPUERJ/UERJ/2014 – Pref. Campo dos Goytacazes, RJ – Médico Angiologista:*

  De acordo com a Lei nº 8.080/90, para a transferência de valores a Estados, Distrito Federal e municípios será utilizada a combinação de análise técnica de programas e projetos a partir de critérios, entre os quais encontram-se:

d) perfil democrático da região e epidemiológico da população a ser coberta.

Resposta: alternativa "d".

- *BIORIO/2014 – SPDM – Médico Generalista ESF:*

  Segundo a Lei 8.080/90, constitui um critério para a definição de valores a serem transferidos a Estados, Distrito Federal e municípios:

a) o perfil epidemiológico da população;

Resposta: alternativa "a".

- *VUNESP/2014 – Pref. Estância Hidromineral de Poá, SP – Procurador Jurídico:*

  Para efeito da Lei Complementar nº 101/2000, a entrega de recursos correntes ou de capital a outro ente da Federação, a título de cooperação, auxílio ou assistência financeira, que não decorra de determinação constitucional, legal ou os destinados ao Sistema Único de Saúde, entende-se por

d) transferência voluntária.

Resposta: alternativa "d".

- *CETRO/2013 – Prefeitura Municipal de Campinas/SP – Enfermeiro:*

  Em relação ao financiamento do Sistema Único de Saúde (SUS), para o estabelecimento do direcionamento de valores, é utilizada a combinação dos seguintes critérios:

c) perfil demográfico da região, características quantitativas e qualitativas da rede de saúde na área e ressarcimento do atendimento a serviços prestados para outras esferas de governo.

Resposta: alternativa "c".

- *CETRO/2013– ANVISA – Especialista em Regulação e Vigilância Sanitária:*

  Para o estabelecimento de valores a serem transferidos a Estados, Distrito Federal e Municípios, será utilizada a combinação de critérios, relacionados no artigo 35 da Lei nº 8.080/1990, os quais serão objeto de análise técnica de programas e projetos. Assinale a alternativa que não apresenta um dos critérios de que trata a referida norma.

a) Perfil epidemiológico da população a ser coberta.
b) Desempenho técnico, econômico e financeiro no período anterior.
c) Previsão do plano quinquenal de investimentos da rede.
d) Ressarcimento do atendimento a serviços prestados para outras esferas de governo.
e) Níveis de participação do setor saúde nos orçamentos federal, estaduais e municipais.

Resposta: alternativa "e".

► O art. 35, V, considera como critério de distribuição dos recursos os "níveis de participação do setor saúde nos orçamentos estaduais e municipais", mas não no orçamento federal.

- *ADVISE/2010 – Prefeitura de Santo Amaro das Brotas/SE, Médico Clínico Geral:*

  O critério pelo qual se determinam os valores a ser transferidos aos estados, municípios e ao distrito Federal, no que tange ao financiamento do SUS (dentre outros critérios), é:

b) características específicas da região, a exemplo de seu perfil demográfico.

Resposta: alternativa "b".

- *CONSUPLAN/2010 – Prefeitura de Sertaneja/PR, Psicólogo:*

  Conforme estabelece a Lei Federal nº 8.080/1990, existem critérios que deverão ser utilizados pelos Estados, Distrito Federal e Municípios, para que sejam estabelecidos os valores que serão aplicados em programas e projetos. Dos diversos critérios citados na Lei, após análise técnica, identifique o INCORRETO:

a) Perfil demográfico da região.
b) 'Perfil epidemiológico da população a ser coberta.
c) Níveis de participação do setor de saúde, nos orçamentos estaduais e municipais.
d) Previsão de despesas no plano mensal, após investimentos através de bens de capital.
e) Desempenho técnico, econômico e financeiro no período anterior.

Resposta: alternativa "d".

► O que o art. 35, inciso VI, estabelece é a "previsão do plano quinquenal de investimentos da rede".

- *SOCIESC/2010 – Prefeitura de Rio Negrinho/SC, Psicólogo:*

  A Lei 8.080/90 no artigo 35, no que rege a gestão financeira do Sistema Único de Saúde, determina que para o estabelecimento de valores a serem transferidos a Estados, Distrito Federal e Municípios, será utilizada a combinação dos seguintes critérios, segundo análise técnica de programas e projetos, exceto:

a) Perfil demográfico da região.
b) Previsão do plano quinquenal de investimentos da rede.
c) Características psicobiosocioculturais da população.
d) Perfil epidemiológico da população a ser coberta.
e) Desempenho técnico, econômico e financeiro no período anterior.

Resposta: alternativa "c".

- As características psicobiosocioculturais da população não constituem critério previsto pelo art. 35 da Lei nº 8.080/90 para a definição dos recursos a serem repassados a Estados, Distrito Federal e Municípios.

CAPÍTULO III –
Do Planejamento e do Orçamento

Art. 36. O **processo de planejamento e orçamento** do Sistema Único de Saúde (SUS) será **ascendente, do nível local até o federal**, ouvidos seus órgãos deliberativos, compatibilizando-se as necessidades da política de saúde com a disponibilidade de recursos em planos de saúde dos Municípios, dos Estados, do Distrito Federal e da União.

§ 1º. Os **planos de saúde** serão a base das atividades e programações de cada nível de direção do Sistema Único de Saúde (SUS), e seu financiamento será previsto na respectiva proposta orçamentária.

§ 2º. É **vedada** a transferência de recursos para o financiamento de ações não previstas nos planos de saúde, exceto em situações emergenciais ou de calamidade pública, na área de saúde.

Art. 37. O **Conselho Nacional de Saúde** estabelecerá as diretrizes a serem observadas na elaboração dos planos de saúde, em função das características epidemiológicas e da organização dos serviços em cada jurisdição administrativa.

1. **Arts. 36 e 37 → Planejamento e Orçamento do SUS**: o art. 37, *caput*, faz clara referência aos princípios constitucionais da descentralização e hierarquização, estipulando que o processo de planejamento e orçamento do SUS deve ser **ascendente**, a partir do nível local, em direção ao nível nacional. Além disso, a interpretação conjunta dos arts. 36 e 37 bem indica que os **planos de saúde** constituem o instrumento de compatibilização entre "as necessidades da política de saúde com a disponibilidade de recursos [...] dos Municípios, dos Estados, do Distrito Federal e da União", servindo como referência para a definição das atividades e programas de saúde na respectiva região, assim como o correspondente financiamento. O **caráter vinculativo** dos planos de saúde é evidenciado pela vedação à transferência de recursos para o custeio de ações não previstas no plano de saúde, excetuadas as situações emergenciais ou de calamidade pública.

2. O planejamento da saúde encontra-se atualmente regulamentado pelo Decreto nº 7.508/2011, que instituiu, ao lado dos planos de saúde, o

Mapa da Saúde, assim conceituado como a "descrição geográfica da distribuição de recursos humanos e de ações e serviços de saúde ofertados pelo SUS e pela iniciativa privada, considerando-se a capacidade instalada existente, os investimentos e o desempenho aferido a partir dos indicadores de saúde do sistema" (art. 2º, V). Trata-se do instrumento utilizado na "identificação das necessidades de saúde" e que "orientará o planejamento integrado dos entes federativos, contribuindo para o estabelecimento de metas de saúde", numa clara referência às diretivas convencionadas no **Pacto pela Saúde**, com incentivo ao planejamento regionalizado e integrado da saúde (art. 17). Nos termos do art. 16, o planejamento do SUS deve ainda considerar as ações e os serviços de saúde prestados pela iniciativa privada, em caráter complementar ou não ao SUS, de forma a permitir a efetiva avaliação da capacidade instalada do setor como um todo.

3. Por fim, o art. 37 atribui ao **Conselho Nacional de Saúde** a fixação das diretrizes a serem observadas na elaboração dos planos de saúde, em conformidade às características epidemiológicas da população (art. 7º, VII) e à organização dos serviços de saúde na respectiva área de abrangência.

▶ Questão doutrinária:

Pode-se sustentar que os planos de saúde se não o fazem completamente, pelo menos são um primeiro instrumento de compatibilização entre a denominada "reserva do possível" e a garantia do "mínimo existencial", na medida em que procuram a conformação entre as necessidades da população local e as possibilidades de atendimento do sistema de saúde. A ponderação de ambas as questões é certamente um dos temas mais tormentosos, seja na doutrina, seja na jurisprudência, e o fortalecimento do papel dos planos de saúde pode ser um caminho a ser trilhado na busca de soluções para os problemas da assistência à saúde, especialmente como opção anterior à busca da solução via Judiciário.

Aplicação em concursos:

▶ Hierarquização: planejamento ascendente, do nível local até o federal:

- *CEFET-BA/2015 – MPE/BA – Promotor de Justiça Substituto:*

  Quanto ao direito dos cidadãos à saúde, examine as assertivas abaixo registradas:

– O processo de planejamento e orçamento do Sistema Único de Saúde (SUS) será descendente, do nível federal até o local, ouvidos seus órgãos deliberativos, compatibilizando-se as necessidades da política de saúde com a disponibilidade de recursos em planos dos Municípios, dos Estados, do Distrito Federal e da União.

Resposta: Errado.

► O processo de planejamento da saúde será ascendente, do nível local até o federal.

- *FAFIPA/2011 – Prefeitura de São José dos Pinhais/PR – Administrador:*

– O processo de planejamento e orçamento do Sistema Único de Saúde (SUS) será ascendente, do nível local até o federal, ouvidos seus órgãos deliberativos, compatibilizando-se as necessidades da política de saúde com a disponibilidade de recursos em planos de saúde dos Municípios, dos Estados, do Distrito Federal e da União.

Resposta: Correto.

- *MSCONCURSOS/2011 – FSPECE – Prefeitura de Esteio/RS – Administrador:*

– O processo de planejamento e orçamento do Sistema Único de Saúde (SUS) será descendente, do nível federal até o local, ouvidos seus órgãos deliberativos, compatibilizando-se as necessidades da política de saúde com a disponibilidade de recursos em planos de saúde dos Municípios, dos Estados, do Distrito Federal e da União.

Resposta: Errado.

- *INCA/CESPE/2010 – INCA, Tecnologista Jr. I (Bibliotecário, Divulgação Científica na área da saúde):*

– O processo de planejamento e orçamento do SUS será descendente, do nível federal até o local, ouvidos seus órgãos consultivos.

Resposta: Errado.

- *MP/PR/2008 – Promotor Substituto:*

– O processo de planejamento e orçamento do Sistema Único de Saúde será descendente, do nível federal até o local, ouvidos seus órgãos deliberativos, compatibilizando-se as necessidades da política de saúde com a disponibilidade de recursos em planos de saúde dos Municípios, dos Estados, do Distrito Federal e da União.

Resposta: Errado.

► As afirmativas feitas pelas três questões incidem no mesmo erro. O texto legal é expresso em referir que o processo de planejamento e orçamento do SUS será ascendente, do nível local até o federal.

▶ Planos de saúde:

- *SEGPLAN-GO/2016 – SEAP/GO – Analista de Saúde:*

  O Capítulo III da Lei Federal 8.080/90, do Planejamento e Orçamento, define que os planos de saúde serão a base das atividades e programações de cada nível de direção do Sistema Único de Saúde - SUS, e seu financiamento será previsto na respectiva proposta orçamentária. É correto afirmar que as diretrizes a serem observadas na elaboração dos planos de saúde serão estabelecidas pelo:

a) Conselho Nacional de Saúde.
b) Ministério da Saúde.
c) Ministério do Planejamento.
d) Secretaria de Atenção à Saúde.
e) Secretaria Municipal de Saúde.

Resposta: alternativa "a".

- *FAFIPA/2011 – Prefeitura de São José dos Pinhais/PR – Administrador:*

– Os planos de saúde serão a base das atividades e programações de cada nível de direção do Sistema Único de Saúde (SUS), e seu financiamento será previsto na respectiva proposta orçamentária.

- *MSCONCURSOS/2011 – FSPSCE – Prefeitura de Esteio/RS – Advogado:*

– Os planos de saúde serão a base das atividades e programações de cada nível de direção do Sistema Único de Saúde (SUS), e seu financiamento será previsto na respectiva proposta orçamentária.

Resposta: Correto.

- *INCA/CESPE/2010 – INCA, Tecnologista Jr. I (Bibliotecário, Divulgação Científica na área da saúde):*

– Os planos de saúde serão a base das atividades e programações de cada nível de direção do SUS e seu financiamento será previsto na respectiva proposta orçamentária.

Resposta: Correto.

- *FUNCAB/2010, Prefeitura de Vitória/ES, Biólogo:*

  Os instrumentos de gestão utilizados pelo SUS têm por objetivo nortear as ações e serviços de saúde nas três esferas de governo com vistas à garantia da efetividade das políticas públicas de saúde. Um desses instrumentos são os Planos de Saúde. Em relação a eles, podemos afirmar que:

b) são documentos de intenções políticas, diagnósticos e estratégias de execução, nos quais são destacados os objetivos dos programas e as previsões de metas físicas e financeiras.

Resposta: alternativa "b".

- *MP/PR/2008 – Promotor Substituto:*
- Os gastos decorrentes do atendimento das necessidades da área de saúde pública devem observar os princípios e diretrizes do Sistema Único de Saúde-SUS e serem destinados à cobertura de ações e serviços de acesso universal, com observância da igualdade e gratuidade, além de guardarem correspondência com os objetivos e metas constantes dos respectivos planos de saúde.
  Resposta: Correto.

▶ Vinculatividade dos planos de saúde sobre as transferências de recursos:

- *FAFIPA/2011 – Prefeitura de São José dos Pinhais/PR – Administrador:*
- É vedada a transferência de recursos para o financiamento de ações não previstas nos planos de saúde, exceto em situações emergenciais ou de calamidade pública, na área de saúde.
- *IPAD/2009 – Prefeitura de Moreno/PE – Auditor Médico:*
  Quanto aos recursos do Sistema Único de Saúde, é correto afirmar:
- É vedada a transferência de recursos para o financiamento de ações não previstas nos planos de saúde, exceto em situações emergenciais ou de calamidade pública nas áreas de saúde e segurança nacional.
  Resposta: Errado.

▶ As exceções legais dizem respeito à área da saúde, não à segurança nacional.

▶ CNS: competência na definição das diretrizes para os planos de saúde:

- *MAKYAMA/2014 – Pref. Capela do Alto, SP – Médico Cardiologista:*
- De acordo com a Lei 8.080/90, o Conselho Nacional de Saúde deve estabelecer as diretrizes a serem observadas na elaboração dos planos de saúde, em função das características:

a) epidemiológicas e da organização dos serviços em cada jurisdição administrativa.
   Resposta: alternativa "a".

- *FAFIPA/2011 – Prefeitura de São José dos Pinhais/PR – Administrador:*
- O Conselho Nacional de Saúde estabelecerá as diretrizes a serem observadas na elaboração dos planos de saúde, em função das características epidemiológicas e da organização dos serviços em cada jurisdição administrativa.
  Resposta: Correto.

- *MP-SC/2010 – Promotor de Justiça – XXXV Concurso:*
- Compete ao Conselho Nacional de Saúde estabelecer as diretrizes a serem observadas na elaboração dos planos de saúde, em função das

características epidemiológicas e da organização dos serviços em cada jurisdição administrativa.
Resposta: Correto.

Art. 38. Não será permitida a destinação de **subvenções e auxílios** a instituições prestadoras de serviços de saúde com finalidade lucrativa.

Art. 38 → na esteira da disposição constitucional, a Lei nº 8.080/90 **veda a alocação de recursos, sob a forma de subvenções e auxílios**, a instituições prestadoras de serviços de saúde com fins lucrativos.

▶ **Referência constitucional:** CF, art. 199, § 2º.

Aplicação em concurso:

- *FUNDEP/2018 – MPE/MG – Promotor de Justiça:*
  - É permitida a destinação de subvenções e auxílios a instituições prestadoras de serviços de saúde com finalidade lucrativa, tendo em vista que o Estado utiliza-se da iniciativa privada para aumentar e complementar a sua atuação em benefício da saúde da população.
  Resposta: Errado.

▶ Tanto a Constituição (art. 199, § 2º), quanto a Lei nº 8.080/1990, vedam a destinação de recursos públicos sob forma de subvenções e auxílios a instituições de saúde com finalidade lucrativa.

- *FCC/2018 – TRT 6ª Região – Analista Judiciário (Área Judiciária):*
  Em conformidade com a disciplina constitucional atinente à Ordem Social,
  - a assistência à saúde é livre à iniciativa privada sendo, contudo, vedada a destinação de recursos públicos para auxílios ou subvenções às instituições privadas sem fins lucrativos.
  Resposta: Errado.

▶ A vedada a destinação de auxílios e subvenções para instituições prestadoras de serviços de saúde com finalidade lucrativa.

- *DIRECTA/2014 – Pref. Piedade, SP – Médico Clínico Geral:*
  Complete: O art. 38 da Lei Federal 8.080/90, afirma que não será permitida a destinação de subvenções e auxílios a instituições prestadoras de serviços de saúde com finalidade____________________.

a) lucrativa.
Resposta: alternativa "a".

- *NUCEPE/UESPI/2011 – FMS – Advogado:*
Ainda em relação à Lei 8.080/90 [...]

– não será permitida a destinação de subvenções e auxílios a instituições prestadoras de serviços de saúde com finalidade lucrativa.
Resposta: Correto.

DAS DISPOSIÇÕES FINAIS E TRANSITÓRIAS

Art. 39. (Vetado).

§ 1º. (Vetado).

§ 2º. (Vetado).

§ 3º. (Vetado).

§ 4º. (Vetado).

§ 5º. A cessão de uso dos imóveis de propriedade do Inamps para órgãos integrantes do Sistema Único de Saúde (SUS) será feita de modo a preservá-los como patrimônio da Seguridade Social.

§ 6º. Os imóveis de que trata o parágrafo anterior serão inventariados com todos os seus acessórios, equipamentos e outros.

§ 7º. (Vetado).

§ 8º. O acesso aos serviços de informática e bases de dados, mantidos pelo Ministério da Saúde e pelo Ministério do Trabalho e da Previdência Social, será assegurado às Secretarias Estaduais e Municipais de Saúde ou órgãos congêneres, como suporte ao processo de gestão, de forma a permitir a gerência informatizada das contas e a disseminação de estatísticas sanitárias e epidemiológicas médico-hospitalares.

1. **Art. 39, §§ 5º e 6º** → destinação dos imóveis do antigo Instituto Nacional de Assistência Médica da Previdência Social (INAMPS). Apesar de instituído pela Constituição Federal em 1988, o SUS não foi implementado desde esse primeiro momento e, durante algum tempo, conviveram ambos os modelos de assistência à saúde. Entre outros fatores, releva lembrar que o INAMPS foi extinto somente com a promulgação da Lei nº 8.689/93, e daí a necessidade de a Lei nº 8.080/90, que é anterior, dispor sobre os imóveis da autarquia. Atualmente as normas já não têm praticamente aplicação.

Art. 40. (Vetado)

Art. 41. As ações desenvolvidas pela Fundação das Pioneiras Sociais e pelo Instituto Nacional do Câncer, supervisionadas pela direção nacional do Sistema Único de Saúde (SUS), permanecerão como referencial de prestação de serviços, formação de recursos humanos e para transferência de tecnologia.

Art. 41 → A **Fundação das Pioneiras Sociais** foi extinta, passando seu patrimônio a integrar o patrimônio da União, pelo Ministério da Saúde, criando-se, em seu lugar, o Serviço Social Autônomo Associação das Pioneiras Sociais, pela Lei nº 8.246/91. A Fundação destinava-se à prestação de assistência médica qualificada e gratuita, congregando diversas instituições, como o Hospital Sarah Kubitschek. Já o **Instituto Nacional do Câncer** passou a integrar o SUS, atuando como referência no tratamento e na prevenção do câncer.

Aplicação em concurso:

- *SELECT/2010 – Prefeitura de Água Preta/PE, Médico Plantonista:*

– As ações desenvolvidas pela Fundação das Pioneiras Sociais e pelo Instituto Nacional do Câncer, supervisionadas pela direção nacional do Sistema Único de Saúde (SUS), permanecerão como referencial de prestação de serviços, formação de recursos humanos e para transferência de tecnologia.

Resposta: Correto.

Art. 42. (Vetado).

Art. 43. A **gratuidade** das ações e serviços de saúde fica preservada nos serviços públicos contratados, ressalvando-se as cláusulas dos contratos ou convênios estabelecidos com as entidades privadas.

1. **Art. 43 → gratuidade dos serviços públicos de saúde contratados**: como norma transitória, o art. 43 assegura a gratuidade dos serviços públicos de saúde já contratados pelo modelo de assistência à saúde que vigia antes da instauração do SUS, ressalvados os contratos e convênios que tenham sido estabelecidos com as entidades privadas. Na verdade, este é o único momento em que a Lei nº 8.080/90 trata expressamente da questão da gratuidade dos serviços públicos de saúde.

2. A matéria, contudo, foi regulamentada indiretamente pela **Resolução nº 283**, de 30 de outubro de 1991, do Instituto Nacional de Assistência Médica da Previdência Social (INAMPS), que vedou a cobrança de valores complementares pelo atendimento prestado no âmbito do SUS – o que trouxe por consequência a gratuidade dos serviços públicos de saúde. Essa orientação foi corroborada posteriormente pela Portaria nº 113, de 4 de setembro de 1997, da Secretaria de Assistência à Saúde do Ministério da Saúde (SAS/MS).

3. Tal questão não vem sendo objeto de maiores questionamentos na jurisprudência, o que já não acontece em doutrina, com alguns estudos sobre o tema, inclusive com referências ao direito comparado[153].

► **Jurisprudência do STF:** o STF considerou constitucional a vedação à internação em acomodações distintas daquelas oferecidas regularmente aos pacientes do SUS (a chamada "diferença de classe"), inclusive quanto ao pagamento de valores. As exceções reconhecidas pela jurisprudência do STF dizem respeito a casos individuais, em que os pacientes, por suas condições pessoais de saúde (normalmente portadores de doenças infectocontagiosas), necessitavam de acomodação em quartos individuais. Como já referido anteriormente, a matéria foi objeto do **RE-RG nº 581.488/RS**, tendo sido fixada a seguinte tese:

> *Tema 579/STF: "É constitucional a regra que veda, no âmbito do Sistema Único de Saúde, a internação em acomodações superiores, bem como o atendimento diferenciado por médico do próprio Sistema Único de Saúde, ou por médico conveniado, mediante o pagamento da diferença dos valores correspondentes".*

Aplicação em concurso:

- *CESPE/2007 – Prefeitura de Vitória/ES, Agente de Vigilância Sanitária:*
  Apesar de o SUS garantir maior acesso da população aos serviços de saúde, continuam sendo pagas pelos usuários desse sistema as consultas médicas

---

153. Para aprofundamento, consultar, *v.g.*: SARLET, 2009, especialmente p. 346 et seq.; AZEM, Guilherme Beaux Nassif. Direito à Saúde e Comprovação da Hipossuficiência. In: ASSIS, Araken de. (coord.). *Aspectos Polêmicos e Atuais dos Limites da Jurisdição e do Direito à Saúde*. Notadez: Sapucaia do Sul, 2007, p. 13-25; FIGUEIREDO, 2007, p. 170 et seq.; e SARLET; FIGUEIREDO, 2008a, p. 125-172.

e as hospitalizações, o que justifica a crescente adesão aos planos de saúde privados.

Resposta: Errado.

▶ As consultas médicas e hospitalizações não são pagas no âmbito do SUS.

- *MPF, Concurso Público XXI:*

A saúde e a educação: [...]

d) são assegurados pelo Estado apenas aos necessitados, vedadas a gratuidade do ensino público em estabelecimentos oficiais e a assistência médica gratuita nos hospitais públicos do sistema único aos detentores de planos de saúde privados.

Resposta: Errado.

▶ A assistência médica é gratuita no âmbito do SUS.

- *SELECT/2010 – Prefeitura de Água Preta/PE, Médico Plantonista:*

– A gratuidade das ações e serviços de saúde fica preservada nos serviços públicos contratados, ressalvando-se as cláusulas dos contratos ou convênios estabelecidos com as entidades privadas.

Resposta: Correto.

Art. 44. (Vetado).

Art. 45. Os serviços de saúde dos **hospitais universitários e de ensino** integram-se ao Sistema Único de Saúde (SUS), mediante convênio, preservada a sua autonomia administrativa, em relação ao patrimônio, aos recursos humanos e financeiros, ensino, pesquisa e extensão nos limites conferidos pelas instituições a que estejam vinculados.

§ 1º. Os serviços de saúde de sistemas estaduais e municipais de previdência social deverão integrar-se à direção correspondente do Sistema Único de Saúde (SUS), conforme seu âmbito de atuação, bem como quaisquer outros órgãos e serviços de saúde.

§ 2º. Em tempo de paz e havendo interesse recíproco, os **serviços de saúde das Forças Armadas** poderão integrar-se ao Sistema Único de Saúde (SUS), conforme se dispuser em convênio que, para esse fim, for firmado.

1. **Art. 45, caput → hospitais universitários e de ensino**: os serviços de saúde prestados pelas instituições de ensino integram o SUS, mediante celebração de convênio, resguardada sua autonomia administrativa

(gerenciamento e responsabilidade sobre patrimônio e recursos humanos e financeiros) e autonomia de ensino, pesquisa e extensão (CF, art, 206, II e art., 207, este último dispondo especificamente quanto à autonomia universitária).

Aplicação em concursos:

- *CS-UFG/2018 – CS-UFG – Pedagogo Hospitalar:*

  Em conformidade com a Portaria Interministerial nº 285/2015, são considerados hospitais de ensino:

a) os estabelecimentos de saúde que pertencem a uma instituição de ensino superior ou são conveniados com ela, pública ou privada, que sirvam de campo para a prática de atividades de ensino na área da saúde, e tenham certificação interministerial.

b) as instituições de saúde, credenciadas no Ministério da Educação, pertencentes a uma universidade do setor público, que oferte condições para aprimoramento e formação de profissionais da saúde.

c) as unidades de educação em saúde, credenciadas no Sistema Único de Saúde (SUS), vinculadas a uma universidade pública, ou em parceria com instituições de ensino superior privadas, para promoção do ensino e da formação continuada dos profissionais da área da saúde.

d) os hospitais ou centros de saúde de natureza pública, certificados pelo Ministério da Saúde, conveniados a uma universidade pública ou privada, destinados ao processo de formação e aperfeiçoamento de pessoal, de recursos ou tecnologias no campo da saúde.

Resposta: alternativa "a".

- *MAKYAMA/2014 – Pref. Capela do Alto, SP – Médico Cardiologista:*

– Os serviços de saúde dos hospitais universitários e de ensino integram-se ao Sistema Único de Saúde-SUS, mediante convênio, preservada a sua autonomia administrativa, em relação ao patrimônio, aos recursos humanos e financeiros, ensino, pesquisa e extensão, dos limites conferidos pelas instituições a que estejam vinculados.

Resposta: Correto.

- *SELECT/2010 – Prefeitura de Água Preta/PE, Médico Plantonista:*

– Os serviços de saúde dos hospitais universitários e de ensino integram-se ao sistema Único de Saúde (SUS), mediante convênio, sem preservar a autonomia administrativa, em relação ao patrimônio, aos recursos humanos e financeiros, ensino, pesquisa e extensão nos limites conferidos pelas instituições a que estejam vinculados.

Resposta: Errado.

▶ Apesar de integrados ao SUS, os hospitais universitários e de ensino preservam sua autonomia administrativa nos limites das instituições a que estejam vinculados.

2. **Art. 45, § 1º** → trata-se de norma transitória, que buscava a integração dos antigos **sistemas locais de saúde e de previdência social** ao SUS.

Aplicação em concursos:

- *MAKYAMA/2014 – Pref. Capela do Alto, SP – Médico Cardiologista:*

– Os serviços de saúde de sistemas estaduais e municipais de previdência social deverão integrar-se à direção correspondente do Sistema Único de Saúde-SUS, conforme seu âmbito de atuação, bem como quaisquer outros órgãos e serviços de saúde.

Resposta: Correto.

- *SELECT/2010 – Prefeitura de Água Preta/PE, Médico Plantonista:*

– Os serviços de saúde de sistemas estaduais e municipais de previdência social deverão integrar-se à direção correspondente do Sistema Único de Saúde (SUS), conforme seu âmbito de atuação, bem como quaisquer órgãos e serviços de saúde.

Resposta: Correto.

3. **Art. 45, § 2º → serviços de saúde das Forças Armadas**: a lei autoriza que os serviços de saúde das Forças Armadas possam integrar o SUS, em tempos de paz e verificado o interesse recíproco, mediante celebração de convênio para tal fim – recurso que tem sido comum, sobretudo no combate a situações de emergência, quando hospitais de campanha são montados e o atendimento de saúde é prestado pelos profissionais integrantes das Forças Armadas.

Aplicação em concursos:

- *MAKYAMA/2014 – Pref. Capela do Alto, SP – Médico Cardiologista:*

– Em tempo de paz e havendo interesse recíproco, os serviços de saúde das Forças Armadas poderão integrar-se ao Sistema Único de Saúde-SUS, conforme se dispuser em convênio que, para esse fim, for firmado.

Resposta: Correto.

- *FCC/2002 – MP/PR, Promotor de Justiça:*

– É vedado aos serviços de saúde das Forças Armadas integrar o Sistema Único de Saúde.

Resposta: Errado.

► Os serviços de saúde podem integrar as Forças Armadas, em tempo de paz e havendo interesse recíproco, por meio de convênio firmado com tal finalidade.

> **Art. 46.** O Sistema Único de Saúde (SUS), estabelecerá mecanismos de incentivos à participação do setor privado no **investimento em ciência e tecnologia** e estimulará a **transferência de tecnologia** das universidades e institutos de pesquisa aos serviços de saúde nos Estados, Distrito Federal e Municípios, e às empresas nacionais.

Art. 46 → imposição legal ao SUS concernente na fixação de incentivos à participação do setor privado em investimentos com **ciência e tecnologia**, bem como no estímulo à transferência de tecnologia das instituições de ensino e pesquisa para os serviços de saúde e empresas nacionais. É bastante evidente o objetivo da norma, que busca a otimização da pesquisa nas ciências da saúde e da circulação desses conhecimentos, das instituições de ensino e pesquisa para o sistema de saúde, de forma a permitir que os avanços tecnológicos cheguem mais rapidamente à assistência prestada.

Aplicação em concurso:

- *NUCEPE/UESPI/2011 – FMS – Advogado:*
  Ainda em relação à Lei 8.080/90, [...]
– o Sistema Único de Saúde (SUS), estabelecerá mecanismos de incentivos à participação do setor privado no investimento em ciência e tecnologia e estimulará a transferência de tecnologia das universidades e institutos de pesquisa aos serviços de saúde nos Estados, Distrito Federal e Municípios, e às empresas nacionais.
  Resposta: Correto.

> **Art. 47.** O Ministério da Saúde, em articulação com os níveis estaduais e municipais do Sistema Único de Saúde (SUS), organizará, no prazo de dois anos, um **sistema nacional de informações em saúde**, integrado em todo o território nacional, abrangendo questões epidemiológicas e de prestação de serviços.

Art. 47 → como já referido anteriormente, são diversos os sistemas de informações de que dispõe o SUS, alcançando desde dados a respeito de gastos públicos, investimentos, despesas com insumos e transferências intergovernamentais, até índices de morbimortalidade, doenças prevalentes em determinadas populações, epidemias, etc.

Aplicação em concurso:

- *IDECAN/2017 – INCA – Técnico I:*

  Sobre o sistema nacional de informações em saúde, no que trata a Lei nº 8.080/1990, assinale a afirmativa correta.

a) Garantiu a organização do sistema dentro de um prazo determinado.
b) Organizou o sistema nacional de informações em saúde que existia no país.
c) Vinculou o sistema nacional de informações em saúde apenas às questões epidemiológicas.
d) Vinculou o sistema nacional de informações em saúde apenas às questões de prestação de serviços.

Resposta: alternativa "a".

- *CESPE/2018 – EBSERH – Nível Superior:*

  Com relação aos sistemas de informações em saúde, julgue o item seguinte.

  Para fins de inclusão no Sistema de Informações de Nascidos Vivos (SINASC), considera-se nascido vivo o produto de concepção expulso ou extraído completamente do corpo da mãe, independentemente da duração da gravidez, e que, depois da separação, respire ou apresente qualquer outro sinal de vida, tal como batimentos do coração, pulsações do cordão umbilical ou movimentos efetivos dos músculos de contração voluntária, estando ou não cortado o cordão umbilical e estando ou não desprendido da placenta.

  Resposta: Correto.

- *CESPE/2018 – EBSERH – Nível Superior (Área Médica):*

  Com relação aos sistemas de informações em saúde, julgue o item seguinte.

  O Cadastro Nacional dos Estabelecimentos de Saúde proporciona aos gestores informações relacionadas aos recursos físicos e humanos disponíveis.

  Resposta: Correto.

- *FUNCAB/2016 – EMSERH – Assistente social:*

  O Cadastro Nacional de Estabelecimentos de Saúde - CNES é um dos sistemas de informação do SUS que possibilita acessar dados acerca da(o):

a) quantidade de internações hospitalares.
b) valor dos procedimentos hospitalares.
c) valor dos procedimentos ambulatoriais.
d) total de procedimento de alta complexidade.
e) quantidade de leitos de um hospital.

Resposta: alternativa "e".

- *CESPE/2018 – EBSERH – Nível Superior (Área Médica):*

  Com relação aos sistemas de informações em saúde, julgue o item seguinte.

  Denominam-se sistemas de informações estatístico-epidemiológicas aqueles que incluem o conhecimento da mortalidade e suas causas determinantes, do padrão de morbidade da população ou da demanda atendida pelos serviços, dos aspectos demográficos, sociais e econômicos e suas relações com a saúde da população.

  Resposta: Correto.

- *IBFC/2017 – Órgão: EBSERH – Técnico de enfermagem*

  O sistema de informação do SUS que permite a geração do Cartão Nacional de Saúde, que facilita a gestão do Sistema Único de Saúde e contribui para o aumento da eficiência no atendimento direto ao usuário é o:

a) CADSUS - Sistema de Cadastramento de usuários do SUS.
b) CNES - Cadastro Nacional de Estabelecimentos de Saúde.
c) SIPNASS - Sistema do Programa Nacional de Avaliação de Serviços de Saúde.
d) SIASUS - Sistema de Informações Ambulatoriais do SUS.
e) GIL - Gerenciamento de Informações Locais.

  Resposta: alternativa "a".

- *CESPE/2016 – TCE/PA – Auditor de Controle Externo (Enfermagem):*

  As informações em saúde devem contribuir de maneira eficiente para a orientação e o planejamento do processo de regionalização em saúde. No que concerne a esse assunto, julgue os itens subsequentes:

– A incidência traduz a ideia de intensidade com que acontece a morbidade em uma população, ao passo que a prevalência descreve a força com que subsistem as doenças nas coletividades.

  Resposta: Correto.

– As taxas de prevalência e incidência são os indicadores de morbidade mais utilizados no planejamento e na avaliação das medidas de prevenção e controle de doenças e agravos.

  Resposta: Correto.

– A prevalência indica o número de casos conhecidos de uma determinada doença, mensurada com base na soma dos casos anteriormente conhecidos e ainda existentes com os casos novos registrados desde a data do último levantamento.

  Resposta: Correto.

Art. 48. (Vetado).

Art. 49. (Vetado).

Art. 50. Os convênios entre a União, os Estados e os Municípios, celebrados para implantação dos Sistemas Unificados e Descentralizados de Saúde, ficarão rescindidos à proporção que seu objeto for sendo absorvido pelo Sistema Único de Saúde (SUS).

Art. 50 → norma tipicamente transitória, o art. 50 da Lei nº 8.080/90 faz referência ao período imediatamente anterior à implantação do SUS, em que se já se buscava a unificação dos sistemas de saúde pelos assim designados Sistemas Unificados e Descentralizados de Saúde (SUDS). A unificação perseguida seria alcançada com a implementação do SUS, em substituição aos sistemas "parciais" de saúde até então existentes.

Art. 51. (Vetado).

Art. 52. Sem prejuízo de outras sanções cabíveis, constitui crime de emprego irregular de verbas ou rendas públicas (Código Penal, art. 315) a utilização de recursos financeiros do Sistema Único de Saúde (SUS) em finalidades diversas das previstas nesta lei.

Art. 52 → explicitação de que incide no crime de emprego irregular de verbas ou rendas públicas, previsto no art. 315 do Código Penal, o agente que utilizar recursos financeiros do SUS em finalidades diversas daquelas previstas em lei.

Art. 53. (Vetado).

Art. 53-A. Na qualidade de ações e serviços de saúde, as **atividades de apoio à assistência à saúde** são aquelas desenvolvidas pelos laboratórios de genética humana, produção e fornecimento de medicamentos e produtos para saúde, laboratórios de analises clínicas, anatomia patológica e de diagnóstico por imagem e são livres à participação direta ou indireta de empresas ou de capitais estrangeiros. (Incluído pela Lei nº 13.097, de 2015)

At. 53-A → O novo **art. 53-A**, também acrescentado pelo art. 142 da Lei nº 13.097/2015 à Lei nº 8.080/90, trata da participação da iniciativa privada nas chamadas **atividades de apoio e assistência à saúde**, abrindo este mercado à **participação direta ou indireta de empresas ou de capitais estrangeiros**. De acordo com o dispositivo, além da participação de empresas ou capitais estrangeiros por intermédio de hospitais, clínicas, serviços de saúde e atividades de planejamento familiar – objeto da nova redação dada ao art. 23 da Lei nº 8.080/90; está autorizada a participação de empresas ou capitais estrangeiros em laboratórios de genética humana, produção e fornecimento de medicamentos e produtos para a saúde, laboratórios de análises clínicas, anatomia patológica e de diagnóstico por imagem.

A constitucionalidade desse dispositivo constitui objeto da **ADI nº 5.239/DF**, ajuizada para suscitar a declaração de inconstitucionalidade de todo o art. 142 da Lei nº 13.097/2015. Como já referido anteriormente, a ação foi distribuída para a Min. Rosa Weber, e ainda não há decisão a respeito.

Aplicação em concurso:

- *IDECAN/2017 – INCA – Técnico I:*

  Dentre as ações e serviços de saúde do SUS, são atividades de apoio à assistência à saúde, reconhecidas pela Lei nº 8.080/90, EXCETO:

a) Anatomia patológica.
b) Laboratórios de análises clínicas.
c) Laboratórios de reprodução humana.
d) Produção e fornecimento de medicamentos.

Resposta: alternativa "c".

Art. 54. Esta lei entra em vigor na data de sua publicação.

Art. 55. São revogadas a Lei nº 2.312, de 3 de setembro de 1954, a Lei nº 6.229, de 17 de julho de 1975, e demais disposições em contrário.

Lei nº 8.142, de 28 de Dezembro de 1990

Dispõe sobre a participação da comunidade na gestão do Sistema Único de Saúde (SUS) e sobre as transferências intergovernamentais de recursos financeiros na área da saúde e dá outras providências.

Art. 1º. O Sistema Único de Saúde (SUS), de que trata a Lei nº 8.080, de 19 de setembro de 1990, contará, em cada esfera de governo, sem prejuízo das funções do Poder Legislativo, com as seguintes **instâncias colegiadas**:

I – a Conferência de Saúde; e

II – o Conselho de Saúde.

§ 1º. A **Conferência de Saúde** reunir-se-á a cada **quatro anos** com a **representação** dos vários **segmentos sociais**, para **avaliar** a situação de saúde e **propor as diretrizes** para a formulação da política de saúde nos níveis correspondentes, convocada pelo Poder Executivo ou, extraordinariamente, por esta ou pelo Conselho de Saúde.

§ 2º. O **Conselho de Saúde**, em caráter **permanente e deliberativo**, órgão colegiado composto por **representantes** do governo, prestadores de serviço, profissionais de saúde e usuários, atua na **formulação** de estratégias e no **controle da execução** da política de saúde na instância correspondente, inclusive nos **aspectos econômicos e financeiros**, cujas decisões serão homologadas pelo chefe do poder legalmente constituído em cada esfera do governo.

§ 3º. O Conselho Nacional de Secretários de Saúde (Conass) e o Conselho Nacional de Secretários Municipais de Saúde (Conasems) terão representação no Conselho Nacional de Saúde.

§ 4º. A **representação dos usuários** nos Conselhos de Saúde e Conferências será **paritária** em relação ao **conjunto** dos demais segmentos.

§ 5º. As Conferências de Saúde e os Conselhos de Saúde terão sua organização e normas de funcionamento definidas em **regimento próprio**, aprovadas pelo respectivo conselho.

1. **Objeto da Lei nº 8.142/90**: dispor sobre a **participação da comunidade** na gestão e no controle do SUS, bem como sobre as **transferências intergovernamentais de recursos financeiros**.

Aplicação em concursos:

- *AOCP/2016 – EBSERH – Médico (Medicina do Trabalho):*

  A Lei que dispõe sobre a participação da comunidade na gestão do Sistema Único de Saúde (SUS) é

a) a Lei n.º 8.142, de 28 de dezembro de 1990.

b) a Lei n.º 10.406, de 10 de janeiro de 2002.

c) a Lei n.º 5.869, de 11 de janeiro de 1973.

d) a Lei n.º 8.080, de 19 de dezembro de 1990.

Resposta: alternativa "a".

- *IDECAN/2014 – Pref. Apiacá, ES – Médico Cardiologista:*

  "A _____________ dispõe sobre o papel e a participação das comunidades na gestão do SUS, sobre as transferências de recursos financeiros entre União, Estados, Distrito Federal e Municípios na área da saúde e dá outras providências. Institui as instâncias colegiadas e os instrumentos de participação social em cada esfera de governo."

c) Lei nº 8.142/1990.

Resposta: alternativa "c".

- *GESTÃO DE CONCURSOS/2014 – HRTN – Médico Plantonista Clínico:*

  A Lei Federal nº 8.142, de 28 de dezembro de 1990, prevê a participação da comunidade na gestão do Sistema Único de Saúde (SUS), em cada esfera de governo: Conferência de Saúde e Conselho de Saúde. Dessas instâncias, participam os seguintes segmentos da sociedade:

a) usuários dos serviços de saúde, prestadores de serviços, profissionais de saúde e representantes do governo.

Resposta: alternativa "a".

- *UNIVALI/2013 – Prefeitura de Itajaí, SC – Cirurgião Dentista, Clínico Geral:*

  As Leis, Decretos e Portarias Ministeriais sistematizam e operacionalizam os princípios doutrinários e organizativos do Sistema Único de Saúde (SUS), orientando a maneira pela qual se deve prestar a atenção à saúde no território nacional. Assinale a alternativa correta a respeito da Lei nº 8.142, de 28 de dezembro de 1990.

c) Dispõe sobre a participação da comunidade na gestão do Sistema Único de Saúde (SUS) e sobre as transferências intergovernamentais de recursos financeiros na área da saúde, e dá outras providências.

Resposta: alternativa "c".

- *MAKIYAMA/2013 – Prefeitura de Piracicaba, SP – Cirurgião Dentista CLT:*

  Dentre as alternativas abaixo, assinale aquela que apresenta um tema NÃO tratado na Lei 8.142/90:

a) Participação da comunidade na gestão do Sistema Único de Saúde.

b) Transferências intergovernamentais de recursos financeiros na área da saúde.
c) Instrumentos de participação social em cada esfera do governo.
d) Condicionamento de recursos financeiros à existência de conselho municipal de saúde, funcionando de acordo com a legislação.
e) Índice de valores de resultados por serviços produzidos.
Resposta: alternativa "e".

- *INTEGRI/2010 – Prefeitura de Votorantim/SP, Enfermeiro:*
A Lei Federal 8.142, de 28/12/1990 dispõe sobre:

c) a participação da comunidade na gestão do Sistema Único de Saúde (SUS) e sobre as transferências intergovernamentais de recursos financeiros na área da saúde e dá outras providências.
Resposta: alternativa "c".

- *CONSULPLAN/2010 – Prefeitura de Santa Maria Madalena/RJ, Médico Clínico Geral:*
Considerando o disposto na Lei Federal nº 8.142/1990 ressaltamos que seu principal indicativo é a participação comunitária na gestão do SUS. No entanto, a referida Lei ainda direciona e legaliza:

c) As transferências intergovernamentais de recursos financeiros na área de saúde.
Resposta: alternativa "c".

2. A participação da comunidade no SUS se dá por duas **instâncias colegiadas**, quais sejam: **as Conferências e os Conselhos de Saúde**.

Aplicação em concursos:

- *INAZ do Pará/2018 – FunGota de Araraquara, SP – Advogado:*
De acordo com o art. 1º da Lei nº 8.142/90, o Sistema Único de Saúde conta, em cada esfera de governo, sem prejuízo das funções do Poder Legislativo, com as seguintes instâncias colegiadas.

a) Conferência de Saúde e Conselho de Saúde.
b) Conferência de Saúde, Conselho de Saúde e Conselho Médico.
c) Conferência de Saúde e Conselho Médico
d) Conferência de Saúde e Conselho Nacional de Secretários de Saúde.
Resposta: alternativa "a".

- *CS-UFG/2018 – CS-UFG – Pedagogo Hospitalar:*
Conforme o artigo 1º da Lei n. 8.142/1990, o SUS contará, em cada esfera de governo, sem prejuízo das funções do Poder Legislativo, com as seguintes instâncias colegiadas:

a) Conferência de Saúde e Conselho de Saúde.
b) Colegiado Intermunicipal e Agremiado Local.
c) Departamento Social e Central de Atendimento.
d) Organização Distrital e Centro Nacional de Saúde.

Resposta: alternativa "a".

- *COPEVE-UFAL/2018 – UFAL – Assistente Social:*

O Sistema Único de Saúde – SUS vem, desde sua criação na Constituição Federal de 1988, sendo objeto de diversos instrumentos normativos, que objetivam sua regulamentação e o cumprimento de seus objetivos, diretrizes e princípios. Por exemplo, a Lei nº 8.142/1990:

– Estabelece como instâncias colegiadas as Conferências de Saúde e os Conselhos de Saúde, para colaborar com a gestão do SUS em cada esfera de governo.

Resposta: Correto.

- *CESPE/2018 – EBSERH – Nível Superior (Área Assistencial):*

No que concerne ao controle social no SUS, julgue o item subsequente.

As duas instâncias colegiadas que participam no controle social de saúde do SUS são os conselhos de saúde, que se reúnem anualmente e de forma ordinária, e as conferências de saúde, que possuem caráter permanente e estão presentes nas três esferas do governo.

Resposta: Errado.

► Os Conselhos de Saúde são órgãos de caráter permanente e deliberativo, enquanto as Conferências de Saúde se caracterizam pela periodicidade, reunindo-se a cada 4 (quatro) anos.

- *CESPE/2018 – EBSERH – Nível Superior (Área Médica):*

No que se refere ao controle social do Sistema Único de Saúde (SUS) e ao disposto na Resolução nº 453/2012 do Conselho Nacional da Saúde, julgue o item a seguir.

A forma institucionalizada da participação da comunidade no SUS se dá em cada esfera de governo por meio de duas instâncias colegiadas, as comissões intergestoras e os conselhos de saúde.

Resposta: Errado.

► As instâncias colegiadas de participação da comunidade no SUS são as Conferências de Saúde e os Conselhos de Saúde.

- *AOCP/2015 – EBSERH/HC-UFG – Advogado:*

Assinale a alternativa correta.

a) O Sistema Único de Saúde contará em cada esfera de governo, sem prejuízo das funções do Poder Legislativo, com as instâncias colegiadas da Conferência de Saúde e do Conselho de Saúde.
b) A Conferência de Saúde reunir-se-á a cada dois anos com representação dos vários segmentos sociais, para avaliar a situação e propor as diretrizes para a formulação da política de saúde nos níveis correspondentes, convocadas pelo Poder Executivo ou, extraordinariamente, por esta ou pelo Conselho de Saúde.
c) O Conselho de Saúde é órgão colegiado composto por representantes do governo, prestadores de serviço, profissionais de saúde e usuários e atua na formulação de estratégicas e no controle de execução da política de saúde na instância correspondente, inclusive nos aspectos econômicos e financeiros, cujas decisões serão homologadas pelo chefe do poder legalmente constituído em cada esfera do governo.
d) Para os municípios receberem os recursos do Fundo Nacional de Saúde, não é necessário que o município crie um Conselho de Saúde.
e) Os recursos do Fundo Nacional de Saúde serão alocados como investimentos previstos no Plano Quinquenal do Ministério da Saúde e deverão ser repassados de forma regular e automática aos municípios.

Resposta: alternativa "a".

- *CEPUERJ/UERJ/2014 – Pref. Campo dos Goytacazes, RJ – Médico Angiologista:*

De acordo com a Lei nº 8.142/90, o SUS conta com as seguintes instância(s) colegiada(s):

c) Conferência de Saúde e Conselho de Saúde.

Resposta: alternativa "c".

- *MAKYAMA/2014 – Pref. Capela do Alto, SP – Médico Cardiologista:*

De acordo com o previsto pela Lei 8.142/90, o Sistema Único de Saúde (SUS) deve contar, em cada esfera de governo, sem prejuízo das funções do Poder Legislativo, com quais instâncias colegiadas?

b) A Conferência de Saúde e o Conselho de Saúde.

Resposta: alternativa "b".

- *AOCP/2014 – EBSERH, HU-UFGD – Técnico em Enfermagem, Saúde do Trabalhador:*

De acordo com a Lei 8.142/1990, o SUS contará, em cada esfera de governo, sem prejuízo das funções do Poder Legislativo, com as seguintes instâncias colegiadas:

a) a Câmara Interfederativa de Saúde e o Conselho de Saúde.
b) a Câmara Interfederativa de Saúde e os Consórcios de Saúde.
c) a Conferência de Saúde e os Consórcios de Saúde.
d) a Conferência de Saúde e o Conselho de Saúde.
e) a Secretaria de Saúde e o Conselho de Saúde.

Resposta: alternativa "d".

- *FUNCAB/2011 – Prefeitura de Serra/ES – Fiscal de Vigilância Sanitária:*

  No que diz respeito à participação da comunidade na gestão do Sistema Único de Saúde (SUS), é correto afirmar que:

b) dar-se-á através dos Conselhos e das Conferências de Saúde e será paritária em relação ao conjunto dos demais segmentos.

  Resposta: alternativa "b".

- *MP-SC/2011 – Promotor de Justiça – XXXVI Concurso:*

– O SUS, em cada esfera de governo, contará com a Conferência de Saúde e o Conselho de Saúde, sendo que a Conferência reunir-se-á a cada 4 anos e o Conselho de Saúde tem caráter permanente e deliberativo.

  Resposta: Correto.

- *IDECAN/2010, SEAD/PA, Hospital Ophir Loyola, Biomédico:*

  O controle social do Sistema Único de Saúde compreende a participação da sociedade civil em todos os serviços e ações de saúde. É um princípio de participação política que, de acordo com a legislação pertinente é exercido:

d) pelas Conferências e Conselhos de Saúde a nível Federal, Estadual e Municipal.

  Resposta: alternativa "d".

- *COPESE/UFPI/2009 – Prefeitura de Piripiri/PI, Médico:*

  As decisões da política de alocação de recursos e critérios de gastos na saúde devem ser transparentes e passíveis de controle pela população, além disso, devem possibilitar a revisão do acesso igualitário aos serviços de qualidade em todos os níveis do sistema. A essas ações dá-se o nome de Controle Social. A participação da sociedade é garantida por meio de:

e) Conselhos e Conferências de Saúde, respaldados pela Lei 8.142/90.

  Resposta: alternativa "e".

- *UNISUL/2009 – Prefeitura de Garopaba/SC, Médico (ESP):*

  No Sistema Único de Saúde (SUS), a criação dos Conselhos Municipais de Saúde relaciona-se mais diretamente com o princípio de qual das alternativas:

a) participação popular.

  Resposta: alternativa "a".

3. **Art. 1º, § 1º → Conferência de Saúde**: representa vários **segmentos sociais** e tem por objetivo **avaliar a situação de saúde** e **propor diretrizes** para a formulação da política de saúde na esfera federativa de sua competência (nacional, estadual e municipal). Reúne-se ordinariamente a cada 4 (quatro) anos, por convocação do Poder Executivo, ou, em caráter extraordinário, se convocada pelo Conselho de Saúde ou por si mesma.

Aplicação em concurso:

- ▶ **Características das Conferências de Saúde:**

- *CESPE/2018 – EBSERH – Nível Superior (Área Médica):*

  Acerca da evolução das conferências nacionais de saúde no Brasil, julgue o item que se segue.

– As conferências estaduais e municipais foram instituídas no início da década de 90 do século passado, e, na preparação da 9ª Conferência, todos os estados e o Distrito Federal realizaram as pré-conferências.

  Resposta: Correto.

– Quando de sua criação, na década de 30 do século passado, as conferências eram espaços de articulação intergovernamental, com participação dos líderes sindicais e dos representantes das instituições contribuintes da previdência, além de gestores, técnicos e especialistas convidados pelos ministros de Estado.

  Resposta: Errado.

▶ As Conferências de Saúde, desde a sua criação, sempre se caracterizaram como espaço para a participação social, e não como foros de articulação intergovernamental.

- *UPENET-IAUPE/2017 – UPE – Técnico em Radiologia:*

  Segundo a organização do SUS, analise as afirmativas abaixo e coloque V nas Verdadeiras e F nas Falsas.

( ) A Conferência de Saúde reunir-se-á, a cada quatro anos, com a representação de vários segmentos sociais, a fim de avaliar a situação de saúde e propor as diretrizes para a formulação da política de saúde nos níveis correspondentes, convocada pelo Poder Executivo ou, extraordinariamente, por esta ou pelo Conselho de Saúde.

  Resposta: Verdadeiro.

- *AGIR-UEG/2014 – HUGO2 – Biomédico:*

– São fóruns amplos onde se reúnem representantes da sociedade (usuários do SUS), profissionais de saúde, gestores, prestadores de serviços de saúde, parlamentares e outros para "avaliar a situação de saúde e propor diretrizes para a formulação de política de saúde" (artigo 1º, § 1º, Lei 8.142/90). Trata-se da definição de

c) Conferências de Saúde.

  Resposta: alternativa "c".

- *FGV/2014 – Pref. Osasco – Médico Plantonista Anestesista:*

  Assinale a opção que indica a instância que deve reunir-se a cada quatro anos para avaliar a situação de saúde e propor as diretrizes para a formulação da política de saúde do Município.

b) Conferência Municipal de Saúde.

  Resposta:alternativa "b".

- *IBFC/2013 – Fundação Hemominas – Enfermeiro:*

– A Conferência de Saúde reunir-se-á a cada quatro anos com a representação dos vários segmentos sociais, para avaliar a situação de saúde e propor as diretrizes para a formulação da política de saúde nos níveis correspondentes.

  Resposta: Correto.

- *MP-SC/2012 – Promotor de Justiça – XXXVII Concurso:*

  Na gestão do SUS, a Conferência de Saúde, em caráter permanente e deliberativo, órgão colegiado composto por representantes do governo, prestadores de serviço, profissionais de saúde e usuários, atua na formulação de estratégias e no controle da execução da política de saúde na instância correspondente, inclusive nos aspectos econômicos e financeiros, cujas decisões serão homologadas pelo chefe do poder legalmente constituído em cada esfera do governo.

  Resposta: Errado.

► Esta é a descrição dos Conselhos, e não das Conferências de Saúde.

- *CESPE/2011 – SESA/ES – Médico Cardiologista (Regulação):*

– A conferência de saúde, uma das instâncias colegiadas do SUS, se reúne ordinariamente a cada quatro anos, com representantes de diversos segmentos sociais, para avaliar a situação da saúde e propor diretrizes para a formulação da política de saúde para o país.

  Resposta: Correto.

- *FUNCAB/2011 – Prefeitura de Serra/ES – Gestor Público em Saúde:*

  Acerca da Conferência de Saúde, podemos afirmar que:

a) propõe as diretrizes para a formulação da política de saúde.

  Resposta: alternativa "a".

- *UFSC/2010 – Secretaria Estadual de Saúde, Médico Anestesiologista:*

  De acordo com a Lei nº 8.142, de 28 de dezembro de 1990, que dispõe sobre a participação da comunidade na gestão do Sistema Único de Saúde e sobre as transferências governamentais de recursos financeiros na área da saúde, identifique se são verdadeiras (V) ou falsas (F) as afirmativas abaixo.

– A Conferência de saúde deverá reunir-se a cada 4 anos, com representação dos vários segmentos sociais, para avaliar a situação da saúde e propor diretrizes da política de saúde.

Resposta: Verdadeiro.

► Periodicidade das Conferências de Saúde:

- *CESPE/2018 – EBSERH – Nível Superior (Área Médica):*

Acerca da evolução das conferências nacionais de saúde no Brasil, julgue o item que se segue.

Atualmente as conferências de saúde ocorrem em caráter ordinário a cada quatro anos, podendo extraordinariamente ser convocadas pelo Conselho de Saúde ou pelo Poder Executivo.

Resposta: Correto.

- *UPENET-IAUPE/2017 – UPE – Técnico em Radiologia:*

Segundo a organização do SUS, analise as afirmativas abaixo e coloque V nas Verdadeiras e F nas Falsas.

( ) Segundo a Lei nº 8142/90, que dispõe sobre a participação da comunidade na gestão do Sistema Único de Saúde (SUS), a Conferência de Saúde deve reunir-se a cada 05 anos.

Resposta: Falso.

► As Conferências de Saúde devem reunir-se a cada 4 (quatro) anos.

- *AOCP/2016 – EBSERH – Técnico em Enfermagem:*

De acordo com o que dispõe a Lei nº 8.142/1990, a Conferência de Saúde

a) reunir-se-á a cada quatro anos com a representação dos vários segmentos sociais, para avaliar a situação de saúde e propor as diretrizes para a formulação da política de saúde nos níveis correspondentes, convocada pelo Poder Executivo ou, extraordinariamente, por esta ou pelo Conselho de Saúde

b) reunir-se-á a cada dois anos com a representação dos vários segmentos sociais, para avaliar a situação de saúde e propor as diretrizes para a formulação da política de saúde nos níveis correspondentes, convocada pelo Poder Legislativo ou, extraordinariamente, por esta ou pelo Conselho de Saúde.

c) reunir-se-á a cada dois anos com a representação dos vários segmentos sociais, para avaliar a situação de saúde e propor as diretrizes para a formulação da política de saúde nos níveis correspondentes, convocada pelo Poder Executivo ou, extraordinariamente, por esta ou pelo Conselho de Saúde.

d) reunir-se-á a cada quatro anos com o Conselho Nacional de Secretários de Saúde (Conass) e o Conselho Nacional de Secretários Municipais de Saúde (Conasems) para formulação de estratégias e para o controle da execução da política de saúde nos aspectos econômicos e financeiros.

e) reunir-se-á a cada dois anos com o Conselho Nacional de Secretários de Saúde (Conass) e o Conselho Nacional de Secretários Municipais de Saúde (Conasems) para formulação de estratégias e para o controle da execução da política de saúde nos aspectos econômicos e financeiros.

Resposta: alternativa "a".

- *AOCP/2015 – EBSERH/HDT-UFT – Advogado:*

De acordo com o que dispõe a Lei 8.142/90, a Conferência de Saúde

a) tem caráter permanente e deliberativo, é órgão colegiado composto por representantes do governo, prestadores de serviço, profissionais de saúde e usuários, atua na formulação de estratégias e no controle da execução da política de saúde na instância correspondente, inclusive nos aspectos econômicos e financeiros, cujas decisões serão homologadas pelo chefe do poder legalmente constituído em cada esfera do governo.

b) tem caráter provisório e meramente consultivo, é órgão colegiado composto por representantes do governo, prestadores de serviço, profissionais de saúde e usuários, atua na formulação de estratégias e no controle da execução da política de saúde na instância correspondente, exceto nos aspectos econômicos e financeiros, cujas decisões serão homologadas pelo chefe do poder legalmente constituído em cada esfera do governo.

c) reunir-se-á a cada quatro anos com a representação dos vários segmentos sociais, para avaliar a situação de saúde e propor as diretrizes para a formulação da política de saúde nos níveis correspondentes.

d) tem caráter provisório e reunir-se-á a cada ano com a representação dos vários segmentos sociais, para avaliar a situação de saúde e propor as diretrizes para a formulação da política de saúde nos níveis correspondentes.

e) tem caráter permanente e deliberativo, é órgão colegiado e reunir-se-á a cada quatro anos para a formulação de estratégias e o controle da execução da política de saúde na instância correspondente, inclusive nos aspectos econômicos e financeiros, cujas decisões serão homologadas pelo chefe do poder legalmente constituído em cada esfera do governo.

Resposta: alternativa "c".

- *AOCP/2014 – EBSERH/HU-UFMS – Advogado:*

De acordo com a Lei nº 8.142/1990 [...]

– A Conferência de Saúde reunir-se-á a cada quatro anos com a representação dos vários segmentos sociais, para avaliar a situação de saúde e propor as diretrizes para a formulação da política de saúde nos níveis correspondentes, convocada pelo Poder Executivo ou, extraordinariamente, por esta ou pelo Conselho de Saúde.

Resposta: Correto.

- *DIRECTA/2014 – Pref. Piedade, SP – Médico Clínico Geral:*

  O § 1º do artigo 1º da Lei Federal 8.142/90, estabelece que a Conferência de Saúde reunir-se-á a cada ___________ com a representação dos vários segmentos sociais, para avaliar a situação de saúde e propor as diretrizes para a formulação da política de saúde nos níveis correspondentes, convocada pelo Poder Executivo ou, extraordinariamente, por esta ou pelo Conselho de Saúde.

d) quatro anos.

Resposta: alternativa "d".

- *VUNESP/2014 – Pref. São José do Rio Preto, SP – Médico Plantonista Clínico:*

  Segundo a Lei nº 8.142/1990, a Conferência de Saúde, que congrega a representação dos vários segmentos sociais, para avaliar a situação de saúde e propor as diretrizes para a formulação da política de saúde nos níveis correspondentes, reunir-se-á a cada

d) 4 anos.

Resposta: alternativa "d".

- *AOCP/2014 – EBSERH, HU-UFMS – Técnico em Enfermagem, Saúde do Trabalhador:*

  Nos termos da Lei nº 8.142/1990, a Conferência de Saúde reunir-se-á com a representação dos vários segmentos sociais, para avaliar a situação de saúde e propor as diretrizes para a formulação da política de saúde nos níveis correspondentes, convocada pelo Poder Executivo ou, extraordinariamente, por esta ou pelo Conselho de Saúde. Qual é a periodicidade destas reuniões?

a) A cada quatro anos.

Resposta: alternativa "a".

- *DOM CINTRA/2014 – FIOCRUZ – Tecnologista, Obstetrícia:*

  O Sistema Único de Saúde (SUS), de que trata a Lei nº 8.080, de 19 de setembro de 1990, conta, em cada esfera de governo, sem prejuízo das funções do Poder Legislativo, com duas instâncias colegiadas, a Conferência e o Conselho de Saúde. A Conferência de Saúde deve se reunir com a representação dos vários segmentos sociais, para avaliar a situação de saúde e propor as diretrizes para a formulação da política de saúde nos níveis correspondentes na seguinte periodicidade:

c) a cada 4 anos.

Resposta: alternativa "c".

- *BIORIO/2014 – IABAS – Sanitarista:*

– A Conferência de Saúde reunir-se-á a cada ano com a representação dos vários segmentos sociais, para avaliar a situação de saúde e propor as diretrizes para a formulação da política de saúde nos níveis correspondentes, convocada pelo Poder Executivo ou, extraordinariamente, por esta ou pelo Conselho de Saúde.

Resposta: Errado.

► As Conferências de Saúde devem ocorrer a cada quatro anos.

- *MSCONCURSOS/2011 – FSPSCE – Prefeitura de Esteio/RS – Administrador:*

– A Conferência de Saúde reunir-se-á a cada três anos com a representação dos vários segmentos sociais, para avaliar a situação de saúde e propor as diretrizes para a formulação da política de saúde nos níveis correspondentes, convocada pelo Poder Executivo ou, extraordinariamente, por esta ou pelo Conselho de Saúde.

Resposta: Errado.

► As Conferências de Saúde reúnem-se periodicamente a cada quatro anos.

- *MP-SC/2010 – Promotor de Justiça – XXXV Concurso:*

- Todo o município tem a obrigação de realizar a cada quatro anos, pelos menos, uma Conferência de Saúde, conforme determina a Lei 8.142, de 28 de dezembro de 1990.

Resposta: Correto.

- *INSTITUTO LUDUS/2010 – Prefeitura de Pastos Bons/MA, Médico Ortopedista:*

Segundo a Lei nº 8.142/90, que dispõe sobre a participação da comunidade na gestão do Sistema Único de Saúde (SUS), a Conferência de Saúde deve reunir-se a cada:

d) quatro anos.

Resposta: alternativa "d".

► Órgão competente para convocar as Conferências de Saúde:

- *AOCP/2014 – EBSERH, HC-UFMG – Técnico em Enfermagem, Saúde do Trabalhador:*

A Conferência de Saúde reunir-se-á, ordinariamente, a cada quatro anos, sendo convocada

d) pelo Poder Executivo.

Resposta: alternativa "d".

- *FAFIPA/2011 – Prefeitura de São Jose dos Pinhais/PR – Administrador:*

Preencha as lacunas e assinale a alternativa correta.

De acordo com a Lei 8.142/90, a Conferência de Saúde reunir-se-á ____ com a representação dos vários segmentos sociais, para avaliar a situação de saúde e propor as diretrizes para a formulação da política de saúde nos níveis correspondentes, convocada ____ou, extraordinariamente, por esta ou pelo Conselho de Saúde.

c) a cada quatro anos / pelo Poder Executivo

Resposta: alternativa "c".

- *Fundação José Arthur Boiteux, UFSC/2010 – Prefeitura de Florianópolis/SC, Biólogo:*

– As Conferências de Saúde são instâncias colegiadas, nas quais os vários segmentos sociais participam dos processos deliberativos da Política de Saúde, sendo convocadas a cada quatro anos pelo poder legislativo.

Resposta: Errado.

► As Conferências de Saúde são convocadas pelo Poder Executivo ou, extraordinariamente, pelos Conselhos de Saúde.

---

4. **Art. 1º, § 2º → Conselho de Saúde**: órgão **permanente e deliberativo**, é composto por representantes do governo, dos prestadores de serviço, dos profissionais de saúde e dos usuários. Os Conselhos de Saúde têm competência para atuarem na formulação de estratégias (**controle**) e no acompanhamento da execução (**fiscalização**) da política de saúde na instância federativa correspondente (nacional, estadual ou municipal), incluindo os aspectos econômicos e financeiros. Suas decisões são homologadas pelo chefe do Poder Executivo legalmente constituído em cada uma dessas esferas.

Aplicação em concursos:

► **Conselhos de Saúde – questões gerais:**

- *CESPE/2018 – EBSERH – Nível Superior:*

A respeito do Sistema Único de Saúde (SUS), julgue o próximo item.

Os conselhos de saúde constituem instância colegiada organizada a cada quatro anos para o exercício do controle social do SUS.

Resposta: Errado.

► Esta é a descrição das Conferências de Saúde, e não dos Conselhos de Saúde.

- *CESPE/2018 – EBSERH – Nível Superior (Área Médica):*

  No que se refere ao controle social do Sistema Único de Saúde (SUS) e ao disposto na Resolução nº 453/2012 do Conselho Nacional da Saúde, julgue o item a seguir.

  É de cento e oitenta dias o prazo para a homologação das resoluções do pleno do conselho de saúde, as quais perderão seu efeito em caso de não homologação nesse prazo, não cabendo validação pela justiça ou pelo Ministério Público.

  Resposta: Correto.

- *CESPE/2018 – EBSERH – Nível Superior (Área Assistencial):*

  No que concerne ao controle social no SUS, julgue os itens subsequentes:

  As decisões tomadas pelos conselhos deverão ser homologadas pelo presidente do Conselho Nacional de Saúde, após deliberação.

  Resposta: Errado.

► As decisões dos Conselhos de Saúde submetem-se à homologação *"pelo chefe do poder legalmente constituído em cada esfera de governo"* (Lei nº 8.142/1990, art. 1º, § 2º).

- *VUNESP/2016 – MPE/SP – Analista de Promotoria I:*

  Os Conselhos de Saúde

a) são colegiados tripartites constituídos por representantes dos governos municipal, estadual e federal, eleitos entre a comunidade científica.

b) compõem-se de representantes dos Ministérios da Saúde, da Previdência Social e do Planejamento com o objetivo de revisar, periodicamente, as políticas de saúde na esfera federal.

c) atendem uma diretriz constitucional que prevê a participação da comunidade na gestão do Sistema Único de Saúde – SUS.

d) são órgãos de assessoria técnica, designados pelo governo estadual, para analisar as demandas regionais e disciplinar a distribuição equilibrada das verbas e insumos médicos entre os municípios.

e) têm o caráter de órgão consultivo e são compostos por especialistas, segmentados em diferentes áreas técnicas, que definem e revisam a política de adaptação do SUS às novas tecnologias.

Resposta: alternativa "c".

- *FUNCAB/2016 – EMSERH – Técnico de enfermagem:*

  A respeito dos Conselhos de Saúde é correto afirmar que são órgãos:

a) individuais.

b) temporários.

c) consultivos.

d) deliberativos.

e) legislativos.

Resposta: alternativa "d".

- *AOCP/2016 – EBSERH – Técnico em Segurança do Trabalho:*

De acordo com o que estabelece a Lei nº 8.142/90, o Conselho de Saúde

a) reunir-se-á a cada dois anos.

b) reunir-se-á a cada três anos ou, extraordinariamente, quando convocado pelo Poder Executivo.

c) reunir-se-á a cada cinco anos ou, extraordinariamente, quando convocado pelo Conselho Nacional de Secretários de Saúde (Conass).

d) tem caráter consultivo e reunir-se-á, ocasionalmente, quando convocado pelo Conselho Nacional de Secretários de Saúde (Conass).

e) tem caráter permanente e deliberativo.

Resposta: alternativa "e".

- *AOCP/2016 – EBSERH – Enfermeiro (Urgência e Emergência):*

De acordo com o que dispõe a Lei 8.142/90, acerca do Conselho de Saúde, assinale a alternativa correta.

a) Tem caráter permanente e deliberativo.

b) Reunir-se-á a cada quatro anos com a representação dos municípios para avaliar a situação da assistência social.

c) Tem como função precípua avaliar a situação da saúde e da assistência social em âmbito estadual.

d) É um órgão municipal formado somente quando convocado pelo Poder Executivo.

e) É formado pela reunião dos Secretários de Saúde municipais e pelo Ministro da Saúde.

Resposta: alternativa "a".

- *EDUCA/2016 – Prefeitura de Maturéia/PB –Farmacêutico:*

Sobre a participação social na gestão do SUS, a Lei Federal nº 8.142/1990 criou instâncias colegiadas para promover o controle social em cada esfera de governo.

Dentre as alternativas abaixo, marque a opção CORRETA em relação às instâncias colegiadas.

a) Tem caráter periódico e deliberativo.

b) Composição de governo, profissionais de saúde e sindicatos.

c) Atua na formulação de estratégias e no controle da execução da política de saúde.

d) Decisões serão homologadas pelo Secretário de Saúde em cada esfera do governo.

e) Atua no controle do planejamento dos aspectos econômicos e financeiros.

Resposta: alternativa "c".

- *AOCP/2014 – EBSERH/HU-UFMS – Advogado:*

  De acordo com a Lei nº 8.142/1990 [...]

– O Conselho de Saúde, em caráter permanente e deliberativo, órgão colegiado composto por representantes do governo, prestadores de serviço, profissionais de saúde e usuários, atua na formulação de estratégias e no controle da execução da política de saúde na instância correspondente, inclusive nos aspectos econômicos e financeiros, cujas decisões serão homologadas pelo chefe do poder legalmente constituído em cada esfera do governo.

  Resposta: Correto.

- *UFPI-COPESE/2014 – Prefeitura de Timon, MA – Anestesiologista:*

  Órgão colegiado, deliberativo e permanente do Sistema Único de Saúde (SUS) em cada esfera do governo integrante da estrutura básica do Ministério da Saúde, da Secretaria do Estado da Saúde, do Distrito Federal e dos Municípios:

d) Conselho de Saúde.

  Resposta: alternativa "d".

- *AGIRH/2014 – Pref. Canas, SP – Médico PSF 40h:*

– De acordo com a Lei nº 8.142 é incorreto afirmar que o Conselho da Saúde:

a) Tem caráter permanente e deliberativo.

b) É composto por profissionais de saúde, voluntários e deputados.

c) Atua na formulação de estratégias e no controle da execução da política de saúde.

d) Terá sua organização e normas de funcionamento deferidas em regimento próprio.

  Resposta: alternativa "b".

▶ Os Conselhos de Saúde são compostos por representantes do governo, dos prestadores de serviços, dos profissionais da saúde e dos usuários.

- *AOCP/2014 – EBSERH, HUSM-UFSM – Técnico em Enfermagem, Saúde do Trabalhador:*

  Analise as assertivas e assinale a alternativa que aponta as corretas.

I. O Conselho de Saúde, em caráter permanente e deliberativo, órgão colegiado composto por representantes do governo, prestadores de serviços privados conveniados, ou sem fins lucrativos, profissionais da área de saúde e usuários.

II. A participação dos membros eleitos do Poder Legislativo, representação do Poder Judiciário e do Ministério Público, como conselheiros, não é permitida nos Conselhos de Saúde.

III. As funções, como membro do Conselho de Saúde, serão remuneradas de acordo com os atos desempenhados pelo Conselheiro.

IV. O conselheiro, no exercício de sua função, responde pelos seus atos conforme legislação vigente.

c) Apenas I, II e IV.

Resposta: alternativa "c".

▶ A Lei nº 8.142/90 não contém norma sobre a forma de remuneração dos conselheiros.

- *IDECAN/2014 – EBSERH, HUPAA-UFAL – Técnico em Enfermagem, Saúde do Trabalhador:*

Assinale a alternativa que apresenta corretamente a definição de Conselho de Saúde.

a) Instância colegiada do SUS com função deliberativa.

Resposta: alternativa "a".

- *PUCPR/2012 – FEAES de Curitiba/PR – Advogado:*

O Conselho de Saúde é um órgão colegiado, deliberativo e permanente do Sistema Único de Saúde, que atua na formulação e proposição de estratégias e no controle da execução das Políticas de Saúde, inclusive nos seus aspectos econômicos e financeiros. Sobre a criação e a organização dos Conselhos de Saúde, considere as afirmações a seguir:

I. A criação dos Conselhos de Saúde é estabelecida por lei municipal, estadual ou federal, com base na Lei n. 8.142/90.

II. O número de conselheiros será indicado pelos Plenários dos Conselhos de Saúde e das Conferências de Saúde, devendo ser definido em lei.

III. As vagas do Conselho de Saúde deverão ser distribuídas da seguinte forma: 50% de entidades de usuários; 25% de entidades dos trabalhadores de saúde; e 25% de representação de governo, de prestadores de serviços privados conveniados, ou sem fins lucrativos.

Está(ão) CORRETA(S):

a) Todas as afirmações.

Resposta: alternativa "a".

- *MP-SC/2010 – Promotor de Justiça – XXXV Concurso:*

– O Conselho de Saúde é um órgão colegiado, composto por representantes do governo, prestadores de serviço, profissionais da saúde e usuários, que não pode interferir na execução da política pública de saúde, por ter caráter, apenas, consultivo e deliberativo.

Resposta: Errado.

▶ Os Conselhos de Saúde têm caráter permanente e deliberativo e constituem o principal órgão pelo qual se dá a participação da comunidade no planejamento e no controle das políticas e ações de saúde – ou seja, não somente podem, como devem interferir na execução da política pública de saúde sempre que assim deliberarem.

- *FUMARC/2009 – Prefeitura de Papagaios/MG, Médico:*

  De acordo com a Lei nº 8.142, coloque V (verdadeiro) ou F (falso) nas afirmativas:

( )	O Conselho de Saúde, em caráter permanente e deliberativo, órgão colegiado é composto por representantes do governo, prestadores de serviço, profissionais de saúde e usuários.
( )	O Conselho de Saúde atua na formulação de estratégias e no controle da execução da política de saúde na instância correspondente, inclusive nos aspectos econômicos e financeiros, cujas decisões serão homologadas pelo chefe do poder legalmente constituído em cada esfera do governo.
( )	O Conselho Nacional de Secretários de Saúde – CONASS e o Conselho Nacional de Secretários Municipais de Saúde CONASEMS terão representação no Conselho Nacional de Saúde.

A resposta correta, de cima para baixo, é:

d) V, V, V.

Resposta: alternativa "d".

► Competências dos Conselhos de Saúde:

- *INAZ do Pará/2018 – FunGota de Araraquara, SP – Advogado:*

  De acordo com o art. 1º da Lei nº 8.142/90, o Conselho de Saúde, órgão de caráter permanente e deliberativo, deve atuar:

a) no julgamento de incidentes de desvio ético de profissionais da saúde.

b) na formulação de estratégias e no controle da execução da política de saúde na instância correspondente.

c) no acompanhamento das ações desenvolvidas pelos órgãos de direção de cada esfera de governo, com poder deliberativo.

d) na avaliação da gestão da saúde e na proposição de metas para a formulação de políticas de saúde em cada nível correspondente.

Resposta: alternativa "b".

- *FCC/2018 – Câmara Legislativa do Distrito Federal – Consultor Legislativo (Saúde):*

  A Lei nº 141/2012 reforça o papel avaliador do Conselho de Saúde, preconizado na Constituição Federal e na Lei nº 8.142/90. Os Conselhos de Saúde devem avaliar alguns instrumentos que se referem à execução das ações e serviços de saúde, no âmbito do SUS, dentre os quais incluem-se,

a) o Plano de Saúde, a Programação Anual de Saúde, o Resultado da Execução Orçamentária e Financeira e o Relatório de Gestão.
b) o Plano de Saúde, a Relação dos Recursos Humanos Contratados e o Relatório de Gestão.
c) o Relatório de Gestão, a Lista das Notas de Empenho das Ações e Serviços de Saúde e o Resultado da Execução Orçamentária e Financeira.
d) o Plano Plurianual, a Programação Anual de Saúde e o Relatório de Gestão.
e) a Lista de Emissão das Autorizações de Internação Hospitalar (AIH), o Plano de Saúde e o Relatório de Gestão.

Resposta: alternativa "a".

- *CESPE/2018 – EBSERH – Nível Superior (Área Assistencial):*

No que concerne ao controle social no SUS, julgue o item subsequente.

O conselho de saúde, em sua esfera administrativa, atua na formulação de estratégias e no controle econômico e financeiro da execução das políticas de saúde.

Resposta: Correto.

- *CESPE/2018 – EBSERH – Nível Superior:*

A respeito do Sistema Único de Saúde (SUS), julgue o próximo item.

As resoluções do pleno de um conselho de saúde, na respectiva esfera de governo, com a devida publicação oficial, devem ser homologadas em trinta dias.

Resposta: Correto.

- *AOCP/2015 – EBSERH/HE-UFPEL – Advogado:*

Aos Conselhos de Saúde Nacional, Estaduais, Municipais e do Distrito Federal, que têm competências definidas nas leis federais, bem como em indicações advindas das Conferências de Saúde, compete

a) discutir, elaborar e aprovar propostas de operacionalização das diretrizes aprovadas pelas Conferências de Saúde.
b) garantir a transparência, a integralidade e a equidade no acesso às ações e aos serviços de saúde.
c) adequar as ações e os serviços dos entes federativos em relação às atualizações realizadas na RENASES.
d) realizar a publicidade dos direitos e deveres do usuário na saúde em todas as unidades de saúde do SUS, inclusive nas unidades privadas que dele participem de forma complementar.
e) realizar a oferta de ações e serviços de vigilância em saúde, promoção, proteção e recuperação da saúde em âmbito regional e inter-regional.

Resposta: alternativa "a".

- *AOCP/2014 – EBSERH/HU-UFGD – Advogado:*

O órgão colegiado composto por representantes do governo, prestadores de serviço, profissionais de saúde e usuários, que atua na formulação de estratégias e no controle da execução da política de saúde na instância correspondente, inclusive nos aspectos econômicos e financeiros, em caráter permanente e deliberativo, é

b) o Conselho de Saúde.

Resposta: alternativa "b".

- *IADES/2014 – EBSERH/HUOL-UFRN – Advogado:*

É correto afirmar que os Conselhos de Saúde foram constituídos para

d) formular, fiscalizar e deliberar sobre as políticas de saúde.

Resposta: alternativa "d".

- *FUNCAB/2014 – Câmara de Vitória, ES – Analista Legislativo – Saúde:*

Em relação às competências dos Conselhos de Saúde, analise as afirmativas a seguir.

I. Os conselhos são responsáveis por deliberar anualmente sobre a aprovação ou não do Relatório de Gestão.

II. Uma das competências dos conselhos é fortalecer a participação e o controle social no SUS.

III. A fiscalização e o acompanhamento das ações e dos serviços de saúde estão fora do âmbito de atuação dos conselhos.

Está(ão) correta(s) somente a(s) afirmativa(s):

d) I e II.

Resposta: alternativa "d".

► A fiscalização e o acompanhamento do planejamento e da execução das ações e dos serviços de saúde encontra-se abrangida pela competência dos Conselhos de Saúde.

- *BIORIO/2012 – Prefeitura de Resende/RJ – Médico Ultrassonografista:*

Os Conselhos de Saúde foram instituídos pela Lei nº 8.142/90 e reforçados pela Emenda Constitucional nº 29, de 13 de setembro de 2000; suas atribuições legais e políticas são atuar na:

a) formulação de estratégias de operacionalização da política de saúde.

Resposta: alternativa "a".

- *MP-SC/2011 – Promotor de Justiça – XXXVI Concurso:*

– Os Conselhos de Saúde atuam na formulação de estratégias e no controle da execução da política de saúde em sua instância correspondente.

Resposta: Correto.

- *BIORIO/2011 – IABAS – Médico:*

– O Conselho de Saúde atua na formulação de estratégias e no controle da execução da política de saúde na instância correspondente, inclusive nos aspectos econômicos e financeiros, cujas decisões serão homologadas pelo chefe do poder legalmente constituído em cada esfera do governo.

Resposta: Correto.

- *PacTcPB/2011 – Prefeitura de Gado Bravo/PB – Agente Comunitário de Saúde:*

Assinale a alternativa que indica o responsável pela fiscalização dos recursos alocados no Fundo Municipal de Saúde, de acordo com a Lei nº. 8.080/90.

b) Conselho Municipal de Saúde.

Resposta: alternativa "b".

- *IDECAN/2010 – SEAD/PA, Hospital Ophir Loyola, Biomédico:*

Os Conselhos de Saúde possuem objetivos que contribuem para a gestão no âmbito dos princípios do SUS. Analise:

I. Situação de saúde da população sob o ângulo dos riscos sociais e epidemiológicos, dos direitos de cidadania dos grupos populacionais e de cada indivíduo.

II. Formulação de diretrizes e estratégias das intervenções do SUS (oferta de serviços), levando em conta a relação custo-benefício.

III. Acompanhamento e avaliação do processo de execução dos planos, do orçamento e do cumprimento de metas, em função dos resultados e impacto na saúde da população geral e dos grupos de riscos, no âmbito das responsabilidades e atribuições legais do gestor.

IV. Receber dos demais órgãos de gestão, todas as informações necessárias ao cumprimento das atribuições legais do Conselho de Saúde, em relações de parcerias e sinergismo.

Estão corretas apenas as alternativas:

c) I, II, III, IV.

Resposta: alternativa "c".

- *CERCON/2010 – Prefeitura de Girau do Ponciano/AL, Bioquímico:*

Acerca dos Conselhos de Saúde, no âmbito de sua respectiva esfera de atuação, assinale a alternativa correta.

b) O Conselho Nacional de Saúde é deliberativo ao administrar as comissões intersetoriais de âmbito nacional, integradas pelos Ministérios e órgãos competentes e por entidades representativas da sociedade civil, com a finalidade de articular políticas e programas de interesse para a saúde cuja execução envolva áreas não compreendidas no âmbito do SUS.

Resposta: alternativa "b".

- *COPESE/UFPI/2010 – Prefeitura de Teresina/PI, Dentista:*

A idéia de participação da comunidade no SUS se relaciona a um processo mais abrangente de ampliação da participação direta da sociedade nos processos políticos no país. Para operacionalizar essa participação, a lei complementar – Lei Orgânica da Saúde (Lei 8.142, de 1990) – propôs a conformação de Conselhos de Saúde. Pode-se dizer que a atuação dos conselheiros de saúde envolve dois grupos de responsabilidades principais:

a) De caráter proativo e deliberativo – participação na formulação de políticas de saúde e de controle social sobre a condução dessa política de saúde, que envolve o acompanhamento e a fiscalização das políticas.
Resposta: alternativa "a".

► **Representação nos Conselhos de Saúde:**

- *MAKYAMA/2014 – Pref. Capela do Alto, SP – Médico Cardiologista:*
– Todos os estados e municípios devem ter Conselhos de Saúde compostos por representantes dos usuários do SUS, dos prestadores de serviços, dos gestores e dos profissionais de saúde. Os conselhos são fiscais da aplicação dos recursos públicos em saúde.
Resposta: Correto.

- *MP-SC/2011 – Promotor de Justiça – XXXVI Concurso:*
– Os Conselhos de Saúde são compostos por representantes do governo, prestadores de serviço, profissionais da saúde e usuários, sendo que a representação dos usuários é paritária em relação ao conjunto dos demais integrantes do colegiado.
Resposta: Correto.

4.1. Com o objetivo de readequar as atividades dos Conselhos de Saúde às normas da Lei Complementar nº 141/2012 e do Decreto nº 7.508/2011, o Conselho Nacional de Saúde editou a **Resolução nº 453, de 10 de maio de 2012**[154], aprovando uma série de "diretrizes para instituição, reformulação, reestruturação e funcionamento dos Conselhos de Saúde" (preâmbulo da Resolução nº 453/2012).

4.2. O próprio Conselho Nacional de Saúde criou um interessante quadro explicativo, salientando as principais adequações feitas, motivo por que vai aqui colacionado[155]:

154. Texto integral disponível em: <http://www.conselho.saude.gov.br/resolucoes/2012/Reso453.doc>. Acesso em: 06 mar. 2015.

155. Quadro resumido transcrito do original, produzido pelo Conselho Nacional de Saúde. Disponível em: <http://conselho.saude.gov.br/ultimas_noticias/2012/12_jun_resolucao453.html>. Acesso em: 06 mar. 2015.

Tema	O que mudou
1. Atribuições	Na nova versão foram incluídas as atribuições previstas na Lei Complementar nº 141, de 13 de janeiro de 2012 e no Decreto nº 7.508, de 28 de junho de 2011, que regulamentam a Lei Orgânica da Saúde. Assim, os conselhos poderão avaliar, explicitando os critérios utilizados, a organização e o funcionamento do Sistema Único de Saúde do SUS e, além disso, irão examinar propostas e denúncias de indícios de irregularidades, responder no seu âmbito a consultas sobre assuntos pertinentes às ações e aos serviços de saúde, bem como apreciar recursos a respeito de deliberações do Conselho, nas suas respectivas instâncias.
2. Mandato	De acordo com a nova versão, o tempo de mandato dos conselheiros será definido pelas respectivas representações. As entidades, movimentos e instituições eleitas para o conselho de saúde terão seus representantes indicados, por escrito, conforme processos estabelecidos pelas respectivas entidades, movimentos e instituições e de acordo com a sua organização, com a recomendação de que ocorra renovação de seus representantes.
3. Renovação de entidades	A recomendação explicitada no novo texto é de que, a cada eleição, os segmentos de representações de usuários, trabalhadores e prestadores de serviços, ao seu critério, promovam a renovação de, no mínimo, 30% de suas entidades representativas.
4. Responsabilidades	A atualização do texto deixou explícito que, no exercício de sua função, o conselheiro deve estar ciente de que, responderá conforme legislação vigente por todos os seus atos.
5. Participação da sociedade	As reuniões plenárias dos Conselhos de Saúde, além de serem abertas ao público, deverão acontecer em espaços e horários que possibilitem a participação da sociedade.
6. Orçamento	O conselho de saúde terá poder de decisão sobre o seu orçamento, não será mais apenas o gerenciador de suas verbas.
7. Quórum	A nova redação esclarece os conceitos de maioria simples (o número inteiro imediatamente superior à metade dos membros presentes), maioria absoluta (o número inteiro imediatamente superior à metade do total de membros do conselho) e maioria qualificada (2/3 do total dos membros do conselho) de votos para tomada de decisão do CNS.

Tema	O que mudou
8. Competências	A adequação das competências dos conselhos ao que está previsto no atual regimento do Conselho Nacional de Saúde, também foi explicitada no novo texto.
9. Banco de dados	Compete ao próprio conselho, atualizar periodicamente as informações sobre o conselho de saúde no Sistema de Acompanhamento dos Conselhos de Saúde (SIACS)

Dentre as diretrizes da Resolução nº 453/2012 do Conselho Nacional de Saúde, algumas disposições merecem especial destaque:

– **1ª diretriz → definição dos Conselhos de Saúde:** acentua o caráter colegiado deliberativo e permanente dos Conselhos de Saúde no SIS, assinalando sua vinculação como instância "integrante da estrutura organizacional do Ministério da Saúde, da Secretaria de Saúde dos Estados, do Distrito Federal e dos Municípios, com composição, organização e competência fixadas na Lei nº 8.142/90". O § único da primeira diretriz ainda salienta a atuação dos Conselhos de Saúde "na formulação e proposição de estratégias e no controle da execução das Políticas de Saúde, inclusive nos seus aspectos econômicos e financeiros".

– **2ª diretriz → democracia direta:** reafirmando sua instituição pela Lei nº 8.142/90, o § único da 2ª diretriz adverte que o Poder Executivo, na instituição e reformulação dos Conselhos de Saúde deverá, em respeito aos princípios da democracia, "acolher as demandas da população aprovadas nas Conferências de Saúde" e que estejam em conformidade com a legislação.

– **3ª diretriz → representatividade e a função dos conselheiros:** trata da representação, orientando que as vagas nos Conselhos de Saúde sejam assim distribuídas: 50% para entidades e movimentos representativos dos usuários; 25% para entidades representativas dos movimentos dos trabalhadores na saúde; e 25% para a representação do governo e dos prestadores privados conveniados ou sem fins lucrativos (item II da 3ª diretriz). Além disso, recomenda que as "representações de usuários, trabalhadores e prestadores de serviços, a seu critério, promovam a renovação de, no mínimo, 30% de suas entidades representativas" (item V da 3ª diretriz) e orienta que cada representação seja autônoma e distinta em relação aos demais segmentos do setor saúde (item VI da 3ª diretriz). O item VIII enfatiza que não poderão ser conselheiros os membros eleitos do Poder Legislativo, assim como os integrantes do

Poder Judiciário e do Ministério Público; enquanto o item X prescreve que a função de conselheiro não será remunerada e seu exercício tem caráter de relevância pública, motivo por que assegura a dispensa do trabalho ao conselheiro. Por fim, o item XI da 3ª diretriz lembra que o conselheiro responde por seus atos no exercício da função.

- **4ª diretriz → estrutura dos Conselhos de Saúde:** deve ser assegurada autonomia administrativa aos Conselhos de Saúde pelas três esferas de governo, aí incluídas "dotação orçamentária, autonomia financeira e organização da secretaria-executiva com a necessária infraestrutura e apoio técnico". Aos Conselhos de Saúde cabe deliberar sobre sua estrutura administrativa, quadro de pessoal e orçamento (itens I e III). A 4ª diretriz ainda traz uma série de normas sobre o funcionamento, as reuniões e o quórum das decisões dos Conselhos de Saúde, prevendo que as reuniões plenárias sejam abertas ao público e aconteçam em espaços e horários que viabilizem a participação da sociedade (item V).
- **5ª diretriz → competências materiais:** ademais do que já consta na legislação, a 5ª diretriz detalha as competências dos Conselhos de Saúde, entre as quais o fortalecimento da participação e do controle social (item I); a operacionalização e periodicidade de convocação das Conferências de Saúde (itens II e XIX); o estabelecimento das diretrizes para a elaboração dos planos de saúde, inclusive quanto a seu conteúdo em atenção a critérios epidemiológicos e à capacidade organizacional (item V), e realização de sua periódica revisão (item VIII); a avaliação da organização e funcionamento do SUS (item X), assim como a avaliação e deliberação sobre os contratos, consórcios e convênios firmados (item XI), além do controle e acompanhamento do setor privado credenciado (item XII); a aprovação da proposta orçamentária anual da saúde (item XIII), a proposição para a programação e a execução financeira e orçamentária dos Fundos de Saúde (item XIV), a fiscalização e o controle sobre os gastos (item XV), bem como a análise, discussão e aprovação dos relatórios de gestão (item XVI); fiscalizar, examinar e encaminhar denúncias de irregularidades no SUS (itens XVII e XVIII).

Aplicação em concurso:

- *IADES/2018 – SES/DF – Enfermeiro Obstetra:*
  Com base na Resolução nº 453/2012 do Conselho Nacional de Saúde (CNS), que aprova diretrizes para instituição, reformulação, reestruturação e funcionamento dos conselhos de saúde, assinale a alternativa correta.

a) Conselho de saúde é uma instância colegiada, deliberativa e permanente do Sistema Único de Saúde em cada esfera de governo, organização e competência fixadas na Lei nº 8.080/1990.
b) A legislação estabelece a composição paritária de trabalhadores da saúde em relação ao conjunto dos demais segmentos representados.
c) Não havendo conselho de saúde constituído no município, caberá ao conselho estadual assumir, junto ao executivo municipal, a realização da Conferência Municipal de Saúde.
d) A distribuição de vagas ocorrerá da seguinte forma: 25% de usuários; 25% de trabalhadores da área de saúde; 25% de representação de governo; e 25% de prestadores de serviços privados conveniados.
e) A participação dos membros eleitos do Poder Legislativo, do Poder Judiciário e do Ministério Público, como conselheiros, é permitida nos conselhos de saúde.

Resposta: alternativa "c".

- *CESPE/2018 – EBSERH – Nível Superior (Área Assistencial):*

  No que concerne ao controle social no SUS, julgue o item subsequente.

  A cada eleição dos conselhos de saúde, recomenda-se que os segmentos de representação sejam renovados, no mínimo, em 30% das entidades representativas.

  Resposta: Correto.

- *CESPE/2018 – EBSERH – Nível Superior (Área Médica):*

  No que se refere ao controle social do Sistema Único de Saúde (SUS) e ao disposto na Resolução nº 453/2012 do Conselho Nacional da Saúde, julgue os itens a seguir:

– Os conselhos de saúde devem configurar-se como espaços de discussão social de conflitos de interesse, o que significa que devem não só assumir papel de gestão, mas também apontar direções e alternativas aos problemas de saúde.

  Resposta: Correto.

– A cada eleição, a renovação das entidades representativas de usuários, de trabalhadores e de prestadores de serviços deverá ser de, no mínimo, 50%.

  Resposta: Errado.

► A Resolução nº 453/2012-CNS recomenda uma renovação de, no mínimo, 30% das entidades representativas de usuários, trabalhadores e prestadores de serviços junto ao Conselho Nacional de Saúde.

– Cabe aos conselhos de saúde controlar a atuação do setor privado credenciado mediante contrato ou convênio na área de saúde.

  Resposta: Correto.

– O exercício de membro do conselho de saúde, considerado de relevância pública, é não remunerado.
Resposta: Correto.

- *AOCP/2017 – EBSERH/HUJB-UFCG – Advogado:*
De acordo com a quarta diretriz da resolução nº 453/2012, assinale a alternativa correta sobre a estrutura e o funcionamento dos conselhos de saúde.

a) O Conselho de Saúde contará com uma secretaria-executiva coordenada por pessoa preparada para a função, para o suporte técnico, administrativo e jurídico, subordinada ao Presidente da República, que definirá sua estrutura e dimensão.
b) Qualquer alteração na organização dos Conselhos de Saúde preservará o que está garantido em lei e deve ser proposta pelo próprio Conselho e votada em reunião plenária, com quórum qualificado, para depois ser alterada em seu Regimento Interno e homologada pelo gestor da esfera correspondente.
c) A cada bimestre, deverá constar dos itens da pauta o pronunciamento do gestor, das respectivas esferas de governo, para que faça a prestação de contas, em relatório genérico, sobre andamento do plano de saúde, agenda da saúde pactuada, relatório de gestão, dados sobre o montante e a forma de aplicação dos recursos, as auditorias iniciadas e concluídas no período, bem como a produção e a oferta de serviços na rede assistencial própria, contratada ou conveniada, de acordo com o art. 12 da Lei nº 8.689/93 e com a Lei Complementar nº 141/2012.
d) Acompanha e controla a atuação do setor privado credenciado mediante licitação na área de saúde, no entanto é vedado ao conselho da saúde aprovar a proposta orçamentária anual da saúde, competência do Ministro da Saúde.
e) O Conselho de Saúde não decidirá sobre o seu orçamento, pois não é dotado de autonomia.

Resposta: alternativa "b".

- *AOCP/2017 – EBSERH – Analista de Tecnologia da Informação (Processos):*
O processo bem-sucedido de descentralização da saúde promoveu o surgimento de Conselhos Regionais, Conselhos Locais, Conselhos Distritais de Saúde, incluindo os Conselhos dos Distritos Sanitários Especiais Indígenas, sob a coordenação dos Conselhos de Saúde da esfera correspondente. Assim, os Conselhos de Saúde são espaços instituídos de participação da comunidade nas políticas públicas e na administração da saúde. De acordo com a Resolução 453/2012, assinale a alternativa correta.

a) O Conselho de Saúde é uma instância colegiada, consultiva e provisória do Sistema Único de Saúde (SUS) em cada esfera de Governo, Integrante da estrutura organizacional do Ministério da Saúde, da Secretaria de Saúde dos Estados, do Distrito Federal e dos Municípios, com composição, organização e competência fixadas na Lei nº 8.142/90.

b) O Conselho de Saúde, embora não seja uma instância colegiada, apresenta características deliberativa e permanente do Sistema Único De Saúde (SUS) em cada esfera de Governo, integrante da estrutura organizacional do Ministério da Saúde, da Secretaria de Saúde dos Estados, do Distrito Federal e dos Municípios, com composição, organização e competência fixadas na Lei nº 8.080/90.

c) Na Instituição e reformulação dos Conselhos de Saúde, o Poder Judiciário, respeitando os princípios da democracia, deverá acolher as demandas da população aprovadas nas Conferências de Saúde e em consonância com a legislação.

d) Como Subsistema da Assistência Social, o Conselho de Saúde atua na formulação e proposição de estratégias e no controle da execução das Políticas de Saúde, Inclusive nos seus aspectos econômicos e financeiros, sendo um órgão eminentemente consultivo.

e) Como Subsistema da Seguridade Social, o Conselho de Saúde atua na formulação e proposição de estratégias e no controle da execução das Políticas de Saúde, Inclusive nos seus aspectos econômicos e financeiros.

Resposta: alternativa "e".

- *AOCP/2016 – EBSERH – Enfermeiro:*

De acordo com o que dispõe a Resolução 453/2012 do Conselho Nacional da Saúde, acerca da organização dos Conselhos de Saúde, assinale a alternativa correta.

a) O número de conselheiros dos Conselhos de Saúde será definido pelo chefe do executivo de cada ente federativo e constituído por meio de decreto.

b) As vagas nos Conselhos de Saúde deverão ser distribuídas da seguinte forma: 25% de entidades e movimentos representativos de usuários; 25% de entidades representativas dos trabalhadores da área de saúde; 50% de representação de governo e prestadores de serviços privados conveniados, ou sem fins lucrativos.

c) A participação dos membros eleitos do Poder Legislativo, representação do Poder Judiciário e do Ministério Público, como conselheiros, não é permitida nos Conselhos de Saúde.

d) As funções do membro do Conselho de Saúde são de relevância pública e serão remuneradas, por meio de subsídio, correspondente a 67% do teto remuneratório do Poder Legislativo correspondente.

e) A representação nos segmentos é autônoma e independente em relação aos demais segmentos que compõem o Conselho, por isso um profissional com cargo de direção ou de confiança na gestão do SUS, ou como prestador de serviços de saúde, pode ser representante dos(as) Usuários(as) ou de Trabalhadores(as).

Resposta: alternativa "c".

- *AOCP/2016 – EBSERH – Técnico em Radiologia:*

  De acordo com o que dispõe a Resolução 453/2012 do Conselho Nacional da Saúde, o "Conselho de Saúde" é

a) um órgão consultivo do Sistema Único de Saúde (SUS), que se reúne a cada dois anos em cada esfera de Governo.

b) um órgão consultivo e deliberativo do Sistema Único de Saúde (SUS), que se reúne uma única vez a cada dois anos em âmbito Nacional.

c) uma instância colegiada, deliberativa e permanente do Sistema Único de Saúde (SUS) em cada esfera de Governo.

d) uma instância colegiada, deliberativa e permanente da Previdência Social em cada esfera de Governo.

e) uma instância colegiada, deliberativa da Seguridade Social, que se reúne a cada quatro anos unicamente em âmbito Nacional.

Resposta: alternativa "c".

- *AOCP/2016 – EBSERH – Engenheiro de Segurança do Trabalho:*

  De acordo com o que dispõe a Resolução nº 453/2012 do Conselho Nacional da Saúde, acerca da estrutura e funcionamento dos Conselhos de Saúde, assinale a alternativa INCORRETA.

a) O Conselho de Saúde contará com uma secretaria-executiva coordenada por pessoa preparada para a função, para o suporte técnico e administrativo, subordinada ao Plenário do Conselho de Saúde, que definirá sua estrutura e dimensão.

b) O Plenário do Conselho de Saúde se reunirá, no mínimo, a cada 90 (noventa) dias e, extraordinariamente, quando necessário, terá como base o seu Regimento Interno. A pauta e o material de apoio às reuniões devem ser encaminhados aos conselheiros com antecedência mínima de 20 (vinte) dias.

c) As reuniões plenárias dos Conselhos de Saúde são abertas ao público e deverão acontecer em espaços e horários que possibilitem a participação da sociedade.

d) Os Conselhos de Saúde, com a devida justificativa, buscarão auditorias externas e independentes sobre as contas e atividades do Gestor do SUS.

e) Cabe ao Conselho de Saúde deliberar em relação à sua estrutura administrativa e ao quadro de pessoal.

Resposta: alternativa "b".

- *AOCP/2016 – EBSERH – Enfermeiro (Urgência e Emergência):*

  De acordo com o que dispõe a Resolução 453/2012 do Conselho Nacional da Saúde, as funções, como membro do Conselho de Saúde,

a) são remuneradas por meio de função gratificada, com acréscimo de 20% sobre o subsidio do servidor, quando houver cumulação das funções de conselheiro e servidor.

b) não são remuneradas em pecúnia, mas para cada dia de exercício da função serão acrescidos 3 (três) dias ao período de férias do trabalhador.

c) não são remuneradas em pecúnia, mas para cada dia de exercício da função serão acrescidos 5 (cinco) dias ao período de férias do trabalhador.
d) são remuneradas por meio de função gratificada, com acréscimo de 10% sobre o subsídio do servidor, que deverá permanecer afastado de seu cargo, sendo vedada a cumulação das funções.
e) não serão remuneradas, considerando-se o seu exercício de relevância pública e, portanto, garante a dispensa do trabalho sem prejuízo para o conselheiro.

Resposta: alternativa "e".

- *IBFC/2016 – EBSERH/HUAP-UFF – Advogado:*

Considerando a Resolução 453 do Conselho Nacional de Saúde, de 10 de maio de 2012, assinale a alternativa incorreta:

a) O número de conselheiros nos Conselhos de Saúde será definido pela Secretaria de Saúde ou Ministério da Saúde e constituído em lei.
b) As vagas nos Conselhos de Saúde deverão ser distribuídas de modo que haverá 25% de representação de governo e prestadores de serviços privados conveniados, ou sem fins lucrativos
c) A representação nos segmentos deve ser distinta e autônoma em relação aos demais segmentos que compõem o Conselho de Saúde, por isso um profissional com cargo de direção ou de confiança na gestão do SUS, ou como prestador de serviços de saúde, não pode ser representante dos usuários ou de trabalhadores
d) Quando não houver Conselho de Saúde constituído ou em atividade no Município, caberá ao Conselho Estadual de Saúde assumir, junto ao executivo municipal, a convocação e realização da Conferência Municipal de Saúde, que terá como um de seus objetivos a estruturação e composição do Conselho Municipal
e) Atuar na formulação e no controle da execução da política de saúde, incluindo os seus aspectos econômicos e financeiros, e propor estratégias para a sua aplicação aos setores público e privado é competência dos Conselhos de Saúde.

Resposta: alternativa "a".

- *AOCP/2016 – EBSERH – Advogado:*

De acordo com o que dispõe a Resolução nº 453/2012 do Conselho Nacional da Saúde, acerca da estrutura e funcionamento dos Conselhos de Saúde, assinale a alternativa INCORRETA.

a) O Conselho de Saúde contará com uma secretaria-executiva coordenada por pessoa preparada para a função, para o suporte técnico e administrativo, subordinada ao Plenário do Conselho de Saúde, que definirá sua estrutura e dimensão.
b) O Plenário do Conselho de Saúde se reunirá, no mínimo, a cada 90 (noventa) dias e, extraordinariamente, quando necessário, terá como base o seu

Regimento Interno. A pauta e o material de apoio às reuniões devem ser encaminhados aos conselheiros com antecedência mínima de 20 (vinte) dias.

c) As reuniões plenárias dos Conselhos de Saúde são abertas ao público e deverão acontecer em espaços e horários que possibilitem a participação da sociedade.

d) Os Conselhos de Saúde, com a devida justificativa, buscarão auditorias externas e independentes sobre as contas e atividades do Gestor do SUS.

e) Cabe ao Conselho de Saúde deliberar em relação à sua estrutura administrativa e ao quadro de pessoal.

Resposta: alternativa "b".

- *AOCP/2015 – EBSERH/HDT-UFT – Advogado:*

De acordo com a Resolução 453/2012 do Conselho Nacional da Saúde, as decisões do Conselho de Saúde serão adotadas

a) mediante quórum mínimo (metade mais um) dos seus integrantes, ressalvados os casos regimentais nos quais se exija quórum especial, ou maioria qualificada de votos.

b) mediante quórum de maioria qualificada (dois terços) dos seus integrantes, ressalvados os casos regimentais nos quais se exija quórum especial de votos.

c) mediante a unanimidade dos seus integrantes, ressalvados os casos regimentais nos quais se exija apenas quórum de maioria simples (metade mais um) de votos.

d) somente mediante quórum de maioria qualificada (três quintos) dos seus integrantes.

e) somente mediante a unanimidade dos seus integrantes.

Resposta: alternativa "a".

- *AOCP/2015 – EBSERH/HE-UFSCAR – Advogado:*

Assinale a alternativa correta.

a) O Conselho de Saúde, terá 25% das suas vagas destinadas às entidades e movimentos representativos de usuários, 25% às entidades representativas dos trabalhadores da área de saúde, 25% à representação de governo e prestadores de serviços privados conveniados ou sem fins lucrativos e 25% aos representantes dos laboratórios farmacêuticos.

b) Aos Conselhos de Saúde Nacional, Estaduais, Municipais e do Distrito Federal compete fazer experiências com ervas medicinais de várias regiões do Brasil.

c) Os recursos do Fundo Nacional de Saúde não serão alocados como investimentos previstos no Plano Quinquenal do Ministério da Saúde.

d) Para receberem os recursos do Governo Federal, os municípios e os Estados devem contar com Comissão de elaboração do Plano de Carreira, Cargos e Salários (PCCS) e Fundo de Saúde.

e) O Conselho Nacional de Secretários de Saúde e o Conselho Nacional de Secretaria Municipais de Saúde não terão representação no Conselho Nacional de Saúde.

Resposta: alternativa "b".

- *AOCP/2015 – EBSERH/CHC-UFPR – Advogado:*

Assinale a alternativa INCORRETA sobre a organização dos Conselhos de Saúde, nos termos da Resolução 453/2012 do Conselho Nacional de Saúde.

a) Quando não houver Conselho de Saúde constituído ou em atividade no Município, caberá ao Conselho Estadual de Saúde assumir, junto ao executivo municipal, a convocação e realização da Conferência Municipal de Saúde, que terá como um de seus objetivos a estruturação e composição do Conselho Municipal. O mesmo será atribuído ao Conselho Nacional de Saúde, quando não houver Conselho Estadual de Saúde constituído ou em funcionamento.

b) A participação dos membros eleitos do Poder Legislativo, representação do Poder Judiciário e do Ministério Público, como conselheiros, é preferencial nos Conselhos de Saúde.

c) As funções, como membro do Conselho de Saúde, não serão remuneradas, considerando-se o seu exercício de relevância pública e, portanto, garante a dispensa do trabalho sem prejuízo para o conselheiro. Para fins de justificativa junto aos órgãos, entidades competentes e instituições, o Conselho de Saúde emitirá declaração de participação de seus membros durante o período das reuniões, representações, capacitações e outras atividades específicas.

d) O conselheiro, no exercício de sua função, responde pelos seus atos conforme legislação vigente.

e) O número de conselheiros será definido pelos Conselhos de Saúde e constituído em lei.

Resposta: alternativa "b".

- *AOCP/2016 – EBSERH – Técnico em Enfermagem:*

De acordo com o que dispõe a Resolução 453/2012 do Conselho Nacional da Saúde, as vagas nos Conselhos de Saúde deverão ser distribuídas da seguinte forma:

a) 25% de entidades e movimentos representativos de usuários; 25% de entidades representativas dos trabalhadores da área de saúde; 25% de representação de governo e 25% de prestadores de serviços privados conveniados, ou sem fins lucrativos.

b) 40% de entidades e movimentos representativos de usuários; 20% de entidades representativas dos trabalhadores da área de saúde; 20% de representação de governo e 20% de prestadores de serviços privados conveniados, ou sem fins lucrativos.

c) 25% de entidades e movimentos representativos de usuários; 25% de entidades representativas dos trabalhadores da área de saúde; 50% de representação de governo e prestadores de serviços privados conveniados, ou sem fins lucrativos.

d) 50% de entidades e movimentos representativos de usuários; 25% de entidades representativas dos trabalhadores da área de saúde; 25% de representação de governo e prestadores de serviços privados conveniados, ou sem fins lucrativos.

e) 25% de entidades e movimentos representativos de usuários; 25% de entidades representativas dos trabalhadores da área de saúde; 50% de representação de governo.

Resposta: alternativa "d".

- *IBFC/2016 – EBSERH/HU-FURG – Advogado:*

Nos Conselhos de Saúde as vagas que devem ser ocupadas por entidades e movimentos representativos de usuários, correspondem em relação ao total dos conselheiros a percentual de:

a) 25%.
b) 33,3%.
c) 50%.
d) 20%.
e) 75%.

Resposta: alternativa "c".

- *AOCP/2017 – EBSERH – Assistente Administrativo:*

Com relação à organização dos Conselhos de Saúde, conforme a Resolução nº 453 de 2012, assinale a alternativa correta.

a) A composição dos representantes nos Conselhos de Saúde consistirá em 50% para entidades e movimentos representativos de usuários, 25% para entidades representativas dos trabalhadores da área de saúde e 25% para representação de governo e prestadores de serviços privados conveniados, ou sem fins lucrativos.

b) A cada eleição é recomendável a renovação de, no mínimo, 60% das entidades representativas dos Conselhos.

c) Profissionais com cargo de direção na gestão do SUS ou como prestadores de serviços de saúde podem ser representantes dos(as) usuários(as) ou de trabalhadores(as) nos Conselhos.

d) A participação dos membros eleitos do Poder Legislativo, representação do Poder Judiciário e do Ministério Público, como conselheiros, é permitida nos Conselhos de Saúde.

e) As funções como membro do Conselho de Saúde são remuneradas, visto que não garantem a dispensa do trabalho sem prejuízo para o conselheiro.

Resposta: alternativa "a".

- *IDECAN/2017 – Ministério da Saúde – Administrador:*

A Resolução nº 453/2012, do Conselho Nacional da Saúde, define diretrizes para instituição, reformulação, reestruturação e funcionamento dos

Conselhos de Saúde. De acordo com a 3ª diretriz a participação de órgãos, entidades e movimentos sociais terá como critério a representatividade, a abrangência e a complementaridade do conjunto da sociedade, no âmbito de atuação do Conselho de Saúde. De acordo com as especificidades locais, aplicando o princípio da paridade, serão contempladas, dentre outras, as seguintes representações, EXCETO:

a) Associações de pessoas com patologias.
b) Associações de pessoas com deficiências.
c) Entidades de aposentados e pensionistas.
d) Entidades congregadas de sindicatos, como centrais sindicais, confederações e federações de trabalhadores ferroviários e marítimos.
e) Trabalhadores da área de saúde, como associações, confederações, conselhos de profissões regulamentadas, federações e sindicatos, obedecendo as instâncias federativas.

Resposta: alternativa "d".

- *AOCP/2014 – EBSERH/HUSM-UFSM – Advogado:*

A respeito do Controle Social no SUS (Sistema Único de Saúde), analise as assertivas e assinale a alternativa que aponta as corretas.

I. A Resolução 453/2012 do Conselho Nacional da Saúde foi aprovada considerando, dentre outros, os objetivos de consolidar, fortalecer, ampliar e acelerar o processo de Controle Social do SUS.
II. Os Conselhos de Saúde, consagrados pela efetiva participação da sociedade civil organizada, representam polos de qualificação de cidadãos para o Controle Social nas esferas da ação do Estado.
III. Compete aos Conselhos de Saúde Nacional, Estaduais, Municipais e do Distrito Federal fortalecer a participação e o Controle Social no SUS, mobilizar e articular a sociedade de forma permanente na defesa dos princípios constitucionais que fundamentam o SUS.
IV. A Constituição Federal de 1988 dispõe sobre o Controle Social no SUS quando consagra a participação da comunidade como uma das diretrizes do SUS.

e) I, II, III e IV.

Resposta: alternativa "e".

- *AOCP/2014 – EBSERH/HU-UFMS – Advogado:*

Nos termos da Resolução 453/2012 do Conselho Nacional da Saúde, assinale a alternativa INCORRETA. Aos Conselhos de Saúde Nacional, Estaduais, Municipais e do Distrito Federal, que têm competências definidas nas leis federais, bem como em indicações advindas das Conferências de Saúde, compete

a) propor critérios para programação e execução financeira e orçamentária dos Fundos de Educação e acompanhar a movimentação e destino dos recursos.
b) acompanhar e controlar a atuação do setor privado credenciado mediante contrato ou convênio na área de saúde.

c) analisar, discutir e aprovar o relatório de gestão, com a prestação de contas e informações financeiras, repassadas em tempo hábil aos conselheiros, e garantia do devido assessoramento.
d) fiscalizar e acompanhar o desenvolvimento das ações e dos serviços de saúde e encaminhar denúncias aos respectivos órgãos de controle interno e externo, conforme legislação vigente.
e) estimular articulação e intercâmbio entre os Conselhos de Saúde, entidades, movimentos populares, instituições públicas e privadas para a promoção da Saúde.

Resposta: alternativa "a".

► Os Conselhos de Saúde têm competência para propor critérios para a programação e execução financeira e orçamentária dos Fundos de Saúde (item XIV da 5ª diretriz).

- *AOCP/2014 – EBSERH/HUJM-UFMT – Advogado:*

Analise as assertivas e assinale a alternativa que aponta as corretas. Conforme a Resolução 453/2012, compete aos Conselhos de Saúde Nacional, Estaduais, Municipais e do Distrito Federal:

I. definir diretrizes para elaboração dos planos de saúde e deliberar sobre o seu conteúdo, conforme as diversas situações epidemiológicas e a capacidade organizacional dos serviços.
II. semestralmente deliberar sobre a aprovação ou não do relatório de gestão.
III. proceder à revisão periódica dos planos de saúde.
IV. estimular articulação e intercâmbio entre os Conselhos de Saúde, entidades, movimentos populares, instituições públicas e privadas para a promoção da Saúde.

a) Apenas I, III e IV.

Resposta: alternativa "a".

► A manifestação sobre a aprovação do relatório de gestão é anual (item VI da 5ª diretriz).

- *AOCP/2014 – EBSERH/HU-UFGD – Advogado:*

Excepcionalmente será exigida maioria qualificada de votos para adoção de determinadas decisões do Conselho de Saúde. Conforme a Resolução 453/2012, entende-se por maioria qualificada

b) 2/3 (dois terços) do total de membros do Conselho.

Resposta: alternativa "b".

- *AOCP/2014 – EBSERH/HC-UFPE – Advogado:*

Na organização dos Conselhos de Saúde, a Resolução CNS nº 453/2012 recomenda que, a cada eleição, os segmentos de representações de usuários, trabalhadores e prestadores de serviços, ao seu critério, promovam a renovação de suas entidades representativas, no mínimo, na proporção de

c) 30%.
Resposta: alternativa "c".

- *IADES/2014 – EBSERH/HUPES-UFBA – Advogado:*
Com base na Resolução nº 453/2012, do Conselho Nacional de Saúde, é correto afirmar que as funções, como membro do Conselho de Saúde,

a) não serão remuneradas.
Resposta: alternativa "a".

- *Instituto AOCP/2014 – EBSERH/HUCAM-UFES – Advogado:*
De acordo com a Resolução 453/2012, analise as assertivas e assinale a alternativa que aponta as corretas. O Conselho de Saúde será composto

I. por representantes de entidades, instituições e movimentos representativos de usuários.
II. por entidades representativas de trabalhadores da área da saúde.
III. pelo governo.
IV. pelas entidades representativas de prestadores de serviços de saúde.

e) I, II, III e IV.
Resposta: alternativa "e".

- *IBC/2014 – Pref. Alagoa Grande, PB – Médico Cardiologista:*
A Resolução 453/2012 do Ministério da Saúde aprovou as diretrizes para instituição, reformulação, reestruturação e funcionamento dos Conselhos de Saúde. Sobre o que expressa essa resolução assinale a alternativa incorreta:

a) A participação dos membros eleitos do Poder Legislativo, representação do Poder Judiciário e do Ministério Público, como conselheiros, é permitida nos Conselhos de Saúde.
b) Recomenda-se que, a cada eleição, os segmentos de representações de usuários, trabalhadores e prestadores de serviços, ao seu critério, promovam a renovação de, no mínimo, 30% de suas entidades representativas.
c) As entidades, movimentos e instituições eleitas no Conselho de Saúde terão os conselheiros indicados, por escrito, conforme processos estabelecidos pelas respectivas entidades, movimentos e instituições e de acordo com a sua organização, com a recomendação de que ocorra renovação de seus representantes.
d) Quando não houver Conselho de Saúde constituído ou em atividade no Município, caberá ao Conselho Estadual de Saúde assumir, junto ao executivo municipal, a convocação e realização da Conferência Municipal de Saúde, que terá como um de seus objetivos a estruturação e composição do Conselho Municipal.
Resposta: alternativa "a".

▶ A participação de membros eleitos do Legislativo, bem como de integrantes do Judiciário e do Ministério Público nos Conselhos de Saúde não é permitida (item VIII da 3ª diretriz).

- *AOCP/2014 – EBSERH, HU-UFMS – Técnico em Enfermagem, Saúde do Trabalhador:*

  Preencha a lacuna e assinale a alternativa correta. "Nos termos da Resolução 453/2012 do Conselho Nacional da Saúde, a instituição dos Conselhos de Saúde é estabelecida por lei federal, estadual, do Distrito Federal e municipal, obedecida a Lei nº 8.142/90. Na instituição e reformulação dos Conselhos de Saúde, o Poder Executivo, respeitando os princípios da democracia, deverá acolher as demandas ____________ aprovadas nas Conferências de Saúde, e em consonância com a legislação."

b) da população.

Resposta: alternativa "b".

- *AOCP/2014 – EBSERH, HUSM-UFSM – Técnico em Enfermagem, Saúde do Trabalhador:*

  De acordo com a Resolução 453/2012 do Conselho Nacional da Saúde, o processo bem-sucedido de descentralização da saúde promoveu o surgimento dos seguintes Conselhos, EXCETO

a) Conselhos Regionais.
b) Conselhos Locais.
c) Conselhos Distritais de Saúde.
d) Conselhos Territoriais.
e) Conselhos dos Distritos Sanitários Especiais Indígenas.

Resposta: alternativa: "d".

▶ Não há referência a "Conselhos Territoriais" (1ª diretriz, *caput*).

- *AOCP/2014 – EBSERH, HC-UFMG – Técnico em Enfermagem, Saúde do Trabalhador:*

  Conforme a Resolução nº 453/2012 do Conselho Nacional da Saúde, as entidades e movimentos representativos de usuários nos Conselhos de Saúde ocuparão

e) 50% das vagas.

Resposta: alternativa "e".

- *IADES/2014 – SEAP/SES/DF – Biomédico:*

– Quanto aos Conselhos de Saúde, assinale a alternativa correta.

d) O número de conselheiros será definido pelos Conselhos de Saúde.

Resposta: Correto.

- *UFMT/2014 – MP/MT – Promotor de Justiça Substituto:*

– A participação dos membros eleitos do Poder Legislativo, representação do Poder Judiciário e do Ministério Público, como conselheiros, não é permitida nos Conselhos de Saúde.

Resposta: Correto.

5. **Art. 1º, § 3º** → é assegurada a participação de representante do Conselho Nacional de Secretários de Saúde (**CONASS**) e do Conselho Nacional de Secretários Municipais de Saúde (**CONASEMS**) junto ao Conselho Nacional de Saúde (CNS).

Aplicação em concursos:

- *BIORIO/2014 – IABAS – Sanitarista:*

– O Conselho Nacional de Secretários de Saúde (Conass) e o Conselho Nacional de Secretários Municipais de Saúde (Conasems) terão representação no Conselho Nacional de Saúde.

Resposta: Correto.

- *CEC/2014 – Pref. Ponta Grossa, PR – Médico Cardiologista:*

Assinale a alternativa que complementa corretamente o texto a seguir: "A Lei nº 8.142 de 1990 preconiza o controle social por meio da participação popular no Sistema Único de Saúde. Segundo essa lei, estão garantidos no Conselho Nacional de Saúde representantes dos seguintes setores ______________."

e) Conselho Nacional de Secretários de Saúde e Conselho Nacional de Secretários Municipais de Saúde.

Resposta: alternativa "e".

- *AOCP/2014 – EBSERH/HU-UFMS – Advogado:*

De acordo com a Lei nº 8.142/1990 [...]

– O Conselho Nacional de Secretários de Saúde (Conass) e o Conselho Nacional de Secretários Municipais de Saúde (Conasems) terão representação no Conselho Nacional de Saúde.

Resposta: Correto.

- *DIRECTA/2014 – Pref. Piedade, SP – Médico Clínico Geral:*

O § 3º do art. 1º da Lei Federal 8.142/90, afirma que o Conselho Nacional de Secretários de Saúde (Conass) e o Conselho Nacional de Secretários Municipais de Saúde (Conasems) terão representação no:

d) Conselho Nacional de Saúde.

Resposta: alternativa "d".

- *CETRO/2012 – SEMSA – Prefeitura de Manaus/AM – Advogado:*
  – O Conselho Nacional de Secretários de Saúde (Conass) e o Conselho Nacional de Secretários Municipais de Saúde (Conasems) terão representação no Conselho Nacional de Saúde.

  Resposta: Correto.

6. **Art. 1º, § 4º** → regra importante: nos Conselhos e Conferências de saúde, **a representação dos usuários é paritária** em relação ao **conjunto** dos demais segmentos.

▶ **Jurisprudência do STJ**: O STJ refutou a possibilidade de servidora efetiva do governo local participar do Conselho de Saúde como representante dos usuários, ao argumento de que isso desequilibraria a paridade:

> *"ADMINISTRATIVO. CONSTITUCIONAL. PROCESSO CIVIL. SISTEMA ÚNICO DE SAÚDE – SUS. CONSELHO DE SAÚDE. REPRESENTAÇÃO DOS USUÁRIOS. CONCEITO DE PARIDADE. PROCESSO PAUTADO POR EDITAL. SERVIDOR ESCOLHIDO COMO REPRESENTANTE DOS USUÁRIOS EM DESACORDO COM O AVISO PÚBLICO. DISPENSA. LEGALIDADE OBSERVADA. AUSÊNCIA DE DIREITO LÍQUIDO E CERTO. 1. Cuida-se de recurso ordinário interposto contra acórdão que denegou a segurança em writ impetrado contra ato administrativo de dispensa de conselheira titular do Conselho de Saúde do Distrito Federal, fundado na violação ao conceito de paridade entre usuários e demais representantes no colegiado; é alegado o direito líquido e certo a permanecer na função em razão de direito adquirido. 2. Os conselhos de saúde compõem o Sistema Único de Saúde (SUS) e possuem relevância na organização e fiscalização de tal conjunto federalizado de ações da Administração Pública, com previsão na Lei n. 8.142/90, que concretizou o disposto no art. 198 e incisos da Constituição Federal. 3. A Lei n. 8.142/90, por meio dos §§ 2º e 4º do seu art. 1º, fixa que deve haver representação plural nos conselhos de saúde, bem como garante que a representação dos usuários seja paritária em relação aos demais segmentos. 4. No caso, a renovação de mandato dos conselheiros se deu por meio de edital, nomeado como Aviso Público, publicado no Diário Oficial de 16.5.2011; as entidades dos usuários escolheram os seus representantes – no referido processo – em 9.6.2011; após a posse, verificou-se que a escolha da impetrante se deu em desacordo com o fixado no item 4.1 do Aviso Público, pois a mesma é servidora efetiva do governo local e sua participação no conselho como representante dos usuários ensejaria desequilíbrio à paridade. 5. O processo de escolha, bem como a dispensa e a condução de novo representante dos usuários – não impedido – por parte da mesma*

entidade da sociedade civil, somente deu concretização ao disposto na Lei n. 8.142/90 e na Constituição Federal, não havendo falar em violação a direito líquido e certo. Recurso ordinário improvido." (RMS nº 41.055/DF, Rel. Min. Humberto Martins, 2ª Turma, DJe 30-08-2013).

Aplicação em concursos:

- *FUNCAB/2016 – EMSERH – Assistente social:*

  De acordo com as disposições legais acerca das distribuições das vagas nos Conselhos de Saúde, as entidades dos trabalhadores da área da saúde devem ter representatividade de:

a) 15%.
b) 25%.
c) 20%.
d) 10%.
e) 50%.

Resposta: alternativa "b".

- *IBFC/2016 – EBSERH – Médico urologista:*

  Nos Conselhos de Saúde as vagas que devem ser ocupadas por entidades e movimentos representativos de usuários, correspondem em relação ao total de conselheiros a percentual de:

a) 25%.
b) 33,3%.
c) 50%.
d) 20%.
e) 75%.

Resposta: alternativa "c".

- *CESPE/2018 – EBSERH – Nível Superior:*

  A respeito do Sistema Único de Saúde (SUS), julgue o próximo item.

  A composição de cada conselho de saúde obedece ao critério da paridade, cabendo o percentual de 25% do total de seus representantes a cada um dos seguintes grupos: entidades e movimentos representativos de usuários; entidades representativas dos trabalhadores da área de saúde; representantes de governo; prestadores de serviços privados conveniados.

  Resposta: Errado.

► A representação dos usuários deve ser paritária em relação ao conjunto dos demais segmentos (Lei nº 8.142/1990, art. 1, § 4º).

- *AOCP/2014 – EBSERH/HU-UFMS – Advogado:*

  De acordo com a Lei nº 8.142/1990 assinale a alternativa INCORRETA.

d) A representação dos usuários nos Conselhos de Saúde e Conferências não será paritária em relação ao conjunto dos demais segmentos.

Resposta: alternativa "d".

▶ O art. 1º, § 4º, da Lei nº 8.142/90 é explícito ao assegurar a paridade de representação entre os usuários e a soma dos representantes dos demais segmentos que integram os Conselhos e Conferências de Saúde.

- *FUNCAB/2014 – SESACRE – Biomédico:*

  A representação dos usuários nos Conselhos de Saúde deve ser paritária em relação ao conjunto dos demais membros. Na prática isso corresponde a qual percentual do total de participantes?

e) 50%.

Resposta: alternativa "e".

- *FGV/2014 – Pref. Osasco – Médico Plantonista Anestesista:*

  Os Conselhos de Saúde são compostos por representantes do governo, prestadores de serviço, profissionais de saúde e usuários. De acordo com a Lei nº 8.142/90, o Conselho Nacional de Saúde é formado por 48 conselheiros. Assinale a opção que indica o número de representantes dos usuários.

d) 24.

Resposta: alternativa "d".

- *MPE/SC/2013 – Promotor de Justiça – 2013:*

  Os Conselhos Municipais de Saúde são órgãos colegiados do Sistema Único de Saúde, responsáveis pelo controle social das políticas públicas na respectiva esfera de governo e, por isso, na sua composição, deverá ser assegurada uma maior representação governamental em relação a dos usuários.

  Resposta: Errado.

▶ A representação nos Conselhos de Saúde é paritária.

- *FUNIVERSA/2011 – SES/DF – Médico Anestesiologista:*

  No parágrafo 2º, a Lei n. 8.142/90 define:

  "O Conselho de Saúde, em caráter permanente e deliberativo, órgão colegiado composto por representantes do governo, prestadores de serviço, profissionais de saúde e usuários, atua na formulação de estratégias e no controle da execução da política de saúde na instância correspondente, inclusive nos aspectos econômicos e financeiros".

  A representação dos usuários deverá ser de

a) 50% em relação ao conjunto dos demais segmentos.
Resposta: alternativa "a".

- *MSCONCURSOS/2011 – FSPSCE – Prefeitura de Esteio/RS – Administrador:*
– A representação dos usuários nos Conselhos de Saúde e Conferências será paritária em relação ao conjunto dos demais segmentos.
Resposta: Correto.

- *IDECAN/2010 – Prefeitura de Ipatinga/MG, Auditor Técnico dos Serviços de Saúde:*
Considerando a legislação que dispõe sobre a participação da comunidade na gestão do SUS, a representação dos usuários nos Conselhos de Saúde, em relação ao conjunto dos demais segmentos, deverá ser:
c) Paritária.
Resposta: alternativa "c".

- *DOM CINTRA/2010 – FUNASA, Biólogo:*
Os Conselhos Distritais de Saúde são instâncias de controle social que contam com a participação de usuários e organizações governamentais no seguinte percentual, respectivamente:
c) 50 – 50.
Resposta: alternativa "c".

- *INSTITUTO LUDUS/2010 – Prefeitura de São João dos Patos/MA, Médico Cirurgião Oftalmologista:*
De acordo com a Lei 8.142/90, o segmento que tem representação paritária em relação ao conjunto dos demais segmentos participantes dos Conselhos e das Conferências de Saúde é o dos:
b) Usuários.
Resposta: alternativa "b".

7. **Art. 1º, § 5º** → Conferências e Conselhos de Saúde terão sua organização e normas de funcionamento definidas em **regimento próprio**, aprovadas pelo respectivo conselho.

Aplicação em concurso:

- *AOCP/2014 – EBSERH/HU-UFMS – Advogado:*
De acordo com a Lei nº 8.142/1990 [...]
– As Conferências de Saúde e os Conselhos de Saúde terão sua organização e normas de funcionamento definidas em regimento próprio, aprovadas pelo respectivo conselho.
Resposta: Correto.

- *IBFC/2013 – Fundação Hemominas – Enfermeiro:*
- As Conferências de Saúde e os Conselhos de Saúde terão sua organização e normas de funcionamento definidas em regimento próprio e aprovadas pelo respectivo Conselho.

  Resposta: Correto.

- *MSCONCURSOS/2011 – FSPSCE – Prefeitura de Esteio/RS – Administrador:*
- As Conferências de Saúde e os Conselhos de Saúde terão sua organização e normas de funcionamento definidas em regimento próprio, aprovadas pelo respectivo conselho.

  Resposta: Correto.

- *CONSULPLAN/2010 – Prefeitura de Sertaneja/PR, Médico:*

  As disposições legais sobre Conselhos de Saúde e Conferências de Saúde estabelecem que suas organizações e normas de funcionamento deverão ser definidas através de: (Lei Federal nº 8142/1990)

d) Regimento próprio aprovado pelo respectivo Conselho.

  Resposta: alternativa "d".

- *Fundação José Arthur Boiteux, UFSC/2010 – Prefeitura de Florianópolis/SC, Biólogo:*
- As Conferências de Saúde e os Conselhos de Saúde têm sua organização e normas de funcionamento definidas pelo poder legislativo, homologadas pelo poder executivo.

  Resposta: Errado.

► A aprovação do regimento interno das Conferências e Conselhos de Saúde é competência do respectivo conselho, e não do Poder Legislativo.

Art. 2º. Os **recursos do Fundo Nacional de Saúde (FNS)** serão alocados como:

I – despesas de custeio e de capital do Ministério da Saúde, seus órgãos e entidades, da administração direta e indireta;

II – investimentos previstos em lei orçamentária, de iniciativa do Poder Legislativo e aprovados pelo Congresso Nacional;

III – investimentos previstos no Plano Qüinqüenal do Ministério da Saúde;

IV – cobertura das ações e serviços de saúde a serem implementados pelos Municípios, Estados e Distrito Federal.

Parágrafo único. Os recursos referidos no inciso IV deste artigo destinar-se-ão a investimentos na rede de serviços, à cobertura assistencial ambulatorial e hospitalar e às demais ações de saúde.

1. **Art. 2º** → dispõe sobre o **Fundo Nacional de Saúde (FNS)**, estabelecendo em quais ações serão alocados os recursos, a saber:

	Ações em que poderão ser alocados os recursos do FNS:
art. 2º, I	– financiamento de despesas de custeio e de capital do Ministério da Saúde, aí abrangidos seus órgãos e entidades, da Administração Direta e Indireta;
art. 2º, II	– investimentos previstos em lei orçamentária, de iniciativa do Legislativo e mediante aprovação do Congresso Nacional;
art. 2º, III	– investimentos previstos no plano quinquenal do Ministério da Saúde;
art. 2º, IV	– cobertura de ações e serviços de saúde, cuja implementação esteja a cargo dos Municípios, dos Estados e do Distrito Federal – hipótese em que os recursos devem ser destinados a investimentos na rede de serviços, à cobertura assistencial ambulatorial e hospitalar e às demais ações de saúde (Lei nº 8.142/90, art. 2º, § único).

Aplicação em concursos:

- *AOCP/2015 – EBSERH/CHC-UFPR – Advogado:*

  Considerando as disposições da Lei Federal nº 8.142 de 28/12/1990 que dispõe sobre a participação da comunidade na gestão do Sistema Único de Saúde (SUS) e sobre as transferências intergovernamentais de recursos financeiros na área da saúde e dá outras providências, assinale a alternativa correta.

a) Os recursos do Fundo Nacional de Saúde (FNS) não incluem investimentos previstos em lei orçamentária, de iniciativa do Poder Legislativo e aprovados pelo Congresso Nacional.

b) Os recursos do Fundo Nacional de Saúde (FNS) não incluem investimentos previstos no Plano Quinquenal do Ministério da Saúde.

c) Os recursos do Fundo Nacional de Saúde (FNS) incluem cobertura das ações e serviços de saúde a serem implementados pelos Municípios, Estados e Distrito Federal, desde que não destinados a investimentos na rede de serviços.

d) Os recursos do Fundo Nacional de Saúde (FNS) serão alocados como despesas de custeio e de capital do Ministério da Saúde, seus órgãos e entidades, da administração direta e indireta.

e) Os recursos do Fundo Nacional de Saúde (FNS) não permitem despesas de custeio do Ministério da Saúde.

Resposta: alternativa "d".

- *AOCP/2014 – EBSERH/HULW-UFPB – Advogado:*

  Preencha a lacuna e assinale a alternativa correta. Nos termos da Lei nº 8.142/1990, os recursos do Fundo Nacional de Saúde (FNS) serão alocados, dentre outros, como cobertura das ações e serviços de saúde a serem implementados ________________.

a) pelos Municípios, Estados e Distrito Federal.

Resposta: alternativa "a".

- *Instituto AOCP/2014 – EBSERH/HUCAM-UFES – Advogado:*

  Analise as assertivas e assinale a alternativa que aponta as corretas. Os recursos do Fundo Nacional de Saúde (FNS) serão alocados como

I. Despesas de custeio e de capital do Ministério da Saúde, seus órgãos e entidades, da administração direta e indireta.

II. Investimentos previstos em lei orçamentária, de iniciativa do Poder Legislativo e aprovados pelo Congresso Nacional.

III. Investimentos previstos no Plano Quinquenal do Ministério da Saúde.

IV. Cobertura das ações e serviços de saúde a serem implementados pelos Municípios,

Estados e Distrito Federal.

e) I, II, III e IV.

Resposta: alternativa "e".

- *DIRECTA/2014 – Pref. Piedade, SP – Médico Clínico Geral:*

  O art. 2º da Lei Federal 8.142/90 afirma que os recursos do Fundo Nacional de Saúde (FNS) serão alocados como:

I. despesas de custeio e de capital do Ministério da Saúde, seus órgãos e entidades, da administração direta e indireta;

II. investimentos previstos em lei orçamentária, de iniciativa do Poder Executivo e aprovados pelo Congresso Nacional;

III. investimentos previstos no Plano Quinquenal do Ministério da Saúde;

b) Apenas as afirmativas I e III estão corretas.

Resposta: alternativa "b".

► Os recursos do FNS poderão ser alocados nos investimentos previstos em lei orçamentária de iniciativa do Legislativo, não do Executivo.

- *DIRECTA/2014 – Pref. Paranapanema, SP – Médico 42h semanais:*

  Coloque V para Verdadeiro e F para Falso:

  Segundo o artigo 2º da Lei Federal 8.142/90, os recursos do Fundo Nacional de Saúde (FNS) serão alocados como:

I. despesas de custeio e de capital do Ministério da Saúde, seus órgãos e entidades, da administração direta e indireta;

II. investimentos previstos em lei orçamentária, de iniciativa do Poder Judiciário e aprovados pelo Congresso Nacional;

III. investimentos previstos no Plano Trienal do Ministério da Saúde;

IV. cobertura das ações e serviços de saúde a serem implementados pelos Municípios, Estados e Distrito Federal.

b) V-, F-, F-, V.

Resposta: alternativa "b".

► O erro da afirmativa "II" está na iniciativa da lei orçamentária, que deve ser do Legislativo; e, na alternativa "III", tem-se que os recursos podem ser alocados nos investimentos previstos no Plano Quinquenal do Ministério da Saúde.

- *AGIRH/2014 – Pref. Canas, SP – Médico PSF 40h:*

Os recursos do Fundo Nacional de Saúde, de acordo com a Lei 8.142 de 1990, serão alocados como:

a) Investimentos previstos no plano quinquenal do Ministério da Saúde.

Resposta: alternativa "a"

- *AOCP/2014 – EBSERH/MEAC, HUWC-UFC – Técnico em Enfermagem, Saúde do Trabalhador:*

Assinale a alternativa INCORRETA. De acordo com o art. 2º da Lei nº 8.142/1990, os recursos do Fundo Nacional de Saúde (FNS) serão alocados como

a) despesas de custeio e de capital do Ministério da Saúde, seus órgãos e entidades, da administração direta e indireta.

b) investimentos previstos em lei orçamentária, de iniciativa do Poder Legislativo e aprovados pelo Congresso Nacional.

c) investimentos previstos no plano quinquenal do Ministério da Saúde.

d) cobertura das ações e serviços de saúde a serem implementados pelos Municípios, Estados e Distrito Federal.

e) fundamentais para a realização da Conferência Nacional de Saúde.

Resposta: alternativa "e".

► Não há previsão específica de alocação dos recursos do FNS para a realização das Conferências Nacionais de Saúde.

- *MAKYAMA/2014 – Pref. Capela do Alto, SP – Médico Cardiologista:*

Segundo a Lei 8.142/90, os recursos do Fundo Nacional de Saúde (FNS) serão alocados como:

I. Despesas de custeio e de capital do Município, seus órgãos e entidades, da administração direta e indireta.

II. Investimentos previstos em lei orçamentária, de iniciativa do Poder Legislativo e aprovados pelo Congresso Nacional.
III. Investimentos previstos no Plano Quinquenal do Ministério da Saúde.
IV. Cobertura das ações e serviços de saúde a serem implementados pelos Estados e Distrito Federal.
Está CORRETO o que se afirma em:
c) II e III, apenas.
Resposta: alternativa "c".

▶ As despesas de custeio e capital que podem receber alocação de recursos do FNS são aquelas do Ministério da Saúde, e não dos Municípios. Outrossim, os recursos podem ser alocados na cobertura de ações e serviços de saúde a serem implementados por Estados, Distrito Federal e Municípios.

- *UFSC/2012 – SES/SC – Médico UTI:*

A Lei nº 8.142/90, entre outros dispositivos, trata da alocação dos recursos do Fundo Nacional de Saúde. Analise as afirmativas abaixo no que se refere ao modo como estes recursos devem ser destinados.
I. Despesa de custeio e de capital do Ministério da Saúde, seus órgãos e entidades, da administração direta e indireta.
II. Investimentos previstos em lei orçamentária, de iniciativa do Poder Legislativo, e aprovados pelo Congresso nacional.
III. Cobertura das ações e serviço de saúde a serem implementados pelos Municípios, Estados e Distrito Federal, sendo estes recursos destinados a investimentos na rede de serviços, na cobertura assistencial ambulatorial e hospitalar e nas demais ações de saúde.
IV. Investimentos previstos no Plano Quinquenal do Ministério da Saúde.
Assinale a alternativa CORRETA.
e) As afirmativas I, II, III e IV estão corretas.
Resposta: alternativa "e".

- *UFSC/2010, Secretaria Estadual de Saúde/SC, Médico Anestesiologista:*

– Os Recursos do Fundo Nacional de Saúde (FNS) serão alocados como despesas de custeio e de capital do Ministério da Saúde, não podendo ser utilizados para cobertura de ações e serviços dos municípios e para investimentos previstos em lei orçamentária, de iniciativa do Poder Legislativo, aprovados pelo Congresso Nacional.
Resposta: Errado.

▶ O art. 2º, IV, da Lei nº 8.142/90 prevê a possibilidade de alocação dos recursos do FNS na "cobertura de ações e serviços a serem implementados pelos Municípios, Estados e Distrito Federal".

Art. 3º. Os **recursos** referidos no inciso IV do art. 2º desta lei serão **repassados** de forma **regular e automática** para os Municípios, Estados e Distrito Federal, de acordo com os critérios previstos no art. 35 da Lei nº 8.080, de 19 de setembro de 1990.

§ 1º. Enquanto não for regulamentada a aplicação dos critérios previstos no art. 35 da Lei nº 8.080, de 19 de setembro de 1990, será utilizado, para o repasse de recursos, exclusivamente o critério estabelecido no § 1º do mesmo artigo.

§ 2º. Os recursos referidos neste artigo serão destinados, pelo menos setenta por cento, aos Municípios, afetando-se o restante aos Estados.

§ 3º. Os Municípios poderão estabelecer consórcio para execução de ações e serviços de saúde, remanejando, entre si, parcelas de recursos previstos no inciso IV do art. 2º desta lei.

1. **Art. 3º** → a Lei nº 8.142/90 dispõe sobre as **transferências intergovernamentais**, determinando que os recursos financeiros sejam repassados de forma regular e automática, **fundo a fundo**, ou seja, do Fundo Nacional de Saúde para os Fundos Municipais, Estaduais e do Distrito Federal, observados os critérios do art. 35 da Lei nº 8.080/90.

   ▶ **Referência legislativa:** Lei nº 8.080/90, art. 35 (critérios para o estabelecimento dos valores a serem transferidos para Estados, Distrito Federal e Municípios).

Aplicação em concurso:

- *INAZ do Pará/2018 – FunGota de Araraquara, SP – Advogado:*

  De acordo com o *caput* do art. 3º da Lei n. 8.142/90, os recursos do Fundo Nacional de Saúde (FNS), alocados com destinação de cobertura de ações e serviços de saúde a serem implementados pelos Municípios, Estados e Distrito Federal, são repassados a estes:

  a) de forma regular e automática, de acordo com critérios do art. 35 da Lei n. 8.080/90.

  b) de forma sistêmica e automática, de acordo com critérios do regimento interno do Fundo Nacional de Saúde.

  c) de forma sistêmica e mediante requerimento, de acordo com os critérios do regimento interno do Fundo Nacional de Saúde.

  d) de forma regular e mediante requerimento, de acordo com os critérios do art. 35 da Lei n.8.080/90.

  Resposta: alternativa "a".

- *CEFET-BA/2015 – MPE/BA – Promotor de Justiça Substituto:*

  Quanto ao direito dos cidadãos à saúde, examine as assertivas abaixo registradas:

– O repasse de recursos financeiros na área da saúde pública atenderá ao quanto previsto na Lei nº 8.142/90, devendo ocorrer de forma regular e automática para os Municípios, Estados e Distrito Federal, sendo que serão destinados pelo menos 70% (setenta por cento) aos Municípios, afetando-se o restante aos Estados.

  Resposta: Correto.

- *PUCPR/2012 – FEAES de Curitiba/PR – Advogado:*

  As ações e serviços de saúde, implementadas pelos estados, municípios e Distrito Federal são financiados com recursos da União, próprios e de outras fontes suplementares de financiamento, todos devidamente contemplados no orçamento da Seguridade Social. Os recursos são repassados por alguns mecanismos entre os quais:

I. Transferências regulares e automáticas.

II. Remuneração por serviços produzidos.

III. Convênios.

  Está(ão) CORRETA(S):

b) Todas as opções.

  Resposta: alternativa "b".

- *CESPE/2011 – SESA/ES – Médico Cardiologista (Regulação):*

– Os recursos do Fundo Nacional de Saúde são alocados como despesas de custeio e de capital do Ministério da Saúde, sendo vedada sua transferência, sob qualquer rubrica, aos estados e aos municípios.

  Resposta: Errado.

► Os recursos do Fundo Nacional de Saúde destinados à cobertura de ações e serviços de saúde a serem implementados pelos Estados, Distrito Federal e Municípios serão repassados de forma regular e automática para tais entes.

- *CONSULPLAN/2010 – Prefeitura de Resende/RJ, Bioquímico:*

  Os recursos destinados a cobertura de ações e serviços de saúde a serem implementados pelos municípios, conforme determinação legal, deverão ser repassados de forma:

b) Regular e automática.

  Resposta: alternativa "b".

- *PUC/PR/2009 – Prefeitura de Curitiba/PR, Médico (Clínico Geral):*

  A Lei 8.142, de 28 de dezembro de 1990, trata da participação da comunidade sobre a gestão do Sistema Único de Saúde (SUS) e sobre as transferências intergovernamentais de recursos financeiros na área da Saúde e apresenta outras providências. Dado esse contexto, são corretas as afirmativas abaixo, EXCETO:

a) Os recursos referidos no inciso IV, do artigo 2º da lei supracitada, serão repassados de forma irregular e não automática para os Municípios, Estados e Distrito Federal.

Resposta: alternativa "a".

▶ Os recursos devem ser repassados de forma regular e automática.

---

2. **Art. 3º, § 1º** → a Lei nº 8.142/90 previa um montante mínimo a ser transferido do FNS para Estados e Municípios, enquanto não sobreviesse a regulamentação do art. 35 da Lei nº 8.080/90. Atualmente, porém, a matéria encontra-se regulamentada pela **Lei Complementar nº 141/2012**, que disciplinou os recursos mínimos a serem aplicados em ações e serviços de saúde.

   2.1. No que respeita ao rateio dos recursos estaduais transferidos aos Municípios para aplicação em ações e serviços de saúde, o art. 19 da **Lei Complementar nº 141/2012** preceitua que "será realizado segundo o critério de necessidades de saúde da população e levará em consideração as dimensões epidemiológica, demográfica, socioeconômica e espacial e a capacidade de oferta de ações e de serviços de saúde, observada a necessidade de reduzir as desigualdades regionais" de que trata o art. 198, § 3º, II, da CF.

   2.2. De sua vez, o art. 20 da **Lei Complementar nº 141/2012** fixou que o repasse de recursos dos Estados para os Municípios observe os critérios de transferência estipulados pelo Conselho Nacional de Saúde:

   > **Art. 20.** *As transferências dos Estados para os Municípios destinadas a financiar ações e serviços públicos de saúde serão realizadas diretamente aos Fundos Municipais de Saúde, de forma regular e automática, em conformidade com os critérios de transferência aprovados pelo respectivo Conselho de Saúde.*
   >
   > *Parágrafo único. Em situações específicas, os recursos estaduais poderão ser repassados aos Fundos de Saúde por meio de transferência voluntária realizada entre o Estado e seus Municípios, adotados quaisquer dos meios formais previstos no inciso VI do art. 71 da Constituição Federal, observadas as normas de financiamento.*

3. **Art. 3º, § 2º** → dos recursos repassados, 70% serão destinados aos Municípios, ficando os 30% restantes com os Estados.

Aplicação em concursos:

- *INAZ do Pará/2018 – FunGota de Araraquara, SP – Advogado:*

  De acordo com o art. 3º, § 2º, da Lei nº 8.142/90, os recursos do Fundo Nacional de Saúde (FNS) destinados à cobertura de ações e serviços de saúde a serem implementados pelos Municípios, Estados e Distrito Federal, são rateados da seguinte forma:

a) pelo menos setenta e cinco por cento aos Municípios, afetando-se o restante aos Estados.

b) pelo menos oitenta por cento aos Estados, afetando-se o restante aos Municípios.

c) pelo menos setenta por cento aos Municípios, afetando-se o restante aos Estados.

d) cinquenta por cento aos Municípios e cinquenta por cento aos Estados.

Resposta: alternativa "c".

- *AOCP/2014 – EBSERH/MEAC-UFC e HUWC-UFC – Advogado:*

  Preencha a lacuna e assinale a alternativa correta. Nos termos da Lei nº 8.142/1990, os recursos do Fundo Nacional de Saúde (FNS) alocados como cobertura das ações e serviços de saúde serão destinados, pelo menos ______________, aos Municípios, afetando-se o restante aos Estados.

b) setenta por cento.

Resposta: alternativa "b".

- *DIRECTA/2014 – Pref. Piedade, SP – Médico Clínico Geral:*

  O § 2º do artigo 3º da Lei Federal 8.142/90 afirma que os recursos referidos neste artigo serão destinados:

b) pelo menos setenta por cento, aos Municípios, afetando-se o restante aos Estados.

Resposta: alternativa "b".

- *DIRECTA/2014 – Pref. Paranapanema, SP – Médico 42h semanais:*

  De acordo com o § 2º do artigo 3º da Lei Federal 8.142/90, os recursos referidos no inciso IV do art. 2º desta lei serão repassados de forma regular e automática para os Municípios, Estados e Distrito Federal. Os recursos referidos neste artigo serão destinados, pelo menos ____________, aos Municípios, afetando-se o restante aos Estados.

c) setenta por cento.

Resposta: alternativa "c".

4. **Art. 3º, § 4º** → os Municípios podem formar consórcios, destinados à execução de ações e serviços de saúde, autorizado o remanejamento de parcelas dos recursos do FNS destinados à cobertura de ações e serviços de saúde.

► **Referências normativas:**

- Lei nº 8.080/90, art. 10, *caput*: autoriza os Municípios a constituírem consórcios, visando ao desenvolvimento conjunto das ações e dos serviços de saúde que lhes correspondam.
- Lei Complementar nº 141/2012, art. 21: autoriza Estados e Municípios, que constituírem consórcios ou outras formas legais de cooperativismo, para a execução conjunta de ações e serviços de saúde, a remanejarem entre si "parcelas dos recursos dos Fundos de Saúde derivadas tanto de receitas próprias como de transferências obrigatórias", a serem administradas de acordo com a modalidade gerencial pactuada por esses entes.

Aplicação em concursos:

- *CESPE/2005 – ANS, Especialista em Regulação de Saúde Suplementar:*
  Quando estabelece a possibilidade de os municípios formarem consórcios para a execução de ações de saúde, a Lei nº 8.142/1990 não autoriza que para tal sejam remanejadas parcelas de transferências do Ministério da Saúde.
  Resposta: Errado.

► Está expressamente autorizado o remanejamento das parcelas dos recursos do FNS.

- *CESPE/2008 – Ministério da Saúde, Técnico de Nível Superior (Economia da Saúde):*
  Os municípios não podem remanejar, entre si, parcelas dos recursos provenientes do FNS.
  Resposta: Errado.

► Os Municípios podem remanejar as parcelas dos recursos do FNS.

Art. 4º. Para receberem os recursos, de que trata o art. 3º desta lei, os Municípios, os Estados e o Distrito Federal deverão **contar com**:

I – Fundo de Saúde;

II – Conselho de Saúde, com composição paritária de acordo com o Decreto nº 99.438, de 7 de agosto de 1990;

III – plano de saúde;

IV – relatórios de gestão que permitam o controle de que trata o § 4º do art. 33 da Lei nº 8.080, de 19 de setembro de 1990;

V – contrapartida de recursos para a saúde no respectivo orçamento;

VI – Comissão de elaboração do Plano de Carreira, Cargos e Salários (PCCS), previsto o prazo de dois anos para sua implantação.

Parágrafo único. O não atendimento pelos Municípios, ou pelos Estados, ou pelo Distrito Federal, dos requisitos estabelecidos neste artigo, implicará em que os recursos concernentes sejam administrados, respectivamente, pelos Estados ou pela União.

1. **Art. 4º** → para receberem os repasses financeiros do FNS, Estados, Distrito Federal e Municípios deverão atender aos **requisitos** elencados pela Lei nº 8.142/90, em termos institucionais e humanos. São eles:
   - estabelecimento do **Fundo Municipal de Saúde**, pois as transferências se dão fundo a fundo, de modo automático;
   - organização do **Conselho Municipal de Saúde**, assegurada composição paritária, na forma do Decreto nº 99.438/90.
   - elaboração do **plano municipal de saúde**;
   - apresentação de **relatórios de gestão**, que permitam o acompanhamento, pelo sistema de auditoria do Ministério da Saúde, da aplicação dos recursos transferidos a Estados, Distrito Federal e Municípios. Lembre-se aqui que o art. 33, § 4º, da Lei nº 8.080/90 incumbe o Ministério da Saúde do dever de fiscalização da aplicação dos recursos públicos repassados a Estados e Municípios, podendo aplicar-lhes, quando verificados malversação, desvio ou não aplicação, as medidas previstas em lei;
   - Estados, Distrito Federal e Municípios devem efetuar a **comprovação da contrapartida** de recursos para a saúde nos respectivos orçamentos;
   - em até dois anos, **a implementação de Plano de Carreira, Cargos e Salários (PCCS)** para os respectivos servidores públicos.

Aplicação em concurso:

- *FCC/2018 – Prefeitura de Macapá, AP – Administrador:*

  Segundo o art. 4º da Lei nº 8.142 de 1990, para receberem os recursos, transferidos do governo federal para Municípios, Estados e o Distrito

Federal, tais entes devem contar com Fundo de Saúde; Conselho de Saúde, com composição

a) majoritária por usuários; plano de saúde; relatórios de gestão; contrapartida de recursos para a saúde no respectivo orçamento; Comissão de elaboração do Plano de Carreira, Cargos e Salários.
b) paritária; plano de saúde; plano de ação em saúde definido em parceria público-privada; contrapartida de recursos para a saúde no respectivo orçamento; Comissão de elaboração do Plano de Carreira, Cargos e Salários.
c) paritária; plano de saúde; relatórios de gestão; contrapartida de recursos para a saúde no respectivo orçamento; Comissão de elaboração do Plano de Carreira, Cargos e Salários.
d) majoritária por gestores e profissionais de saúde; plano de saúde; relatórios de gestão; contrapartida de recursos para a saúde no respectivo orçamento; Mesa de Negociação Permanente de Cargos e Salários.
e) paritária; plano de saúde; relatórios de gestão; contrapartida de recursos para a saúde no respectivo orçamento; Mesa de Negociação Permanente de Cargos e Salários.

Resposta: alternativa "c".

- *AOCP/2017 – EBSERH – Analista de Tecnologia da Informação (Processos):*

De acordo com Lei 8.142/90, qual das alternativas a seguir NÃO corresponde aos requisitos estabelecidos em Lei para que os Municípios, os Estados e o Distrito Federal recebam os recursos?

a) Plano de saúde.
b) Relatórios de gestão que permitam o controle de que trata o § 4º do art. 33 da Lei nº 8.080/1990.
c) Diretoria da saúde com eleições feitas a cada dois anos, com composição superior de profissionais de saúde.
d) Fundo de Saúde.
e) Comissão de elaboração do Plano de Carreira, Cargos e Salários (PCCS), previsto o prazo de dois anos para sua implantação.

Resposta: alternativa "c".

- *DIRECTA/2014 – Pref. Piedade, SP – Médico Clínico Geral:*

O inciso VI do artigo 4º da Lei Federal 8.142/90 afirma que a comissão de elaboração do Plano de Carreira, Cargos e Salários (PCCS), previsto o prazo:

a) de dois anos para sua implantação.

Resposta: alternativa "a".

- *MAKIYAMA/2013 – Prefeitura de Piracicaba, SP – Cirurgião Dentista CLT:*

De acordo com a Lei 8.142/90, para receberem os recursos do Fundo Nacional de Saúde (FNS), os Municípios, Estados e Distrito Federal deverão contar, dentre outros, com os órgãos ou recursos abaixo, EXCETO:

a) CTATS – Conselho de Tecnologia Assistencial para Tratamento de Saúde.

b) Fundo de saúde.
c) Conselho de saúde.
d) Plano de saúde.
e) Contrapartida de recursos para a saúde no respectivo orçamento.
Resposta: alternativa "a".

▶ Não tal exigência na Lei nº 8.142/90.

- *ASCONPREV/2011 – Prefeitura de Bodocó/PE – Agente Comunitário de Saúde:*

De acordo com a Lei nº 8.142, de 28 de dezembro de 1990, assinale a alternativa incorreta. Para receberem os recursos, de que trata a Lei nº. 8.142/90, os Municípios, os Estados e o Distrito Federal deverão contar com:

a) Fundo de Saúde gerido por profissional cadastrado no Ministério da Saúde;
Resposta: alternativa "a".

- *FUNCAB/2011 – Prefeitura de Anápolis/GO – Analista em Saúde (Biomédico):*

O repasse direto e automático de recursos para a cobertura das ações e serviços de saúde a serem implementados pelos Municípios está condicionado ao cumprimento de algumas exigências, entre elas:

c) a existência do Fundo Municipal de Saúde.
Resposta: alternativa "c".

- *FUNCAB/2011 – Prefeitura de Serra/ES – Gestor Público em Saúde:*

Para receberem os recursos do Fundo Nacional de Saúde (FNS) para a cobertura das ações e serviços de saúde a serem implementados, os municípios devem contar com:

I. Fundo de Saúde.
II. Conselho de Saúde, com composição de acordo com o Decreto nº 99.438, de 07/08/90.
III. Contrapartida de recursos para a saúde no respectivo orçamento.

Assinale a alternativa correta.

e) Todas as afirmativas estão corretas.
Resposta: alternativa "e".

- *METTA/2011 – Prefeitura de Riachão do Poço/PB – Médico PSF:*

Para que os municípios recebam do Ministério da Saúde os recursos para cobertura das ações e dos serviços de saúde, devem ter, dentre outros:

a) Fundo de saúde, conselho de saúde com composição paritária e contrapartida de recursos para a saúde no respectivo orçamento;
Resposta: alternativa "a".

- *MP-SC/2010 – Promotor de Justiça – XXXV Concurso:*

– A União e os Estados ao transferirem automaticamente recursos financeiros, alocados em seus respectivos orçamentos, para o Sistema Único de Saúde dos Municípios, não o fazem, necessariamente, para depósito nos Fundos Municipais de Saúde, posto que sua instituição, neste âmbito, é facultativa.

Resposta: Errado.

► A instituição de Fundo Municipal de Saúde é obrigatória para fins de recebimento dos repasses automáticos.

- *UFSC/2010 – Secretaria Estadual de Saúde/SC, Médico Anestesiologista:*

De acordo com a Lei nº 8.142, de 28 de dezembro de 1990, que dispõe sobre a participação da comunidade na gestão do Sistema Único de Saúde e sobre as transferências governamentais de recursos financeiros na área da saúde, identifique se são verdadeiras (V) ou falsas (F) as afirmativas abaixo.

Os relatórios de gestão devem ser elaborados em conformidade com a programação aprovada para a aplicação dos recursos repassados a Estados e Municípios, permitindo o acompanhamento/ controle pelo Ministério da Saúde, por meio de seu sistema de auditoria.

Resposta: Verdadeira.

2. **Art. 4º, § único** → na hipótese de desatendimento aos requisitos legais, os recursos correspondentes serão administrados pelo ente federativo mais amplo, ou seja, os recursos do Município ficam sob administração do Estado, e os recursos dos Estados, com a União.

Aplicação em concursos:

- *CESPE/2008 – Ministério da Saúde, Técnico de Nível Superior (níveis III e IV):*

Essa lei estabelece que o não-atendimento pelos municípios dos requisitos estabelecidos para o recebimento dos recursos do FNS destinados à cobertura de ações e serviços de saúde implica a retenção e inativação imediata dos recursos na esfera federal até a apresentação de justificativas e julgamento do caso pelas instâncias colegiadas.

Resposta: Errado.

► A lei prevê que, enquanto o Município não atender aos requisitos para repasse, os respectivos recursos ficarão sob a administração do Estado correspondente.

- *CESPE/2008 – Ministério da Saúde, Técnico de Nível Superior (Economia da Saúde):*

  Os estados assumem a gestão dos recursos do FNS no caso de descumprimento dos requisitos estabelecidos em lei, por parte dos municípios.

  Resposta: Correto.

Art. 5º. É o Ministério da Saúde, mediante portaria do Ministro de Estado, autorizado a estabelecer condições para aplicação desta lei.

Art. 6º. Esta lei entra em vigor na data de sua publicação.

Art. 7º. Revogam-se as disposições em contrário.

Bibliografia

ABRAMOVICH, Víctor; COURTIS, Christian. *Los derechos sociales como derechos exigibles*. Madrid: Trotta, 2002.

_____; _____. Hacia la exigibilidad de los derechos económicos, sociales e culturales: estándares internacionales y criterios de aplicación ante los tribunales locales. Disponível em: <http://www.pnud.org.ve/archivo/documentos/data/300/332o.htm>. Acesso em: 14 ago. 2003.

AITH, Fernando. *Curso de Direito Sanitário: a proteção do direito à saúde no Brasil*. São Paulo: Quartier Latin, 2007.

_____. Perspectivas do Direito Sanitário no Brasil: as garantias jurídicas do direito à saúde e os desafios para sua efetivação. In: SANTOS, Lenir (Org.). *Direito da Saúde no Brasil*. Campinas: Saberes Ed., 2010, p. 183-238.

ALEXY, Robert *Teoria de los derechos fundamentales*. Traducción Ernesto Garzón Valdés. Madrid: Centro de Estúdios Constitucionales, 1997.

AMARAL, Gustavo. *Direito, escassez e escolha*: *em busca de critérios jurídicos para lidar com a escassez de recursos e as decisões trágicas*. Rio de Janeiro: Renovar, 2001.

ANDRADE, José Carlos Vieira de. *Os direitos fundamentais na Constituição Portuguesa de 1976*. 2. ed. Coimbra: Almedina, 2001.

ARANGO, Rodolfo. O Direito à Saúde na Jurisprudência Constitucional Colombiana. Tradução de: Bruno Stigert. In: SOUZA NETO, Cláudio Pereira de; SARMENTO, Daniel (Coords.). *Direitos Sociais. Fundamentos, Judicialização e Direitos Sociais em Espécie*. Rio de Janeiro: Lumen Juris, 2008, p. 721-754.

_____; LAMAITRE, Julieta (Org.). *Jurisprudencia constitucional sobre el mínimo vital*. Bogotá: Universidad de los Andes. Facultad de Derecho. Centro de Investigaciones Socijurídicas, 2002.

ARIZA, Santiago Sastre. Hacia una teoría exigente de los derechos sociales. *Revista de Estudios Políticos*, Madrid, n. 112, p. 253-270, abr./jun. 2001.

ASSIS, Araken de (coord.). *Aspectos Polêmicos e Atuais dos Limites da Jurisdição e do Direito à Saúde*. Sapucaia do Sul: Notadez, 2007.

AZEM, Guilherme Beaux Nassif. Direito à Saúde e Comprovação da Hipossuficiência. In: ASSIS, Araken de (coord.). *Aspectos Polêmicos e Atuais dos Limites da Jurisdição e do Direito à Saúde*. Notadez: Sapucaia do Sul, 2007, p. 13-25.

BAHIA, Ligia. As contradições entre o SUS universal e as transferências de recursos públicos para os planos e seguros privados de saúde. *Ciência & Saúde Coletiva* [online], 2008, vol. 13, n. 5, p. 1.385-1.397. Disponível em: <http://www.scielo.br/pdf/csc/v13n5/02.pdf>. Acesso em: 3 dez. 2012.

_____. Avanços e percalços do SUS: a regulação das relações entre o público e o privado. In: *Trabalho, Educação e Saúde* [online], 2006, vol. 4, n. 1, p. 159-170. Disponível em: <http://www.scielo.br/pdf/tes/v4n1/10.pdf>. Acesso em: 18 dez. 2012.

BARCELLOS, Ana Paula de. *A eficácia jurídica dos princípios constitucionais: o princípio da dignidade da pessoa humana.* Rio de Janeiro: Renovar, 2002.

_____. Normatividade dos princípios e o princípio da dignidade da pessoa humana na Constituição de 1988. *Revista de Direito Administrativo*, Rio de Janeiro, n. 221, p. 159-188, jul./set. 2000.

_____. O Direito a Prestações em Saúde: Complexidades, Mínimo Existencial e o Valor das Abordagens Coletiva e Abstrata. In: SOUZA NETO, Cláudio Pereira de; SARMENTO, Daniel (Coords.). *Direitos Sociais. Fundamentos, Judicialização e Direitos Sociais em Espécie*. Rio de Janeiro: Lumen Juris, 2008, p. 803-826.

_____. O mínimo existencial e algumas fundamentações: John Rawls, Michael Walzer e Robert Alexy. In: TORRES, Ricardo Lôbo (org.). *Legitimação dos direitos humanos*. Rio de Janeiro: Renovar, 2002. p. 11-50.

BARRETTO, Vicente Paulo. Reflexões sobre os direitos sociais. In: SARLET, Ingo Wolfgang (Org.). *Direitos fundamentais sociais:* estudos de direito constitucional, internacional e comparado. Rio de Janeiro: Renovar, 2003, p. 107-134.

BARROSO, Luís Roberto. Da falta de efetividade à judicialização excessiva: direito à saúde, fornecimento gratuito de medicamentos e parâmetros para a atuação judicial. *Interesse Público*, n. 46, nov.-dez./2007, p. 31-61.

BERCOVICI, Gilberto. A descentralização de políticas sociais e o federalismo cooperativo brasileiro. In: *Revista de Direito Sanitário*, São Paulo, v. 3, n. 1, p. 13-28, mar. 2002.

BONAVIDES, Paulo. *Curso de direito constitucional.* 10 ed. São Paulo: Malheiros, 2000.

BOROWSKI, Martin. *La estructura de los derechos fundamentales*. Trad. Carlos Bernal Pulido. Bogotá: Universidad Externado de Colombia, 2003.

BRASIL. Ministério da Saúde. Coordenação-Geral de Cooperação Interfederativa. *Caderno de Informações para a Gestão Interfederativa no SUS*. Brasília, 2012a. Disponível em: <http://portal.saude.gov.br/portal/arquivos/pdf/caderno_051112.pdf>. Acesso em: 06 dez. 2012.

BRASIL. Ministério da Saúde. Conselho Nacional de Saúde. *Relatório Final da 14ª Conferência Nacional de Saúde: Todos Usam o SUS. SUS na Seguridade Social – Política Pública, Patrimônio do Povo Brasileiro*. Brasília: Ministério da Saúde, 2012b. Disponível em: <http://bvsms.saude.gov.br/bvs/publicacoes/relatorio_final_14_conferencia.pdf>. Acesso em: 07 jan. 2013.

BRASIL. Ministério da Saúde. Secretaria de Vigilância em Saúde. Secretaria de Atenção à Saúde. *Política Nacional de Promoção da Saúde*. 3. ed. Brasília: Ministério da Saúde, 2010. Disponível em: <http://bvsms.saude.gov.br/bvs/publicacoes/politica_nacional_promocao_saude_3ed.pdf>. Acesso em: 01 jan. 2013.

BRASIL. Ministério da Saúde. Secretaria-Executiva. Subsecretaria de Planejamento e Orçamento. *Sistema de planejamento do SUS: uma construção coletiva: instrumentos básicos*. 2. ed. Brasília: Ministério da Saúde, 2009.

BRASIL. Ministério da Saúde. Conselho Nacional de Saúde. *O Desenvolvimento do Sistema Único de Saúde: avanços, desafios e reafirmação de seus princípios e diretrizes*. 2ª reimp. Brasília, 2008.

BRASIL. Conselho Nacional de Secretários de Saúde. *Para entender a gestão do SUS*. Brasília: CONASS, 2003.

BRASIL. Ministério da Saúde. Secretaria Executiva. Núcleo Técnico da Política Nacional de Humanização. *HumanizaSUS: equipe de referência e apoio matricial*. Brasília, 2004. Disponível em: <http://bvsms.saude.gov.br/bvs/publicacoes/equipe_referencia.pdf>. Acesso em: 07 jan. 2013.

BRASIL. Ministério da Saúde. Secretaria de Políticas de Saúde. Projeto Promoção da Saúde. *As Cartas da Promoção da Saúde*. Brasília: Ministério da Saúde, 2002. Disponível em: <http://bvsms.saude.gov.br/bvs/publicacoes/cartas_promocao.pdf>. Acesso em: 14 jan. 2013.

BRASIL. Ministério da Saúde. *Cartas de Promoção da Saúde*. Brasília, 2001. Disponível em: <http://portal.saude.gov.br/portal/arquivos/pdf/declaracoesecarta_portugues.pdf>. Acesso em: 08 jan. 2013.

CABRILLAC, Rémy; FRISON-ROCHE, Marie-Anne; REVET, Thierry. *Libertés et droits fondamentaux*. 6 ed. rev. e ampl. Paris: Dalloz, 2000.

CANARIS, Claus-Wilhelm. A influência dos direitos fundamentais sobre o direito privado na Alemanha. *DATADEZ*, n. 23, 2005.

CANOTILHO, José Joaquim Gomes. *Direito constitucional e teoria da constituição*. 7. ed. Coimbra: Almedina, 2003.

_____. *Estudos sobre direitos fundamentais*. Coimbra: Ed. Coimbra, 2004.

CIETTO, Luiz. Proteção dos direitos humanos e o direito à saúde. *Revista Jurídica*, Campinas, v. 18, n. 2, p. 118-168, 2002.

CLÈVE, Clèmerson Merlin. A eficácia dos direitos fundamentais sociais. *Boletim Científico*, Escola Superior do Ministério Público da União, v. 2, n. 8, p. 151-161, jul./set. 2003.

COSTA, Sérgio Ibiapina Ferreira; OSELKA, Gabriel; GARRAFA, Volnei (coord.). *Iniciação à bioética*. Brasília: Conselho Federal de Medicina, 1998.

CURY, Ieda Tatiana. *Direito fundamental à saúde*: evolução, normatização e efetividade. Rio de Janeiro: Lúmen Juris, 2005.

DALLARI, Adilson Abreu. A participação popular no Município contemporâneo. *El Municipio*. Buenos Aires: Ciudad Argentina, 1996.

DALLARI, Sueli Gandolfi. *A saúde do brasileiro*. São Paulo: Moderna, 1988.

_____. Direito e ciência. *Revista do Centro de Estudos Judiciários*, n. 16, p. 64-68. jan./mar. 2002. Disponível em: <http://www.cjf.gov.br/revista/numero16/mesaredonda41.pdf>. Acesso em: 09 abr. 2005.

_____. A bioética e a saúde pública. In: COSTA, Sérgio Ibiapina Ferreira; OSELKA, Gabriel; GARRAFA, Volnei (coord.). *Iniciação à bioética*. Brasília: Conselho Federal de Medicina, 1998. p. 205-216.

_____. Advocacia em saúde no Brasil contemporâneo. *Revista de Saúde Pública*, v. 30, n. 06, p. 592-601, dez. 1996. Disponível em: <http://www.scielosp.org/scielo.php?script=sci_arttext&pid=S0034-89101996000600014&lng=en&nrm=isso>. Acesso em: 09 abr. 2005.

_____. Direito à saúde: rede brasileira de educação em direitos humanos. Disponível em: <http://www.dhnet.org.br/educar/redeedh/bib/dallari3.htm>. Acesso em: 09 abr. 2005.

_____. O direito à saúde. *Revista de Saúde Pública*, São Paulo, v. 22, n. 1, p. 57-63, fev. 1988. Disponível em: <http://www.scielosp.org>. Acesso em 09 abr. 2005.

_____. Uma nova disciplina: o direito sanitário. *Revista de Saúde Pública*, São Paulo, v. 22, n. 4, p. 327-334, ago. 1988b. Disponível em: <http://www.scielosp.org>. Acesso em: 09 abr. 2005.

_____; NUNES JÚNIOR, Vidal Serrano. *Direito Sanitário*. São Paulo: Verbatim, 2010.

_____; VENTURA, Deisy de Freitas Lima. Reflexões sobre a saúde pública na era do livre comércio. In: SCHWARZT, Germano (org.). *A saúde sob os cuidados do direito*. Passo Fundo: UPF, 2003.

DEMOLINER, Karine Silva. *Água e Saneamento Básico: Regimes Jurídicos e Marcos Regulatórios no Ordenamento Brasileiro*. Porto Alegre: Livraria do Advogado, 2008.

DOURADO, Daniel de Araujo; ELIAS, Paulo Eduardo Mangeon. Regionalização e dinâmica política do federalismo sanitário brasileiro. *Revista de Saúde Pública* [online], vol. 45, n. 1, p. 204-211, 2011. Disponível em: <http://www.scielo.br/pdf/rsp/v45n1/1944.pdf>. Acesso em: 29 nov. 2012.

DWORKIN, Ronald. *Los derechos en serio*. Traducción Marta Guastavino. Barcelona: Ariel, 1999.

ESPÍNDOLA, Ruy Samuel. *Conceito de princípios constitucionais: elementos teóricos para uma formulação constitucionalmente adequada*. São Paulo: Revista dos Tribunais, 1999.

FAGOT-LARGEAULT, Anne. Reflexões sobre a noção de qualidade de vida. *Revista de Direito Sanitário*, São Paulo, v. 2, n. 2, p. 82-107, jul. 2001.

FALEIROS, Vicente de Paula et al. *A Construção do SUS. Histórias da Reforma Sanitária e do Processo Participativo*. Brasília: Ministério da Saúde, 2006.

FIGUEIREDO, Mariana Filchtiner. *Direito Fundamental à Saúde: parâmetros para sua eficácia e efetividade*. Porto Alegre: Livraria do Advogado, 2007.

_____. O objeto do direito à saúde: para além das ações judiciais de fornecimento de medicamentos. In: ZAVASCKI, Liane Tabarelli; JOBIM, Marco Félix. *Diálogos Constitucionais de Direito Público e Privado*. Porto Alegre: Livraria do Advogado, 2011, p. 151-173.

_____. Apontamentos acerca do Projeto de Lei nº 5.139/2009: preocupações a partir da perspectiva do direito fundamental à saúde. Palestra proferida no III Seminário de Direito à Saúde, promovido pela Escola da Magistratura do Tribunal Regional Federal da 4ª Região (EMAGIS). Disponível em: <http://www.trf4.jus.br/trf4/upload/editor/rlp_Mariana_Figueiredo.pdf>. Acesso em: 12 set. 2010.

FLEURY, Sonia. Reforma Sanitária Brasileira: entre o instituinte e o instituído. *Ciência & Saúde* Coletiva, Rio de Janeiro, v. 14, n. 3, p. 743-752, jun./2009. Disponível em: <http://www.scielosp.org/scielo.php?script=sci_arttext&pid=S1413-1232009000300010&lng=en&nrm=iso. Acesso em: 06 out. 2011.

_____. A reforma sanitária e o SUS: questões de sustentabilidade. *Ciência & Saúde Coletiva*. Rio de Janeiro, v. 12, n. 2, abr./2007. Disponível em: <http://www.scielosp.org/scielo.php?script=sci_arttext&pid=S1413-81232007000200003&lng=en&nrm=iso>. Acesso em: 06 out. 2011.

_____. Reshaping Health Care Systems in Latin America: Towards Fairness? In: FLEURY, Sonia; BELMARTINO, Susana; BARIS, Enis. *Reshaping Health Care in Latin America. A comparative analysis of health care reform in Argentina, Brazil, and Mexico*. Ottawa: International Development Research Centre, 2000a. Disponível em: <http://web.idrc.ca/openebooks/311-9/>. Acesso em 04 out. 2011.

_____. Reforming Health Care in Latin America: Challenges and Options. In: FLEURY, Sonia; BELMARTINO, Susana; BARIS, Enis. *Reshaping Health Care in Latin America. A comparative analysis of health care reform in Argentina, Brazil, and Mexico*. Ottawa: International Development Research Centre, 2000b. Disponível em: <http://web.idrc.ca/openebooks/311-9/>. Acesso em 04-10-2011.

_____; BELMARTINO, Susana; BARIS, Enis. *Reshaping Health Care in Latin America. A comparative analysis of health care reform in Argentina, Brazil, and Mexico*. Ottawa: International Development Research Centre, 2000. Disponível em: <http://web.idrc.ca/openebooks/311-9/>. Acesso em: 04 out. 2011.

FREITAS, Juarez. *A interpretação sistemática do direito*. 3 ed. rev. e ampl. São Paulo: Malheiros, 2002.

GADELHA, Carlos Augusto Grabois; MACHADO, Cristiani Vieira; LIMA, Luciana Dias de; BAPTISTA, Tatiana Wargas de Faria. Saúde e territorialização na perspectiva do desenvolvimento. *Ciência & Saúde Coletiva* [online], vol. 16, n. 6, p. 3.003-3.016, 2011. ISSN 1413-8123. Disponível em: <http://www.scielosp.org/pdf/csc/v16n6/38.pdf>. Acesso em: 29 nov. 2012.

GELIS FILHO, Antonio. Globalização, serviços de saúde e direito internacional. *Revista de Direito Sanitário*, São Paulo, v. 2, n. 3, p. 59-74, nov. 2001.

GIALDINO, Rolando E. El derecho al disfrute del más alto nivel posible de salud. *Investigaciones*, Buenos Aires, n. 3, p. 493-537, 2001.

GLANZ, Aída. Os direitos sociais e a moderna teoria da constituição. *Cidadania e Justiça*, v. 5, n. 12, p. 109-114, jul./dez. 2002.

GOGLIANO, Daisy. Direito civil sanitário e o novo Código Civil. *Revista de Direito Sanitário*, São Paulo, v. 3, n. 2, p. 34-53, jul. 2002.

GONDIM, Roberta; BOMFIM, Regina Lúcia Dodds; GRABOIS, Victor; CAMPOS, Carlos Eduardo Aguilera; GRIBEL, Else Bartholdy. Organização da atenção. In: GONDIM R., GRABOIS V., MENDES JUNIOR W. V. (Orgs). *Qualificação dos Gestores do SUS*. 2. ed. Rio de Janeiro: Fiocruz/ENSP/EAD, 2011, p. 93-120. Disponível em: <http://www4.ensp.fiocruz.br/biblioteca/home/exibedetalhesBiblioteca.cfm?ID=12545&Tipo=B>. Acesso em: 21 dez. 2012.

GRABOIS, Victor. Gestão do cuidado. In: GONDIM R., GRABOIS V., MENDES JUNIOR W. V. (Orgs.). *Qualificação dos Gestores do SUS*. 2. ed. Rio de Janeiro: Fiocruz/ENSP/EAD, 2011. p. 153-190. Disponível em: <http://www4.ensp.fiocruz.br/biblioteca/home/exibedetalhesBiblioteca.cfm?ID=12547&Tipo=B>. Acesso em: 21 dez. 2012.

GREGORI, Maria Stella. *Planos de Saúde: a ótica da proteção do consumidor*. São Paulo: Revista dos Tribunais, 2007.

GRUSKIN, Sofia [et al.] *Perspectives on Health and Human Rights*. New York-London: Routledge, 2005.

HENRIQUES, Cláudio Maierovitch Pessanha. Regulação sanitária sem fronteiras. *Revista de Direito Sanitário*, São Paulo, v. 2, n. 1, p. 113-126, mar. 2001.

HOLMES, Stephen; SUNSTEIN, Cass R. *The cost of rights: why liberty depends on taxes*. New York: W. W. Norton, 2000.

HORTA, Marcelo Palis. Aspectos formais sobre o registro de medicamentos e os limites da atuação judicial. *Revista de Direito Sanitário*, v. 3, n. 3, p. 52-68, nov. 2002.

JIMÉNEZ, Heidi V. El derecho a la salud en las Américas: reconocimiento constitucional y derechos afines. Disponível em: <http://www.smu.org.uy/publicaciones/noticias/noticias91/saludas.htm>. Acesso em: 15 abr. 2005.

JORGE, Elias Antônio; MESQUITA, Ana Cleusa Serra; PAIVA, Andrea Barreto de; MARTINS FILHO, Ruyter de Faria. *Seguridade Social e o Financiamento do Sistema Único de Saúde – SUS no Brasil*. Brasília: Ministério da Saúde, 2007, Disponível em: <http://portal.saude.gov.br/portal/arquivos/pdf/estudo_seguridade_social.pdf>. Acesso em: 16 jan. 2013.

KIPPER, Délio José; CLOTET, Joaquim. Princípios da beneficência e não-maleficência. In: COSTA, Sérgio Ibiapina Ferreira; OSELKA, Gabriel; GARRAFA, Volnei (Coord.). *Iniciação à bioética*. Brasília: Conselho Federal de Medicina, 1998. p. 37-51.

KRELL, Andreas J. *Direitos sociais e controle judicial no Brasil e na Alemanha: os (des)caminhos de um direito constitucional "comparado"*. Porto Alegre: Fabris, 2002.

KUSCHNIR, Rosana; LIMA, Luciana Dias de; BAPTISTA, Tatiana Wargas de Faria; MACHADO, Cristiani Vieira. Configuração da rede regionalizada e hierarquizada de atenção à saúde no âmbito do SUS. In: GONDIM R., GRABOIS V., MENDES JUNIOR W. V. (Orgs.). *Qualificação dos Gestores do SUS*. 2. ed. Rio de Janeiro: Fiocruz/ENSP/EAD, 2011, p. 121-151. Disponível em: <http://www4.ensp.fiocruz.br/biblioteca/home/exibedetalhesBiblioteca.cfm?ID=12546&Tipo=B>. Acesso em: 20 dez. 2012.

LACERDA, Maria Ribeiro et al. Atenção à saúde no domicílio: modalidades que fundamentam sua prática. *Saúde & sociedade*. São Paulo, v. 15, n. 2, ago./2006. Disponível em: <http://www.scielo.br/scielo.php?script=sci_arttext&pid=S0104-1290 2006000200009&lng=pt&nrm=isso>. Acesso em: 10 maio 2009.

LEFEVRE, Fernando. Medicamento, lógica de mercado e interesse público. *Revista de Direito Sanitário*, São Paulo, v. 3, n. 3, p. 36-40, nov. 2002.

LEITE, George Salomão. *Dos princípios constitucionais: considerações em torno das normas da Constituição*. São Paulo: Malheiros, 2003.

LIMA, Luciana Dias de; QUEIROZ, Lúcia F. N. de; MACHADO, Cristiani Vieira; VIANA, Ana Luiza d'Ávila. Descentralização e regionalização: dinâmica e condicionantes da implantação do Pacto pela Saúde no Brasil. *Ciência & Saúde Coletiva* [online], vol. 17, n. 7, p. 1.903-1.914, 2012. ISSN 1413-8123. Disponível em: <http://www.scielosp.org/pdf/csc/v17n7/30.pdf>. Acesso em: 29 nov. 2012.

LINS, Liana Cirne. A Tutela Inibitória Coletiva das Omissões Administrativas: um enfoque processual sobre a justiciabilidade dos direitos fundamentais sociais. *Direito do Estado*. Rio de Janeiro: Renovar/Instituto Idéias, n. 12, out-dez 2008, p. 223-261.

LOBATO, Lenaura. Reorganizing the Health Care System in Brazil. In: FLEURY, Sonia; BELMARTINO, Susana; BARIS, Enis. *Reshaping Health Care in Latin America. A comparative analysis of health care reform in Argentina, Brazil, and Mexico*. Ottawa: International Development Research Centre, 2000. Disponível em: <http://web.idrc.ca/openebooks/311-9/>. Acesso em: 04 out. 2011.

LOBATO, Lenaura; BURLANDY, Luciene. The Context and Process of Health Care Reform in Brazil. In: FLEURY, Sonia; BELMARTINO, Susana; BARIS, Enis. *Reshaping Health Care in Latin America. A comparative analysis of health care reform in Argentina, Brazil, and Mexico*. Ottawa: International Development Research Centre, 2000. Disponível em: <http://web.idrc.ca/openebooks/311-9/>. Acesso em 04 out. 2011.

LOUREIRO, João Carlos Simões Gonçalves. Direito à (protecção da) saúde. In: *Estudos em Homenagem ao Professor Doutor Marcello Caetano*. Coimbra: Coimbra Editora (Edição da Faculdade de Direito da Universidade de Lisboa), 2006, p. 664 e ss.

MACHADO, Cristiani Vieira; LIMA, Luciana Dias de; BAPTISTA, Tatiana Wargas de Faria. Princípios organizativos e instâncias de gestão do SUS. In: GONDIM R., GRABOIS V., MENDES JUNIOR W. V. (Orgs.) *Qualificação dos Gestores do SUS*. 2. ed. Rio de Janeiro: Fiocruz/ENSP/EAD, 2011, p. 47-72. Disponível em: <http://www4.ensp.fiocruz.br/biblioteca/home/exibedetalhesBiblioteca.cfm?ID=12544&Tipo=B>. Acesso em: 20 dez. 2012.

MACHADO, José Angelo. Pacto de gestão na saúde: até onde esperar uma "regionalização solidária e cooperativa"? *Revista Brasileira de Ciências Sociais* [online], vol. 24, n. 71, p. 105-119, 2009. ISSN 0102-6909. Disponível em: <http://www.scielo.br/pdf/rbcsoc/v24n71/v24n71a08.pdf>. Acesso em: 29 nov. 2012.

MARANHÃO, Clayton. *Tutela jurisdicional do direito à saúde: (arts. 83 e 84, CDC)*. São Paulo: Revista dos Tribunais, 2003.

MARQUES, Cláudia Lima [et al.] (coord.). *Saúde e Responsabilidade: seguros e planos de assistência privada à saúde*. São Paulo: Revista dos Tribunais, 1999.

____ [et al.] (coord.) *Saúde e Responsabilidade 2: a nova assistência privada à saúde*. São Paulo: Revista dos Tribunais, 2008.

MATEUS, Cibele Gralha. *Direitos fundamentais sociais e relações privadas: o caso do direito à saúde na Constituição Brasileira de 1988*. Porto Alegre: Livraria do Advogado, 2008.

MATHIEU, Bertrand. La protection du droit à la santé par le juge constitutionnel. À propos et à partir de la décision de la Cour constitutionnelle italienne nº 185 du 20 mai 1998. *Cahiers du Conseil Constitutionnel*, n. 6, 1998. Disponível em: <http://www.conseil-constitutionnel.fr/cahiers/ccc6/mathieu.htm>. Acesso em: 18 abr. 2005.

MEDEIROS, Marcelo. Princípios de Justiça na Alocação de Recursos em Saúde. Texto para discussão nº 687, Rio de Janeiro, dezembro de 1999 – ISSN 1415-4765. In: BRASIL. Ministério da Saúde. *Curso de Iniciação em Economia da Saúde para os Núcleos Estaduais/Regionais*, p. 52-53. Disponível em: <http://portal.saude.gov.br/portal/arquivos/pdf/apostila_curso_iniciacao_economia_saude.pdf>. Acesso em: 24 maio 2008.

MELAMED, Clarice. Programa de Agentes Comunitários de Saúde. In: FUJIWARA, Luis Mario [et a.]. *20 Experiências de Gestão Pública e Cidadania*. São Paulo: Programa Gestão Pública e Cidadania, 1998. Disponível em: http://inovando.fgvsp.br/conteudo/documentos/20experiencias1997/11%20-%20agentes.pdf>.

MIRANDA, Jorge. *Manual de direito constitucional*. v. 4: Direitos Fundamentais. 2 ed. Coimbra: Coimbra, 1998.

MOLINARO, Carlos Alberto. A jurisdição na proteção da saúde: breves notas sobre a instrumentalidade processual. *Revista da AJURIS*, v. 36, n. 115, p. 29-37, Porto Alegre, set./2009.

MORAES, José Luiz Bolzan de. O direito da saúde! In: SCHWARZT, Germano (org.). *A saúde sob os cuidados do direito*. Passo Fundo: UPF, 2003.

NABAIS, José Casalta. *Por uma Liberdade com Responsabilidade. Estudos sobre direitos e deveres fundamentais*. Coimbra: Coimbra Editora, 2007.

_____ "A face oculta dos direitos fundamentais: os deveres e os custos dos direitos". Disponível em: <https://www.agu.gov.br/Publicacoes/Artigos/05042002JoseCasaltaAfaceocultadireitos_01.pdf>. Acesso em: 05 abr. 2002.

NASCIMENTO, Paulo Roberto do; ZIONI, Fabíola. Relações federativas no SUS: autonomia nas relações intergovernamentais da CIB-SP. *Revista de Direito Sanitário*, São Paulo, v. 3, n. 2, p. 11-33, jul. 2002.

NOVAIS, Jorge Reis. *Os princípios constitucionais estruturantes da República Portuguesa*. Coimbra: Coimbra, 2004.

NUNES, João Arriscado; MATIAS, Marisa. Rumo a uma Saúde Sustentável: saúde, ambiente e política. *Saúde e Direitos Humanos*. Ministério da Saúde. Fundação Oswaldo Cruz, Núcleo de Estudos em Direitos Humanos e Saúde Helena Besserman. Ano 3 (2006), n. 3. Brasília: Ministério da Saúde, 2006, p. 11. Disponível em: <http://www.ensp.fiocruz.br/portal-ensp/publicacoes/saude-e-direitos-humanos/pdf/sdh_2006.pdf>. Acesso em: 31 maio 2008.

OLIVEIRA, Euclides Benedito de. Direito à saúde: garantia e proteção pelo Poder Judiciário. *Revista de Direito Sanitário*, São Paulo, v. 2, n. 3, p. 36-58, nov. 2001.

OLSEN, Ana Carolina Lopes. *Direitos fundamentais sociais: efetividade frente à reserva do possível*. Curitiba: Juruá, 2008.

PAULI, Liane Teresinha Schuh; ARTUS, Scheila Cristina; BALBINOT, Rachelle A. A perspectiva do processo saúde/doença na promoção de saúde da população. *Revista de Direito Sanitário*, São Paulo, v. 4, n. 3, p. 24-42, nov. 2003.

PECES-BARBA MARTINEZ, Gregorio. *Derechos sociales y positivismo jurídico:* escritos de filosofía jurídica y política. Madrid: Instituto de Derechos Humanos Bartolomé de las Casas, Universidad Carlos III de Madrid, Dykinson, 1999.

_____. *La dignidad de la persona desde la filosofía del derecho*. Madrid: Dykinson, 2002.

_____. Diritti sociali: origini e concetto. *Sociologia del Diritto*, v. 28, n. 1, p. 33-50, 2000.

PESSINI, Léo; BARCHIFONTAINE, Christian de Paul de. Bioética: do principialismo à busca de uma perspectiva latino-americana. In: COSTA, Sérgio Ibiapina Ferreira; OSELKA, Gabriel; GARRAFA, Volnei (Coord.). *Iniciação à Bioética*. Brasília: Conselho Federal de Medicina, 1998.

PETTERLE, Selma Rodrigues. *O Direito Fundamental à Identidade Genética na Constituição Brasileira*. Porto Alegre: Livraria do Advogado, 2007.

PITELLI, Sergio Domingos; MUÑOZ, Daniel Romero. Macroalocações de recursos em saúde por intermédio da atividade jurídico-processual: implicações bioéticas. *Revista de Direito Sanitário,* São Paulo, v. 4, n. 3, p. 43-56, nov. 2003.

RAEFFRAY, Ana Paula Oriola de. *Direito da Saúde de acordo com a Constituição Federal*. São Paulo: Quartier Latin, 2005.

RIBEIRO, José Aparecido; PIOLA, Sérgio Francisco; SERVO, Luciana Mendes. Financiamento e gasto das políticas sociais: o caso do Ministério da Saúde, 1995 a 2005. Disponível em: <http://portal.saude.gov.br/portal/arquivos/pdf/financ_gasto_polit_sociais.pdf>. Acesso em: 24 maio 2008.

ROCHA, Rosa Maria da; ZANCAN, Lenira; TAVARES, Maria de Fátima Lobato; CARVALHO, Antonio Ivo. Territórios da promoção da saúde e do desenvolvimento local. In: GONDIM R., GRABOIS V., MENDES JUNIOR W. V. (Orgs.). *Qualificação dos Gestores do SUS.* 2. ed. Rio de Janeiro: Fiocruz/ENSP/EAD, 2011, p. 325-343. Disponível em: <http://www4.ensp.fiocruz.br/biblioteca/home/exibedetalhesBiblioteca.cfm?ID=12566&Tipo=B>. Acesso em: 21 dez. 2012.

ROSEMBERG, Felix J. Mecanismos legais de controle da segurança do medicamento. *Revista de Direito Sanitário*, v. 2, n. 1, p. 102-112, mar.2001.

ROTHENBURG, Walter Claudius. *Princípios constitucionais*. Porto Alegre: Fabris, 1999.

SANTOS, Fernando Ferreira. *Princípio constitucional da dignidade da pessoa humana*. São Paulo: Celso Bastos, 1999.

SANTOS, Lenir (org.) *Direito da Saúde no Brasil*. Campinas: Saberes Editora, 2010.

_____. *SUS e a Lei Complementar 141 Comentada*. 2ed. Campinas: Saberes, 2012.

_____. SANTOS, Lenir. A Emenda Constitucional 51/2006 e os Agentes Comunitários de Saúde. *Revista de Direito do Trabalho*, n. 124, ano 32, out.-dez./2006.

_____; ANDRADE, Luiz Odorico Monteiro de. *SUS: o Espaço da Gestão Inovada e dos Consensos Interfederativos. Aspectos jurídicos, administrativos e financeiros*. 2ed. Campinas: Saberes, 2009.

_____; _____. Redes interfederativas de saúde: um desafio para o SUS nos seus vinte anos. *Ciência & Saúde Coletiva* [online], vol. 16, n. 3, p. 1.671-1.680, 2011. ISSN 1413-8123. Disponível em: <http://www.scielo.br/pdf/csc/v16n3/02.pdf>. Acesso em: 18 dez. 2012.

SARLET, Ingo Wolfgang. *A Eficácia dos Direitos Fundamentais. Uma teoria geral dos direitos fundamentais na perspectiva constitucional.* 10 ed., rev., atual. e ampl. Porto Alegre: Livraria do Advogado, 2009.

_____. *A Eficácia dos Direitos Fundamentais*. 9 ed., rev. atual.e ampl. Porto Alegre: Livraria do Advogado, 2008.

_____. *Dignidade da pessoa humana e direitos fundamentais na Constituição Federal de 1988*. Porto Alegre: Livraria do Advogado, 2001.

_____. (org.) *Direitos fundamentais sociais: estudos de direitos constitucional internacional e comparado*. Rio de Janeiro: Renovar, 2003.

_____. A titularidade simultaneamente individual e transindividual dos direitos sociais analisada à luz do exemplo do direito à proteção e promoção da saúde. *Direitos Fundamentais & Justiça*. Ano 4, nº 10, jan./mar. 2010, p. 205-229.

_____. Os Direitos Fundamentais e sua Dimensão Organizatória e Procedimental: alguns pressupostos para uma adequada compreensão do processo na perspectiva constitucional. In: MARTINS, Ives Gandra da Silva; JOBIM,

Eduardo (Orgs.). *O Processo na Constituição*. São Paulo: Quartier Latin, 2008, p. 867-893.

_____. Direitos Fundamentais Sociais, Mínimo Existencial e Direito Privado. *Revista de Direito do Consumidor*, São Paulo v. 61, p. 90-125, 2007.

_____. Constituição e Proporcionalidade: o Direito Penal e os Direitos Fundamentais entre proibição de retrocesso e de insuficiência. *Revista de Estudos Criminais*, p. 86. Disponível in: Datadez, 2006.

_____. As dimensões da dignidade da pessoa humana: construindo uma compreensão jurídico-constitucional necessária e possível. In: _____ (org.). *Dimensões da dignidade: ensaios de Filosofia do Direito e Direito Constitucional*. Porto Alegre: Livraria do Advogado Ed., 2005, p. 13-43.

_____. Os direitos fundamentais sociais na ordem constitucional brasileira. *Revista da Procuradoria-Geral do Estado do Rio Grande do Sul*, Porto Alegre, v. 25, n. 55, p. 29-74, 2002.

_____. Algumas Considerações em torno do Conteúdo, Eficácia e Efetividade do direito à saúde na Constituição de 1988. *Revista Interesse Público*, Porto Alegre, v. 12, p. 91-107, 2001.

_____; LEITE, George Salomão (orgs.) *Direitos fundamentais e Biotecnologia*. São Paulo: Método, 2008.

_____; FIGUEIREDO, Mariana Filchtiner. Reserva do Possível, Mínimo Existencial e Direito à Saúde: Algumas Aproximações. In: _____; TIMM, Luciano Benetti (orgs.). *Direitos Fundamentais: orçamento e "reserva do possível"*. Porto Alegre: Livraria do Advogado, 2008, p.11-53.

_____; _____. Algumas considerações sobre o direito fundamental à proteção e promoção da saúde aos 20 anos da Constituição Federal de 1988. *Revista de Direito do Consumidor*, São Paulo, v. 67, p. 125-172, jul./set. 2008.

SARMENTO, Daniel. *Direitos Fundamentais e Relações Privadas*. Rio de Janeiro: Lumen Juris, 2004.

_____. A dimensão objetiva dos direitos fundamentais: fragmentos de uma teoria. In: SAMPAIO, José Adércio Leite (org.) *Jurisdição constitucional e direitos fundamentais*. Belo Horizonte: Del Rey, 2003. p. 251-314.

SCHWARTZ, Germano André Doederlein. *Direito à saúde: efetivação em uma perspectiva sistêmica*. Porto Alegre: Livraria do Advogado, 2001.

_____ (org.). *A saúde sob os cuidados do direito*. Passo Fundo: UPF, 2003.

SCLIAR, Moacyr. *Do mágico ao social: a trajetória da saúde pública*. Porto Alegre: L&PM, 1987.

SERRANO, Mônica de Almeida Magalhães. *O Sistema Único de Saúde e suas Diretrizes Constitucionais*. São Paulo: Verbatim, 2009.

SOARES, Guido F. S. O direito internacional sanitário e seus temas: apresentação de sua incômoda vizinhança. *Revista de Direito Sanitário*, São Paulo, v. 1, n. 1, p. 49-88, nov. 2000.

SOUZA, Celina. Dez anos de descentralização: a experiência dos municípios brasileiros. In: FACHIN, Roberto Costa; CHANLAT, Alain (org.). *Governo Municipal na América Latina: inovações e perplexidades*. Porto Alegre: Sulina, Editora da Universidade/UFRGS, 1998.

SOUZA, Renilson Rehem de. A regionalização no contexto atual das políticas de saúde. *Ciência & Saúde Coletiva* [online], vol. 6, n. 2, p. 451-455, 2001. ISSN 1413-8123. Disponível em: <http://www.scielo.br/pdf/csc/v6n2/7015.pdf>. Acesso em: 29 nov. 2012.

SOUZA NETO, Cláudio Pereira de. A Justiciabilidade dos Direitos Sociais: Críticas e Parâmetros. In: SOUZA NETO, Cláudio Pereira de; SARMENTO, Daniel (Coords.). *Direitos Sociais. Fundamentos, Judicialização e Direitos Sociais em Espécie*. Rio de Janeiro: Lumen Juris, 2008, p. 515-551.

SOUZA NETO, Cláudio Pereira de; SARMENTO, Daniel (Coords.). *Direitos Sociais. Fundamentos, Judicialização e Direitos Sociais em Espécie*. Rio de Janeiro: Lumen Juris, 2008.

STRECK, Lenio Luiz. *Hermenêutica jurídica e(m) crise: uma exploração hermenêutica da construção do Direito*. Porto Alegre: Livraria do Advogado, 1999.

_____. O papel da jurisdição constitucional na realização dos direitos sociais-fundamentais. In: SARLET, Ingo Wolfgang (org.). *Direitos fundamentais sociais: estudos de direito constitucional, internacional e comparado*. Rio de Janeiro: Renovar, 2003, p. 169-214.

_____. Quinze anos de Constituição - análise crítica da jurisdição constitucional e das possibilidades hermenêuticas de concretização dos direitos fundamentais-sociais. *Revista da AJURIS,* Porto Alegre, v. 30, n. 92, p. dez. 2003.

SUNDFELD, Carlos Ari. Vigilância epidemiológica e direitos constitucionais. *Revista de Direito Sanitário*, São Paulo, v. 3, n. 2, p.90-106, jul. 2002.

TORRES, Ricardo Lôbo. A cidadania multidimensional da era dos direitos. In: _____ (org.) *Teoria dos direitos fundamentais*. Rio de Janeiro: Renovar, 1999.

_____. *Legitimação dos direitos humanos*. Rio de Janeiro: Renovar, 2002.

_____. A metamorfose dos direitos sociais em mínimo existencial. In: SARLET, Ingo Wolfgang. *Direitos fundamentais sociais: estudos de direitos constitucional internacional e comparado*. Rio de Janeiro: Renovar, 2003, p. 1-46.

TREVISAN, Leonardo. Das pressões às ousadias: o confronto entre a descentralização tutelada gestão em rede no SUS. *Revista de Administração Pública* [online], vol. 41, n. 2, p. 237-254, 2007. ISSN 0034-7612. Disponível em: <http://www.scielo.br/pdf/rap/v41n2/04.pdf>. Acesso em 18 dez. 2012.

TREVISAN, Leonardo Nelmi; JUNQUEIRA, Luciano Antonio Prates. Construindo o "Pacto de Gestão" no SUS: da descentralização tutelada à gestão em rede. *Ciência & Saúde Coletiva* [online], vol. 12, n. 4, p. 893-902, 2007. ISSN 1413-8123. Disponível em http: <http://www.scielo.br/pdf/csc/v12n4/08.pdf>. Acesso em: 18 dez. 2012.

VARGAS, D. M.; RODRIGUES, G. A. F. Uma discussão a respeito dos agentes comunitários de saúde e de combate à endemias – A Emenda Constitucional nº 51/2006 e a Lei nº 11.350/06. Interesse Público, n. 47, p. 241-263, 2008.

VIANA, Ana Luiza d'Ávila; LIMA, Luciana Dias de; FERREIRA, Maria Paula. Condicionantes estruturais da regionalização na saúde: tipologia dos Colegiados de Gestão Regional. *Ciência & Saúde Coletiva* [online], vol. 15, n. 5, p. 2.317-2.326, 2010. ISSN 1413-8123. Disponível em: <http://www.scielosp.org/pdf/csc/v15n5/v15n5a07.pdf>. Acesso em 29 nov. 2012.

VIANA, Ana Luiza d'Ávila; MACHADO, Cristiani Vieira. Descentralização e coordenação federativa: a experiência brasileira na saúde. *Ciência & Saúde Coletiva* [online], vol. 14, n. 3, p. 807-817, 2009. ISSN 1413-8123. Disponível em: <http://www.scielo.br/pdf/csc/v14n3/16.pdf>. Acesso: em 18 dez. 2012.

VIEIRA, Fabíola Sulpino; MENDES, Andréa Cristina Rosa. "Evolução dos Gastos do Ministério da Saúde com Medicamentos". Brasília: Ministério da Saúde, 2007. Disponível em http://portal.saude.gov.br/portal/arquivos/pdf/estudo_gasto_medicamentos.pdf, acesso em 24/05/2008.

WEICHERT, Marlon Alberto. *Saúde e federação na Constituição brasileira.* Rio de Janeiro: Lúmen Juris, 2004.

_____. O direito à saúde e o princípio da integralidade. In: SANTOS, Lenir (Org.). *Direito da Saúde no Brasil.* Campinas: Saberes Ed., 2010, p. 101-142.

EDITORA
JusPODIVM
www.editorajuspodivm.com.br